LES ŒUVRES COMPLETES DE VOLTAIRE

62

THE VOLTAIRE FOUNDATION
TAYLOR INSTITUTION
OXFORD
1987

THE COMPLETE WORKS OF VOLTAIRE

62

THE VOLTAIRE FOUNDATION
TAYLOR INSTITUTION
OXFORD
1987

ISBN 0 7294 0348 3

PRINTED IN ENGLAND
AT THE ALDEN PRESS
OXFORD

under the sponsorship of
sous le haut patronage de

L'ACADÉMIE FRANÇAISE

L'ACADÉMIE ROYALE DE LANGUE ET DE
LITTÉRATURE FRANÇAISES DE BELGIQUE

THE AMERICAN COUNCIL OF LEARNED SOCIETIES

THE BRITISH ACADEMY

L'UNION ACADÉMIQUE INTERNATIONALE

prepared with the kind co-operation of
réalisée avec le concours gracieux de

THE SALTYKOV-SHCHEDRIN
STATE PUBLIC LIBRARY
OF LENINGRAD

1766-1767

TABLE DES MATIÈRES

Liste des sigles et abréviations xi

L'apparat critique xiii

Avant-propos xv

Le Philosophe ignorant

Edition critique par Roland Mortier 1

Introduction

1. Publication et diffusion 3
2. Un accueil mitigé 8
3. Les éditions 11
4. Principes de cette édition 21

LE PHILOSOPHE IGNORANT 25

Table des doutes 27

Premier doute 31

André Destouches à Siam

Edition critique par John Renwick 107

Introduction 109

Les éditions 115

Principes de cette édition 116

ANDRÉ DESTOUCHES À SIAM 117

L'Examen important de milord Bolingbroke

Edition critique par Roland Mortier 127

Introduction

1. Genèse 129
2. Diffusion 139
3. Les éditions 142
4. Principes de cette édition 153

TABLE DES MATIÈRES

L'EXAMEN IMPORTANT DE MILORD BOLINGBROKE 161

Avis mis au-devant des éditions précédentes 163

Table des chapitres 165

Avant-propos 167

Chapitre I 173

Traduction d'une lettre de milord Bolingbroke, à milord Cornsburi 353

Lettre de milord Cornsburi à milord Bolingbroke 360

Les Questions de Zapata

Edition critique par Jacqueline Marchand 363

Introduction 365

Manuscrits et éditions 368

Principes de cette édition 376

LES QUESTIONS DE ZAPATA 381

Homélies prononcées à Londres

Edition critique par Jacqueline Marchand 409

Introduction 411

Les éditions 414

Principes de cette édition 422

HOMÉLIES PRONONCÉES À LONDRES 425

Première homélie 427

Seconde homélie 448

Troisième homélie 461

Quatrième homélie 477

Liste des ouvrages cités 487

Index 493

LISTE DES SIGLES ET ABRÉVIATIONS

Arsenal Bibliothèque de l'Arsenal, Paris
Bachaumont *Mémoires secrets*, 1777-1789
Bengesco *Voltaire: bibliographie de ses œuvres*, 1882-1890
BL British Library, London
Bn Bibliothèque nationale, Paris
BnC Bn, *Catalogue général des livres imprimés*, Auteurs, ccxiv [Voltaire]
Bodleian Bodleian Library, Oxford
Bpu Bibliothèque publique et universitaire, Genève
Br Bibliothèque royale, Bruxelles
BV *Bibliothèque de Voltaire: catalogue des livres*, 1961
CLT Grimm, *Correspondance littéraire*, 1877-1882
CN *Corpus des notes marginales de Voltaire*, 1979-
D Voltaire, *Correspondence and related documents*, Voltaire 85-135, 1968-1977
Essai Voltaire, *Essai sur les mœurs*, 1963
ImV Institut et musée Voltaire, Genève
Kehl *Œuvres complètes de Voltaire*, 1784-1789
Leningrad Bibliothèque publique d'Etat Saltykov-Schédrine, Leningrad
M *Œuvres complètes de Voltaire*, 1877-1885
PG Migne, *Patrologiae cursus, series graeca*, 1857-1912
PL Migne, *Patrologiae cursus, series latina*, 1844-1864
Stockholm Kungliga Biblioteket, Stockholm
Studies *Studies on Voltaire and the eighteenth century*
Taylor Taylor Institution, Oxford
Taylor 1974 'The definitive text of Voltaire's works: the Leningrad *encadrée*', *Studies* 124
Uppsala Universitetsbiblioteket, Uppsala
Vercruysse 1967 'Voltaire et Marc Michel Rey', *Studies* 58

LISTE DES SIGLES ET ABRÉVIATIONS

Voltaire *Œuvres complètes de Voltaire / Complete works of Voltaire*, 1968- [la présente édition]

L'APPARAT CRITIQUE

L'apparat critique placé au bas des pages fournit les diverses leçons ou variantes offertes par les états manuscrits ou imprimés du texte (on en trouvera le relevé, p.11-21, 142-52, 369-76 et 414-22). Chaque note critique est composée du tout ou d'une partie des indications suivantes:

– Le ou les numéros de la ou des lignes auxquelles elle se rapporte; comme les titres et sous-titres échappent à cette numérotation, l'indication donne dans ce cas le numéro de la ligne précédente suivi des lettres a, b, c, etc. qui correspondent aux lignes de ces textes intercalaires.

– Les sigles désignant les états du texte, ou les sources, repris dans la variante (voir p.21, 116, 153, 376, 422). Des chiffres arabes, isolés ou accompagnés de lettres, désignent en général des éditions séparées de l'œuvre dont il est question; les lettres suivies de chiffres sont réservées aux recueils, W pour les éditions complètes, et T pour les œuvres dramatiques; après le sigle, l'astérisque signale un exemplaire particulier, qui d'ordinaire contient des corrections manuscrites.

– Des explications ou des commentaires de l'éditeur.

– Les deux points (:) marquant le début de la variante proprement dite, dont le texte, s'il en est besoin, est encadré par un ou plusieurs mots du texte de base. A l'intérieur de la variante, toute remarque de l'éditeur est placée entre crochets.

Les signes typographiques conventionnels suivants sont employés:

– La lettre grecque bêta β désigne le texte de base.

– Le signe de paragraphe ¶ marque l'alinéa.

– Deux traits obliques // indiquent la fin d'un paragraphe ou d'une partie du texte.

– Les mots supprimés sont placés entre crochets obliques ⟨ ⟩.

– Les mots ajoutés à la main par Voltaire ou Wagnière sont précédés, dans l'interligne supérieur, de la lettre ^{V} ou ^{W}, suivie d'une flèche verticale dirigée vers le haut $^{\uparrow}$ ou vers le bas $^{\downarrow}$, pour indiquer que l'addition est inscrite au-dessus ou au-dessous de la ligne. Le signe $^{+}$ marque la fin de l'addition, s'il y a lieu.

– Toute correction adoptée dans un imprimé est suivie d'une flèche horizontale → suivie du sigle désignant l'imprimé.

Exemple: 'il ⟨allait⟩ $^{W\uparrow}$⟨courait⟩ $^{V\downarrow}$β' signifie que 'allait' a été supprimé, que Wagnière a ajouté 'courait' au-dessus de la ligne, que 'courait' a été supprimé, et que Voltaire a inséré la leçon du texte de base au-dessous de la ligne. Une annotation du type 'W75G*, →K' indique qu'une correction manuscrite sur l'édition encadrée a été adoptée dans les éditions de Kehl.

AVANT-PROPOS

C'est avec peine que nous avons appris le décès survenu en décembre 1985 de notre estimée collègue Jacqueline Marchand. Les deux textes qu'elle avait préparés pour le présent volume, et dont elle avait corrigé les épreuves, ne représentent qu'une partie de sa contribution à notre édition des *Œuvres complètes* de Voltaire. Elle avait heureusement pu mener son entreprise à terme, et nous publierons ses autres travaux à la place qui leur revient dans plusieurs volumes ultérieurs.

Ce volume fait pour ainsi dire le pont entre les années 1766 et 1767. Le lecteur trouvera en tête du tome 61 une note concernant les activités littéraires de Voltaire pendant 1766; celles de l'année 1767 seront résumées dans l'avant-propos du tome 63.

W. H. B.

Le Philosophe ignorant

édition critique

par

Roland Mortier

INTRODUCTION

1. *Publication et diffusion*

En même temps qu'il rassemblait l'impressionnant arsenal critique du *Recueil nécessaire*, dans lequel l'*Examen important de milord Bolingbroke* devait saper définitivement l'autorité de la Bible et du christianisme, Voltaire rédigeait une sorte de credo philosophique où il exprimait une fois de plus son profond scepticisme et prenait ouvertement ses distances à l'égard des nouveaux matérialistes, trop sûrs à son gré de leur science et de leur importance. Le *Philosophe ignorant* précède ainsi de quelques mois la bombe antichrétienne de l'*Examen*, dont il n'a ni la violence, ni l'âpreté, mais dont il partage l'esprit de doute et la méfiance à l'endroit des idées reçues.

La discrétion dont Voltaire est coutumier dans la préparation de ses ouvrages ne nous permet pas de dater avec précision la rédaction de ce petit traité de métaphysique, qui se présente plutôt comme un refus de toute métaphysique et comme une profession d'humilité. La seule indication relative à la genèse du livre se trouve dans une lettre du 19 février 1766 adressée à madame Du Deffand (D13179). Le ton de cette confidence est caractérisé par un mélange d'amertume et de détachement. Rarement Voltaire s'est montré aussi catégorique dans sa dénonciation des systèmes philosophiques et de la présomption orgueilleuse de leurs créateurs. On peut donc, sans trop d'hésitation, dater de l'hiver 1765-1766 la rédaction (sinon l'élaboration première) du *Philosophe ignorant*. Voici d'ailleurs le début de cette lettre fort importante:

Il y a un mois, Madame, que j'ai envie de vous écrire tous les jours, mais je me suis plongé dans la métaphisique la plus triste et la plus épineuse, et j'ai vu que je n'étais pas digne de vous écrire. Vous me mandâtes par vôtre dernière Lettre que nous étions assez d'accord tout deux sur ce qui n'est pas; je me suis mis à rechercher ce qui est. C'est une terrible besogne, mais la curiosité est la maladie de l'esprit humain. J'ai du moins la consolation de voir que tous les fabricateurs de sistèmes n'en savent pas plus que moi, mais ils font tous les importants, et je ne veux pas l'être. J'avoue franchement mon ignorance.

Je trouve d'ailleurs dans cette recherche, quelque vaine qu'elle puisse être, un assez grand avantage; l'étude des choses qui sont si fort au dessus de nous rendent les intérêts de ce monde bien petits à nos yeux, et quand on a le plaisir de se perdre dans l'immensité, on ne se soucie guères de ce qui se passe dans les rues de Paris. L'étude a celà de bon qu'elle nous fait vivre très doucement avec nous mêmes, qu'elle nous délivre du fardeau de nôtre oisiveté, et qu'elle nous empêche de courir hors de chez nous pour aller dire et écouter des riens d'un bout d'une ville à l'autre. Ainsi, au milieu de quatre vingt lieues de montagnes de neiges assiégé par un très rude hiver, et mes yeux me refusant le service, j'ai passé tout mon temps à méditer. Ne méditez vous pas aussi? Madame, ne vous vient-il pas quelquefois cent idées sur l'éternité du monde, sur la matière, sur la pensée, sur l'espace, sur l'infini? je suis tenté de croire qu'on pense à tout celà quand on n'a plus de passions, et que tout le monde est comme Matthieu Garo qui recherche pourquoi les citrouilles ne viennent pas au haut des chênes.

Il est possible, et même probable, que l'ouvrage était achevé lorsque Voltaire le résumait ainsi à l'intention de son amie parisienne. Comment les libraires de Genève auraient-ils pu, sinon, l'annoncer en avril 1766 (ainsi qu'en fait foi le post-scriptum d'une lettre admirative et respectueuse envoyée de Grenoble par le procureur Servan, le 30 avril 1766; D13276)? La vente débute, en tout cas, au mois de mai 1766 (voir la lettre de Voltaire à Damilaville du 21 mai; D13307). Un des premiers à recevoir le livre sera Frédéric-Melchior Grimm, qui en publiera un compte rendu assez étendu dans la *Correspondance littéraire* du 1er juin 1766 (CLT, vii.49-54), ce qui inciterait à avancer d'un mois l'envoi de la lettre assez délibérément obscure de Gabriel Cramer à Grimm, que M. Besterman situe vers juin-juillet 1766 (D13381), si nous ne savions que les livraisons de la *Correspondance littéraire* sont généralement antidatées à cette époque.[1]

[1] Voir U. Kölving et J. Carriat, *Inventaire de la 'Correspondance littéraire' de Grimm et Meister*, Studies 225-227 (1984), i.xx-xxii.

Voltaire rapportait plaisamment à Damilaville: 'On dit qu'il est imprimé à Londres' (D13307).[2] Les lettres de et à Gabriel Cramer prouvent que l'édition princeps est, de toute évidence, genevoise et qu'elle s'est faite sous la surveillance directe et constante de l'auteur. Ainsi, Voltaire estime inopportun de publier simultanément *Le Philosophe ignorant* et son *Avis au public sur les parricides imputés aux Calas et aux Sirven*, destiné à un tout autre public, celui des princes protestants d'Allemagne (D13342). Il insiste auprès de Cramer pour que celui-ci annexe au *Philosophe ignorant* le dialogue *André Destouches à Siam*, 'sans quoy il n'y aurait pas moyen d'en faire usage', remarque importante et dont les éditeurs ultérieurs se sont peu souciés (D13362). Il se préoccupe d'un dessin qui, selon M. Besterman, pourrait être destiné à représenter emblématiquement la démarche de l'esprit humain telle qu'elle est résumée dans *Le Philosophe ignorant*: 'une planche assez bizare [...] trois aveugles qui cherchent à tâtons un âne qui s'enfuit. C'est l'emblème de tous les philosophes qui courent après la vérité. Je me tiens un des plus aveugles, et j'ay toujours couru après mon âne. C'est donc mon portrait que je vous demande' (à Fyot de La Marche, le 3 mars 1766; D13194). Pour autant que nous sachions, aucune des éditions de l'*Ignorant* ne comporte cette planche, à laquelle Voltaire a probablement dû renoncer.

Mais bientôt vont surgir de graves difficultés qui feront obstacle à la diffusion en France du petit in-octavo de Cramer. Déjà Grimm signale, dans son compte rendu du 1er juin 1766, que la brochure est introuvable à Paris. Un peu plus tard, Voltaire lui-même recommande la patience et la discrétion au fidèle Damilaville: 'l'ignorant doit rentrer dans sa coquille, et ne se montrer de plus de six mois' (le 28 juillet 1766; D13456).

La raison de cette prudence est d'abord d'ordre politique, et même policier. L'exécution atroce du chevalier de La Barre dépasse en horreur tout ce que Voltaire avait imaginé, et elle l'implique en même temps comme responsable moral des écarts

[2] Il y eut effectivement une édition anglaise (66L).

du jeune contestataire. Voltaire est partagé entre la terreur et le dégoût, mais il comprend aussi que le moment est mal venu de prendre des risques ou de provoquer le gouvernement. D'ailleurs son correspondant parisien François Marin, censeur de police et secrétaire général de la Librairie, l'exhorte à la plus extrême réserve. Le 16 juillet 1766: 'Cet *Ignorant* qui ne l'est pas, Monsieur, auroit eu les petites entrées sans cette queue qui se trouvoit en effet déplacée dans de malheureuses circonstances' (D13425), et trois jours plus tard: 'j'ai vû le libraire qui est en correspondance avec MM. Cramer pour lui conseiller de ne prendre aucune voye détournée pour faire venir de *l'ignorant*. Il m'a répondu que le ballot étoit déjà en chemin, qu'il n'y avoit pas moyen de faire rebrousser chemin au Voiturier, mais qu'il arrêteroit ce pacquet aux environs de Paris et qu'il ne l'y feroit point entrer [...] Il est des tems où l'on peut tout risquer, il en est d'autres où les choses les plus innocentes tirent à conséquence et pour votre repos et votre tranquillité. Il est bon de garder pendant quelque tems le silence' (D13432).

Pendant quelques mois, le livre n'est donc connu en France que d'un petit nombre de privilégiés qui en ont obtenu un exemplaire sans passer par l'intermédiaire des libraires. Sans doute est-ce à eux que songeait Voltaire lorsqu'il réclamait à Gabriel Cramer, à la fin du mois d'août 1766, 'deux douzaines de Philosophes ignorants' (D13528). Madame Du Deffand devait être du nombre, puisqu'elle écrit à Voltaire le 18 septembre: 'j'ay lû en dernier lieu le philosophe ignorant' (D13567), alors qu'elle déclarait encore le 13 août, dans une lettre à Walpole: 'Je n'ai point lu *Le Philosophe ignorant*' (D13493, commentaire).

Aux difficultés policières s'ajoutent les tracasseries du syndicat des libraires, que les éditions étrangères de Voltaire introduites subrepticement en France lèsent considérablement sur le plan commercial. A Helvétius, qui lui a demandé un exemplaire, Voltaire répond le 27 octobre: 'Je n'ai pas actuellement un seul philosophe ignorant. Toute l'édition que les Cramers avaient faitte, et qu'ils avaient envoiée en France leur a été renvoiée bien proprement par la chambre sindicale, elle est en chemin, et je n'en aurai que dans trois semaines' (D13626). Il faudra attendre le 3 janvier 1767 pour qu'Helvétius dispose enfin d'un exemplaire, et en félicite l'auteur (D13797).

En décembre encore, d'Holbach envie un correspondant anonyme[3] qui vit à proximité de la Suisse et qui connaît 'sans doute, mieux que nous, dont on ménage la délicatesse, le *Recueil nécessaire*, le *Christianisme dévoilé*, l'*Examen* de Fréret, le *Philosophe ignorant*, et toutes ces autres bombes terribles dont on accable notre antique édifice' (D.app.287). Le fait qu'il assimile *Le Philosophe ignorant* à ces brûlots antichrétiens montre assez que d'Holbach en ignore le contenu précis.

La vraie diffusion de la brochure débute donc dans les premiers mois de 1767, lorsque les inquiétudes de Voltaire se sont quelque peu apaisées. En décembre 1766, il est question, dans la correspondance de Voltaire avec Gabriel Cramer, de ballots de livres auxquels il faudra joindre quelques 'philosophes ignorants' (D13730 et D13743).

La curiosité n'en sera que plus grande, en France et à l'étranger. On a vu l'impatience d'Helvétius et d'Holbach. A Gotha, la duchesse Louise-Dorothée de Meiningen, grande lectrice de livres 'philosophiques', s'informe le 12 octobre auprès de l'écrivain: 'j'ai entendue parler d'un nouvau Livre, qui exite toute ma curiosité, et tous mes désirs; il s'apelle Le philosophe ignorant' (D13606), et elle le prie de le lui procurer, ou de lui dire où elle pourrait le trouver. Voltaire lui répond fort aimablement le 27 octobre 1766 (D13627): 'Je n'ai que ce seul éxemplaire, j'en détache la couverture affin qu'il puisse arriver plus commodément par la poste. L'ouvrage ne vaut pas le port. Cent soixante et dix pages[4] pour dire qu'on ne sait rien sont des pages fort inutiles, mais les livres de ceux qui croient savoir quelque chose sont plus inutiles encor [...] Vôtre Altesse Sérénissime recevra donc mes haillons avec

[3] On a longtemps cru que la lettre était adressée à Voltaire lui-même, mais les deux hommes ne se connaissaient pas personnellement. D'ailleurs, le ton et les allusions excluent l'hypothèse d'un envoi de cette lettre à Ferney.

[4] Il s'agit donc bien de l'édition 66.

bonté. Vos lumières sont bien capables de me faire l'aumône. Les articles où l'on parle de la charlatanerie des savants pouront bien vous ennuier, mais les derniers chapitres pouront vous amuser. Il est du moins permis à un ignorant comme moi de plaisanter'. En novembre et décembre 1768, *Le Philosophe ignorant* figurera en bonne place dans le catalogue de livres 'philosophiques' vendus sous le manteau par le chevalier de Chiniac de La Bastide Du Claux et dans son offre au libraire parisien Laurent (D15288 et D15386).

Enfin, les six rééditions de 1766 et 1767 attestent le succès initial du livre. Il semble pourtant que cette vogue ne se soit pas maintenue au-delà de 1767, et qu'à un intérêt fondé avant tout sur la curiosité ait succédé bientôt une certaine déception. Celle-ci se manifeste dans les trop rares réactions contemporaines dont nous allons rapporter l'essentiel.

2. *Un accueil mitigé*

Lorsqu'à la fin de 1766 Helvétius parvient enfin à se procurer *Le Philosophe ignorant*, il en accuse réception à Voltaire en des termes assez vagues qui n'engagent guère son jugement sur le livre lui-même: 'j'en aime et admire L'auteur, je suis très content des raisonnements, et enchanté de ses fables' (D13797), ce qui vise peut-être l'*Aventure indienne* et le dialogue *André Destouches à Siam*, car le mot 'fable' ne convient absolument pas aux petits chapitres de l'*Ignorant*.

Dans l'intimité de madame Du Deffand, on ne cache guère sa déception. Le patriarche de Ferney se mettrait-il à radoter? La marquise écrit à Horace Walpole le 13 août 1766: 'Je n'ai point lu *Le Philosophe ignorant*. Je m'en informai hier, et Pont-de-Veyle me dit qu'on ne croyait pas qu'il fût de Voltaire; je pense de même, puisque vous le trouvez ennuyeux' (D13493, commentaire). Trois semaines plus tard, lorsqu'elle a lu l'opuscule, elle lâche ce jugement dédaigneux: 'c'est peu de chose, il ne vous plairait pas'.

Elle changera d'avis dans une lettre du 22 août 1770, mais il semble surtout qu'elle y éprouve un malin plaisir à opposer Voltaire à lui-même et à lui rappeler ses leçons de scepticisme. 'Mon cher Voltaire, ne vous ennuyez vous pas de tout les raisonnement métaphisiques, sur les matières inintelligibles? Ils sont à mon avis ce que le claveçin du père Castel étoit pour les sourds. Peut on donner des idées et peut on en admettre d'autres que celles que nous recevons par nos sens? [...] De tout ce qu'on a Ecrit sur ces matières, c'est le *philosophe ignorant* et *la religion naturelle* que Je lis avec [le] plus de plaisir. Je ne me tourmente point à chercher à connoître ce qu'il est impossible de concevoir; l'éternité, le commencement, le plein, le wide: quel choix peut t'on faire?' (D16606).

Si de fervents voltairiens comme Pont-de-Veyle, si des intimes comme madame Du Deffand se permettent des réserves ou préfèrent s'abstenir de commentaires, on comprend mieux la réaction plutôt froide, le ton parfois acerbe, du porte-parole des amis de Diderot et d'Holbach. Il n'est pas impossible que Diderot ait inspiré dans une large mesure le compte rendu critique publié par Grimm le 1er juin 1766 dans sa *Correspondance littéraire*.

Certes, l'article commence par affirmer la solidarité des 'philosophes' en face des gouvernements et de leur funeste politique d'intolérance. Mais il se montre beaucoup moins chaleureux lorsqu'il s'agit de présenter le livre lui-même. Parlant du dialogue *André Destouches à Siam*, Grimm se borne à remarquer: 'cette tournure n'est point neuve, et M. de Voltaire lui-même s'en est servi plus d'une fois', autant dire que le patriarche se répète et que son génie fléchit. On songe à l'archevêque de Grenade jugé par le fidèle Gil Blas. Le *Philosophe* lui-même n'est pas mieux traité. 'Le plan du *Philosophe ignorant* était excellent, mais l'exécution n'y répond que faiblement [...] à peine a-t-il faiblement effleuré la surface des choses.' L'esprit de doute systématique a égaré Voltaire et lui a inspiré des affirmations ou des adhésions qui sont la marque d'une pensée timorée. 'Il dit à tout moment, par faiblesse: *Je comprends*, lorsque sa conscience lui dit certainement et nettement: *Je ne comprends* pas.' Grimm prend, contre Voltaire, la

défense du spinozisme, et il en profite pour attaquer le déisme voltairien dans son principe même, visant ainsi une des convictions les plus inébranlables du patriarche afin d'en montrer le caractère vulnérable:

Tout ouvrage démontre un ouvrier; mais qui vous a dit que l'univers est un ouvrage? Vous convenez ailleurs [...] que tout est nécessaire, et qu'il n'y a point de raison pour que l'existence ait commencé; et puis, vous venez me parler d'ouvrage et d'ouvrier: vous voulez sans doute jouer avec les mots.

Selon Grimm (qui fait écho ici au matérialisme de Diderot), 'cela est bon pour professer un article de foi: M. Pluche est un raisonneur de cette espèce'. Et il ajoute: 'Moi, j'en conclus simplement que le mouvement et l'énergie de la matière sont des qualités certaines, existantes, agissantes, quoiqu'elles soient réellement incompréhensibles'. Là-dessus, il dénonce sur un ton de plus en plus agressif 'la sottise de lier le système métaphysique, où tout est ténèbres, avec les idées morales, où tout est clair et précis', avant d'apostropher personnellement 'mon cher Philosophe ignorant qui faites l'enfant'.

Après avoir pris la défense du spinozisme, Grimm se fait le champion du hobbisme et accuse Voltaire, une fois de plus, de se payer d''un jeu de mots assez puéril'. En somme, ce philosophe ignorant ne serait guère digne du beau nom de 'philosophe'.

On a coutume de dater de 1770, et plus précisément de la publication du *Système de la nature*, la rupture entre Voltaire et la 'synagogue holbachique'. On voit que la coupure était déjà manifeste plusieurs années auparavant et que Voltaire apparaissait, dès 1766, comme un penseur trop prudent, dépassé par l'aile radicale du mouvement 'philosophique'. Il ne faisait pourtant que proclamer sa fidélité à une position qui avait été la sienne depuis l'*Epître à Uranie* et le *Traité de métaphysique*. Le retentissement limité du *Philosophe ignorant* tient peut-être à ce qu'il n'apportait rien de neuf aux lecteurs habituels du patriarche. Plutôt qu'une œuvre originale, *Le Philosophe ignorant* est une synthèse et un bilan. Elle témoigne, en tout cas, de la constance et de l'unité de la pensée voltairienne dans les structures fondamentales de sa vision du monde.

3. *Les éditions*[5]

On connaît sept éditions séparées du *Philosophe ignorant* datées des années 1766 et 1767, dont une (66) sortie des presses de Cramer à Genève. Voltaire remania quelques endroits du texte pour les *Nouveaux mélanges* de 1767, et adopta un nouveau titre, *Les Questions d'un homme qui ne sait rien*. L'édition in-quarto, w68 (dont le tome en question parut en 1771), suit le texte des NM, tout en rétablissant le titre primitif de l'ouvrage. L'édition encadrée (w75G) suit w68, exception faite de la correction de quelques lignes par le moyen d'un carton. L'édition de Kehl (K) présente quelques menues variantes de provenance incertaine.

66

[*encadrement*] / LE / PHILOSOPHE / IGNORANT. / [*bois gravé, des fruits et du feuillage, 37 x 22 mm*] / [*filet, 62 mm*] / *M. DCC. LXVI.* / [*filet, 61 mm*] /

8°. sig. $*^4$ A-I^8 K^4 L^2 (– L2) M^8; pag. VII [viii] 154 [157]-171; $4 signé, chiffres romains (– *1, *4, K4); réclames par cahier.

[i] titre; [ii] encadrement; III-VII Table des doutes; [viii] encadrement et réclame 'LE'; [1]-133 Le Philosophe ignorant; 134-136 Petite digression; 137-142 Aventure indienne, traduite par l'ignorant; 143-154 Petit commentaire de l'ignorant sur l'éloge du dauphin de France, composé par Mr Thomas; [157]-171 Supplément au Philosophe ignorant. André Des Touches à Siam.

Cette première édition du *Philosophe ignorant*, imprimée par Cramer, semble avoir été remaniée avant sa publication. Les pages 155 et suivantes (sig. L2) auraient été consacrées à l'*Avis au public sur les parricides imputés aux Calas et aux Sirven*, texte qui, selon Marin (D13425), a

[5] Cette section a été établie par Andrew Brown.

empêché la distribution du volume à Paris. Il aurait été éliminé, et remplacé par le 'Supplément', *André Destouches à Siam* (voir D13342 et D13362). On ne connaît pas d'exemplaire de cette édition dans son état primitif, mais il est probable que c'est ainsi qu'il fut envoyé à l'éditeur anglais de 66L.

Nous adoptons cette édition comme texte de base.

Bengesco, ii.186; BnC 4075-4076.

Leningrad: BV 3712 (de la bibliothèque de Rieu); Bn: Rés. Z Beuchot 21 (29), Rés. p R 108 (avec des notes manuscrites de Jamet); ImV: D Philosophe 2/1766/1; Br: FS 235 A; Bibliothèque nationale suisse, Berne: L 9138 Rés.; Bayerische Staatsbibliothek, München: Ph U 530r (les feuilles K et L reliées après M); Trinity College, Cambridge.

66A

LE / PHILOSOPHE / IGNORANT. / [*ornement typographique*] / [*filet, 73 mm*] / *M. DCC. LXVI.* / [*filet, 73 mm*] /

8°. sig. $*^4$ A-B^8 C-F^6 G-H^8 I^4; pag. [*8*] 120; $5 signé, chiffres arabes (– *1-2, *4, C5, D5, E5, F5, I4); réclames par cahier.

[*1-2*] bl.; [*3*] titre; [*4*] 'Par A..... de V.....e Gentilhomme, / Jouiſſant de cent mille livres de rente, / connoiſſant toutes choſes, & ne faisant / que radoter depuis quelques années; / ah! Public recevez ces dernières paro- / les avec indulgence.'; [*5-8*] Table des doutes; [1]-104 Le Philosophe ignorant; 105-107 Petite digression; 107-111 Aventure indienne, traduite par l'ignorant; 112-120 Petit commentaire de l'ignorant, sur l'éloge du dauphin de France composé par Mr Thomas.

Cette édition hollandaise a été attribuée, sans doute avec raison, à l'éditeur Marc Michel Rey (Vercruysse 1967, p.1733), mais on comprend mal les motifs qui auraient incité Rey à inclure (p.[*4*]) le petit texte cité ci-dessus. Quoi qu'il en soit, il paraît que Du Peyrou a proposé à Rey de lui envoyer un exemplaire d'une édition genevoise du *Philosophe ignorant*, car Rey a répondu le 18 octobre 1766 (D13616) qu'il n'en avait pas besoin.

66A ne comporte pas de 'Supplément', et les titres des chapitres présentés dans la 'Table des doutes' concordent avec les titres qu'on trouve dans le texte.

Journal des sçavans (novembre 1766); Bengesco, ii.187 ('Amsterdam ou La

Haye'); Vercruysse 1967, p.1733 (Rey); BnC 4078 ('vraisemblablement hollandaise').

Bn: Rés. Z Beuchot 648 (*1 absente); ImV: D Philosophe 2/1766/3; Br: FS 237 A (*1 absente); Bibliotheek der Rijksuniversiteit, Leiden: 2404 B 26 (broché, de la collection Van Aldenburg Bentinck); Stockholm: 137 Fa (de la collection de Adam Horn); Uppsala: Litt. fransk.

66B

LE / PHILOSOPHE / IGNORANT. / [*ornement typographique*] / [*filet orné, 69 mm*] / *M. DCC. LXVI.* /

8°. sig. π^2 A-F⁸ G⁶; pag. [*4*] 107; $5 signé, chiffres arabes (G3 signée 'G4', G4 'G5'); réclames par page.

[*1*] titre; [*2*] bl.; [*3-4*] Table des doutes; [1]-85 Le Philosophe ignorant; 85-87 Petite digression; 87-90 Aventure indienne, traduite par l'ignorant; 91-97 Petit commentaire de l'ignorant, sur l'éloge du dauphin de France composé par Mr Thomas; 98-107 Supplément au Philosophe ignorant. André Des Touches à Siam.

Cette édition, sans doute allemande, est sortie des mêmes presses que celle de 1767 (sigle 67): on retrouve le même bois gravé à la p.97 dans les deux cas. La 'Table des doutes' occupe une position intermédiaire entre 66 et 66A, mais la présence du 'Supplément' indique que 66B s'inspire de 66 ou de 66P.

Bengesco, i.187 ('Berlin'); BnC 4079 ('allemande').

Bn: Rés. Z Bengesco 299; ImV: D Philosophe 2/1766/4; Bibliothèque municipale, Dijon: D 15303.

66L

LE / PHILOSOPHE / IGNORANT. / AVEC / Un AVIS au PUBLIC / SUR / Les Parricides imputés aux CALAS & aux / SIRVEN. / [*ornement typographique*] / [*filet, 71 mm*] / *M. DCC. LXVI.* / [*filet, 71 mm*] /

8°. sig. *⁴ π1 A-N⁸ O²; pag. IX [x] 211; $4 signé, chiffres romains (– *1, *4, O2); réclames par page.

[i] titre; [ii] bl.; III-VII Table des doutes; VIII-IX Table II [de l'*Avis au public*]; [x] bl.; [1]-134 Le Philosophe ignorant; 135-137 Petite digression; 138-143 Aventure indienne, traduite par l'ignorant; 144-155 Petit com-

mentaire de l'ignorant, sur l'éloge du dauphin de France composé par Mr Thomas; [156] bl.; [157]-211 Avis au public sur les parricides imputés aux Calas et aux Sirven.

'Press figures': *3*v* 6; A5*v* 2; B7*r* *; C8*v* 2; D8*r* 2; D8*v* 3; E1*v* 2; F7*r* 1; F7*v* 7; G3*v* 3; H2*v* 1; H7*v* 4; I1*v* 2 (absent des exemplaires Bn et ImV); I5*r* 2; I7*v* 4; K1*v* 1; K8*v* 8; L3*v* 4; L6*v* 7; M4*v* 6; N3*v* 4; N5*r* 1.

La présence de 'press figures' indique que cette édition est d'origine anglaise. Elle est la seule à inclure l'*Avis au public sur les parricides* et aurait été composée à partir d'un exemplaire non-corrigé de 66, dont elle reprend le texte.

Bengesco, ii.186 ('Londres'); BnC 4081 ('Londres').

Bn: Rés. Z Beuchot 650; ImV: D Philosophe 2/1766/5; BL: 1390 h 60; Bodleian: 8° Godwin 233 (2).

66P

[*encadrement*] / LE / PHILOSOPHE / IGNORANT. / [*bois gravé, deux fleurs et du feuillage, 34 x 26 mm*] / [*filet, 61 mm*] / *M. DCC. LXVI.* / [*filet, 62 mm*] /

8°. sig. $*^4$ A-K^8 L^4; pag. VII [viii] 168; $4 signé, chiffres romains (– *1, *3-4, L3-4); réclames par cahier.

[i] titre; [ii] encadrement; III-VII Table des doutes; [viii] encadrement et réclame 'LE'; [1]-133 Le Philosophe ignorant; 134-136 Petite digression; 137-142 Aventure indienne, traduite par l'ignorant; 143-153 Petit commentaire de l'ignorant, sur l'éloge du dauphin de France composé par Mr Thomas; [154]-168 Supplément au Philosophe ignorant: André Des Touches à Siam.

Cette jolie édition, vraisemblablement parisienne, reproduit le texte et la présentation typographique de 66.

Bengesco, ii.187; BnC 4077.

Bn: Rés. Z Beuchot 649, R 13588, Rz 3055; ImV: D Philosophe 2/1766/2; Br: FS 236 A.

66X

LE / PHILOSOPHE / IGNORANT. / [*bois gravé, 41 x 40 mm*] / [*filet, 80 mm*] / *M. DCC. LXVI.* / [*filet, 81 mm*] /

8°. sig. π^2 A-E^8 F^{12}; pag. iv 101 (le 3 de p.93 inverti); $4 signé, chiffres romains (+ F4-5; A3 signée 'Aij', C4 'Ciij'); sans réclames.

[i] titre; [ii] bl.; iij-iv Table des doutes; 1-79 Le Philosophe ignorant; 80-81 Petite digression; 82-85 Aventure indienne, traduite par l'ignorant; 85-91 Petit commentaire de l'ignorant, sur l'éloge du dauphin de France composé par Mr Thomas; 92-101 Supplément au Philosophe ignorant. André Destouches à Siam.

On ne connaît qu'un seul exemplaire de cette édition, qui suit le texte de 66.

Taylor: V8 P 1766 (1).

67

[*encadrement*] / LE / PHILOSOPHE / IGNORANT. / [*ornement typographique*] / [*filet, 58 mm*] / *Nouvelle Edition Corrigée.* / [*filet orné*] / *M. DCC. LXVII.* /

8°. sig. π^2 A-F^8 G^6; pag. [*4*] 108; $5 signé, chiffres arabes (– G5); réclames par page.

[*1*] titre; [*2*] bl.; [*3-4*] Table des doutes; [1]-85 Le Philosophe ignorant; 85-87 Petite digression; 87-90 Aventure indienne, traduite par l'ignorant; 91-97 Petit commentaire de l'ignorant, sur l'éloge du dauphin de France composé par Mr Thomas; [98]-108 Supplément au Philosophe ignorant. André Des Touches à Siam.

Une nouvelle édition par le même imprimeur que 66B.

BnC 4080 ('pourrait être celle faite à Augsburg' – voir ci-dessous, 67AU).

Bn: Rés. Z Beuchot 651, Rés. Z Beuchot 652.

67AU

Kayser, *Index locupletissimus* (1836), vi.108, cite une édition publiée à Augsbourg. On n'en connaît pas d'exemplaire, mais voir ci-dessus, 67.

NM67A

NOUVEAUX/MELANGES/PHILOSOPHIQUES,/HISTORIQUES,/ CRITIQUES, / &c. &c. / *QUATRIEME PARTIE.* / [*bois gravé, Candide 'g', 47 x 37 mm*] / [*filet gras-maigre, 71 mm*] / M. DCC. LXVII. /

[*faux-titre*] NOUVEAUX / MELANGES / PHILOSOPHIQUES, / HISTORIQUES, / CRITIQUES, / &c. &c. &c. / *QUATRIEME PARTIE.* /

8°. sig. π² *⁸ A-Cc⁸ Dd1; pag. [*4*] XVI 418 (p.217 numérotée '221', 236 '936'); $4 signé, chiffres arabes (– *4); sans tomaison; réclames par page.

[*1*] faux-titre; [*2*] bl.; [*3*] titre; [*4*] bl.; I-XVI, [1]-254 autres textes; 255-330 Les Questions d'un homme qui ne sait rien; 331-411 autres textes; 412-418 Table des articles contenus dans cette quatrième partie; 418 Errata.

La première édition du quatrième volume des *Nouveaux mélanges*, imprimée par Cramer. Le texte du *Philosophe ignorant* a été remanié par Voltaire, et présenté sous un nouveau titre, *Les Questions d'un homme qui ne sait rien*.

Un exemplaire de cette même édition, à l'Institut et musée Voltaire (BA 1767/1), porte une page de titre qui ne provient pas de chez Cramer: 'NOUVEAUX / MELANGES / PHILOSOPHIQUES, / HISTORIQUES, / CRITIQUES, / &c. &c. / *Par M. de VOLTAIRE.* / [*ornement typographique*] / *à GENEVE.* / [*filet gras-maigre, composé de 5 éléments, 61 mm*] / M. DCC. LXVII.'

Bn: Rés. Z Beuchot 61; Taylor: VF.

NM67B

NOUVEAUX / MELANGES / PHILOSOPHIQUES, / HISTORIQUES, / CRITIQUES, / *DE DIVERS AUTEURS, &c.* / TOME QUATRIEME. / [*bois gravé, Candide 'g', 47 x 37 mm*] / [*filet gras-maigre, 70 mm*] / M. DCC. LXVII. /

[*faux-titre*] NOUVEAUX / MELANGES / PHILOSOPHIQUES, / HISTORIQUES, / CRITIQUES, / &c. &c. &c. / *TOME QUATRIEME.* /

8°. sig. π² *⁸ A-Cc⁸; pag. [*4*] XVI 416; $4 signé, chiffres arabes; sans tomaison; réclames par page.

[*1*] faux-titre; [*2*] bl.; [*3*] titre; [*4*] bl.; I-XVI, [1]-254 autres textes; 255-330 Les Questions d'un homme qui ne sait rien; 331-411 autres textes; 412-416 Table des articles contenus dans cette quatrième partie.

Cette nouvelle édition, imprimée par Cramer, ne compte que 416 pages, et ne comporte pas d'errata, le texte des *Scythes* ayant été corrigé. On trouve à la page de titre la formule 'de divers auteurs', et l'emploi du terme 'tome' au lieu de 'partie'.

Worcester College, Oxford: XXI 7 (4).

NM70

NOUVEAUX/MELANGES/PHILOSOPHIQUES,/HISTORIQUES,/CRITIQUES, / &c. &c. / *QUATRIÉME PARTIE.* / [*bois gravé, Candide 'a', 46 x 32 mm*] / [*filet gras-maigre, 60 mm*] / M. DCC. LXX. /

[*faux-titre*] NOUVEAUX / MELANGES / PHILOSOPHIQUES, / HISTORIQUES, / CRITIQUES, / &c. &c. &c. / *QUATRIÉME PARTIE.* /

8°. sig. π^2 $*^8$ A-Cc^8; pag. [*4*] XVI 416 (p.18 numérotée '81', 178 '176'); $4 signé, chiffres arabes; tomaison '*Nouv. Mél.* IV. Part.' (sigs R, T '*Nouv. Mél.* IV. Partie.'); réclames par page.

[*1*] faux-titre; [*2*] bl.; [*3*] titre; [*4*] bl.; I-XVI, [1]-254 autres textes; 255-330 Les Questions d'un homme qui ne sait rien; 331-411 autres textes; 412-416 Table des articles contenus dans cette quatrième partie.

Une nouvelle édition par Cramer.

Bn: Z 24631, Z 24710, Z 24768.

W68 (1771)

MÉLANGES / PHILOSOPHIQUES, / LITTERAIRES, / HISTORIQUES, &c. / [*filet, 118 mm*] / TOME TROISIEME. / [*filet, 119 mm*] / *GENEVE.* / [*filet maigre-gras, 120 mm*] / M. DCC. LXXI. /

[*faux-titre*] COLLECTION / Complette / DES / *ŒUVRES* / DE / M^{R}. DE V***. / [*filet gras-maigre, 117 mm*] / *TOME SEIZIEME.* / [*filet maigre-gras, 120 mm*] /

4°. sig. π^2 A-Bbbb^4 Cccc^2; pag. [*4*] 571; $3 signé, chiffres romains; tomaison '*Phil. Littér. Hist.* Tom. III.'; réclames par cahier.

[*1*] faux-titre; [*2*] bl.; [*3*] titre; [*4*] bl.; 1-83 autres textes; 83-134 Le Philosophe ignorant; 134-140 Supplément au Philosophe ignorant. André Des Touches à Siam; 141-561 autres textes; 562-571 Table des pièces contenues dans ce volume.

Cette édition reproduit le texte des NM, avec deux changements (ch.13, l.52, ch.53, l.5). En outre, le titre primitif de l'ouvrage a été rétabli, ainsi que le 'Supplément'.

Taylor: VF.

NM72

NOUVEAUX / MÉLANGES / *PHILOSOPHIQUES,* / HISTORIQUES, / CRITIQUES, / &c. &c. / *QUATRIEME PARTIE.* / [*ornement typographique*] / [*filet gras-maigre, 71 mm*] / *M. DCC. LXXII.* /

[*faux-titre*] NOUVEAUX / *MÉLANGES* / PHILOSOPHIQUES, / HISTORIQUES, / CRITIQUES, / &c. &c. &c. / *QUATRIEME PARTIE.* /

8°. sig. π^2 $*^8$ A-Cc^8; pag. [*4*] xvi 416.

La quatrième édition du quatrième volume des *Nouveaux mélanges*, dont on peut comparer la présentation typographique avec celle des derniers volumes de w68 et avec certains volumes de w72x.

ImV: A 1770/1 (36).

W70L (1772)

MÉLANGES / *DE* / PHILOSOPHIE, / DE MORALE, / ET DE POLITIQUE, / PAR / *M*^{R}*. DE VOLTAIRE.* / TOME SEPTIEME. / [*bois gravé, un monument et putti, 50 x 34 mm*] / *A LONDRES.* / [*filet orné, 74 mm*] / M. D. CC. LXXII. /

[*faux-titre*] *COLLECTION* / COMPLETTE / *DES* / ŒUVRES / *DE* / M^{R}. DE VOLTAIRE. / [*filet orné, 75 mm*] / *TOME VINGT-HUITIEME.* / [*filet orné, 73 mm*] /

8°. sig. $*^4$ A-Aa^8 Bb^2; pag. VIII 387 (p.9, 195 non numérotées); $5 signé, chiffres arabes (– *1-2, Bb2); tomaison '*Mêlanges*. Tome VII.' (sigs M, N, Y Aa '*Mélanges*. Tome VII.'); réclames par cahier.

[i] faux-titre; [ii] bl.; [iii] titre; [iv] bl.; V-VIII Table des pièces contenues dans le tome VII des mélanges; 1 Mélanges de philosophie, de morale, et de politique (rubrique); 1-111 autres textes; 112-193 Le Philosophe ignorant; 193-203 Supplément au Philosophe ignorant. André Des Touches à Siam; 203-387 autres textes.

Cette édition, due à Grasset de Lausanne, reproduit le texte de w68.

Taylor: V1 1770L (28).

W71 (1773)

MELANGES / PHILOSOPHIQUES, / LITTERAIRES, / HISTORIQUES, &c. / [*filet, 64 mm*] / TOME TROISIEME. / [*filet, 67 mm*] / *GENEVE.* / [*filet gras-maigre, 60 mm*] / M. DCC. LXXIII. /

12°. pag. [2] 644.

Le Philosophe ignorant occupe les p.94-152 de ce volume, dont la reliure le présente comme le tome 15 de la *Collection complète* de 1771-1776, imprimée à Liège pour Plomteux. Cette édition reproduit le texte de w68.

Uppsala: Litt. fransk.

W72P (1773)

ŒUVRES / DE MONSIEUR DE V***. / [*filet gras-maigre, 75 mm*] / *MÉLANGES* / PHILOSOPHIQUES, / *LITTÉRAIRES*, / HISTORIQUES, &c. / *Nouvelle Édition, confidérablement augmentée,* / *& d'après l'édition in-4°.* / TOME CINQUIÈME. / [*bois gravé, une grappe de raisins, signé* 'B', *34 x 30 mm*] / *A NEUCHATEL*, / De l'Imprimerie de la Société. / [*filet orné, 55 mm*] / M. DCC. LXXIII. /

[*faux-titre*] *MÉLANGES* / DE M. DE V***. / [*filet orné, 46 mm*] / TOME V. / [*filet orné, 46 mm*] /

12°. sig. π^2 A-T^{12}; pag. [*4*] 456; $6 signé, chiffres romains; tomaison '*Mél. Tome V.*'; réclames par cahier.

[*1*] faux-titre; [*2*] bl.; [*3*] titre; [*4*] bl.; [1] A1*r* 'MÉLANGES / DE / *LITTÉRATURE*, / &c. / *Mél. Tome V.* A'; [2] bl.; [3] Mélanges de littérature, etc. (rubrique); [3]-136 Des singularités de la nature; 137-233 Le Philosophe ignorant; 234-246 Supplément au Philosophe ignorant. André Des Touches à Siam; 247-452 autres textes; 453-456 Table des articles contenus dans ce volume.

Une autre édition réimprimant le texte de w68. Celle-ci est attribuée à Panckoucke.

Bn: Z 24815.

W75G

[*encadrement*] MÉLANGES / DE / *LITTÉRATURE*, / D'HISTOIRE / ET / DE PHILOSOPHIE. / [*filet, 74 mm*] / TOME SECOND. / [*filet, 75 mm*] / *M. DCC. LXXV.* /

[*faux-titre, encadrement*] TOME TRENTE-QUATRIÉME. /

8°. sig. π^2 A-Dd^8 (± K3.6, O4.5, Q1.8, V2.7, Aa2.7); pag. [*4*] 432; $4 signé, chiffres romains; tomaison '*Mélanges*, *&c.* Tom. II.'; réclames par cahier.

[*1*] faux-titre; [*2*] bl.; [*3*] titre; [*4*] bl.; 1 Mélanges de littérature, d'histoire, et de philosophie (rubrique); 1-288 autres textes; 289-348 Le Philosophe ignorant (le carton V2.7 concerne la p.308); 349 Supplément au Philosophe ignorant (rubrique); 349-356 André Des Touches à Siam; 356-426 autres textes; 427-432 Table des pièces contenues dans ce volume.

Le texte de cette dernière édition revue par Voltaire est essentiellement celui de w68, mais le carton V2.7 corrige les lignes 4-6 du chapitre 23.

Taylor: V1 1775 (34).

W75X

[*encadrement*] MÊLANGES / DE / *LITTÉRATURE*, / D'HISTOIRE / ET / DE PHILOSOPHIE. / [*filet, 70 mm*] / TOME SECOND. / [*filet, 70 mm*] / [*ornement typographique*] / [*filet orné, 79 mm*] / *M. DCC. LXXV.* /

[*faux-titre, encadrement*] ŒUVRES / DE / *M^R. DE VOLTAIRE.* / [*filet, 79 mm*] / TOME TRENTE-QUATRIÈME. / [*filet, 76 mm*] /

8°. sig. π^2 A-Dd^8; pag. [*4*] 432 (p.287 numérotée '187', 416 '116'); $4 signé, chiffres romains (sig. Dd signée chiffres arabes; F4 signée 'Eiv'); tomaison '*Mêlanges*, *&c.* Tom. II.'; réclames par cahier.

[*1*] faux-titre; [*2*] encadrement; [*3*] titre; [*4*] encadrement; 1 Mélanges de littérature, d'histoire, et de philosophie (rubrique); 1-288 autres textes; 289-348 Le Philosophe ignorant; 349 Supplément au Philosophe ignorant (rubrique); 349-356 André Des Touches à Siam; 356-426 autres textes; 427-432 Table des pièces contenues dans ce volume.

Une nouvelle édition (peut-être contrefaçon) de W75G, dont elle suit le texte cartonné.

Bn: Z 24913.

K84

OEUVRES / COMPLETES / DE / VOLTAIRE. / TOME TRENTE-DEUXIEME. / [*filet anglais, 40 mm*] / DE L'IMPRIMERIE DE LA SOCIÉTÉ LITTÉRAIRE- / TYPOGRAPHIQUE. / 1784. /

8°. sig. π^2 A-Kk^8 Ll^4 (± R3, Dd1); pag. [*4*] 535; $4 signé, chiffres arabes (– Ll3-4; R3 carton signé '*Philoſophie*, *&c.* Tome I. R3*', Dd1 carton

'*Philosophie*, *&c.* Tome I. Dd*'); tomaison '*Philosophie &c.* Tome I.'; réclames par cahier.

[*1*] faux-titre; [*2*] bl.; [*3*] titre; [*4*] bl.; [1] A1*r* 'PHILOSOPHIE / GENERALE: / METAPHYSIQUE, / MORALE / ET THEOLOGIE. / *Philosophie &c.* Tome I. A'; [2] bl.; [3]-12 Avertissement des éditeurs; 13-76 Traité de métaphysique; [77] E7*r* 'LE / PHILOSOPHE / IGNORANT.'; [78] bl.; [79]-154 Le Philosophe ignorant; 155-528 autres textes; [529]-535 Table des pièces contenues dans ce volume.

Il s'agit de la première édition in-octavo du tome 32 de l'édition de Kehl, dont il y a eu en 1785 une autre édition in-octavo et une in-douze.

Le texte est proche de celui de W75G cartonnée, mais on y trouve quelques menues variantes (ch.21, l.13; ch.23, l.28; ch.25, l.18; ch.29, l.82; ch.45, l.8; ch.46, l.1-2). On ignore s'il s'agit de corrections de Voltaire ou d'améliorations de la part des éditeurs de Kehl.

Taylor: VF.

4. *Principes de cette édition*

L'édition choisie comme texte de base est 66, l'édition originale sortie des presses de Cramer, qui présente la subdivision en 'Doutes', plus conforme à l'esprit du livre que celle en 'Questions', adoptée à partir de 1767 dans les NM.

Exception faite de la 'Table des doutes' (voir ci-dessus, ch.3), le texte de la première édition a été suivi par 66A, 66B, 66L, 66P, 66X et 67. Les variantes figurant dans l'apparat critique proviennent surtout des NM, dont le texte a été largement adopté par W68 et W75G. Nous présentons aussi les variantes de K quand elle s'écarte de la leçon donnée par NM et W75G. Les variantes ne portent pas sur la ponctuation, à moins qu'elle n'entraîne une modification du sens.

Traitement du texte de base

On a respecté l'orthographe des noms propres de personnes et de lieux.

On a conservé les italiques du texte de base, sauf dans le cas des noms propres de personnes.

On en a aussi respecté scrupuleusement la ponctuation, à deux exceptions près: les guillemets au long sont remplacés par des guillemets ouvrants et fermants; le point qui suit presque toujours les chiffres romains et arabes a été supprimé ou, le cas échéant, remplacé par une virgule.

Par ailleurs, le texte de 66 a fait l'objet d'une modernisation portant sur la graphie, l'accentuation et la grammaire. Les particularités du texte de base dans ces trois domaines étaient les suivantes:

I. *Particularités de la graphie*

1. Consonnes
- absence de la consonne *p* dans le mot 'tems' et son composé 'longtems'
- absence de la consonne *t* dans les finales en *-ans* et en *-ens*
- redoublement de consonnes contraire à l'usage actuel: appeller, appercevoir (et apercevez), complette, datté, jetter, mammelle, rappeller, tulippe
- présence d'une seule consonne là où l'usage actuel prescrit son doublement: aprendre, dévelopement, déveloper, échapé, falut, goute, insuportable, oposé (et opposé), rafinement, raport, Raporteur, sotises, soufle

2. Voyelles
- emploi de *y* à la place de *i* dans: abyme, ayent, Chymie, se déploye, enyvrement, yvresse
- emploi de *i* à la place de *y* dans: piramides, stile

3. Divers
- utilisation systématique de la perluette, sauf en tête de phrase.

4. Graphies particulières
- l'orthographe moderne a été rétablie dans le cas des mots suivants: autentique, Bracmane, Caldéen, encor, fonds (dans l'expression: au fond), hazard, hazarder, hellébore, isle, néantmoins, scholastique, terrein, vuide

5. Le trait d'union

– il a été supprimé dans: aussi-bien, aussi-tôt, bien-tôt, cent-milliéme, non-seulement, si-tôt, tout-puissant, très-supérieur

– il a été rétabli dans: au dedans, ces gens là

6. Majuscules rétablies

– nous mettons la majuscule après un point, si elle manque

– nous mettons la majuscule initiale aux titres d'ouvrage

7. Majuscules supprimées

a. Nous mettons la minuscule aux mots suivants qui portent en général une majuscule dans le texte de base:

Algèbre, Ange de l'école, Antropophage, Astronomie, Athée, Aumônier, Auteur, Bracmane, Brame, Chancelier, Chevalier, Chymie, Ciel, Congrégation, Conseil d'Etat, Déesse, Démoniaque, Dieux, Docteur, Eglise, Empereur, Ere, Eunuques, Fondateur, Géomètre, Géométrie, Gouvernement, Grammairien, Hémisphère, Intelligence suprême, Interprète, Juges, Jurisprudence, Législateur, Lord, Mages, Magie, Mathématique, Métaphysique, Ministre, Monde, Morale, Musicien, Nature, Nominaux, Optimisme, Pape, Philosophes, Philosophie, Physicien, Physique, Poëte, Prédicateur, Prêtre, Prieur, Princesse, Professeur, Prophète, Raporteur, Réaux, Religion, République, Révélation, Roi, Roman, Saints, Sauvages, Séminaire, Soleil, Sophiste, Sorcier, Souverain, Spinosiste, Stoïcien, Terre, Théâtre, Théogonie, Théologie, Théologien, Transsubstantiation, Tribunal, Triomphateur, Tyran, Univers, Université

b. Nous mettons la minuscule aux adjectifs qualificatifs suivants qui portent une majuscule dans le texte de base:

adjectifs désignant des nations ou des peuples; des religions ou des églises.

II. *Particularités d'accentuation*

L'accentuation a été rendue entièrement conforme aux usages modernes à partir des caractéristiques suivantes qu'offre le texte de base:

1. L'accent aigu

– il est absent dans: desespoir, mineraux, proprieté, recuser, teton

– il est présent dans: déviner, éxaminer

– il est employé au lieu du grave:
  – dans les finales *-ier* + *ement*: entiérement, grossiérement, premiérement (mais entière, grossière, etc.)
  – dans le suffixe *-ième* des adjectifs numéraux ordinaux: troisiéme, milliéme
  – dans: siécle

2. L'accent grave
   – il est absent dans: déja

3. L'accent circonflexe
   – il est employé au lieu du grave dans: systême
   – il est présent dans des mots qui ne le comportent pas selon l'usage actuel: atômes, mêts, nâquit, pourvû, pû, toûjours, vîte, vîtesse, vû
   – il est employé dans les adjectifs possessifs: nôtre ami
   – il est absent dans: bruler, chaine, enchainé, grace, ame, maitresse, reconnaitre

4. Le tréma
   – il est présent dans: boëte, bouë, connuë, s'évanouït, jouïssent, lieuë, obéïssance, obéït, poëte, poëtique, ruë

III. *Particularités grammaticales*

1. L'adjectif numéral cardinal 'cent' est invariable
2. Le participe présent est variable: nos désirs, résultans de ces sensations
3. Emploi du pluriel en *-x* dans: loix

LE PHILOSOPHE IGNORANT

a-c NM: Les Questions d'un homme qui ne sait rien

TABLE DES DOUTES

I. *Qui es-tu?* [p.31]
II. *De notre faiblesse.* [p.32]
III. *Comment peut-on penser?* [p.33]
IV. *A quoi bon savoir tout cela?* [p.34]
V. *Y a-t-il des idées innées?* [p.35] 5
VI. *Des bêtes, c'est-à-dire, des animaux qui n'ont pas précisément le don de la parole.* [p.36]
VII. *De l'expérience.* [p.37]
VIII. *De la substance dont on ne sait rien du tout.* [p.38]
IX. *Des bornes étroites de l'entendement humain.* [p.39] 10
X. *Des découvertes impossibles à faire.* [p.40]
XI. *Du désespoir de rien connaître à fond.* [p.40]
XII. *Y a-t-il des intelligences supérieures?* [p.42]
XIII. *L'homme est-il libre?* [p.43]
XIV. *Tout est-il éternel?* [p.47] 15

1 NM: Première question.
2 66A, NM: II. Notre faiblesse.
3 66A, 66B, NM: III. Comment puis-je penser?
4 66A, 66B, NM: IV. M'est-il nécessaire de savoir?
5 66A, 66B, NM: V. Aristote, Descartes, Gassendi [NM: Descartes et Gassendi].
6 66A, 66B, NM: VI. Les bêtes.
8 66A, 66B, NM: VII. L'expérience.
9 66A, 66B, NM: VIII. Substance.
10 66A, 66B, NM: IX. Bornes étroites.
11 66A, 66B, NM: X. Découvertes impossibles.
12 66A, 66B, NM: XI. Désespoir fondé.
13 66A, 66B: XII. Doute.
NM: XII. Faiblesse des hommes.
14 66A, 66B, NM: XIII. Suis-je libre?

XV. *Intelligence qui préside au monde.* [p.49]
XVI. *De l'éternité.* [p.49]
XVII. *Incompréhensibilité de tout cela.* [p.50]
XVIII. *De l'infini qu'on ne comprend pas davantage.* [p.50]
XIX. *Dépendance entière de l'homme.* [p.51] 20
XX. *Encore un mot de l'éternité.* [p.52]
XXI. *Encore un mot de la dépendance de l'homme.* [p.54]
XXII. *Nouveaux doutes s'il y a d'autres êtres intelligents.* [p.54]
XXIII. *D'un seul artisan suprême.* [p.55]
XXIV. *Justice rendue à Spinosa et à Bayle.* [p.57] 25
XXV. *De beaucoup d'absurdités.* [p.64]
XXVI. *Du meilleur des mondes tout plein de sottises et de malheurs.* [p.66]
XXVII. *Des monades.* [p.69]
XXVIII. *Des formes plastiques.* [p.69]
XXIX. *De Locke.* [p.70] 30
XXX. *Le peu qu'on sait.* [p.75]
XXXI. *Y a-t-il une morale?* [p.76]
XXXII. *Y a-t-il juste et injuste?* [p.78]
XXXIII. *Consentement universel est-il preuve de vérité?* [p.80]

16 66A, 66B, NM: XV. Intelligence.
17 66A, 66B, NM: XVI. Eternité.
18 66A, 66B, NM: XVII. Incompréhensibilité.
19 66A, 66B, NM: XVIII. Infini.
20 66A, 66B, NM: XIX. Ma dépendance.
21 66A, 66B, NM: XX. Eternité encore.
22 66A, 66B, NM: XXI. Ma dépendance encore.
23 66A, 66B: XXII. Nouveau doute.
NM: XXII. Nouvelle question.
24 66A, 66B, NM: XXIII. Un seul artisan suprême.
25 66A, 66B, NM: XXIV. Spinosa.
26 66A, 66B, NM: XXV. Absurdités.
27 66A, 66B, NM: XXVI. Du meilleur des mondes.
28 NM: XXVII. Des monades etc.
31 66A, 66B, NM: XXX. Qu'ai-je appris jusqu'à présent?
33 66A, NM: XXXII. Utilité réelle. Notion de justice. [NM: de la justice.]

XXXIV. *Contre Locke en l'estimant beaucoup.* [p.81] 35
XXXV. *Contre Locke encore.* [p.83]
XXXVI. *La nature est-elle toujours la même?* [p.86]
XXXVII. *De Hobbes.* [p.87]
XXXVIII. *Morale universelle, malgré Hobbes.* [p.88]
XXXIX. *De Zoroastre, quoiqu'il y ait loin de Zoroastre à Hobbes.* [p.89] 40
XL. *Des brachmanes.* [p.90]
XLI. *De Confutsée, que nous nommons Confucius.* [p.91]
XLII. *De Pythagore.* [p.92]
XLIII. *De Zaleucus, article dont il faut faire son profit.* [p.92]
XLIV. *D'Epicure, plus estimable qu'on ne croit.* [p.93] 45
XLV. *Des stoïciens.* [p.94]
XLVI. *La philosophie est-elle une vertu?* [p.95]
XLVII. *D'Esope.* [p.96]
XVVIII. *La paix naîtra-t-elle de la philosophie?* [p.97]
XLIX. *Question, s'il faut persécuter les philosophes?* [p.97] 50
L. *La persécution n'est-elle pas une maladie qui ressemble à la rage?* [p.99]
LI. *A quoi tout cela peut-il servir?* [p.100]

35 66A, NM: XXXIV. Contre Locke.
36 66A, NM: XXXV. Contre Locke.
37 66A, NM: XXXVI. Nature partout la même.
39 66A, NM: XXXVII. Morale universelle.
40 66A, NM: XXXIX. De Zoroastre.
42 66A, NM: XLI. De Confucius.
43 66A, NM: XLII. Des philosophes grecs, et d'abord de Pythagore.
44 66A, NM: XLIII. De Zaleucus.
45 66A, NM: XLIV. D'Epicure.
47 66A, NM: XLVI. Philosophie est vertu.
49 66A, NM: XLVIII. De la paix née de la philosophie.
50 66A: XLIX. Questions.
NM: XLIX. Autres questions.
51 NM: L. De même.
66A, W68, W75G: L. Autres questions.

LII. *Autres ignorances.* [p.100]
LIII. *Plus grande ignorance.* [p.102] 55
LIV. *Ignorance ridicule.* [p.103]
LV. *Pis qu'ignorance.* [p.104]
LVI. *Commencement de raison.* [p.104]
LVII. *Petite digression sur les quinze-vingt.*
LVIII. *Aventure indienne, traduite par l'ignorant.* 60
LIX. *Petit commentaire de l'ignorant sur des paroles remarquables.*[1]

53 66A: LI. Ignorances.
NM: LI. Ignorance.
58 66A, 66B, NM: de la raison.
61 66B ajoute: Supplément au Philosophe ignorant.

[1] Dans la présente édition, la *Petite digression*, l'*Aventure indienne* et le *Petit commentaire* figurent respectivement dans les volumes 30, 58 et 61.

Premier doute[a][1]

Qui es-tu? d'où viens-tu? que fais-tu? que deviendras-tu? c'est une question qu'on doit faire à tous les êtres de l'univers, mais à laquelle nul ne nous répond. Je demande aux plantes quelle vertu les fait croître, et comment le même terrain produit des fruits si divers? Ces êtres insensibles et muets, quoique enrichis d'une faculté divine, me laissent à mon ignorance et à mes vaines conjectures. 5

J'interroge cette foule d'animaux différents, qui tous ont le mouvement et le communiquent, qui jouissent des mêmes sensations que moi,[2] qui ont une mesure d'idées et de mémoire avec toutes les passions. Ils savent encore moins que moi ce qu'ils sont, pourquoi ils sont, et ce qu'ils deviennent. 10

Je soupçonne, j'ai même lieu de croire que les planètes, les soleils innombrables qui remplissent l'espace, sont peuplés d'êtres sensibles et pensants;[3] mais une barrière éternelle nous sépare, et aucun de ces habitants des autres globes ne s'est communiqué à nous. 15

a NM: *Première question*

[1] La subdivision en 'Doutes' est plus conforme à l'esprit du livre que celle en 'Questions'. La table de l'édition princeps porte d'ailleurs le titre 'Table des doutes'. Il s'agit de souligner la dominante sceptique qui marque la pensée de Voltaire. En 1736 déjà, le *Traité de métaphysique* s'ouvrait sur un chapitre 'Doutes sur l'homme'.

[2] Voir l'article 'Bêtes' du *Dictionnaire philosophique* (1764).

[3] L'idée avait été popularisée par les *Entretiens sur la pluralité des mondes* (1686) de Fontenelle. Voltaire en avait tiré l'intrigue de *Micromégas* (1752). La question sera développée au chapitre 22.

Monsieur le prieur, dans le *Spectacle de la nature*,[4] a dit à monsieur le chevalier, que les astres étaient faits pour la terre, et la terre, ainsi que les animaux, pour l'homme. Mais comme le petit globe de la terre roule avec les autres planètes autour du soleil, comme les mouvements réguliers et proportionnels des astres peuvent éternellement subsister sans qu'il y ait des hommes comme il y a sur notre petite planète infiniment plus d'animaux que de mes semblables; j'ai pensé que monsieur le prieur avait un peu trop d'amour-propre en se flattant que tout avait été fait pour lui. J'ai vu que l'homme pendant sa vie est dévoré par tous les animaux, s'il est sans défense, et que tous le dévorent encore après sa mort. Ainsi j'ai eu de la peine à concevoir que monsieur le prieur et monsieur le chevalier fussent les rois de la nature.[5] Esclave de tout ce qui m'environne, au lieu d'être roi, resserré dans un point, et entouré de l'immensité, je commence par me chercher moi-même.

II. *Notre faiblesse*

Je suis un faible animal; je n'ai en naissant ni force ni connaissance, ni instinct; je ne peux même me traîner à la mamelle de ma mère, comme font tous les quadrupèdes; je n'acquiers quelques idées que comme j'acquiers un peu de force quand mes organes commencent à se développer. Cette force augmente en moi jusqu'au temps où ne pouvant plus s'accroître, elle diminue chaque jour. Ce pouvoir de concevoir des idées s'augmente de même jusqu'à son terme, et ensuite s'évanouit insensiblement par degrés.

[4] Ouvrage en 9 volumes (1732 et ss) de l'abbé Noël Antoine Pluche, un des plus gros succès de la librairie française au dix-huitième siècle (BV, no.2765, 2766). Malgré (ou à cause de) son anthropocentrisme naïf, il fit beaucoup pour la promotion et la diffusion des sciences naturelles dans le public. Dans l'article 'Ciel des anciens' du *Dictionnaire philosophique*, Voltaire ironise sur ses scrupules religieux.

[5] Voltaire invoque de très anciens arguments contre les théodicées optimistes au dix-huitième siècle. Ses sarcasmes sur la prétendue royauté de l'homme rappellent le Montaigne de l'*Apologie de Raymond Sebon*.

Quelle est cette mécanique qui accroît de moment en moment les forces de mes membres jusqu'à la borne prescrite? Je l'ignore; et ceux qui ont passé leur vie à rechercher cette cause n'en savent pas plus que moi.[6]

Quel est cet autre pouvoir qui fait entrer des images dans mon cerveau, qui les conserve dans ma mémoire? Ceux qui sont payés pour le savoir l'ont inutilement cherché; nous sommes tous dans la même ignorance des premiers principes où nous étions dans notre berceau.

III. *Comment puis-je penser?*

Les livres faits depuis deux mille ans, m'ont-ils appris quelque chose? Il nous vient quelquefois des envies de savoir comment nous pensons, quoiqu'il nous prenne rarement l'envie de savoir comment nous digérons, comment nous marchons. J'ai interrogé ma raison; je lui ai demandé ce qu'elle est? Cette question l'a toujours confondue.

J'ai essayé de découvrir par elle, si les mêmes ressorts qui me font digérer, qui me font marcher, sont ceux par lesquels j'ai des idées. Je n'ai jamais pu concevoir comment et pourquoi ces idées s'enfuyaient quand la faim faisait languir mon corps, et comment elles renaissaient quand j'avais mangé.

J'ai vu une si grande différence entre des pensées et la nourriture, sans laquelle je ne penserais point, que j'ai cru qu'il y avait en moi une substance qui raisonnait, et une autre substance qui digérait. Cependant, en cherchant toujours à me prouver que nous sommes deux, j'ai senti grossièrement que je suis un seul; et cette contradiction m'a toujours fait une extrême peine.[7]

[6] Voir l'article 'Ame' du *Dictionnaire philosophique*. Voltaire n'admet pas l'existence d'une âme immatérielle et éternelle, séparée du corps. La comparaison avec la machine est une image courante après 1750 (Boureau-Deslandes, La Mettrie, Diderot), mais Voltaire se garde bien de la systématiser.

[7] Tout en refusant le dualisme radical de la philosophie spiritualiste, Voltaire conteste l'hylozoïsme du matérialisme moniste. Faire d'un Dieu l'origine de la vie et de la pensée lui permettra de résoudre cette contradiction.

J'ai demandé à quelques-uns de mes semblables qui cultivent la terre notre mère commune, avec beaucoup d'industrie, s'ils sentaient qu'ils étaient deux, s'ils avaient découvert par leur philosophie qu'ils possédaient en eux une substance immortelle, et cependant formée de rien, existante sans étendue, agissant sur leurs nerfs sans y toucher, envoyée expressément dans le ventre de leur mère six semaines après leur conception;[8] ils ont cru que je voulais rire, et ont continué à labourer leurs champs sans me répondre.

IV. *M'est-il nécessaire de savoir?*

Voyant donc qu'un nombre prodigieux d'hommes n'avait pas seulement la moindre idée des difficultés qui m'inquiètent, et ne se doutait pas de ce qu'on dit dans les écoles, de l'être en général, de la matière et de l'esprit etc., voyant même qu'ils se moquaient souvent de ce que je voulais le savoir; j'ai soupçonné qu'il n'était point du tout nécessaire que nous le sussions. J'ai pensé que la nature a donné à chaque être la portion qui lui convient; et j'ai cru que les choses auxquelles nous ne pouvions atteindre ne sont pas notre partage. Mais malgré ce désespoir, je ne laisse pas de désirer d'être instruit, et ma curiosité trompée est toujours insatiable.[9]

[8] S'inspirant d'Aristote, saint Augustin croyait à l'animation médiate du fœtus et considérait que le fœtus mâle n'était animé que 40 jours après la conception (le fœtus femelle à partir du 80e). Voir J. T. Noonan, 'The catholic church and abortion', *Dublin review* 154 (1968), p.310-13.

[9] Voltaire distingue bien entre les subtilités de l''école', qu'il condamne au nom du sens commun, et l'irrépressible besoin de savoir qui nous anime.

Aristote commence par dire que l'incrédulité est la source de la sagesse;[10] Descartes a délayé cette pensée, et tous deux m'ont appris à ne rien croire de ce qu'ils me disent. Ce Descartes surtout, après avoir fait semblant de douter, parle d'un ton si affirmatif de ce qu'il n'entend point; il est si sûr de son fait quand il se trompe grossièrement en physique; il a bâti un monde si imaginaire; ses tourbillons et ses trois éléments sont d'un si prodigieux ridicule, que je dois me défier de tout ce qu'il me dit sur l'âme, après qu'il m'a tant trompé sur les corps.[11]

Il croit, ou il feint de croire que nous naissons avec des pensées métaphysiques.[12] J'aimerais autant dire qu'Homère naquit avec l'Iliade dans la tête. Il est bien vrai qu'Homère en naissant avait un cerveau tellement construit, qu'ayant ensuite acquis des idées poétiques, tantôt belles, tantôt incohérentes, tantôt exagérées, il en composa enfin l'Iliade. Nous apportons en naissant le germe de tout ce qui se développe en nous; mais nous n'avons pas réellement plus d'idées innées, que Raphaël et Michel Ange n'apportèrent en naissant de pinceaux et de couleurs.

Descartes pour tâcher d'accorder les parties éparses de ses chimères, supposa que l'homme pense toujours; j'aimerais autant

9-10 NM: corps. Qu'on fasse son éloge, à la bonne heure, pourvu qu'on ne fasse pas celui de ses romans philosophiques, méprisés aujourd'hui pour jamais dans toute l'Europe. ¶Il croit

[10] Aristote parle de curiosité (*Métaphysique*, liv.III, ch.2) plutôt que d'incrédulité. La formule ressemble assez à un propos attribué à Plutarque, et cité par Diderot.

[11] Après Newton, le discrédit de la physique cartésienne est complet et les fameux 'tourbillons' sont tournés en dérision. Dans les *Eléments de la philosophie de Newton*, part.3, ch.1, Voltaire appelle la physique cartésienne 'ce roman philosophique' et plus loin 'un roman ingénieux sans vraisemblance' (M.xxii.511).

[12] La théorie cartésienne des 'idées innées'.

imaginer que les oiseaux ne cessent jamais de voler, ni les chiens de courir, parce que ceux-ci ont la faculté de courir, et ceux-là de voler.

Pour peu que l'on consulte son expérience et celle du genre humain, on est bien convaincu du contraire. Il n'y a personne d'assez fou pour croire fermement qu'il ait pensé toute sa vie, le jour et la nuit, sans interruption, depuis qu'il était fœtus jusqu'à sa dernière maladie. La ressource de ceux qui ont voulu défendre ce roman,[13] a été de dire qu'on pensait toujours, mais qu'on ne s'en apercevait pas. Il vaudrait autant dire qu'on boit, qu'on mange, et qu'on court à cheval sans le savoir. Si vous ne vous apercevez pas que vous avez des idées, comment pouvez-vous affirmer que vous en avez? Gassendi se moqua comme il le devait de ce système extravagant. Savez-vous ce qui en arriva? On prit Gassendi et Descartes pour des athées.[14]

VI. *Les bêtes*

De ce que les hommes étaient supposés avoir continuellement des idées, des perceptions, des conceptions, il suivait naturellement que les bêtes en avaient toujours aussi; car il est incontestable qu'un chien de chasse a l'idée de son maître auquel il obéit, et du gibier qu'il lui rapporte. Il est évident qu'il a de la mémoire et qu'il combine quelques idées. Ainsi donc si la pensée de l'homme était aussi l'essence de son âme, la pensée du chien était aussi l'essence de la sienne; et si l'homme avait toujours des idées, il fallait bien que les animaux en eussent toujours. Pour trancher cette difficulté, le fabricateur des tourbillons et de la matière

35 NM: des athées, parce qu'ils raisonnaient.//

[13] Ici, et plus haut, le terme a une nette valeur péjorative.
[14] Même idée dans l'article 'Athée' du *Dictionnaire philosophique*.

cannelée,[15] osa dire que les bêtes étaient de pures machines,[16] qui cherchaient à manger sans avoir appétit, qui avaient toujours les organes du sentiment pour n'éprouver jamais la moindre sensation, qui criaient sans douleur, qui témoignaient leur plaisir sans joie, qui possédaient un cerveau pour n'y pas recevoir l'idée 15 la plus légère, et qui étaient ainsi une contradiction perpétuelle.

Ce système était aussi ridicule que l'autre; mais au lieu d'en faire voir l'extravagance, on le traita d'impie; on prétendit que ce système répugnait à l'Ecriture sainte, qui dit dans la Genèse,[17] *que Dieu a fait un pacte avec les animaux, et qu'il leur redemandera le* 20 *sang des hommes qu'ils auront mordus et mangés*; ce qui suppose manifestement dans les bêtes l'intelligence, la connaissance du bien et du mal.

VII. *L'expérience*

Ne mêlons jamais l'Ecriture sainte dans nos disputes philosophiques; ce sont des choses trop hétérogènes, et qui n'ont aucun rapport.[18] Il ne s'agit ici que d'examiner ce que nous pouvons savoir par nous-mêmes, et cela se réduit à bien peu de chose. Il faut avoir renoncé au sens commun pour ne pas convenir que nous 5 ne savons rien au monde que par l'expérience;[19] et certainement si

16 NM: perpétuelle de la nature.//

[15] Descartes appelait 'parties striées' ou 'cannelées' les petites particules de matière ainsi modelées par l'effet des tourbillons et des chocs. Voltaire se moque encore de la théorie des tourbillons dans le septième *Dialogue d'Evhémère* (où Descartes est appelé le Gaulois Cardestes; M.xxx.501-503).

[16] On se souvient de la réponse indignée de La Fontaine à cette théorie. Voir H. Hastings, *Man and beast in French thought of the 18th century* (1936) et L. C. Rosenfield, *From beast-machine to man-machine* (1941). La suite du passage dénature cependant la pensée de Descartes.

[17] Genèse ix.5.

[18] La tactique de Voltaire, quand il n'attaque pas les Ecritures, consiste à les reléguer dans un sanctuaire intouchable, et à les éliminer ainsi de la discussion.

[19] C'est la grande leçon que Voltaire a retenue de la lecture de Locke.

nous ne parvenons que par l'expérience, et par une suite de tâtonnements et de longues réflexions, à nous donner quelques idées faibles et légères du corps, de l'espace, du temps, de l'infini, de Dieu même, ce n'est pas la peine que l'auteur de la nature mette ces idées dans la cervelle de tous les fœtus, afin qu'il n'y ait ensuite qu'un très petit nombre d'hommes qui en fassent usage.

Nous sommes tous sur les objets de notre science, comme les amants ignorants Daphnis et Cloé, dont Longus nous a dépeint les amours et les vaines tentatives. Il leur fallut beaucoup de temps pour deviner comment ils pouvaient satisfaire leurs désirs, parce que l'expérience leur manquait.[20] La même chose arriva à l'empereur Léopold[21] et au fils de Louis XIV,[22] il fallut les instruire. S'ils avaient eu des idées innées, il est à croire que la nature ne leur eût pas refusé la principale et la seule nécessaire à la conservation de l'espèce humaine.

VIII. *Substance*

Ne pouvant avoir aucune notion que par expérience, il est impossible que nous puissions jamais savoir ce que c'est que la matière. Nous touchons, nous voyons les propriétés de cette substance; mais ce mot même *substance*, *ce qui est dessous*, nous avertit assez que ce dessous nous sera inconnu à jamais: quelque chose que nous découvrions de ses apparences, il restera toujours ce dessous

[20] Cette ironie un peu grivoise se retrouve, de manière inattendue, à la fin de l'article 'Amour-propre' du *Dictionnaire philosophique*.

[21] Léopold Ier, mort en 1705, empereur d'Allemagne, roi de Hongrie et archiduc d'Autriche. Saint-Simon, à propos de sa mort, rappelle simplement que 'la vie privée de ce prince fut un continuel exercice de religion [...] une vie tout à fait monacale, avec un usage le plus fréquent des sacrements' (*Mémoires*, éd. Coirault, ii.600).

[22] Louis de France, dit le Grand Dauphin, dont Bossuet fut le précepteur. Saint-Simon, dans ses *Mémoires* (éd. Coirault, iv.78-79 et 81-82), est sévère envers Monseigneur: timidité naturelle, ignorance parfaite, défaut de lumières, terreur du roi, mais il ne parle pas de son manque d'expérience en matière amoureuse.

à découvrir. Par la même raison nous ne saurons jamais par nous-mêmes ce que c'est qu'esprit.[23] C'est un mot qui originairement signifie *souffle*, et dont nous nous sommes servis pour tâcher d'exprimer vaguement et grossièrement ce qui nous donne des pensées.[24] Mais quand même, par un prodige qui n'est pas à supposer, nous aurions quelque légère idée de la substance de cet esprit, nous ne serions pas plus avancés; et nous ne pourrions jamais deviner comment cette substance reçoit des sentiments et des pensées. Nous savons bien que nous avons un peu d'intelligence, mais comment l'avons-nous? c'est le secret de la nature, elle ne l'a dit à nul mortel.

IX. *Bornes étroites*

Notre intelligence est très bornée, ainsi que la force de notre corps. Il y a des hommes beaucoup plus robustes que les autres; il y a aussi des Hercules en fait de pensées; mais au fond cette supériorité est fort peu de chose. L'un soulèvera dix fois plus de matière que moi, l'autre pourra faire de tête et sans papier une division de quinze chiffres, tandis que je ne pourrai en diviser que trois ou quatre avec une extrême peine; c'est à quoi se réduira cette force tant vantée; mais elle trouvera bien vite sa borne; et c'est pourquoi dans les jeux de combinaison,[25] nul homme après s'y être formé par toute son application et par un long usage, ne parvient jamais, quelque effort qu'il fasse, au delà du degré qu'il a pu atteindre; il a frappé à la borne de son intelligence. Il faut

[23] On voit ici la raison profonde du rejet obstiné, par Voltaire, de toute la spéculation métaphysique traditionnelle.

[24] Spinoza avait élucidé, dans le *Tractatus theologico-politicus*, l'origine de cette confusion du matériel et du spirituel en se fondant sur le mot hébreu *ruagh*. Il écrit: 'Je me demanderai d'abord ce que signifie le mot hébreu *ruagh*, que le vulgaire traduit par Esprit. Le mot *ruagh*, en son vrai sens, signifie vent, comme l'on sait' (*Traité théologico-politique*, ch.1, *Œuvres*, trad. Charles Appuhn, Paris s.d., p.38-39).

[25] Comme les échecs.

même absolument que cela soit ainsi; sans quoi nous irions de degré en degré jusqu'à l'infini.

X. *Découvertes impossibles*

Dans ce cercle étroit où nous sommes renfermés, voyons donc ce que nous sommes condamnés à ignorer, et ce que nous pouvons un peu connaître. Nous avons déjà vu qu'aucun premier ressort, aucun premier principe ne peut être saisi par nous.

Pourquoi mon bras obéit-il à ma volonté? nous sommes si accoutumés à ce phénomène incompréhensible, que très peu y font attention; et quand nous voulons rechercher la cause d'un effet si commun, nous trouvons qu'il y a réellement l'infini entre notre volonté et l'obéissance de notre membre; c'est-à-dire qu'il n'y a nulle proportion de l'un à l'autre, nulle raison, nulle apparence de cause;[26] et nous sentons que nous y penserions une éternité, sans pouvoir imaginer la moindre lueur de vraisemblance.

XI. *Désespoir fondé*

Ainsi arrêtés dès le premier pas, et nous repliant vainement sur nous-mêmes, nous sommes effrayés de nous chercher toujours, et de ne nous trouver jamais. Nul de nos sens n'est explicable.

Nous savons bien à peu près, avec le secours des triangles,[27] qu'il y a environ trente millions de nos grandes lieues géométriques de la terre au soleil; mais qu'est-ce que le soleil? et pourquoi tourne-t-il sur son axe? et pourquoi en un sens plutôt qu'en un

[26] Malebranche avait imaginé, pour résoudre cette difficulté, la théorie des 'causes occasionnelles' et faisait intervenir Dieu dans chacun de nos actes. Voltaire a plusieurs fois discuté la thèse malebranchiste (voir p. ex. *Tout en Dieu*; M.xxviii.91-102).

[27] Par la méthode de triangulation. Voltaire se réfère ici aux découvertes assez récentes de Halley (cf. BV, no.2032). Voir aussi à ce propos la lettre de Voltaire à Maupertuis sur les *Eléments de la philosophie de Newton* (D1622).

autre? et pourquoi Saturne et nous tournons-nous autour de cet astre plutôt d'occident en orient que d'orient en occident? Non seulement nous ne satisferons jamais à cette question; mais nous n'entreverrons jamais la moindre possibilité d'en imaginer seulement une cause physique. Pourquoi? c'est que le nœud de cette difficulté est dans le premier principe des choses.[28]

Il en est de ce qui agit au-dedans de nous, comme de ce qui agit dans les espaces immenses de la nature. Il y a dans l'arrangement des astres, et dans la conformation d'un ciron[29] et de l'homme, un premier principe dont l'accès doit nécessairement nous être interdit. Car si nous pouvions connaître notre premier ressort, nous en serions les maîtres, nous serions des dieux. Eclaircissons cette idée, et voyons si elle est vraie.

Supposons que nous trouvions en effet la cause de nos sensations, de nos pensées, de nos mouvements, comme nous avons seulement découvert dans les astres la raison des éclipses et des différentes phases de la lune et de Vénus, il est clair que nous prédirions alors nos sensations, nos pensées et nos désirs, résultant de ces sensations, comme nous prédisons les phases et les éclipses.[30] Connaissant donc ce qui devrait se passer demain dans notre intérieur, nous verrions clairement par le jeu de cette machine, de quelle manière ou agréable ou funeste nous devrions être affectés. Nous avons une volonté qui dirige, ainsi qu'on en convient, nos mouvements intérieurs en plusieurs circonstances. Par exemple, je me sens disposé à la colère, ma réflexion et ma

[28] Celui-ci dépasse, selon Voltaire, notre compétence, ce qui exclut aussi bien la théologie classique que la métaphysique traditionnelle, au profit d'un Dieu – cause première.

[29] L'exemple rappelle un passage célèbre de Pascal sur les deux infinis. Voir *Pensées* (*Œuvres*, Pléiade 1969, p.1105-1107), 'que l'homme contemple donc la nature entière [...] Qu'il y voie une infinité d'univers, dont chacun a son firmament, ses planètes, sa terre, en la même proportion que le monde visible: dans cette terre, des animaux, et enfin des cirons, dans lesquels il retrouvera ce que les premiers ont donné [...] qui suivra ces étonnantes démarches? L'auteur de ces merveilles les comprend. Tout autre ne le peut faire'.

[30] On sent ici les réserves expresses de Voltaire à l'égard d'une application à l'homme d'un déterminisme rigoureux.

volonté en répriment les accès naissants. Je verrais, si je connaissais mes premiers principes, toutes les affections auxquelles je suis disposé pour demain, toute la suite des idées qui m'attendent; 35
je pourrais avoir sur cette suite d'idées et de sentiments la même puissance que j'exerce quelquefois sur les sentiments et sur les pensées actuelles, que je détourne et que je réprime. Je me trouverais précisément dans le cas de tout homme qui peut retarder et accélérer à son gré le mouvement d'un horloge, celui 40
d'un vaisseau, celui de toute machine connue.

Etant le maître des idées qui me sont destinées demain, je le serais pour le jour suivant, je le serais pour le reste de ma vie; je pourrais donc être toujours tout-puissant sur moi-même, je serais le Dieu de moi-même. Je sens assez que cet état est incompatible 45
avec ma nature; il est donc impossible que je puisse rien connaître du premier principe qui me fait penser et agir.

XII. *Doute*

Ce qui est impossible à ma nature si faible, si bornée, et qui est d'une durée si courte, est-il impossible dans d'autres globes, dans d'autres espèces d'êtres? Y a-t-il des intelligences supérieures, maîtresses de toutes leurs idées, qui pensent et qui sentent tout ce qu'elles veulent? Je n'en sais rien; je ne connais que ma 5
faiblesse,[31] je n'ai aucune notion de la force des autres.

42 NM: Dans cette supposition, étant le maître
a NM: XII. *Faiblesse des hommes*

[31] Nouvelle affirmation du scepticisme empirique de Voltaire et de sa méfiance à l'égard de la philosophie spéculative (entre autres l'angélisme).

XIII. *Suis-je libre?*[32]

Ne sortons point encore du cercle de notre existence; continuons à nous examiner nous-mêmes autant que nous le pouvons. Je me souviens qu'un jour, avant que j'eusse fait toutes les questions précédentes, un raisonneur voulut me faire raisonner. Il me demanda si j'étais libre; je lui répondis que je n'étais point en prison, que j'avais la clef de ma chambre, que j'étais parfaitement libre. Ce n'est pas cela que je vous demande, me répondit-il, croyez-vous que votre volonté ait la liberté de vouloir ou de ne vouloir pas vous jeter par la fenêtre? pensez-vous avec l'ange de l'école[33] que le libre arbitre soit une puissance appétitive,[34] et que le libre arbitre se perd par le péché?[35] Je regardai mon homme fixement, pour tâcher de lire dans ses yeux s'il n'avait pas l'esprit égaré; et je lui répondis que je n'entendais rien à son galimatias.[36]

Cependant, cette question sur la liberté de l'homme m'intéressa vivement; je lus des scolastiques, je fus comme eux dans les ténèbres; je lus Locke,[37] et j'aperçus des traits de lumière; je lus le traité de Colins,[38] qui me parut Locke perfectionné; et je n'ai jamais rien lu depuis qui m'ait donné un nouveau degré de connaissance. Voici ce que ma faible raison a conçu, aidée de ces

[32] Sur ce point capital, Voltaire a beaucoup évolué depuis le *Traité de métaphysique* (ch.7). L'ancien élève des Jésuites croit de moins en moins au libre arbitre, et conteste avec vigueur la prétendue liberté d'indifférence. Voir le dialogue 'De la liberté' dans le *Dictionnaire philosophique*.

[33] Saint Thomas d'Aquin (1225-1274), auteur de la *Summa theologica* (BV, no.3292), inspirateur de la philosophie scolastique.

[34] Sur la 'potentia appetitiva', voir *Summa theologica*, part. I, quest. 80. Sur son lien avec le libre-arbitre, quest. 83 (avec argument 3) et 84.

[35] Voir *Summa theologica*, part. I, quest. 83, art. 2, arg. 3: 'nulla potentia naturalis tollitur per peccatum, sed liberum arbitrium tollitur per peccatum'.

[36] C'est-à-dire, le vocabulaire de la scolastique.

[37] Le maître à penser de Voltaire. Son *Essay concerning human understanding* fut traduit en français par Pierre Coste en 1700 (cf. BV, no.2149, 2150).

[38] Anthony Collins soutenait un certain déterminisme dans le *Philosophical inquiry concerning human liberty* (1717; trad. fr. 1720; cf. BV, no.2889).

deux grands hommes, les seuls, à mon avis, qui se soient entendus eux-mêmes en écrivant sur cette matière, et les seuls qui se soient fait entendre aux autres.[39]

Il n'y a rien sans cause. Un effet sans cause n'est qu'une parole absurde. Toutes les fois que je veux, ce ne peut être qu'en vertu de mon jugement bon ou mauvais; ce jugement est nécessaire, donc ma volonté l'est aussi. En effet, il serait bien singulier que toute la nature, tous les astres obéissent à des lois éternelles, et qu'il y eût un petit animal haut de cinq pieds, qui au mépris de ces lois pût agir comme il lui plairait au seul gré de son caprice. Il agirait au hasard; et on sait que le hasard n'est rien. Nous avons inventé ce mot pour exprimer l'effet connu de toute cause inconnue.[40]

Mes idées entrent nécessairement dans mon cerveau, comment ma volonté qui en dépend serait-elle libre?[41] Je sens en mille occasions que cette volonté n'est pas libre;[42] ainsi quand la maladie m'accable, quand la passion me transporte, quand mon jugement ne peut atteindre aux objets qu'on me présente, etc. je dois donc penser que les lois de la nature étant toujours les mêmes, ma volonté n'est pas plus libre dans les choses qui me paraissent les plus indifférentes que dans celles où je me sens soumis à une force invincible.

Etre véritablement libre, c'est pouvoir. Quand je peux faire ce que je veux, voilà ma liberté; mais je veux nécessairement ce que je veux; autrement je voudrais sans raison, sans cause, ce qui est

29 NM: agir toujours comme
34 NM: serait-elle à la fois nécessitée et absolument libre?
35 NM: volonté ne peut rien; ainsi

[39] L'étendue de cette dette a été établie par Norman L. Torrey dans *Voltaire and the English deists* (New Haven 1930).
[40] Tout ceci vient de Collins, et se retrouve aussi sous la plume de Diderot.
[41] La variante donne plus de force à l'argumentation.
[42] La variante écarte le faux problème de la liberté pour s'en tenir strictement aux faits, en bonne méthode empiriste.

impossible. Ma liberté consiste à marcher quand je veux marcher 45
et que je n'ai point la goutte.

Ma liberté consiste à ne point faire une mauvaise action quand mon esprit se la représente nécessairement mauvaise; à subjuguer une passion quand mon esprit m'en fait sentir le danger, et que l'horreur de cette action combat puissamment mon désir. Nous 50
pouvons réprimer nos passions (comme je l'ai déjà annoncé nombre IV) mais alors nous ne sommes pas plus libres en réprimant nos désirs qu'en nous laissant entraîner à nos penchants; car dans l'un et dans l'autre cas, nous suivons irrésistiblement notre dernière idée; et cette dernière idée est nécessaire; donc je fais 55
nécessairement ce qu'elle me dicte. Il est étrange que les hommes ne soient pas contents de cette mesure de liberté, c'est-à-dire du pouvoir qu'ils ont reçu de la nature de faire ce qu'ils veulent;[43] les astres ne l'ont pas; nous la possédons, et notre orgueil nous fait croire quelquefois que nous en possédons encore plus. Nous 60
nous figurons que nous avons le don incompréhensible et absurde de vouloir sans autre raison, sans autre motif que celui de vouloir. Voyez le nombre XXIX.

Non, je ne puis pardonner au docteur Clarke d'avoir combattu avec mauvaise foi ces vérités dont il sentait la force, et qui 65
semblaient s'accommoder mal avec ses systèmes.[44] Non, il n'est

52 W68, W75G: nombre XI [ce qui est correct]
58 NM: faire en plusieurs cas ce qu'ils

[43] La variante atténue ce que la formule avait de général. Comme Voltaire le disait plus haut, il ne suffit pas de vouloir marcher, encore faut-il n'avoir pas la goutte. La liberté, pour lui, n'est pas dans la volonté, mais dans la possibilité du passage de l'idée à l'acte.

[44] Eminent théologien, cité avec respect par Diderot dans la *Lettre sur les aveugles*, Samuel Clarke avait élargi la notion de Dieu dans ses Boyle Lectures de 1704-1705 (1705-1706, sous le titre *A demonstration of the being and attributes of God, more particularly in answer to Mr Hobbs, Spinoza and their followers*; trad. fr. 1727). Voltaire s'en prend ici à un autre ouvrage, *Remarks upon a book entitled 'A philosophical enquiry…'* (cf. BV, no.2889), publié en 1717 en annexe à la correspondance de Clarke avec Leibniz, et qui critiquait vivement le déterminisme de Collins.

pas permis à un philosophe tel que lui d'avoir attaqué Colins en sophiste, et d'avoir détourné l'état de la question en reprochant à Colins d'appeler l'homme *un agent nécessaire*. Agent, ou patient, qu'importe! agent quand il se meut volontairement, patient quand il reçoit des idées. Qu'est-ce que le nom fait à la chose? L'homme est en tout un être dépendant, comme la nature entière est dépendante, et il ne peut être excepté des autres êtres. 70

Le prédicateur, dans Samuel Clarke, a étouffé le philosophe; il distingue la nécessité physique et la nécessité morale. Et qu'est-ce qu'une nécessité morale? Il vous paraît vraisemblable qu'une reine d'Angleterre qu'on couronne et que l'on sacre dans une église, ne se dépouillera pas de ses habits royaux pour s'étendre toute nue sur l'autel, quoiqu'on raconte une pareille aventure d'une reine de Congo. Vous appelez cela une nécessité morale dans une reine de nos climats; mais c'est au fond une nécessité physique, éternelle, liée à la constitution des choses.[45] Il est aussi sûr que cette reine ne fera pas cette folie, qu'il est sûr qu'elle mourra un jour. La nécessité morale n'est qu'un mot; tout ce qui se fait est absolument nécessaire. Il n'y a point de milieu entre la nécessité et le hasard: et vous savez qu'il n'y a point de hasard: donc tout ce qui arrive est nécessaire. 75 80 85

Pour embarrasser la chose davantage, on a imaginé de distinguer encore entre nécessité et contrainte; mais au fond la contrainte n'est autre chose qu'une nécessité dont on s'aperçoit; et la nécessité est une contrainte dont on ne s'aperçoit pas. Archimède est également nécessité à rester dans sa chambre quand on l'y enferme, et quand il est si fortement occupé d'un problème qu'il ne reçoit pas l'idée de sortir. 90

89-90 NM: la contrainte est-elle autre chose
91 NM: la nécessité n'est-elle pas une
NM: s'aperçoit point.

[45] Voltaire ne fait aucune distinction entre pression sociologique et nécessité physique. Mme Duchet a bien montré les limites de sa curiosité anthropologique dans *Anthropologie et histoire au Siècle des Lumières* (Paris 1971), ii.2.

Ducunt volentem fata, nolentem trahunt.[46] 95

L'ignorant qui pense ainsi, n'a pas toujours pensé de même, mais il est enfin contraint de se rendre.[47]

XIV. *Tout est-il éternel?*

Asservi à des lois éternelles comme tous les globes qui remplissent l'espace, comme les éléments, les animaux, les plantes; je jette des regards étonnés sur tout ce qui m'environne, je cherche quel est mon auteur, et celui de cette machine immense dont je suis à peine une roue imperceptible.[48] 5

Je ne suis pas venu de rien: car la substance de mon père et de ma mère qui m'a porté neuf mois dans sa matrice est quelque chose. Il m'est évident que le germe qui m'a produit n'a pu être produit de rien; car comment le néant produirait-il l'existence? je me sens subjugué par cette maxime de toute l'antiquité, *rien ne* 10 *vient du néant*, *rien ne peut retourner au néant.*[49] Cet axiome porte en lui une force si terrible, qu'il enchaîne tout mon entendement, sans que je puisse me débattre contre lui. Aucun philosophe ne s'en est écarté, aucun législateur, quel qu'il soit, ne l'a contesté. Le *Cahut* des Phéniciens, le *Chaos* des Grecs, le *Tohu bohu* des 15 Chaldéens et des Hébreux,[50] tout nous atteste qu'on a toujours

[46] Sénèque, *Ad Lucilium epistulae morales*, cvii.

[47] Voltaire a tenu à souligner explicitement l'évolution de sa pensée sur ce point depuis le *Traité de métaphysique*.

[48] La vision (d'origine cartésienne) de l'univers comme d'une immense machine est une des constantes de la philosophie des Lumières. Elle se prête (chez Diderot également) à tout un jeu métaphorique.

[49] Traduction de Perse, *Satirae*, iii.84: 'De nihilo nihil, in nihilum nil posse reverti'.

[50] Voltaire, on le sait (voir *Dieu et les hommes*), regarde la pensée juive comme un plagiat des religions orientales. L'expression *tohu-bohu* (hébreu *tohou oubohou*), Genèse i.2, désigne la terre, déjà séparée du ciel, mais encore informe et vide, à l'état chaotique.

cru l'éternité de la matière. Ma raison, trompée peut-être par cette idée si ancienne et si générale, me dit: Il faut bien que la matière soit éternelle, puisqu'elle existe; si elle était hier, elle était auparavant. Je n'aperçois aucune vraisemblance qu'elle ait commencé à être, aucune cause pour laquelle elle n'ait pas été, aucune cause pour laquelle elle ait reçu l'existence dans un temps plutôt que dans un autre.[51] Je cède donc à cette conviction, soit fondée, soit erronée; et je me range du parti du monde entier, jusqu'à ce qu'ayant avancé dans mes recherches je trouve une lumière supérieure au jugement de tous les hommes, qui me force à me rétracter malgré moi.

Mais si, comme tant de philosophes de l'antiquité l'ont pensé, l'Etre éternel a toujours agi, que deviendront le *Cahut* et l'*Ereb* des Phéniciens, le *Tohu bohu* des Chaldéens, le *Chaos* d'Hésiode? il restera dans les fables. Le *Chaos* est impossible aux yeux de la raison; car il est impossible que l'intelligence étant éternelle, il y ait jamais eu quelque chose d'opposé aux lois de l'intelligence; or le *Chaos* est précisément l'opposé de toutes les lois de la nature. Entrez dans la caverne la plus horrible des Alpes,[52] sous ces débris de rochers, de glace, de sable, d'eaux, de cristaux, de minéraux informes,[53] tout y obéit à la gravitation. Le *Chaos* n'a jamais été que dans nos têtes, et n'a servi qu'à faire composer de beaux vers à Hésiode et à Ovide.

Si notre sainte Ecriture a dit que le *Chaos* existait, si le *Tohu bohu* a été adopté par elle, nous le croyons sans doute, et avec la foi la plus vive. Nous ne parlons ici que suivant les lueurs

17 NM: trompée par
37 NM: gravitation et aux lois de l'hydrostatique. Le chaos

[51] Voltaire rejette ainsi implicitement l'hypothèse créationniste et la cosmogonie biblique.

[52] La montagne, à cette époque, est encore tenue pour 'horrible'.

[53] J. L. Carr propose de voir ici une réminiscence de la *Telluris theoria sacra* (1681-1689) de Thomas Burnet. Mais le contexte est assez différent: Burnet déclare que nous habitons les ruines d'un globe dont l'ordonnance a été détruite; pour Voltaire, même le désordre le plus apparent obéit à un ordre universel.

trompeuses de notre raison.[54] Nous nous sommes bornés, comme nous l'avons dit, à voir ce que nous pouvons soupçonner par nous-mêmes. Nous sommes des enfants qui essayons de faire 45 quelques pas sans lisières.

XV. *Intelligence*

Mais en apercevant l'ordre, l'artifice prodigieux, les lois mécaniques et géométriques qui règnent dans l'univers, les moyens, les fins innombrables de toutes choses, je suis saisi d'admiration et de respect.[55] Je juge incontinent que si les ouvrages des hommes, les miens même, me forcent à reconnaître en nous une intelligence, 5 je dois en reconnaître une bien supérieurement agissante dans la multitude de tant d'ouvrages. J'admets cette intelligence suprême, sans craindre que jamais on puisse me faire changer d'opinion. Rien n'ébranle en moi cet axiome, tout ouvrage démontre un ouvrier.[56] 10

XVI. *Eternité*

Cette intelligence est-elle éternelle? Sans doute; car soit que j'aie admis ou rejeté l'éternité de la matière, je ne peux rejeter l'existence éternelle de son artisan suprême; et il est évident que s'il existe aujourd'hui, il a existé toujours.

46 NM: lisières: nous marchons, nous tombons, et la foi nous relève.//

[54] La feinte déférence envers l'Eglise n'est qu'une ironie supplémentaire.

[55] L'émerveillement devant la rationalité de l'univers, codifié en lois mathématiques depuis Newton, est un des traits du dix-huitième siècle. Il explique aussi le véritable culte rendu à l'auteur de la théorie de la gravitation.

[56] Grimm et le groupe du baron d'Holbach combattront âprement cette proposition, dont R. Pomeau a montré combien elle se rattache logiquement à une conception mécanicienne de l'univers (*La Religion de Voltaire*, Paris 1969, p.409).

XVII. *Incompréhensibilité*

Je n'ai fait encore que deux ou trois pas dans cette vaste carrière;[57] je veux savoir si cette intelligence divine est quelque chose d'absolument distinct de l'univers, à peu près comme le sculpteur est distingué de la statue;[58] ou si cette âme du monde[59] est unie au monde, et le pénètre à peu près encore comme ce que j'appelle mon âme est unie à moi, et selon cette idée de l'antiquité si bien exprimée dans Virgile et dans Lucain: 5

Mens agitat molem et magno se corpore miscet.[60]

Juppiter est quodcumque vides quocumque moveris.[61]

Je me vois arrêté tout à coup dans ma vaine curiosité. Misérable mortel, si je ne puis sonder ma propre intelligence, si je ne puis savoir ce qui m'anime, comment connaîtrai-je l'intelligence ineffable qui préside visiblement à la matière entière? Il y en a une, tout me le démontre; mais où est la boussole qui me conduira vers sa demeure éternelle et ignorée? 10 15

XVIII. *Infini*

Cette intelligence est-elle infinie en puissance et en immensité, comme elle est incontestablement infinie en durée? je n'en puis rien savoir par moi-même. Elle existe, donc elle a toujours existé, cela est clair.[62] Mais quelle idée puis-je avoir d'une puissance infinie? Comment puis-je concevoir un infini actuellement exis- 5

[57] Au sens de: ce long cheminement, cette longue enquête.

[58] Allusion au thème de Pygmalion, fréquemment traité au dix-huitième siècle (Boureau-Deslandes, Condillac, Buffon, Rousseau).

[59] Vieille conception stoïcienne, qui reparaît à la Renaissance, puis au dix-huitième siècle.

[60] Virgile, *Aeneis*, vi.727.

[61] Lucain, *Pharsalia*, ix.580.

[62] Puisqu'elle n'a pu être créée.

tant? Comment puis-je imaginer que l'intelligence suprême est dans le vide? Il n'en est pas de l'infini en étendue comme de l'infini en durée. Une durée infinie s'est écoulée au moment que je parle, cela est sûr; je ne peux rien ajouter à cette durée passée, mais je peux toujours ajouter à l'espace que je conçois, comme je peux 10 ajouter aux nombres que je conçois.[63] L'infini en nombres et en étendue est hors de la sphère de mon entendement. Quelque chose qu'on me dise, rien ne m'éclaire dans cet abîme. Je sens heureusement que mes difficultés et mon ignorance ne peuvent préjudicier à la morale;[64] on aura beau ne pas concevoir ni 15 l'immensité de l'espace remplie, ni la puissance infinie qui a tout fait, et qui cependant peut encore faire; cela ne servira qu'à prouver de plus en plus la faiblesse de notre entendement; et cette faiblesse ne nous rendra que plus soumis à l'Etre éternel dont nous sommes l'ouvrage. 20

XIX. *Ma dépendance*

Nous sommes son ouvrage. Voilà une vérité intéressante pour nous; car de savoir par la philosophie en quel temps il fit l'homme, ce qu'il faisait auparavant, s'il est dans la matière, s'il est dans le vide, s'il est dans un point, s'il agit toujours ou non, s'il agit partout, s'il agit hors de lui ou dans lui; ce sont des recherches 5 qui redoublent en moi le sentiment de mon ignorance profonde.[65]

Je vois même qu'à peine il y a eu une douzaine d'hommes en Europe qui aient écrit sur ces choses abstraites avec un peu de méthode; et quand je supposerais qu'ils ont parlé d'une manière intelligible, qu'en résulterait-il? Nous avons déjà reconnu (nomb. 10

10-11 NM: (*quest. IV*)

[63] Même raisonnement dans le *Traité de métaphysique*, ch.3, al.3.

[64] Sur ce point (l'autonomie de la morale par rapport à nos croyances), Diderot et les matérialistes partagent les vues de Voltaire. Mais tout le siècle, de Shaftesbury à Kant, est de cet avis (à l'exception de Sade).

[65] En somme, c'est toute la théologie que Voltaire balaie en quelques lignes.

4) que les choses que si peu de personnes peuvent se flatter d'entendre, sont inutiles au reste du genre humain.[66] Nous sommes certainement l'ouvrage de Dieu, c'est là ce qui m'est utile de savoir;[67] aussi la preuve en est-elle palpable. Tout est moyen et fins dans mon corps, tout y est ressort, poulie, force mouvante, 15 machine hydraulique, équilibre de liqueurs, laboratoire de chimie.[68] Il est donc arrangé par une intelligence (nomb. 15). Ce n'est pas l'intelligence de mes parents à qui je dois cet arrangement, car assurément ils ne savaient ce qu'ils faisaient quand ils m'ont mis au monde; ils n'étaient que les aveugles instruments[69] 20 de cet éternel fabricateur, qui anime le ver de terre, et qui fait tourner le soleil sur son axe.

XX. *Eternité encore*

Né d'un germe venu d'un autre germe, y a-t-il eu une succession continuelle, un développement sans fin de ces germes, et toute la nature a-t-elle toujours existé par une suite nécessaire de cet Etre suprême qui existait de lui-même? Si je n'en croyais que mon faible entendement, je dirais, Il me paraît que la nature a toujours 5 été animée. Je ne puis concevoir que la cause qui agit continuellement et visiblement sur elle, pouvant agir dans tous les temps, n'ait pas agi toujours. Une éternité d'oisiveté dans l'Etre agissant

14-15 NM: moyen et fin dans
17 NM: (*quest. XV*)

[66] L'édition de Kehl conteste cette affirmation dans une longue note. Mais Voltaire ne vise ici que le jargon des métaphysiciens (voir le premier alinéa), et nullement le savoir scientifique spécialisé. Reste que le critère d'*utilité* peut paraître inquiétant en pareille matière.

[67] L'anthropocentrisme d'une telle déclaration ne semble pas gêner Voltaire.

[68] Les matérialistes n'iront pas plus loin, mais sans en tirer la même conséquence.

[69] L'instinct génétique fait partie d'un plan général ordonné par Dieu. Sur son universalité, cf. l'article 'Amour' du *Dictionnaire philosophique*.

et nécessaire, me semble incompatible. Je suis porté à croire que le monde a toujours émané de cette cause primitive et nécessaire, comme la lumière émane du soleil.[70] Par quel enchaînement d'idées me vois-je toujours entraîné à croire éternelles les œuvres de l'Etre éternel? Ma conception, toute pusillanime qu'elle est,[71] a la force d'atteindre à l'Etre nécessaire existant par lui-même, et n'a pas la force de concevoir le néant. L'existence d'un seul atome, me prouve l'éternité de l'existence; mais rien ne me prouve le néant. Quoi! il y aurait eu le *rien* dans l'espace où est aujourd'hui quelque chose? Cela paraît absurde et contradictoire. Je ne puis admettre ce *rien*, à moins que la révélation ne vienne fixer mes idées qui s'emportent au delà des temps.

Je sais bien qu'une succession infinie d'êtres qui n'auraient point d'origine, est aussi absurde; Samuel Clarke le démontre assez; mais il n'entreprend pas seulement d'affirmer que Dieu n'ait pas tenu cette chaîne de toute éternité; il n'ose pas dire qu'il ait été si longtemps impossible à l'Etre éternellement actif de déployer son action.[72] Il est évident qu'il l'a pu; et s'il l'a pu, qui sera assez hardi pour me dire qu'il ne l'a pas fait? La révélation seule, encore une fois, peut m'apprendre le contraire. Mais nous n'en sommes pas encore à cette révélation qui écrase toute philosophie, à cette lumière devant qui toute lumière s'évanouit.

10 NM: le monde est toujours
16 NM: me semble prouver l'éternité
18 NM: Cela me paraît incompréhensible. Je ne

[70] Dans cette perspective, Dieu et la nature sont co-éternels, la seconde émanant du premier, sans création *ex nihilo*. Sur le culte solaire chez Voltaire, voir R. Pomeau, *La Religion de Voltaire*, p.418.

[71] Puisqu'elle résulte de notre faiblesse (voir ch.18).

[72] L'argument de Voltaire est que, si l'on accorde l'éternité à Dieu, il faut aussi l'accorder à la nature, quelle que soit la difficulté de se représenter cette idée.

XXI. *Ma dépendance encore*

Cet Etre éternel, cette cause universelle, me donne mes idées; car ce ne sont pas les objets qui me les donnent. Une matière brute ne peut envoyer des pensées dans ma tête; mes pensées ne viennent pas de moi, car elles arrivent malgré moi, et souvent s'enfuient de même. On sait assez qu'il n'y a nulle ressemblance, nul rapport entre les objets et nos idées et nos sensations. Certes il y avait quelque chose de sublime dans ce Mallebranche, qui osait prétendre que nous voyons tout dans Dieu même.[73] Mais n'y avait-il rien de sublime dans les stoïciens, qui pensaient que c'est Dieu qui agit en nous, et que nous possédons un rayon de sa substance? Entre le rêve de Mallebranche et le rêve des stoïciens, où est la réalité? Je retombe (nomb. 2) dans l'ignorance, qui est l'apanage de ma nature, et j'adore le Dieu par qui je pense, sans savoir comment je pense.

XXII. *Nouveau doute*

Convaincu par mon peu de raison qu'il y a un Etre nécessaire, éternel, intelligent, de qui je reçois mes idées, sans pouvoir deviner ni le comment, ni le pourquoi, je demande ce que c'est que cet Etre? s'il a la forme des espèces intelligentes et agissantes supérieures à la mienne dans d'autres globes? J'ai déjà dit que je n'en savais rien (nomb. 1). Néanmoins je ne puis affirmer que cela soit impossible; car j'aperçois des planètes très supérieures à la

12 NM: (*quest. II*)
13 K: de la nature humaine
a NM: XXII. *Nouvelle question*
6 NM: (*quest. I*)

[73] Malebranche est généralement considéré, au dix-huitième siècle, comme le plus autorisé et le plus moderne des tenants de l'orthodoxie. A ce titre, il est à la fois respecté et combattu (entre autres dans le *Militaire philosophe*).

mienne en étendue, entourées de plus de satellites que la terre. Il n'est point du tout contre la vraisemblance qu'elles soient peuplées d'intelligences très supérieures à moi, et de corps plus robustes, plus agiles et plus durables. Mais leur existence n'ayant nul rapport à la mienne, je laisse aux poètes de l'antiquité le soin de faire descendre Vénus de son prétendu troisième ciel, et Mars du cinquième;[74] je ne dois rechercher que l'action de l'Etre nécessaire sur moi-même.

XXIII. *Un seul artisan suprême*

Une grande partie des hommes voyant le mal physique et le mal moral répandus sur ce globe, imagina deux êtres puissants, dont l'un produisait tout le bien, et l'autre tout le mal.[75] S'ils existaient, ils étaient nécessaires; ils existaient donc nécessairement dans le même lieu; car il n'y a point de raison pourquoi ce qui existe par sa propre nature serait exclu d'un lieu; ils se pénétreraient donc l'un l'autre, cela est absurde. L'idée de ces deux puissances ennemies ne peut tirer son origine que des exemples qui nous frappent sur la terre; nous y voyons des hommes doux et des hommes féroces, des animaux utiles et des animaux nuisibles, de bons maîtres et des tyrans. On imagina ainsi deux pouvoirs contraires qui présidaient à la nature;[76] ce n'est qu'un roman

4-6 NM: nécessaires, ils étaient éternels, indépendants, infinis; ils existaient donc dans le même lieu; ils se pénétreraient

W75G carton, K: nécessaires, ils étaient éternels, indépendants, ils occupaient tout l'espace; ils existaient donc dans le même lieu; ils se pénétreraient

[74] Cette condamnation implicite de l'imagination rejoint le propos sur 'la folle du logis', attribué à Malebranche.

[75] La théorie dualiste qui oppose à un principe créateur et bon, un principe destructeur et mauvais (du zoroastrisme au manichéisme). Voltaire la combat en montrant qu'elle contredit la nature même de Dieu, car ce déiste est aussi un farouche monothéiste.

[76] Souvenir de la théorie évhémériste.

asiatique. Il y a dans toute la nature une unité de dessein manifeste; les lois du mouvement et de la pesanteur sont invariables; il est impossible que deux artisans suprêmes, entièrement contraires l'un à l'autre, aient suivi les mêmes lois. Cela seul, à mon avis, renverse le système manichéen, et on n'a pas besoin de gros volumes pour le combattre.[77]

Il est donc une puissance unique, éternelle, à qui tout est lié, de qui tout dépend, mais dont la nature m'est incompréhensible. St Thomas nous dit, *que Dieu est un pur acte*, *une forme*, *qui n'a ni genre*, *ni prédicat, qu'il est la nature et le suppôt*, *qu'il existe essentiellement*, *participativement*, *et noncupativement*.[78] Lorsque les dominicains furent les maîtres de l'Inquisition, ils auraient fait brûler un homme qui aurait nié ces belles choses; je ne les aurais pas niées, mais je ne les aurais pas entendues.

On me dit que Dieu est simple;[79] j'avoue humblement que je n'entends pas la valeur de ce mot davantage. Il est vrai que je ne lui attribuerai pas des parties grossières que je puisse séparer; mais je ne puis concevoir que le principe et le maître de tout ce qui est dans l'étendue, ne soit pas dans l'étendue. La simplicité, rigoureusement parlant, me paraît trop semblable au non-être. L'extrême faiblesse de mon intelligence n'a point d'instrument assez fin pour saisir cette simplicité. Le point mathématique est simple, me dira-t-on; mais le point mathématique n'existe pas réellement.

On dit encore qu'une idée est simple, mais je n'entends pas cela davantage. Je vois un cheval, j'en ai l'idée, mais je n'ai vu en

28 K: n'entends pas davantage la valeur

[77] L'univers-machine du dix-huitième siècle exclut évidemment toute interprétation poétique ou naturaliste.

[78] Voltaire résume ici le contenu des articles 1 à 6 de la *Summa theologica*, part. I, quest. 3 (Dieu est-il un corps? Dieu est-il composé de matière et de forme? Dieu est-il dans un genre?)

[79] Voir *Summa theologica*, part. I, quest. 3, art. 7: Dieu est-il absolument simple? (Utrum Deus sit omnino simplex).

lui qu'un assemblage de choses. Je vois une couleur, j'ai l'idée de couleur; mais cette couleur est étendue. Je prononce les noms abstraits de couleur en général, de vice, de vertu, de vérité en général; mais c'est que j'ai eu connaissance de choses colorées, de choses qui m'ont paru vertueuses ou vicieuses, vraies ou fausses. J'exprime tout cela par un mot; mais je n'ai point de connaissance claire de la simplicité; je ne sais pas plus ce que c'est, que je ne sais ce que c'est qu'un infini en nombres actuellement existant.

Déjà convaincu que ne connaissant pas ce que je suis, je ne puis connaître ce qu'est mon auteur. Mon ignorance m'accable à chaque instant, et je me console en réfléchissant sans cesse qu'il n'importe pas que je sache si mon maître est ou non dans l'étendue, pourvu que je ne fasse rien contre la conscience qu'il m'a donnée.[80] De tous les systèmes que les hommes ont inventés sur la Divinité, quel sera donc celui que j'embrasserai? Aucun, sinon celui de l'adorer.[81]

XXIV. *Spinosa*

Après m'être plongé avec Thalès dans l'eau, dont il faisait son premier principe, après m'être roussi auprès du feu d'Empédocle, après avoir couru dans le vide en ligne droite avec les atomes d'Epicure, supputé des nombres avec Pythagore, et avoir entendu sa musique; après avoir rendu mes devoirs aux Androgynes de Platon, et ayant passé par toutes les régions de la métaphysique et de la folie; j'ai voulu enfin connaître le système de Spinosa.[82]

[80] Nouvelle affirmation, sous le couvert du scepticisme, du primat absolu de l'éthique, c'est-à-dire de l'action en ce monde.

[81] Mais Voltaire n'explique pas comment on peut adorer ce qu'on ne comprend pas. Sous la plume d'un rationaliste, cette profession de foi peut surprendre, mais il l'exprime à plusieurs endroits.

[82] Voltaire expédie en quelques lignes l'histoire de la philosophie grecque depuis les présocratiques. Ceux-ci sont traités avec quelques égards (p. ex. la musique des sphères, de Pythagore), mais Platon est tourné en dérision, et son système réduit arbitrairement à la théorie des androgynes. C'est que Voltaire

Il n'est pas nouveau; il est imité de quelques anciens philosophes grecs, et même de quelques Juifs; mais Spinosa a fait ce qu'aucun philosophe grec, encore moins aucun Juif, n'a fait. Il a employé une méthode géométrique[83] imposante, pour se rendre un compte net de ses idées: voyons s'il ne s'est pas égaré méthodiquement, avec le fil qui le conduit?

Il établit d'abord une vérité incontestable et lumineuse. Il y a quelque chose, donc il existe éternellement un Etre nécessaire. Ce principe est si vrai, que le profond Samuel Clarke s'en est servi pour prouver l'existence de Dieu.[84]

Cet Etre doit se trouver partout où est l'existence; car qui le bornerait?

Cet Etre nécessaire est donc tout ce qui existe; il n'y a donc réellement qu'une seule substance dans l'univers.

Cette substance n'en peut créer une autre; car puisqu'elle remplit tout, où mettre une substance nouvelle, et comment créer quelque chose du néant? Comment créer l'étendue sans la placer dans l'étendue même, laquelle existe nécessairement?

Il y a dans le monde la pensée et la matière; la substance nécessaire que nous appelons Dieu, est donc la pensée et la matière. Toute pensée et toute matière est donc comprise dans

8 NM: pas absolument nouveau;

voit en lui l'initiateur, et donc le responsable, de la métaphysique ultérieure. Celle-ci est tout simplement passée sous silence dans ce survol.

[83] Dans l'*Ethica modo geometrico demonstrata* (1677). Sur l'importance de Spinoza et la diversité de ses interprétations, voir P. Vernière, *Spinoza et la pensée française avant la Révolution* (Paris 1954).

[84] Voltaire possédait les *Traités de l'existence et des attributs de Dieu, des devoirs de la religion naturelle et de la vérité de la religion chrétienne* (BV, no.785). Les notes marginales (CN, ii.637 ss) portent principalement sur la première partie ('Démonstration de l'existence et des attributs de Dieu: pour servir de réponse à Hobbes, Spinoza et à leurs sectateurs'). Si Voltaire est d'accord sur la thèse fondamentale de Clarke, il émet de nombreuses objections critiques, parfois fort vives, sur sa démarche démonstrative.

l'immensité de Dieu: il ne peut y avoir rien hors de lui; il ne peut agir que dans lui; il comprend tout, il est tout. 30

Ainsi tout ce que nous appelons substances différentes n'est en effet que l'universalité des différents attributs de l'Etre suprême, qui pense dans le cerveau des hommes, éclaire dans la lumière, se meut sur les vents, éclate dans le tonnerre, parcourt l'espace dans tous les astres, et vit dans toute la nature. 35

Il n'est point comme un vil roi de la terre confiné dans son palais, séparé de ses sujets; il est intimement uni à eux; ils sont des parties nécessaires de lui-même; s'il en était distingué, il ne serait plus l'Etre nécessaire, il ne serait plus universel, il ne remplirait point tous les lieux, il serait un être à part comme un autre. 40

Quoique toutes les modalités changeantes dans l'univers soient l'effet de ses attributs, cependant, selon Spinosa, il n'a point de parties; car, dit-il, l'infini n'en a point de proprement dites; s'il en avait, on pourrait en ajouter d'autres, et alors il ne serait plus infini. Enfin Spinosa prononce qu'il faut aimer ce Dieu nécessaire, infini, éternel; et voici ses propres paroles, *page 45 de l'édition de 1731*.[85] 45

'A l'égard de l'amour de Dieu, loin que cette idée le puisse affaiblir, j'estime qu'aucune autre n'est plus propre à l'augmenter; puisqu'elle me fait connaître que Dieu est intime à mon être, qu'il me donne l'existence et toutes mes propriétés, mais qu'il me les donne libéralement, sans reproche, sans intérêt, sans m'assujettir à autre chose qu'à ma propre nature. Elle bannit la crainte, 50

[85] Voltaire a lu et utilisé la *Réfutation des erreurs de Benoît de Spinosa, par M. de Fénelon, archevêque de Cambray, par le P. Lami bénédictin et par M. le comte de Boullainvilliers, avec la Vie de Spinosa* (Bruxelles 1731; BV, no.1326), en croyant y trouver 'les propres paroles' de Spinoza. P. Vernière écrit à ce sujet (p.515): 'Evidemment, comme la plupart des contemporains, Voltaire ne lit pas l'*Ethique* dans le texte [...] Tout ce dont il dispose, c'est de la paraphrase banale et incomplète du comte de Boulainviller éditée à Bruxelles en 1731 par l'abbé Lenglet-Dufresnoy: il y voit une traduction loyale et même "les propres paroles" de Spinoza.' Voltaire reprendra la même citation, en 1771, dans l'article 'Dieu, dieux' des *Questions sur l'Encyclopédie* (M.xviii.366). Voir CN, iii.473-74.

l'inquiétude, la défiance, et tous les défauts d'un amour vulgaire ou intéressé. Elle me fait sentir que c'est un bien que je ne puis perdre, et que je possède d'autant mieux que je le connais et que je l'aime.' 55

Ces idées séduisirent beaucoup de lecteurs; il y en eut même qui ayant d'abord écrit contre lui, se rangèrent à son opinion.[86] 60

On reprocha au savant Bayle d'avoir attaqué durement Spinosa sans l'entendre. Durement, j'en conviens; injustement, je ne le crois pas. Il serait étrange que Bayle ne l'eût pas entendu. Il découvrit aisément l'endroit faible de ce château enchanté; il vit qu'en effet Spinosa compose son Dieu de parties, quoiqu'il soit 65 réduit à s'en dédire, effrayé de son propre système. Bayle vit combien il est insensé de faire Dieu astre et citrouille, pensée et fumier, battant et battu. Il vit que cette fable est fort au-dessous de celle de Prothée. Peut-être Bayle devait-il s'en tenir au mot de *modalités*, et non pas de *parties*, puisque c'est ce mot de modalités 70 que Spinosa emploie toujours. Mais il est également impertinent, si je ne me trompe, que l'excrément d'un animal soit une modalité ou une partie de l'Etre suprême.[87]

Il ne combattit point, il est vrai, les raisons par lesquelles Spinosa soutient l'impossibilité de la création: mais c'est que la 75 création proprement dite est un objet de foi, et non pas de philosophie; c'est que cette opinion n'est nullement particulière à Spinosa, c'est que toute l'antiquité avait pensé comme lui. Il n'attaque que l'idée absurde d'un Dieu simple, composé de parties, d'un Dieu qui se mange et qui se digère lui-même, qui aime et 80

[86] La longueur inhabituelle de cette présentation dit assez l'importance que Voltaire accorde à Spinoza, même si son système lui semble, à l'examen, 'un château enchanté'. Le point de rupture se situe au centre même de la doctrine spinoziste: selon elle, Dieu est identique à la nature; pour Voltaire, celle-ci *émane* de Dieu. En fait, c'est le monisme que Voltaire repousse. Voir H. T. Mason, *Pierre Bayle and Voltaire* (1963) et P. Rétat, *Le Dictionnaire de Bayle et la lutte philosophique au XVIIIe siècle* (1971).

[87] Tout ce passage atteste une connaissance assez superficielle du spinozisme (voir ci-dessus, n.85). La critique de Voltaire est d'une extrême faiblesse, qui frise l'incompréhension, et rejoint ici les platitudes des apologistes antispinozistes.

qui hait la même chose en même temps etc. Spinosa se sert toujours du mot Dieu, Bayle le prend par ses propres paroles.

Mais au fond, Spinosa ne reconnaît point de Dieu;[88] il n'a probablement employé cette expression, il n'a dit qu'il faut servir et aimer Dieu, que pour ne point effaroucher le genre humain. Il paraît athée dans toute la force de ce terme; il n'est point athée comme Epicure, qui reconnaissait des dieux inutiles et oisifs; il ne l'est point comme la plupart des Grecs et des Romains, qui se moquaient des dieux du vulgaire; il l'est parce qu'il ne reconnaît nulle Providence,[89] parce qu'il n'admet que l'éternité, l'immensité, et la nécessité des choses; il l'est comme Straton,[90] comme Diagoras;[91] il ne doute pas comme Pyrrhon, il affirme; et qu'affirme-t-il? qu'il n'y a qu'une seule substance, qu'il ne peut y en avoir deux, que cette substance est étendue et pensante, et c'est ce que n'ont jamais dit les philosophes grecs et asiatiques qui ont admis une âme universelle.

Il ne parle en aucun endroit de son livre des desseins marqués qui se manifestent dans tous les êtres. Il n'examine point si les yeux sont faits pour voir, les oreilles pour entendre, les pieds pour marcher, les ailes pour voler;[92] il ne considère ni les lois du mouvement dans les animaux et dans les plantes, ni leur structure adaptée à ces lois, ni la profonde mathématique qui gouverne le cours des astres: il craint d'apercevoir que tout ce qui existe atteste une Providence divine; il ne remonte point des effets à leur cause,

85

90

95

100

[88] C'est l'interprétation courante, quoique fausse, donnée souvent du *Deus, sive natura*.

[89] Identifier la négation de la Providence avec l'athéisme serait digne d'un Houtteville ou d'un Nonnotte, mais on s'étonne de trouver pareil argument sous la plume de l'auteur de *Candide*.

[90] Philosophe grec, successeur d'Aristote (*c.* 287-269 avant J.-C.). Il niait les causes finales et l'âme immatérielle.

[91] Diagoras, surnommé l'Athée, disciple de Démocrite (cinquième siècle avant J.-C.).

[92] Ce 'cause-finalisme' sera ridiculisé par Grimm en des termes cinglants ('voilà des arguments d'une force terrible pour des enfants'). P. Vernière (ii.520) se demande si Voltaire y croit vraiment: c'est oublier la démonstration péremptoire du chapitre 2 du *Traité de métaphysique*.

mais se mettant tout d'un coup à la tête de l'origine des choses, 105
il bâtit son roman comme Descartes a construit le sien, sur une
supposition. Il supposait le plein avec Descartes, quoiqu'il soit
démontré en rigueur que tout mouvement est impossible dans le
plein.[93] C'est là principalement ce qui lui fit regarder l'univers
comme une seule substance. Il a été la dupe de son esprit 110
géométrique. Comment Spinosa ne pouvant douter que l'intelligence
et la matière existent, n'a-t-il pas examiné au moins si la
Providence n'a pas tout arrangé? comment n'a-t-il pas jeté un
coup d'œil sur ces ressorts, sur ces moyens dont chacun a son
but, et recherché s'ils prouvent un artisan suprême? Il fallait qu'il 115
fût ou un physicien bien ignorant, ou un sophiste gonflé d'un
orgueil bien stupide, pour ne pas reconnaître une Providence
toutes les fois qu'il respirait et qu'il sentait son cœur battre; car
cette respiration et ce mouvement du cœur sont des effets d'une
machine si industrieusement compliquée, arrangée avec un art si 120
puissant, dépendante de tant de ressorts, concourant tous au
même but, qu'il est impossible de l'imiter, et impossible à un
homme de bon sens de ne la pas admirer.

Les spinosistes modernes[94] répondent: Ne vous effarouchez pas
des conséquences que vous nous imputez; nous trouvons comme 125
vous une suite d'effets admirables dans les corps organisés et
dans toute la nature. La cause éternelle est dans l'Intelligence
éternelle que nous admettons, et qui avec la matière constitue
l'universalité des choses qui est Dieu. Il n'y a qu'une seule
substance qui agit par la même modalité de sa pensée sur sa 130
modalité de la matière, et qui constitue ainsi l'univers, qui ne fait
qu'un tout inséparable.

On réplique à cette réponse, Comment pouvez-vous nous
prouver que la pensée qui fait mouvoir les astres, qui anime

[93] Cet argument emprunté à la physique ne provient pas de Bayle. C'est aussi le plus sérieux, et Voltaire s'en resservira dans les *Lettres à S. A. Mgr. le prince de ****.

[94] On ne sait si Voltaire vise ici La Mettrie, Maupertuis, ou Diderot. Peut-être l'expression est-elle simplement synonyme de 'monistes'.

l'homme, qui fait tout, soit une modalité, et que les déjections 135
d'un crapaud et d'un ver soient une autre modalité de ce même
Etre souverain? Oseriez-vous dire qu'un si étrange principe vous
est démontré? Ne couvrez-vous pas votre ignorance par des mots
que vous n'entendez point? Bayle a très bien démêlé les sophismes
de votre maître dans les détours et dans les obscurités du style 140
prétendu géométrique, et réellement très confus, de ce maître. Je
vous renvoie à lui; des philosophes ne doivent pas récuser Bayle.[95]

Quoi qu'il en soit, je remarquerai de Spinosa qu'il se trompait
de très bonne foi. Il me semble qu'il n'écartait de son système les
idées qui pouvaient lui nuire, que parce qu'il était trop plein des 145
siennes; il suivait sa route sans regarder rien de ce qui pouvait la
traverser, et c'est ce qui nous arrive trop souvent. Il y a plus, il
renversait tous les principes de la morale, en étant lui-même d'une
vertu rigide;[96] sobre, jusqu'à ne boire qu'une pinte de vin en un
mois; désintéressé, jusqu'à remettre aux héritiers de l'infortuné 150
Jean de Wit[97] une pension de deux cents florins que lui faisait ce
grand homme; généreux, jusqu'à donner son bien; toujours patient
dans ses maux et dans sa pauvreté, toujours uniforme dans sa
conduite.

Bayle qui l'a si maltraité avait à peu près le même caractère. 155
L'un et l'autre ont cherché la vérité toute leur vie par des routes
différentes. Spinosa fait un système spécieux en quelques points,
et bien erroné dans le fond. Bayle a combattu tous les systèmes:
qu'est-il arrivé des écrits de l'un et de l'autre? Ils ont occupé
l'oisiveté de quelques lecteurs; c'est à quoi tous les écrits se 160
réduisent; et depuis Thalès jusqu'aux professeurs de nos universités, et jusqu'aux plus chimériques raisonneurs, et jusqu'à leurs

[95] C'est pourtant ce que fera Voltaire en bien d'autres occasions (voir P. Rétat, *Le Dictionnaire de Bayle*).

[96] C'est l'image du philosophe pauvre et vertueux qui fit beaucoup pour la survie de Spinoza, et que Bayle a contribué à entretenir.

[97] Jan de Witt, grand pensionnaire de Hollande, victime en 1672 d'une émeute orangiste où il fut assassiné avec son frère Corneille. Voltaire fait souvent allusion à ce grand homme d'Etat massacré par la populace, entre autres dans l'*Essai sur les mœurs*.

plagiaires, aucun philosophe n'a influé seulement sur les mœurs de la rue où ils demeuraient. Pourquoi? Parce que les hommes se conduisent par la coutume, et non par la métaphysique.[98] 165

XXV. *Absurdités*

Voilà bien des voyages dans des terres inconnues; ce n'est rien encore. Je me trouve comme un homme qui ayant erré sur l'Océan, et apercevant les îles Maldives dont la mer Indienne est semée, veut les visiter toutes. Mon grand voyage ne m'a rien valu; voyons si je ferai quelque gain dans l'observation de ces petites îles, qui 5 ne semblent servir qu'à embarrasser la route.

Il y a une centaine de cours de philosophie où l'on m'explique des choses dont personne ne peut avoir la moindre notion. Celui-ci veut me faire comprendre la Trinité par la physique; il me dit qu'elle ressemble aux trois dimensions de la matière. Je le laisse 10 dire, et je passe vite. Celui-là prétend me faire toucher au doigt la transsubstantiation, en me montrant, par les lois du mouvement, comment un accident peut exister sans sujet, et comment un même corps peut être en deux endroits à la fois.[99] Je me bouche les oreilles, et je passe plus vite encore. 15

Pascal, Blaise Pascal lui-même, l'auteur des *Lettres provinciales*,[100]

164 NM: la métaphysique. Un seul homme éloquent et habile accrédité pourra beaucoup sur les hommes; cent philosophes n'y pourront rien s'ils ne sont que philosophes.//

[98] Cette constatation désenchantée explique le passage de Voltaire à des moyens d'expression (théâtre, dialogue, dictionnaire, pamphlets, libelles) plus aptes à toucher le grand public et à influencer ses convictions. Voltaire invite ici (et plus loin) ses amis 'philosophes' à sortir de leur tour d'ivoire et, selon l'expression de Diderot (*De l'interprétation de la nature*), à 'rendre la philosophie populaire'. La variante implique donc tout un programme d'action.

[99] On ne sait à quels 'cours de philosophie' Voltaire fait allusion, mais la référence est fort probablement sérieuse.

[100] L'ouvrage de Pascal que Voltaire admirait le plus et dans lequel il voyait un des sommets de la prose française.

profère ces paroles; *Croyez-vous qu'il soit impossible que Dieu soit infini et sans parties? Je veux donc vous faire voir une chose indivisible et infinie; c'est un point, se mouvant partout d'une vitesse infinie, car il est en tous lieux tout entier dans chaque endroit.*[101] 20

Un point mathématique qui se meut! juste ciel! un point qui n'existe que dans la tête du géomètre, qui est partout et en même temps, et qui a une vitesse infinie, comme si la vitesse infinie actuelle pouvait exister! Chaque mot est une folie, et c'est un grand homme qui a dit ces folies! 25

Votre âme est simple, incorporelle, intangible, me dit cet autre; et comme aucun corps ne peut la toucher, je vais vous prouver par la physique d'Albert le Grand,[102] qu'elle sera brûlée physiquement, si vous n'êtes pas de mon avis; et voici comme je vous le prouve *a priori*, en fortifiant Albert par les syllogismes d'Abeli.[103] 30 Je lui réponds que je n'entends pas son *priori*; que je trouve son compliment très dur; que la révélation dont il ne s'agit pas entre nous, peut seule m'apprendre une chose si incompréhensible; que je lui permets de n'être pas de mon avis, sans lui faire aucune menace; et je m'éloigne de lui, de peur qu'il ne me joue un 35 mauvais tour; car cet homme me paraît bien méchant.

Une foule de sophistes de tout pays et de toutes sectes m'accable d'arguments inintelligibles sur la nature des choses, sur la mienne, sur mon état passé, présent et futur. Si on leur parle de manger et de boire, de vêtement, de logement, des denrées nécessaires, 40 de l'argent avec lequel on se les procure, tous s'entendent à merveilles; s'il y a quelques pistoles à gagner, chacun d'eux

18 K: *chose invisible et*
41-42 W75G carton, K: à merveille

[101] Citation presque littérale d'une des *Pensées* (*Œuvres*, Pléiade 1969, no.444, p.1211; no.231 de l'éd. Brunschvicg).
[102] Philosophe allemand du treizième siècle, qui fut aussi tenu pour un grand magicien.
[103] Louis Abelli (1603-1691), théologien français hostile aux jansénistes, auteur d'une *Medulla theologica* (1650) qui lui valut d'être cité par Boileau dans *Le Lutrin* ('le moelleux Abelli').

s'empresse, personne ne se trompe d'un denier; et quand il s'agit de tout notre être, ils n'ont pas une idée nette. Le sens commun les abandonne; de là je reviens à ma première conclusion (nombre 45 4) que ce qui ne peut être d'un usage universel, ce qui n'est pas à la portée du commun des hommes, ce qui n'est pas entendu par ceux qui ont le plus exercé leur faculté de penser,[104] n'est pas nécessaire au genre humain.

XXVI. *Du meilleur des mondes*[105]

En courant de tous côtés pour m'instruire, je rencontrai des disciples de Platon. Venez avec nous, me dit l'un d'eux;[106] vous êtes dans le meilleur des mondes; nous avons bien surpassé notre maître. Il n'y avait de son temps que cinq mondes possibles, parce qu'il n'y a que cinq corps réguliers;[107] mais actuellement qu'il y 5 a une infinité d'univers possibles, Dieu a choisi le meilleur; venez, et vous vous en trouverez bien. Je lui répondis humblement: Les mondes que Dieu pouvait créer, étaient ou meilleurs, ou parfaitement égaux, ou pires. Il ne pouvait prendre le pire. Ceux qui étaient égaux, supposé qu'il y en eût, ne valaient pas la 10 préférence; ils étaient entièrement les mêmes: on n'a pu choisir entre eux: prendre l'un, c'est prendre l'autre. Il était donc impossible qu'il ne prît pas le meilleur. Mais comment les autres étaient-ils possibles, quand il était impossible qu'ils existassent?

Il me fit de très belles distinctions, assurant toujours sans 15

45 NM: (*question IV*)

[104] Cette énumération précise la formule, trop restrictive, du chapitre 19 et l'étend considérablement.

[105] Ce chapitre a été repris en 1770 dans les *Questions sur l'Encyclopédie*. C'est assez dire quelle importance Voltaire accorde, à cette époque, à la critique de l'optimisme leibnizien, auquel il adhérait encore en écrivant le *Traité de métaphysique*.

[106] Il s'agit sans doute de Leibniz.

[107] Voir le *Timée*.

s'entendre, que ce monde-ci est le meilleur de tous les mondes réellement impossibles.[108] Mais me sentant alors tourmenté de la pierre, et souffrant des douleurs insupportables, les citoyens du meilleur des mondes me conduisirent à l'hôpital voisin. Chemin faisant, deux de ces bienheureux habitants furent enlevés par des créatures leurs semblables: on les chargea de fers, l'un pour quelques dettes, l'autre sur un simple soupçon. Je ne sais pas si je fus conduit dans le meilleur des hôpitaux possibles; mais je fus entassé avec deux ou trois mille misérables qui souffraient comme moi. Il y avait là plusieurs défenseurs de la patrie, qui m'apprirent qu'ils avaient été trépanés et disséqués vivants, qu'on leur avait coupé des bras, des jambes, et que plusieurs milliers de leurs généreux compatriotes avaient été massacrés dans l'une des trente batailles données dans la dernière guerre, qui est environ la cent millième guerre depuis que nous connaissons des guerres.[109] On voyait aussi dans cette maison environ mille personnes des deux sexes qui ressemblaient à des spectres hideux, et qu'on frottait d'un certain métal, parce qu'ils avaient suivi la loi de la nature, et parce que la nature avait je ne sais comment pris la précaution d'empoisonner en eux la source de la vie.[110] Je remerciai mes deux conducteurs.

Quand on m'eut plongé un fer bien tranchant dans la vessie, et qu'on eut tiré quelques pierres de cette carrière; quand je fus guéri, et qu'il ne me resta plus que quelques incommodités douloureuses pour le reste de mes jours, je fis mes représentations à mes guides; je pris la liberté de leur dire qu'il y avait du bon dans ce monde, puisqu'on m'avait tiré quatre cailloux du sein de mes entrailles déchirées; mais que j'aurais encore mieux aimé que

[108] Certains éditeurs ont corrigé en 'possibles', méconnaissant ainsi l'ironie de la phrase, qui s'articule sur le 'quand il était impossible qu'ils existassent' de l'alinéa précédent.

[109] Le ton et le style rappellent *Candide*, où la maladie, la guerre, et les maux vénériens jouent aussi un rôle important.

[110] Le mercure servait à traiter les maladies vénériennes. Voir aussi la finale de l'article 'Amour' du *Dictionnaire philosophique* avec des analogies presque littérales.

les vessies eussent été des lanternes,[111] que non pas qu'elles fussent des carrières. Je leur parlai des calamités et des crimes innombrables qui couvrent cet excellent monde.[112] Le plus intrépide d'entre eux, qui était un Allemand, mon compatriote,[113] m'apprit que tout cela n'est qu'une bagatelle. 45

Ce fut, dit-il, une grande faveur du ciel envers le genre humain, que Tarquin violât Lucrèce, et que Lucrèce se poignardât, parce qu'on chassa les tyrans, et que le viol, le suicide et la guerre établirent une république qui fit le bonheur des peuples conquis. J'eus peine à convenir de ce bonheur. Je ne conçus pas d'abord quelle était la félicité des Gaulois et des Espagnols, dont on dit que César fit périr trois millions.[114] Les dévastations et les rapines me parurent aussi quelque chose de désagréable; mais le défenseur de l'optimisme n'en démordit point; il me disait toujours comme le geôlier de don Carlos; *paix*, *paix*, *c'est pour votre bien*.[115] Enfin, étant poussé à bout, il me dit qu'il ne fallait pas prendre garde à ce globule de la terre, où tout va de travers; mais que dans l'étoile de Sirius, dans Orion, dans l'œil du Taureau, et ailleurs, tout est parfait. Allons-y donc, lui dis-je. 50 55 60

Un petit théologien me tira alors par le bras; il me confia que ces gens-là étaient des rêveurs, qu'il n'était point du tout nécessaire qu'il y eût du mal sur la terre, qu'elle avait été formée exprès pour qu'il n'y eût jamais que du bien; et pour vous le prouver, sachez que les choses se passèrent ainsi autrefois pendant dix ou 65

67 K: sachez, me dit-il, que les

[111] Jeu de mots sur le dicton 'faire prendre des vessies pour des lanternes' (= tromper, abuser).

[112] Ainsi se résume l'histoire humaine, aussi bien dans le *Dictionnaire philosophique* que dans l'*Essai sur les mœurs*.

[113] Evidemment, Leibniz. Voltaire feint ici d'être Allemand (voir ci-dessous, ch.53), comme il feint ailleurs d'être Anglais.

[114] L'horreur de Voltaire pour les guerriers, ceux qu'il appelle sarcastiquement les 'héros', se retrouve dans ses livres d'histoire et dans ses contes. Ses grands hommes sont des savants, des penseurs, des marchands, des ingénieurs.

[115] Le fils de Philippe II, dont la mort en prison fut à l'origine de plusieurs œuvres littéraires (Otway, Alfieri, Schiller).

douze jours.[116] Hélas! lui répondis-je, c'est bien dommage, mon révérend père, que cela n'ait pas continué.

XXVII. *Des monades, etc.*

Le même Allemand se ressaisit alors de moi; il m'endoctrina, m'apprit clairement ce que c'est que mon âme. Tout est composé de monades dans la nature; votre âme est une monade; et comme elle a des rapports avec toutes les autres monades du monde, elle a nécessairement des idées de tout ce qui s'y passe; ces idées sont confuses, ce qui est très utile; et votre monade, ainsi que la mienne, est un miroir concentré de cet univers.[117] 5

Mais ne croyez pas que vous agissiez en conséquence de vos pensées. Il y a une harmonie préétablie entre la monade de votre âme et toutes les monades de votre corps, de façon que quand votre âme a une idée, votre corps a une action, sans que l'une soit la suite de l'autre. Ce sont deux pendules qui vont ensemble; ou si vous voulez, cela ressemble à un homme qui prêche tandis qu'un autre fait les gestes. Vous concevez aisément qu'il faut que cela soit ainsi dans le meilleur des mondes. Car...[118] 10 15

XXVIII. *Des formes plastiques*

Comme je ne comprenais rien du tout à ces admirables idées, un Anglais nommé Cudworth[119] s'aperçut de mon ignorance à mes

[116] C'est à quoi Voltaire semble vouloir ramener le séjour au jardin d'Eden.

[117] Résumé un peu sommaire de la *Monadologie* (1714) de Leibniz.

[118] Voltaire interrompt de manière abrupte un développement qui pourrait prendre une allure trop technique. Les points de suspension suggèrent aussi l'absence de tout intérêt de la part de l'auditeur (qui n'est autre que lui-même).

[119] Ralph Cudworth (1617-1688), philosophe anglais, auteur d'un *True intellectual system of the universe* (1678), où il développait, contre l'athéisme et le déterminisme, la thèse du 'médiateur plastique', très imprégnée de souvenirs platoniciens.

yeux fixes, à mon embarras, à ma tête baissée; Ces idées, me dit-il, vous semblent profondes, parce qu'elles sont creuses. Je vais vous apprendre nettement comment la nature agit. Premièrement, il y a la nature en général, ensuite il y a des natures plastiques qui forment tous les animaux et toutes les plantes, vous entendez bien? Pas un mot, monsieur. Continuons donc.

Une nature plastique n'est pas une faculté du corps, c'est une substance immatérielle qui agit sans savoir ce qu'elle fait, qui est entièrement aveugle, qui ne sent ni ne raisonne, ni ne végète; mais la tulipe a sa forme plastique qui la fait végéter; le chien a sa forme plastique qui le fait aller à la chasse, et l'homme a la sienne qui le fait raisonner. Ces formes sont les agents immédiats de la Divinité. Il n'y a point de ministres plus fidèles au monde, car elles donnent tout, et ne retiennent rien pour elles. Vous voyez bien que ce sont là les vrais principes des choses, et que les natures plastiques valent bien l'harmonie préétablie et les monades, qui sont les miroirs concentrés de l'univers. Je lui avouai que l'un valait bien l'autre.[120]

XXIX. *De Locke*

Après tant de courses malheureuses, fatigué, harassé, honteux d'avoir cherché tant de vérités, et d'avoir trouvé tant de chimères, je suis revenu à Locke, comme l'enfant prodigue qui retourne chez son père;[121] je me suis rejeté entre les bras d'un homme modeste, qui ne feint jamais de savoir ce qu'il ne sait pas, qui, à la vérité, ne possède pas des richesses immenses, mais dont les fonds sont bien assurés, et qui jouit du bien le plus solide, sans

[120] C'est-à-dire, pas grand-chose, selon Voltaire.

[121] L'empirisme lockien apparaît, ici et ailleurs, à Voltaire comme le dernier mot de la philosophie et comme l'antidote aux spéculations fumeuses de la métaphysique. Rarement cependant cette fidélité est affirmée avec autant de force émotive, et presque de tendresse: l'image est celle du 'bon père de famille', si chère au cœur du dix-huitième siècle bourgeois.

aucune ostentation. Il me confirme dans l'opinion que j'ai toujours eue, que rien n'entre dans notre entendement que par nos sens.

Qu'il n'y a point de notions innées. 10

Que nous ne pouvons avoir l'idée d'un espace infini, ni d'un nombre infini.

Que je ne pense pas toujours, et que par conséquent la pensée n'est pas l'essence, mais l'action de mon entendement.[122]

Que je suis libre quand je peux faire ce que je veux. 15

Que cette liberté ne peut consister dans ma volonté, puisque lorsque je demeure volontairement dans ma chambre, dont la porte est fermée, et dont je n'ai pas la clef, je n'ai pas liberté d'en sortir; puisque je souffre quand je veux ne pas souffrir; puisque très souvent je ne peux rappeler mes idées quand je veux les 20 rappeler.

Qu'il est donc absurde au fond de dire, *la volonté est libre*, puisqu'il est absurde de dire, *je veux vouloir cette chose*; car c'est précisément comme si on disait, *je désire de la désirer*, *je crains de la craindre*: qu'enfin la volonté n'est pas plus libre qu'elle n'est bleue 25 ou carrée. (*Voyez* l'article XIII).

Que je ne puis vouloir qu'en conséquence des idées reçues dans mon cerveau; que je suis nécessité à me déterminer en conséquence de ces idées, puisque sans cela je me déterminerais sans raison, et qu'il y aurait un effet sans cause. 30

Que je ne puis avoir une idée positive de l'infini, puisque je suis très fini.

Que je ne puis connaître aucune substance, parce que je ne puis avoir d'idée que de leurs qualités, et que mille qualités d'une chose ne peuvent me faire connaître la nature intime de cette 35 chose, qui peut avoir cent mille autres qualités ignorées.

Que je ne suis la même personne qu'autant que j'ai de la

18 NM: pas la liberté
26 NM: *la question XIII.* [W68: *quest.*]

[122] Toutes affirmations qui contredisent Descartes.

mémoire, et le sentiment de ma mémoire;[123] car n'ayant pas la moindre partie du corps qui m'appartenait dans mon enfance, et n'ayant pas le moindre souvenir des idées qui m'ont affecté à cet âge, il est clair que je ne suis pas plus ce même enfant que je ne suis Confucius ou Zoroastre. Je suis réputé la même personne par ceux qui m'ont vu croître, et qui ont toujours demeuré avec moi; mais je n'ai en aucune façon la même existence; je ne suis plus l'ancien moi-même; je suis une nouvelle identité: et de là quelles singulières conséquences!

Qu'enfin, conformément à la profonde ignorance dont je me suis convaincu sur les principes des choses, il est impossible que je puisse connaître quelles sont les substances auxquelles Dieu daigne accorder le don de sentir et de penser. En effet, y a-t-il des substances dont l'essence soit de penser, qui pensent toujours, et qui pensent par elles-mêmes? En ce cas, ces substances, quelles qu'elles soient, sont des dieux; car elles n'ont nul besoin de l'Etre éternel et formateur, puisqu'elles ont leurs essences sans lui, puisqu'elles pensent sans lui.

Secondement, si l'Etre éternel a fait le don de sentir et de penser à des êtres, il leur a donné ce qui ne leur appartenait pas essentiellement; il a donc pu donner cette faculté à tout être, quel qu'il soit.

Troisièmement, nous ne connaissons aucun être à fond; donc il est impossible que nous sachions si un être est incapable ou non de recevoir le sentiment et la pensée. Les mots de *matière* et d'*esprit* ne sont que des mots; nous n'avons nulle notion complète de ces deux choses; donc au fond il y a autant de témérité à dire qu'un corps organisé par Dieu même ne peut recevoir la pensée de Dieu même, qu'il serait ridicule de dire que l'esprit ne peut penser.

Quatrièmement, je suppose qu'il y ait des substances purement spirituelles qui n'aient jamais eu l'idée de la matière et du mouve-

[123] Sur ce point, voir déjà le *Traité de métaphysique* (ch.6). Diderot développera l'idée dans *Le Rêve de d'Alembert* (1769).

ment, seront-elles bien reçues à nier que la matière et le mouvement puissent exister? 70

Je suppose que la savante congrégation[124] qui condamna Galilée comme impie, et comme absurde, pour avoir démontré le mouvement de la terre autour du soleil, eût eu quelque connaissance des idées du chancelier Bacon,[125] qui proposait d'examiner si 75 l'attraction est donnée à la matière; je suppose que le rapporteur de ce tribunal eût remontré à ces graves personnages, qu'il y avait des gens assez fous en Angleterre pour soupçonner que Dieu pouvait donner à toute la matière depuis Saturne jusqu'à notre petit tas de boue,[126] une tendance vers un centre, une attraction, 80 une gravitation, laquelle serait absolument indépendante de toute impulsion; puisque l'impulsion agit en raison des surfaces, et que cette gravitation agit en raison des solides. Ne voyez-vous pas ces juges de la raison humaine, et de Dieu même, dicter aussitôt leurs arrêts, anathématiser cette gravitation que Newton a démon- 85 trée depuis, prononcer que cela est impossible à Dieu, et déclarer que la gravitation vers un centre est un blasphème? Je suis coupable, ce me semble, de la même témérité, quand j'ose assurer que Dieu ne peut faire sentir et penser un être organisé quelconque. 90

Cinquièmement, je ne puis douter que Dieu n'ait accordé des sensations, de la mémoire, et par conséquent des idées, à la matière organisée dans les animaux. Pourquoi donc nierai-je qu'il puisse faire le même présent à d'autres animaux? On l'a déjà dit;

82 K: l'impulsion donnée par un fluide en mouvement agit

[124] Le Saint-Office, ou l'Inquisition romaine, qui condamna les thèses de Galilée comme hérétiques (1632).

[125] L'auteur du *Novum organum* (1620) est une des autres figures de proue de la pensée des Lumières. Diderot et l'*Encyclopédie* lui doivent beaucoup. Voltaire a salué en lui l'initiateur de la méthode inductive, et par là de la science moderne (*Lettres philosophiques*, xii).

[126] L'expression dépréciative, quasi pascalienne, se trouve déjà au début du *Traité de métaphysique*.

la difficulté consiste moins à savoir si la matière organisée peut penser, qu'à savoir comment un être, quel qu'il soit, pense.[127] 95

La pensée est quelque chose de divin; oui sans doute; et c'est pour cela que je ne saurai jamais ce que c'est que l'être pensant.[128] Le principe du mouvement est divin; et je ne saurai jamais la cause de ce mouvement dont tous mes membres exécutent les lois. 100

L'enfant d'Aristote étant en nourrice, attirait dans sa bouche le téton qu'il suçait, en formant précisément avec sa langue qu'il retirait, une machine pneumatique, en pompant l'air, en formant du vide; tandis que son père ne savait rien de tout cela, et disait au hasard, que la nature abhorre le vide. 105

L'enfant d'Hipocrate, à l'âge de quatre ans, prouvait la circulation du sang en passant son doigt sur sa main; et Hipocrate ne savait pas que le sang circulât.

Nous sommes ces enfants, tous tant que nous sommes; nous opérons des choses admirables; et aucun des philosophes ne sait comment elles s'opèrent. 110

Sixièmement, voilà les raisons, ou plutôt les doutes que me fournit ma faculté intellectuelle sur l'assertion modeste de Locke. Je ne dis point, encore une fois, que c'est la matière qui pense en nous; je dis avec lui qu'il ne nous appartient pas de prononcer qu'il soit impossible à Dieu de faire penser la matière; qu'il est absurde de le prononcer; et que ce n'est pas à des vers de terre à borner la puissance de l'Etre suprême.[129] 115

Septièmement, j'ajoute que cette question est absolument étrangère à la morale;[130] parce que, soit que la matière puisse penser ou non, quiconque pense doit être juste; parce que l'atome à qui 120

[127] C'est la difficulté que Diderot tentera de résoudre dans *Le Rêve de d'Alembert* (1769). Voltaire avait exprimé la même idée dans *La Métaphysique de Newton* (1740) et dans l'article 'Ame' du *Dictionnaire philosophique* (1764).

[128] Parce que tout ce qui est divin est inconnaissable *a priori*.

[129] Ce passage résume l'*Essay concerning human understanding*, liv.II, ch.3, al.6 et liv.II, ch.23, al.32.

[130] Nouvelle affirmation de l'autonomie de la morale, tenue pour universelle et naturelle, nullement pour un système de conventions.

Dieu aura donné la pensée peut mériter ou démériter, être puni ou récompensé, et durer éternellement; aussi bien que l'être inconnu appelé autrefois *souffle*, et aujourd'hui *esprit*, dont nous avons encore moins de notion que d'un atome. 125

Je sais bien que ceux qui ont cru que l'être nommé *souffle* pouvait seul être susceptible de sentir et de penser, ont persécuté ceux qui ont pris le parti du sage Locke, et qui n'ont pas osé borner la puissance de Dieu à n'animer que ce souffle. Mais quand l'univers entier croyait que l'âme était un corps léger, un souffle, une substance de feu,[131] aurait-on bien fait de persécuter ceux qui sont venus nous apprendre que l'âme est immatérielle? Tous les Pères de l'Eglise qui ont cru l'âme un corps délié, auraient-ils eu raison de persécuter les autres Pères qui ont apporté aux hommes l'idée de l'immatérialité parfaite?[132] Non, sans doute; car le persécuteur est abominable. Donc ceux qui admettent l'immatérialité parfaite sans la comprendre, ont dû tolérer ceux qui la rejetaient, parce qu'ils ne la comprenaient pas. Ceux qui ont refusé à Dieu le pouvoir d'animer l'être inconnu appelé *matière*, ont dû tolérer aussi ceux qui n'ont pas osé dépouiller Dieu de ce pouvoir;[133] car il est bien malhonnête de se haïr pour des syllogismes.[134] 130 135 140

XXX. *Qu'ai-je appris jusqu'à présent?*

J'ai donc compté avec Locke et avec moi-même, et je me suis trouvé possesseur de quatre ou cinq vérités, dégagé d'une centaine d'erreurs, et chargé d'une immense quantité de doutes. Je me suis dit ensuite à moi-même: Ce peu de vérités que j'ai acquises par ma raison, sera entre mes mains un bien stérile, si je n'y puis 5

[131] L'âme ignée.

[132] Sur ces contradictions, voir l'article 'Ame' du *Dictionnaire philosophique* et déjà la treizième *Lettre philosophique*.

[133] Il est intéressant de voir comment l'éloge de la tolérance est associé à celui de Locke.

[134] Même expression dans la huitième *Lettre philosophique*, pour féliciter les Anglais d'avoir perdu l'envie 'de s'égorger dorénavant pour des syllogismes'.

trouver quelques principes de morale.[135] Il est beau à un aussi chétif animal que l'homme, de s'être élevé à la connaissance du maître de la nature: mais cela ne me servira pas plus que la science de l'algèbre, si je n'en tire quelque règle pour la conduite de ma vie. 10

XXXI. *Y a-t-il une morale?*

Plus j'ai vu des hommes différents par le climat, les mœurs, le langage, les lois, le culte, et par la mesure de leur intelligence, et plus j'ai remarqué qu'ils ont tous le même fonds de morale.[136] Ils ont tous une notion grossière du juste et de l'injuste, sans savoir un mot de théologie. Ils ont tous acquis cette même notion 5 dans l'âge où la raison se déploie, comme ils ont tous acquis naturellement l'art de soulever des fardeaux avec des bâtons, et de passer un ruisseau sur un morceau de bois, sans avoir appris les mathématiques.

Il m'a donc paru que cette idée du juste et de l'injuste leur était 10 nécessaire, puisque tous s'accordaient en ce point, dès qu'ils pouvaient agir et raisonner. L'Intelligence suprême qui nous a formés, a donc voulu qu'il y eût de la justice sur la terre, pour que nous pussions y vivre un certain temps.[137] Il me semble que n'ayant ni instinct pour nous nourrir comme les animaux, ni 15 armes naturelles comme eux, et végétant plusieurs années dans l'imbécillité[138] d'une enfance exposée à tous les dangers, le peu

[135] La vérité, pour Voltaire, ne vaut que dans la mesure où elle devient principe d'action.

[136] Voltaire aborde ici le problème capital, qui consiste à concilier la diversité culturelle avec le maintien de l'unité de la nature humaine, et donc de la morale qui y correspond.

[137] On aurait tort de voir ici l'écho d'une théorie finaliste. Simplement, l'ordre du monde - expression de l'intelligence suprême, donc de Dieu - doit correspondre, au niveau du vivant, à un ordre de comportement. Voltaire, s'il rejette les idées innées, croit à l'existence *a priori* des valeurs morales fondamentales (et dès lors universelles).

[138] La faiblesse.

qui serait resté d'hommes échappés aux dents des bêtes féroces, à la faim, à la misère, se seraient occupés à se disputer quelque nourriture et quelques peaux de bêtes, et qu'ils se seraient bientôt détruits comme les enfants du dragon de Cadmus,[139] sitôt qu'ils auraient pu se servir de quelque arme. Du moins il n'y aurait eu aucune société, si les hommes n'avaient conçu l'idée de quelque justice, qui est le lien de toute société.[140]

Comment[141] l'Egyptien qui élevait des pyramides et des obélisques, et le Scythe errant qui ne connaissait pas même les cabanes, auraient-ils eu les mêmes notions fondamentales du juste et de l'injuste, si Dieu n'avait donné de tout temps à l'un et à l'autre cette raison qui, en se développant, leur fait apercevoir les mêmes principes nécessaires, ainsi qu'il leur a donné des organes, qui, lorsqu'ils ont atteint le degré de leur énergie, perpétuent nécessairement, et de la même façon la race du Scythe et de l'Egyptien? Je vois une horde barbare ignorante, superstitieuse, un peuple sanguinaire et usurier,[142] qui n'avait pas même de terme dans son jargon pour signifier la géométrie et l'astronomie;[143] cependant ce peuple a les mêmes lois fondamentales que le sage Chaldéen qui a connu les routes des astres, et que le Phénicien plus savant encore, qui s'est servi de la connaissance des astres pour aller fonder des colonies aux bornes de l'hémisphère où l'Océan se confond avec la Méditerranée. Tous ces peuples assurent qu'il faut respecter son père et sa mère, que le parjure, la calomnie,

[139] Voltaire se réfère à la légende grecque qui veut que Cadmus, après avoir tué un dragon, sema ses dents et que les guerriers qui en naquirent s'entretuèrent jusqu'à la complète extinction.

[140] Or pour Voltaire, comme pour Aristote, l'homme ne peut vivre et se développer qu'en société.

[141] A en croire deux notes adressées par Voltaire à Gabriel Cramer (D13982, D13983), ce dernier alinéa aurait été ajouté après coup.

[142] Il s'agit du peuple juif, dont Voltaire parle en termes identiques dans l'*Examen important*, le *Dictionnaire philosophique*, *Dieu et les hommes*, et *La Bible enfin expliquée*.

[143] Voltaire oppose à la 'horde sauvage' de nomades superstitieux la sagesse de l'Inde, la science chaldéenne, l'ingéniosité des Phéniciens. Le but est toujours le même: ridiculiser la prétention des Juifs à être le peuple élu de Dieu.

l'homicide sont abominables. Ils tirent donc tous les mêmes conséquences du même principe de leur raison développée.

XXXII. *Utilité réelle. Notion de la justice*

La notion de quelque chose de juste, me semble si naturelle, si universellement acquise par tous les hommes, qu'elle est indépendante de toute loi, de tout pacte, de toute religion. Que je redemande à un Turc, à un Guèbre,[144] à un Malabare,[145] l'argent que je lui ai prêté pour se nourrir et pour se vêtir; il ne lui tombera 5 jamais dans la tête de me répondre, Attendez que je sache si Mahomet, Zoroastre ou Brama ordonnent que je vous rende votre argent. Il conviendra qu'il est juste qu'il me paie; et s'il n'en fait rien, c'est que sa pauvreté ou son avarice l'emporteront sur la justice qu'il reconnaît. 10

Je mets en fait, qu'il n'y a aucun peuple chez lequel il soit juste, beau, convenable, honnête de refuser la nourriture à son père et à sa mère quand on peut leur en donner.

Que nulle peuplade n'a jamais pu regarder la calomnie comme une bonne action, non pas même une compagnie de bigots 15 fanatiques.

L'idée de justice me paraît tellement une vérité du premier ordre, à laquelle tout l'univers donne son assentiment, que les plus grands crimes qui affligent la société humaine, sont tous commis sous un faux prétexte de justice. Le plus grand des crimes, 20 du moins le plus destructif, et par conséquent le plus opposé au but de la nature, est la guerre; mais il n'y a aucun agresseur qui ne colore ce forfait du prétexte de la justice.

Les déprédateurs romains faisaient déclarer toutes leurs inva-

[144] On appelait ainsi les Perses restés fidèles au zoroastrisme. Montesquieu leur consacre la curieuse 'Histoire d'Aphéridon et d'Astarté' (*Lettres persanes*, lxvii). Voltaire loue leurs vertus dans sa tragédie *Les Guèbres*.

[145] Au sens propre: habitant de la côte sud-ouest de l'Inde, mais on désigne ainsi tous les habitants de l'Inde au dix-huitième siècle.

sions justes par des prêtres nommés *féciales*. Tout brigand qui se trouve à la tête d'une armée, commence ses fureurs par un manifeste, et implore le dieu des armées.[146] 25

Les petits voleurs eux-mêmes, quand ils sont associés, se gardent bien de dire, Allons voler, allons arracher à la veuve et à l'orphelin leur nourriture; ils disent, Soyons justes, allons reprendre notre bien des mains des riches qui s'en sont emparés. Ils ont entre eux un dictionnaire qu'on a même imprimé dès le seizième siècle,[147] et dans ce vocabulaire qu'ils appellent *argot*, les mots de *vol*, *larcin*, *rapine*, ne se trouvent point; ils se servent de termes qui répondent à *gagner*, *reprendre*. 30 35

Le mot d'*injustice* ne se prononce jamais dans un conseil d'Etat, où l'on propose le meurtre le plus injuste; les conspirateurs, même les plus sanguinaires, n'ont jamais dit: Commettons un crime. Ils ont tous dit, Vengeons la patrie des crimes du tyran, punissons ce qui nous paraît une injustice. En un mot, flatteurs lâches, ministres barbares, conspirateurs odieux, voleurs plongés dans l'iniquité, tous rendent hommage, malgré eux, à la vertu même qu'ils foulent aux pieds.[148] 40

J'ai toujours été étonné que chez les Français, qui sont éclairés et polis, on ait souffert sur le théâtre ces maximes aussi affreuses que fausses qui se trouvent dans la première scène de *Pompée*, et qui sont beaucoup plus outrées que celles de Lucain dont elles sont imitées. 45

[146] Allusion à peine déguisée au *Deus Sabaoth* biblique.

[147] Le premier dictionnaire de l'argot fut publié en 1596, en annexe à *La Vie généreuse des mercelots et boemiens, contenant leur façon de vivre, subtilitez et gergon*, œuvre de Pechon de Ruby, ancien 'mercelot' lui-même (Lyon, J. Julliéron, in-12). Il se présente comme un *Dictionnaire en langage blesquien* [= argotique], *avec l'explication en vulgaire*, et fut réédité en 1612, 1618, 1622 et 1627. Il a servi de modèle à Chereau de Tours pour son livre *Le Jargon ou langage de l'argot réformé, comme il est à présent en usage parmy les bons pauvres* (1603), maintes fois réédité jusqu'à nos jours (Paris 1927). Guillaume Bouchet, à la suite de ses *Serées* (1598), fournit un glossaire qui présente toutefois une autre codification du jargon (voir G. Esnault, *Dictionnaire historique des argots français*, 1965).

[148] Voltaire paraphrase la maxime célèbre de La Rochefoucauld: 'L'hypocrisie est un hommage que le vice rend à la vertu'.

La justice et le droit sont de vaines idées.
Le droit des rois consiste à ne rien épargner.[149] 50

Et on met ces abominables paroles dans la bouche de Photin ministre du jeune Ptolomée. Mais c'est précisément parce qu'il est ministre qu'il devait dire tout le contraire; il devait représenter la mort de Pompée comme un malheur nécessaire et juste.

Je crois donc que les idées du juste et de l'injuste sont aussi 55 claires, aussi universelles que les idées de santé et de maladie, de vérité et de fausseté, de convenance et de disconvenance.[150] Les limites du juste et de l'injuste sont très difficiles à poser; comme l'état mitoyen entre la santé et la maladie, entre ce qui est convenance et la disconvenance des choses, entre le faux et le 60 vrai, est difficile à marquer. Ce sont des nuances qui se mêlent, mais les couleurs tranchantes frappent tous les yeux. Par exemple, tous les hommes avouent qu'on doit rendre ce qu'on nous a prêté: mais si je sais certainement que celui à qui je dois deux millions, s'en servira pour asservir ma patrie, dois-je lui rendre cette arme 65 funeste? Voilà où les sentiments se partagent: mais en général je dois observer mon serment quand il n'en résulte aucun mal; c'est de quoi personne n'a jamais douté.[151]

XXXIII. *Consentement universel est-il preuve de vérité?*

On peut m'objecter que le consentement des hommes de tous les temps et de tous les pays n'est pas une preuve de la vérité.[152] Tous les peuples ont cru à la magie, aux sortilèges, aux

[149] Corneille, *La Mort de Pompée* (1643), I.i.50 et 107, dans le discours de Photin devant Ptolémée. Dans ses *Commentaires sur Corneille*, Voltaire avait déjà dénoncé 'cette maxime horrible' et affirmé que ce passage 'pèche contre la raison autant que contre la morale' (Voltaire 54, p.396).

[150] C'est ce que le Neveu de Rameau, puis Laclos et Sade remettront en question.

[151] On touche ici aux fondements même de l'humanisme des Lumières, dans sa confiance en une nature humaine identique et en un consensus moral.

[152] Cette objection était déjà réfutée vers 1710 dans *Le Militaire philosophe*.

démoniaques,[153] aux apparitions, aux influences des astres, à cent autres sottises pareilles. Ne pourrait-il pas en être ainsi du juste et de l'injuste? 5

Il me semble que non. Premièrement, il est faux que tous les hommes aient cru à ces chimères. Elles étaient à la vérité l'aliment de l'imbécillité du vulgaire, et il y a le vulgaire des grands et le vulgaire du peuple;[154] mais une multitude de sages s'en est 10 toujours moquée; ce grand nombre de sages, au contraire, a toujours admis le juste et l'injuste, tout autant, et même encore plus que le peuple.

La croyance aux sorciers, aux démoniaques etc., est bien éloignée d'être nécessaire au genre humain; la croyance à la justice 15 est d'une nécessité absolue; donc elle est un développement de la raison donnée de Dieu; et l'idée des sorciers et des possédés etc., est au contraire un pervertissement de cette même raison.

XXXIV. *Contre Locke*

Locke qui m'instruit, et qui m'apprend à me défier de moi-même, ne se trompe-t-il pas quelquefois comme moi-même? Il veut prouver la fausseté des idées innées; mais n'ajoute-t-il pas une bien mauvaise raison à de fort bonnes? il avoue qu'il n'est pas juste de faire bouillir son prochain dans une chaudière, et de le 5 manger. Il dit que cependant il y a eu des nations d'anthropophages, et que ces êtres pensants n'auraient pas mangé des hommes,

[153] Aux possédés par le démon.

[154] Cette distinction éclaire la pensée de Voltaire sur un point délicat. Son mépris pour les masses, pour la 'canaille', pour le 'vulgaire' n'est pas d'ordre social, puisqu'il y a 'le vulgaire des grands'; il est d'ordre intellectuel, et rejoint l'attitude des stoïciens antiques. Diderot, si plein de sollicitude pour le peuple au travail, dira de même que le premier devoir du philosophe est de se 'dépopulariser' (voir notre étude 'Voltaire et le peuple', *The Age of Enlightenment: Studies presented to Th. Besterman*, Edinburgh and London 1967, p.137-51).

s'ils avaient eu les idées du juste et de l'injuste, que je suppose nécessaires à l'espèce humaine. (*Voyez* le N°. XXXVI).

Sans entrer ici dans la question, s'il y a eu en effet des nations d'anthropophages,[155] sans examiner les relations du voyageur Dampier,[156] qui a parcouru toute l'Amérique, et qui n'y en a jamais vu, mais qui au contraire a été reçu chez tous les sauvages avec la plus grande humanité; Voici ce que je réponds. 10

Des vainqueurs ont mangé leurs esclaves pris à la guerre; ils ont cru faire une action très juste; ils ont cru avoir sur eux droit de vie et de mort; et comme ils avaient peu de bons mets pour leur table, ils ont cru qu'il leur était permis de se nourrir du fruit de leur victoire. Ils ont été en cela plus justes que les triomphateurs romains, qui faisaient étrangler sans aucun fruit les princes esclaves qu'ils avaient enchaînés à leur char de triomphe. Les Romains et les sauvages avaient une très fausse idée de la justice, je l'avoue; mais enfin, les uns et les autres croyaient agir justement; et cela est si vrai, que les mêmes sauvages, quand ils avaient admis leurs captifs dans leur société, les regardaient comme leurs enfants; et que ces mêmes anciens Romains ont donné mille exemples de justice admirables. 15 20 25

9 NM: (*Voyez la quest. XXXVI*)

[155] Ce problème est débattu dans l'article 'Anthropophages' du *Dictionnaire philosophique*. Cf. le chapitre sur l'anthropologie de Voltaire dans le livre, cité plus haut, de Michèle Duchet.

[156] William Dampier (1652-1715), explorateur anglais qui donna son nom au détroit contigu à la Nouvelle-Guinée. Il publia en 1697 un *Nouveau voyage autour du monde* (trad. fr. 1698; BV, no.935). Voltaire y a marqué d'un signet le passage où celui-ci déclare n'avoir jamais rencontré d'anthropophages (CN, iii.24 et n.11). La même allusion se trouve dans l'*Essai sur les mœurs* (*Essai*, ii.345). On lira sur ce sujet un avis différent dans l'article 'Anthropophages' du *Dictionnaire philosophique*.

XXXV. *Contre Locke*

Je conviens, avec le sage Locke, qu'il n'y a point de notion innée, point de principe de pratique inné. C'est une vérité si constante, qu'il est évident que les enfants auraient tous une notion claire de Dieu, s'ils étaient nés avec cette idée, et que tous les hommes s'accorderaient dans cette même notion, accord que l'on n'a jamais vu.[157] Il n'est pas moins évident que nous ne naissons point avec des principes développés de morale, puisqu'on ne voit pas comment une nation entière pourrait rejeter un principe de morale qui serait gravé dans le cœur de chaque individu de cette nation.

Je suppose que nous soyons tous nés avec le principe moral bien développé, qu'il ne faut persécuter personne pour sa manière de penser; comment des peuples entiers auraient-ils été persécuteurs? Je suppose que chaque homme porte en soi la loi évidente, qui ordonne qu'on soit fidèle à son serment; comment tous ces hommes, réunis en corps, auront-ils statué qu'il ne faut pas garder sa parole à des hérétiques?[158] Je répète encore, qu'au lieu de ces idées innées chimériques, Dieu nous a donné une raison qui se fortifie avec l'âge, et qui nous apprend à tous, quand nous sommes attentifs, sans passion, sans préjugé, qu'il y a un Dieu, et qu'il faut être juste;[159] mais je ne puis accorder à Locke les conséquences qu'il en tire. Il semble trop approcher du système de Hobbes, dont il est pourtant très éloigné.

Voici ses paroles, au premier livre de l'Entendement humain; *Considérez une ville prise d'assaut, et voyez s'il paraît dans le cœur des soldats animés au carnage et au butin, quelque égard pour la vertu, quelque principe de morale, quelque remords de toutes les injustices qu'ils*

[157] On sent ici la tension entre le pluralisme culturel observé par expérience et la croyance en un droit naturel.

[158] Allusion au concile de Trente et à l'arrestation de Jan Hus, bien qu'il fût porteur d'un sauf-conduit.

[159] C'est à quoi se réduit, pour l'essentiel, la religion de Voltaire.

commettent.[160] Non, ils n'ont point de remords, et pourquoi? C'est qu'ils croient agir justement. Aucun d'eux n'a supposé injuste la cause du prince pour lequel il va combattre: ils hasardent leur vie pour cette cause: ils tiennent le marché qu'ils ont fait: ils pouvaient être tués à l'assaut, donc ils croient être en droit de tuer: ils pouvaient être dépouillés, donc ils pensent qu'ils peuvent dépouiller. Ajoutez qu'ils sont dans l'enivrement de la fureur qui ne raisonne pas; et pour vous prouver qu'ils n'ont pas rejeté l'idée du juste et de l'honnête, proposez à ces mêmes soldats beaucoup plus d'argent que le pillage de la ville ne peut leur en procurer, de plus belles filles que celles qu'ils ont violées, pourvu seulement qu'au lieu d'égorger dans leur fureur trois ou quatre mille ennemis, qui font encore résistance, et qui peuvent les tuer, ils aillent égorger leur roi, son chancelier, ses secrétaires d'Etat, et son grand aumônier, vous ne trouverez pas un de ces soldats qui ne rejette vos offres avec horreur. Vous ne leur proposez cependant que six meurtres au lieu de quatre mille, et vous leur présentez une récompense très forte. Pourquoi vous refusent-ils? C'est qu'ils croient juste de tuer quatre mille ennemis, et que le meurtre de leur souverain, auquel ils ont fait serment, leur paraît abominable.

Locke continue, et pour mieux prouver qu'aucune règle de pratique n'est innée, il parle des Mingréliens,[161] qui se font un

[160] Voir *Essay concerning human understanding*, liv.I, ch.3, al.9: 'View but an army at the sacking of a town, and see what observation or sense of moral principles or what touch of conscience for all the outrages they do'. Et Locke renchérit encore: 'Robberies, murders, rapes are the sports of men set at liberty from punishment and censure' (éd. Yolton, London 1961, p.30). C'est plus que n'en peut supporter Voltaire.

[161] La Mingrélie est l'actuelle Géorgie soviétique. Voltaire tire son information en partie des *Voyages de monsieur le chevalier Chardin en Perse et autres lieux de l'Orient* (Amsterdam 1711; BV, no.712), où il a glissé un signet aux pages 104-105 qui concernent cette région et ses habitudes (CN, ii.491 et n.308). Locke évoquait la cruauté des Mingréliens, peuple chrétien, contre leurs enfants dans l'*Essay*, liv.I, ch.3, al.9 en se fondant sur Lambert et Thévenot. Voltaire conteste la validité de tous ces récits.

jeu, dit-il, d'enterrer leurs enfants tout vifs; et des Caraïbes,[162] qui châtrent les leurs pour les mieux engraisser, afin de les manger. 50

On a déjà remarqué ailleurs que ce grand homme a été trop crédule en rapportant ces fables:[163] Lambert,[164] qui seul impute aux Mingréliens d'enterrer leurs enfants tout vifs pour leur plaisir, n'est pas un auteur assez accrédité.

Chardin,[165] voyageur qui passe pour si véridique, et qui a été 55 rançonné en Mingrélie, parlerait de cette horrible coutume si elle existait; et ce ne serait pas assez qu'il le dît, pour qu'on le crût; il faudrait que vingt voyageurs de nations et de religions différentes, s'accordassent à confirmer un fait si étrange, pour qu'on en eût une certitude historique. 60

Il en est de même des femmes des îles Antilles, qui châtraient leurs enfants pour les manger: cela n'est pas dans la nature d'une mère.

Le cœur humain n'est point ainsi fait; châtrer des enfants est une opération très délicate, très dangereuse, qui loin de les 65 engraisser les amaigrit au moins une année entière, et qui souvent les tue. Ce raffinement n'a jamais été en usage que chez des grands, qui, pervertis par l'excès du luxe et par la jalousie, ont imaginé d'avoir des eunuques pour servir leurs femmes et leurs concubines. Il n'a été adopté en Italie, et à la chapelle du pape, 70 que pour avoir des musiciens dont la voix fût plus belle que celle

[162] Les premiers habitants des îles de l'Amérique centrale. Ils furent exterminés par les Espagnols.

[163] *Essay concerning human understanding*, liv.I, ch.3, al.9. Voltaire estime que Locke a cru trop aveuglément les relations des voyageurs. (Sur le rôle parfois déformant de ces récits, voir Michèle Duchet, *Anthropologie et histoire*).

[164] L'abbé Claude François Lambert, dans son *Recueil d'observations curieuses sur les mœurs, les arts et les sciences des différents peuples de l'Asie, de l'Afrique et de l'Amérique* (1749), vaste compilation dépourvue d'esprit critique. Il publia aussi une *Histoire générale de tous les peuples du monde* (1750), en 15 volumes.

[165] Jean Chardin, un des plus remarquables voyageurs français en Orient. Ce protestant connaissait admirablement l'Inde et la Perse, et il en a tiré la matière d'une relation dont l'intérêt ne s'est pas estompé; cf. ci-dessus, n.161.

des femmes.[166] Mais dans les îles Antilles, il n'est guère à présumer que des sauvages aient inventé le raffinement de châtrer les petits garçons pour en faire un bon plat; et puis qu'auraient-ils fait de leurs petites filles?[167] 75

Locke allègue encore des saints de la religion mahométane, qui s'accouplent dévotement avec leurs ânesses, pour n'être point tentés de commettre la moindre fornication avec les femmes du pays. Il faut mettre ces contes avec celui du perroquet qui eut une si belle conversation en langue brasilienne avec le prince Maurice, 80 conversation que Locke a la simplicité de rapporter,[168] sans se douter que l'interprète du prince avait pu se moquer de lui. C'est ainsi que l'auteur de l'*Esprit des lois* s'amuse à citer de prétendues lois de Tunquin, de Bantam, de Borneo, de Formose, sur la foi de quelques voyageurs, ou menteurs, ou mal instruits.[169] Locke 85 et lui, sont deux grands hommes, en qui cette simplicité ne me semble pas excusable.[170]

XXXVI. *Nature partout la même*

En abandonnant Locke en ce point, je dis avec le grand Newton, *Natura est semper sibi consona*: la nature est toujours semblable à elle-même. La loi de la gravitation qui agit sur un astre, agit sur tous les astres, sur toute la matière. Ainsi la loi fondamentale de

[166] Ce n'est qu'au dix-neuvième siècle que les rôles de castrats disparurent complètement du répertoire. Dominique Fernandez leur a consacré un beau roman historique, *Porporino, ou les mystères de Naples* (1974).

[167] Malgré son indignation, Voltaire ne peut jamais s'empêcher de plaisanter sur ce chapitre.

[168] *Essay concerning human understanding*, liv.II, ch.27, al.8. Le prince est Jean-Maurice de Nassau-Siegen, capitaine général des territoires hollandais d'Amérique, qui fut envoyé au Brésil en 1636 pour y combattre les Portugais.

[169] *De l'esprit des lois*, liv.XXIII, ch.4, 12, 16; liv.XXIV, ch.14; liv.XXVI, ch.14. Le Tonkin est une partie du Vietnam; Bantam se trouve sur l'île de Java.

[170] La confiance absolue de Voltaire dans l'universalité de la loi morale naturelle l'incite à se montrer très critique envers Locke, mais surtout envers Montesquieu (voir surtout l'*A.B.C.*, premier dialogue).

la morale agit également sur toutes les nations bien connues. Il y a mille différences dans les interprétations de cette loi, en mille circonstances; mais le fonds subsiste toujours le même, et ce fonds est l'idée du juste et de l'injuste. On commet prodigieusement d'injustices dans les fureurs de ses passions, comme on perd sa raison dans l'ivresse: mais quand l'ivresse est passée, la raison revient; et c'est, à mon avis, l'unique cause qui fait subsister la société humaine, cause subordonnée au besoin que nous avons les uns des autres.

Comment donc avons-nous acquis l'idée de la justice? Comme nous avons acquis celle de la prudence, de la vérité, de la convenance, par le sentiment et par la raison.[171] Il est impossible que nous ne trouvions pas très imprudente l'action d'un homme qui se jetterait dans le feu pour se faire admirer, et qui espérerait d'en réchapper. Il est impossible que nous ne trouvions pas très injuste l'action d'un homme qui en tue un autre dans sa colère. La société n'est fondée que sur ces notions qu'on n'arrachera jamais de notre cœur, et c'est pourquoi toute société subsiste, à quelque superstition bizarre et horrible qu'elle se soit asservie.

Quel est l'âge où nous connaissons le juste et l'injuste? L'âge où nous connaissons que deux et deux font quatre.[172]

XXXVII. *De Hobbes*

Profond et bizarre philosophe, bon citoyen, esprit hardi, ennemi de Descartes, toi qui t'es trompé comme lui, toi dont les erreurs en physique sont grandes et pardonnables, parce que tu étais venu avant Newton, toi qui as dit des vérités qui ne compensent pas tes erreurs, toi qui le premier fis voir quelle est la chimère des idées innées, toi qui fus le précurseur de Locke en plusieurs

[171] Ici et ailleurs, le dix-huitième siècle les associe beaucoup plus qu'il ne les oppose.

[172] Cf. l'article 'Juste' du *Dictionnaire philosophique*, mais l'argument se trouve déjà dans *Le Militaire philosophe*, au début du siècle.

choses, mais qui le fus aussi de Spinosa; c'est en vain que tu étonnes tes lecteurs, en réussissant presque à leur prouver qu'il n'y a aucunes lois dans le monde que des lois de convention; qu'il n'y a de juste et d'injuste que ce qu'on est convenu d'appeler tel dans un pays. Si tu t'étais trouvé seul avec Cromwel dans une île déserte, et que Cromwel eût voulu te tuer pour avoir pris le parti de ton roi dans l'île d'Angleterre, cet attentat ne t'aurait-il pas paru aussi injuste dans ta nouvelle île, qu'il te l'aurait paru dans ta patrie?[173]

Tu dis que dans la loi de nature, *tous ayant droit à tout, chacun a droit sur la vie de son semblable.* Ne confonds-tu pas la puissance avec le droit? Penses-tu qu'en effet le pouvoir donne le droit? et qu'un fils robuste n'ait rien à se reprocher pour avoir assassiné son père languissant et décrépit? Quiconque étudie la morale doit commencer à réfuter ton livre dans son cœur; mais ton propre cœur te réfutait encore davantage; car tu fus vertueux, ainsi que Spinosa; et il ne te manqua, comme à lui, que d'enseigner les vrais principes de la vertu que tu pratiquais, et que tu recommandais aux autres.[174]

XXXVIII. *Morale universelle*

La morale me paraît tellement universelle, tellement calculée par l'Etre universel qui nous a formés, tellement destinée à servir de contrepoids à nos passions funestes, et à soulager les peines inévitables de cette courte vie, que depuis Zoroastre jusqu'au lord Shaftersburi,[175] je vois tous les philosophes enseigner la même morale, quoiqu'ils aient tous des idées différentes sur les principes

[173] Voltaire n'a pas compris, ou n'a pas voulu comprendre, le sérieux du relativisme de Thomas Hobbes, ni sa théorie morale à fondement sociologique. La réflexion sur Hobbes aboutira, chez Diderot, aux apories du *Neveu de Rameau*.

[174] Voltaire confond ici les faits d'observation et les normes de comportement, mais il entend 'sauver' Hobbes, comme il avait 'sauvé' Spinoza plus haut.

[175] Antony Ashley Cooper, 3e comte de Shaftesbury (1671-1713), moraliste anglais qui exerça une forte influence sur Diderot et sur Rousseau.

des choses. Nous avons vu que Hobbes, Spinosa, et Bayle lui-même, qui ont ou nié les premiers principes, ou qui en ont douté, ont cependant recommandé fortement la justice et toutes les vertus. 10

Chaque nation eut des rites religieux, particuliers, et très souvent d'absurdes et de révoltantes opinions en métaphysique, en théologie. Mais s'agit-il de savoir s'il faut être juste? tout l'univers est d'accord, comme nous l'avons dit au nombre XXXVI, et comme on ne peut trop le répéter. 15

XXXIX. *De Zoroastre*

Je n'examine point en quel temps vivait Zoroastre, à qui les Perses donnèrent neuf mille ans d'antiquité, ainsi que Platon aux anciens Athéniens. Je vois seulement que ses préceptes de morale se sont conservés jusqu'à nos jours: ils sont traduits de l'ancienne langue des mages dans la langue vulgaire des Guèbres; et il paraît 5 bien aux allégories puériles, aux observances ridicules, aux idées fantastiques dont ce recueil[176] est rempli, que la religion de Zoroastre est de l'antiquité la plus haute. C'est là qu'on trouve le nom de *jardin*[177] pour exprimer la récompense des justes: on y voit le mauvais principe sous le nom de Satan, que les Juifs 10 adoptèrent aussi.[178] On y trouve le monde formé en six saisons, ou en six temps. Il y est ordonné de réciter un *Abunavar* et un *Ashim vuhu* pour ceux qui éternuent.

Mais enfin, dans ce recueil de cent portes[179] ou préceptes tirés

14 NM: dit à la *quest. XXXVI*
12 W75G: Il est ordonné

[176] Le Zend-Avesta.

[177] On sait la fortune de ce terme dans l'œuvre de Voltaire (opposé à la vigne du Seigneur).

[178] Voltaire les taxe toujours de plagiat (cf. *Dieu et les hommes*).

[179] Le Zend-Avesta dénombrait cent portes (ou méthodes) pour atteindre au bonheur.

du livre du Zend, et où l'on rapporte même les propres paroles de l'ancien Zoroastre, quels devoirs moraux sont-ils prescrits?

Celui d'aimer, de secourir son père et sa mère, de faire l'aumône aux pauvres, de ne jamais manquer à sa parole, de s'abstenir, quand on est dans le doute, si l'action qu'on va faire est juste ou non. (*porte* 30).

Je m'arrête à ce précepte, parce que nul législateur n'a jamais pu aller au delà; et je me confirme dans l'idée que plus Zoroastre établit de superstitions ridicules en fait de culte, plus la pureté de sa morale fait voir qu'il n'était pas en lui de la corrompre; que plus il s'abandonnait à l'erreur dans ses dogmes, plus il lui était impossible d'errer en enseignant la vertu.[180]

XL. *Des brachmanes*

Il est vraisemblable que les brames, ou brachmanes, existaient longtemps avant que les Chinois eussent leurs cinq Kings;[181] et ce qui fonde cette extrême probabilité, c'est qu'à la Chine, les antiquités les plus recherchées sont indiennes, et que dans l'Inde il n'y a point d'antiquités chinoises.

Ces anciens brames étaient sans doute d'aussi mauvais métaphysiciens, d'aussi ridicules théologiens que les Chaldéens et les Perses, et toutes les nations qui sont à l'occident de la Chine. Mais quelle sublimité dans la morale! Selon eux, la vie n'était qu'une mort de quelques années, après laquelle on vivrait avec la Divinité. Ils ne se bornaient pas à être justes envers les autres, mais ils étaient rigoureux envers eux-mêmes; le silence, l'abstinence, la contemplation, le renoncement à tous les plaisirs, étaient leurs principaux devoirs. Aussi tous les sages des autres nations allaient chez eux apprendre ce qu'on appelait *la sagesse*.

[180] Le lecteur est supposé appliquer cette observation au christianisme, par analogie.

[181] Les cinq livres sacrés de la sagesse, dont on attribuait la mise en ordre à Confucius.

XLI. *De Confucius*

Les Chinois n'eurent aucune superstition, aucun charlatanisme à se reprocher comme les autres peuples.[182] Le gouvernement chinois montrait aux hommes, il y a fort au delà de quatre mille ans, et leur montre encore,[183] qu'on peut les régir sans les tromper; que ce n'est pas par le mensonge qu'on sert le Dieu de vérité; 5 que la superstition est non seulement inutile, mais nuisible à la religion. Jamais l'adoration de Dieu ne fut si pure et si sainte qu'à la Chine (*à la révélation près*).[184] Je ne parle pas des sectes du peuple, je parle de la religion du prince, de celle de tous les tribunaux, et de tout ce qui n'est pas populace.[185] Quelle est la 10 religion de tous les honnêtes gens à la Chine depuis tant de siècles? La voici: *Adorez le ciel, et soyez justes*.[186] Aucun empereur n'en a eu d'autre.

On place souvent le grand Confutsée, que nous nommons Confucius, parmi les anciens législateurs, parmi les fondateurs 15 des religions; c'est une grande inadvertance. Confutsée est très moderne; il ne vivait que six cent cinquante ans avant notre ère. Jamais il n'institua aucun culte, aucun rite; jamais il ne se dit ni inspiré, ni prophète; il ne fit que rassembler en un corps les anciennes lois de la morale. 20

Il invite les hommes à pardonner les injures, et à ne se souvenir que des bienfaits.

A veiller sans cesse sur soi-même, à corriger aujourd'hui les fautes d'hier.

A réprimer ses passions, et à cultiver l'amitié; à donner sans 25 faste, et à ne recevoir que l'extrême nécessaire, sans bassesse.

[182] Le modèle chinois avait été popularisé par les relations des jésuites. Voltaire et les philosophes en firent un modèle déiste et tolérant.

[183] On songe au dialogue entre le frère Rigolet et l'empereur chinois Yong-Tchin dans la *Relation du bannissement des jésuites de la Chine* (1768).

[184] Repentir dicté par la prudence, mais dont l'ironie est transparente.

[185] Voir ci-dessus, p.81, n.154.

[186] Voir ci-dessus, ch.35, l.17-20 (p.83).

Il ne dit point qu'il ne faut pas faire à autrui ce que nous ne voulons pas qu'on fasse à nous-mêmes; ce n'est que défendre le mal: il fait plus, il recommande le bien: *Traite autrui comme tu veux qu'on te traite.*[187] 30

Il enseigne non seulement la modestie, mais encore l'humilité: il recommande toutes les vertus.

XLII. *Des philosophes grecs, et d'abord de Pythagore*

Tous les philosophes grecs ont dit des sottises en physique et en métaphysique. Tous sont excellents dans la morale; tous égalent Zoroastre, Confutsée, et les brachmanes. Lisez seulement les vers dorés de Pythagore, c'est le précis de sa doctrine; il n'importe de quelle main ils soient. Dites-moi si une seule vertu y est oubliée. 5

XLIII. *De Zaleucus*[188]

Réunissez tous vos lieux communs, prédicateurs grecs, italiens, espagnols, allemands, français etc.; qu'on distille toutes vos déclamations, en tirera-t-on un extrait qui soit plus pur que l'exorde des lois de Zaleucus?

Maîtrisez votre âme, purifiez-la, écartez toute pensée criminelle. Croyez que Dieu ne peut être bien servi par les pervers; croyez qu'il ne ressemble pas aux faibles mortels, que les louanges et les présents séduisent: la vertu seule peut lui plaire. 5

Voilà le précis de toute morale et de toute religion.

[187] Riposte implicite à la phrase de Jésus.

[188] Législateur et philosophe grec de Locres, en Italie méridionale (septième siècle avant J.-C.). Son code fut tenu pour un modèle du genre. Voltaire admire en lui, comme en Confucius, le moraliste associé au penseur politique.

XLIV. *D'Epicure*

Des pédants de collège, des petits-maîtres de séminaire, ont cru, sur quelques plaisanteries d'Horace et de Pétrone, qu'Epicure avait enseigné la volupté par les préceptes et par l'exemple.[189] Epicure fut toute sa vie un philosophe sage, tempérant et juste. Dès l'âge de douze à treize ans, il fut sage; car lorsque le grammairien qui l'instruisait, lui récita ce vers d'Hésiode; 5

Le Chaos fut produit le premier de tous les êtres:

Eh! qui le produisit, dit Epicure, puisqu'il était le premier? Je n'en sais rien, dit le grammairien; il n'y a que les philosophes qui le sachent. Je vais donc m'instruire chez eux, repartit l'enfant; et depuis ce temps, jusqu'à l'âge de soixante et douze ans, il cultiva la philosophie. Son testament, que Diogène de Laërce nous a conservé tout entier,[190] découvre une âme tranquille et juste; il affranchit les esclaves qu'il croit avoir mérité cette grâce: il recommande à ses exécuteurs testamentaires de donner la liberté à ceux qui s'en rendront dignes. Point d'ostentation, point d'injuste préférence; c'est la dernière volonté d'un homme qui n'en a jamais eu que de raisonnables. Seul de tous les philosophes, il eut pour amis tous ses disciples, et sa secte fut la seule où l'on sut aimer, et qui ne se partagea point en plusieurs autres.[191] 10 15 20

Il paraît, après avoir examiné sa doctrine, et ce qu'on a écrit pour et contre lui, que tout se réduit à la dispute entre Mallebranche et

[189] Bayle s'était déjà insurgé contre cette légende.

[190] Voltaire possédait *Les Vies des plus illustres philosophes de l'antiquité, avec leurs dogmes, leurs systèmes, leur morale et leurs sentences* (éd. Amsterdam 1761; BV, no.1042) et y a marqué d'un signet ii.396-97 et 420-21 sur Epicure (CN, iii.145).

[191] Il n'y a aucune raison de corriger, comme certaines éditions, en *sût* et en *partageât*. Voltaire insiste sur l'affirmation d'un fait.

Arnauld.[192] Mallebranche avouait[193] que le plaisir rend heureux, Arnauld le niait; c'était une dispute de mots, comme tant d'autres disputes où la philosophie et la théologie apportent leur incertitude, chacune de son côté. 25

XLV. *Des stoïciens*

Si les épicuriens rendirent la nature humaine aimable, les stoïciens la rendirent presque divine. Résignation à l'Etre des êtres, ou plutôt élévation de l'âme jusqu'à cet Etre; mépris du plaisir, mépris même de la douleur, mépris de la vie et de la mort, inflexibilité dans la justice; tel était le caractère des vrais stoïciens; 5 et tout ce qu'on a pu dire contre eux, c'est qu'ils décourageaient le reste des hommes.

Socrate, qui n'était pas de leur secte, fit voir qu'on pouvait pousser la vertu aussi loin qu'eux, sans être d'aucun parti; et la mort de ce martyr[194] de la Divinité est l'éternel opprobre d'Athè- 10 nes, quoiqu'elle s'en soit repentie.

Le stoïcien Caton est d'un autre côté l'éternel honneur de Rome. Epictète dans l'esclavage, est peut-être supérieur à Caton, en ce qu'il est toujours content de sa misère. Je suis, dit-il, dans la place où la Providence a voulu que je fusse; m'en plaindre, 15 c'est l'offenser.

8 66-W75G: qu'on ne pouvait

[192] Antoine Arnauld (1612-1694), une des grandes figures du mouvement janséniste. Il lutta à la fois contre les jésuites et contre les protestants. Lorsque Malebranche publia, en 1681, son *Traité de la nature et de la grâce*, il riposta par un traité *Des vraies et des fausses idées* (1683), où il s'en prenait vivement à la notion de la 'vision en Dieu'.

[193] Ce qui donne implicitement raison à Malebranche, contre l'austère puritanisme d'Arnauld.

[194] Il y eut, au dix-huitième siècle, une sorte de mythologie socratique; voir R. Trousson, *Socrate devant Voltaire, Diderot et Rousseau* (Paris 1967).

Dirai-je que l'empereur Antonin[195] est encore au-dessus d'Epictète, parce qu'il triompha de plus de séductions, et qu'il était bien plus difficile à un empereur de ne se pas corrompre, qu'à un pauvre de ne pas murmurer? Lisez les Pensées[196] de l'un et de l'autre; l'empereur et l'esclave vous paraîtront également grands. 20

Oserai-je parler ici de l'empereur Julien?[197] Il erra sur le dogme;[198] mais certes il n'erra pas sur la morale. En un mot, nul philosophe dans l'antiquité qui n'ait voulu rendre les hommes meilleurs. 25

Il y a eu des gens parmi nous qui ont dit, que toutes les vertus de ces grands hommes n'étaient que des péchés illustres.[199] Puisse la terre être couverte de tels coupables!

XLVI. *Philosophie est vertu*

Il y eut des sophistes, qui furent aux philosophes ce que les hommes sont aux singes. Lucien[200] se moqua d'eux; on les méprisa.

1-2 K: philosophes ce que les singes sont aux hommes. Lucien

[195] Le nom est pris ici au sens générique; l'allusion aux *Pensées* prouve qu'il s'agit de Marc-Aurèle (un des sept empereurs antonins) et non d'Antonin le Pieux, l'éponyme de cette dynastie.

[196] Le vrai titre du livre de Marc-Aurèle est, en grec, *Pour soi-même*, mais on l'a traduit sous le titre *Pensées* (cf. BV, no.2312).

[197] Son hostilité au christianisme, son courage, sa mort dramatique en ont fait un des héros des Lumières. Voltaire se refuse à l'appeler l''Apostat' et le réhabilite à diverses reprises dans les *Questions sur l'Encyclopédie* (articles 'Apostat', 'Histoire', 'Julien'). Voir aussi son *Supplément au discours de Julien* (1769).

[198] Simple ironie.

[199] C'est la thèse de saint Augustin, combattue au dix-septième siècle par les libertins (entre autres La Mothe Le Vayer, dans *La Vertu des païens*). Pour Augustin, les vertus des païens ne sont que 'des péchés splendides'. Voltaire s'en indigne dans le *Dictionnaire philosophique* (article 'Catéchisme chinois').

[200] Ecrivain grec du deuxième siècle de notre ère, né à Samosate, en Syrie. Rhéteur, poète, philosophe, il est surtout l'auteur de romans et de dialogues satiriques où il expose son scepticisme railleur à l'égard des valeurs consacrées. Voltaire lui doit beaucoup, et il lui rend hommage dans la *Conversation de Lucien,*

Ils furent à-peu-près ce qu'ont été les moines mendiants dans les universités. Mais n'oublions jamais que tous les philosophes ont donné de grands exemples de vertu, et que les sophistes, et même les moines,[201] ont tous respecté la vertu dans leurs écrits.

XLVII. *D'Esope*

Je placerai Esope parmi ces grands hommes, et même à la tête de ces grands hommes, soit qu'il ait été le Pilpay[202] des Indiens, ou l'ancien précurseur de Pilpay, ou le Lokman[203] des Perses, ou le Akkim des Arabes, ou le Hacam des Phéniciens,[204] il n'importe; je vois que ses fables ont été en vogue chez toutes les nations orientales, et que l'origine s'en perd dans une antiquité dont on ne peut sonder l'abîme. A quoi tendent ces fables aussi profondes qu'ingénues, ces apologues qui semblent visiblement écrits dans un temps où l'on ne doutait pas que les bêtes n'eussent un langage? Elles ont enseigné presque tout notre hémisphère. Ce ne sont point des recueils de sentences fastidieuses qui lassent plus qu'elles n'éclairent; c'est la vérité elle-même avec le charme de la fable. Tout ce qu'on a pu faire, c'est d'y ajouter des embellissements dans nos langues modernes. Cette ancienne sagesse est simple et nue dans le premier auteur. Les grâces naïves dont on l'a ornée en France n'en ont point caché le fonds

Erasme et Rabelais (1765). Il possédait ses œuvres dans la traduction de N. Perrot (éd. Paris 1733; BV, no.2222).

[201] La concession a valeur satirique.

[202] Personnage légendaire à qui on attribuait le corpus des fables de l'Inde (*Panchatantra* et *Hitopadeça*). La Fontaine le compte parmi ses sources favorites (en français, *Livre des lumières, ou la conduite des roys, composé par le sage Pilpay, Indien*, Paris 1644).

[203] Personnage fabuleux à qui les Arabes attribuaient un recueil de fables, pour la plupart dérivées des apologues grecs (en français, *Les Contes et fables indiennes de Bidpaï et Lokman*, trad. Galland, Paris 1724).

[204] Nous n'avons trouvé aucun fabuliste de ce nom. En arabe, *Hakim* signifie sage, expert, habile homme.

respectable. Que nous apprennent toutes ces fables? qu'il faut être juste.

XLVIII. *De la paix née de la philosophie*

Puisque tous les philosophes avaient des dogmes différents, il est clair que le dogme et la vertu sont d'une nature entièrement hétérogène.[205] Qu'ils crussent ou non que Thétis était la déesse de la mer, qu'ils fussent persuadés ou non de la guerre des géants et de l'âge d'or, de la boîte de Pandore et de la mort du serpent 5 Pithon etc., ces doctrines n'avaient rien de commun avec la morale. C'est une chose admirable dans l'antiquité que la théogonie n'ait jamais troublé la paix des nations.[206]

XLIX. *Questions*

Ah! si nous pouvions imiter l'antiquité! si nous faisions enfin à l'égard des disputes théologiques, ce que nous avons fait au bout de dix-sept siècles dans les belles-lettres!

Nous sommes revenus au goût de la saine antiquité, après avoir été plongés dans la barbarie de nos écoles.[207] Jamais les Romains 5 ne furent assez absurdes pour imaginer qu'on pût persécuter un homme, parce qu'il croyait le vide ou le plein, parce qu'il prétendait que les accidents ne peuvent pas subsister sans sujet, parce

a NM: XLIX. *Autres questions*

[205] C'est un principe que les philosophes, et Voltaire en particulier, ne cessent de répéter. Voir p. ex. le chapitre 12 ('Le Souper') de *Zadig*.

[206] Voltaire sous-entend qu'on ne peut en dire autant de la théologie chrétienne.

[207] Ce jugement sommaire sur le moyen âge reflète les vues générales de l'historiographie des 'Lumières' (voir entre autres d'Alembert, dans le 'Discours préliminaire' à l'*Encyclopédie*, et Diderot dans son *Plan d'une université*).

qu'il expliquait en un sens un passage d'un auteur, qu'un autre entendait dans un sens contraire.[208] 10

Nous avons recours tous les jours à la jurisprudence des Romains; et quand nous manquons de lois (ce qui nous arrive si souvent) nous allons consulter le Code et le Digeste.[209] Pourquoi ne pas imiter nos maîtres dans leur sage tolérance?

Qu'importe à l'Etat qu'on soit du sentiment des réaux ou des 15 nominaux,[210] qu'on tienne pour Scot[211] ou pour Thomas,[212] pour Œcolampade[213] ou pour Mélancton,[214] qu'on soit du parti d'un évêque d'Ypre,[215] qu'on n'a point lu, ou d'un moine espagnol[216]

[208] La tolérance des Romains est un lieu commun des déistes anglais (p. ex. A. Collins, *A discourse on free-thinking*).

[209] Le code de Justinien. Voltaire était partisan du recours au droit romain contre la diversité du droit coutumier, hérité du système féodal.

[210] Allusion à la querelle entre 'réalistes' et 'nominalistes' qui divisa la philosophie scolastique.

[211] Le théologien irlandais Duns Scot, surnommé 'le Docteur subtil', mort en 1308. Il entra dans l'ordre des franciscains et devint le plus redoutable rival de Thomas d'Aquin.

[212] Thomas d'Aquin, surnommé 'l'ange de l'école'. Son chef-d'œuvre, la *Summa theologica*, est une vaste encyclopédie de la philosophie et de la théologie, à fondement aristotélicien, et qui fournit une réponse à tous les problèmes de la foi chrétienne.

[213] Œcolampade (transposition grecque de Johannes Hausschein), théologien allemand, ami d'Erasme, auteur de nombreux écrits de controverse théologique (1482-1531). Il fut mêlé aux débats de la Réforme et s'efforça de réconcilier Zwingli avec Luther.

[214] Melanchton (transposition grecque de Philipp Schwarzerd), le grand humaniste de la Réforme luthérienne, neveu de l'hébraïsant Reuchlin; il ne cessa de prôner la réconciliation et la paix, tout en collaborant à la traduction allemande de la Bible (la Bible de Luther).

[215] Cornelius Jansen, latinisé en Jansenius (1585-1638), théologien d'origine hollandaise, professeur à Louvain, puis évêque d'Ypres. Son *Augustinus* (1640) se présentait comme la synthèse de la pensée augustinienne; il y niait le libre arbitre, affirmait la prédestination, et fondait la théologie sur l'idée de la grâce divine. Saint-Cyran, puis Arnauld et Nicole répandirent sa doctrine en France; elle fut combattue par les jésuites, condamnée par la Sorbonne, et plus tard par Rome.

[216] Le jésuite espagnol Luis Molina (1535-1601), auteur d'un traité *De liberi arbitrii cum gratiae donis concordia* (1588), qui soutenait l'importance du libre

qu'on a moins lu encore? N'est-il pas clair que tout cela doit être aussi indifférent au véritable intérêt d'une nation, que de traduire bien ou mal un passage de Lycophron[217] ou d'Hésiode?[218]

20

L. *Autres questions*

Je sais que les hommes sont quelquefois malades du cerveau. Nous avons eu un musicien qui est mort fou, parce que sa musique n'avait pas paru assez bonne.[219] Des gens ont cru avoir un nez de verre;[220] mais s'il y en avait d'assez attaqués pour penser, par exemple, qu'ils ont toujours raison, y aurait-il assez d'ellébore[221] pour une si étrange maladie?

5

Et si ces malades, pour soutenir qu'ils ont toujours raison, menaçaient du dernier supplice quiconque pense qu'ils peuvent avoir tort, s'ils établissaient des espions pour découvrir les réfractaires, s'ils décidaient qu'un père sur le témoignage de son fils, une mère sur celui de sa fille, doit périr dans les flammes etc., ne faudrait-il pas lier ces gens-là, et les traiter comme ceux qui sont attaqués de la rage?[222]

10

arbitre. Ce 'molinisme' fut combattu d'emblée par les dominicains, puis par les jansénistes.

[217] Lycophron, poète grec du troisième siècle avant J.-C. Son poème *Alexandra* était considéré comme le sommet d'un art érudit, difficile et obscur.

[218] Auteur archaïque grec, qui composa une *Théogonie* et le poème didactique *Les Travaux et les jours*.

[219] Il pourrait s'agir de Jean Joseph Mouret (1682-1737), protégé de la duchesse Du Maine, à Sceaux, et que la mort de sa protectrice priva d'emploi et conduisit à la folie.

[220] Le licencié de verre des *Nouvelles exemplaires* de Cervantès se croyait entièrement fait de verre.

[221] Plante médicinale qui servait de purgatif et passait pour guérir de la folie (emplois attestés chez Rabelais, La Fontaine, Molière, Regnard).

[222] Voltaire vise ici les pratiques de l'Inquisition (voir N. Eymericus, *Le Manuel des inquisiteurs*, éd. Sala-Molins, Paris 1973).

LI. *Ignorance*

Vous me demandez à quoi bon tout ce sermon, si l'homme n'est pas libre? D'abord je ne vous ai point dit que l'homme n'est pas libre; je vous ai dit, que sa liberté consiste dans son pouvoir d'agir, et non pas dans le pouvoir chimérique de *vouloir vouloir*. Ensuite je vous dirai que tout étant lié dans la nature, la Providence éternelle me prédestinait à écrire ces rêveries, et prédestinait cinq ou six lecteurs à en faire leur profit, et cinq à six autres à les dédaigner et à les laisser dans la foule immense des écrits inutiles. 5

Si vous me dites que je ne vous ai rien appris, souvenez-vous que je me suis annoncé comme un ignorant. 10

LII. *Autres ignorances*

Je suis si ignorant, que je ne sais pas même les faits anciens dont on me berce; je crains toujours de me tromper de sept à huit cents années au moins,[223] quand je recherche en quel temps ont vécu ces antiques héros, qu'on dit avoir exercé les premiers le vol et le brigandage dans une grande étendue de pays; et ces premiers sages qui adorèrent des étoiles ou des poissons, ou des serpents, ou des morts, ou des êtres fantastiques. 5

Quel est celui qui le premier imagina les six Gahambars,[224] et

[223] La rigueur chronologique était alors une exigence encore récente, dont la nécessité avait été établie, et les méthodes mises au point par le R. P. Pétau et le sinologue Fréret, mais où presque tout restait à faire.

[224] Nom des fêtes qui se célébraient dans l'ancien calendrier avestique pendant le cours de chaque saison de l'année. Elles sont encore observées par les Parsis. Ces saisons, au nombre de six, correspondant aux six périodes de la création, étaient: Maidhyozaremaya (au milieu du printemps), Maidhyoshema (au milieu de l'été), Paitishahya (temps des épis), Ayâthrema (temps des troupeaux), Maidhyarya (milieu de l'année, solstice d'hiver), Hamaspatmaedha (fête des sacrifices). Les six gahambars sont encore mentionnés par Voltaire dans l'*Essai sur les mœurs*, ch.5 (*Essai*, i.251).

le pont de Tshinavar,[225] et le Dardaroth,[226] et le lac de Karon?[227] en quel temps vivait le premier Bacchus, le premier Hercule, le premier Orphée? 10

Toute l'antiquité est si ténébreuse jusqu'à Thucidide et Xénophon, que je suis réduit à ne savoir presque pas un mot de ce qui s'est passé sur le globe que j'habite, avant le court espace d'environ trente siècles;[228] et dans ces trente siècles encore, que d'obscurités! que d'incertitudes! que de fables! 15

[225] Le pont où l'âme était l'objet d'une lutte entre le bien et le mal au cours de son dernier voyage. La meilleure explication en avait été fournie par Thomas Hyde dans son *Historia religionis veterum Persarum*, parue en 1700 (voir éd. 1760, Oxford, p.410).

[226] L'explication du mot nous est fournie par Jaucourt, dans l'article 'Enfer' de l'*Encyclopédie* (v.671b). On y lit: 'le nom du *Tartare* vient de l'Egyptien *Dardarot*, qui signifie *habitation éternelle*, qualification que les Egyptiens donnaient par excellence à leurs tombeaux'. Voltaire l'emploie ailleurs (M.xx.481 et xxx.480), ainsi qu'au chapitre 23 de sa *Philosophie de l'histoire* (Voltaire 59, p.170): 'Les Grecs, qui prirent tant de choses des Egyptiens, leur Tartharoth, dont ils firent le Tartare, le lac dont ils firent l'Achéron'. La graphie *Dardaroth*, employée ici, pourrait bien être due à l'exemple de Jaucourt. Celui-ci tenait ces étymologies, de son propre aveu, de Diodore de Sicile, de Bochart et de Leclerc.

[227] C'est encore à l'article 'Enfer' de l'*Encyclopédie* qu'il faut recourir pour expliquer ce mot. Jaucourt y expose, à la suite de Diodore de Sicile (*Bibliothèque historique*, liv.I), les origines égyptiennes des traditions grecques relatives à la mort. Il y avait, en Egypte, un lac au-delà duquel on enterrait les morts, après délibération tenue par 40 juges. Si le mort était jugé digne de sépulture, on mettait son cadavre dans une barque, dont le batelier se nommait Caron. Jaucourt ajoute: 'La fable rapporte que le Caron des Grecs est toujours sur le lac; celui des Egyptiens avait établi sa demeure sur les bords du lac Querron'. A l'article 'Querron (Géogr. anc.)' de l'*Encyclopédie*, on peut lire: 'lac d'Egypte au-delà duquel on enterrait les morts, et qui était formé des eaux du Nil. Il a donné lieu à la fable du Caron des Grecs'. Le Karon de notre texte correspond bien au Querron de l'*Encyclopédie*. (Nous devons l'information contenue dans les notes 225, 226 et 227 à la vaste érudition de José-Michel Moureaux, que nous remercions cordialement).

[228] Pour Voltaire, comme pour tous ses contemporains, l'histoire ne sort de la légende qu'à partir des Grecs. Dans l'*Essai sur les mœurs* (*Essai*, i.37), il écrit: 'J'avoue que je ne comprends rien aux deux empires de Babylone et d'Assyrie'.

LIII. *Plus grande ignorance*

Mon ignorance me pèse bien davantage, quand je vois que ni moi, ni mes compatriotes, nous ne savons absolument rien de notre patrie. Ma mère m'a dit que j'étais né sur les bords du Rhin,[229] je le veux croire. J'ai demandé à mon ami le savant Apédeutès,[230] natif de Courlande,[231] s'il avait quelque connaissance des anciens peuples du Nord ses voisins, et de son malheureux petit pays? il m'a répondu qu'il n'en avait pas plus de notion que les poissons de la mer Baltique.

Pour moi, tout ce que je sais de mon pays, c'est que César dit, il y a environ dix-huit cents ans, que nous étions des brigands, qui étions dans l'usage de sacrifier des hommes à je ne sais quels dieux pour obtenir d'eux quelque bonne proie, et que nous n'allions jamais en course qu'accompagnés de vieilles sorcières qui faisaient ces beaux sacrifices.

Tacite, un siècle après, dit quelques mots de nous,[232] sans nous avoir jamais vus: il nous regarde comme les plus honnêtes gens du monde en comparaison des Romains; car il assure que quand nous n'avions personne à voler, nous passions les jours et les nuits à nous enivrer de mauvaise bière dans nos cabanes.

Depuis ce temps de notre âge d'or,[233] c'est un vide immense jusqu'à l'histoire de Charlemagne. Quand je suis arrivé à ces

5 w68, w75G: avait connaissance

[229] Sur cette fiction, voir déjà ch.26, l.47 (p.68).

[230] Apédeutes signifie, en grec: sans instruction, ignorant, grossier, stupide. Il s'agit donc d'un autre 'philosophe ignorant'.

[231] La Courlande désignait une région de la Lettonie actuelle.

[232] Dans le *De Germania*, où le Germain était présenté comme une sorte de 'bon sauvage' et opposé à la corruption romaine.

[233] Ironie à double entente, à la fois contre le primitivisme et contre le mythe d'un âge d'or.

temps connus, je vois dans Goldstad[234] une charte de Charlemagne datée d'Aix-la-Chapelle, dans laquelle ce savant empereur parle ainsi:

Vous savez que chassant un jour auprès de cette ville, je trouvai les thermes et le palais que Granus frère de Néron et d'Agrippa avait autrefois bâtis.[235] 25

Ce Granus et cet Agrippa frères de Néron, me font voir que Charlemagne était aussi ignorant que moi; et cela soulage.

LIV. *Ignorance ridicule*

L'histoire de l'Eglise de mon pays ressemble à celle de Granus frère de Néron et d'Agrippa, et est bien plus merveilleuse. Ce sont de petits garçons ressuscités,[236] des dragons pris avec une étole comme des lapins avec un lacet; des hosties qui saignent d'un coup de couteau qu'un Juif leur donne; des saints qui courent 5 après leurs têtes quand on les leur a coupées.[237] Une des légendes des plus avérées dans notre histoire ecclésiastique d'Allemagne, est celle du bienheureux Pierre de Luxembourg,[238] qui dans les deux années 1388 et 89 après sa mort, fit deux mille quatre cents miracles; et les années suivantes, trois mille de compte fait; 10 parmi lesquels on ne nomme pourtant que quarante-deux morts ressuscités.

[234] Lapsus pour Goldast. Melchior Goldast de Heiminsfeld (1576-1635) était un érudit suisse qui rassembla une énorme documentation sur l'Empire, mais sans montrer beaucoup d'esprit critique (voir l'article 'Goldast' dans le *Dictionnaire* de Bayle).

[235] Sans doute s'agit-il d'une étymologie populaire du nom latin d'Aix-la-Chapelle, *Aquisgranum*.

[236] La légende de saint Nicolas.

[237] Rabelais avait raillé ces légendes de 'saints céphalophores' dans la fameuse histoire d'Epistémon. Voir *Pantagruel*, ch.30, 'Comment Epistemon, qui avoit la coupe testée, feut guery habillement par Panurge'. Panurge recolle la tête d'Epistémon grâce à 'l'onguent ressucitatif'.

[238] Véritable enfant prodige, il aurait été chanoine à dix ans, puis évêque, et enfin cardinal. Il serait mort à dix-huit ans de ses macérations (1369-1387).

Je m'informe si les autres Etats de l'Europe ont des histoires ecclésiastiques, aussi merveilleuses et aussi authentiques? Je trouve partout la même sagesse et la même certitude. 15

LV. *Pis qu'ignorance*

J'ai vu ensuite pour quelles sottises inintelligibles les hommes s'étaient chargés les uns les autres d'imprécations, s'étaient détestés, persécutés, égorgés, pendus, roués et brûlés; et j'ai dit, S'il y avait eu un sage dans ces abominables temps, il aurait donc fallu que ce sage vécût et mourût dans les déserts. 5

LVI. *Commencement de la raison*

Je vois qu'aujourd'hui, dans ce siècle qui est l'aurore de la raison,[239] quelques têtes de cette hydre du fanatisme renaissent encore.[240] Il paraît que leur poison est moins mortel, et leurs gueules moins dévorantes. Le sang n'a point coulé pour la grâce versatile,[241] comme il coula si longtemps pour les indulgences plénières qu'on 5 vendait au marché; mais le monstre subsiste encore; quiconque recherchera la vérité risquera d'être persécuté. Faut-il rester oisif dans les ténèbres? ou faut-il allumer un flambeau auquel l'envie et la calomnie rallumeront leurs torches? Pour moi, je crois que

[239] Voltaire a le sentiment, après 1755, que la 'philosophie' commence peu à peu à dissiper 'les ténèbres'. Sur cette image favorite, voir notre étude 'Lumière et lumières', *Clartés et ombres du Siècle des Lumières* (Genève 1969).

[240] L'affaire Calas et l'exécution du chevalier de La Barre, par exemple.

[241] Le *Dictionnaire* de Trévoux (éd. 1771) la définit comme suit: 'épithète que l'on donne à la grâce des Molinistes, qui attend la détermination de la volonté, et ne l'opère point: que la volonté humaine rend à son gré efficace ou inefficace, et qui ne l'est point de sa nature'. Voir l'article 'Grâce' des *Questions sur l'Encyclopédie*, et particulièrement la section II: 'Nous félicitons ceux qui croient avoir des grâces prévenantes; nous compatissons de tout notre cœur à ceux qui se plaignent de n'en avoir que de *versatiles*; et nous n'entendons rien au congruisme'.

la vérité ne doit pas plus se cacher devant ces monstres, que l'on ne doit s'abstenir de prendre de la nourriture dans la crainte d'être empoisonné.[242] 10

[242] *Le Philosophe ignorant*, parti du scepticisme intégral, s'achève ainsi sur une profession de foi militante et sur un appel à l'unité des 'philosophes'.

La superstition est fréquemment représentée comme une hydre décapitée par la Vérité, ou comme une horrible femme cachée par un masque que lui arrache la Vérité (voir p.ex. le frontispice des *Pensées philosophiques* de Diderot, éd. R. Niklaus, Genève 1965, p.50).

André Destouches à Siam

édition critique

par

John Renwick

INTRODUCTION

Au début du mois de juin 1766, Gabriel Cramer achevait d'imprimer *Le Philosophe ignorant* qui devait s'accompagner d'un opuscule que Voltaire appelle (D13342) un 'discours à l'occasion des Sirven'. Ce discours était sans doute l'*Avis au public*. Tout bien mûrement pesé, Voltaire jugea toutefois préférable de renoncer à inclure cet écrit dans le volume sous presse: 'J'ai fait réflexion que le discours [...] est fait uniquement pour engager les princes protestants d'Allemagne à protéger cette cause, et qu'il serait peut-être dangereux de joindre en France ce morceau à la brochure du philosophe ignorant'.[1]

Ses raisons nous sont connues: le cas Sirven était encore une fois à un de ses nombreux moments critiques; en pleine session de l'Assemblée du clergé une intervention ouverte en faveur de ce malheureux protestant eût été pour le moins inconsidérée.

Voltaire chercha donc de quoi remplacer les feuilles supprimées, ou, pour utiliser ses propres termes, 'quelques chapitres convenables' (D13342). Nous savons aussi quels devaient être ces chapitres, en effet très convenables, et qui allaient par ailleurs arriver fort à propos: il s'agit d'*André Destouches à Siam*.

Mais que le ton désinvolte de l'auteur, propre à faire croire que l'ouvrage n'était destiné en l'occurrence qu'à être une manière de bouche-trou, que la rareté des allusions dans la correspondance, et que la brièveté – quelque quinze pages – du texte n'induisent pas en erreur! Le mépris ou l'incuriosité seraient ici fortement à déconseiller. Car à la manière de ces textes de Voltaire voués à un retentissement considérable, qui arrivent toujours comme d'on ne sait où, tels *Candide* et *L'Ingénu* (pour n'en citer que deux), *André Destouches*, texte méconnu, pour ne pas dire négligé, a

[1] Il parut pourtant dans l'édition du *Philosophe ignorant* imprimée en Angleterre (66L; voir ci-dessus, p.13-14).

l'avantage de marquer à sa façon une fort importante étape dans l'évolution de Voltaire.

En somme, c'est avec *André Destouches* que Voltaire consacre, pour la première fois de sa vie, un ouvrage *entier* à la question de la justice, et c'est ce texte qui ouvre la grande période de cette préoccupation qui n'ira qu'en s'intensifiant, et que la mort seule pourra éteindre.

Evidemment il serait faux de soutenir que Voltaire ne s'était jamais occupé auparavant de cette question-là. Mais qu'on trouve d'emblée la juste mesure, et qu'on ne soit pas tenté, en se rappelant toutes ses idées éparses, de trouver chez lui, avant 1766, le reflet d'un système cohérent, voire même un système tout court de réforme dans le domaine de la justice et des lois pénales: pour ce faire, il faudrait sans aucun doute beaucoup d'ingéniosité, doublée d'un respect déplacé pour Voltaire qui lui ferait tort en tant qu'homme et homme sensible.

Il est indéniable qu'il avait dans le passé visé certaines réformes fondamentales d'ordre judiciaire. Mais refondre entièrement le système? Sa pensée est de toute évidence trop fragmentaire et circonscrite pour permettre une telle interprétation. Pour circonscrite et même pauvre qu'elle soit, il ne serait toutefois pas déplacé d'en extraire l'essentiel de ses différents ouvrages d'avant 1766,[2] ne serait-ce que pour indiquer la distance considérable qu'elle devait franchir dès 1766, et pour souligner la consistance et la vigueur qu'elle devait par la suite acquérir.

En dehors de sa haine de l'Inquisition, de toute ingérence ecclésiastique dans la législation du pays, de son dégoût pour toute procédure quelconque contre l'hérésie, la sorcellerie et les crimes de lèse-majesté divine (fruit néfaste du fanatisme), ses idées d'avant 1766 concernant la justice séculière peuvent se résumer ainsi: les lois doivent être clairement formulées pour

[2] Tels *Candide*, le *Dictionnaire philosophique*, l'*Histoire de l'empire de Russie*, le *Dialogue entre un plaideur et un avocat*, les différents écrits en faveur de Byng, etc.; la disposition fortuite des titres traduit volontairement la nature primesautière et 'papillonnante' de la pensée.

qu'il n'y ait pas d'équivoque; le système inquisitorial est très dangereux et très injuste; la procédure criminelle française est fort mauvaise vu le recours qu'ont les juges aux présomptions de culpabilité et aux demi-preuves de cette dernière; des hommes sont condamnés à mort par une toute petite majorité de voix, et sans que le souverain revoie chaque sentence; la vénalité des charges est mauvaise; la meilleure procédure est celle d'Angleterre parce que là les procès se font en public; les peines devraient être proportionnées aux crimes, car elles sont souvent trop sévères; la peine de mort ne devrait être prononcée que le plus rarement possible, parce qu'il se trouve qu'un homme en vie peut encore être utile à la société; les peines infamantes devraient être abolies.

Voilà une façon bien schématique de caractériser les idées de Voltaire. C'est la seule possible. Elles ne sont ni plus compliquées ni de plus grande envergure dans les ouvrages mêmes où elles se trouvent. Qu'on compare en effet ces idées (non pas uniquement à celles d'*André Destouches*, qui apporte en tout cas peu de précisions nouvelles, mais) à celles de la *Relation de la mort du chevalier de La Barre*, du *Commentaire sur le livre Des délits et des peines* et des nombreux textes ultérieurs, et l'on comprendra qu'il convient de parler d'une révolution dans la pensée de Voltaire.

Certes *André Destouches* en est le premier jalon visible dans le sens littéraire. Mais comment expliquer cette révolution et où la situer dans le temps? Examinons la première question, qui est plus facile à cerner que la seconde.

Invoquons tout d'abord les causes célèbres, et trop tristement célèbres, de Calas, Sirven, La Barre et même de Lally; ce sont ces affaires-là qui ont fait comprendre à Voltaire que la procédure criminelle à cette époque ne faisait que présenter le désolant spectacle d'une terrible et terrifiante confusion, d'une incohérence et d'un arbitraire qui n'avaient d'égaux nulle part. Invoquons aussi – devant ce spectacle de 'crimes' commis impunément au nom d'une justice bien imparfaite – un inévitable mouvement d'horreur de la part de Voltaire pour ces cours peuplées de juges aveugles et inflexibles, mouvement d'horreur mêlé d'une profonde et grandissante compassion pour leurs victimes.

Et pourtant, quoique sa position vis-à-vis de la justice, ou plutôt de l'injustice, se soit précisée de manière de plus en plus nette entre 1762 et 1765, elle demeurait encore relativement limitée: Voltaire en était toujours à souligner, à l'insistance opiniâtre près, les abus, les absurdités et les cruautés les plus évidents et les plus actuels. Par ailleurs, à examiner de près les textes de cette époque, tant pour le fond que pour la forme, il semble que la réaction affective l'emportait encore sur la réflexion méthodique. Pour que l'inverse se produisît, pour que Voltaire pût comprendre la nécessité d'une réforme complète des bases mêmes de la justice, il lui fallait, à défaut d'une illumination instantanée – qui n'était peut-être pas dans l'ordre des choses – même pour un homme comme lui – le concours d'une de ces *têtes électriques* qui font de rares apparitions dans l'histoire de l'esprit humain, ou, si l'on préfère, *un briquet à son fusil*.[3] Il trouva l'une et l'autre, sans en être tout à fait conscient peut-être, dès le 16 octobre 1765, réunis en la personne de Cesare Beccaria. Et d'écrire ce jour-là à Damilaville: 'Je commence à lire aujourd'hui le livre italien des délits et des peines. A vue de païs celà me paraît philosophique; l'auteur est un frère' (D12938; cf. BV, no.314). Et voici enfin la seconde question problématique: Voltaire fut-il influencé séance tenante par l'ouvrage de Beccaria? Autrement dit, la révolution dans sa pensée sur l'imperfection des lois pénales et sur le radical remède qu'il convenait d'y apporter se situe-t-elle dans les jours qui suivirent immédiatement le 16 octobre 1765? Certes, à considérer la question de manière globale, l'influence est là à la longue; mais au départ elles est bien mal définie, même franchement indéfinissable.

D'une part la correspondance demeure longtemps muette au sujet de Beccaria. Nous ne savons pourquoi. D'autre part aucun des écrits rédigés par Voltaire entre les mois d'octobre 1765 et mai 1766 ne laisse supposer que l'auteur était transporté

[3] Expressions utilisées respectivement par Mirabeau et Chamfort quelque vingt ans plus tard pour décrire l'action exercée par l'un sur l'autre; étant donné les circonstances, elles ne sont pas inapplicables à Voltaire.

d'enthousiasme pour le programme de réforme qu'il venait de lire. Nous savons encore moins pourquoi.

Les questions qu'on doit se poser à ce propos ne manquent donc pas. Voltaire avait-il été momentanément rebuté par les accents fort rousseauistes du traité de Beccaria? S'il n'en était rien, n'avait-il encore eu ni le loisir ni l'idée de passer en revue le système judiciaire de la France à la lumière de l'enseignement contenu dans *Dei delitti e delle pene* et de comprendre que la seule solution aux maux résidait bien dans une réforme intégrale du système entier? lui a-t-il fallu lire, vers le début du mois de mai 1766 (D13291), le *Discours sur l'administration de la justice criminelle* de Servan (cf. BV, no.3152) pour redécouvrir Beccaria? est-ce enfin l'abbé Morellet, traducteur de Beccaria (BV, no.315) et lui-même esprit perçant en visite chez Voltaire durant la seconde quinzaine de juin 1766 (D13371), qui a pu aider son hôte à comprendre que la seule solution valable était celle du philosophe milanais?

Il serait bien imprudent de conclure d'une façon ou d'une autre. Mais il est quand même curieux que Voltaire n'aborde le problème de la justice criminelle dans toute son ampleur, et avec une rigueur méthodique, qu'après avoir hébergé Morellet. C'est là une circonstance qui donne à réfléchir, et même doublement. Car avant l'arrivée de Morellet et dans le premier de ses écrits entièrement consacré à la justice, c'est-à-dire dans *André Destouches*, Voltaire ne laisse pas croire qu'il avait déjà saisi toute la signification profonde de la pensée de Beccaria et compris que son programme de réforme était tout aussi valable pour la France.[4] Mais si, par hasard, les apparences étaient trompeuses? D'Alembert, Malesherbes, Turgot, Grimm, Morellet, Diderot, et même les moins brillants d'entre les philosophes avaient vite compris le sens et la portée de cette machine de guerre. Voltaire serait-il différent?

[4] Voir toutefois l'hypothèse que nous invoquons dans le texte, note 19, et qui pourrait à la rigueur nous faire penser que Voltaire sentait au moins, ne fût-ce que confusément, la nécessité d'aller beaucoup plus loin qu'il ne l'avait jamais pensé dans le passé.

Son silence est certes troublant, le concours des circonstances matérielles que nos avons rapidement évoqué est certes curieux. Mais n'oublions pas surtout que Voltaire était toujours beaucoup plus pris, plus sollicité que ses amis. N'oublions pas ses travaux en cours, les tracasseries des troubles de Genève, la nouvelle déclaration de guerre contre Rousseau, et quoi encore? N'oublions pas la possibilité qu'il ait attendu un moment plus favorable pour se prononcer plus clairement…

Toutes les considérations dûment pesées de part et d'autre, le problème demeure toutefois, et risque de demeurer entier. Il est donc évident que nous devons nous résigner à ignorer si, à l'époque où il rédige *André Destouches* (vers le milieu du mois de juin 1766), Voltaire s'était déjà rallié aux thèses de Beccaria. Que le ralliement fût complet ou non, il semble néanmoins évident que Voltaire était alors sous l'influence de ce dernier: peu importe que ce fût directement ou par l'entremise de Servan.

Que l'on examine les critiques formulées dans cet opuscule de quinze pages, et l'on en remarquera d'abord qui ne sont pas nouvelles. Voltaire frappe encore à coups redoublés sur la nature arbitraire des lois, sur les présomptions de culpabilité et sur la vénalité des charges. Mais d'autre part il exprime de graves doutes sur des questions, débattues par Beccaria et Servan, qu'il n'avait lui-même jamais abordées dans le passé ou si peu: notamment l'atrocité des peines, la confiscation des biens d'un condamné à mort et l'usage de la torture.

Anciens et nouveaux griefs se trouvent réunis dans un seul et même ouvrage. Mais celui-ci n'est pas pour autant un instrument de combat méthodique, soigneusement mis au point pour miner et renverser la philosophie même des lois pénales et de la justice. On serait tenté de dire en effet qu'*André Destouches* ne contient qu'une série de pensées, sans lien trop apparent entre elles, jetées hâtivement sur le papier. Il renferme d'ailleurs des idées qui ne sont pas neuves et qui sont encore moins hardies dans le domaine de la philosophie…

Des réserves sur l'audace de l'entreprise, des rapprochements avec d'autres réformateurs risqueraient pourtant d'être ici déplacés. Ce sont à n'en pas douter les différentes exigences pratiques du moment, tant morales que matérielles, qui amenèrent Voltaire à formuler sa pensée ainsi. Il n'entendait pas par ailleurs l'exprimer avec la gravité d'un Montesquieu ou le plat sérieux d'un Jaucourt… En effet, *André Destouches* a ceci de remarquable: une façon de traiter des abus concernant jusqu'à la vie des hommes qui est en apparence fort *légère*. En un mot, l'écart entre le sérieux du fond et la désinvolture de la forme est si grand que la discordance qui s'ensuit, inconvenante mais parfaitement voulue, ne pouvait par là que choquer même les consciences les plus paisibles.

Incomplet, imparfait, fragmentaire, bouche-trou enfin s'il faut l'appeler ainsi. Mais que personne ne se méprenne sur l'importance d'*André Destouches*. Marquant un tournant des plus décisifs dans l'existence de Voltaire, ce conte, qui paraît si insignifiant, était en somme, à la manière des escarmouches légères qui préludent aux grands combats, de fort mauvais augure pour le respect que l'on vouait généralement alors à la procédure traditionnelle.

Les éditions

Pour ne pas répéter des données qui sont accessibles ailleurs dans le présent volume, nous invitons le lecteur à se reporter aux pages 11-20 où il trouvera une liste descriptive des différentes éditions du *Philosophe ignorant*. *André Destouches à Siam* figure dans 66, 66B, 66P, 66X, 67, W68, W70L, W71, W72P, W75G et W75X.

Dans l'édition de Kehl notre texte se trouve au tome 36, parmi les 'Dialogues et entretiens philosophiques':

K84

OEUVRES / COMPLETES / DE / VOLTAIRE. / TOME TRENTE-SIXIEME. / [*filet anglais, 38 mm*] / DE L'IMPRIMERIE DE LA SOCIÉTÉ LITTÉRAIRE- / TYPOGRAPHIQUE. / 1784.

[*faux-titre*] OEUVRES / COMPLETES / DE / VOLTAIRE. /

8°. sig. π^2 A-Ll[8] Mm[4] (± Bb6); pag. [*4*] 552; $4 signé, chiffres arabes (– Mm3-4); tomaison '*Dialogues.*'; réclames par cahier.

[*1*] faux-titre; [*2*] bl.; [*3*] titre; [*4*] bl.; [1] A1*r* 'DIALOGUES / ET / ENTRETIENS / PHILOSOPHIQUES. / *Dialogues.* A'; [2] bl.; [3]-191 autres textes; 192-199 XXII. André Des Touches à Siam; 200-549 autres textes; [550]-552 Table des dialogues et entretiens philosophiques.

Cette première version de l'édition de Kehl n'offre aucune variante. Il est probable qu'elle reproduit le texte de W75G.

Taylor: VF.

K85

OEUVRES / COMPLETES / DE / VOLTAIRE. / TOME TRENTE-SIXIEME. / [*filet anglais, 41 mm*] / DE L'IMPRIMERIE DE LA SOCIÉTÉ LITTÉRAIRE- / TYPOGRAPHIQUE. / 1785.

[*faux-titre*] OEUVRES / COMPLETES / DE / VOLTAIRE. /

8°. sig. π^2 A-Ll[8] Mm[4]; pag. [*4*] 552 (p.252 numérotée '152', 393 '293'); $4 signé, chiffres arabes (– Mm3-4); tomaison '*Dialogues.*'; réclames par cahier.

[*1*] faux-titre; [*2*] bl.; [*3*] titre; [*4*] bl.; [1] A1*r* 'DIALOGUES / ET / ENTRETIENS / PHILOSOPHIQUES. / *Dialogues.* A'; [2] bl.; [3]-191 autres textes; 192-199 XXII. André Des Touches à Siam; 200-549 autres textes; [550]-552 Table des dialogues et entretiens philosophiques.

Imprimée à partir d'une nouvelle composition, cette deuxième version offre une menue variante à la ligne 130, reproduite par le tirage in-douze de la même année.

Taylor: VF.

Principes de cette édition

Le texte de base est celui fourni par 66 (l'édition originale sortie des presses de Cramer). Le texte de cette première édition est par ailleurs celui de toutes les éditions ultérieures à l'exception de la variante introduite dans K85 (l.130). Le texte de 66 a été modernisé: les principes suivis sont exposés ci-dessus, p.21-24.

ANDRÉ DES TOUCHES À SIAM

André Des Touches[1] était un musicien très agréable dans le beau siècle de Louis XIV, avant que la musique eût été perfectionnée par Rameau, et gâtée par ceux qui préfèrent la difficulté surmontée au naturel et aux grâces.

Avant d'avoir exercé ses talents, il avait été mousquetaire; et avant d'être mousquetaire il fit en 1688 le voyage de Siam avec le jésuite Tachard,[2] qui lui donna beaucoup de marques particulières de tendresse pour avoir un amusement sur le vaisseau; et Des Touches parla toujours avec admiration du père Tachard le reste de sa vie.

Il fit connaissance à Siam avec un premier commis du barcalon;[3] ce premier commis s'appelait Croutef:[4] et il mit par écrit la plupart

[1] André Cardinal Destouches (avril 1672 – 3 février 1749). Le début de sa vie, mouvementé, le conduisit au Siam en compagnie du père Gui Tachard (1688). Puis, de 1692 à 1696, il entreprit une carrière militaire dans les 'mousquetaires du roi' avant de se vouer à la musique, qu'il travailla avec Campra. Il obtint d'emblée, avec *Issé* (1697), un succès qui décida de sa carrière. Puis ce furent *Amadis de Grèce* (1699), *Marthésée* (1699), *Omphale* (1700), *Le Carnaval et la Folie* (1704), *Callirhoé* (1712), *Télémaque* (1714), *Sémiramis* (1718), *Les Eléments* (1721), *Les Stratagèmes de l'amour* (1726). Destouches devint en 1713 inspecteur général de l'Opéra. Nommé directeur de l'Opéra, en remplacement de Francine, il prit sa retraite en 1731. Surintendant de la musique royale en 1728, il avait été nommé maître de la musique de la chapelle en 1727.

[2] Gui Tachard, né vers 1650, mort au Bengale en 1712, suivit avec cinq autres jésuites le chevalier de Chaumont au Siam pour recueillir sur ce pays toutes les notions qui seraient utiles pour le commerce, la politique et la religion (1685). Les envoyés de Louis XIV furent bien accueillis par le roi du Siam, qui autorisa les jésuites à prêcher le christianisme. Tachard fut alors envoyé en Europe pour y chercher des missionnaires, qu'il conduisit en Asie; et c'est ici que se situe le voyage de Destouches.

[3] *Dictionnaire de l'Académie*: premier ministre du Siam.

[4] Ce nom paraît être un anagramme, qui, une fois déchiffré, résume parfaitement l'attitude de Croutef vis-à-vis du genre humain.

des questions qu'il avait faites à Croutef, avec les réponses de ce Siamois. Les voici telles qu'on les a trouvées dans ses papiers.

ANDRÉ DES TOUCHES

Combien avez-vous de soldats? 15

CROUTEF

Quatre-vingt mille, fort médiocrement payés.

ANDRÉ DES TOUCHES

Et de talapoins?

CROUTEF

Cent vingt mille, tous fainéants et très riches. Il est vrai que dans la dernière guerre nous avons été bien battus, mais en récompense nos talapoins ont fait très grande chère, bâti de belles 20 maisons, et entretenu de très jolies filles.

ANDRÉ DES TOUCHES

Il n'y a rien de plus sage et de mieux avisé. Et vos finances, en quel état sont-elles?

CROUTEF

En fort mauvais état. Nous avons pourtant quatre-vingt-dix mille hommes employés pour les faire fleurir; et s'ils n'en ont pu 25 venir à bout, ce n'est pas leur faute; car il n'y a aucun d'eux qui ne prenne honnêtement tout ce qu'il peut prendre, et qui ne dépouille les cultivateurs pour le bien de l'Etat.

ANDRÉ DES TOUCHES

Bravo! Et votre jurisprudence est-elle aussi parfaite que tout le reste de votre administration? 30

CROUTEF

Elle est bien supérieure; nous n'avons point de lois; mais nous avons cinq ou six mille volumes sur les lois.[5] Nous nous conduisons d'ordinaire par des coutumes; car on sait qu'une coutume ayant été établie au hasard est toujours ce qu'il y a de plus sage. Et de plus, chaque coutume ayant nécessairement 35 changé dans chaque province comme les habillements et les coiffures, les juges peuvent choisir à leur gré l'usage qui était en vogue il y a quatre siècles, ou celui qui régnait l'année passée; c'est une variété de législation que nos voisins ne cessent d'admirer; c'est une fortune assurée pour les praticiens, une ressource 40 pour tous les plaideurs de mauvaise foi, et un agrément infini pour les juges qui peuvent en sûreté de conscience décider les causes sans les entendre.

ANDRÉ DES TOUCHES

Mais pour le criminel, vous avez du moins des lois constantes?

CROUTEF

Dieu nous en préserve! nous pouvons condamner au bannisse- 45 ment, aux galères, à la potence, ou renvoyer hors de cour selon que la fantaisie nous en prend. Nous nous plaignons quelquefois du pouvoir arbitraire de M. le barcalon; mais nous voulons que tous nos jugements soient arbitraires.

ANDRÉ DES TOUCHES

Cela est juste. Et de la question, en usez-vous? 50

CROUTEF

C'est notre plus grand plaisir; nous avons trouvé que c'est un secret infaillible pour sauver un coupable qui a les muscles

[5] Voir Montesquieu, *Lettres persanes*, lxviii, c. L'idée de Voltaire est donc cautionnée par un professionnel; mais en 1766 il s'agit déjà d'un lieu commun.

vigoureux, les jarrets forts et souples, les bras nerveux et les reins doubles; et nous rouons gaiement tous les innocents à qui la nature a donné des organes faibles.[6] Voici comme nous nous y prenons avec une sagesse et une prudence merveilleuses. Comme il y a des demi-preuves, c'est-à-dire des demi-vérités, il est clair qu'il y a des demi-innocents et des demi-coupables. Nous commençons donc par leur donner une demi-mort,[7] après quoi nous allons déjeuner; ensuite vient la mort tout entière, ce qui donne dans le monde une grande considération, qui est le revenu du prix de nos charges.

55

60

ANDRÉ DES TOUCHES

Rien n'est plus prudent et plus humain, il faut en convenir. Apprenez-moi ce que deviennent les biens des condamnés?

CROUTEF

Les enfants en sont privés. Car vous savez que rien n'est plus équitable que de punir tous les descendants d'une faute de leur père.[8]

65

[6] Montaigne, Charron, Tourreil, Nicolas, Grotius s'étaient déjà élevés contre l'usage de la question (ou de la torture). L'argument qu'utilise Voltaire, qui est par ailleurs celui des encyclopédistes, ressemble par sa formulation à celui de La Bruyère (*Caractères*, 'De quelques usages'). Sur la question voir Jousse, *Traité de la justice criminelle de France* (Paris 1771), ii.474-96.

[7] Voltaire parle ici d'une sorte de preuve de 'culpabilité' (appelée aussi: preuve conjecturale, ou preuve par indices, ou preuve semi-pleine, ou demi-preuve, ou preuve indirecte, ou preuve oblique) qui pouvait en effet donner lieu à la torture. L'usage de la question devait être aboli définitivement le 9 octobre 1789. Voir Jousse, i.654-58, 750-813.

[8] La confiscation des biens d'un accusé était une suite de la condamnation prononcée contre lui à une peine capitale qui emportait mort civile. C'était une dépendance nécessaire de la confiscation du corps suivant la règle établie en l'article 183 de la Coutume de Paris que: 'qui confisque le corps, confisque aussi les biens'. L'effet de la confiscation était que les enfants, ou les héritiers de celui dont les biens avaient été confisqués, ne lui succédaient point. Il y avait quand même plusieurs provinces où la confiscation n'avait pas lieu; mais même là il y avait toutefois certains crimes (lèse-majesté divine et humaine, hérésie, etc.) qui

ANDRÉ DES TOUCHES

Oui, il y a longtemps que j'ai entendu parler de cette jurisprudence.

CROUTEF

Les peuples de Laos[9] nos voisins n'admettent ni la question, ni les peines arbitraires, ni les coutumes différentes, ni les horribles supplices qui sont parmi nous en usage; mais aussi nous les regardons comme des barbares qui n'ont aucune idée d'un bon gouvernement. Toute l'Asie convient que nous dansons beaucoup mieux qu'eux, et que par conséquent il est impossible qu'ils approchent de nous en jurisprudence, en commerce, en finances, et surtout dans l'art militaire. 70 75

ANDRÉ DES TOUCHES

Dites-moi, je vous prie, par quels degrés on parvient dans Siam à la magistrature?

CROUTEF

Par de l'argent comptant. Vous sentez qu'il serait impossible de bien juger, si on n'avait pas trente ou quarante mille pièces d'argent toutes prêtes. En vain on saurait par cœur toutes les coutumes, en vain on aurait plaidé cinq cents causes avec succès, en vain on aurait un esprit rempli de justesse, et un cœur plein de justice; on ne peut parvenir à aucune magistrature sans argent. C'est encore ce qui nous distingue de tous les peuples de l'Asie, et surtout de ces barbares de Laos qui ont la manie de récompenser tous les talents et de ne vendre aucun emploi. 80 85

André Des Touches qui était un peu distrait, comme le sont tous

emportaient confiscation. Cet usage ne devait être aboli (complètement) qu'au début du dix-neuvième siècle, par l'article 66 de la charte du 4 juin 1814. Voir Jousse, i.99-113.

[9] La Grande-Bretagne.

les musiciens, répondit au Siamois que la plupart des airs qu'il venait de chanter lui paraissaient un peu discordants, et voulut s'informer à fond de la musique siamoise; mais Croutef plein de son sujet, et passionné pour son pays, continua en ces termes: Il m'importe fort peu que nos voisins qui habitent par delà nos montagnes[10] aient de meilleure musique que nous, et de meilleurs tableaux, pourvu que nous ayons toujours des lois sages et humaines. C'est dans cette partie que nous excellons. Par exemple, il y a mille circonstances où une fille étant accouchée d'un enfant mort, nous réparons la perte de l'enfant en faisant pendre la mère: moyennant quoi elle est manifestement hors d'état de faire une fausse couche.[11]

Si un homme a volé adroitement trois ou quatre cent mille pièces d'or, nous le respectons, et nous allons dîner chez lui. Mais si une pauvre servante s'approprie maladroitement trois ou quatre pièces de cuivre qui étaient dans la cassette de sa maîtresse, nous ne manquons pas de tuer cette servante en place publique;[12]

[10] Les Italiens.

[11] Il s'agit ici de ce qu'on appelait juridiquement *suppression de part*, ou *recèlement de grossesse*. Une loi de l'empereur Valentinien (*ad Leg. Cornel. de sicariis*) déclarait les coupables de ce crime sujets à la peine capitale, comme s'ils l'avaient commis sur la personne d'un homme parfait. C'est conformément à cette loi que les rois français croyaient devoir contenir par la terreur du dernier supplice les mères qui seraient tentées de se livrer à de pareils excès.

Les femmes ou filles qui faisaient périr leurs enfants après leur accouchement étaient en effet punissables de mort. Suivant un édit de Henri II, du mois de février 1556, il fallait pour qu'une femme soit réputée ou présumée avoir 'homicidé' son enfant qu'il y eût le concours des deux circonstances suivantes: 1) que la femme fût convaincue d'avoir caché tant sa grossesse que son enfantement; 2) que l'enfant fût trouvé avoir été privé tant du baptême que de la sépulture publique. Mais dans l'usage on ne prononçait cette condamnation de mort que quand il y avait un rapport en chirurgie; autrement on ne condamnait pas à mort, mais à une peine moindre, comme le fouet et le banissement perpétuel. Voir Jousse, iv.14-20.

[12] L'ordonnance de saint Louis de 1270 à ce propos fut renouvelée au dix-huitième siècle par la déclaration du 4 mai 1724, article 2, qui porte en général que le vol domestique sera puni de mort. Ces lois ne distinguent pas en effet si le vol est considérable ou seulement de choses de peu de valeur. Voir Jousse, iv.202-206.

premièrement, de peur qu'elle ne se corrige; secondement, afin qu'elle ne puisse donner à l'Etat des enfants en grand nombre, parmi lesquels il s'en trouverait peut-être un ou deux qui pourraient voler trois ou quatre petites pièces de cuivre, ou devenir 110 de grands hommes; troisièmement, parce qu'il est juste de proportionner la peine au crime, et qu'il serait ridicule d'employer dans une maison de force, à des ouvrages utiles, une personne coupable d'un forfait si énorme.

Mais nous sommes encore plus justes, plus cléments, plus 115 raisonnables dans les châtiments que nous infligeons à ceux qui ont l'audace de se servir de leurs jambes pour aller où ils veulent. Nous traitons si bien nos guerriers qui nous vendent leur vie, nous leur donnons un si prodigieux salaire, ils ont une part si considérable à nos conquêtes, qu'ils sont sans doute les plus 120 criminels de tous les hommes, lorsque s'étant enrôlés dans un moment d'ivresse, ils veulent s'en retourner chez leurs parents dans un moment de raison. Nous leur faisons tirer à bout portant douze balles de plomb dans la tête pour les faire rester en place, après quoi ils deviennent infiniment utiles à leur patrie.[13] 125

Je ne vous parle pas de la quantité innombrable d'excellentes institutions, qui ne vont pas à la vérité jusqu'à verser le sang des hommes, mais qui rendent la vie si douce et si agréable, qu'il est impossible que les coupables ne deviennent gens de bien. Un cultivateur n'a-t-il pas payé à point nommé une taxe qui excédait 130 ses facultés, nous vendons sa marmite et son lit pour le mettre en état de mieux cultiver la terre quand il sera débarrassé de son superflu.

130 K12, K85: n'a-t-il point payé

[13] L'ordonnance du 2 juillet 1716 reconnaissait huit façons de déserter, et stipulait que la peine prononcée dans tous les cas était la mort. L'article 6 de l'ordonnance du 17 janvier 1730 portait d'ailleurs que les condamnations prononcées contre les déserteurs emportaient mort civile, donc confiscation des biens. C'est Louis XVI qui devait abolir la peine de mort pour désertion en 1775. Voir Jousse, i.216, iii.678.

ANDRÉ DES TOUCHES

Voilà qui est tout à fait harmonieux, cela fait un beau concert.

CROUTEF

Pour faire connaître notre profonde sagesse, sachez que notre base fondamentale consiste à reconnaître pour notre souverain à plusieurs égards un étranger tondu qui demeure à neuf cent mille pas de chez nous. Quand nous donnons nos plus belles terres à quelques-uns de nos talapoins, ce qui est très prudent, il faut que ce talapoin siamois paye la première année de son revenu à ce tondu Tartare,[14] sans quoi il est clair que nous n'aurions point de récolte. 135 140

Mais où est le temps, l'heureux temps, où ce tondu faisait égorger une moitié de la nation par l'autre, pour décider si Sammonocodom[15] avait joué au cerf-volant ou au trou-madame, s'il s'était déguisé en éléphant ou en vache, s'il avait dormi trois cent quatre-vingt-dix jours sur le côté droit ou sur le gauche?[16] Ces grandes questions qui tiennent si essentiellement à la morale, agitaient alors tous les esprits; elles ébranlaient le monde; le sang coulait pour elles; on massacrait les femmes sur les corps de leurs maris; on écrasait leurs petits enfants sur la pierre,[17] avec une 145 150

[14] Il s'agit ici des annates. Voici comment cette taxe est définie dans le *Dictionnaire* de Trévoux: 'droit que l'on paie au Pape sur tous les bénéfices consistoriaux, et lorsqu'il donne les bulles, ou d'une abbaye, ou d'un évêché. C'est le revenu d'une année, qui a été taxé selon l'évaluation du revenu du bénéfice, faite au temps du Concordat'. Les annates furent supprimées le 4 août 1789.

[15] Dieu suprême des Siamois.

[16] Ezéchiel iv.4-5: 'Et toi couche-toi sur ton côté gauche, et mets-y les péchés de la maison d'Israël; et tout autant de jours tu resteras ainsi couché, tu porteras leurs péchés. Et moi, je te compte un jour pour une année de leurs péchés: durant trois cent quatre-vingt-dix jours, tu porteras les péchés de la maison d'Israël.'

[17] Psaume 137, 8-9: 'Fille de Babylone la dévastatrice, heureux celui qui te rendra le traitement dont tu nous a gratifiés! Heureux celui qui saisira et écrasera tes petits enfants contre la pierre!'

dévotion, une onction, une componction angélique. Malheur à nous, enfants dégénérés de nos pieux ancêtres, qui ne faisons plus de ces saints sacrifices! Mais au moins, il nous reste, grâces au ciel, quelques bonnes âmes qui les imiteraient si on les laissait faire. 155

ANDRÉ DES TOUCHES

Dites-moi, je vous prie, monsieur, si vous divisez à Siam le ton majeur en deux comma et deux semi-comma, et si le progrès du son fondamental se fait par 1, 3 et 9.

CROUTEF

Par Sammonocodom, vous vous moquez de moi. Vous n'avez 160 point de tenue; vous m'avez interrogé sur la forme de notre gouvernement, et vous me parlez de musique.

ANDRÉ DES TOUCHES

La musique tient à tout; elle était le fondement de toute la politique des Grecs.[18] Mais pardon, puisque vous avez l'oreille dure, revenons à notre propos. Vous disiez donc que pour faire 165 un accord parfait…

CROUTEF

Je vous disais qu'autrefois le Tartare tondu prétendait disposer de tous les royaumes de l'Asie, ce qui était fort loin de l'accord parfait: mais il en résultait un grand bien; on était beaucoup plus dévot à Sammonocodom et à son éléphant, que dans nos jours 170 où tout le monde se mêle de prétendre au sens commun avec une indiscrétion qui fait pitié. Cependant tout va; on se réjouit, on danse, on joue, on dîne, on soupe, on fait l'amour; cela fait frémir tous ceux qui ont de bonnes intentions.

[18] Il convient sans doute de souligner que cette formule contient le mot de l'énigme qui nous sera proposée dans les dernières lignes.

ANDRÉ DES TOUCHES

Et que voulez-vous de plus? Il ne vous manque qu'une bonne musique.[19] Quand vous l'aurez, vous pourrez hardiment vous dire la plus heureuse nation de la terre. 175

[19] Tous les éditeurs précédents ont expliqué 'bonne musique' en termes de la *philosophie*. C'est dire: 'Quand vous serez *philosophes*, vous serez la plus heureuse nation de la terre'. Ils ont certes raison. Mais l'énigme ne se résout pas si facilement en réalité. Car est-elle à résoudre avec la tête ou avec le cœur? Quoi qu'il en soit, nous pensons qu'il pourrait y avoir, vu les circonstances, vu la formulation du message en termes musicaux, une seconde explication complémentaire. Bref, André Destouches, musicien, voit tout en termes d'harmonie, de rapports parfaits entre l'aspiration et les moyens de l'exprimer, etc. et les premières références à la musique se situent précisément là où Croutef parle de la jurisprudence, autrement dit, des *lois* qui régissent la conduite humaine à tous les niveaux. Or Croutef, qui a l'oreille dure (ainsi que le cœur de toute évidence) est incapable de discerner l'horrible discordance qui existe entre la légitime recherche du bonheur de la part du genre humain et les obstacles qui l'entravent. Et comme un des effets de la *philosophie* doit être un *ensemble* de lois plus humain, plus égal, plus harmonieux, il se peut que Voltaire pense *déjà* à la nécessité de refondre le système et les bases mêmes de la procédure.

L'Examen important de milord Bolingbroke

édition critique

par

Roland Mortier

INTRODUCTION

1. *Genèse*

Le critique se trouve désarmé lorsqu'il tente de retracer avec certitude les étapes de la rédaction de l'œuvre. Tout au plus peut-il formuler un certain nombre d'hypothèses qui tiennent compte de l'évolution intellectuelle et littéraire de Voltaire, des témoignages fournis par des tiers et des allusions contenues dans la correspondance.

Un *terminus ad quem* nous est fourni par la date de la publication. L'*Examen* fut incorporé par Voltaire dans le *Recueil nécessaire* qui sortit de presse au cours de l'été de 1766. S'il faut en croire Voltaire lui-même, l'ouvrage aurait été écrit en 1736, c'est-à-dire à l'époque du séjour à Cirey chez la marquise Du Châtelet.

Le problème, longtemps négligé par les historiens littéraires qui ne voyaient dans la date de 1736 qu'un procédé commode pour dépister les curieux, a été repris de façon très approfondie par Ira O. Wade dans son importante étude *Voltaire and madame Du Châtelet: an essay on the intellectual activity at Cirey* (Princeton 1941). M. Wade a rappelé judicieusement que la période de Cirey (1733-1749) est précisément celle où Voltaire, stimulé par son amie, s'initie à la critique biblique par la lecture des ouvrages déistes anglais et par la consultation attentive et quotidienne du *Commentaire littéral* de Dom Calmet.

La *Correspondance littéraire* de septembre 1776 (CLT, xi.348), annonçant à ses lecteurs la sortie de *La Bible enfin expliquée*, rapporte que les déjeuners matinaux de Cirey s'accompagnaient de la lecture d'un chapitre de l'Histoire Sainte 'sur lequel chacun faisait des réflexions à sa manière'. Ces commentaires impromptus auraient été consignés par écrit et il en serait résulté deux manuscrits: celui de la marquise, resté inédit, et celui de Voltaire, qui aurait servi de noyau à *La Bible enfin expliquée*.

Le manuscrit de madame Du Châtelet est connu: il s'agit très probablement des trois volumes de l'*Examen de la Genèse* et des deux volumes de l'*Examen du Nouveau Testament* conservés à la bibliothèque de Troyes.

Quant aux notes de Voltaire, rien ne prouve qu'elles aient servi uniquement à *La Bible enfin expliquée*. Elles ont pu fournir également des matériaux à l'*Examen important*. Telle est d'ailleurs la conclusion à laquelle était arrivé M. Wade après un collationnement soigneux de nombreux passages de l'*Examen de la Genèse* et de l'*Examen important*. L'érudit américain croyait, en 1941, pouvoir en conclure que l'*Examen important* remontait, dans sa forme primitive, à 1736, du moins en ce qui concerne sa première partie, les chapitres 1 à 19 relatifs à la Bible. Cette version initiale aurait été retravaillée et étendue entre 1736 et 1746, laissée ensuite de côté pour un usage ultérieur, remaniée enfin en 1766 et soumise à diverses révisions jusqu'en 1776. L'hypothèse de M. Wade tire une partie de sa force de l'évolution intellectuelle de Voltaire qui passe ouvertement de la critique du judaïsme à celle du christianisme après 1750. Aucun texte, aucun fragment de lettre ne permet cependant de l'étayer sur des faits. L'analyse de la structure et de la forme de l'œuvre tendrait plutôt à la dater d'après 1750. C'est alors en effet que Voltaire adopte, pour répandre ses idées, cette forme alerte, brève, au découpage habile et au rythme soutenu qui tranche sur la lourdeur empesée, la démarche maladroite et lente des énormes manuscrits clandestins où l'argumentation se perd dans le détail et sacrifie l'efficacité littéraire à l'apparat érudit de la démonstration. Le fond mis à part, il y a peu de traits communs entre un ouvrage massif comme l'*Examen de la Genèse* et un pamphlet acéré tel que l'*Examen important de milord Bolingbroke*.

Les nombreuses analogies de fond relevées par M. Wade entre les deux *Examens* ne sont nullement inconciliables avec l'hypothèse d'une rédaction plus tardive, laquelle répondrait à ce que nous savons de l'évolution stylistique et formelle de l'écrivain. Notre sentiment est que Voltaire n'a pas rédigé in extenso un ouvrage de critique biblique autour de 1740, mais qu'il a accumulé une masse de notes et de remarques tirées de la lecture de Calmet, de Woolston, des discussions de table avec madame Du Châtelet et ses intimes, et sans doute de l'une ou l'autre de ces 'dissertations' ou 'examens critiques' qui circulaient sous le manteau et dont on trouve aujourd'hui encore de nombreux exemplaires dans bien des bibliothèques françaises et étrangères. L'importance des échanges intellectuels à Cirey dans la lointaine genèse des ouvrages de critique religieuse publiés par Voltaire après 1750 est indubitable, mais il serait excessif d'en conclure à une rédaction précoce des œuvres en question. L'examen de la correspondance et des lectures de Voltaire nous confirme dans ces vues.

La première attaque frontale contre le christianisme et contre la tradition biblique remonte aux années 1750, mais elle ne voit le jour qu'en 1761 (avec la date prétendue de 1749). Il s'agit du *Sermon des cinquante* dont La Beaumelle aurait eu connaissance à Berlin en 1752 et que Voltaire lui-même attribuera tantôt à Frédéric II, tantôt à La Mettrie. Il semble bien que l'atmosphère de Potsdam ait exercé sur Voltaire un effet stimulant et l'ait incité à mettre en forme des idées et des arguments prudemment tenus en réserve jusque-là. La *Défense de milord Bolingbroke* (1752) procède d'un même état d'esprit. Protégé par un roi qui partage ses vues, à distance respectable de la justice française, Voltaire peut enfin donner libre cours à son tempérament combatif. Sous le couvert de l'homélie, le *Sermon* dénonce l'immoralité, la cruauté, l'inhumanité de l'Ancien Testament, les absurdités et les fables du Nouveau. A bien des égards, cette œuvre brève et passionnée annonce l'inspiration (sinon le ton, plus ironique) de l'*Examen important*.

Ce n'est toutefois qu'après l'installation à Ferney (1760) qu'il poussera l'audace jusqu'à lancer ces brûlots dans le public, en ayant toujours soin de les désavouer avec vigueur. Au *Sermon des cinquante* succéderont le *Pot-pourri* (1765), les *Questions sur les miracles* (1765), *La Philosophie de l'histoire* (1765), qui deviendra en 1769 l''Avant-propos' à l'*Essai sur les mœurs*, et enfin l'*Examen important* (été 1766). Celui-ci se distingue de tous les précédents par l'ampleur et par la virulence. Il est permis de voir dans l'*Examen* la première expression organisée et systématique des objections de Voltaire contre le judaïsme et le christianisme. Elles ne feront que durcir dans les notes et dans les variantes des rééditions successives qui s'étalent entre 1767 et 1776 et que l'on peut tenir en quelque sorte pour autant d'étapes vers *La Bible enfin expliquée* (1776).

S'il est exact, comme l'ont montré MM. Torrey et Wade, que l'*Examen important* ne doit pas grand-chose dans l'argumentation à son auteur prétendu, il n'en est pas de même dans son élaboration. L'étude attentive de la correspondance de Voltaire suggère une double conclusion. L'exemple de lord Bolingbroke a joué de façon positive, en ce sens qu'il autorisait et justifiait un œuvre de combat et qu'il lui fournissait un patronage posthume d'un lustre exceptionnel. Mais il a surtout joué un rôle de réactif et de stimulant par ses insuffisances et par ses faiblesses. Il est clair que Voltaire a été profondément déçu par la lecture des *Œuvres philosophiques*, moins par leur contenu – qu'il approuvait assez largement – que par leur pitoyable composition et leur absence totale de qualités littéraires. De là le désir de refaire une œuvre manquée, d'offrir un équivalent mieux composé et plus lisible. L'*Examen important de milord Bolingbroke* n'est certes pas le 'précis de la doctrine' du maître qu'il se targue d'offrir ('Avis'); il est encore bien moins un anti-Bolingbroke. On le définirait plutôt un Bolingbroke revu et corrigé de fond en comble par un admirateur mécontent, soucieux de servir la même cause avec plus d'efficacité.[1]

Les réactions de Voltaire devant les *Philosophical works* de 1754 nous sont bien connues par sa correspondance. Il possédait dans sa bibliothèque les cinq volumes de l'édition Mallet (BV, no.457), ainsi que la *Lettre de milord Bolingbroke servant d'introduction à ses Lettres philosophiques à M. Pope* (trad. fr. de 1766; BV, no.453).

[1] Sur Bolingbroke et son influence en France, voir les études de D. J. Fletcher, 'The fortunes of Bolingbroke in France in the eighteenth century', *Studies* 47 (1966), p.207-32, et 'Bolingbroke and the diffusion of Newtonianism in France', *Studies* 53 (1967), p.29-46.

Sans doute faut-il voir là, d'ailleurs, l'explication de l'erreur qu'il commet dans l''Avis' en parlant des 'six volumes de ses œuvres posthumes'. M. Torrey a examiné soigneusement ces livres à la bibliothèque de Leningrad, où ils sont conservés, et il y a trouvé bon nombre de remarques, d'annotations et de signets qui témoignent d'une lecture aussi attentive que critique, particulièrement de l''Essay IV', 'Concerning authority in matters of religion'. Voltaire a souligné les passages sur la cruauté des Juifs, sur la communion et le baptême, sur le rôle de saint Paul, ainsi que sur les conciles de Laodicée et de Nicée, sur le synode de Constantinople, sur Origène, sur le langage grossier et les sentiments primitifs des patriarches (CN, i.383-92).

Quand Voltaire a-t-il lu, le crayon à la main, les cinq volumes de l'édition Mallet? Non pas en 1754, ni même dans les quelques années ultérieures. Il résulte de l'examen de la correspondance qu'il n'en prit connaissance que dans les premiers jours de 1759. Jusque-là, il n'a parlé de Bolingbroke qu'en termes généraux, pour contester son optimisme et le critiquer (en même temps que Leibniz, Shaftesbury et Pope) pour n'avoir 'songé qu'à avoir de l'esprit' (à Elie Bertrand, 18 février 1756; D6738); ailleurs, au contraire, pour le citer parmi ceux qui cultivent 'la vigne de la vérité' (à d'Alembert, 6 décembre 1757; D7499). Le véritable choc ne se produit que le 2 janvier 1759, lorsqu'il remercie N. F. Steiger, baron de Montricher et membre du Conseil souverain à Berne, de l'envoi de quelques livres philosophiques anglais, parmi lesquels 'un Bollingbroke, homme disert sans méthode' (D8022). Toutes les réactions de Voltaire aux *Philosophical works* sont postérieures à cet envoi. La toute première apparaît dans une lettre adressée au même Steiger une semaine plus tard (D8037). Ce texte est d'une importance capitale pour notre sujet, puisqu'il représente la manifestation initiale du projet qui aboutira à l'*Examen important*: 'Ah monsieur que ce Bollinbroke est prolixe! *Si ses sept volumes*[2] *étaient réduits à un seul,*[3] il convertirait L'Europe [...]

[2] Les deux volumes de 1752 (BV, no.455) et les cinq de 1754.
[3] C'est nous qui soulignons.

Ce qu'on a écrit de mieux sur ces matières, n'a pas été imprimé. Il y a un ouvrage de mad^e du Chatelet contre tous ces faquins là, qui est écrit comme les lettres provinciales[4] [...] Priests must be confounded.'

D'emblée, on le voit, le propos de Voltaire apparaît dans toute sa netteté. Refaire le travail de Bolingbroke tout en évitant ses erreurs, alléger la démonstration, incorporer l'acquis des discussions de Cirey et des lectures afférentes, et enfin réussir là où Bolingbroke avait échoué, c'est-à-dire à gagner l'Europe entière au déisme et à la tolérance.

L'attitude de Voltaire à l'égard des œuvres philosophiques de Bolingbroke ne variera pas, si ce n'est dans les éloges dithyrambiques qu'il lui adresse dans ses ouvrages imprimés: Bolingbroke était un penseur profond et judicieux, mais il n'a pas su exprimer ses idées avec bonheur. Il écrit à Clavel, assesseur baillival à Lausanne (*c.* 20 janvier 1759; D8059): 'Oui les anglais sont des bavards. Leurs livres sont trop longs, Bollingbroke, Shaftersbury, auraient éclairé le genre humain s'ils n'avaient pas noyé la vérité dans des livres qui lassent la patience des gens les mieux intentionez. Cependant il y a baucoup de profit à faire avec eux'.

Il en était si bien convaincu qu'il n'eut de cesse avant de les communiquer à quelques amis choisis et sûrs. Parmi eux, le marquis Albergati Capacelli: des Délices, il lui écrit le 27 janvier 1760, 'Direte che io sono [...] un traditore [...] un témerario che voleva inviarvi il Lord Bolingbroke, and lord's Shaftsburi's works, and such damn'd stuff' (D8732). Le 7 mars, il l'avertit: 'J'ai L'honneur de vous envoyer, comme je peux, par les marchands de Genêve, L'hérétique, et l'impie Bolingbroke' (D8792). Un mois plus tard, de son château de Tournay, il confirme: 'Je vous ai envoyé mon Bolingbroke;[5] je vous enverrai mon Shaffstburi

[4] Allusion directe aux manuscrits des *Examens* conservés actuellement à Troyes.

[5] Entendons par là: mon exemplaire de Bolingbroke.

par la première occasion;[6] je les ai lû, je les ai extraits, celà me suffit, ce sont des remèdes dont j'ai usé; je suis fort aise que vous en profitiez, quoi que je pense que vous n'en ayez pas besoin' (15 avril 1760; D8854).

Voltaire dit bien: 'je les ai extraits'. Le projet dont il s'était ouvert à Steiger en janvier 1759 semble donc avoir pris corps, mais il ne s'agit encore à ce stade que d'un choix à usage personnel. Il voit cependant déjà au-delà et songe à transformer la masse indigeste de l'auteur anglais en une terrible machine de guerre. Il confie, le 13 octobre 1759, à madame Du Deffand: 'Je voudrais que quelqu'un eût élagué en français les œuvres philosophiques de feu Mylord Bolingbroke, c'est un prolixe personnage, et sans aucune méthode; mais on en pourait faire un ouvrage bien terrible pour les préjugés, et bien utile pour la raison' (D8533). Il n'en garde pas moins toute son estime à l'homme, qui figure en bonne place dans son panthéon: 'Je vous embrasse en Confucius, en Lucrece, en Ciceron, en Julien, en Collins, en Humes, en Shaftsburi, en Midleton, en Bolinbroke', écrit-il le 15 octobre 1759 à d'Alembert (D8536). Traitant des Anglais dans une lettre à madame Du Deffand, il affirme préférer leurs livres à leurs personnes, à l'exception de Bolingbroke, 'celui là valait mieux que ses livres' (18 février 1760; D8764).

Pendant quatre ans, il ne sera plus question du 'Bolingbroke abrégé' ou 'élagué' de 1759. Sans doute Voltaire est-il requis par d'autres préoccupations. Mais l'idée rebondit soudain en 1764 et 1765. Le 15 septembre 1764, il prie Moultou de lui renvoyer le tome premier de Bolingbroke et ajoute: 'C'est bien dommage qu'il soit trop bavard; un bon abrégé de son livre eût fait un effet prodigieux' (D12087). Mais surtout, c'est en 1764 qu'il tient devant le Philadelphien John Morgan des propos hautement révélateurs dont ce dernier s'empresse de faire part à son concitoyen Samuel Morris (16 septembre 1764; D12089). Morgan

[6] Le 12 août 1760, il écrira au marquis que le marchand genevois qui s'était chargé de la commission a eu les pires ennuis en Italie et ne veut plus se charger de rien (D9136).

s'était présenté à Ferney avec une lettre de recommandation du libre penseur anglais William Hewett, qu'il avait rencontré en Italie et qui avait lui-même fait son pèlerinage à Ferney en 1758. La conversation avait roulé sur des divers sujets, pour en venir à la nature de l'âme, sur quoi Voltaire aurait déclaré, selon Morgan: 'I esteem one of your Country-Men who has wrote on that Subject, My Lord Bolinbroke. He has done essential Service to Mankind, but there would have been still greater had he given the same Matter in fewer Words. Of these he is so profuse that he frequently renders the Subject he handles obscure from being too copious in his expression'. Voltaire lui ayant demandé ex-abrupto: 'Have you not read this valuable Author?', Morgan aurait admis: 'Whatever his Merit may be I own I have never read him'. A quoi Voltaire aurait répondu: 'Oh read him by all Means – He is a most valuable Author & *let me recommend to you when you return home to get some of y'r Fr'ds to give an abridgement of it.*[7] It will bear to be reduced to a third of it's bulk & then it will be a most excellent Work'.

Morris prit-il l'invitation à son compte? On le croirait à lire sa réponse négative et prudente: 'Voltaire's Observations of Ld. Bollingbro'ks works are very just [...] But yet my dear, I'm afraid, that all these Accomplishments, so proper for polite conversation, will be lost in Pennsylvania' (9 mars 1765; D12447).

Il faudrait donc situer après l'entretien avec Morgan, c'est-à-dire après 1764, le travail de rédaction qui aboutira à la première version de l'*Examen important*. La différence est que Voltaire, au lieu de résumer Bolingbroke, va élaborer une œuvre personnelle où se combinent diverses intentions:

– développer systématiquement les principes de critique historique appliqués par Bolingbroke à l'Ancien et au Nouveau Testament;
– rassembler, derrière le nom prestigieux du défunt, une documentation et une argumentation dont la base a été posée à

[7] C'est nous qui soulignons.

Cirey et qui s'est grossie entre-temps d'éléments nouveaux[8] venus d'un peu partout, y compris de Bolingbroke lui-même;
– imaginer une méthode plus efficace dans l'exposé des idées, en usant d'un style simple et attrayant inséré dans une structure claire et cohérente.

Ce faisant, Voltaire ne veut nullement discréditer Bolingbroke,[9] dont il partage à la fois le déisme et l'hostilité aux religions révélées. Il entend simplement servir la cause 'philosophique' avec plus de bonheur. Si les *Philosophical works* n'avaient été si diffus et si verbeux,[10] il est probable que Voltaire n'aurait pas jugé nécessaire de leur substituer un ouvrage de la même veine, mais de son propre cru. C'est en ce sens que Bolingbroke lui a servi d'inspiration, par une action complexe que l'on peut qualifier de positive et de négative tout à la fois. D'autre part, le fait que Bolingbroke est mort et qu'il n'est pas Français permet à Voltaire d'abriter ses idées derrière un nom illustre sans mettre en danger sa propre sécurité ou celle de ses amis. Ce souci transparaît dans l''Avis', corroboré lui-même par de nombreux passages contemporains de la correspondance:

> Il est bien triste que l'on impute quelquefois à des vivants, et même à de bons vivants les ouvrages des morts. Les philosophes doivent toujours soutenir que tout philosophe qui est en vie, est un bon crétien, un bon catholique.[11]

Les gens de Lettres, et même nos meilleurs amis se rendent les uns aux

[8] Voltaire a lu l'*Examen critique des apologistes de la religion chrétienne* (BV, no.2546). La correspondance avec les Cramer révèle son intérêt pour les Pères de l'Eglise: il emprunte aux Cramer, en 1770, Justin, Arnobe et Tertullien. Enfin les carnets Saint-Fargeau, que M. Besterman date de 1752-1755 (Voltaire 81, p.112-68), contiennent des notes sur les premiers chrétiens.

[9] Point de vue soutenu par M. Torrey dans son livre cité plus haut.

[10] En 1771 encore, dans la section IV de l'article 'Miracles' du *Dictionnaire philosophique*, Voltaire déclarera: 'Le livre le plus fort contre les miracles et contre les prophéties est celui de Milord Bolingbroke. Mais par son bonheur, il est si volumineux, si dénué de méthode, son style est si verbeux, ses phrases si longues, qu'il faut une extrême patience pour le lire' (éd. Benda-Naves, Paris 1967, p.586).

[11] A André Morellet, 7 juillet [1766] (D13397).

autres de bien mauvais services par la fureur qu'ils ont de vouloir toujours deviner les auteurs de certains livres [...] Eh mes amis! qu'importe l'auteur de l'ouvrage? ne voiez vous pas que le vain plaisir de deviner devient une accusation formelle dont les scélérats abusent? Vous exposez l'auteur que vous soupçonnez; vous le livrez à toute la rage des fanatiques; vous perdez celui que vous voudriez sauver. Loin de vous piquer de deviner si cruellement faittes au contraire tous les efforts possibles pour détourner les soupçons. Aidons nous les uns les autres dans la cruelle persécution élevée contre la philosophie.[12]

Le choix du titre de l'*Examen important de milord Bolingbroke*[13] répond donc à un souci tactique. Dans la vaste campagne d'opinion où Voltaire s'est lancé depuis 1760, la paternité réelle des œuvres importe moins que leur retentissement. Il faut frapper vite et fort, quitte à se couvrir derrière l'écran d'un nom illustre et invulnérable.

Voltaire va donc rassembler, entre 1764 et 1766, toute la documentation critique amassée depuis Cirey; il y ajoutera la substance de ses lectures ultérieures: déistes anglais, manuscrits clandestins français, d'autres encore, plus mystérieuses peut-être. On songe ici à la visite que lui fait, en décembre 1758, l'Anglais William Hewett, qui lui écrit de Genève: 'I have passed many years in compiling an epitome on religion. It is a honey I have abstracted from the essence of all flowers' (3 décembre 1758; D7961). Ce personnage, originaire du Leicestershire, passait pour un excentrique et Tobias Smollett en parle dans son roman *Humphry Clinker* d'une façon qui nous éclaire sur ses intentions: 'one of the most original characters upon earth [...] going back to Italy, by way of Geneva, that he may have a conference with his friend Voltaire, about giving the last blow to the Christian superstition'.[14]

[12] A Helvétius, 27 octobre 1766 (D13626).

[13] Dans son premier état (*Recueil nécessaire*, 1766), le titre exact est *Examen important, par milord Bolingbroke*. L'examen porte, non sur Bolingbroke, mais sur l'Ecriture, le judaïsme et le christianisme: la nuance a son importance.

[14] Voir Sir Gavin de Beer et André-Michel Rousseau, *Voltaire's British visitors*, Studies 49 (1967), p.39-40 et 67.

Dans de telles conditions, il serait vain de vouloir déterminer avec précision les sources de l'œuvre et la chronologie de sa genèse. Voltaire s'est ingénié à brouiller les pistes, à effacer les traces, à égarer les indiscrets. Le problème est insoluble, et il le restera sans doute. Tout porte à croire que Voltaire s'est livré à un habile travail de mosaïque, de marqueterie où la forme seule est de lui: mais l'originalité de la forme n'était-elle pas l'essentiel dans un domaine où les idées étaient un peu à tout le monde?

2. *Diffusion*

La correspondance de Voltaire révèle toute l'importance qu'il attachait à la diffusion de cette œuvre polémique dans les couches éclairées de l'opinion européenne. Aussi s'est-il attaché à la répandre et à la commenter.

Il offre au Landgraf Frédéric II de Hesse-Cassel de lui faire parvenir un exemplaire broché du *Recueil nécessaire* et ajoute: 'Il y a surtout dans ce recueil un ouvrage de mylord Bolingbrooke qui m'a paru ce qu'on a jamais écrit de plus fort contre la superstition' (25 août 1766; D13514).

Ecrivant à Damilaville, il compare le ton incisif et l'agressivité de l'*Examen important* à la sereine érudition de l'*Examen critique des apologistes de la religion chrétienne* et il s'en explique: 'je ne pense pas qu'on doive blâmer le lord Bolingbrocke d'avoir écrit avec la fierté[15] anglaise et d'avoir rendu odieux ce qu'il a prouvé être méprisable. Il fait, ce me semble, passer son enthousiasme dans l'âme du lecteur. Il examine d'abord de sang-froid, ensuite il argumente avec force, et il conclut en foudroyant' (26 juin 1766; D13375). 'Ouvrage [...] éloquent et terrible', dit-il à d'Argental avec une feinte objectivité (26 septembre 1766; D13588). Avec un sourire en coin, il confie à Damilaville (17 novembre 1766;

[15] Au sens de: intrépidité, audace, qui est attesté dans Littré au XVIIe et au XVIIIe siècle.

D13675): 'Je n'ai pas vérifié si la traduction de milord Bolingbrocke est fidèle. Les vrais philosophes, mon cher ami, ne font point de pareils ouvrages, ils respectent la religion autant qu'ils chérissent le roi'.

Critiqué par Fr. L. Allamand pour la véhémence du livre, il excuse le prétendu Bolingbroke (24 août 1768; D15185): 'Mylord Bolingbroke a écrit en anglais;[16] il faut que chacun parle selon son caractère [...] Lorsqu'on a l'horreur et la démence à combattre il faut tantôt porter dans les esprits la plus vive indignation, et tantôt emploier la plaisanterie. Il y a des monstres qu'il faut attaquer de tous les côtés, et même par le ridicule'. A d'Argental, enfin, il dévoile toute l'ambition de sa tentative et l'objectif ultime qu'il a poursuivi: 'L'*Examen de milord Bolingbroke* est beaucoup plus profond, plus méthodique et plus fort [que *L'Imposture sacerdotale*]. C'est l'histoire suivie et démontrée de dix sept cents ans d'impostures' (21 avril 1769; D15600).

On comprend qu'un tel ouvrage ait été aussitôt dénoncé comme impie et qu'il n'ait circulé qu'à grand-peine. Dès septembre 1766, le *Recueil nécessaire* est déféré au Conseil de Genève comme scandaleux et impie par le pasteur Jean Sarasin l'aîné (D.app.283). Il est traqué par la douane (26 décembre 1766; D13766) et Helvétius s'en plaint à Voltaire (3 janvier 1767; D13797): 'Il me manque le Recueil nécessaire, et quelque prix qu'on en offre on ne peut L'avoir. Vos Contrebandiers en tabac sont hardis et nos contrebandiers en livres poltrons. Pour un Ecus on va à La Sape et pour quatre louis L'on n'a point de Recueil'. Même remarque dans une lettre de Charles Bordes à Voltaire (9 décembre 1766; D13721): 'C'est grand dommage que le recüeil nécessaire soit si rare, et qu'on ne puisse L'acquérir'.

Aussi Voltaire aura-t-il soin d'en distribuer les éditions ultérieures à ses amis et connaissances: madame Du Deffand (6 janvier 1769; D15416), le duc de Richelieu (27 novembre 1771; D17475).

[16] Comme un Anglais, à la manière anglaise; c'est-à-dire sans ménagements.

Lorsque Jacques Mallet Du Pan se rend à la cour du Landgraf de Hesse-Cassel, Voltaire a soin de lui confier une bonne demi-douzaine d'exemplaires pour le prince et pour 'les philosophes de sa cour' (21 mars 1772; D17649).

L'accueil du livre varie évidemment selon la personnalité et les opinions religieuses du lecteur. Réactions extrêmes, d'abord: à l'enthousiasme du baron d'Holbach[17] (4 décembre 1766; D.app.287) répond la colère de l'évêque in-partibus de Genève, Jean Pierre Biord, qui fulmine de sa résidence d'Annecy (5 mai 1769; D15631). Du côté protestant, le ton va de l'approbation cordiale (Charles Bordes, 9 décembre 1766; D13721: 'Je ne puis vous exprimer Le plaisir que m'a fait L'examen important de milord Bolingbroke; jamais enfant adoptif n'a fait plus d'honneur à son père; jamais on n'a rassemblé tant des Choses importantes en si peu de mots et si agréablement') à la réserve inquiète, frisant la mauvaise humeur (Fr. L. Allamand, 19 août 1768; D15181: 'J'avoue que Mylord Bolingbroke m'a mis fort mal à mon aise [...] il serait plus dangereux s'il était moins passioné, & cette passion que je déteste dans les Xn̄s, m'étonne toujours dans les ennemis du Xsme. De grâce qu'en ont ils besoin, & à quoi bon s'emporter & dire des injures? [...] pourquoi tant de fiel coule t'il avec l'enchre des sages? [...] à quoi sert d'être Philosophe, si on n'est pas plus maitre chés soi qu'un Théologien?').

Allamand attendait avec curiosité la riposte de Bergier, porte-parole autorisé de l'orthodoxie catholique. Elle ne tarda guère, mais ce n'est pas Voltaire qu'elle visait. *La Certitude des preuves du christianisme* (1767) tendait à refuter l'*Examen critique des apologistes de la religion chrétienne*, et non celui de Bolingbroke. Harcelée de toutes parts, l'orthodoxie se défendait comme elle pouvait: elle négligea l'*Examen important* pour attaquer des œuvres jugées plus

[17] Il n'y a pas lieu de tenir compte de la réaction de Diderot (10 octobre 1766; D13605): le texte terrible dont il parle n'est pas l'*Examen important*, mais *Le Christianisme dévoilé*.

dangereuses, le *Dictionnaire philosophique*, *La Philosophie de l'histoire*, et bientôt *Le Militaire philosophe* ou *Le Système de la nature*.

3. *Les éditions*[18]

La bibliographie des œuvres de Voltaire désavouées par leur auteur soulève d'innombrables problèmes qui sont loin d'être tous résolus. L'*Examen important* ne fait pas exception à la règle et on n'y avance qu'avec prudence et circonspection. Sur plusieurs points, nous serons amenés à corriger Bengesco sans que nous soyons sûrs pour autant d'avoir élucidé tous les mystères de ces publications clandestines étalées entre 1766 et 1776.

L'*Examen important* parut pour la première fois dans le *Recueil nécessaire* (sigle RN65), publié en 1766 et réimprimé en 1768 (RN68). La première édition séparée (67) date de 1767 et offre un texte sensiblement différent de celui du *Recueil nécessaire*. Voltaire a remanié le texte de nouveau pour l'édition de 1771 (71), dont le texte fut suivi dans l'édition encadrée (W75G) et dans les *Nouveaux mélanges* (NM76). Cette version est à l'origine des autres éditions collectives des œuvres de Voltaire (W71, W68, W70L et K) et de l'édition séparée de 1775 (75). Ce dernier servit de point de départ pour la dernière édition revue par Voltaire, celle de 1776 (76), qui nous fournit notre texte de base.

RN65 (1766)

RECUEIL / NECESSAIRE. / [*ornement typographique*] / *A LEIPSIK.* / [*filet gras-maigre, 70 mm*] / 1765. /

8°. sig. $*^4$ A-V^8; pag. VIII 319; $4 signé, chiffres arabes (– *1, *4, A1, K4); réclames par page.

[i] titre; [ii] bl.; III-IV Avis des éditeurs; V-VIII Table des pièces contenues dans ce recueil; [1]-150 autres textes; [151] K4*r* '*EXAMEN* /

[18] Chapitre établi avec la collaboration de Andrew Brown.

IMPORTANT / *PAR* / MILORD BOLINGBROKE, / *Ecrit ſur la fin de* 1736.'; [152] bl.; [153]-290 Examen important par milord Bolingbroke; 290-296 Traduction d'une lettre de milord Bolingbroke, à milord Cornsburi; 297-318 autres textes; 319 Errata.

Vercruysse 1967, p.1737.

Le volume a paru au cours de l'été de 1766. On en a la preuve dans la correspondance de Voltaire (25 août 1766, à Frédéric II de Hesse-Cassel, D13514; 26 septembre 1766, au comte d'Argental, D13588) et dans la *Correspondance littéraire* de Grimm et consorts (15 septembre 1766: 'on tire sur cette pauvre infâme', et 15 octobre 1766: 'après *Le christianisme dévoilé*, tout ce *Recueil nécessaire* n'est que de l'eau de rose').

Dans sa forme de 1766, l'*Examen* comprend: un 'Proemium' (le futur 'Avant-propos'), 34 chapitres, une 'Conclusion' et la 'Traduction d'une lettre [...] à milord Cornsburi'.

Sur le lieu réel de l'édition de 1766, Voltaire n'a rien dit qui puisse nous éclairer ou nous faciliter la tâche. Il parle de la Hollande (à d'Argental, 26 septembre 1766; D13588), il aiguille la curiosité de Damilaville vers Marc Michel Rey (17 novembre 1766; D13675), mais il est évident qu'il veut les égarer sur une fausse piste. On en trouve la preuve dans une lettre de Du Peyrou à Rey (18 octobre 1766; D13616) où il mande à son correspondant qu'il lui fait envoyer un colis contenant, parmi d'autres textes peu orthodoxes, le *Recueil nécessaire*. Cet envoi pourrait bien être le prélude à la réédition du *Recueil* en 1768. Celle dont il est question ici peut être attribuée à Cramer, en raison de sa présentation typographique.

Leningrad: BV 3748 (deux exemplaires, dont un (1-86) annoté par Voltaire 'c'est un ouvrage tres pernicieux'); Taylor: V8 R 1765; ImV: BA 1766/1; BL: 1350 b 12 [1] (exemplaire offert par Voltaire à un inconnu, dans lequel est insérée une lettre de Voltaire de la main de Bigex: voir D.app.289; la lettre est authentique).

67

L'EXAMEN / IMPORTANT / *DE* / MILORD BOLINGBROKE, / *Ecrit ſur la fin de* 1736. / NOUVELLE EDITION, / Corrigée & augmentée ſur le Manuſ- / crit de l'illuſtre Auteur. / [*filet gras-maigre, 59 mm*] / MDCCLXVII. /

[*faux-titre*:] *L'EXAMEN* / IMPORTANT / *DE* / MILORD BOLINGBROKE, / *Ecrit sur la fin de* 1736. /

8°. sig. A-O^8 P^4; pag. 230; $4 signé, chiffres romains (– A1-2; sig. K signé en chiffres arabes); réclames par cahier et par chapitre.

[1] faux-titre; [2] bl.; [3] titre; [4] bl.; 5-6 Avis des éditeurs; [7]-217 L'Examen important de milord Bolingbroke; 217-226 Traduction d'une lettre de milord Bolingbroke, à milord Cornsburi; 227-230 Table des chapitres.

Le texte de 1766 a été augmenté d'un 'Avis des éditeurs', et de deux nouveaux chapitres (devenus les chapitres 4 et 5). L'éditeur s'étant trompé dans la numérotation des chapitres, le chapitre 9 est devenu le chapitre 10, avec un décalage consécutif des chapitres suivants, le chapitre 36 portant le numéro 37. Les additions ou changements significatifs sont les suivants: ch.2, l.46-61, 68-71, 87-89, 98-103, n.*b*; ch.9, l.76-79; ch.10, n.*a*; ch.11, l.135-221; ch.13, n.*a*; ch.14, l.111-130; ch.39, l.76-78; et la note *a* de la 'Conclusion'.

Voltaire attribue cette édition aux Hollandais (à Damilaville, 23 mai 1767; D14194: 'mylord Bolingbroke dont on vient de donner en Hollande une édition magnifique'; au même, le 12 juin 1767; D14223: 'on imprime à Amsterdam un ouvrage curieux de feu mylord Bolingbroke'). Le 26 juin, elle est toujours en cours, en dépit de la déclaration du 23 mai (D14245); elle est achevée en septembre (4 septembre 1767; D14404). Mais cette même édition est présentée à d'Alembert comme faite en Angleterre (D14447; du 30 septembre), et Voltaire insiste sur le fait qu'elle est plus ample, plus forte et d'un prix plus accessible au grand public. L'édition est annoncée par Grimm dans sa *Correspondance littéraire* (15 décembre 1767; vii.508): 'L'*Examen important de Milord Bolingbroke*, qui faisait la principale partie du *Recueil nécessaire*, vient d'être réimprimé en Hollande à part en beau papier et en beaux caractères.'

L'hypothèse que cette édition ait été exécutée par Rey est à rejeter. Comment expliquer, sinon, que la réédition du *Recueil* par Rey en 1768 n'ait pas inclus les substantielles additions de 1767? En revanche, nous savons qu'à la fin de 1766, Voltaire est en rapport avec le libraire parisien Lacombe, à qui il propose une 'petite préface' pour un 'recueil de morale et de philosophie' où M. Besterman croit reconnaître le *Recueil nécessaire* (D13745). Et c'est de Lausanne, non de Hollande, que le chevalier de Chiniac offre au libraire Laurent divers exemplaires de l'*Examen*, dont il mutile d'ailleurs le titre (25 novembre et 25 décembre 1768; D15288 et D15386). La présentation typographique du volume nous permet de l'attribuer avec certitude aux presses des Cramer, en dépit des affirmations de Voltaire lui-même.

Leningrad: BV 3594 (deux exemplaires, dont un (11-70) annoté par Voltaire 'ouvrage dangereux'); Bn: D 65576 (A1 et P4 absentes); ImV: D Examen 6/1767/1 (A1 absente); Taylor: V8 BB2 1767; Br: FS 239 A, VH 2121 A (P4 absente).

RN68

RECUEIL / NÉCESSAIRE. / AVEC / L'EVANGILE / DE LA / RAISON / [*filet gras-maigre, 68 mm*] / TOME SECOND. / [*filet gras-maigre, 69 mm*] / [*ornement typographique*] / *LONDRES*. / [*filet gras-maigre, 69 mm*] / MDCCLXVIII./

8°. π1 A⁴ B-T⁸ V²; pag. [2] 300; $5 signé, chiffres arabes (– A4); tomaison '*Tome II.*'; réclames par cahier.

[*1*] titre; [*2*] bl.; 1-177 Examen important par milord Bolingbroke, écrit sur la fin de 1736; 169-177 Traduction d'une lettre de milord Bolingbroke, à milord Cornsburi; 178-300 autres textes.

Le texte est celui de RN65, et constitue donc une régression par rapport à 67. Dans son étude 'Voltaire et Marc Michel Rey', J. Vercruysse affirme que l'examen des ornements et du filigrane démontre qu'il s'agit d'une impression hollandaise et qu'elle fut probablement exécutée pour Marc Michel Rey (Vercruysse 1967, p.1736-37).

Bn: Rés. D² 5298; Taylor: Arch 12° 1768 (9).

71

L'EXAMEN / IMPORTANT / *DE* / MILORD BOLINGBROKE. / *Ecrit sur la fin de* 1736. / NEUVIEME ÉDITION, / *EN FRANÇOIS* / Accompagnée des Notes de Mr. M..... / Editeur de ſes Ouvrages. / *LONDRES*, / [*filet gras-maigre, 68 mm*] / 1771. /

8°. sig. *⁴ A-M⁸; pag. VIII 190; $4 signé, chiffres arabes (– *1, *4, L4; A4 signé 'A3'); réclames par cahier et par chapitre.

[I] titre; [II] bl.; III-IV Avis mis au devant des éditions précédentes; V-VIII Table des chapitres; [1]-179 L'Examen important de milord

Bolingbroke; 180-187 Traduction d'une lettre de milord Bolingbroke à milord Cornsburi; 187-190 Lettre de milord Cornsburi à milord Bolingbroke.

Préparée par une lecture intensive des Pères de l'Eglise, l'édition de 1771 apporte de nouveaux développements au texte primitif et l'enrichit de nombreuses notes: ch.1, *a*, *d*; ch.2, *a*; ch.3, *a-b*; ch.4, *a*; ch.6, *a*; ch.8, *a*; ch.10, *g*; ch.11, *a-d*; ch.13, *b*, *d*; ch.14, *a-c*; ch.15, *a*; ch.16, *a*; ch.17, *b*; ch.20, *a*; ch.21, *a-c*; ch. 22, *a*; ch.23, *a-c*; ch.25, *a*; ch.26, *b-d*; ch.27, *a-b*; ch.28, *b* (l.1-10); ch.31, *a*; ch.32, *a*; ch.36, *a*; ch.38, *a-b*; ch.39, *a-b*; 'Conclusion', *b*.

En outre, le texte a été augmenté d'un chapitre 38 (40 dans notre édition), 'Excès de l'Eglise romaine' et de la 'Lettre de milord Cornsburi à milord Bolingbroke'.

Cette édition reproduit la numérotation erronée des chapitres introduite dans 67. Le nouveau chapitre qui porte le numéro 38 est donc effectivement le chapitre 37.

On voit mal pourquoi cette édition serait la neuvième. Elle fut, en tout cas, largement diffusée et distribuée par Voltaire lui-même. C'est elle qu'on trouve représentée dans le catalogue de la 'Grosse Landgräfin' Caroline de Hesse-Darmstadt (n° 1766). C'est elle aussi qui fut condamnée par un décret romain du 29 novembre 1771.

Leningrad: BV 3595 (5 exemplaires); Bn: D² 12137; ImV: Be 44 (1).

W75G

[*encadrement*] / PIÉCES / *DÉTACHÉES*, / ATTRIBUÉES / À / DIVERS HOMMES CÉLÈBRES. / [*filet, 75 mm*] / TOME TROISIÉME. / [*filet, 75 mm*] / *M. DCC. LXXV.* /

[*faux-titre, encadré*] / *PIÉCES DÉTACHÉES.* / TOME TROISIÉME. /

8°. sig. π^2 A-Bb⁸ (± A1.8); pag. [*4*] 399; $4 signé, chiffres romains; tomaison '*Piéces attribuées*, &c. III. Part.'; réclames par cahier.

[*1*] faux-titre; [*2*] bl.; [*3*] titre; [*4*] bl.; 1-213 autres textes; 214 Avis mis au-devant des éditions précédentes de l'Examen important de milord Bolingbroke; 215-349 L'Examen important de milord Bolingbroke. Ecrit sur la fin de 1736; 350-355 Traduction d'une lettre de milord Bolingbroke, à milord Cornsburi; 355-357 Lettre de milord Cornsburi à milord

Bolingbroke; 358-394 autres textes; 395-399 Table des pièces contenues dans ce volume.

Les *Pièces détachées* constituent les trois derniers tomes de l'édition encadrée des œuvres de Voltaire, publiée par Cramer en 1775. Contrairement à l'affirmation de Bengesco, le texte de l'*Examen* comprend 37 chapitres, et non 38; W75G reprend la numérotation erronée des chapitres des éditions de 1767 et 1771.

Cette édition suit le texte de 71, tout en introduisant quelques variantes: ch.1, l.48; ch.3, l.18; ch.9, l.57; ch.10, l.71, 101; ch.11, l.161; ch.14, l.144; ch.17, l.15; ch.18, l.41; ch.20, l.5; ch.21, l.100; ch.23, l.12; ch.26, n.*c*; ch.27, l.24, 116; ch.30, l.43; ch.33, l.141; ch.34, l.46; ch.36, l.46; ch.39, l.63 et 'Conclusion', l.53.

Bn: Z 24878.

W75X

[*encadrement*] PIÉCES / *DÉTACHÉES*, / ATTTRIBUÉES / A / *DIVERS HOMMES CÉLÈBRES*. / [*filet, 73 mm*] / TOME TROISIÈME. / [*filet, 72 mm*] / [*ornement typographique*] / [*filet orné, 79 mm*] / *M. DCC. LXXV*. /

[*faux-titre, encadré*] PIÉCES / *DÉTACHÉES*. / [*filet, 79 mm*] / TOME TROISIÈME. / [*filet, 76 mm*] /

8°. sig. π^2 A-Bb^8; pag. [*4*] 399 (p.1 numérotée '297', 25 '52', 40 '30', 295 '25'); $4 signé, chiffres arabes; tomaison '*Pièces attribuées*, *&c*. III. Part.' (sig A '*Piéces attribuées*, *&c*. III Part.'; sig B '*Piéces attribuées &c*, III. Part.'; sig C '*Piéces attribuées*, *&c* III. Part.'; sigs D-F '*Piéces attribuées*, *&c*. III. Part.'); réclames par cahier.

[*1*] faux-titre; [*2*] encadrement; [*3*] titre; [*4*] encadrement; '297'[=1]-214 autres textes; 214 Avis mis au-devant des éditions précédentes de l'Examen important de milord Bolingbroke; 215-349 L'Examen important de milord Bolingbroke. Ecrit sur la fin de 1736; 350-354 Traduction d'une lettre de milord Bolingbroke, à milord Cornsburi; 355-357 Lettre de milord Cornsburi à milord Bolyngbroke; 358-394 autres textes; 395-399 Table des pièces contenues dans ce volume.

Une réimpression ou contrefaçon de W75G, probablement imprimée en France.

Bn: Z 24919.

75

L'EXAMEN / IMPORTANT / DE / MILORD BOLINGBROKE. / *Ecrit sur la fin de MDCCXXXVI.* / NEUVIEME ÉDITION, / *EN FRANÇOIS* / *Accompagnée des Notes de Mr. M..... / Editeur de ſes Ouvrages.* / [*ornement typographique*] / *LONDRES,* / [*filet gras-maigre, 54 mm, composé de quatre éléments*] / MDCCLXXV. /

[*faux-titre:*] L'EXAMEN / IMPORTANT. /

8°. sig. $*^4$ A-I^8 K^2; pag. [*8*] 148; $5 signé, chiffres arabes (– *1-2, *4); réclames par cahier.

[*1*] faux-titre; [*2*] bl.; [*3*] titre; [*4*] bl.; [*5*] Avis mis au devant des éditions précédentes; [*6-8*] Table des chapitres; [1]-140 L'Examen important de milord Bolingbroke; 141-146 Traduction d'une lettre de milord Bolingbroke, à milord Cornsburi; 146-148 Lettre de milord Cornsburi à milord Bolingbroke.

Une édition hollandaise, publiée vraisemblablement chez Rey (voir Vercruysse 1967, p.1737). Elle comporte 38 chapitres: l'erreur de numérotation des chapitres a été découverte et l'éditeur y a remédié en divisant l'ancien chapitre 7 en deux parties (7: 'Des mœurs des Juifs'; 8: 'Suite des mœurs des Juifs').

Cette édition suit le texte de 71.

Leningrad: BV 3596; Bn: Rés. Z Bengesco 306, D² 12138; Arsenal: 8° T 10456 (2); ImV: D Examen 6/1775/1; Br: VH 2119 (2) (sig. A relié après K).

NM76

NOUVEAUX / MÉLANGES / PHILOSOPHIQUES, / HISTORIQUES, / CRITIQUES, / &c. &c. / *TOME DIX-HUITIEME.* / [*ornement typographique*] / [*filet gras-maigre, 62 mm*] / M. DCC. LXXVI. /

8°. sig. π^2 A-Z^8 Aa^6 Bb^2 (± π^2, Aa1.6, Bb^2); pag. [*4*] 64 165-229 130-380 (*ou* 130-384); $4 signé, chiffres arabes; tomaison 'Nouv. Mêl. *Tome XVIII.*'; réclames par cahier.

[*1*] titre; [*2*] bl.; [*3-4*] Table des articles contenus dans ce volume; [1]-132 autres textes; 133 Avis mis au devant des éditions précédentes de l'Examen important de milord Bolingbroke; 134-319 L'Examen important de milord Bolingbroke, écrit sur la fin de 1736; 320-327 Traduction

d'une lettre de milord Bolingbroke à milord Cornsburi; 327-330 Lettre de milord Cornsburi à milord Bolingbroke; 330-380 autres textes.

L'erreur de numérotation des chapitres des éditions de 1767, 1771 et W75G ayant été corrigée, l'ouvrage comprend cette fois 37 chapitres numérotés de 1 à 37 (le chapitre 16 porte par erreur 'XVII').

La page de titre de la première version (non cartonnée) indique '*TROISIEME PARTIE.*' au lieu de '*TOME DIX-HUITIEME*', erreur imputable au fait que le tome précédent contient la 'deuxième partie' des *Annales de l'Empire*; dans cette même version, la page 380 se termine par '*Fin de la troiſieme Partie.*'; elle comporte en outre un faux-titre '*NOUVEAUX* / MÉLANGES / Nouv, Mêl. *Tom. XVIII.*', et la 'Table' occupe les pages 381-384. Le cartonnage corrige les deux erreurs, élimine le faux-titre et insère une version abrégée de la 'Table' après le nouveau titre.

Cette édition suit le texte de W75G.

Bn: Rés. Z Bengesco 487 (18) (non cartonné, 384 pages), Rés. Z Beuchot 28 (18) (cartonné, 380 pages).

76

L'EXAMEN / IMPORTANT / *DE* / MILORD BOLINGBROKE. / *Ecrit ſur la fin de* 1736. / Accompagné des Notes de Mr. M..... / Editeur de ſes Ouvrages. / DIXIEME EDITION, / *Corrigée & conſidérablement augmentée.* / [*ornement typographique*] / LONDRES, / [*filet orné, 72 mm*] / 1776. /

8°. sig. *⁴ A-N⁸ O⁴; pag. viii 216; $4 signé, chiffres arabes (– *1, *3-4, O4; O3 signé 'N3'); réclames par cahier.

[i] titre; [ii] bl.; III-IV Avis mis au devant des éditions précédentes; V-VIII Table des chapitres; [1]-206 L'Examen important de milord Bolingbroke; 207-213 Traduction d'une lettre de milord Bolingbroke, à milord Cornsburi; 214-216 Lettre de milord Cornsburi à milord Bolingbroke.

Cette importante édition, la dernière publiée du vivant de l'auteur et vraisemblablement genevoise, contient un bon nombre d'additions: notes, variantes et développements. Elle est à peu près contemporaine de *La Bible enfin expliquée*.

Le texte comporte 40 chapitres, numérotés de 1 à 41, le numéro 35 ayant été omis. La division en deux chapitres de l'ancien chapitre 7, introduite dans 75, a été maintenue. Les deux nouveaux chapitres sont:

– le chapitre 12: 'Quelle idée il faut se former de Jésus et de ses disciples'.

– le chapitre 35 (par erreur numéroté 36): 'Du prétendu miracle arrivé sous Julien dans les fondements du temple de Jérusalem'; il s'agit d'une réimpression du morceau 'Des globes de feu qu'on a prétendu être sortis de terre, pour empêcher la réédification du temple de Jérusalem, sous l'empereur Julien', publié dans la deuxième partie des *Questions sur l'Encyclopédie*, article 'Apostat' (1770).

Les autres additions et changements significatifs sont les suivants: ch.2, n.*a* (l.14-21); ch.3, n.*b* (l.2-3); ch.5, n.*a*; ch.8, n.*a* (l.15-17); ch.10, n.*i* (l.1-6), l.108-114; ch.11, l.164-168; ch.13, l.40-42; ch.15, l.68-73; ch.18, l.14-20; ch.21, n.*b* (l.3); ch.24, un alinéa est omis (voir l.26-27); ch.26, l.107-108; ch.27, l.4-9; ch.28, l.33-37; ch.32, l.82-92, 115-117; ch.34, l.50; ch.37, n.*a*, l.33-39; et ch.38, n.*b* (l.1-5).

Bn: Rés. Z Beuchot 295 ('dese s Ouvrages' à la page de titre, avec le 'g' inverti); ImV: D Examen 6/1776/1; Bpu: S 1238.

W71 (1776)

PIÉCES / *DÉTACHÉES*, / ATTTRIBUÉES / *A* / DIVERS HOMMES CÉLÈBRES. / [*filet, 66 mm*] / TOME TROISIEME. / [*filet, 66 mm*] / *GENEVE*. / [*filet gras-maigre, 67 mm*] / M. DCC. LXXVI. /

[*faux-titre*] COLLECTION / *COMPLETTE* / *DES* / *ŒUVRES* / DE / M. DE VOLTAIRE, / *TOME TRENTIEME*. /

12°. pag. [*4*] 408.

[*1*] faux-titre; [*2*] bl.; [*3*] titre; [*4*] bl.; 1-213 autres textes; 214 Avis des éditeurs au sujet de l'Examen important de milord Bolingbroke; 215-352 L'Examen important de milord Bolingbroke. Ecrit sur la fin de 1736; 353-357 Traduction d'une lettre de milord Bolingbroke, à milord Cornsburi; 358-360 Lettre de milord Cornsburi à milord Bolingbroke; 361-402 autres textes; 403-408 Table des pièces contenues dans ce volume.

Ce volume de l'édition liégoise de Plomteux reproduit les textes du troisième volume des *Pièces détachées* de W75G.

Uppsala: Litt. fransk.

W68 (1777)

MÉLANGES / PHILOSOPHIQUES, / LITTÉRAIRES, / HISTORIQUES, &c. / [*filet, 117 mm*] / TOME SEPTIÈME. / [*filet, 115 mm*] / *GENÈVE.* / [*filet maigre-gras, 112 mm*] / M. DCC. LXXVII. /

[*faux-titre*] COLLECTION / Complette / DES / *ŒUVRES* / DE / M[R]. DE ***. / [*filet gras-maigre, 113 mm*] / *TOME VINGT-NEUVIÈME.* / [*filet maigre-gras, 118 mm*] /

4°. sig. π^2 $*^2$ A-Ttt^4 Vvv^2; pag. [*4*] iv 524; $2 signé, chiffres arabes (– Vvv2; *1 signé '**a*'; Ppp signé 'PPP', 'PPP2'); tomaison '*Phil. Littér. Hist.* Tom. VII.'; réclames par cahier.

[*1*] faux-titre; [*2*] bl.; [*3*] titre; [*4*] bl.; i-iv Table des pièces contenues dans le tome septième; [1]-341 autres textes; 342 Avis mis au-devant des éditions précédentes de l'Examen important de milord Bolingbroke; 343-481 L'Examen important de milord Bolingbroke. Ecrit sur la fin de 1736; 482-486 Traduction d'une lettre de milord Bolingbroke, à milord Cornsburi; 487-489 Lettre de milord Cornsburi à milord Bolingbroke; 490-524 autres textes.

Ce volume de l'édition in-quarto ne provient pas de l'atelier de Cramer et aurait été imprimé en France pour le compte de Panckoucke, à partir du texte de W75G. Il présente quelques infimes variantes par rapport à ce dernier.

Bn: Rés. m Z 587 (29).

W70L (1780)

MÉLANGES / *PHILOSOPHIQUES,* / LITTÉRAIRES, / HISTORIQUES, &c. / [*filet, 79 mm*] / *TOME DIX-HUITIEME.* / [*filet, 79 mm*] / [*bois gravé, 64 x 36 mm*] / *A LONDRES.* / [*filet gras-maigre, 79 mm*] / M. DCC. LXXX. /

[*faux-titre*] *COLLECTION* / COMPLETTE / DES ŒUVRES / DE / MR. DE VOLTAIRE. / [*filet gras-maigre, 79 mm*] / *TOME CINQUANTE-TROISIEME.* / [*filet maigre-gras, 79 mm*] /

8°. sig. π^2 A-CC^8 Dd^4; pag. [*4*] 415 (p.316 numérotée '326'); $4 signé, chiffres arabes (– Dd3-4); sans tomaison; réclames par cahier et par rubrique.

[*1*] faux-titre; [*2*] bl.; [*3*] titre; [*4*] bl.; 1-129 autres textes; 130 Avis mis

au-devant des éditions précédentes de l'Examen important de milord Bolingbroke; 131-306 Examen important de milord Bolingbroke. Ecrit sur la fin de 1736; 307-313 Traduction d'une lettre de milord Bolingbroke, à milord Cornsburi; 314-'326'[=316] Lettre de milord Cornsburi à milord Bolingbroke; 317-410 autres textes; 411-415 Table des articles contenus dans ce volume.

Cette édition a été publiée à Lausanne par Grasset.

Bibliothèque cantonale et universitaire, Lausanne: AA 185 (53).

K84

OEUVRES / COMPLETES / DE / VOLTAIRE. / TOME TRENTE-TROISIEME. / [*filet anglais, 38 mm*] / DE L'IMPRIMERIE DE LA SOCIÉTÉ LITTÉRAIRE- / TYPOGRAPHIQUE. / 1784.

[*faux-titre*] OEUVRES / COMPLETES / DE / VOLTAIRE. /

8°. sig. π^2 A-Ff^8 Gg^2 (± C3, I3, Aa1); pag. [*4*] 468 (p.343 numérotée '643'); $4 signé, chiffres arabes (– Gg2; C3 carton signé '*Philosophie, &c.* Tome II. †C3*', I3 carton '*I3', Aa1 carton '*Philosophie, &c.* Tome II. Aa*'); tomaison '*Philosophie &c.* Tome II.'; réclames par cahier.

[*1*] faux-titre; [*2*] bl.; [*3*] titre; [*4*] bl.; [1] A1*r* 'PHILOSOPHIE / GENERALE, / METAPHYSIQUE / ET THEOLOGIE. / *Philosophie &c.* Tome II. A'; [2] bl.; [3] A2*r* 'EXAMEN IMPORTANT / DE / MILORD BOLINGBROKE, / *Ecrit sur la fin de* 1736. / A2'; [4] Avis mis au-devant des éditions précédentes de l'Examen important de milord Bolingbroke; [5]-151 Examen important de milord Bolingbroke; 152-158 Traduction d'une lettre de milord Bolingbroke, à milord Cornsburi; 158-160 Lettre de milord Cornsburi à milord Bolingbroke; 161-460 autres textes; [461]-468 Table des pièces contenues dans ce volume.

Le texte de l'édition de Kehl constitue une régression par rapport au texte de 76. Elle reproduit presque intégralement la version des *Nouveaux mélanges* (1776) et ne contient donc ni les notes, ni les variantes de 76, ni les chapitres 12 et 35.

L'édition de Kehl fut réimprimée avec la date de 1785, in-octavo et in-douze.

Taylor: VF.

Traductions

En anglais, de façon très partielle, sous le titre *The Important examination of the Holy Scriptures*, London, J. Watson, 1841.

En néerlandais, sous le titre *Gewigtig Onderzoek van Lord Bolingbroke*, traduction de Rudolf Charles (plus connu comme éditeur du *Testament du curé Meslier*), Amsterdam, Meyer, 1857. Ce volume est le premier d'une série appelée 'Boekerÿ der Vrÿe Gedachte' (Bibliothèque de la libre pensée).

4. *Principes de cette édition*

Notre édition sera fondée sur le texte de 76, qui nous offre la forme la plus élaborée et la plus complète de la pensée de Voltaire en matière d'histoire juive et chrétienne. Les variantes, les additions et les notes de 1776 attestent la radicalisation, voire même l'exaspération de son attitude critique. Loin de s'atténuer avec les années, l'hostilité de Voltaire à la tradition chrétienne ne fait que s'amplifier. La superposition de certaines notes, de 1767 jusqu'en 1776, permet de suivre cette courbe ascendante.

Aucun manuscrit de l'*Examen important* n'a été conservé, à notre connaissance.

Les variantes figurant dans l'apparat critique proviennent des huit éditions suivantes: RN, 67, 71, W75G, 75, NM, W68 et K (celles de K ne sont notées que quand elle diffère des NM). Ces variantes ne portent pas sur la ponctuation, sauf quand elles entraînent des modifications du sens. Elles ne tiennent pas compte non plus des coquilles manifestes.

Les variantes sont notées par référence à la ligne du texte, les lignes des rubriques étant désignées par a, b, c, etc. Les notes de Voltaire sont indiquées par des lettres supérieures, celles de l'éditeur par des chiffres.

Les notes éditoriales mises aux notes infrapaginales de Voltaire sont introduites par le chiffre d'appel qu'aurait reçu, s'il avait fallu l'annoter directement, l'endroit même du texte auquel renvoie la note de l'auteur. Pareillement, les variantes des notes de Voltaire sont rangées dans l'apparat critique à la place qui eût été celle de toute variante affectant l'endroit du texte auquel renvoie la note de l'auteur.

Traitement du texte de base

Le texte de 76 présente un aspect assez disparate, peu soigné, et semble avoir été composé à la hâte par des typographes aux habitudes différentes: les coquilles sont nombreuses (voir ci-dessous); des graphies différentes du même mot se côtoient sur la même page, voire sur la même ligne. En règle générale, la graphie des notes, surtout celles ajoutées dans 71 et 76, est plus moderne.

En tenant compte du texte des autres éditions, nous avons corrigé les coquilles suivantes dans 76, sans les faire figurer dans l'apparat critique: ch.2, l.11, 'une prévention que' a été corrigé en 'une preuve que'; ch.2, l.17, 'pierres' en 'pierre'; ch.2, l.92, 'était' en 'étaient'; ch.4, l.26, 'nommée' en 'nommé'; ch.9, n.*b*, 'leur' en 'leurs'; ch.11, l.20, 'jansénistes' en 'des jansénistes'; ch.11, l.69, 'rétabli' en 'rétablis'; ch.11, l.132-133, 'quels miracles' en 'quel miracle'; ch.11, n.*d*, 8, 'entre' en 'entrent'; ch.11, l.212, 'vaincre' en 'pour vaincre'; ch.12, l.19, 'c'est dont' en 'c'est ce dont'; ch.13, l.7, 'admettent' en 'admettaient'; ch.14, l.97, 'sous un autre nom' en 'sous un nom'; ch.17, l.26, 29, les références données dans les notes *c* et *d* sont répétées dans le texte; nous les avons éliminées; ch.18, l.1, 'on introduit' a été corrigé en 'on a introduit'; ch.18, l.13, 'milliers' en 'millions'; ch.20, n.*a*, 5, 'était aussi' en 'étaient aussi'; ch.21, l.10, 'que ce Jésus' en 'ce Jésus'; ch.21, l.98, 'tombât' en 'tomba'; ch.21, l.110-111, une ligne omise (saut du même au même) a été rétablie; ch.23, n.*a*, 'n'étaient-il' a été corrigé en 'n'étaient-ils'; ch.23, n.*b*, 7, 'fait' en 'faite', 15, 'la cruauté' en 'sa cruauté'; ch.25, l.22, 'exalté' en 'exulté'; ch.26, l.11, 'ils s'avisa' en 'il s'avisa'; ch.26, l.17, 'un autre' en 'une autre'; ch.26, n.*c*, 1, 'malheureuse' en 'malheureux'; ch.27, n.*a*, 6, 'qu'on sachent' en 'qu'on sache'; ch.27, l.40, 'Divinus' en 'Dignus'; ch.27, l.45, 'osa' en 'osât'; ch.27, l.69, 'duc' en 'duc de'; ch.27, l.85, 'les plus grand' en 'les plus grands'; ch.27, l.139, 'assura' en 'assure'; ch.28, l.20, 'de Londres' en 'à Londres'; ch.28, l.25-26, 'de quoi mourir' en 'de quoi ne pas mourir'; ch.28, l.41, 'ils n'ose' en 'il n'ose'; ch.28, l.46, 'l'évêque Hippone' en 'l'évêque d'Hippone'; ch.28, n.*b*, 2, 'présentés' en 'présenté'; ch.29, l.83, 'chrétien' en 'chrétiens'; ch.30, l.26, 'Maximilien' en 'Maximien'; ch.30, l.48, 'meurtre' en 'meurtrier'; ch.31, l.10, 'contraire' en 'contraires'; ch.32, l.3, 'cela également' en 'cela est également'; ch.33, l.25, 'ayant' en 'aient'; ch.33, l.65, 'il' en 'ils'; ch.33, l.105, 'de Grégoire' en 'des Grégoire'; ch.35, l.68, 'vindicatifs' en 'vindicatif'; ch.36, l.6, 'du déserts' en 'du désert'; ch.36, l.55, 'par sa' en 'pour sa'; ch.37, l.11-12, une ligne omise (saut du même au même) a été rétablie; ch.37, l.35, 'leurs argent' a été corrigé en 'leur argent'; ch.38, n.*b*, 1, 'siècle' en 'île'; ch.39, n.*b*, 6, 'échappé' en 'échappés'; ch.39, l.48, 'partagées' en 'partagée'; ch.39, n.*c*, 8, 'leurs' en 'leur', 12, '1743' en '1643', 18, 'qu'on en' en 'qu'on n'en'; ch.39, l.72, 'nos yeux' en 'nos aïeux'; ch.39, l.73, 'fortement' en 'froidement'; ch.40, l.61, 'admirent' en 'administrent'; Traduction, l.45, 'on fait' en 'ont fait'; l.50, 'enthousiasme' en 'enthousiaste'; l.51, 'pareil' en 'pareils'; l.84, 'qu'il' en 'qu'ils'; l.114, 'ces' en 'ses'.

On a respecté l'orthographe des noms propres de personnes et de lieux, ainsi que celle des mots étrangers. Mais un compromis s'est parfois imposé: dans les cas où un nom propre est orthographié de plusieurs façons différentes, on a opté pour une des graphies. Nous écrivons ainsi: Alexandrie pour Aléxandrie; Apulée pour Apullée; Barthélemi pour Barthelemi; Bolingbroke pour Bolinbroke; Décius pour Decius; Dioclétien pour Diocletien; Epictète pour Epictete; Grubstreet pour Grubstreett; Hégésipe pour Hégesipe; Hippone pour Hyppone; Jacques pour Jaques; Jérôme pour Jérome; Jérémie pour Jéremie; Jérusalem pour Jérusalen; Jésus pour Jésu; Joseph pour Josephe; Jules pour Jule; Lucrèce pour Lucrece; Nicéphore pour Nicephore; Potamienne pour Potamiene; Silvestre pour Sylvestre; Swift pour Suift; Syrie pour Sirie.

On a conservé les italiques du texte de base, à une exception près: les italiques utilisés pour tous les noms propres de personnes dans le chapitre 35, ajouté dans 76, n'ont pas été retenus.

On a respecté la ponctuation du texte de base, à trois exceptions près: les guillemets au long sont remplacés par des guillemets ouvrants et fermants; le point qui suit presque toujours les chiffres romains et arabes a été supprimé ou, le cas échéant, remplacé par une virgule; le point-virgule, d'un emploi très fréquent dans ce texte, a parfois été remplacé par un virgule, afin d'en faciliter la compréhension.

Par ailleurs, le texte de 76 a fait l'objet d'une modernisation portant sur la graphie, l'accentuation et la grammaire. Les particularités du texte de base dans ces trois domaines étaient les suivantes:

I. *Particularités de la graphie*

1. Consonnes

– absence de la consonne *p* dans le mot 'tems' (mais on trouve aussi 'temps') et son composé 'longtems'
– absence de la consonne *t* dans les finales en *-ans* et en *-ens* dans quelques mots seulement: enfans, vêtemens, fondemens
– redoublement de consonnes contraire à l'usage actuel: abbatre, appaiser, appeller, imbécille, jetter, mammelle, platte-forme, plattement, rejetter, secrettement (et secrétement)
– présence d'une seule consonne là où l'usage actuel prescrit son doublement: aporter, aprend, couroux, developer, frapez, pourai, pouroit (et 'pourrait' en note), raport, raporte, raporté, sale (la), sifler, soufle, souflet, suplice

2. Voyelles

– emploi de *y* à la place de *i* dans: ayent (et aient), ayeule, croye, déploye, enyvrer, envoye, envoyent, joye, Mylord (et milord), payen, Pleyade, voye, yvre, yvrogne
– emploi de *i* à la place de *y* dans: apocriphe, archetipe, Babilonien, cigne, hiperbole, hipostase (et hypostase), métaphisicien, mistère (et mystère), mistérieux, panégiriste, Pithon, Pithonisse, simbole, Siriaque, tiran, tirannie, tirannique, tiranniser, tirse

3. Divers

– orthographe 'étymologique' dans: sçais (qui voisine avec 'sait', 'savoir')
– emploi de la graphie *-oi* pour *-ai* dans: Anglois, connoître, connoissance, foible, paroître; dans les terminaisons des verbes à l'imparfait et au conditonnel (on trouve pourtant les terminaisons en *-ai* dans de nombreuses notes, et dans les derniers cinq chapitres)
– utilisation systématique de la perluette, sauf en tête de phrase

4. Graphies particulières

– l'orthographe moderne a été rétablie dans le cas des mots suivants: administie, assumption, autentique (et authentique), avanture, batême, bled, cahos, Caldaïque, Caldéen, cathécumène, cu, Cutéen, dépends, dragme, échaffaut, encor (et encore), entousiasme, entousiaste, envain, étendart, excroc, fauxbourgs, fonds (et fond), galimathias, hazard, hazarder, joux (pour joug), mal adroit, se mocque, nud, Ostrogot, paîtrir, prophane, quakre (et quaker), sçellé, solemnelle, Visigot

5. Abréviations

– Mr., St. et Ste. deviennent respectivement M, St et Ste devant un nom propre; St. Esprit et St. Siège deviennent Saint-Esprit et Saint-Siège

6. Le trait d'union

– il a été supprimé dans les mots suivants: à-peu-près, aussi-tôt, mal-adroitement, mal-à-propos, non-seulement, par-là, porte-faix, tout-à-fait; très-petit, très-vrai, très-exact, etc.

– il a été rétabli dans les noms et expressions suivants: faites moi, par dessus, sur le champ; gardez vous, sont elles, etc.

7. Majuscules rétablies

– nous mettons la majuscule après un point, si elle manque.

– nous mettons la majuscule pour marquer le début d'une citation quand celle-ci n'est introduite que par un simple virgule

– nous mettons la majuscule initiale aux titres d'ouvrage (actes des Apôtres, cantique des cantiques, conte du tonneau, métamorphoses, mille et une nuits, les quatre fils Aimon, stromates)

– conformément à l'usage moderne, nous mettons la majuscule à: ancien Testament, église (l'), état (l'), évangiles, mer rouge (la), père (le) et le fils, pères de l'église, providence

8. Majuscules supprimées

a. Les majuscules sont d'un emploi très irrégulier dans notre texte de base; en règle générale, elles sont moins fréquentes dans les notes. Nous mettons la minuscule aux mots suivants qui portent le plus souvent une majuscule dans le texte de base:

– Abbé, Agape, Anabaptisme, Anatomiste, Ange, Antipape, Apollinaristes, Apôtres, Archevêque, Arianisme, Arien, Athanasianisme, Athanasiens, Bacchante, Barbares, Bénédictin, Brachmane, Brame, Bulle, Calife, Cannibal, Capitaine, Cardinal, Cathécumène, Centurion, Chef, Chérubin, Chrêtiens, Christianisme, Christicole, Ciel, Concile, Conseil, Consul, Cour, Cyprianiste, Daïri, Dévote, Diable, Diacre, Dieu (un), Disciples, Dissenter, Docteur, Donatiste, Douanier, Doyen, Ebionites, Edit, Empereur, Empire, Epître, Essénien,

Eunuque, Evangéliste, Evêque, Février, Géométrie, Giton, Gnostiques, Gouverneur, Grec (le), Hébreu (l'), Impérial, Imprimerie, Lama, Légat, Légende, Législateur, Lèze-Majesté, Libérateur, Mage, Magicien, Mahométisme, Manichéens, Manichéisme, Marcionites, Ménade, Messie (un), Milord, Ministre, Monarque, Monastère, Musulmans, Nègre, Nomades, Oint (un), Orgie, Orthodoxes, Paganisme, Palais, Pape, Papiste, Paradis, Parlement, Patriarche, Philosophie, Pithonisse, Platonicien, Poëte, Pontife, Préfet, Président, Prêtre, Prince, Priscillianiste, Proconsul, Professeur, Prophête, Propréteur, Province, Réformés, Religion, Roi, Roman, Romancier, Royaume, Sacrements, Saducéens, Saints, Secte, Sénat, Sénateur, Sibylles, Souverain, Synagogue, Temple, Thaumaturge, Tétrarque, Théisme, Théologie, Théologien, Thérapeutes, Valentiniens, Vassal, Vicaire

b. Nous mettons la minuscule aux adjectifs qualificatifs suivants qui portent une majuscule dans le texte de base:
- adjectifs désignant des nations ou des peuples; des religions ou des églises

II. *Particularités d'accentuation*

C'est surtout dans le domaine de l'accentuation que notre texte de base présente de grandes disparités. Un mot comme 'grossière', par exemple, se trouve orthographié de trois façons différentes: grossiere, grossière, grossiére. L'accentuation a été rendue entièrement conforme aux usages modernes à partir de ces caractéristiques générales qu'offre le texte de base:

1. L'accent aigu
   - il est en général absent dans: archetipe, deshonora, s'ingerèrent, Jéremie, psalterion, recit, reformer, reprimer, scélerat, teton
   - il est souvent, mais pas toujours, employé au lieu du grave:
     - dans les finales *-er* + *e* muet: derniére, différe, entiére, grossiére, lumiére, premiére, priére, réguliére, sincére
     - dans le suffixe *-ième* des adjectifs numéraux ordinaux: sixiéme, septiéme, etc.
     - dans les mots suivants: allégue, avénement, confrérie, enlévement, Négres, piéce, régle, siége

2. L'accent grave
   - il est présent dans: celà.
   - il est absent dans: déja

3. L'accent circonflexe
   - il est employé au lieu de l'aigu dans: Chrêtiens; et au lieu du grave dans: anathême, blasphêmateur, blasphême, emblême, prophête
   - il est présent dans des mots qui ne le comportent pas selon l'usage actuel: ajoûter, déjeûner, lû, nâquit, nôce, plûpart, vîte
   - il est parfois employé dans les adjectifs possessifs: vôtre égard
   - il est absent dans: ame, bruler, chatié, cloture, disgrace, grace, infame, Jérome, theatre

4. Le tréma
   - contrairement à l'usage actuel, on le trouve dans: aërien, bévuë, bouë, évanouï, fouët, Israëlite, jouïr, poëte, païs (et pays), païsan (et paysan), ruë, traïoit

III. *Particularités grammaticales*

1. Accord du participe passé. Pas de règle fixe, tantôt il est réalisé, tantôt il ne l'est pas
2. L'adjectif numéral cardinal 'cent' demeure souvent invariable
3. Emploi de l'*s* adverbial dans: jusques là, guères
4. Emploi du pluriel en *-x* dans: loix
5. L'élision se fait dans: contr'eux, lorsqu'ensuite, quelqu'argent, quoiqu'assurément

L'EXAMEN IMPORTANT
DE MILORD BOLINGBROKE

Ecrit sur la fin de 1736.

Accompagné des notes de M. M....,

éditeur de ses ouvrages.[1]

Dixième édition,

Corrigée et considérablement augmentée

1-2 RN: Examen important, par milord Bolingbroke

[1] 'M.....' désigne David Mallet (*c.* 1705-1765), l'éditeur des *Philosophical works* posthumes (London 1754; BV, no.457).

AVIS

mis au-devant des éditions précédentes.

Nous donnons une nouvelle édition du livre le plus éloquent, le plus profond et le plus fort qu'on ait encore écrit contre le fanatisme. Nous nous sommes fait un devoir devant Dieu de multiplier ces secours contre le monstre qui dévore la substance d'une partie du genre humain. Ce précis de la doctrine de milord 5
Bolingbroke recueillie tout entière dans les six[2] volumes de ses œuvres posthumes, fut adressé par lui peu d'années avant sa mort à milord Cornsbury.[3] Cette édition est beaucoup plus ample que la première, nous l'avons collationnée avec le manuscrit.

Nous supplions les sages à qui nous faisons parvenir cet 10
ouvrage si utile d'avoir autant de discrétion que de sagesse et de répandre la lumière sans dire de quelle main cette lumière leur est parvenue.[4] Grand Dieu, protégez les sages, confondez les délateurs et les persécuteurs.

a-14 RN, absent (ajout de 67)
b W75G, NM, W68: précédentes de l'*Examen important* de milord Bolingbroke
67: des éditeurs

[2] Voir notre introduction, p.132-33.

[3] En fait, Bolingbroke n'a adressé à Cornbury que les *Letters on the study and use of history* (1752) et la *Letter on the spirit of patriotism* (1752). Né en 1710, Henry Cornbury, futur lord Hyde, était l'espoir du groupe des 'patriots' patronné par Bolingbroke. Il mourut à Paris en 1753, d'une chute de cheval.

[4] Cette injonction à la prudence et à la solidarité est une idée particulièrement chère à Voltaire à cette époque (à d'Alembert, 16 septembre 1766, D13561; à Morellet, 7 juillet 1766, D13397; à Helvétius, 27 octobre 1766, D13626; à Damilaville, 17 novembre 1766, D13675).

TABLE DES CHAPITRES

AVIS DES ÉDITEURS. [p.163]

AVANT-PROPOS. [p.167]

CHAP. I. *Des livres de Moïse.* [p.173]
CHAP. II. *De la personne de Moïse.* [p.177]
CHAP. III. *De la divinité attribuée aux livres juifs.* [p.183] 5
CHAP. IV. *Qui est l'auteur du Pentateuque?* [p.186]
CHAP. V. *Que les Juifs ont tout pris des autres nations.* [p.190]
CHAP. VI. *De la Genèse.* [p.193]
CHAP. VII. *Des mœurs des Juifs.* [p.195]
CHAP. VIII. *Suite des mœurs des Juifs sous les juges.* [p.197] 10
CHAP. IX. *Des mœurs juives sous leurs melchim ou roitelets et sous leurs pontifes jusqu'à la destruction de Jérusalem par les Romains.* [p.199]
CHAP. X. *Des prophètes.* [p.204]
CHAP. XI. *De la personne de Jésus.* [p.210]
CHAP. XII. *Quelle idée il faut se former de Jésus et de ses disciples.* [p.221] 15
CHAP. XIII. *De l'établissement de la secte chrétienne, et particulièrement de Paul.* [p.223]
CHAP. XIV. *Des Evangiles.* [p.230]
CHAP. XV. *Comment les premiers chrétiens se conduisirent avec les Romains, et comment ils forgèrent des vers attribués aux sibylles, etc.* 20 [p.238]
CHAP. XVI. *Comment les chrétiens se conduisirent avec les Juifs. Leur explication ridicule des prophètes.* [p.243]
CHAP. XVII. *Des fausses citations et des fausses prédictions dans les Evangiles.* [p.246] 25
CHAP. XVIII. *De la fin du monde et de la Jérusalem nouvelle.* [p.248]
CHAP. XIX. *Des allégories.* [p.250]

1 W75G, W68: éditeurs au sujet de l'*Examen important* de milord Bolingbroke
2 RN-NM: Proemium
10 75: Suite des mœurs des Juifs.
22-23 RN: Leurs explications ridicules

CHAP. XX. *Des falsifications, et des livres supposés.* [p.252]
CHAP. XXI. *Des principales impostures des premiers chrétiens.* [p.256]
CHAP. XXII. *Des dogmes et de la métaphysique des chrétiens des premiers siècles. De Justin.* [p.263] 30
CHAP. XXIII. *De Tertullien.* [p.266]
CHAP. XXIV. *De Clément d'Alexandrie.* [p.273]
CHAP. XXV. *D'Irénée.* [p.276]
CHAP. XXVI. *D'Origène et de la Trinité.* [p.279] 35
CHAP. XXVII. *Des martyrs.* [p.285]
CHAP. XXVIII. *Des miracles.* [p.298]
CHAP. XXIX. *Des chrétiens depuis Dioclétien jusqu'à Constantin.* [p.303]
CHAP. XXX. *De Constantin.* [p.309]
CHAP. XXXI. *Des querelles chrétiennes avant Constantin et sous son règne.* [p.312] 40
CHAP. XXXII. *Arianisme et athanasianisme.* [p.315]
CHAP. XXXIII. *Des enfants de Constantin et de Julien le philosophe, surnommé l'Apostat par les chrétiens.* [p.320]
CHAP. XXXIV. *Considérations sur Julien.* [p.326] 45
CHAP. XXXV. *Du prétendu miracle arrivé sous Julien dans les fondements du temple de Jérusalem.* [p.329]
CHAP. XXXVI. *Des chrétiens, jusqu'à Théodose.* [p.333]
CHAP. XXXVII. *Des sectes et des malheurs des chrétiens jusqu'à l'établissement du mahométisme.* [p.336] 50
CHAP. XXXVIII. *Discours sommaire des usurpations papales.* [p.339]
CHAP. XXXIX. *De l'excès épouvantable des persécutions chrétiennes.* [p.342]
CHAP. XL. *Excès de l'Eglise romaine.* [p.347]
CONCLUSION. [p.350] 55

Traduction d'une lettre de milord Bolingbroke à milord Cornsburi. [p.353]

Lettre de milord Cornsburi à milord Bolingbroke. [p.360]

31 W68, K: siècles.//
40 NM: Constantin, sous
45 71, 75, NM, 76: Considération sur
51 W68: Discours sommaires des

AVANT-PROPOS

L'ambition de dominer sur les esprits est une des plus fortes passions. Un théologien, un missionnaire, un homme de parti, veut conquérir comme un prince; et il y a beaucoup plus de sectes dans le monde, qu'il n'y a de souverainetés. A qui soumettrai-je mon âme? Serai-je chrétien, parce que je serai de Londres ou de Madrid? Serai-je musulman, parce que je serai né en Turquie? Je ne dois penser que par moi-même; le choix d'une religion est mon plus grand intérêt. Tu adores un Dieu par Mahomet, et toi par le grand lama, et toi par le pape. Eh malheureux! adore un Dieu par ta propre raison.

La stupide indolence dans laquelle la plupart des hommes croupissent sur l'objet le plus important, semblerait prouver, qu'ils sont de misérables machines animales, dont l'instinct ne s'occupe que du moment présent. Nous traitons notre intelligence comme notre corps; nous les abandonnons souvent l'un et l'autre pour quelque argent à des charlatans. La populace meurt en Espagne, entre les mains d'un vil moine et d'un empirique, et la nôtre à peu près de même.[a] Un vicaire, un dissenter[5] assiègent leurs derniers moments.

[a] *Non.* Milord Bolingbroke va trop loin, on vit et on meurt comme on veut chez nous. Il n'y a que les lâches et les superstitieux qui envoient chercher un prêtre. Et ce prêtre se moque d'eux. Il sait bien qu'il n'est pas ambassadeur de Dieu auprès des moribonds.

Mais dans les pays papistes, il faut qu'au troisième accès de fièvre,

a RN-NM, w68: Proemium
7 RN, 67: par moi-même et pour moi-même; le choix
n. *a* RN, 67, absent (ajout de 71)

[5] Les 'dissenters' étaient membres des sectes dissidentes opposées à l'Eglise anglicane.

Un très petit nombre d'hommes examine; mais l'esprit de parti, l'envie de se faire valoir les préoccupe. Un grand homme parmi nous n'a été chrétien que parce qu'il était ennemi de Colins;[7] notre Whiston[8] n'était chrétien que parce qu'il était arien. Grotius

on vienne vous effrayer en cérémonie, qu'on déploie devant vous tout l'attirail d'une extrême-onction et tous les étendards de la mort. On vous apporte le dieu des papistes escorté de six flambeaux. Tous les gueux ont le droit d'entrer dans votre chambre, plus on met d'appareil à cette pompe lugubre, plus le bas clergé y gagne. Il vous prononce votre sentence et va boire au cabaret les épices du procès. Les esprits faibles, sont si frappés de l'horreur de cette cérémonie que plusieurs en meurent. Je sais que M. Falconet un des médecins du roi de France[6] ayant vu une de ses malades tourner à la mort au seul spectacle de son extrême-onction, déclara au roi qu'il ne ferait plus jamais administrer les sacrements à personne.

[6] Voltaire pense-t-il à Camille Falconet (1671-1762) ou à son père Noël Falconet (1644-1734)? Les deux furent médecins consultants de Louis xv.

[7] Il s'agit probablement de Samuel Clarke (1675-1729).

[8] William Whiston (1667-1752), successeur de Newton à la chaire de mathématiques de l'Université de Cambridge. Ses très nombreux travaux touchaient autant à l'exégèse testamentaire et à l'histoire du christianisme qu'aux sciences exactes: *Primitive christianity revived* (1711-1712); *Scripture politics* (1717); *The True origin of the Sabellian and Athanasian doctrines of the Trinity* (1720); *The Eternity of hell torments considered* (1740), etc. etc. S'étant plongé dans les *Constitutions apostoliques*, il en déduisit que la doctrine trinitaire était sans fondement historique. Le bruit se répandit qu'il était arien (lui-même se disait eusébien, par référence à Eusèbe de Césarée): accusé d'hérésie, il fut destitué le 30 octobre 1710. Son successeur fut le célèbre mathématicien aveugle Nicholas Saunderson. Sa *New theory of the earth* (1696) fait l'objet d'un long examen dans l'*Histoire naturelle* de Buffon et Daubenton, laquelle inspire à Voltaire des remarques désabusées sur les mathématiciens: 'pourquoy des geometres sont ils si foux? pourquoi Wiston l'etait il? pourquoy Maupertuis a t il cru quon pouvait devenir profete en exaltant son ame? helas cest que la geometrie laisse lesprit comme elle le trouve' (CN, i.571). Dans les *Lettres philosophiques*, Whiston est appelé 'un géomètre anglais [...] non moins chimérique que géomètre' (éd. Lanson et Rousseau, ii.25). Il est mentionné aussi dans le *Supplément au Siècle de Louis XIV* (M.xv.133). Voltaire avait coché en marge de son exemplaire de l'*Examen des prophéties qui servent de fondement à la religion chrétienne* par Anthony Collins (trad. d'Holbach, 1768) les passages relatifs à Whiston (CN, ii.692-93) et à son livre *A short view of the chronology of the Old Testament and of the harmony of the four*

ne voulait que confondre les gomaristes. Bossuet soutint le papisme contre Claude qui combattait pour la secte calviniste. Dans 25
les premiers siècles les ariens combattaient contre les athanasiens. L'empereur Julien et son parti combattaient contre ces deux sectes; et le reste de la terre contre les chrétiens, qui disputaient avec les juifs. A qui croire? il faut donc examiner; c'est un devoir que personne ne révoque en doute. Un homme qui reçoit sa religion 30
sans examen ne diffère pas d'un bœuf qu'on attelle.

Cette multitude prodigieuse de sectes dans le christianisme forme déjà une grande présomption que toutes sont des systèmes d'erreur. L'homme sage se dit à lui-même, Si Dieu avait voulu me faire connaître son culte, c'est que ce culte serait nécessaire à 35
notre espèce. S'il était nécessaire, il nous l'aurait donné à tous lui-même, comme il a donné à tous deux yeux et une bouche. Il serait partout uniforme, puisque les choses nécessaires à tous les hommes sont uniformes. Les principes de la raison universelle sont communs à toutes les nations policées, toutes reconnaissent 40
un Dieu: elles peuvent donc se flatter que cette connaissance est une vérité. Mais chacune d'elles a une religion différente; elles peuvent donc conclure, qu'ayant raison d'adorer un Dieu, elles ont tort dans tout ce qu'elles ont imaginé au delà.

Si le principe dans lequel l'univers s'accorde paraît vraisembla- 45
ble, les conséquences diamétralement opposées qu'on en tire, paraissent bien fausses; il est naturel de s'en défier. La défiance augmente quand on voit que le but de tous ceux qui sont à la tête des sectes, est de dominer et de s'enrichir autant qu'ils le peuvent,

30-32 RN-NM, W68: doute. ¶Cette multitude
45 RN-NM, W68: Le principe dans
45-46 RN-NM, W68: paraît bien vrai; les conséquences
48-49 75: tête de sectes

evangelists (1702). Féru de prophéties (et de l'Apocalypse, comme Newton), il fut durement attaqué par Collins. Il vivait à Londres de cours de mathématiques et d'astronomie, respecté pour son intégrité, mais toujours entouré d'une réputation de penseur fumeux et non-conformiste. Il a laissé d'intéressants *Mémoires* (1749).

et que depuis les daïris[9] du Japon jusqu'aux évêques de Rome, on ne s'est occupé que d'élever à un pontife un trône fondé sur la misère des peuples et souvent cimenté de leur sang. 50

Que les Japonais examinent comment les daïris les ont longtemps subjugués; que les Tartares se servent de leur raison pour juger si le grand lama est immortel; que les Turcs jugent leur Alcoran, mais nous autres chrétiens, examinons notre Evangile. 55

Dès là que je veux sincèrement examiner, j'ai droit d'espérer que je ne me tromperai pas; ceux qui n'ont écrit que pour prouver leur sentiment me sont suspects.

Pascal commence par révolter ses lecteurs dans ses pensées informes qu'on a recueillies. *Que ceux qui combattent la religion chrétienne* (dit-il) *apprennent à la connaître etc.* Je vois à ces mots un homme de parti qui veut subjuguer. 60

On m'apprend qu'un curé en France[10] nommé Jean Mélier,[b] mort depuis peu, a demandé pardon à Dieu en mourant d'avoir enseigné le christianisme. Cette disposition d'un prêtre à l'article de la mort fait sur moi plus d'effet que l'enthousiasme de Pascal. J'ai vu en Dorsetshire diocèse de Bristol, un curé renoncer à une cure de deux cents livres sterling, et avouer à ses paroissiens que sa conscience ne lui permettait pas de leur prêcher les absurdes 65 70

[b] Cela est très vrai: il était curé d'Etrepigni près de Rocroi, sur les frontières de Champagne. Tous les curieux ont des extraits de son testament.

57-58 W75G, NM, W68: droit d'examiner que
K: droit d'affirmer que
n. *b* RN-NM, W68, absent (ajout de 76)
67-73 RN: de Pascal: mais le testament de Jean Meslier n'est pas pour moi une preuve décisive. Le juif Uriel

[9] Daïri, ou daïro: titre donné au souverain du Japon, qui réunissait avant 1585 le pouvoir spirituel et le pouvoir temporel. Sa famille était regardée comme descendante des anciennes divinités qui avaient régné sur le pays.

[10] C'est en 1735 que Voltaire apprit, par Thiriot, l'existence de Meslier et de son manuscrit (30 novembre 1735; D951).

horreurs de la secte chrétienne. Mais ni le testament de Jean Mélier, ni la déclaration de ce digne curé ne sont pour moi des preuves décisives. Le juif Uriel Acosta[11] renonça publiquement à l'Ancien Testament dans Amsterdam; mais je ne croirai pas plus le juif Acosta que le curé Mélier. Je dois lire les pièces du procès 75 avec une attention sévère, ne me laisser séduire par aucun des avocats, peser devant Dieu les raisons des deux partis, et décider suivant ma conscience. C'est à moi de discuter les arguments de Volaston[12] et de Clarcke, mais je ne puis en croire que ma raison.

J'avertis d'abord que je ne veux pas toucher à notre Eglise 80 anglicane, en tant qu'elle est établie par actes de parlement. Je la regarde d'ailleurs comme la plus savante et la plus régulière de l'Europe. Je ne suis point de l'avis du *Wig indépendant*[13] qui semble vouloir abolir tout sacerdoce, et le remettre aux mains des pères de famille comme du temps des patriarches. Notre société telle 85 qu'elle est, ne permet pas un pareil changement. Je pense qu'il est nécessaire d'entretenir des prêtres pour être les maîtres des mœurs et pour offrir à Dieu nos prières. Nous verrons s'ils doivent être des joueurs de gobelets et des trompettes de discorde. Commençons d'abord par m'instruire moi-même. 90

88 RN-NM, W68: Nous examinerons s'ils

[11] Uriel da Costa, mort en 1647, a raconté l'histoire de sa vie dans *Exemplar humanae vitae*, publié en 1687, avec une réfutation, par P. van Limborch; voir la neuvième des *Lettres à S. A. Mgr le prince de* *** (M.xxvi.521-22).

[12] L'allusion peut se référer à William Wollaston (1660-1724), dont l'ouvrage *The Religion of nature delineated* (1722; trad. *Ebauche de la religion naturelle*, La Haye 1726) avait fait l'objet d'une analyse de John Clarke (1687-1734), *An examination of the notion of moral good and evil, advanced in a late book entitled The Religion of nature delineated* (1725). Il pourrait s'agir aussi de deux personnalités de plus grande envergure, Thomas Woolston (1670-1733) et Samuel Clarke.

[13] *The Independent Whig*, édité par J. Trenchard et Th. Gordon, 53 numéros de janvier 1720 à janvier 1721 (souvent reproduit, de 1721 à 1816; BV, no.3339: London 1732); traduction partielle par d'Holbach et Naigeon (*L'Esprit du clergé*, 1767; BV, no.3338).

CHAPITRE I

Des livres de Moïse.

Le christianisme est fondé sur le judaïsme;[a] voyons donc si le

[a] Supposé par un impossible, qu'une secte aussi absurde et aussi affreuse que le judaïsme fût l'ouvrage de Dieu, il serait démontré en ce cas, et par cette seule supposition, que la secte des galiléens n'est fondée que sur l'imposture. Cela est démontré en rigueur.

Dès qu'on suppose une vérité quelconque, énoncée par Dieu même, constatée par les plus épouvantables prodiges, scellée du sang humain; dès que Dieu selon vous a dit cent fois que cette vérité, cette loi sera éternelle; dès qu'il a dit dans cette loi qu'il faut tuer sans miséricorde celui qui voudra retrancher de sa loi ou y ajouter; dès qu'il a commandé que tout prophète qui ferait des miracles pour substituer une nouveauté à cette ancienne loi, *fût mis à mort par son meilleur ami, par son frère*,[14] il est clair comme le jour que le christianisme qui abolit le judaïsme dans tous ses rites, est une religion fausse, et directement ennemie de Dieu même.

On allègue que la secte des chrétiens est fondée sur la secte juive. C'est comme si on disait que le mahométisme est fondé sur la religion antique des Sabéens; il est né dans leur pays; mais loin d'être né du sabisme, il l'a détruit.

Ajoutez à ces raisons un argument beaucoup plus fort, c'est qu'il n'est pas possible que l'être immuable, ayant donné une loi à ce prétendu Noé, ignoré de toutes les nations, excepté des Juifs, en ait donné ensuite une autre du temps d'un Pharaon; et enfin une troisième du temps de Tibère. Cette indigne fable d'un Dieu qui donne trois religions différentes et universelles, à un misérable petit peuple ignoré, serait ce que l'esprit humain a jamais inventé de plus absurde, si tous les détails suivants ne l'étaient davantage.

n. *a* RN, 67, absent (ajout de 71)
n. *a*, 11 71-NM: ancienne loi, il
W68, K: ancienne loi, serait [K: fût] puni de mort; il

[14] Deutéronome xiii.1-10.

judaïsme est l'ouvrage de Dieu. On me donne à lire les livres de Moïse, je dois m'informer d'abord si ces livres sont de lui.

1°. Est-il vraisemblable que Moïse ait fait graver le Pentateuque sur la pierre, et qu'il ait eu des graveurs et des polisseurs de pierre, dans un désert affreux, où il est dit que son peuple n'avait ni tailleurs, ni faiseurs de sandales, ni d'étoffes pour se vêtir, ni de pain pour manger, et où Dieu fut obligé de faire un miracle continuel pendant quarante années pour conserver les vêtements de ce peuple et pour le nourrir?[15]

2°. Il est dit dans le livre de Josué que l'on écrivit le Deutéronome sur un autel de pierres brutes enduites de mortier. Comment écrivit-on tout un livre sur du mortier? Comment ces lettres ne furent-elles pas effacées par le sang qui coulait continuellement sur cet autel? et comment cet autel, ce monument du Deutéronome, subsista-t-il dans le pays où les Juifs furent si longtemps réduits à un esclavage que leurs brigandages avaient tant mérité?

3°. Les fautes innombrables de géographie, de chronologie, et les contradictions qui se trouvent dans le Pentateuque, ont forcé plusieurs Juifs et plusieurs chrétiens à soutenir que le Pentateuque ne pouvait être de Moïse. Le savant Le Clerc,[16] une foule de théologiens, et même notre grand Newton,[17] ont embrassé cette opinion; elle est donc au moins très vraisemblable.

11 RN-W75G, NM, W68: dans ce livre

[15] Josué viii.32; Deutéronome viii.4; les deux passages sont marqués de signets annotés dans le *Commentaire littéral* de Calmet (CN, ii.24, 56). Les mêmes arguments seront repris dans la septième des *Questions de Zapata* (voir ci-dessous, p.382-83).

[16] Jean Leclerc (1657-1736), ministre de l'Evangile à Londres et en Hollande. En raison de son attachement à la liberté de pensée et à la méthode rationaliste, il fut privé de sa chaire sous l'accusation d'arminianisme. Il édita en Hollande d'importants périodiques savants. Voltaire se réfère à ses *Commentarii in Vetus Testamentum* (Amsterdam 1690-1731).

[17] Newton l'attribuait à Samuel, qui l'aurait composé d'après des commentaires de Moïse. Voir Isaac Newton, *Opuscula philologica* (Lausannae et Genevae 1744), XXV, *Ad Danielis profetae vaticinia, nec non sancti Joannis apocalypsin observationes*, surtout p.285-86, résumé en marge: 'Pentateuchus et Liber Josuae ex Mosis et Josuae commentariis conscripti a Samuele.'

4°. Ne suffit-il pas du simple sens commun pour juger qu'un livre qui commence par ces mots: *Voici les paroles que prononça Moïse au delà du Jourdain*,[18] ne peut être que d'un faussaire maladroit, puisque le même livre assure que Moïse ne passa jamais le Jourdain?[19] La réponse d'Abadie,[20] qu'on peut entendre *en deçà* par *au delà*, n'est-elle pas ridicule? et doit-on croire à un prédicant, mort fou en Irlande, plutôt qu'à Newton le plus grand homme qui ait jamais été?

De plus je demande à tout homme raisonnable, s'il y a quelque vraisemblance que Moïse eût donné dans le désert des préceptes aux rois juifs,[21] qui ne vinrent que tant de siècles après lui, et s'il est possible que dans ce même désert, il eût assigné[b] quarante-huit villes avec leurs faubourgs, pour la seule tribu des lévites, indépendamment des décimes que les autres tribus devaient leur

[b] *Deuter. chap.* 15.

n. *b* RN, 67: Deuter. chap. 17.

[18] Deutéronome i.1. Signalons que la traduction de Lemaistre de Saci que possédait Voltaire (Paris 1730; BV, no.397) portait 'au-deçà du Jourdan'. Dans la marge, Voltaire a noté: 'il y a dans le texte au dela. tu as falsifié le livre pour tacher d'y mettre quelque vraisemblance' (CN, i.330).

[19] Deutéronome iii.27, xxxi.2, xxxiv.4.

[20] Jacques Abbadie (1657-1727), célèbre théologien protestant, apologiste de la religion chrétienne, dont le *Traité de la divinité de Jésus-Christ* (1689) fut accueilli avec chaleur par les catholiques comme par les réformés. Voltaire se réfère ici au *Traité de la vérité de la religion chrétienne, où l'on établit la religion chrétienne par ses propres caractères* (1684-1688), et plus précisément à la troisième section, 'Où l'on répond aux objections que Spinosa fait contre les livres de Moïse': 'il ne faut pas être fort savant en Hébreu pour savoir que le terme qui est employé dans l'original signifie indifféremment *deçà* ou *delà*, selon qu'il est appliqué' (La Haye 1750, i.223; BV, no.6). Voltaire a noté en marge de son exemplaire personnel du *Traité*: 'avec quelle audace inepte oses tu dire que oui et non sont la meme chose!' (CN, i.65). Selon ses biographes, Abbadie est mort à Londres, et non en Irlande. On ne sait pourquoi Voltaire le dit mort fou.

[21] Deutéronome xvii.14-20.

payer?[c] Il est sans doute très naturel que des prêtres aient tâché d'engloutir tout; mais il ne l'est pas qu'on leur ait donné 48 villes dans un petit canton où il y avait à peine alors deux villages; il eût fallu au moins autant de villes pour chacune des autres hordes juives; le total aurait monté à quatre cent quatre-vingts villes, avec leurs faubourgs. Les Juifs n'ont pas écrit autrement leur histoire. Chaque trait est une hyperbole ridicule, un mensonge grossier, une fable absurde.[d] 40 45

[c] *Nombr. chap.* 35.

[d] Milord Bolingbroke s'est contenté d'un petit nombre de ces preuves: s'il avait voulu il en aurait rapporté plus de deux cents. Une des plus fortes à notre avis, qui font voir que les livres qu'on prétend écrits du temps de Moïse et de Josué, sont écrits en effet du temps des rois, c'est que le même livre est cité dans l'histoire de Josué, et dans celle des rois juifs. Ce livre est celui que nous appelons le *Droiturier*: et que les papistes appellent l'Histoire des Justes ou le Livre du Roi. 5

Quand l'auteur du Josué parle du soleil qui s'arrêta sur Gabaon, et de la lune qui s'arrêta sur Aïalon en plein midi, il cite ce Livre des Justes.* (* *Josué chap.* X, v.13.) 10

Quand l'auteur des chroniques ou Livre des Rois parle du cantique composé par David sur la mort de Saül et de son fils Jonathas, il cite encore ce Livre des Justes.† († *Rois liv. 2, chap.* I, v.18.)[22]

Or, s'il vous plaît, comment le même livre peut-il avoir été écrit dans le temps qui touchait à Moïse et dans le temps de David? cette horrible bévue n'avait point échappé au lord Bolingbroke, il en parle ailleurs.[23] C'est un plaisir de voir l'embarras de cet innocent de Don Calmet qui cherche en vain à pallier une telle bêtise. 15

n. *c* W75G, NM, W68: Nombr. chap. 15.
n. *d* RN, 67, absent (ajout de 71)
n. *d*, 7 NM: livre des rois.
n. *d*, 18 71-NM, W68: une telle absurdité.

[22] Les deux passages sont marqués de signets annotés dans le *Commentaire littéral* (CN, ii.57, 62).

[23] Voltaire lui-même, au chapitre 15 de *Dieu et les hommes* (1769). Il y reviendra dans *La Bible enfin expliquée* (1776; M.xxx.127-28).

CHAPITRE II

De la personne de Moïse.

Y a-t-il eu un Moïse? Tout est si prodigieux en lui depuis sa naissance jusqu'à sa mort, qu'il paraît un personnage fantastique, comme notre enchanteur Merlin. S'il avait existé, s'il avait opéré les miracles épouvantables qu'il est supposé avoir faits en Egypte, serait-il possible qu'aucun auteur égyptien n'eût parlé de ces miracles; que les Grecs, ces amateurs du merveilleux, n'en eussent pas dit un seul mot? Flavian Joseph qui pour faire valoir sa nation méprisée, recherche tous les témoignages des auteurs égyptiens qui ont parlé des Juifs, n'a pas le front d'en citer un seul qui fasse mention des prodiges de Moïse. Ce silence universel n'est-il pas une preuve que Moïse est un personnage fabuleux?

Pour peu qu'on ait étudié l'antiquité, on sait que les anciens Arabes furent les inventeurs de plusieurs fables, qui avec le temps ont eu cours chez les autres peuples. Ils avaient imaginé l'histoire de l'ancien Bacchus qu'on supposait très antérieur au temps où les Juifs disent que parut leur Moïse. Ce Bacchus ou Back[24] né dans l'Arabie avait écrit ses lois sur deux tables de pierre; on l'appela *Misem*, nom qui ressemble fort à celui de Moïse; il avait été sauvé des eaux dans un coffre, et ce nom signifiait *sauvé des eaux*; il avait une baguette avec laquelle il opérait des miracles; cette verge se changeait en serpent quand il voulait. Ce même Misem passa la mer Rouge à pied sec, à la tête de son armée; il

6 71-NM, W68: que des Grecs

[24] On trouve la même affirmation dans *Dieu et les hommes*: 'Ce Bacchus arabe était né comme Moïse en Egypte, et il avait été élevé en Arabie, vers le mont Sina, que les Arabes appelaient Nisa' (M.xxviii.152). Dans la marge de son exemplaire de F. J. de Chastellux, *De la félicité publique, ou considérations sur le sort des hommes dans les différentes époques de l'histoire* (1772; BV, no.722), Voltaire note: 'Baccus était arabe élevé à Nisa, qui est dit on, le mont Sinaï' (CN, ii.522).

divisa les eaux de l'Oronte et de l'Hidaspe, et les suspendit à droite et à gauche; une colonne de feu éclairait son armée pendant la nuit. Les anciens vers orphiques qu'on chantait dans les orgies 25 de Bacchus, célébraient une partie de ces extravagances. Cette fable était si ancienne que les Pères de l'Eglise ont cru que ce Misem, ce Bacchus était leur Noé.[a]

[a] Il faut observer que Bacchus était connu en Egypte, en Syrie, dans l'Asie mineure, dans la Grèce, chez les Etrusques, longtemps avant qu'aucune nation eût entendu parler de Moïse, et surtout de Noé et de toute sa généalogie. Tout ce qui ne se trouve que dans les écrits juifs était absolument ignoré des nations orientales et occidentales, depuis le 5 nom d'Adam jusqu'à celui de David.

Le misérable peuple juif avait sa chronologie et ses fables à part, lesquelles ne ressemblaient que de très loin à celles des autres peuples. Ses écrivains qui ne travaillèrent que très tard, pillèrent tout ce qu'ils trouvèrent chez leurs voisins; et déguisèrent mal leurs larcins, témoin 10 la fable de Moïse qu'ils empruntèrent de Bacchus, témoin leur ridicule Samson pris chez Hercule, la fille de Jephté chez Iphigénie, la femme de Loth imitée d'Euridice, etc. etc.

Eusèbe nous a conservé de précieux fragments de Sanconiaton,[25] qui

28 RN-NM, W68: était Noë.
n. *a* RN, 67, absent (ajout de 71)
n. *a*, 13-21 71-NM, W68: Euridice, etc. etc.//

[25] Historien né en Palestine, auteur d'une *Histoire phénicienne* dont le texte est perdu. D'importants fragments de cette *Histoire* furent traduits en grec par Philon de Byblos (mort en 141) et utilisés par Porphyre pour attaquer la véracité de l'histoire juive présentée dans le Pentateuque. Ce que nous en connaissons provient des extraits de Philon qui sont reproduits par Eusèbe dans sa *Praeparatio evangelica*, écrite en réponse à Porphyre. L'authenticité de ces fragments, fort contestée au dix-neuvième siècle, a trouvé confirmation dans les tablettes phéniciennes mises à jour lors des fouilles d'Ugarit et dans les noms qui y sont donnés aux divinités locales. Il est probable cependant que Philon a librement adapté sa source et qu'il l'a considérablement vieillie: l'œuvre de Sanchoniaton ne saurait remonter au treizième siècle, mais tout au plus à la seconde moitié du deuxième siècle avant notre ère. Voltaire possédait dans sa bibliothèque le texte latin de la *Praeparatio evangelica* d'Eusèbe dans l'édition de 1628 (BV, no.1251). En y lisant le chapitre 10, 'Phoenicum theologia', il note sur des

N'est-il pas de la plus grande vraisemblance que les Juifs adoptèrent cette fable, et qu'ensuite ils l'écrivirent quand ils commencèrent à avoir quelque connaissance des lettres sous leurs rois? Il leur fallait du merveilleux comme aux autres peuples; mais ils n'étaient pas inventeurs; jamais plus petite nation ne fut plus grossière; tous leurs mensonges étaient des plagiats, comme toutes leurs cérémonies étaient visiblement une imitation des Phéniciens, des Syriens et des Egyptiens.

Ce qu'ils ont ajouté d'eux-mêmes, paraît d'une grossièreté et d'une absurdité si révoltante, qu'elle excite l'indignation et la pitié. Dans quel ridicule roman souffrirait-on un homme qui change toutes les eaux en sang, d'un coup de baguette, au nom d'un dieu inconnu, et des magiciens qui en font autant au nom des dieux du pays? La seule supériorité qu'ait Moïse sur les sorciers du roi, c'est qu'il fit naître des poux, ce que les sorciers ne purent faire; sur quoi un grand prince[26] a dit que les Juifs en fait de poux en savaient plus que tous les magiciens du monde.

Comment un ange du Seigneur vient-il tuer tous les animaux d'Egypte? et comment après cela le roi d'Egypte a-t-il une armée de cavalerie; et comment cette cavalerie entre-t-elle dans le fond bourbeux de la mer Rouge?

vivait incontestablement avant le temps où les Juifs placent leur Moïse. Ce Sanconiaton ne parle pas de la horde juive: si elle avait existé, s'il y avait eu quelque chose de vrai dans la Genèse, certainement Sanconiaton en aurait dit quelques mots. Eusèbe n'aurait pas négligé de les faire valoir. Le Phénicien Sanconiaton n'en a rien dit: donc la horde hébraïque n'existait pas encore en corps de peuple: donc les fables de la Genèse n'avaient encore été inventées par personne.

45-61 RN: magiciens du monde. ¶Tout le reste
48-49 W75G, NM, W68: le fond de la mer

signets (endommagés, et donc incomplets) 'phenic sanconiat, Sanconia' (CN, iii.449).

[26] Frédéric II, à qui le même mot est attribué dans le *Sermon des cinquante*.

Comment le même ange du Seigneur vient-il couper le cou pendant la nuit à tous les aînés des familles égyptiennes? c'était bien alors que le prétendu Moïse devait s'emparer de ce beau pays au lieu de s'enfuir en lâche et en coquin avec deux ou trois millions d'hommes parmi lesquels il avait, dit-on, six cent trente mille combattants. C'est avec cette prodigieuse multitude qu'il fuit devant les cadets de ceux que l'ange avait tués. Il s'en va errer et mourir dans des déserts où l'on ne trouve pas seulement de l'eau à boire; et pour lui faciliter cette belle expédition, son Dieu divise les eaux de la mer, en fait deux montagnes à droite et à gauche, afin que son peuple favori aille mourir de faim et de soif. 50 55 60

Tout le reste de l'histoire de Moïse est également absurde et barbare. Ses cailles, sa manne, ses entretiens avec Dieu, vingt-trois mille hommes de son peuple égorgés à son ordre par des prêtres, vingt-quatre mille massacrés une autre fois, six cent trente mille combattants dans un désert où il n'y a jamais eu deux mille hommes; tout cela paraît assurément le comble de l'extravagance; et quelqu'un a dit que l'Orlando furioso et Don Quichote sont des livres de géométrie en comparaison des livres hébreux. S'il y avait seulement quelques actions honnêtes et naturelles dans la fable de Moïse on pourrait croire à toute force que ce personnage a existé. 65 70

On a le front de nous dire que la fête de Pâque chez les Juifs est une preuve du passage de la mer Rouge. On remerciait le Dieu des Juifs à cette fête de la bonté avec laquelle il avait égorgé tous les premiers nés d'Egypte, donc, dit-on, rien n'était plus vrai que cette sainte et divine boucherie. 75

Conçoit-on bien, dit le mauvais déclamateur et le mauvais raisonneur Abadie, *que Moïse ait pu instituer des mémoriaux sensibles d'un*

55-56 67-NM, W68: multitude qu'il s'en va errer
67-68 NM: sont des livres hébreux.
68-72 RN: livres hébreux. ¶On a le front
77-78 RN-NM, W68: dit le déclamateur et très peu raisonneur

événement reconnu pour faux par plus de six cent mille témoins?[27] Pauvre homme, tu devais dire par plus de deux millions de témoins; car six cent trente mille combattants fugitifs, ou non, supposent assurément plus de deux millions de personnes. Tu dis donc que Moïse lut son Pentateuque à ces deux ou trois millions de Juifs! Tu crois donc que ces deux ou trois millions d'hommes auraient écrit contre Moïse, s'ils avaient découvert quelque erreur dans son Pentateuque, et qu'ils eussent fait insérer leurs remarques dans les journaux du pays. Il ne te manque plus que de dire que ces trois millions d'hommes ont signé comme témoins, et que tu as vu leur signature.

Tu crois donc que les temples et les rites institués en l'honneur de Bacchus, d'Hercule, et de Persée prouvent évidemment que Persée, Hercule, et Bacchus étaient fils de Jupiter, et que chez les Romains le temple de Castor et de Pollux était une démonstration que Castor et Pollux avaient combattu pour les Romains! C'est ainsi qu'on suppose toujours ce qui est en question; et les trafiquants en controverse débitent sur la cause la plus importante au genre humain, des arguments que lady Blakacre[b] n'oserait pas

[b] Lady Blakacre est un personnage extrêmement plaisant dans la comédie du *Plain dealer*.[28]

87-90 RN: du pays. ¶Tu crois donc
n. *b* RN, absent (ajout de 67)

[27] La citation est tirée, une fois encore, du *Traité de la vérité de la religion chrétienne*, ch.15, 'IVe et Ve Monument de la révélation judaïque', où le texte est un peu plus long: 'Conçoit-on bien [...] que Moïse ait pu *et voulu* instituer [...] *d'un événement chimérique*, d'un événement reconnu pour faux [...] six cent mille *âmes*?' (i.298).

[28] Pièce de William Wycherley dont Voltaire a tiré *La Prude* (composée en 1740, jouée à Sceaux en 1747). I. O. Wade en tire argument pour situer la rédaction de l'*Examen* à Cirey (*Voltaire and madame Du Châtelet*, Princeton 1941, p.154).

hasarder dans la salle des *commun plays*. C'est là ce que des fous ont écrit, ce que des imbéciles commentent, ce que des fripons enseignent, ce qu'on fait apprendre par cœur aux petits enfants! et on appelle blasphémateur le sage qui s'indigne et qui s'irrite des plus abominables inepties qui aient jamais déshonoré la nature humaine. 100

98 RN-NM, W68: salle de *commun*
98-103 RN: *commun plays.*//

CHAPITRE III

De la divinité attribuée aux livres juifs.

Comment a-t-on osé supposer que Dieu choisit une horde d'Arabes voleurs pour être son peuple chéri et pour armer cette horde contre toutes les autres nations? et comment en combattant à sa tête, a-t-il souffert que son peuple fût si souvent vaincu et esclave?

Comment en donnant des lois à ces brigands a-t-il oublié de contenir ce petit peuple de voleurs par la croyance de l'immortalité de l'âme et des peines après la mort,[a] tandis que toutes les grandes

[a] Voilà le plus fort argument contre la loi juive, et que le grand Bolingbroke n'a pas assez pressé. Quoi! les législateurs indiens, égyptiens, babyloniens, grecs, romains enseignèrent tous l'immortalité de l'âme, on la trouve en vingt endroits dans Homère même. Et le prétendu Moïse n'en parle pas? il n'en est pas dit un seul mot ni dans le décalogue juif, ni dans tout le Pentateuque! Il a fallu que des commentateurs ou très ignorants, ou aussi fripons que sots, aient tordu quelques passages de Job qui n'est point Juif, pour faire accroire à des hommes plus ignorants qu'eux-mêmes, que Job avait parlé d'une vie à venir, parce qu'il dit, *Je pourrai me lever de mon fumier dans quelque temps; mon protecteur est vivant, je reprendrai ma première peau, je le verrai dans ma chair, gardez-vous donc de me décrier et de me persécuter.*[29]

Quel rapport, je vous prie, d'un malade qui souffre et qui espère de guérir, avec l'immortalité de l'âme, avec l'enfer et le paradis? si notre Warburton s'en était tenu à démontrer que la loi juive n'enseigna jamais une autre vie, il aurait rendu un très grand service.[30] Mais par la démence

1-2 RN-NM, w68: d'Arabes pour être
5 RN-NM, w68: en lui donnant des lois, a-t-il oublié
n. *a* RN, 67, absent (ajout de 71)

[29] Job xix.25-28.

[30] William Warburton (1698-1779) avait publié *The Divine legation of Moses demonstrated, on the principles of a religious deist, from the omission of the doctrine of a future state of reward and punishment in the Jewish dispensation* de 1738 à 1741. Voltaire en possédait plusieurs éditions qu'il a attentivement lues et annotées (BV, no.3825-3827). En 1767, il lui consacre le bref mais violent pamphlet *A Warburton* (voir Voltaire 64, p.451-69).

nations voisines, Chaldéens, Egyptiens, Syriens, Phéniciens, avaient embrassé depuis si longtemps cette croyance utile?

Est-il possible que Dieu eût pu prescrire aux Juifs la manière d'aller à la selle dans le désert,[b] et leur cacher le dogme d'une vie future? 10

Hérodote nous apprend que le fameux temple de Tyr était bâti deux mille trois cents ans avant lui. On dit que Moïse conduisait sa troupe dans le désert environ seize cents ans avant notre ère. Hérodote écrivait cinq cents ans avant cette ère vulgaire, donc le temple des Phéniciens subsistait douze cents ans avant Moïse, donc la religion phénicienne était établie depuis plus longtemps encore. Cette religion annonçait l'immortalité de l'âme, ainsi que les Chaldéens et les Egyptiens. La horde juive n'eut jamais ce dogme pour fondement de sa secte. C'était, dit-on,[33] un peuple grossier auquel Dieu se proportionnait! Dieu se proportionner? 15 20

la plus incompréhensible, il a voulu faire accroire que la grossièreté du Pentateuque était une preuve de sa divinité; et par l'excès de son orgueil il a soutenu cette chimère avec la plus extrême insolence.

[b] Le doyen Swift disait que selon le Pentateuque Dieu avait eu bien plus de soin du derrière des Juifs que de leurs âmes.[31] Voyez le Deutéronome chap. XXIII; vous verrez que le doyen avait bien raison.[32]

n. *b* RN, 67, absent (ajout de 71)
n. *b*, 1 71-NM, W68: Le docteur Swift
n. *b*, 2-3 71-NM, W68: âmes.//
75: leur âme.//
12-13 RN-NM, W68, texte continu
18 W75G, NM, W68: depuis longtemps
22-23 71-NM, W68: auquel Dieu se proportionnait! et à qui?

[31] Dans *La Bible enfin expliquée*, cette même plaisanterie est attribuée à Collins.
[32] Cf. les signets aux p.744-45 du *Commentaire littéral* (à propos des Nombres et du Deutéronome): 'reglements de dieu pour la garderobe [...] maniere de chier' (CN, ii.28).
[33] Probablement Spinoza, qui défend en effet ce point de vue dans le *Tractatus theologico-politicus*.

et à qui? à des voleurs juifs: Dieu être plus grossier qu'eux! n'est-ce pas un blasphème?

CHAPITRE IV

Qui est l'auteur du Pentateuque?

On me demande qui est l'auteur du Pentateuque? J'aimerais autant qu'on me demandât qui a écrit Les Quatre fils Aimon,[34] Robert le Diable, et l'histoire de l'enchanteur Merlin.

Newton[35] qui s'est avili jusqu'à examiner sérieusement cette question, prétend que ce fut Samuel qui écrivit ces rêveries apparemment pour rendre les rois odieux à la horde juive, que ce détestable prêtre voulait gouverner. Pour moi je pense que les Juifs ne surent lire et écrire que pendant leur captivité chez les Chaldéens, attendu que leurs lettres furent d'abord chaldaïques, et ensuite syriaques; nous n'avons jamais connu d'alphabet purement hébreu.

Je conjecture qu'Esdras forgea tous ces Contes du tonneau[36] au retour de la captivité. Il les écrivit en lettres chaldéennes dans le jargon du pays, comme des paysans du nord d'Irlande écriraient aujourd'hui en caractères anglais.[37]

a-79 RN, absent (ajout de 67)

[34] *L'Histoire des quatre fils Aymons, très-nobles, et très vaillans chevaliers* figure dans la bibliothèque de Voltaire dans une édition de 1730 (BV, no.1642).

[35] Voir ci-dessus, n.17 et *Opuscula*, p.286, ce bout de phrase: 'Samuel autem satis otio abundabat, dum regnabat Saul [...] Samuel fuit Sacer Scriptor [...] dum regnabat Samuel, non minus otii quam auctoritatis fuit ad hosce libros componendos'. La motivation ('pour rendre les rois odieux à la horde juive') est évidemment de Voltaire, et non de Newton.

[36] Cette allusion au *Tale of a tub* de Swift se trouve également chez Bolingbroke (*Philosophical works*, iii.6).

[37] Voltaire a lu attentivement la 'Dissertation, où l'on examine, si Esdras a changé les anciens caractères Hébreux, pour leur substituer les Lettres Chaldéennes' dans le *Commentaire littéral*, de même que la 'Dissertation, où l'on examine, si Esdras est l'Auteur, ou le Restaurateur des Saintes Ecritures' qu'il a annotée: 'beau chien de raisonement! et si cest Esdras qui fait parler ce moïse! hen!' (CN, ii.332-33).

Les Cuthéens qui habitaient le pays de Samarie écrivirent ce même Pentateuque en lettres phéniciennes qui étaient le caractère courant de leur nation, et nous avons encore aujourd'hui ce Pentateuque.

Je crois que Jérémie put contribuer beaucoup à la composition de ce roman. Jérémie était fort attaché, comme on sait, aux rois de Babilone: il est évident par ses rapsodies qu'il était payé par les Babyloniens, et qu'il trahissait son pays; il veut toujours qu'on se rende au roi de Babilone. Les Egyptiens étaient alors les ennemis des Babyloniens. C'est pour faire sa cour au grand roi maître d'Hershalaïm Kédusha, nommé par nous Jérusalem,[a] que Jérémie et ensuite Esdras inspirent tant d'horreur aux Juifs pour les Egyptiens. Ils se gardent bien de rien dire contre les peuples de l'Euphrate. Ce sont des esclaves qui ménagent leurs maîtres. Ils avouent bien que la horde juive a presque toujours été asservie: mais ils respectent ceux qu'ils servaient alors.

Que d'autres Juifs aient écrit les faits et gestes de leurs roitelets, c'est ce qui m'importe aussi peu que l'histoire des chevaliers de la table ronde et des douze pairs de Charlemagne:[38] et je regarde comme la plus futile de toutes les recherches, celle de savoir le nom de l'auteur d'un livre ridicule.

[a] Hershalaïm était le nom de Jérusalem, et Kédusha était son nom secret. Toutes les villes avaient un nom mystérieux que l'on cachait soigneusement aux ennemis, de peur qu'ils ne mêlassent ce nom dans des enchantements, et par là ne se rendissent les maîtres de la ville. A tout prendre, les Juifs n'étaient peut-être pas plus superstitieux que leurs voisins; ils furent seulement plus cruels, plus usuriers et plus ignorants.

n. *a* 67, absent (ajout de 71)
n. *a*, 5 71-NM, w68: n'étaient pas
27 67-NM, w68: Jérémie et Esdras

[38] Bolingbroke compare avec le même mépris l'Ancien Testament à la chronique de Turpin et à *Amadis de Gaule*.

Qui a écrit le premier l'histoire de Jupiter, de Neptune et de Pluton? Je n'en sais rien, et je ne me soucie pas de le savoir.

Il y a une très ancienne Vie de Moïse écrite en hébreu,[b] mais qui n'a point été insérée dans le canon judaïque. On en ignore l'auteur, ainsi qu'on ignore les auteurs des autres livres juifs; elle est écrite dans ce style des Mille et une nuits, qui est celui de toute l'antiquité asiatique. En voici quelques échantillons.

L'an 130 après la transmigration des Juifs en Egypte, soixante ans après la mort de Joseph, le Pharaon pendant son sommeil vit en songe un vieillard qui tenait en ses mains une balance. Dans l'un des bassins étaient tous les Egyptiens avec leurs enfants et leurs femmes, dans l'autre un seul enfant à la mamelle qui pesait plus que l'Egypte entière. Le roi fit aussitôt appeler tous ses magiciens qui furent tous saisis d'étonnement et de crainte. Un des conseillers du roi devina qu'il y aurait un enfant hébreu qui serait la ruine de l'Egypte. Il conseilla au roi de faire tuer tous les petits garçons de la nation juive.

L'aventure de Moïse sauvé des eaux est à peu près la même que dans l'Exode. On appela d'abord Moïse *Schabar* et sa mère *Jéchotiel.* A l'âge de trois ans, Moïse jouant avec Pharaon prit sa couronne et s'en couvrit la tête. Le roi voulut le faire tuer, mais l'ange Gabriel descendit du ciel et pria le roi de n'en rien faire; c'est un enfant, lui dit-il, qui n'y a pas entendu malice. Pour vous prouver combien il est simple, montrez-lui un escarboucle et un charbon ardent, vous verrez qu'il choisira le charbon. Le roi en fit l'expérience, le petit Moïse ne manqua pas de choisir

40 45 50 55 60

[b] Cette vie de Moïse a été imprimée à Hambourg en hébreu et en latin.[39]

49 67-NM, W68: que toute l'Egypte entière.

[39] Cette référence se rapporte à *De vita & morte Mosis libri tres* (Hamburgi 1714), avec des observations de Gilbert Gaulmin, ouvrage édité par Johann Albert Fabricius (BV, no.957). Voltaire consacrera un chapitre entier (ch.24) à cet ouvrage dans *Dieu et les hommes*.

l'escarboucle, mais l'ange Gabriel l'escamota et mit le charbon ardent à la place; le petit Moïse se brûla la main jusqu'aux os. Le roi lui pardonna le croyant un sot. Ainsi Moïse ayant été sauvé par l'eau fut encore une fois sauvé par le feu. 65

Tout le reste de l'histoire est sur le même ton. Il est difficile de décider lequel est le plus admirable de cette fable de Moïse ou de la fable du Pentateuque. Je laisse cette question à ceux qui ont plus de temps à perdre que moi. Mais j'admire surtout les pédants, 70 comme Grotius, Abadie et même cet abbé Houteville[40] longtemps entremetteur d'un fermier général à Paris, ensuite secrétaire de ce fameux cardinal Dubois, à qui j'ai entendu dire qu'il défiait tous les cardinaux d'être plus athées que lui. Tous ces gens-là se distillent le cerveau pour faire accroire (ce qu'ils ne croient point) 75 que le Pentateuque est de Moïse. Eh mes amis, que prouveriez-vous par là? que Moïse était un fou. Il est bien sûr que je ferais enfermer à Bedlam[c] un homme qui écrirait aujourd'hui de pareilles extravagances.

[c] Bedlam, la maison des fous à Londres.

68-69 67-NM, W68: de ce livre de Moïse ou du Pentateuque.
76-77 67-NM, W68: que prouveriez-vous là?

[40] Voir la *Défense de milord Bolingbroke* où la même anecdote est rapportée.

CHAPITRE V

Que les Juifs ont tout pris des autres nations.

On l'a déjà dit souvent,[41] c'est le petit peuple asservi qui tâche d'imiter ses maîtres; c'est la nation faible et grossière qui se conforme grossièrement aux usages de la grande nation. C'est Cornouailles qui est le singe de Londres, et non pas Londres qui est le singe de Cornouailles. Est-il rien de plus naturel que les Juifs aient pris ce qu'ils ont pu du culte, des lois, des coutumes de leurs voisins? 5

Nous sommes déjà certains que leur dieu prononcé par nous Jehovah et par eux Jaho, était le nom ineffable du dieu des Phéniciens et des Egyptiens, c'était une chose connue dans l'antiquité.[42] Clément d'Alexandrie au premier livre de ses Stromates, rapporte que ceux qui entraient dans les temples d'Egypte, étaient obligés de porter sur eux une espèce de talisman composé de ce mot Jaho; et quand on savait prononcer ce mot d'une certaine façon, celui qui l'entendait tombait roide mort, ou du moins évanoui. C'était du moins ce que les charlatans des temples tâchaient de persuader aux superstitieux. 10 15

On sait assez que la figure du serpent, les chérubins, la cérémonie de la vache rousse, les ablutions nommées depuis baptême, les robes de lin réservées aux prêtres, les jeûnes, l'abstinence du porc et d'autres viandes, la circoncision, le bouc émissaire, tout enfin fut imité de l'Egypte.[43] 20

a-51 RN, absent (ajout de 67)
21-22 67-NM, W68: circoncision, tout enfin

[41] Entre autres dans *La Philosophie de l'histoire, par feu l'abbé Bazin* (1765; Voltaire 59, p.253-62), où sont évoquées bien des questions qui sont reprises dans l'*Examen important* (p. ex. Sanchoniaton).

[42] A la lecture d'un passage de Chastellux, *De la félicité publique*, Voltaire notera encore 'jeova n'est point hebreux' (CN, ii.553).

[43] On retrouve cet argument chez Bolingbroke dans les *Philosophical works*.

Les Juifs avouent qu'ils n'ont eu un temple que fort tard, et plus de cinq cents ans après leur Moïse, selon leur chronologie toujours erronée. Ils envahirent enfin une petite ville dans laquelle ils bâtirent un temple à l'imitation des grands peuples. Qu'avaient-ils auparavant? un coffre. C'était l'usage des nomades et des peuples cananéens de l'intérieur des terres qui étaient pauvres. Il y avait une ancienne tradition chez la horde juive, que lorsqu'elle fut nomade, c'est-à-dire, lorsqu'elle fut errante dans les déserts de l'Arabie pétrée, elle portait un coffre où était le simulacre grossier d'un dieu nommé Remphan,[a] ou une espèce d'étoile taillée en bois. Vous verrez des traces de ce culte dans quelques prophètes, et surtout dans le prétendu discours que les Actes des apôtres[45] mettent dans la bouche d'Etienne.

Selon les Juifs même, les Phéniciens (qu'ils appellent Philistins) avaient le temple de Dagon avant que la troupe judaïque eût une maison.[46] Si la chose est ainsi, si tout leur culte dans le désert consista dans un coffre à l'honneur du dieu Remphan qui n'était qu'une étoile révérée par les Arabes, il est clair que les Juifs n'étaient autre chose dans leur origine qu'une bande d'Arabes

[a] *M'avez-vous offert des sacrifices au désert durant quarante ans? vous avez porté le tabernacle de Moloc et de votre dieu Remphan.* (Actes, ch. VII. Amos, idem., v.26. Jérémie, ch. XLIX)

Voilà de singulières contradictions. Joignez à cela l'histoire de l'idole de *Michas* adorée par toute la tribu de Dan, et desservie par un petit-fils de Moïse même, ainsi que le lecteur peut le vérifier dans le Livre des Juges.[44] C'est pourtant cet amas d'absurdités contradictoires qui vaut douze mille guinées de rente à milord de Kenterburi, et un royaume à un prêtre qui prétend être successeur de Céphas, et qui s'est mis sans façon dans Rome à la place de l'empereur.

n. *a* 67-NM, W68, absent (ajout de 76)

[44] Juges xvii et xviii.
[45] Actes des apôtres vii.
[46] Juges xvi.23-30; I Samuel v.1-2.

vagabonds qui s'établirent par le brigandage dans la Palestine, et qui enfin se firent une religion à leur mode, et se composèrent une histoire toute pleine de fables. Ils prirent une partie de la fable de l'ancien Back ou Bacchus, dont ils firent leur Moïse. Mais 45 que ces fables soient révérées par nous; que nous en ayons fait la base de notre religion, et que ces fables mêmes aient encore un certain crédit dans le siècle de la philosophie, c'est là surtout ce qui indigne les sages. L'Eglise chrétienne chante les prières juives, et fait brûler quiconque judaïse. Quelle pitié! quelle contra- 50 diction et quelle horreur!

CHAPITRE VI

De la Genèse.

Tous les peuples dont les Juifs étaient entourés avaient une Genèse, une Théogonie, une Cosmogonie, longtemps avant que ces Juifs existassent. Ne voit-on pas évidemment que la Genèse des Juifs était prise des anciennes fables de leurs voisins?

Yaho l'ancien dieu des Phéniciens débrouilla le chaos, le *Khaüte-reb*; il arrangea *Muth*, la matière; il forma l'homme de son souffle, *Colpi*; il lui fit habiter un jardin, *Aden* ou *Eden*; il le défendit contre le grand serpent *Ophionée*, comme le dit l'ancien fragment de Phérécide. Que de conformités avec la Genèse juive! N'est-il pas naturel que le petit peuple grossier ait dans la suite des temps emprunté les fables du grand peuple inventeur des arts.

C'était encore une opinion reçue dans l'Asie, que Dieu avait formé le monde en six temps, appelés chez les Chaldéens si antérieurs aux Juifs, les *six gahambars*.[47]

C'était aussi une opinion des anciens Indiens. Les Juifs qui écrivirent la Genèse ne sont donc que des imitateurs; ils mêlèrent leurs propres absurdités à ces fables; et il faut avouer qu'on ne peut s'empêcher de rire, quand on voit un serpent parlant familièrement à Eve, Dieu parlant au serpent, Dieu se promenant chaque jour à midi dans le jardin d'Eden, Dieu faisant une culotte pour Adam et une pagne à sa femme Eve. Tout le reste paraît aussi insensé; plusieurs Juifs eux-mêmes en rougirent; ils traitèrent dans la suite ces imaginations de fables allégoriques. Comment pourrions-nous prendre au pied de la lettre ce que des Juifs ont regardé comme des contes?

Ni l'histoire des Juges, ni celle des Rois, ni aucun prophète ne cite un seul passage de la Genèse. Nul n'a parlé ni de la côte

[47] Sur tout ceci, on se rapportera au chapitre 13 de *La Philosophie de l'histoire* (Voltaire 59, p.132-36). Ce chapitre est un de ceux qui doivent le plus aux conversations de Cirey. Pour les six gahambars, voir ci-dessus, p.100, n.224.

d'Adam tirée de sa poitrine pour en pétrir une femme, ni de l'arbre de la science du bien et du mal, ni du serpent qui séduisit Eve, ni du péché originel, ni enfin d'aucune de ces imaginations. Encore une fois est-ce à nous de les croire? 30

Leurs rapsodies démontrent qu'ils ont pillé toutes leurs idées chez les Phéniciens, les Chaldéens, les Egyptiens, comme ils ont pillé leurs biens quand ils l'ont pu.[48] Le nom même d'*Israël*, ils l'ont pris chez les Chaldéens, comme Philon[49] l'avoue dans la 35 première page du récit de sa députation auprès de Caligula;[a] et nous serions assez imbéciles dans notre Occident pour penser que tout ce que ces barbares d'Orient avaient volé, leur appartenait en propre?

[a] Voici les paroles de Philon: Les Chaldéens donnent aux justes le nom d'*Israël, voyant Dieu*.

n. *a* RN, 67, absent (ajout de 71)

[48] L'idée que les principes monothéistes ont été repris de l'Egypte et de l'Asie mineure par les Juifs se trouve déjà chez Bolingbroke et reparaîtra chez Volney, Senancour, Constant, Dupuis et De Potter. Elle appartient aussi à la tradition maçonnique du dix-huitième siècle; cf. Reghellini, *Esprit du dogme de la franc-maçonnerie* (Bruxelles 1825) et *Examen du mosaïsme et du christianisme* (Bruxelles 1834).

[49] Philon, dit le Juif. Philosophe d'Alexandrie qui fit partie d'une députation envoyée à Caligula par les Juifs d'Alexandrie afin d'être dispensés de rendre les honneurs divins à la statue impériale. L'ouvrage en question faisait partie de la bibliothèque de Voltaire, dans une édition de Josèphe (BV, no.1743); voir aussi *Les Œuvres de Philon*, trad. Frédéric Morel (Paris 1619), p.877 et 1029, passages marqués de signets annotés dans l'exemplaire de Voltaire (BV, no.2717).

CHAPITRE VII

Des mœurs des Juifs.[50]

Si nous passons des fables des Juifs aux mœurs de ce peuple, ne sont-elles pas aussi abominables que leurs contes sont absurdes? C'est de leur aveu un peuple de brigands qui emporte dans un désert tout ce qu'ils ont volé aux Egyptiens. Leur chef Josué passe le Jourdain par un miracle semblable au miracle de la mer Rouge, pourquoi? pour aller mettre à feu et à sang une ville qu'il ne connaissait pas, une ville dont son Dieu fait tomber les murs au son du cornet.

Les fables des Grecs étaient plus humaines. Amphion bâtissait des villes au son de la flûte, Josué les détruit; il livre au fer et aux flammes, vieillards, femmes, enfants, et bestiaux; y a-t-il une horreur plus insensée? il ne pardonne qu'à une prostituée, qui avait trahi sa patrie; quel besoin avait-il de la perfidie de cette malheureuse, puisque son cornet faisait tomber les murs, comme celui d'Astolphe, et faisait fuir tout le monde? Et remarquons en passant que cette femme nommée *Raab la paillarde*,[51] est une des aïeules de ce Juif, dont nous avons depuis fait un dieu,[52] lequel dieu compte encore parmi celles dont il est né l'incestueuse Thamar, l'impudente Ruth et l'adultère Betzabée.

On nous conte ensuite que ce même Josué fit pendre trente et

[50] Les chapitres 7, 8 et 9 relatifs aux mœurs du peuple juif, reproduits dans le chapitre 18 de *Dieu et les hommes*, doivent être lus comme une réponse directe à l'ouvrage de Claude Fleury, *Les Mœurs des Israëlites*, dont Voltaire possédait l'édition de Bruxelles, 1753 (BV, no.1353). En marge du texte, il note 'ah pauvre homme! / et les mœurs hem! [deux fois] / leurs mœurs étoient donc mauvaises! hem / et les mœurs! [quatre fois de suite] / elle [la loi de Moïse] netait donc quun plagiat / voilà un peuple sociable! / et les mœurs [trois fois de suite] / et tu loues cela! / ils navaient qu'un patois phenicien/ et [plein] dhorreurs / ah! / hem! / politique de hurons / humain [trois fois] / loix abominables / ah ah! il avait besoin de conseil etant conduit par Dieu' (CN, iii.614-37).

[51] Josué ii.

[52] Matthieu i.5; Luc iii.32.

un rois du pays,[53] c'est-à-dire, trente et un capitaines de village qui avaient combattu pour leurs foyers contre cette troupe d'assassins. Si l'auteur de cette histoire avait formé le dessein de rendre les Juifs exécrables aux autres nations, s'y serait-il pris autrement? L'auteur pour ajouter le blasphème au brigandage et à la barbarie, 25 ose dire que toutes ces abominations se commettaient au nom de Dieu, par ordre exprès de Dieu et étaient autant de sacrifices de sang humain offerts à Dieu.

C'est là le peuple saint! Certes les Hurons, les Canadiens, les Iroquois ont été des philosophes pleins d'humanité comparés aux 30 enfants d'Israël; et c'est en faveur de ces monstres qu'on fait arrêter le soleil[54] et la lune en plein midi! et pourquoi? pour leur donner le temps de poursuivre et d'égorger de pauvres Amorrhéens, déjà écrasés par une pluie de grosses pierres, que Dieu avait lancées sur eux du haut des airs pendant cinq grandes 35 lieues de chemin. Est-ce l'histoire de Gargantua? Est-ce celle du peuple de Dieu? Et qu'y a-t-il ici de plus insupportable, ou l'excès de l'horreur, ou l'excès du ridicule? Ne serait-ce pas même un autre ridicule que de s'amuser à combattre ce détestable amas de fables qui outragent également le bon sens, la vertu, la nature et 40 la Divinité? Si malheureusement une seule des aventures de ce peuple était vraie, toutes les nations se seraient réunies pour l'exterminer; si elles sont fausses, on ne peut mentir plus sottement.

[53] Josué xii.24.
[54] Josué x.12, 13.

CHAPITRE VIII

Suite des mœurs des Juifs, sous les Juges.

Que dirons-nous d'un Jephté qui immole sa propre fille à son Dieu sanguinaire, et de l'ambidextre Aod qui assassine Eglon son roi au nom du Seigneur, et de la divine Jahel qui assassine le général Sizara avec un clou qu'elle lui enfonce dans la tête, et du débauché Samson que Dieu favorise de tant de miracles? grossière imitation de la fable d'Hercule.[55] 5

Parlerons-nous d'un lévite qui vient sur son âne avec sa concubine et de la paille et du foin dans Gabaa de la tribu de Benjamin? et voilà les Benjamites qui veulent commettre le péché de sodomie avec ce vilain prêtre, comme les Sodomites avaient voulu le 10 commettre avec des anges.[a] Le lévite compose avec eux et leur

[a] L'illustre auteur a oublié de parler des anges de Sodome. Cependant, cet article en valait bien la peine. Si jamais il y eut des abominations extravagantes dans l'histoire du peuple juif, celle des anges que les magistrats, les portefaix, et jusqu'aux petits garçons d'une ville veulent absolument violer, est une horreur dont aucune fable païenne n'appro- 5 che, et qui fait dresser les cheveux à la tête. Et on ose commenter ces abominations? et on les fait respecter à la jeunesse? et on a l'insolence de plaindre les brames de l'Inde et les mages de Perse, à qui Dieu n'avait pas révélé ces choses, et qui n'étaient pas le peuple de Dieu! et il se trouve encore parmi nous des âmes de boue assez lâches à la fois, et 10 assez impudentes, pour nous dire, Croyez ces infamies, croyez, ou le courroux d'un Dieu vengeur tombera sur vous; croyez, ou nous vous

a-b RN-W75G, NM, W68 continuent le chapitre VII [RN: chapitre V], avec le sous-titre: *Suite des mœurs des Juifs.*
b 75: *Suite des mœurs des Juifs.*
n. *a* RN, 67, absent (ajout de 71)
n. *a*, 15-17 71-NM, W68: sages!//

[55] Ces horreurs étaient déjà dénoncées par Bolingbroke (*Philosophical works*, v.341). Le 'Militaire philosophe' s'en indigne également.

abandonne sa maîtresse ou sa femme, dont ils jouissent toute la nuit, et qui en meurt le lendemain matin. Le lévite coupe sa concubine en douze morceaux avec son couteau, ce qui n'est pourtant pas une chose si aisée, et de là s'ensuit une guerre civile. 15

[b]Les onze tribus arment quatre cent mille soldats contre la tribu de Benjamin. Quatre cent mille soldats, grand Dieu! dans un territoire qui n'était pas alors de quinze lieues de longueur sur cinq ou six de largeur. Le Grand Turc n'a jamais eu la moitié d'une telle armée. Ces Israélites exterminent la tribu de Benjamin, 20 vieillards, jeunes gens, femmes, filles, selon leur louable coutume. Il échappe six cents garçons. Il ne faut pas qu'une des tribus périsse, il faut donner six cents filles au moins à ces six cents garçons. Que font les Israélites? Il y avait dans le voisinage une petite ville nommée Jabès, ils la surprennent, tuent tout, 25 massacrent tout jusqu'aux animaux, réservent quatre cents filles pour quatre cents Benjamites. Deux cents garçons restent à pourvoir, on convient avec eux, qu'ils raviront deux cents filles de Silo, quand elles iront danser aux portes de Silo. Allons, Abadie, Sherlok,[57] Houteville et consorts, faites des phrases pour 30 justifier ces fables de cannibales, prouvez que tout cela est un type, une figure qui nous annonce Jésus-Christ.

persécuterons, soit dans le consistoire, soit dans le conclave, soit à l'officialité, soit dans le parquet, soit à la buvette. Jusqu'à quand des coquins feront-ils trembler des sages! Quel est l'homme de bien qui ne 15 se sente ému de tant d'horreurs? Et on les souffre! que dis-je, on les adore! Que d'imbéciles, mais que de monstres!

[b] *Jug. chap.* 19, v.20.[56]

[56] Juges xx.2. Voltaire fait erreur en renvoyant à xix.20.

[57] Voltaire pense sans doute à Thomas Sherlock (1678-1761), doyen de Chichester, puis évêque de Londres, auteur de *The Use and intent of prophecy in the several ages of the world* (1725) et *The Tryal of the witnesses of the resurrection of Jesus* (1729).

CHAPITRE IX

Des mœurs juives sous leurs Melchim ou roitelets et sous leurs pontifes jusqu'à la destruction de Jérusalem par les Romains.

Les Juifs ont un roi malgré le prêtre Samuel qui fait ce qu'il peut pour conserver son autorité usurpée,[a] et il a la hardiesse de dire que c'est *renoncer à Dieu que d'avoir un roi.* Enfin un pâtre qui cherchait des ânesses est élu roi par le sort. Les Juifs étaient alors sous le joug des Cananéens; ils n'avaient jamais eu de temple, leur sanctuaire était, comme nous l'avons vu,[59] un coffre qu'on mettait dans une charrette: les Cananéens leur avaient pris leur coffre: Dieu qui en fut très irrité, l'avait pourtant laissé prendre: mais pour se venger, il avait donné des hémorroïdes aux vainqueurs et envoyé des rats dans leurs champs. Les vainqueurs l'apaisèrent en lui renvoyant son coffre, accompagné de cinq rats d'or et de cinq trous du cul aussi d'or.[b] Il n'y avait point de vengeance, ni d'offrande plus digne du Dieu des Juifs. Il pardonne aux Cananéens; mais il fait mourir cinquante mille soixante et dix hommes des siens, pour avoir regardé son coffre.

[a] *I des Rois chap.* 8.[58]
[b] *Rois liv. I, chap.* 6.[60]

b RN, NM: *sous leur Melchim ou roitelet*
6 RN-NM, W68: était un coffre
12 RN-NM, W68: Il n'y a point

[58] I Samuel viii, et non I Rois viii. On remarquera que toutes les citations de Voltaire sont correctes, alors que ses renvois sont erronés dans ce chapitre. Les livres des Rois et de Samuel étaient groupés dans les anciennes éditions sous l'intitulé générique de Rois. Bossuet et Bayle ne citent pas la Bible autrement.

[59] Plus haut, ch.5 (p.191).

[60] I Samuel vi, et non I Rois vi.

C'est dans ces belles circonstances que Saül est élu roi des Juifs. Il n'y avait dans leur petit pays ni épée, ni lance; les Cananéens ou Philistins ne permettaient pas aux Juifs leurs esclaves d'aiguiser seulement les socs de leurs charrues[61] et leurs cognées; ils étaient obligés d'aller aux ouvriers philistins pour ces faibles secours, et cependant on nous conte que le roi Saül[c] eut d'abord une armée de trois cent mille hommes, avec lesquels il gagna une grande bataille.[d] Notre Gulliver a de pareilles fables, mais non de telles contradictions.

Ce Saül dans une autre bataille, reçoit le prétendu roi Agag à composition. Le prophète Samuel arrive de la part du Seigneur, et lui dit:[e] *Pourquoi n'avez-vous pas tout tué?* et il prend un saint couperet, et il hache en morceaux le roi Agag. Si une telle action est véritable, quel peuple était le peuple juif! et quels prêtres étaient ses prêtres!

Saül réprouvé du Seigneur pour n'avoir pas lui-même haché en pièces le roi Agag son prisonnier, va enfin combattre contre les Philistins après la mort du doux prophète Samuel. Il consulte sur le succès de la bataille une femme qui a un esprit de Python. On sait que les femmes qui ont un esprit de Python font apparaître des ombres. La pythonisse montre à Saül l'ombre de Samuel qui sortait de la terre. Mais ceci ne regarde que la belle philosophie du peuple juif. Venons à sa morale.

Un joueur de harpe pour qui l'Eternel avait pris une tendre affection, s'est fait sacrer roi pendant que Samuel vivait encore; il se révolte contre son souverain, il ramasse quatre cents malheureux, et, comme dit la Sainte Ecriture,[f] *tous ceux qui avaient de*

[c] *I. Rois chap.* 13.
[d] *Ibid. chap.* 11.[62]
[e] *Chap.* 15.[63]
[f] *I Rois chap.* 22.[64]

[61] I Samuel xiii.19-21.
[62] I Samuel xi.8-11 et non I Rois xi.
[63] I Samuel xv, et non I Rois xv.
[64] I Samuel xxii.2.

mauvaises affaires, qui étaient perdus de dettes et d'un esprit méchant, s'assemblèrent avec lui.

C'était un homme *selon le cœur de Dieu*;[g] aussi la première chose qu'il veut faire est d'assassiner un tenancier nommé Nabal qui lui refuse des contributions:[66] il épouse sa veuve; il épouse dix-huit femmes sans compter les concubines;[h] il s'enfuit chez le roi Achis ennemi de son pays, il y est bien reçu, et pour récompense, il va saccager les villages des alliés d'Achis; il égorge tout sans épargner les enfants à la mamelle, comme l'ordonne toujours le rite juif; et il fait accroire au roi Achis qu'il a saccagé les villages hébreux. Il faut avouer que nos voleurs de grand chemin ont été moins coupables aux yeux des hommes; mais les voies du Dieu des Juifs ne sont pas les nôtres.

Le bon roi David ravit le trône à Isboseth fils de Saül. Il fait assassiner Miphiboseth fils de son protecteur Jonathas. Il livre aux Gabaonites deux enfants de Saül, et cinq de ses petits-enfants, pour les faire tous pendre. Il assassine Urie pour couvrir son adultère avec Betzabée,[68] et c'est encore cette abominable Betzabée mère de Salomon qui est une aïeule de Jésus-Christ.

La suite de l'histoire juive n'est qu'un tissu de forfaits consacrés.

[g] *Chap.* 25.[65]
[h] *Chap.* 27.[67]

57 W75G, NM, W68: Il livra aux

[65] La Bible dit: 'l'homme regarde à ce qui paraît aux yeux, mais l'Eternel regarde au cœur' (I Samuel xvi.7). L'expression 'que Dieu trouva selon son cœur', appliquée à David, vient de Bossuet, *Discours sur l'histoire universelle*, ii, ch.3 in fine. Cf. *The History of the man after God's own heart* (London 1761), ouvrage attribué à Peter Annet, qui figurait dans la bibliothèque de Voltaire (BV, no.624).

[66] I Samuel xxv.

[67] I Samuel xxvii, où il n'est pas question de concubines.

[68] II Samuel iv-v; xxi.8-9; xi.15-17; signalons que Miphiboseth, fils de Jonathas, fut le seul épargné; cf. CN, ii.68.

Salomon commence par égorger son frère Adonias.[69] Si Dieu accorda à ce Salomon le don de la sagesse, il paraît qu'il lui refusa ceux de l'humanité, de la justice, de la continence et de la foi. Il a sept cents femmes et trois cents concubines. Le Cantique qu'on lui impute est dans le goût de ces livres érotiques qui font rougir la pudeur. Il n'y est parlé que de tétons, de baisers sur la bouche, de ventre qui est semblable à un monceau de froment, d'attitudes voluptueuses, de doigt mis dans l'ouverture, de tressaillements; et enfin, il finit par dire, *que ferons-nous de notre petite sœur? elle n'a point encore de tétons; si c'est un mur; bâtissons dessus; si c'est une porte, fermons-la*.[70] Telles sont les mœurs du plus sage des Juifs, ou du moins les mœurs que lui imputent avec respect de misérables rabbins, et des théologiens chrétiens encore plus absurdes.[i]

Enfin pour joindre l'excès du ridicule à cet excès d'impureté, la secte des papistes a décidé que le ventre de la Sulamite, et son ouverture, ses tétons et ses baisers sur la bouche, sont l'emblème, le type du mariage de Jésus-Christ avec son Eglise.

De tous les rois de Juda et de Samarie, il y en a très peu qui ne soient assassins ou assassinés, jusqu'à ce qu'enfin ce ramas de brigands qui se massacraient les uns les autres dans les places publiques et dans le temple, pendant que Titus les assiégeait, tombe sous le fer et dans les chaînes des Romains, avec le reste de ce petit peuple de Dieu, dont dix douzièmes avaient été

[i] On sait que les théologiens chrétiens font passer ce livre impudique pour une prédiction du mariage de Jésus-Christ avec son Eglise. Comme si Jésus prenait les tétons de son Eglise, et mettait la main à son ouverture, et sur quoi cette belle explication est-elle fondée? sur ce que *Christus* est masculin, et *Ecclesia* féminin. Mais si au lieu du féminin *ecclesia* on s'était servi du mot masculin *coetus*, *conventus*, que serait-il arrivé?

75-80 RN: absurdes. ¶De tous les rois

[69] I Rois ii.24-25.
[70] Cantique viii.8-9.

dispersés depuis si longtemps en Asie, et vendus dans les marchés des villes romaines, chaque tête juive étant évaluée au prix d'un porc, animal moins impur que cette nation même, si elle fut telle que ses historiens et ses prophètes le racontent.

Personne ne peut nier que les Juifs n'aient écrit ces abominations. Quand on les rassemble ainsi sous les yeux, le cœur se soulève. Ce sont donc là les hérauts de la Providence, les précurseurs du règne de Jésus! Toute l'histoire juive, dites-vous ô Abadie, est la prédiction de l'Eglise; tous les prophètes ont prédit Jésus; examinons donc les prophètes. 90 95

86 K: Asie, et soit vendus

CHAPITRE X

Des prophètes.

Prophète, *nabi*, *roëh*, *parlant*, *voyant*, *devin*, c'est la même chose. Tous les anciens auteurs conviennent que les Egyptiens, les Chaldéens, toutes les nations asiatiques, avaient leurs prophètes, leurs devins. Ces nations étaient bien antérieures au petit peuple juif, qui lorsqu'il eut composé une horde dans un coin de terre, n'eut d'autre langage que celui de ses voisins, et qui comme on l'a dit ailleurs,[71] emprunta des Phéniciens jusqu'au nom de Dieu *Eloha*, *Jehova*, *Adonaï*, *Sadaï*; qui enfin prit tous les rites, tous les usages des peuples dont il était environné, en déclamant toujours contre ces mêmes peuples.

Quelqu'un a dit[72] que le premier devin, le premier prophète, fut le premier fripon qui rencontra un imbécile; ainsi la prophétie est de l'antiquité la plus haute. Mais à la fraude ajoutons encore le fanatisme; ces deux monstres habitent aisément ensemble dans les cervelles humaines. Nous avons vu arriver à Londres par troupes du fond du Languedoc et du Vivarès des prophètes tout semblables à ceux des Juifs, joindre le plus horrible enthousiasme aux plus dégoûtants mensonges. Nous avons vu Jurieu[73] prophétiser en Hollande. Il y eut de tout temps de tels imposteurs; et non seulement des misérables qui faisaient des prédictions, mais

5

10

15

20

[71] Voltaire lui-même, dans *La Philosophie de l'histoire*, ch.5 (Voltaire 59, p.101).

[72] Voltaire lui-même, encore une fois, dans le chapitre 31 de *La Philosophie de l'histoire* (Voltaire 59, p.193).

[73] Pierre Jurieu (1637-1713) est bien représenté dans la bibliothèque de Voltaire, où figurent, entre autres, *L'Accomplissement des prophéties, ou la délivrance prochaine de l'Eglise. Ouvrage dans lequel il est prouvé, que le papisme est l'empire antichrétien; que cet empire n'est pas éloigné de sa ruine; que la persécution présente peut finir dans trois ans et demi. Après quoi commencera la destruction de l'Antéchrist, laquelle s'achevera dans le commencement du siècle prochain: et enfin le règne de Jésus-Christ viendra sur la terre* (Rotterdam 1689-1690; BV, no.1763).

d'autres misérables qui supposaient des prophéties faites par d'anciens personnages.

Le monde a été plein de sibylles et de Nostradamus. L'Alcoran compte deux cent vingt-quatre mille prophètes. L'évêque Epiphane dans ses notes sur le canon prétendu des apôtres, 25 compte soixante et treize prophètes juifs, et dix prophétesses. Le métier de prophète chez les Juifs n'était ni une dignité, ni un grade, ni une profession dans l'Etat,[74] on n'était point reçu prophète comme on est reçu docteur à Oxford ou à Cambridge; prophétisait qui voulait; il suffisait d'avoir, ou de croire avoir, ou 30 de feindre d'avoir la vocation et l'esprit de Dieu. On annonçait l'avenir en dansant et en jouant du psaltérion. Saül, tout réprouvé qu'il était, s'avisa d'être prophète. Chaque parti dans les guerres civiles avait ses prophètes, comme nous avons nos écrivains de Grubstreet.[a] Les deux partis se traitaient réciproquement de fous, 35 de visionnaires, de menteurs, de fripons, et en cela seul ils disaient la vérité. *Stultum*[b] *et insanum prophetam, insanum virum spiritualem*, dit Ozée selon la Vulgate.

Les prophètes de Jérusalem sont des extravagants,[76] *des hommes sans foi*, dit Sophoniah prophète de Jérusalem.[c] Ils sont tous comme 40 notre apothicaire Moore, qui met dans nos gazettes, *prenez de mes pilules, gardez-vous des contrefaites*.

[a] Grubstreet est la rue où l'on imprime la plupart des mauvais pamphlets qu'on fait journellement à Londres.

[b] *Ozée chap.* 9.[75]

[c] *Soph. chap.* 3, v.4.

n. *a* RN, absent (ajout de 67)

[74] Tout ceci se trouve déjà chez Spinoza, dans le *Tractatus*, mais le ton est très différent.

[75] Osée ix.7. Voltaire cite de façon assez libre; cf. le *Commentaire littéral*, où ce passage est marqué par un signet annoté: 'proph[ètes] devenus fous' (CN, ii.55).

[76] Un signet écrit par Wagnière porte 'prophêtes extravagants' aux p.492-93 du *Commentaire littéral* (sur les petits prophètes, iv.493; CN, ii.55).

Le prophète Michée prédisant des malheurs aux rois de Samarie et de Juda, le prophète Sédekias lui applique un énorme soufflet, en lui disant; *comment l'esprit de Dieu est-il passé par moi pour aller à toi?*[d] 45

Jérémie qui prophétisait en faveur de Nabucodonosor, tyran des Juifs, s'était mis des cordes au cou, et un bât ou un joug sur le dos, car c'était un type, et il devait envoyer ce type aux petits roitelets voisins, pour les inviter à se soumettre à Nabucodonosor. 50 Le prophète Ananias qui regardait Jérémie comme un traître, lui arrache ses cordes, les rompt, et jette son bât à terre.[78]

Ici c'est Ozée[79] à qui Dieu ordonne de prendre une putain et d'avoir des fils de putain.[e] *Vade, sume tibi uxorem fornicationum, et fac tibi filios fornicationum*, dit la Vulgate. Ozée obéit ponctuellement; il 55 prend Gomer fille d'Ebalaïm, il en a trois enfants; ainsi cette prophétie et ce putanisme durèrent au moins trois années. Cela ne suffit pas au Dieu des Juifs, il veut qu'Ozée[f] couche avec une femme qui ait fait déjà son mari cocu. Il n'en coûte au prophète que quinze drachmes, et un boisseau et demi d'orge; c'est assez 60

[d] *Paralip. chap.* 18.[77]
[e] *Ozée chap.* 1er.[80]
[f] *Ibid. chap.* 3.[81]

[77] II Paralipomènes xviii.23.
[78] Jérémie xxviii.10.
[79] En lisant *Le Monde enchanté* de Balthasar Bekker, Voltaire écrit sur un signet, aux p.353-54 de l'édition d'Amsterdam 1694, où l'auteur discutait la traduction du passage d'Osée i: 'Osée putain fils de putain' (CN, i.259). Ce passage a retenu ailleurs encore l'attention de Voltaire (*Questions de Zapata, La Bible enfin expliquée*); il est de ceux qui semblaient le scandaliser particulièrement.
[80] Osée i.2.
[81] Osée iii.1.

bon marché pour un adultère.[g] Il en avait coûté encore moins au patriarche Juda pour son inceste avec sa bru Thamar.

Là c'est Ezéchiel[h] qui après avoir dormi trois cent nonante jours sur le côté gauche, et quarante sur le côté droit, après avoir avalé un livre de parchemin, après avoir mangé un *sir revérend*[i] sur son pain par ordre exprès de Dieu, introduit Dieu lui-même, le créateur du monde, parlant ainsi à la jeune Oolla,[j] *Tu es devenue grande, tes tétons ont paru, ton petit poil a commencé à croître; je t'ai couverte; mais tu t'es bâti un mauvais lieu; tu as ouvert tes cuisses à tous les passants... sa sœur Ooliba s'est prostituée avec plus d'emportement;*[k]

65

70

[g] Remarquez que le prophète se sert du mot propre *fodi eam*: je la f... ô abomination! Et on met ces livres infâmes entre les mains des jeunes garçons et des jeunes filles, et des séducteurs entraînent ces jeunes victimes dans des couvents!

[h] *Ezéch. ch.* 4.[82]

[i] Un *sir revérend* en anglais est un étron. Quoi, Dieu aurait ordonné de sa bouche à un prophète de manger de la merde[83] pendant trois cent quatre-vingt-dix jours couché sur le côté gauche? Quel fou de Bedlam, couché dans son ordure, pourrait imaginer ces dégoûtantes horreurs! Et on les débite chez un peuple qui a calculé la gravitation, et l'aberration de la lumière des étoiles fixes!

5

[j] *Ezéch. ch.* 16.[84]

[k] *Ezéch.* 23.[85]

n. *g* RN, 67, absent (ajout de 71)
63 RN, 67: trois cent soixante jours
n. *i*, 1-6 RN-NM, W68: étron.//

[82] Ezéchiel iv.12.

[83] Nous saisissons ici sur le vif la méthode de Voltaire. Il a suffisamment lu Dom Calmet pour savoir que les excréments, dans le désert, servent de combustible, et nullement d'aliment. Il s'en tient dès lors strictement à la lettre du texte de la Vulgate (*e stercore operies illud*) qui autorise son interprétation et ses sarcasmes. Cet épisode a suscité à diverses reprises les railleries de Voltaire, cf. *Sermon des cinquante*, *Dictionnaire philosophique*, *Instruction du gardien des capucins de Raguse à frère Pediculoso*, et surtout *La Bible enfin expliquée*.

[84] Ezéchiel xvi.8 et 15.

[85] Ezéchiel xxiii.11-12.

elle a recherché ceux qui ont le membre d'un âne, et qui déch... comme des chevaux.

Notre ami le général Withers[86] à qui on lisait un jour ces prophéties, demanda dans quel bordel on avait fait l'Ecriture Sainte. 75

On lit rarement les prophéties, il est difficile de soutenir la lecture de ces longs et énormes galimatias. Les gens du monde qui ont lu Guliver et l'Atlantis, ne connaissent ni Ozée ni Ezéchiel.[87]

Quand on fait voir à des personnes sensées ces passages exécrables, noyés dans le fatras des prophéties, elles ne reviennent 80 point de leur étonnement. Elles ne peuvent concevoir qu'un Isaïe[88] marche tout nu au milieu de Jérusalem, qu'un Ezéchiel[89] coupe sa barbe en trois portions, qu'un Jonas[90] soit trois jours dans le ventre d'une baleine etc. Si elles lisaient ces extravagances et ces impuretés dans un des livres qu'on appelle profanes, elles 85 jetteraient le livre avec horreur. C'est la Bible, elles demeurent confondues, elles hésitent, elles condamnent ces abominations et n'osent d'abord condamner le livre qui les contient. Ce n'est qu'avec le temps qu'elles osent faire usage de leur sens commun; elles finissent enfin par détester ce que des fripons et des imbéciles 90 leur ont fait adorer.

Quand ces livres sans raison et sans pudeur ont-ils été écrits?

71 W75G, NM, W68: *qui déchargent comme*
79-80 RN, 67: ces morceaux singuliers, noyés

[86] Sur Henry Withers, lieutenant-général, qui s'est distingué aux batailles de Blenheim et de Malplaquet aux côtés du duc de Marlborough, voir une note de Voltaire dans *La Bible enfin expliquée*, II Rois (M.xxx.196).

[87] Dès octobre 1759, Voltaire recommande à madame Du Deffand la lecture de l'Ancien Testament de préférence à celle des romans (D8518 et D8533). Le journaliste de la *Correspondance littéraire* note ironiquement: 'On sait que le prophète Ezéchiel est le prophète favori de M. de Voltaire' (septembre 1776; CLT, xi.348).

[88] Isaïe xx.2.

[89] Ezéchiel v.2.

[90] Jonas ii.1.

personne n'en sait rien. L'opinion la plus vraisemblable est que la plupart des livres attribués à Salomon, à Daniel et à d'autres, ont été faits dans Alexandrie; mais qu'importe encore une fois le temps et le lieu? ne suffit-il pas de voir avec évidence que ce sont des monuments de la folie la plus outrée, et de la plus infâme débauche? 95

Comment donc les Juifs ont-ils pu les vénérer? C'est qu'ils étaient des Juifs. Il faut encore considérer que tous ces monuments d'extravagances ne se conservaient guère que chez les prêtres et des scribes. On sait combien les livres étaient rares dans tous les pays où l'imprimerie inventée par les Chinois ne parvint que si tard. Nous serons encore plus étonnés quand nous verrons les Pères de l'Eglise adopter ces rêveries dégoûtantes, ou les alléguer en preuve de leur secte. 100 105

Venons enfin de l'ancien convenant[91] au nouveau. Venons à Jésus et à l'établissement du christianisme; et pour y arriver, passons par-dessus les assassinats de tant de rois, et par-dessus les enfants jetés au milieu des flammes dans la vallée de Tophet, ou écrasés sous des pierres. Glissons sur cette suite affreuse et non interrompue d'horreurs sacrilèges. Misérables Juifs, est-ce donc chez vous que naquit un homme de la lie du peuple qui portait le nom très commun de Jésus? Voyons quel était ce Jésus. 110

95-96 71-NM, W68: qu'importe le temps et
101-102 W75G, NM, W68: et les scribes
67, 75: chez des prêtres et des scribes
108-114 RN-NM, W68: du christianisme.//

[91] Anglicisme intentionnel (angl. *covenant*) pour: Ancienne Alliance, Nouvelle Alliance.

CHAPITRE XI

De la personne de Jésus.

Jésus naquit dans un temps où le fanatisme dominait encore, mais où il y avait un peu plus de décence. Le long commerce des Juifs avec les Grecs et les Romains avait donné aux principaux de la nation des mœurs un peu moins déraisonnables et moins grossières. Mais la populace toujours incorrigible conservait son esprit 5 de démence. Quelques Juifs opprimés sous les rois de Sirie et sous les Romains, avaient imaginé alors que leur Dieu enverrait quelque jour un libérateur, un messie. Cette attente devait naturellement être remplie par Hérode. Il était leur roi, il était l'allié des Romains, il avait rebâti leur temple, dont l'architecture surpassait 10 de beaucoup celle du temple de Salomon, puisqu'il avait comblé un précipice sur lequel cet édifice était établi. Le peuple ne gémissait plus sous une domination étrangère; il ne payait d'impôts qu'à son monarque; le culte juif florissait, les lois antiques étaient respectées; Jérusalem, il faut l'avouer, était au temps de 15 sa plus grande splendeur.

L'oisiveté et la superstition firent naître plusieurs factions ou sociétés religieuses, saducéens, pharisiens, esséniens, judaïtes, thérapeutes, joannistes ou disciples de Jean; à peu près comme les papistes ont des molinistes, des jansénistes, des jacobins et 20 des cordeliers. Mais personne alors ne parlait de l'attente du messie. Ni Flavian Joseph, ni Philon, qui sont entrés dans de si grands détails sur l'histoire juive, ne disent qu'on se flattait alors qu'il viendrait un christ, un oint, un libérateur, un rédempteur, dont ils avaient moins besoin que jamais. Et s'il y en avait un, 25

4 RN-NM, W68: mœurs moins déraisonnables
7 RN-NM, W68: leur Dieu leur enverrait
16-17 RN, texte continu

c'était Hérode. En effet il y eut un parti, une secte qu'on appela les hérodiens, et qui reconnut Hérode pour l'envoyé de Dieu.[a]

De tout temps ce peuple avait donné le nom d'oint, de messie, de christ, à quiconque leur avait fait un peu de bien; tantôt à leurs pontifes, tantôt aux princes étrangers. Le Juif qui compila les rêveries d'Isaïe lui fait dire par une lâche flatterie bien digne d'un Juif esclave, *Ainsi a dit l'Eternel à Cyrus son oint, son messie, duquel j'ai pris la main droite, afin que je terrasse les nations devant lui.*[93] Le 4e livre des Rois appelle le scélérat Jéhu, *oint*, *messie*.[94] Un prophète annonce à Hazaël roi de Damas, qu'il est *messie, et oint du Très-Haut*.[95] Ezéchiel dit au roi de Tyr, *Tu es un chérubin, un oint, un messie, le sceau de la ressemblance de Dieu*.[96] Si le roi de Tyr avait su qu'on lui donnait ces titres en Judée, il ne tenait qu'à lui de se faire une espèce de Dieu; il y avait un droit assez apparent, supposé qu'Ezéchiel eût été inspiré. Les évangélistes n'en ont pas tant dit de Jésus.

Quoi qu'il en soit, il est certain que nul Juif, n'espérait, ne désirait, n'annonçait un oint, un messie du temps d'Hérode le

[a] Cette secte des hérodiens ne dura pas longtemps. C'était un nom qu'ils donnaient indifféremment à quiconque leur avait fait du bien, soit à Hérode l'Arabe, soit à Juda Maccabée, soit aux rois persans, soit aux Babyloniens. Les Juifs de Rome célébrèrent la fête d'Hérode jusqu'au temps de l'empereur Néron. Perse le dit expressément.

Herodis venere dies, unctâque fenestrâ,
Dispositae pinguem nebulam vomuêre lucernae.
……… *Tumet alba fidelia vino.*[92]

n. *a* RN, 67, absent (ajout de 71)
n. *a*, 1 K: longtemps. Le titre d'envoyé de Dieu était un nom
37 RN-NM, W68: Si ce roi

[92] *Satirae*, V.180.
[93] Isaïe xlv.1.
[94] En réalité, II Paralipomènes xxii.7.
[95] II Rois viii.13.
[96] Ezéchiel xxviii.12, 14 et 16.

Grand, sous lequel on dit que naquit Jésus. Lorsqu'après la mort d'Hérode le Grand, la Judée fut gouvernée en province romaine, 45 et qu'un autre Hérode fut établi par les Romains tétrarque du petit canton barbare de Galilée, plusieurs fanatiques s'ingérèrent de prêcher le bas peuple, surtout dans cette Galilée où les Juifs étaient plus grossiers qu'ailleurs. C'est ainsi que *Fox*, un misérable paysan,[97] établit de nos jours la secte des quakers parmi les 50 paysans d'une de nos provinces. Le premier qui fonda en France une église calviniste fut un cardeur de laine nommé Jean le Clerc.[98] C'est ainsi que Muncer, Jean de Leyde[99] et d'autres fondèrent l'anabaptisme dans le bas peuple de quelques cantons d'Allemagne. 55

J'ai vu en France les convulsionnaires instituer une petite secte parmi la canaille d'un faubourg de Paris. Tous les sectaires commencent ainsi dans toute la terre. Ce sont pour la plupart des gueux qui crient contre le gouvernement, et qui finissent ou par être chefs de parti, ou par être pendus. Jésus fut pendu à Jérusalem 60 sans avoir été oint. Jean le baptiseur y avait déjà été condamné au supplice. Tous deux laissèrent quelques disciples dans la lie du peuple. Ceux de Jean s'établirent vers l'Arabie où ils sont encore.[b] Ceux de Jésus furent d'abord très obscurs; mais quand ils se furent associés à quelques Grecs, ils commencèrent à être 65 connus.

[b] Ces chrétiens de St Jean sont principalement établis à Mosul et vers Bassora.

n. *b* RN, 67, absent (ajout de 71)

[97] George Fox (1624-1691), fondateur de la secte des quakers, était cordonnier de son métier.

[98] Jean Le Clerc (mort en 1524), cardeur de laine à Meaux, fut le premier martyr de la Réforme en France.

[99] Sur Thomas Müntzer (*c.* 1489-1525), pasteur de la communauté anabaptiste de Mülhausen, et Jean Beukels, dit Jean de Leyde (1509-1536), chef des anabaptistes de Münster, voir *Essai sur les mœurs*, ch.131-32 (*Essai*, ii.236-40).

Les Juifs ayant sous Tibère poussé plus loin que jamais leurs friponneries ordinaires, ayant surtout séduit et volé Fulvia femme de Saturninus, furent chassés de Rome, et ils n'y furent rétablis qu'en donnant beaucoup d'argent. On les punit encore sévèrement sous Caligula et sous Claude. 70

Leurs désastres enhardirent le peu de Galiléens qui composaient la secte nouvelle à se séparer de la communion juive. Ils trouvèrent enfin quelques gens un peu lettrés qui se mirent à leur tête, et qui écrivirent en leur faveur contre les Juifs. Ce fut ce qui produisit cette énorme quantité d'Evangiles, mot grec qui signifie bonne nouvelle. Chacun donnait une Vie de Jésus, aucunes n'étaient d'accord, mais toutes se ressemblaient par la quantité de prodiges incroyables qu'ils attribuaient à l'envi à leur fondateur. 75

La synagogue de son côté, voyant qu'une secte nouvelle née dans son sein, débitait une Vie de Jésus très injurieuse au sanhédrin et à la nation, rechercha quel était cet homme auquel elle n'avait point fait d'attention jusqu'alors. Il nous reste encore un mauvais ouvrage de ce temps-là intitulé, *Sepher Toldos Jeschut*.[100] Il paraît qu'il est fait plusieurs années après le supplice de Jésus, dans le temps que l'on compilait les Evangiles. Ce petit livre est rempli de prodiges, comme tous les livres juifs et chrétiens; mais tout extravagant qu'il est, on est forcé de convenir qu'il y a des choses beaucoup plus vraisemblables que dans nos Evangiles. 80 85

Il est dit dans le *Toldos Jeschut*, que Jésus était fils d'une nommée *Mirja*, mariée dans Bethléem, à un pauvre homme nommé Jocanam. Il y avait dans le voisinage un soldat dont le nom était *Joseph Pander*, homme d'une riche taille, et d'une assez grande beauté; il devient amoureux de *Mirja* ou *Maria* (car les Hébreux n'exprimant point les voyelles, prenaient souvent un *A* pour un *J*.) 90 95

Mirja devint grosse de la façon de Pander; Jocanam confus et désespéré quitta Bethléem, et alla se cacher dans la Babilonie, où

[100] Voir Johann Christoph Wagenseil, *Tela ignea satanae* [...] *Libellus Toldos Jeschu* (1681), dont l'exemplaire de Voltaire porte des traces de lecture (BV, no.3820); cf. l'article 'Messie' du *Dictionnaire philosophique* (1764), attribué par Voltaire au pasteur Polier de Bottens.

il y avait encore beaucoup de Juifs. La conduite de Mirja la déshonora; son fils Jésus ou Jeschut fut déclaré bâtard par les juges de la ville. Quand il fut parvenu à l'âge d'aller à l'école publique, il se plaça parmi les enfants légitimes, on le fit sortir de ce rang; de là son animosité contre les prêtres, qu'il manifesta quand il eut atteint l'âge mûr; il leur prodigua les injures les plus atroces, les appelant *races de vipères*,[101] *sépulcres blanchis*.[102] Enfin, ayant pris querelle avec le Juif Juda sur quelque matière d'intérêt, comme sur des points de religion, Juda le dénonça au sanhédrin, il fut arrêté, se mit à pleurer, demanda pardon, mais en vain, on le fouetta, on le lapida, et ensuite on le pendit.

Telle est la substance de cette histoire. On y ajouta depuis des fables insipides, des miracles impertinents qui firent grand tort au fond; mais le livre était connu dans le second siècle, Celse le cita, Origène le réfuta, il nous est parvenu fort défiguré.

Ce fond que je viens de citer est certainement plus croyable, plus naturel, plus conforme à ce qui se passe tous les jours dans le monde, qu'aucun des cinquante Evangiles des christicoles.[103] Il est plus vraisemblable que Joseph Pander avait fait un enfant à Mirja, qu'il ne l'est qu'un ange soit venu par les airs faire un compliment de la part de Dieu à la femme d'un charpentier, comme Jupiter envoya Mercure auprès d'Alcmène.

Tout ce qu'on nous conte de ce Jésus est digne de l'Ancien Testament et de *Bedlam*. On fait venir je ne sais quel *Agion pneuma*, un saint souffle, un Saint-Esprit, dont on n'avait jamais entendu parler, et dont on a fait depuis la tierce partie de Dieu, Dieu lui-même, Dieu le créateur du monde; il engrosse Marie, ce qui a donné lieu au jésuite Sanchez d'examiner, dans sa somme théologique si Dieu eut beaucoup de plaisir avec Maria, s'il répandit de la semence, et si Maria répandit aussi de sa semence.[104]

[101] Matthieu iii.7; xii.34; xxiii.33.

[102] Matthieu xxiii.27.

[103] Il est curieux de voir Voltaire employer cette expression chère au curé Meslier.

[104] Tomas Sanchez, *De sancto matrimonii sacramento disputationum* (Lugduni 1739; BV, no.3081), i.141; cf. ci-dessous, les *Questions de Zapata*, p.400.

Jésus devient donc un fils de Dieu et d'une Juive, non encore Dieu lui-même, mais une créature supérieure. Il fait des miracles. Le premier qu'il opère, c'est de se faire emporter par le diable[105] sur le haut d'une montagne de Judée d'où on découvre tous les royaumes de la terre. Ses vêtements paraissent tout blancs,[106] quel miracle! Il change l'eau en vin dans un repas[107] où tous les convives étaient déjà ivres.[c] Il fait sécher un figuier qui ne lui a pas donné des figues à son déjeuner à la fin de février.[110] Et l'auteur de ce conte a l'honnêteté du moins de remarquer que ce n'était pas le temps des figues. 130 135

[c] Il est difficile de dire quel est le plus ridicule de tous ces prétendus prodiges. Bien des gens tiennent pour le vin de la noce de Canaa. Que Dieu dise à sa mère juive, *femme qu'y a-t-il entre toi et moi*,[108] c'est déjà une étrange chose. Mais que Dieu boive et mange avec des ivrognes, et qu'il change six cruches d'eau en six cruches de vin pour ces ivrognes qui n'avaient déjà que trop bu; quel blasphème aussi exécrable qu'impertinent! L'hébreu se sert d'un mot qui répond au mot *grisé*; la Vulgate au chapitre II, verset 10, dit *inebriati*, enivrés.[109] 5

St Chrisostome bouche d'or assure que ce fut le meilleur vin qu'on eût jamais bu et plusieurs Pères de l'Église ont prétendu que ce vin signifiait le sang de Jésus-Christ dans l'Eucharistie. O folie de la superstition dans quel abîme d'extravagances nous avez-vous plongés! 10

n. *c* RN, 67, absent (ajout de 71)

135-221 RN: février. Enfin, il est pendu en public, et il ressuscite en secret. Il va faire un tour aux enfers, revient converser avec ses disciples, et monte au ciel en présence de quatre-vingt personnes, sans qu'aucun Juif le voie. Comment ces détestables fadaises des Grecs

[105] Matthieu iv.8; Luc iv.5.

[106] Matthieu xvii.2; Marc ix.2.

[107] Jean ii.9.

[108] Jean ii.4; cf. CN, ii.198.

[109] Un signet à ce passage du *Commentaire littéral* note: 'inebriati' (CN, ii.198-99).

[110] Matthieu xi.19; Marc xi.13; cf. CN, ii.132 (signet annoté: 'figuier').

Il va souper chez des filles,[111] et puis chez les douaniers, et cependant on prétend[112] dans son histoire qu'il regarde ces douaniers, ces publicains comme des gens abominables. Il entre dans le temple,[113] c'est-à-dire, dans cette grande enceinte où demeuraient les prêtres, dans cette cour où des petits marchands étaient autorisés par la loi à vendre des poules, des pigeons, des agneaux à ceux qui venaient sacrifier. Il prend un grand fouet, en donne sur les épaules de tous les marchands, les chasse à coups de lanières, eux, leurs poules, leurs pigeons, leurs moutons et leurs bœufs même, jette tout leur argent par terre, et on le laisse faire! Et si l'on en croit le livre attribué à Jean,[114] on se contente de lui demander un miracle pour prouver qu'il a droit de faire un pareil tapage dans un lieu respectable.

C'était déjà un fort grand miracle que trente ou quarante marchands se laissassent fesser[115] par un seul homme, et perdissent leur argent sans rien dire. Il n'y a rien dans Don Quichote qui approche de cette extravagance. Mais au lieu de faire le miracle qu'on lui demande, il se contente de dire, *Détruisez ce temple, et je le rebâtirai en trois jours*. Les Juifs repartent selon Jean, *On a mis quarante-six ans à bâtir ce temple, comment en trois jours le rebâtiras-tu?*

Il était bien faux qu'Hérode eût employé quarante-six ans à bâtir le temple de Jérusalem. Les Juifs ne pouvaient pas répondre une pareille fausseté. Et pour le dire en passant, cela seul fait bien voir que les Evangiles ont été écrits par des gens qui n'étaient au fait de rien.

161 W75G, NM, W68: cela fait
163-169 67-NM, W68: de rien. ¶Après cette belle équipée

[111] Jean xii.2.
[112] Matthieu xviii.17.
[113] Jean ii.15-18; Matthieu xxi.12.
[114] Jean ii.19-20.
[115] Voir le *Commentaire littéral*, où Matthieu xxi.12 est marqué d'un signet annoté: 'marchands fessez' (CN, ii.131).

Tous ces miracles semblent faits par nos charlatans de Smithfields.[116] Notre Toland et notre Wolston les ont traités comme ils le méritent. Le plus beau de tous à mon gré est celui par lequel Jésus envoie le diable dans le corps de deux mille cochons, en un pays où il n'y avait point de cochons.[117]

Après cette belle équipée on fait prêcher Jésus dans les villages. Quels discours lui fait-on tenir? Il compare le royaume des cieux à un grain de moutarde; à un morceau de levain mêlé dans trois mesures de farine; à un filet avec lequel on pêche de bon et de mauvais poisson; à un roi qui a tué ses volailles pour les noces de son fils, et qui envoie ses domestiques prier les voisins à la noce. Les voisins tuent les gens qui viennent les prier à dîner; le roi tue ceux qui ont tué ses gens, et brûle leurs villes; il envoie prendre les gueux qu'on rencontre sur le grand chemin pour venir dîner avec lui. Il aperçoit un pauvre convive qui n'avait point de robe, et au lieu de lui en donner une; il le fait jeter dans un cachot. Voilà ce que c'est que le royaume des cieux selon Matthieu.[118]

Dans les autres sermons, le royaume des cieux est toujours comparé à un usurier qui veut absolument avoir cent pour cent de bénéfice.[119] On m'avouera que notre archevêque Tillotson[120] prêche dans un autre goût.

Par où finit l'histoire de Jésus? par l'aventure qui est arrivée

165 170 175 180 185

176 67, 75: leur ville.
180 67: selon St Matthieu.

[116] C'est à Smithfields que se tenait la foire de Bartholomé (cf. ci-dessous, n.127).

[117] Matthieu viii; Marc v; Luc viii. Ce paragraphe, qui a été ajouté en 1776, est donc contemporain de *La Bible enfin expliquée*. Le fait a son importance dans l'étude de l'exploitation des sources de Voltaire.

[118] Matthieu xiii.31, 33, 47; xxii.1-13.

[119] Matthieu xxv.14-30; Luc xix.11-26.

[120] Bolingbroke consacre la fin du tome 5 des *Philosophical works* à une réponse à John Tillotson (qu'il avait d'ailleurs lu dans la traduction française de Barbeyrac). Voltaire parle toujours de Tillotson avec respect (p. ex. dans la *Relation de la mort du chevalier de La Barre*, 1766; M.xxv.510).

chez nous, et dans le reste du monde, à bien des gens qui ont voulu ameuter la populace, sans être assez habiles, ou pour armer cette populace, ou pour se faire de puissants protecteurs; ils finissent la plupart par être pendus. Jésus le fut en effet pour avoir appelé ses supérieurs race de vipères et sépulcres blanchis. Il fut exécuté publiquement, mais il ressuscita en secret. Ensuite il monta au ciel[121] en présence de quatre-vingt de ses disciples,[d] sans qu'aucune autre personne de la Judée le vît monter dans les nuées, ce qui était pourtant fort aisé à voir, et qui aurait fait dans le monde une assez grande nouvelle.

Notre symbole que les papistes appellent le Credo, symbole attribué aux apôtres, et évidemment fabriqué plus de quatre cents ans après ces apôtres, nous apprend que Jésus avant de monter au ciel était allé faire un tour aux enfers. Vous remarquerez qu'il n'en est pas dit un seul mot dans les Evangiles, et cependant, c'est un des principaux articles de la foi des christicoles, on n'est point chrétien si on ne croit pas que Jésus est allé aux enfers.

Qui donc a imaginé le premier ce voyage? ce fut Athanase environ trois cent cinquante ans après, c'est dans son traité contre

[d] Monter au ciel en perpendiculaire! pourquoi pas en ligne horizontale? Monter est contre les règles de la gravitation. Il pouvait raser l'horizon, et aller dans Mercure, ou Vénus, ou Mars, ou Jupiter, ou Saturne, ou quelque étoile, ou la lune, si l'un de ces astres se couchait alors. Quelle sottise que ces mots aller au ciel, descendre du ciel. Comme si nous étions le centre de tous les globes, comme si notre terre n'était pas l'une de ces planètes qui roulent dans l'étendue autour de tant de soleils, et qui entrent dans la composition de cet univers, que nous nommons le ciel si mal à propos.

n. *d* RN, 67, absent (ajout de 71)

[121] Actes des apôtres i.9-10.

Appollinaire sur l'incarnation du Seigneur,[122] qu'il dit que l'âme de Jésus descendit en enfer, tandis que son corps était dans le sépulcre. Ses paroles sont dignes d'attention, et font voir avec quelle sagacité et quelle sagesse Athanase raisonnait. Voici ses propres paroles. 205

Il fallait qu'après sa mort ses parties essentiellement diverses, eussent diverses fonctions; que son corps reposât dans le sépulcre pour détruire la corruption, et que son âme allât aux enfers pour vaincre la mort. 210

L'Africain Augustin est du sentiment d'Athanase dans une lettre qu'il écrit à Evode, *Quis ergo nisi infidelis negaverit fuisse apud inferos Christum?*[123] Jérôme son contemporain fut à peu près du même avis; et ce fut du temps d'Augustin[124] et de Jérôme que l'on composa ce symbole, ce credo qui passe chez les ignorants pour le symbole des apôtres.[e] 215

[e] Vous voyez évidemment, lecteur, qu'on n'osa pas imaginer d'abord tant de fictions révoltantes. Quelques adhérents du Juif Jésus se contentent dans les commencements de dire que c'était un homme de bien injustement crucifié, comme depuis nous avons nous et les autres chrétiens assassiné tant d'hommes vertueux. Puis on s'enhardit; on ose écrire que Dieu l'a ressuscité. Bientôt après on fait sa légende. L'un suppose qu'il est allé au ciel et aux enfers. L'autre dit qu'il viendra juger les vivants et les morts dans la vallée de Josaphat; enfin on en fait un Dieu. On fait trois dieux. On pousse le sophisme jusqu'à dire que ces trois dieux ne sont qu'un. De ces trois dieux on en mange et on en boit 5 10

208-209 NM: Voici ses paroles.
214 NM: *Quis nisi*

[122] Saint Athanase (Alexandrie 296-373) se distingua en combattant l'arianisme, mais aussi l'hérésie apollinariste sur l'âme du Christ. Il écrivit de nombreux traités, discours, lettres et apologies, dont le *Discours sur l'incarnation du Seigneur*.

[123] Voltaire possédait *Les Lettres de S. Augustin* dans la traduction de Philippe Dubois-Goibaud (Paris 1684; BV, no.219).

[124] Un signet aux pages 340-41 de J. A. Fabricius, *Codex apocryphus Novi Testamenti* (Hamburgi 1719-1743), iii, note: 'le credo atribué a st augustin' (CN, iii.465).

Ainsi s'établissent les opinions, les croyances, les sectes. Mais comment ces détestables fadaises ont-elles pu s'accréditer? Comment ont-elles renversé les autres fadaises des Grecs et des Romains, et enfin l'empire même? Comment ont-elles causé tant de maux, tant de guerres civiles, allumé tant de bûchers et fait couler tant de sang? c'est de quoi nous rendrons un compte exact. 220

un; on le rend en urine et en matière fécale. On persécute, on brûle, on roue ceux qui nient ces horreurs; et tout cela pour que tel et tel jouissent de dix mille pièces de rente, et qu'ils en aient bien davantage dans d'autres pays.

224 RN-NM, W68: nous allons rendre compte.

CHAPITRE XII

Quelle idée il faut se former de Jésus et de ses disciples.

Jésus est évidemment un paysan grossier de la Judée; plus éveillé que la plupart des habitants de son canton. Il voulut, sans savoir ni lire ni écrire, former une petite secte pour l'opposer à celles des récabites, des judaïtes, des thérapeutes, des esséniens, des pharisiens, des saducéens, des hérodiens. Car tout était secte chez les malheureux Juifs, depuis leur établissement dans Alexandrie. Je l'ai déjà comparé à notre Fox,[125] qui était comme lui un ignorant de la lie du peuple, prêchant quelquefois comme lui une bonne morale, et prêchant surtout l'égalité qui flatte tant la canaille. Fox établit comme lui une société qui s'écarta, peu de temps après, de ses principes, supposé qu'il en eût. La même chose était arrivée à la secte de Jésus. Tous deux parlèrent ouvertement contre les prêtres anglais de leur temps; mais les lois étant plus humaines en Angleterre qu'en Judée, tout ce que les prêtres purent obtenir des juges, c'est qu'on mît Fox au pilori; mais les prêtres juifs forcèrent le président Pilate à faire fouetter Jésus, et à le faire pendre à une potence en croix, comme un coquin d'esclave: cela est barbare: chaque nation a ses mœurs. De savoir si on lui cloua les pieds et les mains, c'est ce dont il faut peu s'embarrasser. Il est difficile de trouver sur-le-champ un clou assez long pour percer deux pieds l'un sur l'autre, comme on le prétend: mais les Juifs étaient bien capables de cette abominable atrocité.

Les disciples demeurèrent aussi attachés à leur patriarche pendu, que les quakers l'ont été à leur patriarche pilorié. Les voilà qui s'avisent, au bout de quelque temps, de répandre le bruit que leur maître est ressuscité en secret. Cette imagination fut d'autant

a-33 RN-NM, W68, absent (ajout de 76)

[125] Voir ci-dessus, ch.11, p.212.

mieux reçue chez les confrères que c'était précisément le temps de la grande querelle élevée entre les sectes juives, pour savoir si la résurrection était possible ou non. Le platonisme, qui était fort en vogue dans Alexandrie, et que plusieurs Juifs étudièrent, 30 secourut bientôt la secte naissante, et de là tous les mystères, tous les dogmes absurdes dont elle fut farcie. C'est ce que nous allons développer.

CHAPITRE XIII

De l'établissement de la secte chrétienne, et particulièrement de Paul.

Quand les premiers Galiléens se répandirent parmi la populace des Grecs et des Romains, ils trouvèrent cette populace infectée de toutes les traditions absurdes qui peuvent entrer dans des cervelles ignorantes, qui aiment les fables; des dieux déguisés en taureaux, en chevaux, en cygnes, en serpents, pour séduire des femmes et des filles. Les magistrats, les principaux citoyens n'admettaient pas ces extravagances; mais la populace s'en nourrissait, et c'était la canaille païenne. Il me semblait voir chez nous les disciples de *Fox* disputer contre les disciples de *Broun*.[126] Il n'était pas difficile à des énergumènes juifs, de faire croire leurs rêveries à des imbéciles qui croyaient des rêveries non moins impertinentes. L'attrait de la nouveauté attirait des esprits faibles lassés de leurs anciennes sottises; et qui couraient à de nouvelles erreurs, comme la populace de la foire de Barthélemi,[a] dégoûtée

[a] Bartholomey-fair,[127] où il y a encore des charlatans et des astrologues.

8 RN, 67: la canaille juive qui parlait avec la canaille païenne. Il me semble [67: semblait] voir
75: me semble voir
n. *a* RN, absent (ajout de 67)

[126] Robert Browne (*c.* 1550-1633), fondateur d'une secte de puritains, les 'Brownistes', qui ressemblaient assez aux quakers et qui se confondirent avec les indépendants.

[127] Voltaire a fort bien pu voir lui-même cette foire à Londres. Il est même possible qu'il ait vu, lu ou entendu évoquer la pièce de Ben Jonson (1614), dont le héros, Rabbi Busy-Zeal-of-the-Land est une sorte de Tartuffe anglais. Mais il est tout aussi possible que l'allusion vienne de la lecture de la *Lettre sur l'enthousiasme* (1708) de Shaftesbury (Londres 1762; BV, no.3159), section III, où celui-ci évoque 'ces Prophètes fanatiques que les Anglais ont tournés en

d'une ancienne farce qu'elle a trop souvent entendue, demande une farce nouvelle. 15

Si l'on en croit les propres livres des christicoles, Pierre fils de Jone, demeurait à Joppé chez Simon le corroyeur dans un galetas, où il ressuscita la couturière Dorcas.[128]

Voyez le chapitre de Lucien intitulé Philopatris, dans lequel il parle de ce Galiléen[b] *au front chauve et au grand nez qui fut enlevé* 20

[b] Il est fort douteux que Lucien ait vu Paul, et même qu'il soit l'auteur du chapitre intitulé Philopatris.[129] Cependant, il se pourrait bien faire que Paul qui vivait du temps de Néron, eût encore vécu jusque sous Trajan, temps auquel Lucien commença, dit-on, à écrire.

On demande comment ce Paul put réussir à former une secte avec son détestable galimatias, pour lequel le cardinal Bembo avait un si profond mépris?[130] Nous répondons que sans ce galimatias même, il n'aurait jamais réussi auprès des énergumènes qu'il gouvernait. Pense-t-on que notre Fox qui a fondé chez nous la secte des primitifs appelés quakers, ait eu plus de bon sens que ce Paul? Il y a longtemps qu'on a dit que ce sont les fous qui fondent les sectes, et que les prudents les gouvernent. 5 10

17 67, 71, 75: Si on
n. *b* RN, 67, absent (ajout de 71)

dérision et livrés au plus sanglant mépris' et ajoute: 'On m'a assuré pour chose certaine qu'ils forment dans ce moment le sujet d'un jeu de marionnettes à la foire de St. Barthelemi' (*Œuvres*, trad. fr., Genève 1769, i.23).

[128] Matthieu xvi.16; Actes des apôtres ix.39-43.

[129] Dialogue que lui attribuait Fabricius. Il daterait en réalité du temps de l'empereur Julien. En marge de son exemplaire de l'*Histoire de l'établissement du christianisme tirée des seuls auteurs juifs et payens* par J.-B. Bullet (Besançon 1764), qui reprend aux p.257-65 la mention du *Philopatris*, Voltaire écrit pour rappel: 'dialogue de lucien sur chretiens' (CN, i.615).

[130] Pietro Bembo (1470-1547), éminent humaniste vénitien qui fut comblé de faveurs par les papes de la Renaissance. Il est l'auteur, en italien, de poésies et de remarquables dialogues (*Gli Asolani*). Il vouait un véritable culte à Cicéron et imposa le latin cicéronien comme modèle incontesté du latin humaniste. Il traitait avec mépris les *Epîtres* de saint Paul, qu'il qualifiait d'*epistolaceie*, et ne lisait pas son bréviaire en latin, de crainte de gâter son pur latin cicéronien.

au troisième ciel. Voyez comme il traite une assemblée de chrétiens où il se trouva. Nos presbytériens d'Ecosse et les gueux de St Médard de Paris, sont précisément la même chose. Des hommes déguenillés, presque nus, au regard farouche, à la démarche d'énergumène, poussant des soupirs, faisant des contorsions, jurant par le Fils *qui est sorti du Père*, prédisaient mille malheurs à l'empire, blasphémaient contre l'empereur. Tels étaient ces premiers chrétiens. 25

Celui qui avait donné le plus de vogue à la secte était ce Paul au grand nez et au front chauve dont Lucien se moque. Il suffit, ce me semble, des écrits de ce Paul, pour voir combien Lucien avait raison. Quel galimatias quand il écrit à la société des chrétiens qui se formait à Rome dans la fange juive! *La circoncision vous est profitable si vous observez la loi; mais si vous êtes prévaricateurs de la loi, votre circoncision devient prépuce, etc.*[131]... *Détruisons-nous donc la loi par la foi? à Dieu ne plaise! mais nous établissons la foi*[132]... *Si Abraham a été justifié par ses œuvres, il a de quoi se glorifier, mais non devant Dieu.*[133] Ce Paul en s'exprimant ainsi parlait évidemment en juif et non en chrétien; mais il parlait encore plus en énergumène insensé qui ne peut pas mettre deux idées cohérentes à côté l'une de l'autre. 30 35 40

Quel discours aux Corinthiens! *Nos pères ont été baptisés en Moïse dans la nuée et dans la mer.*[134] Le cardinal Bembo n'avait-il pas raison d'appeler des épîtres *epistolaciae*, et de conseiller de ne les point lire? 45

37-38 NM: *foi...Abraham*
40-43 RN-NM, W68: en chrétien. ¶Quels [RN, 67: Quel] discours
45 RN, 67, 75, NM, W68: appeler ces épîtres

[131] Romains ii.25. Voltaire n'a pas suivi la traduction de Dom Calmet de l'Epître aux Romains, mais il en a pris connaissance dans le *Commentaire littéral* et résumé le tout sur un signet par le mot 'prepuce' (CN, ii.262).
[132] Romains iii.31.
[133] Romains iv.2.
[134] I Corinthiens x.2.

Que penser d'un homme qui dit aux Thessaloniciens,[135] *je ne permets point aux femmes de parler dans l'église*; et qui dans la même épître annonce qu'elles doivent parler et prophétiser avec un voile?[136] 50

Sa querelle avec les autres apôtres est-elle d'un homme sage et modéré? Tout ne décèle-t-il pas en lui un homme de parti? Il s'est fait chrétien, il enseigne le christianisme, et il va sacrifier sept jours de suite dans le temple de Jérusalem par le conseil de Jacques, afin de ne passer pas pour chrétien. Il écrit aux Galates, 55 *Je vous dis, moi Paul, que si vous vous faites circoncire, Jésus-Christ ne vous servira de rien.*[137] Et ensuite il circoncit son disciple Timothée, que les Juifs prétendent être fils d'un Grec et d'une prostituée. Il est intrus parmi les apôtres, et il se vante aux Corinthiens d'être aussi apôtre que les autres;[138] *Ne suis-je pas apôtre? N'ai-je pas vu* 60 *notre Seigneur Jésus-Christ? N'êtes-vous pas mon ouvrage? Quand je ne serais pas apôtre à l'égard des autres, je le suis au moins à votre égard. N'avons-nous pas le droit d'être nourris à vos dépens? N'avons-nous pas le pouvoir de mener avec nous une femme qui soit notre sœur, (ou si on veut, une sœur qui soit notre femme) comme font les autres apôtres et les* 65 *frères de notre Seigneur? Qui est-ce qui va jamais à la guerre à ses dépens? etc.*[139]

Que de choses dans ce passage! Le droit de vivre aux dépens de ceux qu'il a subjugués, le droit de leur faire payer les dépenses de sa femme ou de sa sœur: enfin la preuve que Jésus avait des 70

52-53 RN-NM, W68: Il est chrétien
55 W75G, NM, W68, K: de ne pas [K: point] passer pour

[135] Voltaire fait erreur et cite de mémoire. Il faut lire I Corinthiens xiv.34; cf. le *Commentaire littéral*, signet annoté: 'deffense aux femmes de parler dans l'Eglise' (CN, ii.275).
[136] I Corinthiens xi.5; cf. *Philosophical works*, ii.352-53.
[137] Galates v.2.
[138] Wagnière a écrit sur un signet 'paul apôtre' aux p.434-35 du *Commentaire* de l'Epître aux Romains par Calmet (CN, ii.271).
[139] I Corinthiens ix.1-7.

frères, et la présomption que Marie ou Mirja était accouchée plus d'une fois.

Je voudrais bien savoir de qui il parle encore dans la seconde lettre aux Corinthiens, chap. 2.[c] *Ce sont des faux apôtres … mais ce qu'ils osent, je l'ose aussi. Sont-ils Hébreux? je le suis aussi. Sont-ils de la race d'Abraham? j'en suis aussi. Sont-ils ministres de Jésus-Christ? quand ils devraient m'accuser d'impudence, je le suis encore plus qu'eux, j'ai plus travaillé qu'eux, j'ai été plus repris de justice, plus souvent enfermé dans les cachots qu'eux. J'ai reçu trente-neuf coups de fouet cinq fois, des coups de bâton trois fois, lapidé une fois, j'ai été un jour et une nuit au fond de la mer.*[140]

Voilà donc ce Paul qui a été vingt-quatre heures au fond de la mer sans être noyé; c'est le tiers de l'aventure de Jonas. Mais n'est-il pas clair qu'il manifeste ici sa basse jalousie contre Pierre et les autres apôtres, et qu'il veut l'emporter sur eux pour avoir été plus repris de justice et plus fouetté[141] qu'eux?

La fureur de la domination ne paraît-elle pas dans toute son insolence, quand il dit aux mêmes Corinthiens, *Je viens à vous pour la troisième fois, je jugerai tout par deux ou trois témoins; je ne pardonnerai à aucun de ceux qui ont péché ni aux autres?*[142]

A quels imbéciles, et quels cœurs abrutis de la vile populace écrivait-il ainsi en maître tyrannique? A ceux auxquels il osait dire qu'il avait été ravi au troisième ciel. Lâche et impudent

[c] *Corinth. chap.* 9.

74 RN, 67, NM: *Ce sont de faux*
78-79 RN, 67: *enfermé aux cachots*
80 K85: *fois; j'ai été lapidé*

[140] Comme le signale la note, il s'agit en réalité de II Corinthiens xi, 13, 21-25.

[141] Sur un signet dans le *Commentaire littéral*, Voltaire a noté simplement 'paul fouetté' (CN, ii.279).

[142] II Corinthiens xiii.1-2; cf. un signet annoté dans le *Commentaire littéral*: 'le bougre ne pardonne à personne' (CN, ii.280).

imposteur! où est ce troisième ciel dans lequel tu as voyagé? Est-ce dans Vénus ou dans Mars? Nous rions de Mahomet quand ses commentateurs prétendent qu'il alla visiter sept cieux tout de suite dans une nuit. Mais Mahomet au moins ne parle pas dans son Alcoran d'une telle extravagance qu'on lui impute, et Paul ose dire qu'il a fait près de la moitié de ce voyage!

Quel était donc ce Paul qui fait encore tant de bruit, et qui est cité tous les jours à tort et à travers? Il dit,[143] qu'il était citoyen romain. J'ose affirmer qu'il ment impudemment. Aucun Juif ne fut citoyen romain que sous les Décius et les Philippes. S'il était de Tarsis, Tarsis ne fut colonie romaine, cité romaine, que plus de cent ans après Paul. S'il était de Giscale comme le dit Jérôme, ce village était en Galilée; et jamais les Galiléens n'eurent assurément l'honneur d'être citoyens romains.

Il fut élevé aux pieds de Gamaliel,[144] c'est-à-dire, qu'il fut domestique de Gamaliel. En effet, on remarque qu'il gardait les manteaux de ceux qui lapidèrent Etienne, ce qui est l'emploi d'un valet, et d'un valet de bourreau. Les Juifs prétendirent qu'il voulut épouser la fille de Gamaliel. On voit quelque trace de cette aventure dans l'ancien livre qui contient l'histoire de Thècle. Il n'est pas étonnant que la fille de Gamaliel n'ait pas voulu d'un petit valet chauve, dont les sourcils se joignaient sur un nez difforme, et qui avait les jambes crochues: c'est ainsi que les actes de Thècle le dépeignent.[145] Dédaigné par Gamaliel et par sa fille, comme il méritait de l'être, il se joignit à la secte naissante de Céphas, de Jacques, de Matthieu, de Barnabé, pour mettre le trouble chez les Juifs.

Pour peu qu'on ait une étincelle de raison, on jugera que cette cause de l'apostasie de ce malheureux Juif, est plus naturelle que

110-111 RN-NM, W68: d'un valet. Les Juifs

[143] Actes des apôtres XVI.37.
[144] Actes des apôtres XXII.3.
[145] Voir l'article 'Apôtres' des *Questions sur l'Encyclopédie* (1770; M.XXVII.328-29).

celle qu'on lui attribue. Comment se persuadera-t-on qu'une lumière céleste l'ait fait tomber de cheval en plein midi, qu'une voix céleste se soit fait entendre à lui, que Dieu lui ait dit, *Saul, Saul, pourquoi me persécutes-tu?*[146] Ne rougit-on pas d'une telle sottise? 125

Si Dieu avait voulu empêcher que les disciples de Jésus ne fussent persécutés, n'aurait-il pas parlé aux princes de la nation plutôt qu'à un valet de Gamaliel? En ont-ils moins été châtiés depuis que Saul tomba de cheval? Saul Paul ne fut-il pas châtié lui-même? à quoi bon ce ridicule miracle? Je prends le ciel et la terre à temoin, (s'il est permis de se servir de ces mots impropres le ciel et la terre) qu'il n'y a jamais eu de légende plus folle, plus fanatique; plus dégoûtante, plus digne d'horreur et de mépris.[d] 130 135

[d] Ce qu'il faut ce me semble remarquer avec soin dans ce Juif Paul, c'est qu'il ne dit jamais que Jésus soit Dieu. Tous les honneurs possibles il les lui donne. Mais le mot de Dieu n'est jamais pour lui. Il a été prédestiné dans l'Epître aux Romains chap. IV. Il veut qu'on ait la paix avec Dieu par Jésus chap. V. Il compte sur la grâce de Dieu par un seul homme qui est Jésus, il appelle ses disciples héritiers de Dieu et cohéritiers de Jésus, même chap. Il n'y a qu'un seul verset dans tous ces écrits de Paul où le mot de Dieu pourrait tomber sur Jésus. C'est dans cette Epître aux Romains, chap. IX.[147] Mais Erasme et Grotius ont prouvé que cet endroit est falsifié et mal interprété. En effet il serait trop étrange que Paul reconnaissant Jésus pour Dieu ne lui eût donné ce nom qu'une seule fois. C'eût été alors un blasphème. 5 10

Pour le mot de *Trinité*, il ne se trouve jamais dans Paul qui cependant est regardé comme le fondateur du christianisme.

124-125 RN: midi, qu'une lumière céleste se soit fait
132 71, W75G, 75, NM: à quoi ce ridicule
W68: à quoi sert ce ridicule
n. *d* RN, 67, absent (ajout de 71)
n. *d*, 7-8 75, NM: tous les écrits
71, W75G: tous ses écrits
n. *d*, 8-9 75: dans son Epître

[146] Actes des apôtres ix.4.
[147] Romains ix.12; cf. CN, ii.265.

CHAPITRE XIV

Des Evangiles.

Dès que les sociétés de demi-juifs, demi-chrétiens se furent insensiblement établies dans le bas peuple à Jérusalem, à Antioche, à Ephèse, à Corinthe, dans Alexandrie quelque temps après Vespasien, chacun de ces petits troupeaux voulut faire son Evangile. On en compta cinquante, et il y en eut beaucoup davantage. 5
Tous se contredisent comme on le sait, et cela ne pouvait être autrement, puisque tous étaient forgés dans des lieux différents. Tous conviennent seulement que leur Jésus était fils de Maria ou Mirja, et qu'il fut pendu; et tous lui attribuent d'ailleurs autant de prodiges qu'il y en a dans les Métamorphoses d'Ovide. 10

Luc lui dresse une généalogie absolument différente de celle que Matthieu lui forge; et aucun d'eux ne songe à faire la généalogie de Marie,[148] de laquelle seule on le fait naître. L'enthousiaste Pascal s'écrie, *cela ne s'est pas fait de concert*. Non sans doute, chacun a écrit des extravagances à sa fantaisie pour sa petite 15
société. De là vient qu'un évangéliste prétend que le petit Jésus fut élevé en Egypte; un autre dit qu'il fut toujours élevé à Bethléem. Celui-ci le fait aller une seule fois à Jérusalem, celui-là trois fois. L'un fait arriver trois mages que nous nommons les trois rois, conduits par une étoile nouvelle, et fait égorger tous 20
les petits enfants du pays par le premier Hérode, qui était alors

6 71, W75G, NM: Tous se contredisent davantage. Tous se contredisent comme

[148] Luc iii.2; Matthieu i.16. Voir les carnets (Voltaire 81, p.427-28).

près de sa fin.[a] L'autre passe sous silence et l'étoile, et les mages, et le massacre des innocents.

On a été obligé enfin, pour expliquer cette contradiction, de faire une concordance: et cette concordance est encore moins concordante que ce qu'on a voulu concorder. Presque tous ces Evangiles que les chrétiens ne communiquaient qu'à leurs petits troupeaux, ont été visiblement forgés après la prise de Jérusalem; on en a une preuve bien sensible dans celui qui est attribué à Matthieu. Ce livre met dans la bouche de Jésus ces paroles aux Juifs, *Vous rendrez compte de tout le sang répandu depuis le juste Abel, jusqu'à Zacharie fils de Barack, que vous avez tué entre le temple et l'autel.*[150]

Un faussaire se découvre toujours par quelque endroit. Il y eut pendant le siège de Jérusalem un Zacharie, fils d'un Barack,

[a] Le massacre des innocents est assurément le comble de l'ineptie, aussi bien que le conte des trois mages conduits par une étoile. Comment Hérode qui se mourait alors pouvait-il craindre que le fils d'un charpentier qui venait de naître dans un village le détrônât? Hérode tenait son royaume des Romains. Il aurait donc fallu que cet enfant eût fait la guerre à l'empire. Une telle crainte peut-elle tomber dans la tête d'un homme qui n'est pas absolument fou? Est-il possible qu'on ait proposé à la crédulité humaine de pareilles bêtises qui sont si au-dessous de Robert le Diable et de Jean de Paris![149] L'homme est donc une espèce bien méprisable, puisqu'elle est ainsi gouvernée.

n. *a* RN, 67, absent (ajout de 71)
24-25 RN, 67: cette foule de contradictions, de faire

[149] Robert le Diable, héros de plusieurs poèmes du Moyen Age, connu pour ses cruautés, rachète ses crimes par une dure pénitence, meurt saintement dans un ermitage. Jean de Paris est le héros d'un roman courtois du quinzième siècle (œuvre du Lyonnais Pierre Sala?) qui eut une longue survie dans la Bibliothèque bleue. Le héros, fils du roi de France, fiancé à l'infante d'Espagne, se fait passer pour un bourgeois et l'emporte sur le roi d'Angleterre, dont le cortège rivalise avec le sien.

[150] Matthieu xxii.38.

assassiné entre le temple et l'autel par la faction des zélés.[151] Par là l'imposture est facilement découverte; mais pour la découvrir alors il eût fallu lire toute la Bible. Les Grecs et les Romains ne la lisaient guère, et les Evangiles leur étaient entièrement inconnus; on pouvait mentir impunément. 40

Une preuve évidente que l'Evangile attribué à Matthieu, n'a été écrit que très longtemps après lui par quelque malheureux demi-juif, demi-chrétien helléniste, c'est ce passage fameux, *s'il n'écoute pas l'Eglise,*[152] *qu'il soit à vos yeux comme un païen et un publicain*. Il n'y avait point d'Eglise du temps de Jésus et de 45 Matthieu. Ce mot Eglise est grec. L'assemblée du peuple d'Athènes s'appelait *Ecclesia*. Cette expression ne fut adoptée par les chrétiens que dans la suite des temps, quand il y eut quelque forme de gouvernement. Il est donc clair qu'un faussaire prit le nom de Matthieu pour écrire cet Evangile en très mauvais grec. 50 J'avoue qu'il serait assez comique que Matthieu, qui avait été publicain, comparât les païens aux publicains. Mais quel que soit l'auteur de cette comparaison ridicule, ce ne peut être qu'un écervelé de la boue du peuple, qui regarde un chevalier romain chargé de recouvrer les impôts établis par le gouvernement 55 comme un homme abominable. Cette idée seule est destructive de toute administration; et non seulement indigne d'un homme inspiré de Dieu, mais indigne du laquais d'un honnête citoyen.

Il y a deux Evangiles de l'enfance; le premier nous raconte qu'un jeune gueux donna une tape sur le derrière au petit Jésus 60 son camarade, et que le petit Jésus le fit mourir sur-le-champ, *Kai*

41 RN, 67: preuve bien évidente
48 75: quand ils eurent quelque
71, W75G, NM, W68: quand il eut quelque

[151] II Paralipomènes xxiv.20-21.
[152] Matthieu xviii.17. Voltaire note sur un signet: 'qui ecclesiam non audit', à propos du *Commentaire littéral* sur l'Evangile de saint Matthieu (CN, ii.126).

para kremei peson apeidonen.[153] Une autre fois il faisait des petits oiseaux de terre glaise, et ils s'envolaient.[154] La manière dont il apprenait son alphabet était encore tout à fait divine. Ces contes ne sont pas plus ridicules que ceux de l'enlèvement de Jésus par le diable, de la transfiguration sur le Thabor, de l'eau changée en vin, des diables envoyés dans un troupeau de cochons. Aussi cet Evangile de l'enfance fut longtemps en vénération. 65

Le second livre de l'enfance n'est pas moins curieux. Marie emmenant son fils en Egypte, rencontre des filles désolées de ce que leur frère avait été changé en mulet. Marie et le petit ne manquèrent pas de rendre à ce mulet sa forme d'homme, et l'on ne sait si ce malheureux gagna au marché. Chemin faisant la famille errante rencontre deux voleurs,[155] l'un nommé Dumachus et l'autre Titus.[b] Dumachus voulait absolument voler la Sainte Vierge et lui faire pis. Titus prit le parti de Marie, et donna quarante drachmes à Dumachus pour l'engager à laisser passer la famille sans lui faire de mal. Jésus déclara à la Sainte Vierge que Dumachus serait le mauvais larron, et Titus le bon larron, qu'ils seraient un jour pendus avec lui, que Titus irait en paradis, et Dumachus à tous les diables. 70 75 80

[b] Voilà de plaisants noms pour des Egyptiens.

n. *b* RN, 67, absent (ajout de 71)

[153] Voltaire savait mal le grec et cite assez approximativement le texte, qui est: *Kai parachrêma pesôn apethanen*. Cet épisode est rapporté dans trois textes au moins: *Evangile du Pseudo-Matthieu*, ch.29, *Evangile de l'enfance, rédaction arabe*, ch.47, et *Récit des enfances du Seigneur par Thomas, philosophe israélite*, ch.4. La citation grecque est tirée de la dernière source. Dans les trois cas, il ne s'agit pas d'une tape sur le derrière, mais d'un enfant qui heurte le petit Jésus de l'épaule.

[154] *Evangile du Pseudo-Matthieu*, ch.27, *Evangile de l'enfance par Thomas*, ch.2, *Evangile de l'enfance, rédaction arabe*, ch.36, et *rédaction arménienne*, ch.18.

[155] Pour Titus et Dumachus, voir *Evangile de l'enfance, rédaction arabe* seulement, ch.23. Texte édité en latin par H. Sike, *Evangelium infantiae* (1697) et repris tel quel par Fabricius.

L'Evangile selon St Jacques frère aîné de Jésus, ou selon Pierre Barjone, Evangile reconnu et vanté par Tertullien et par Origène, fut encore en plus grande recommandation. On l'appelait *Proto Evangelion*, premier Evangile. C'est peut-être le premier qui ait parlé de la nouvelle étoile, de l'arrivée des mages et des petits enfants que le premier Hérode fit égorger. 85

Il y a encore une espèce d'Evangile ou d'Actes de Jean, dans lequel on fait danser Jésus avec ses apôtres la veille de sa mort; et la chose est d'autant plus vraisemblable que les thérapeutes étaient en effet dans l'usage de danser en rond, ce qui doit plaire beaucoup au Père céleste.[c] 90

Pourquoi le chrétien le plus scrupuleux rit-il aujourd'hui sans remords de tous ces Evangiles, de tous ces actes qui ne sont plus

[c] Il n'est point dit dans St Matthieu que Jésus-Christ dansa avec ses apôtres; mais il est dit dans St Matthieu chap. XXVI, v.30, *Ils chantèrent une hymne et allèrent au mont Olivet.*

Il est vrai que dans cette hymne on trouve ce couplet. *Je veux chanter, dansez tous de joie.* Ce qui fait voir qu'en effet on mêla la danse au chant, comme dans toutes les cérémonies religieuses de ce temps-là. St Augustin rapporte cette chanson dans sa lettre à Cérétius. 5

Il est fort indifférent de savoir si en effet cette chanson rapportée par Augustin fut chantée ou non: la voici.[156]

Je veux délier, et je veux être délié. 10
Je veux sauver, et je veux être sauvé.
Je veux engendrer, et je veux être engendré.

n. *c* RN, 67, absent (ajout de 71)
n. *c*, 9 71-NM, W68: Augustin est vraie ou non;
n. *c*, 20-22 71-NM, W68: joué. ¶Ce petit
n. *c*, 23 71-NM, W68: France. Il n'est point

[156] Voltaire reproduit cette chanson dans l'article 'Adorer' des *Questions sur l'Encyclopédie* (1770), et dans le chapitre 6 de l'*Histoire de l'établissement du christianisme*. Augustin lui-même l'a tirée des *Actes de Jean*, 95 (texte dans *Los Evangelios apócrifos*, Madrid 1956, p.197-98) et la commente longuement dans sa lettre CCXXXVII: *Les Lettres de S. Augustin, traduites en français* (Paris 1684; BV, no.219), vi.404-407 (CN, ii.177).

dans le canon, et n'ose-t-il rire de ceux qui sont adoptés par l'Eglise? Ce sont à peu près les mêmes contes; mais le fanatique adore sous un nom ce qui lui paraît le comble du ridicule sous un autre. 95

Enfin, on choisit quatre Evangiles; et la grande raison, au rapport de St Irénée, c'est qu'il n'y a que quatre vents cardinaux; c'est que Dieu est assis sur les chérubins, et que les chérubins ont quatre formes. St Jérôme ou Hiéronime, dans sa préface sur l'Evangile de Marc ajoute aux quatre vents, et aux quatre animaux, les quatre anneaux qui servaient aux bâtons, sur lesquels on portait le coffre appelé l'arche. 100 105

Théophile d'Antioche prouve que le Lazare ayant été mort

> Je veux chanter, dansez tous de joie.
> Je veux pleurer, frappez-vous tous de douleur.
> Je veux orner, et je veux être orné. 15
> Je suis la lampe pour vous qui me voyez.
> Je suis la porte pour vous qui y frappez.
> Vous qui voyez ce que je fais ne dites point ce que je fais.
> J'ai joué tout cela dans ce discours, et je n'ai point du tout été joué. 20

Voila une étrange chanson! elle est peu digne de l'Etre suprême.[157] Ce petit cantique n'est autre chose que ce qu'on appelle du persiflage en France et du non-sense chez nous. Il n'est point du tout prouvé que Jésus ait chanté après avoir fait la Pâque; mais il est prouvé par tous les Evangiles qu'il fit la Pâque à la juive, et non pas à la chrétienne. Et nous dirons ici en passant ce que milord Bolingbroke insinue ailleurs, qu'on ne trouve dans la vie de Jésus-Christ aucune action, aucun dogme, aucun rite, aucun discours, qui ait le moindre rapport au christianisme d'aujourd'hui, et encore moins au christianisme de Rome qu'à tous les autres. 25 30

102 RN: Hiérome

[157] Toute l'information de ce passage vient de Calmet et son *Commentaire littéral* sur l'Evangile de St Matthieu. Voltaire avait noté sur un signet: 'chanson de jesu / chanson bachique' (CN, ii.139-40).

pendant quatre jours, on ne pouvait conséquemment admettre que quatre Evangiles. St Cyprien prouve la même chose par les quatre fleuves qui arrosaient le paradis. Il faudrait être bien impie pour ne pas se rendre à de telles raisons.[158] 110

Mais avant qu'on eût donné quelque préférence à ces quatre Evangiles, les Pères des deux premiers siècles ne citaient presque jamais que les Evangiles nommés aujourd'hui apocryphes. C'est une preuve incontestable que nos quatre Evangiles ne sont pas de ceux à qui on les attribue. 115

Je veux qu'ils en soient, je veux, par exemple, que Luc ait écrit celui qui est sous son nom. Je dirais à Luc, Comment oses-tu avancer que Jésus naquit sous le gouvernement de Cirénius ou Quirinus, tandis qu'il est avéré que Quirinus ne fut gouverneur de Sirie que plus de dix ans après? Comment as-tu le front de 120 dire qu'Auguste avait ordonné le *dénombrement de toute la terre*, et que Marie alla à Bethléem pour se faire dénombrer?[159] Le dénombrement de toute la terre! quelle expression! Tu as ouï dire qu'Auguste avait un livre de raison qui contenait le détail des forces de l'empire et de ses finances; mais un dénombrement de 125 tous les sujets de l'empire! c'est à quoi il ne pensa jamais; encore moins un dénombrement de la terre entière; aucun écrivain romain ou grec ou barbare n'a jamais dit cette extravagance. Te voilà donc convaincu par toi-même du plus énorme mensonge; et il faudra qu'on adore ton livre! 130

Mais qui a fabriqué ces quatre Evangiles? n'est-il pas très probable que ce sont des chrétiens hellénistes, puisque l'Ancien Testament n'y est presque jamais cité que suivant la version des Septante, version inconnue en Judée? Les apôtres ne savaient pas

110-131 RN: telles raisons. ¶Mais qui a fabriqué

[158] Voir Calmet, *Commentaire littéral*, 'Préface générale sur les livres du Nouveau Testament', iii.5-7 (CN, ii.344); cf. Bolingbroke, qui cite l'exemple de saint Irénée (*Philosophical works*, iii.37; CN, i.387).

[159] Luc ii.1-4; cf. *Commentaire littéral* (CN, ii.246-47).

plus le grec que Jésus n'en avait su. Comment auraient-ils cité les Septante? il n'y a que le miracle de la Pentecôte qui ait pu enseigner le grec à des Juifs ignorants. 135

Quelle foule de contrariétés et d'impostures est restée dans ces quatre Evangiles! n'y en eût-il qu'une seule, elle suffirait pour démontrer que c'est un ouvrage de ténèbres. N'y eût-il que le conte qu'on trouve dans Luc que Jésus naquit sous le gouvernement de Cirénius, lorsqu'Auguste fit faire le dénombrement de tout l'empire? cette seule fausseté ne suffirait-elle pas pour faire jeter le livre avec mépris? 1°. Il n'y eut jamais de tel dénombrement, et aucun auteur n'en parle. 2°. Cirénius ne fut gouverneur de Syrie que dix ans après l'époque de la naissance de ce Jésus. Autant de mots, autant d'erreurs dans les Evangiles. Et c'est ainsi qu'on réussit avec le peuple. 140 145

135 RN-NM, W68: Jésus ne l'avait su.
144 W75G, NM, W68: jamais de dénombrement

CHAPITRE XV

Comment les premiers chrétiens se conduisirent avec les Romains, et comment ils forgèrent des vers attribués aux sibylles etc.

Des gens de bon sens demandent comment ce tissu de fables qui outrage si platement la raison, et de blasphèmes qui imputent tant d'horreurs à la Divinité, put trouver quelque créance. Ils devraient en effet être bien étonnés si les premiers sectaires chrétiens avaient persuadé la cour des empereurs et le sénat de Rome; mais une canaille abjecte s'adressait à une populace non moins méprisable. Cela est si vrai que l'empereur Julien dit dans son discours aux christicoles,[160] *C'était d'abord assez pour vous de séduire quelques servantes, quelques gueux comme Corneille et Serge. Qu'on me regarde comme le plus effronté des imposteurs, si parmi ceux qui embrassèrent votre secte sous Tibère et sous Claude, il y a eu un seul homme de naissance ou de mérite.*[a]

[a] Il est étrange que l'empereur Julien ait appelé Sergius un homme de néant, un gueux. Il faut qu'il eût lu avec peu d'attention les Evangiles, ou qu'il manquât de mémoire dans ce moment, ce qui est assez commun à ceux qui étant chargés des plus grandes affaires veulent encore prendre sur eux le fardeau de la controverse. Il se trompe, et les Actes des apôtres qu'il réfute se trompent évidemment aussi. Sergius n'était ni un homme de néant, comme le dit Julien, ni proconsul, ni gouverneur de Chipre, comme le disent les Actes.[161]

Il n'y avait qu'un proconsul en Syrie dont l'île de Chipre dépendait, et c'était ce proconsul de Syrie qui nommait le propréteur de Chipre. Mais ce propréteur était toujours un homme considérable.

n. *a* RN, 67, absent (ajout de 71)

[160] Voir le *Discours de l'empereur Julien* (M.xxviii.37), où ἄνδρας est rendu par 'hommes du peuple' et non pas 'gueux'.

[161] Actes des apôtres xiii.7.

Les premiers raisonneurs chrétiens disaient donc dans les carrefours et dans les auberges aux païens qui se mêlaient de raisonner, Ne soyez point effarouchés de nos mystères; vous recourez aux 15 expiations pour vous purger de vos crimes: nous avons une expiation bien plus salutaire. Vos oracles ne valent pas les nôtres; et pour vous convaincre que notre secte est la seule bonne, c'est que vos propres oracles ont prédit tout ce que nous vous enseignons, et tout ce qu'a fait notre Seigneur Jésus-Christ. 20 N'avez-vous pas entendu parler des sibylles? Oui, répondent les disputeurs païens aux disputeurs galiléens; toutes les sibylles ont été inspirées par Jupiter même; leurs prédictions sont toutes véritables. Eh bien, repartent les Galiléens, nous vous montrerons des vers de sibylles qui annoncent clairement Jésus-Christ, et 25 alors il faudra bien vous rendre.

Peut-être l'empereur Julien veut-il parler d'un autre Sergius, que les Actes des apôtres auront maladroitement transformé en proconsul ou en propréteur. Ces Actes sont une rapsodie informe, remplie de contradictions, comme tout ce que les Juifs et les Galiléens ont écrit. 15

Ils disent que Paul et Barnabé trouvèrent à Paphos un Juif magicien nommé Bar-Jésu, qui voulait empêcher le propréteur Sergius de se faire chrétien. C'est au chap. 13, ensuite ils disent que ce Bar-Jésu s'appelait Helmas, et que Paul et Barnabé le rendirent aveugle pour quelques jours, et que ce miracle détermina le propréteur à se faire chrétien. On 20 sent assez la valeur d'un pareil conte. On n'a qu'à lire le discours que tient Paul à ce Sergius, pour voir que Sergius n'aurait pu y rien comprendre.

Ce chapitre XIII finit par dire que Paul et Barnabé furent chassés de l'île de Chipre. Comment ce Sergius qui était le maître les aurait-il laissé 25 chasser s'il avait embrassé leur religion? Mais comment aussi ce Sergius ayant la principale dignité dans l'île, et par conséquent n'étant pas un imbécile, se serait-il fait chrétien tout d'un coup?

Tous ces Contes du tonneau ne sont-ils pas d'une absurdité palpable?

Remarquons surtout que Jésus dans les Actes des apôtres et dans tous 30 les discours de Paul, n'est jamais regardé que comme un homme, et qu'il n'y a pas un seul mot où il soit question de sa prétendue divinité.

n. *a*, 17 NM: nommé Barnabé
n. *a*, 27 71-NM, W68: n'étant point un

Aussitôt les voilà qui se mettent à forger les plus mauvais vers grecs qu'on ait jamais composés, des vers semblables à ceux de notre Grubstreet,[162] de Blakmore,[163] et de Gibson.[164] Ils les attribuent aux sibylles; et pendant plus de quatre cents ans ils ne cessent de fonder le christianisme sur cette preuve qui était également à la portée des trompeurs et des trompés. Ce premier pas étant fait, on vit ces faussaires puérils mettre sur le compte des sibylles jusqu'à des vers acrostiches qui commençaient tous par les lettres qui composent le nom de Jésus-Christ.[165] 30 35

Lactance nous a conservé une grande partie de ces rapsodies, comme des pièces authentiques.[166] A ces fables ils ajoutaient des miracles qu'ils faisaient même quelquefois en public. Il est vrai qu'ils ne ressuscitaient point de morts comme Elisée, ils n'arrêtaient pas le soleil comme Josué, ils ne passaient point la mer à 40

32 NM: à portée des
35-36 RN, 67, texte continu

[162] La rue du journalisme vénal et des pamphlétaires de bas étage. Le nom s'est maintenu dans ce sens péjoratif en anglais (cf. ci-dessus, ch.10, note *a*).

[163] Sir Richard Blackmore (1654-1729), auteur de poèmes héroïques (*Prince Arthur*, 1695; *King Arthur*, 1697), de poèmes épiques (*Eliza*, 1705; *Alfred*, 1723), d'une paraphrase du livre de Job (1700), de textes religieux (contre l'arianisme) et politiques. Son côté désuet le situait dans le sillage de la Renaissance plus que dans l'esprit des Lumières.

[164] Edmund Gibson (1669-1748), évêque de Londres, ardent défenseur de l'Eglise anglicane contre les méthodistes, auteur de nombreux textes (e. a. contre l'enthousiasme). On lui doit aussi le *Chronicon Saxonicum* (1692), traduction de vieilles lois saxonnes. Voltaire, qui le juge ici comme un poète ridicule, songe probablement à son édition du *Polemo-Middiana, carmen macaronicum* (1691).

[165] Voltaire a lu D. Blondel, *Des sibylles célébrées tant par l'antiquité payenne que par les saints pères* (Paris 1649; BV, no.428), où les pages 54-56 concernant l'acrostiche attribué à la sibylle sont marquées d'un signet (CN, i.369). Cf. *La Philosophie de l'histoire*, ch.32 (Voltaire 59, p.197) et *La Défense de mon oncle*, seconde diatribe (Voltaire 64, p.248).

[166] Lactance, écrivain ecclésiastique latin, né en Afrique, mort vers 325. Elevé dans la religion païenne, il se convertit au christianisme vers 300. Voltaire possédait ses *Opera omnia* (Lutetiae Parisiorum 1748; BV, no.1836) qu'il a annotées. Ailleurs, il appelle Lactance 'bavard et esprit faux', 'cet avocat bavard' (CN, ii.557, 559).

pied sec comme Moïse, ils ne se faisaient pas transporter par le diable comme Jésus sur le haut d'une petite montagne de Galilée d'où on découvrait toute la terre; mais ils guérissaient la fièvre quand elle était sur son déclin, et même la gale lorsque le galeux avait été baigné, saigné, purgé, frotté. Ils chassaient surtout les démons, c'était le principal objet de la mission des apôtres. Il est dit dans plus d'un Evangile que Jésus les envoya exprès pour les chasser.[167]

C'était une ancienne prérogative du peuple de Dieu. Il y avait, comme on sait, des exorcistes à Jérusalem qui guérissaient les possédés en leur mettant sous le nez un peu de la racine nommée barath, et en marmottant quelques paroles tirées de la clavicule de Salomon.[168] Jésus lui-même avoue que les Juifs avaient ce pouvoir. Rien n'était plus aisé au diable que d'entrer dans le corps d'un gueux, moyennant un ou deux schellings. Un Juif ou un Galiléen un peu à son aise, pouvait chasser dix diables par jour pour une guinée. Les diables n'osaient jamais s'emparer d'un gouverneur de province, d'un sénateur, pas même d'un centurion: Il n'y eut jamais que ceux qui ne possédaient rien du tout qui fussent possédés.

Si le diable dut se saisir de quelqu'un, c'était de Pilate, cependant il n'osa jamais en approcher. On a longtemps exorcisé la canaille en Angleterre, et encore plus ailleurs; mais quoique la secte chrétienne soit précisément établie pour cet usage, il est aboli presque partout, excepté dans les Etats de l'obédience du pape, et dans quelques pays grossiers d'Allemagne, malheureusement soumis à des évêques et à des moines.

Ce qu'ont enfin pu faire de mieux tous les gouvernements chrétiens, c'est d'abolir tous les premiers usages du christianisme: baptême des filles adultes toutes nues par des hommes dans des

67-74 RN-NM, W68: des moines. ¶Les chrétiens

[167] Matthieu x.1; Marc iii.15; Luc ix.1.

[168] Actes des apôtres xix.13-16; voir Cl. Fleury, *Institution du droit ecclésiastique* (Paris 1762-1763), i.62 (BV, no.1352).

cuves, baptême abominable des morts, exorcismes, processions du diable, inspirations, agapes qui produisirent tant d'impuretés. Tout cela est détruit, et cependant la secte demeure.

Les chrétiens s'accréditèrent ainsi dans le petit peuple pendant tout un siècle. On les laissa faire; on les regarda comme une secte 75 de Juifs, et les Juifs étaient tolérés; on ne persécutait ni pharisiens, ni saducéens, ni thérapeutes, ni esséniens, ni judaïtes; à plus forte raison laissait-on ramper dans l'obscurité ces chrétiens qu'on ignorait. Ils étaient si peu de chose que ni Flavian Joseph, ni Philon, ni Plutarque ne daignent en parler; et si Tacite en veut 80 bien dire un mot, c'est en les confondant avec les Juifs, et en leur marquant le plus profond mépris.[169] Ils eurent donc la plus grande facilité d'étendre leur secte. On les rechercha un peu sous Domitien, quelques-uns furent punis sous Trajan, et ce fut alors qu'ils commencèrent à mêler mille faux actes de martyres à 85 quelques-uns qui n'étaient que trop véritables.

81-82 RN, 67: les Juifs, c'est surtout avec le plus profond

[169] *Essai sur les mœurs*, ch.8 (*Essai*, i.277).

CHAPITRE XVI

Comment les chrétiens se conduisirent avec les Juifs. Leur explication ridicule des prophètes.

Les chrétiens ne purent jamais prévaloir auprès des Juifs comme auprès de la populace des gentils. Tandis qu'ils continuèrent à vivre selon la loi mosaïque, comme avait fait Jésus toute sa vie, à s'abstenir des viandes prétendues impures, et qu'ils ne proscrivirent point la circoncision, ils ne furent regardés que comme une société particulière de Juifs, telle que celle des saducéens, des esséniens, des thérapeutes. Ils disaient qu'on avait eu tort de pendre Jésus, que c'était un saint homme envoyé de Dieu, et qu'il était ressuscité.

Ces discours, à la vérité, étaient punis dans Jérusalem; il en coûta même la vie à Etienne, à ce qu'ils disent; mais ailleurs cette scission ne produisit que des altercations entre les Juifs rigides et les demi-chrétiens. On disputait; les chrétiens crurent trouver dans les Ecritures quelques passages qu'on pouvait tordre en faveur de leur cause. Ils prétendirent que les prophètes juifs avaient prédit Jésus-Christ; ils citaient Isaïe qui disait au roi Achaz:

'Une fille,[170] ou jeune femme (alma)[a] sera grosse, et accouchera

[a] Par quelle impudente mauvaise foi les christicoles ont-ils soutenu qu'*alma*, signifiait toujours *vierge*? Il y a dans l'Ancien Testament vingt passages où *alma* est pris pour femme et même pour concubine comme dans le Cantique des cantiques chap. 6, Joël chap. 1er. Jusqu'à l'abbé Trithême[171] il n'y a eu aucun docteur de l'Eglise qui ait su l'hébreu excepté Origène, Jérôme et Ephrem qui était du pays.

18 NM: ou une jeune
n. *a* RN, 67, absent (ajout de 71)

[170] Isaïe vii.14-20. La Vulgate donne en effet *virgo*.
[171] Johannes Heidenberg, dit Trithemius (1462-1516), historien et théologien allemand.

d'un fils qui s'appellera Emmanuel; il mangera du beurre et du miel, afin qu'il sache rejeter le mal et choisir le bien. La terre que vous détestez sera délivrée de ses deux rois, et le Seigneur sifflera aux mouches qui sont à l'extrémité des fleuves d'Egypte, et aux abeilles du pays d'Assur. Et il prendra un rasoir de louage, et il rasera la tête, le poil du pénil et la barbe du roi d'Assur.'

'Et le Seigneur me dit, prenez un grand livre, et écrivez en lettres lisibles, *Maher salal-has-bas, prenez vite les dépouilles*. Et j'allai coucher avec la prophétesse, et elle fut grosse, et elle mit au monde un fils, et le Seigneur me dit, appelez-le *Maher salal-has-bas, prenez vite les dépouilles*.'[172]

Vous voyez bien, disaient les chrétiens, que tout cela signifie évidemment l'avènement de Jésus-Christ. La fille qui fait un enfant, c'est la vierge Marie; *Emmanuel*, et *prenez vite les dépouilles*, c'est notre Seigneur Jésus. Pour le rasoir de louage avec lequel on rase le poil du pénil du roi d'Assur, c'est une autre affaire. Toutes ces explications ressemblent parfaitement à celle de milord Pierre dans le Conte du tonneau de notre cher doyen Swift.

Les Juifs répondaient, Nous ne voyons pas si clairement que vous, que *prenez les dépouilles* et *Emmanuel* signifient *Jésus*, que la jeune femme d'Isaïe soit une vierge, et qu'*alma* qui exprime également fille ou jeune femme, signifie *Maria*; et ils riaient au nez des chrétiens.

Quand les chrétiens disaient, Jésus est prédit par le patriarche Juda, car le patriarche Juda *devait lier son ânon à la vigne; et laver son manteau dans le sang de la vigne*;[173] et Jésus est entré dans Jérusalem sur un âne, donc Juda est la figure de Jésus; alors les Juifs riaient encore plus fort.

S'ils prétendaient que Jésus était le Shilo qui devait venir quand le sceptre ne serait plus dans Juda,[174] les Juifs les confondaient,

[172] Isaïe viii.1-2.
[173] Genèse xlix.11.
[174] Genèse xlix.10.

en disant que depuis la captivité de Babilone, le sceptre ou la verge d'entre les jambes n'avait jamais été dans Juda, et que du temps même de Saül la verge n'était pas dans Juda. Ainsi les chrétiens loin de convertir les Juifs en furent méprisés, détestés, et le sont encore. Ils furent regardés comme des bâtards qui voulaient dépouiller le fils de la maison, en prétextant de faux titres. Ils renoncèrent donc à l'espérance d'attirer les Juifs à eux, et s'adressèrent uniquement aux gentils.

49 RN-NM, W68: en Babylone

CHAPITRE XVII

Des fausses citations et des fausses prédictions dans les Evangiles.

Pour encourager les premiers catéchumènes, il était bon de citer d'anciennes prophéties et d'en faire de nouvelles. On cita donc dans les Evangiles les anciennes prophéties à tort et à travers. Matthieu, ou celui qui prit son nom, dit,[a] *Joseph habita dans une ville qui s'appelle Nazareth, pour accomplir ce qui a été prédit par les prophètes, il s'appellera Nazaréen.* Aucun prophète n'avait dit ces paroles; Matthieu parlait donc au hasard. Luc ose dire au chap. 21, *Il y aura des signes dans la lune et dans les étoiles; des bruits de la mer et des flots; les hommes séchant de crainte attendront ce qui doit arriver à l'univers entier. Les vertus des cieux seront ébranlées, et alors ils verront le fils de l'homme venant dans une nuée avec grande puissance et grande majesté. En vérité je vous dis que la génération présente ne passera point que tout cela ne s'accomplisse.*[176]

La génération passa: et si rien de tout cela n'arriva, ce n'est pas ma faute. Paul en dit à peu près autant dans son Epître à ceux de Thessalonique: *Nous qui vivons et qui vous parlons, nous serons emportés dans les nuées pour aller au-devant du Seigneur au milieu de l'air.*[177]

Que chacun s'interroge ici, qu'il voie si on peut pousser plus loin l'imposture et la bêtise du fanatisme. Quand on vit qu'on

[a] *Matth. chap.* 3.[175]

n. *a* 75: *chap.* 2
15 W75G, NM, W68: autant à ceux

[175] En réalité, Matthieu ii.23.
[176] Luc xxi.25-32. A propos de cet extrait de Luc, Voltaire a écrit sur un signet 'le fils de l'homme dans une nuée' (CN, ii.257), mais il n'a pas repris la traduction du passage d'après le *Commentaire littéral*.
[177] I Thessaloniciens iv.17.

avait mis en avant des mensonges si grossiers, les Pères de l'Eglise ne manquèrent pas de dire que Luc et Paul avaient entendu par ces prédictions la ruine de Jérusalem. Mais quel rapport, je vous prie, de la prise de Jérusalem avec Jésus venant dans les nuées dans une grande puissance et grande majesté?[b] 20

Il y a dans l'Evangile attribué à Jean un passage qui fait bien voir que ce livre ne fut pas composé par un Juif. Jésus dit,[c] *Je vous fais un commandement nouveau, c'est que vous vous aimiez mutuellement.* Ce commandement loin d'être nouveau se trouve expressément, et d'une manière bien plus forte, dans le Lévitique,[d] *Tu aimeras ton prochain comme toi-même.* 25 30

Enfin, quiconque se donnera la peine de lire avec attention, ne trouvera dans tous les passages où l'on allègue l'Ancien Testament, qu'un manifeste abus de paroles, et le sceau du mensonge presque à chaque page.

[b] On fut si longtemps infatué de cette attente de la fin du monde qu'au sixième, septième et huitième siècles, beaucoup de chartres, de donations aux moines commencent ainsi, *Christ* régnant, la fin du monde approchant, moi pour le remède de mon âme, etc.

[c] *Jean* chap. XIII.[178]

[d] *Lévitiq.* chap. XIX.[179]

n. *b* RN, 67 (ajout de 71)

n. *b*, 4 71, W75G, NM: mon âme.//

[178] Jean xiii.34.

[179] Lévitique xix.18.

CHAPITRE XVIII

De la fin du monde et de la Jérusalem nouvelle.

Non seulement on a introduit Jésus sur la scène prédisant la fin du monde pour le temps même où il vivait, mais ce fanatisme fut celui de tous ceux qu'on nomme apôtres et disciples. Pierre Barjone dans la première épître qu'on lui attribue, dit[a] *que l'Evangile a été prêché aux morts, et que la fin du monde approche.* 5

Dans la seconde épître, [b] *Nous attendons de nouveaux cieux et une nouvelle terre.*

La première épître attribuée à Jean, dit formellement, *Il y a dès à présent plusieurs Antéchrists, ce qui nous fait connaître que voici la dernière heure.*[182] 10

L'épître qu'on met sur le compte de ce Thaddée surnommé Jude, annonce la même folie, [c] *Voilà le Seigneur qui va venir avec des millions de saints pour juger les hommes.*

Cette ridicule idée subsista de siècle en siècle. Si le monde ne finit pas sous Constantin, il devait finir sous Théodose. Si sa fin 15 n'arriva pas sous Théodose, elle devait arriver sous Attila. Et jusqu'au douzième siècle cette opinion enrichit tous les couvents. Car pour raisonner saintement, dès qu'il n'y aura plus ni hommes ni terres, il faut bien que toutes les terres appartiennent aux moines. 20

a *Chap.* 4.[180]
b *Chap.* 3.[181]
c *Jud. chap.* 1.[183]

13-21 RN-NM, W68: *les hommes.* ¶Enfin

[180] I Pierre iv.6-7.
[181] II Pierre iii.13.
[182] I Jean ii.18.
[183] Jude 14-15.

Enfin, c'est sur cette démence qu'on fonda cette autre démence d'une nouvelle ville de Jérusalem qui devait descendre du ciel. L'Apocalypse annonça cette prochaine aventure;[184] tous les christicoles la crurent. On fit de nouveaux vers sibyllins, dans lesquels cette Jérusalem était prédite; elle parut même cette ville nouvelle où les christicoles devaient loger pendant mille ans après l'embrasement du monde. Elle descendit du ciel pendant quarante nuits consécutives. Tertullien la vit de ses yeux.[185] Un temps viendra où tous les honnêtes gens diront, Est-il possible qu'on ait perdu son temps à réfuter ce Conte du tonneau?

Voilà donc pour quelles opinions la moitié de la terre a été ravagée! Voilà ce qui a valu des principautés, des royaumes à des prêtres imposteurs, et ce qui précipite encore tous les jours des imbéciles dans les cachots des cloîtres chez les papistes! C'est avec ces toiles d'araignée qu'on a tissu les liens qui nous serrent; on a trouvé le secret de les changer en chaînes de fer. Grand Dieu! c'est pour ces sottises, que l'Europe a nagé dans le sang, et que notre roi Charles Ier est mort sur un échafaud! O destinée! quand des demi-juifs écrivaient leurs plates impertinences dans leurs greniers, prévoyaient-ils qu'ils préparaient un trône pour l'abominable pape Alexandre six,[186] et pour ce brave scélérat de Cromwel?

28 RN, l'errata corrige 'Tertullien' en 'Justin'
41 W75G, NM, W68: abominable Alexandre
41-42 NM: scélérat Cromwell

[184] Apocalypse xxi.2; cf. CN, i.335.

[185] Voir *Philosophical works*, iii.34-35, endroit marqué par un signet (CN, i.387): '[Tertullian] maintains the apocalypse against the Marcionites; and affirms that the new Jerusalem, to be built by the hand of God, and to descend from heaven, was known to Ezekiel, and had been seen by the apostle St. John; nay, that the plan, or model of it, had been seen in his time suspended in the air forty days together, that it might be known again, when it should actually exist on earth'.

[186] Dans la première des *Homélies prononcées à Londres*, Voltaire reviendra sur les 'épouvantables barbaries' de ce 'monstre' (voir ci-dessous, p.437-38).

CHAPITRE XIX

Des allégories.

Ceux qu'on appelle Pères de l'Eglise s'avisèrent d'un tour assez singulier pour confirmer leurs catéchumènes dans leur nouvelle créance. Il se trouva avec le temps des disciples qui raisonnèrent un peu: on prit le parti de leur dire que tout l'Ancien Testament n'est qu'une figure du Nouveau. Le petit morceau de drap rouge que mettait la paillarde[187] Rahab à sa fenêtre pour avertir les espions de Josué, signifie le sang de Jésus répandu pour nos péchés: Sara et la servante Agar, Lia la chassieuse, et la belle Rachel, sont la synagogue et l'Eglise. Moïse levant les mains quand il donne la bataille aux Amalékites, c'est évidemment la croix, car on a la figure d'une croix quand on étend les bras à droite et à gauche.[188] Joseph vendu par ses frères, c'est Jésus-Christ. La manne, c'est l'Eucharistie. Les quatre vents sont les quatre Evangiles. Les baisers que donne la Sulamite sur la bouche etc. dans le Cantique des cantiques, sont visiblement le mariage de Jésus-Christ avec son Eglise. La mariée n'avait pas encore de dot, elle n'était pas encore bien établie.

On ne savait ce qu'on devait croire, aucun dogme précis n'était encore constaté. Jésus n'avait jamais rien écrit. C'était un étrange législateur qu'un homme de la main duquel on n'avait pas une ligne. Il fallut donc écrire pour lui; on s'abandonna donc à ces

12-14 RN-NM, W68: Jésus-Christ. ¶Les baisers que donne [RN, 67: donna] la Sulamite
17-18 RN: encore trop bien établie; on ne savait
21 75: on s'abandonne donc

[187] Josué ii.18; la Vulgate l'appelle *meretrix*.

[188] Genèse xvi et xxix; Exode xvii.11-12; Genèse xxxvii.25-28; Exode xvi; cf. le signet placé dans J.-B. Cotelier, *S. S. Patrum, qui temporibus apostolicis floruerunt, Barnabae, Clementis, Hermae, Ignatii, Polycarpi opera, vera, et suppositicia* (Amsterdam 1724; BV, no.877): 'moïse etend[an]t les bras figure de la croix' (CN, ii.767).

bonnes nouvelles, à ces Evangiles, à ces Actes dont nous avons déjà parlé; et on tourna tout l'Ancien Testament en allégories du Nouveau. Il n'est pas étonnant que des catéchumènes fascinés par ceux qui voulaient former un parti, se laissassent séduire par ces images qui plaisent toujours au peuple. Cette méthode contribua plus que toute autre chose, à la propagation du christianisme, qui s'étendait secrètement d'un bout de l'empire à l'autre, sans qu'alors les magistrats daignassent presque y prendre garde. 25

Plaisante et folle imagination, de faire de toute l'histoire d'une troupe de gueux, la figure et la prophétie de tout ce qui devait arriver au monde entier dans la suite des siècles! 30

29-32 RN: garde.//

CHAPITRE XX

Des falsifications, et des livres supposés.

Pour mieux séduire les catéchumènes des premiers siècles, on ne manqua pas de supposer que la secte avait été respectée par les Romains et par les empereurs eux-mêmes. Ce n'était pas assez de forger mille écrits qu'on attribuait à Jésus; on fit encore écrire Pilate; Justin, Tertullien citent ses actes;[189] on les inséra dans l'Evangile de Nicodème. Voici quelques passages de la première lettre de Pilate à Tibère; ils sont curieux.

'Il est arrivé depuis peu, et je l'ai vérifié, que les Juifs par leur envie se sont attiré une cruelle condamnation; leur Dieu leur ayant promis de leur envoyer son saint du haut du ciel, qui serait leur roi à bien juste titre, et ayant promis qu'il serait fils d'une vierge, le dieu des Hébreux l'a envoyé en effet, moi étant président en Judée. Les principaux des Juifs me l'ont dénoncé comme un magicien; je l'ai cru, je l'ai bien fait fouetter; je le leur ai abandonné; ils l'ont crucifié, ils ont mis des gardes auprès de sa fosse, il est ressuscité le troisième jour'.[190]

Cette lettre très ancienne est fort importante, en ce qu'elle fait voir qu'en ces premiers temps les chrétiens n'osaient encore imaginer que Jésus fût Dieu; ils l'appelaient seulement envoyé de Dieu. S'il avait été Dieu alors, Pilate qu'ils font parler n'eût pas manqué de le dire.

Dans la seconde lettre, il dit que s'il n'avait pas craint une sédition, peut-être *ce noble Juif* vivrait encore, *fortasse vir ille nobilis*

5 W75G, NM, W68: citent ces actes

[189] Voir les signets de Voltaire insérés dans Fabricius, *Codex apocryphus* (CN, iii.461-62).

[190] Voir *Collection d'anciens évangiles* (M.xxvii.537).

viveret. On forgea encore une relation de Pilate plus circonstanciée.[191] 25

Eusèbe de Césarée au livre 7 de son Histoire ecclésiastique,[192] assure que l'hémorroïsse guérie par Jésus-Christ était citoyenne de Césarée; il a vu sa statue aux pieds de celle de Jésus-Christ. Il y a autour de la base des herbes qui guérissent toutes sortes de maladies. On a conservé une requête de cette hémorroïsse dont 30 le nom était, comme on sait, Véronique; elle y rend compte à Hérode du miracle que Jésus-Christ a opéré sur elle. Elle demande à Hérode la permission d'ériger une statue à Jésus, mais ce n'est pas dans Césarée, c'est dans la ville de Paniade et cela est triste pour Eusèbe. 35

On fit courir un prétendu édit de Tibère pour mettre Jésus au rang des dieux. On supposa des lettres de Paul à Sénèque, et de

[191] Voir la 'Relation du gouverneur Pilate touchant Jésus-Christ notre seigneur envoyée à l'empereur Tibère, qui était à Rome', *Collection d'anciens évangiles* (M.xxvii.538-41).

[192] L'*Histoire ecclésiastique* d'Eusèbe est la première du genre. Elle figure dans la bibliothèque de Voltaire (*Histoire de l'Eglise*, trad. Cousin, 1675; BV, no.1250; CN, iii.440-48), avec de nombreuses notes marginales dont aucune ne correspond au passage cité ici. Voltaire fait allusion ici au liv.VII, ch.18 (PG, xx.679-80). Le chapitre s'intitule 'Des signes qui restent à Panéas de la bienfaisante action de notre Sauveur'. Le passage est traduit comme suit par G. Bardy: 'Mais puisque j'ai évoqué le souvenir de cette ville [Césarée], je ne crois pas juste d'omettre un récit digne d'être rappelé même à ceux qui seront après nous. En effet, l'hémoroïsse qui, les Saints Evangiles nous l'ont appris, trouva auprès du sauveur la guérison de ses souffrances, était, dit-on, originaire de là: on montre sa maison dans la ville, et il subsiste d'admirables monuments de la bienfaisance du Seigneur à son égard. En effet, sur une pierre élevée, devant les portes de sa maison, se dresse une statue féminine en airain: elle fléchit le genou et, les mains tendues en avant, elle ressemble à une suppliante. En face d'elle est une image de la même matière, la représentation d'un homme debout, drapé d'un manteau et tendant la main à la femme; à ses pieds, sur la stèle même, semble pousser une plante étrange qui s'élève jusqu'à la frange du manteau d'airain; c'est l'antidote de maladies de toutes sortes. On disait que cette statue reproduisait les traits de Jésus; elle a subsisté encore jusqu'à nous, de sorte que nous l'avons vue nous-même, lorsque nous sommes allé dans cette ville' (ii.191-92). Selon G. Bardy, cette statue représenterait probablement Esculape. Les chrétiens ne parlaient d'Esculape que comme d'un démon.

Sénèque à Paul.[193] Empereurs, philosophes, apôtres, tout fut mis à contribution, c'est une suite non interrompue de fraudes: les unes sont seulement fanatiques, les autres sont politiques. Un mensonge fanatique, par exemple, est d'avoir écrit sous le nom de Jean l'Apocalypse qui n'est qu'absurde; un mensonge politique est le livre des constitutions[194] attribué aux apôtres. On veut au chap. 25 du livre 2e que les évêques recueillent les décimes et les prémices. On y appelle les évêques *rois*, au chap. 26, *qui Episcopus est hic vester Rex et Dinastes.*[195]

Il faut (chapitre 28) quand on fait le repas des agapes,[a] envoyer

[a] On accuse plusieurs sociétés chrétiennes d'avoir fait de ces agapes des scènes de la plus infâme dissolution, accompagnée de mystères. Et ce qu'il faut observer, c'est que les chrétiens s'en accusaient les uns les autres. Epiphane[196] est convaincu que les gnostiques qui étaient parmi

n. *a* RN, 67, absent (ajout de 71)
n. *a*, 2 NM: accompagnées de

[193] Voir Fabricius, *Codex apocryphus*, 'Epistolae Pauli et Senecae', ii.894-904, avec signet annoté: 'lettres ridicules de Paul' (CN, iii.465).

[194] Les *Constitutiones apostolicae* sont reprises dans Migne, PG, i.509-1156. Il y est dit: 'Constitutiones, quae vocant apostolicas, opus esse spurium, ab iis, quibus ascribuntur, apostolis, tum et ab ipsa apostolorum aetate penitus alienum, nemo theologus modo ignorat vel diffitetur' (i.521). Et, en conclusion: 'Utcumque res habeat sese, utile est opus ad multa, et dogmatum nostrorum vetustati astruendae apprime necessarium' (i.524).

[195] Liv.II, ch.25, 'De primitiis, et decimis; et quo modo debeat episcopus, ex eis vel ipse accipere, vel aliis distribuere'. Liv.II, ch.26 commence ainsi: '*Qui episcopus est*, hic verbi est minister, scientiae custos, mediator Dei et vestrum in divino culto; hic est magister pietatis; hic post Deum pater vester [...] hic princeps et dux vester; *hic vester rex et dynastes*; hic vobis post Deum terrenus deus' (i.666). On s'étonne que Voltaire n'ait pas retenu plutôt la dernière qualification. L'édition Marcel Metzger (*Sources chrétiennes*, no.320, 1985) donne du texte grec une traduction assez différente. Il voit dans les *Constitutiones* une compilation, faite pour une part d'*Actes* apocryphes, mais conforme aux habitudes du temps et il juge impossible la reconstitution du texte original.

[196] Epiphane, Père de l'Eglise qui vécut au quatrième siècle. Né en Palestine, formé en Egypte, il se détacha bientôt de l'influence gnostique et consacra sa vie à la lutte contre les hérésies. Dans son *Panarion*, il en dénombre et réfute quatre-vingt. Voltaire avait dans sa bibliothèque le *Divi Epiphanii, episcopi*

les meilleurs plats à l'évêque, s'il n'est pas à table. Il faut donner double portion au prêtre et au diacre. Les portions des évêques ont bien augmenté, et surtout celle de l'évêque de Rome. 50

Au chapitre 34e, on met les évêques bien au-dessus des empereurs et des rois, précepte dont l'Eglise s'est écartée le moins qu'elle a pu: *quanto animus praestat corpore tantum sacerdotium regno*. C'est là l'origine cachée de cette terrible puissance que les évêques de Rome ont usurpée pendant tant de siècles. Tous ces livres 55 supposés, tous ces mensonges qu'on a osé nommer pieux, n'étaient qu'entre les mains des fidèles. C'était un péché énorme de les communiquer aux Romains, qui n'en eurent presque aucune connaissance pendant deux cents ans; ainsi le troupeau grossissait tous les jours. 60

eux la seule société savante étaient aussi la plus impudique. Voici ce 5 qu'il dit d'eux au livre premier contre les hérésies.

'Après qu'ils se sont prostitués les uns aux autres, ils montrent au jour ce qui est sorti d'eux. Une femme en met dans ses mains. Un homme remplit aussi sa main de l'éjaculation d'un garçon. Et ils disent, à Dieu, nous te présentons cette offrande qui est le corps de Christ. 10 Ensuite hommes et femmes avalent ce sperme, et s'écrient, c'est la Pâque. Puis on prend du sang d'une femme qui a ses ordinaires, on l'avale et on dit, c'est le sang de Christ'.

Si un Père de l'Eglise a reproché ces horreurs à des chrétiens, nous ne devons pas regarder comme des calomniateurs insensés des 15 adorateurs de Zeus, de Jupiter, qui leur ont fait les mêmes imputations. Il se peut qu'ils se soient trompés. Il se peut aussi que des chrétiens aient été coupables de ces abominations, et qu'ils se soient corrigés dans la suite, comme la cour romaine substitue depuis longtemps la décence aux horribles débauches dont elle fut souillée pendant près de cinq cents 20 ans.

Constantiae Cypri, contra octoginta haereses opus, Panarium, sive Arcula, aut capsula medica appellatum (Paris 1564; BV, no.1226). Il y a marqué d'un signet le texte cité ici par lui dans une traduction condensée, mais assez fidèle: 'Postquam enim inter se permixti fuerunt [...] et hic (inquiunt) sanguis Christi', et il note avec dégoût: 'impuretes horribles' (CN, iii.429). Il reprendra cette citation à l'article 'Baiser' des *Questions sur l'Encyclopédie*.

CHAPITRE XXI

Des principales impostures des premiers chrétiens.

Une des plus anciennes impostures de ces novateurs énergumènes fut le Testament des douze patriarches,[197] que nous avons encore tout entier en grec de la traduction de Jean surnommé St Chrisostome.[198] Cet ancien livre qui est du premier siècle de notre ère, est visiblement d'un chrétien, puisqu'on y fait dire à Lévi à l'article 8 de son testament: *le troisième aura un nom nouveau, parce qu'il sera un roi de Juda, et qu'il sera peut-être d'un nouveau sacerdoce pour toutes les nations, etc.* Ce qui désigne Jésus-Christ, qui n'a jamais pu être designé que par de telles impostures. On fait encore prédire clairement ce Jésus dans tout l'article 18, après avoir fait dire à Lévi dans l'article 17 que les prêtres des Juifs font le péché de la chair avec des bêtes.[a]

5

10

[a] C'est une chose étonnante qu'il soit toujours parlé de la bestialité chez les Juifs. Nous n'avons dans les auteurs romains qu'un vers de Virgile[199] et des passages d'Apulée[200] où il soit question de cette infamie.

n. *a* RN, 67, absent (ajout de 71)

[197] Il s'agit des *Testamenta XII Patriarcharum* (PG, ii.1025-1159). Voltaire se sert du *Testamentum Levi*, dans la traduction latine, où on pouvait lire: 'Tertius, ei vocabitur nomen novum, quoniam Rex et Juda exsurgeret, et faciet sacerdotium novum, secundum typum gentium, in omnes gentes'. (art.VIII; ii.1058-59) – 'In septimo vero hebdomade venient sacerdotes idolatrantes, bellatores, avari, superbi, iniqui, impudici, puerorum corruptores, *pecorum corruptores*'. (art. XVII; ii.1066) – 'et tunc suscitabit Deus sacerdotem novum, cui omnes sermones Domini revelabuntur [...] Tunc exsultabit Abraham, et Isaac, et Jacob; et ego gaudebo, et omnes sancti induentur laetitia' (art.XVIII; ii.1067). Il est vrai que ces *Testamenta* ne figuraient pas dans le Canon et qu'on les tenait généralement pour apocryphes. Pourtant, l'exégèse chrétienne accordait de l'importance à ces textes en raison de leur date très ancienne et du fait que leur auteur était manifestement un chrétien.

[198] Saint Jean Chrysostome (344-407), évêque de Constantinople (398).

[199] *Bucolica*, iii.8: 'Novimus et qui te'.

[200] Voir Lucius Apuleius, *L'Ane d'or d'Apulée, philosophe platonicien* (Paris 1736; BV, no.90), ii.274, passage marqué d'un signet (CN, i.101).

On supposa le testament de Moïse, d'Enoch, et de Joseph, leur ascension ou assomption dans le ciel, celle de Moïse, d'Abraham, d'Elda, de Moda, d'Elie, de Sophonie, de Zacharie, d'Habacuc. 15

On forgea dans le même temps le fameux livre d'Enoch, qui est le seul fondement de tout le mystère du christianisme, puisque c'est dans ce seul livre qu'on trouve l'histoire des anges[b] révoltés qui ont péché en paradis et qui sont devenus diables en enfer. Il est démontré que les écrits attribués aux apôtres ne furent composés 20 qu'après cette fable d'Enoch, écrite en grec par quelque chrétien d'Alexandrie, Jude dans son épître cite cet Enoch plus d'une fois; il rapporte ses propres paroles; il est assez dépourvu de sens pour assurer qu'*Enoch septième homme après Adam, a écrit des prophéties*.[201]

Voilà donc ici deux impostures grossières avérées, celle du 25 chrétien qui suppose des livres d'Enoch, et celle du chrétien qui suppose l'Epître de Jude, dans laquelle les paroles d'Enoch sont rapportées; il n'y eut jamais un mensonge plus grossier.

Il est très inutile de rechercher quel fut le principal auteur de ces mensonges accrédités insensiblement: mais il y a quelque 30 apparence que ce fut un nommé Hégésipe,[202] dont les fables eurent

[b] La fable du péché des anges vient des Indes dont tout nous est venu, elle fut connue des Juifs d'Alexandrie et des chrétiens qui l'adoptèrent fort tard: c'est la première pierre de l'édifice du christianisme.

n. *b* RN, 67, absent (ajout de 71)
n. *b*, 3 71-NM, W68: l'adoptèrent.//
19-20 RN-NM, W68: qui ont péché. Il est démontré
30 RN-NM, W68: mensonges qui s'accréditèrent insensiblement:

[201] Jude 14; cf. *Commentaire littéral*, 'Préface de l'Epître de Saint Jude' (CN, ii.163).

[202] Le plus ancien historien de l'Eglise, né juif au deuxième siècle. Quelques fragments de son *Histoire de l'Eglise depuis la mort de Jésus-Christ* ont été conservés par Eusèbe de Césarée dans son *Histoire ecclésiastique*, une des grandes sources de Voltaire. Voir e. a. liv.III, ch.20 (CN, iii.441).

beaucoup de cours, et qui est cité par Tertullien, et ensuite copié par Eusèbe.

C'est cet Hégésipe qui rapporte que Jude était de la race de David, que ses petits-fils vivaient sous l'empereur Domitien. Cet empereur, si on le croit, fut très effrayé d'apprendre qu'il y avait des descendants de ce grand roi David, lesquels avaient un droit incontestable au trône de Jérusalem, et par conséquent au trône de l'univers entier. Il fit venir devant lui ces illustres princes; mais ayant vu ce qu'ils étaient, il les renvoya sans leur faire de mal.

Pour Jude leur grand-père, qu'on met au rang des apôtres, on l'appelle tantôt Thaddée et tantôt Lebbée, comme nos coupeurs de bourses qui ont toujours deux ou trois noms de guerre.

La prétendue lettre de Jésus-Christ à un prétendu roitelet, de la ville d'Edesse, qui n'avait point alors de roitelet,[203] le voyage de ce Thaddée auprès de ce roitelet, furent quatre cents ans en vogue chez les premiers chrétiens.

Quiconque écrivait un Evangile, ou quiconque se mêlait d'enseigner son petit troupeau naissant, imputait à Jésus des discours et des actions, dont nos quatre Evangiles ne parlent pas. C'est ainsi que dans les Actes des apôtres au chap. 20,[204] Paul cite ces paroles de Jésus: *Macarion esti didonaï mallon i lambanein*: Il vaut mieux donner que recevoir. Ces paroles ne se trouvent ni dans Matthieu, ni dans Marc, ni dans Luc, ni dans Jean.

Les Voyages de Pierre, l'Apocalypse de Pierre, les Actes de Pierre, les Actes de Paul, de Thècle, les Lettres de Paul à Sénèque et de Sénèque à Paul, les Actes de Pilate, les Lettres de Pilate,

33-34 RN-NM, W68, texte continu

40 RN-NM, W68, K: vu qu'ils étaient des gueux de l'hostière, il [K: gueux, il] les

46 RN-NM, W68: ce même Thaddée

[203] Voir Jacques Basnage, *Histoire des Juifs, depuis Jésus-Christ, jusqu'à présent* (Paris 1710; BV, no.282), i.163, passage marqué d'un signet: 'agbar non roi d'Edesse' (CN, i.226).

[204] Actes des apôtres xx.35.

sont assez connus des savants, et ce n'est pas la peine de fouiller dans ces archives du mensonge et de l'ineptie.

On a poussé le ridicule jusqu'à écrire l'histoire de Claudia Procula femme de Pilate.[205] 60

Un malheureux nommé Abdias,[206] qui passa incontestablement pour avoir vécu avec Jésus-Christ, et pour avoir été un des plus fameux disciples des apôtres, est celui qui nous a fourni l'histoire du combat de Pierre avec Simon le prétendu magicien si célèbre chez les premiers chrétiens; c'est sur cette seule imposture que s'est établie la croyance que Pierre est venu à Rome; c'est à cette fable que les papes doivent toute leur grandeur si honteuse pour le genre humain; et cela seul rendrait cette grandeur précaire bien ridicule, si une foule de crimes ne l'avait rendue odieuse. 65 70

Voici donc ce que raconte cet Abdias qui se prétend témoin oculaire. Simon Pierre étant venu à Rome sous Néron, Simon le magicien y vint aussi. Un jeune homme proche parent de Néron, mourut; il fallait bien ressusciter un parent de l'empereur; les deux Simons s'offrirent pour cette affaire. Simon le magicien y mit la condition qu'on ferait mourir celui des deux qui ne pourrait pas réussir; Simon Pierre l'accepta, et l'autre Simon commença ses opérations; le mort branla la tête, tout le peuple jeta des cris 75

59 RN-NM, W68: mensonge et de la bêtise.
68-69 RN-NM, W68: grandeur; et cela
70 RN-NM, W68: rendue abominable.
71-72 RN: Abdias témoin oculaire.

[205] Cf. l'article 'Apocryphes' des *Questions sur l'Encyclopédie* (1770).

[206] Personnage mythique (ou imposteur) qui prétendait avoir été un des 72 disciples de Jésus-Christ et avoir vécu dans l'intimité de certains apôtres. Les textes allégués par Voltaire figurent bel et bien parmi ceux qu'avait recueillis Fabricius dans son *Codex apocryphus*. Au tome iii, p.632-53, Voltaire a pu lire les textes attribués à Abdias (*Ad testimonia et censuras de historia apostolica, Abdiae tribuita*) ainsi que ceux de Marcellus (*De mirificis rebus et actibus beatorum Petri et Pauli, et de magicis artibus Simonis magi*). L'extraordinaire érudition historique de Voltaire se vérifie ici une fois de plus. Abdias sera encore cité au chapitre 3 de l'*Histoire de Jenni*, avec une note qui se réfère à la pagination du *Codex apocryphus* de Fabricius (M.xxi.533).

de joie. Simon Pierre demanda qu'on fît silence, et dit, Messieurs, si le défunt est en vie, qu'il ait la bonté de se lever, de marcher, 80 de causer avec nous; le mort s'en donna bien de garde; alors Pierre lui dit de loin: *Mon fils, levez-vous, notre Seigneur Jésus-Christ vous guérit*. Le jeune homme se leva, parla et marcha, et Simon Barjone le rendit à sa mère. Simon son adversaire alla se plaindre à Néron, et lui dit, que Pierre n'était qu'un misérable charlatan et 85 un ignorant. Pierre comparut devant l'empereur, et lui dit à l'oreille: Croyez-moi, j'en sais plus que lui, et pour vous le prouver, faites-moi donner secrètement deux pains d'orge, vous verrez que je devinerai ses pensées, et qu'il ne devinera pas les miennes. On apporte à Pierre ces deux pains, il les cache dans sa 90 manche. Aussitôt Simon fit paraître deux gros chiens qui étaient ses anges tutélaires; ils voulurent dévorer Pierre; mais le madré leur jeta ses deux pains; les chiens les mangèrent et ne firent nul mal à l'apôtre. Eh bien, dit Pierre, vous voyez que je connaissais ses pensées et qu'il ne connaissait pas les miennes. 95

Le magicien demanda sa revanche; il promit qu'il volerait dans les airs comme Dédale; on lui assigna un jour; il vola en effet; mais St Pierre pria Dieu avec tant de larmes, que Simon tomba et se cassa le cou; Néron indigné d'avoir perdu un si bon machiniste par les prières de Simon Pierre, ne manqua pas de faire 100 crucifier ce Juif la tête en bas.

Qui croirait que cette histoire est contée non seulement par Abdias, mais par deux autres chrétiens contemporains, Hégésipe, dont nous avons déjà parlé, et Marcel?[207] Mais ce Marcel ajoute de belles particularités de sa façon. Il ressemble aux écrivains 105 d'Evangile qui se contredisent les uns aux autres. Ce Marcel met

80-81 RN-NM, W68: marcher et de
100-101 W75G, NM, W68: pas de crucifier
102-107 RN-NM, W68: contée par trois chrétiens contemporains? Abdias et Hégésipe la rapportent tout au long; un nommé Marcel l'écrivit aussi, mais il met Paul

[207] Marcel, disciple prétendu de saint Pierre (CN, iii.467).

Paul de la partie; il ajoute que Simon le magicien, pour convaincre l'empereur de son savoir-faire, dit à l'empereur: Faites-moi le plaisir de me couper la tête et je vous promets de ressusciter le troisième jour. L'empereur essaya la chose; on coupa la tête au magicien, qui reparut le troisième jour devant Néron avec la plus belle tête du monde sur ses épaules. 110

Que le lecteur maintenant fasse une réflexion avec moi: je suppose que les trois imbéciles Abdias, Hégésipe et Marcel, qui racontent ces pauvretés, eussent été moins maladroits, qu'ils eussent inventé des contes plus vraisemblables sur les deux Simons, ne seraient-ils pas regardés aujourd'hui comme des Pères de l'Eglise irréfragables? Tous nos docteurs ne les citeraient-ils pas tous les jours comme d'irréprochables témoins? Ne prouverait-on pas à Oxford et en Sorbonne la vérité de leurs écrits par leur conformité avec les Actes des apôtres, par ces mêmes écrits d'Abdias, d'Hégésipe et de Marcel? Leurs histoires sont assurément aussi authentiques que les Actes des apôtres et les Evangiles, elles sont parvenues jusqu'à nous de siècle en siècle par la même voie; et il n'y a pas plus de raison de rejeter les unes que les autres. 115 120 125

Je passe sous silence le reste de cette histoire, les beaux faits d'André, de Jacques le majeur, de Jean, de Jacques le mineur, de Matthieu et de Thomas.[208] Lira qui voudra ces inepties. Le même

107 RN-NM, W68: il ajoute seulement que Simon pour
119-120 RN-NM, W68: Ne prouveraient-ils pas la vérité de
121 K: apôtres et la vérité des actes des apôtres, par

[208] Les gestes du bienheureux apôtre André, saint Jacques le Majeur, saint Jean l'Evangéliste, saint Jacques le Mineur, saint Matthieu, apôtre et évangéliste, et Thomas, apôtre de l'Inde, sont résumées dans l'article 'Apocryphes' des *Questions sur l'Encyclopédie*.

fanatisme, la même imbécillité, les ont toutes dictées, mais un ridicule trop long est trop insipide.[c] 130

[c] Milord Bolingbroke a bien raison. C'est ce mortel ennui qu'on éprouve à la lecture de tous ces livres, qui les sauve de l'examen auquel ils ne pourraient résister. Où sont les magistrats, les guerriers, les négociants, les cultivateurs, les gens de lettres même qui aient jamais seulement entendu parler des gestes du bienheureux apôtre André, de 5 la lettre de St Ignace le martyr à la vierge Marie, et de la réponse de la vierge? Connaîtrait-on même un seul des livres des Juifs et des premiers chrétiens, si des hommes gagés pour les faire valoir n'en rebattaient pas continuellement nos oreilles, s'ils ne s'étaient pas fait un patrimoine de notre crédulité? Y a-t-il rien au monde de plus ridicule et de plus grossier 10 que la fable du voyage de Simon Barjone à Rome? c'est cependant sur cette impertinence qu'est fondé le trône du pape: c'est ce qui a plongé tous les évêques de sa communion dans sa dépendance. C'est ce qui fait qu'ils s'intitulent évêques par la permission du Saint-Siège, quoiqu'ils soient égaux à lui par les lois de leur Eglise. C'est enfin ce qui a donné 15 aux papes les domaines des empereurs en Italie. C'est ce qui a dépouillé trente seigneurs italiens pour enrichir cette idole.

n. *c* RN, 67, absent (ajout de 71)

CHAPITRE XXII

Des dogmes et de la métaphysique des chrétiens des premiers siècles. De Justin.

Justin qui vivait sous les Antonins, est un des premiers qui ait eu quelque teinture de ce qu'on appelait philosophie; il fut aussi un des premiers qui donnèrent du crédit aux oracles des sibylles, à la Jérusalem nouvelle, et au séjour que Jésus-Christ devait faire sur la terre pendant mille ans.[209] Il prétendit que toute la science des Grecs venait des Juifs. Il certifie, dans sa seconde apologie pour les chrétiens, que les dieux n'étaient que des diables qui venaient en forme d'incubes et de succubes, coucher avec les hommes et avec les femmes, et que Socrate ne fut condamné à la ciguë, que pour avoir prêché aux Athéniens cette vérité.[210]

On ne voit pas que personne avant lui ait parlé du mystère de la Trinité, comme on en parle aujourd'hui; si l'on n'a pas falsifié son ouvrage. Il dit nettement dans son exposition de la foi,[211]

3 NM: qui donna du

[209] La bibliothèque de Voltaire renfermait *Justini philosophi et martyris opera quae extant omnia, necnon Tatiani adversus Graecos oratio* (Venetiis 1747; BV, no.1768).

[210] Voir l'*Apologia secunda pro christianis* (PG, vi.441-70). Mais c'est pour avoir annoncé le Christ que Socrate aurait été condamné à mort, selon Justin ('Christo [...] quem Socrates aliqua ex parte cognovit'). Il dit plus haut que les hommes sont libres, et non soumis au Fatum: c'est donc à la suite de l'action de mauvais démons que des justes comme Socrate ont été 'vexés et enchaînés' (vi.455).

[211] L'*Expositio rectae confessionis* est tenue par Migne pour une œuvre 'supposée, ou douteuse' (PG, vi.1207 ss). Voltaire, dont la note prouve qu'il savait le caractère apocryphe du texte, le cite et le traduit fort correctement. On lit, en effet, dans la traduction latine: 'Est autem Pater ingenitus, a quo et Filius genitus et Spiritus procedit' (vi.1210), et plus loin: 'Qui Adae existentiam considerat, quomodo ad esse perductus sit, comperiet eum genitum non esse [...] sed Dei manu formatum [...] Quemadmodum enim Adam, etsi non genitus, iis tamen, qui ex ipso geniti sunt, per essentiae identitatem communione conjungitur: sic nulla ratio communem Patris cum Filio et Spiritu essentiam divellere ob

qu'au commencement il n'y eut qu'un Dieu en trois personnes, qui sont le Père, le Fils et le Saint-Esprit; que le Père n'est pas engendré, et que le Saint-Esprit procède.[a] Mais pour expliquer cette Trinité d'une manière différente de Platon, il compare la Trinité à Adam. *Adam*, dit-il, *ne fut point engendré; Adam s'identifie avec ses descendants; ainsi le Père s'identifie avec le Fils et le Saint-Esprit.* Ensuite ce Justin écrivit contre Aristote; et on peut assurer que si Aristote ne s'entendait pas, Justin ne l'entendait pas davantage. 15 20

Il assure dans l'article 43 de ses réponses aux orthodoxes,[212] que les hommes et les femmes ressusciteront avec les parties de la génération, attendu que ces parties les feront continuellement souvenir que sans elles ils n'auraient jamais connu Jésus-Christ, puisqu'ils ne seraient pas nés. Tous les Pères sans exception, ont 25

[a] Il est très vraisemblable que ces paroles aient été en effet ajoutées au texte de Justin; car comment se pourrait-il que Justin qui vivait si longtemps avant Lactance eût parlé ainsi de la Trinité, et que Lactance n'eût jamais parlé que du Père et du Fils?

Au reste, il est clair que les chrétiens n'ont jamais mis en avant ce dogme de la Trinité, qu'à l'aide des platoniciens de leur secte. La Trinité est un dogme de Platon, et n'est certainement pas un dogme de Jésus qui n'en avait jamais entendu parler dans son village. 5

n. *a* RN, 67, absent (ajout de 71)
16 RN, 67, 71, 75: *procède.* ¶Mais

ingenitum poterit. Quapropter Ingenitum, Genitum et Procedens, non essentiam declarant, sed hypostates significant' (vi.1210-11).

[212] Voltaire s'est seulement trompé d'article. Il fait référence à la question LIII, et non XLIII, des *Quaestiones et responsiones ad orthodoxos*: 'Si masculus et femina propter liberorum procreationem conditi sunt, an cum fiet resurrectio, resurgent homines cum membrorum genitalium discrimine? Ac si ita res erit, an non supervacaneum membra actione destituta induci? *Resp.* Etsi ad liberorum procreationem usui non erunt membra genitalia post resurrectionem, at certe usui erunt ut recordemur homines per ejusmodi membra accepisse generationem et incrementum et diuturnitatem' (PG, vi.1298). Les *Quaestiones* font également partie des œuvres de Justin tenues pour apocryphes.

raisonné à peu près comme Justin;[213] et pour mener le vulgaire, il ne faut pas de meilleurs raisonnements. Loke et Newton n'auraient point fait de religion.

Au reste ce Justin et tous les Pères qui le suivirent, croyaient comme Platon à la préexistence des âmes; et en admettant que l'âme est spirituelle, une espèce de vent, de souffle, d'air invisible, ils la faisaient en effet un composé de matière subtile. *L'âme est manifestement composée*, dit Tatien dans son discours aux Grecs;[214] *car comment pourrait-elle se faire connaître sans corps?* Arnobe[215] parle encore bien plus positivement de la corporalité des âmes: *qui ne voit*, dit-il, *que ce qui est immortel et simple ne peut souffrir aucune douleur? L'âme n'est autre chose que le ferment de la vie, l'électuaire d'une chose dissoluble: fermentum vitae, rei dissociabilis glutinum.*

[213] A la lecture de la *Nouvelle bibliothèque des auteurs ecclésiastiques* de Louis-Ellies Dupin (i.106), Voltaire avait déjà noté sur un signet: 'doutes sur lapologie de justin' (CN, iii.311).

[214] Tatien, écrivain chrétien du deuxième siècle, originaire d'Assyrie. Disciple de saint Justin, il se rapprocha des gnostiques (qui prirent ensuite le nom de Tatiens). De son œuvre considérable ne subsiste qu'une *Oratio adversus Graecos*, où il tente de convaincre les Grecs de ne pas mépriser des doctrines étrangères (et donc 'barbares'), comme e. a. celle des chrétiens. Voltaire a bien résumé le développement, qui se lit comme suit en latin: 'Non igitur simplex est hominum anima, sed ex multis partibus constat. Est enim composita, ita ut per corpus manifesta fiat. Neque enim unquam ipsa sine corpore apparuerit; nec caro resurgit sine anima' (PG, vi.838).

[215] Voir, en effet, Arnobe, *Disputationum adversus gentes libri septem*, liv.II, ch.32 (PL, v.860). Mais Arnobe répète dans le même ouvrage que cette âme est immortelle (II, ch.28-30) et incorporelle (II, ch.25).

CHAPITRE XXIII

De Tertullien.

L'Africain Tertullien[216] parut après Justin. Le métaphysicien Malbranche, homme célèbre dans son pays, lui donne sans détour l'épithète de fou;[217] et les écrits de cet Africain justifient Malbranche. Le seul ouvrage de Tertullien qu'on lise aujourd'hui, est son Apologie pour la religion chrétienne. Abadie, Houteville[a] la regardent comme un chef-d'œuvre, sans qu'ils en citent aucun passage. Ce chef-d'œuvre consiste à injurier les Romains au lieu de les adoucir; à leur imputer des crimes, et à produire avec pétulance des assertions, dont il n'apporte pas la plus légère preuve. 5 10

Il reproche aux Romains (chap. 9) que les peuples de Carthage immolaient encore quelquefois en secret des enfants à Saturne, malgré les défenses expresses des empereurs sous peine de la vie. C'était une occasion de louer la sagesse romaine, et non pas de l'insulter. Il leur reproche les combats des gladiateurs qu'on faisait combattre contre des animaux farouches, en avouant qu'on n'exposait ainsi que des criminels condamnés à mort. C'était un moyen qu'on leur donnait de sauver leur vie par leur courage. Il fallait encore en louer les Romains; c'était les combats des gladia- 15

[a] Abadie et Houteville[218] n'étaient-ils pas aussi fous que Tertullien?

n. *a* RN, 67, absent (ajout de 71)
12 W75G, NM, W68: quelquefois des enfants

[216] Tertullien (*c.* 160-*c.* 240) était originaire de Carthage. Voltaire possédait ses *Opera* dans une édition de 1675 (BV, no.3264).
[217] Voir Malebranche, *Recherche de la vérité*, I.xii.3-4 (éd. G. Rodis-Lewis, Paris 1962, i.137).
[218] Voltaire a attentivement lu et annoté *La Religion chrétienne prouvée par les faits* (Paris 1749; BV, no.1684) par Claude François Houtteville (1688-1742).

teurs volontaires qu'il eût dû condamner, et c'est de quoi il ne parle pas.[219] 20

Il s'emporte (chap. 23) jusqu'à dire; *Amenez-moi votre vierge céleste qui promet des pluies, et votre Esculape qui conserve la vie à ceux qui la doivent perdre quelque temps après: s'ils ne confessent pas qu'ils sont des diables, (n'osant mentir devant un chrétien) versez le sang de ce chrétien téméraire; qu'y a-t-il de plus manifeste? qu'y a-t-il de plus prouvé?*[220] 25

A cela tout lecteur sage répond, qu'y a-t-il de plus extravagant et de plus fanatique que ce discours? Comment des statues auraient-elles avoué au premier chrétien venu, qu'elles étaient des diables? en quel temps, en quel lieu a-t-on vu un pareil prodige? Il fallait que Tertullien fût bien sûr que les Romains ne liraient pas sa ridicule Apologie, et qu'on ne lui donnerait pas des statues d'Esculape à exorciser, pour qu'il osât avancer de pareilles absurdités. 30 35

Son chapitre 32, qu'on n'a jamais remarqué, est très remarquable. *Nous prions Dieu*, dit-il, *pour les empereurs et pour l'empire; mais c'est que nous savons que la dissolution générale qui menace l'univers et la consommation des siècles en sera retardée.*[221]

Misérable! tu n'aurais donc prié pour tes maîtres, si tu avais cru que le monde dût subsister encore. 40

34-35 RN-NM, W68: de telles absurdités.

[219] *Apologeticus adversus gentes*, ch.9: 'Infantes penes Africam Saturno immolabantur palam usque ad proconsulatum Tiberii' (PL, i.314), et plus loin: 'Sed bestiarii, inquitis. Hoc, opinor, minus quam hominis' (i.317).

[220] *Apologeticus*, ch.23: 'Ista ipsa Virgo coelestis pluviarum pollicitatrix, iste ipse Aesculapius medicinarum demonstrator, alia die morituris [...] nisi se daemones confessi fuerint, Christiano mentiri non audentes, ibidem illius christiani procacissimi sanguinem fundite. Quid isto opere manifestius? quid hac probatione fidelius?' (PL, i.472).

[221] *Apologeticus*, ch.32: 'Est et alia major necessitas nobis orandi pro imperatoribus, etiam pro omni statu imperii rebusque Romanis, qui vim maximam universo orbi imminentem, ipsamque clausulam saeculi acerbitates horrendas comminantem Romani imperii commeatu scimus retardari. Ita quae nolumus experiri, ea dum precamur differri: Romanae diurnitati favemus' (PL, i.508-509).

Que Tertullien veut-il dire dans son latin barbare? Entend-il le règne de mille ans? entend-il la fin du monde annoncée par Luc et par Paul, et qui n'était point arrivée? Entend-il qu'un chrétien peut par sa prière empêcher Dieu de mettre fin à l'univers, quand Dieu a résolu de briser son ouvrage? n'est-ce pas là l'idée d'un énergumène, quelque sens qu'on puisse lui donner? 45

Une observation beaucoup plus importante, c'est qu'à la fin du second siècle, il y avait déjà des chrétiens très riches. Il n'est pas étonnant qu'en deux cents années, leurs missionnaires ardents et infatigables eussent attiré enfin à leur parti des gens d'honnêtes familles. Exclus des dignités parce qu'ils ne voulaient pas assister aux cérémonies instituées pour la prospérité de l'empire, ils exerçaient le négoce comme les presbytériens et autres non-conformistes ont fait en France et font chez nous; ils s'enrichissaient. Leurs agapes étaient de grands festins, on leur reprochait déjà le luxe et la bonne chère. Tertullien en convient (chap. 39): *Oui*, dit-il, *mais dans les mystères d'Athènes et d'Egypte, ne fait-on pas bonne chère aussi? Quelque dépense que nous fassions, elle est utile et pieuse, puisque les pauvres en profitent: Quantiscumque sumptibus constet, lucrum est pietatis, siquidem inopes refrigerio isto juvamus.*[222] 50 55 60

Enfin le fougueux Tertullien se plaint de ce qu'on ne persécute pas les philosophes: et de ce qu'on réprime les chrétiens (ch. 46). *Y a-t-il quelqu'un*, dit-il, *qui force un philosophe à sacrifier, à jurer par vos dieux? Quis enim philosophum sacrificare aut dejerare, etc.*[223] Cette différence prouve évidemment que les philosophes n'étaient pas 65

42 RN-NM, W68: latin absolument barbare?

[222] Voltaire résume un passage de Tertullien (ch.39) sur les délices de la table chez les Grecs et les Romains: 'Apaturiis, Dionysiis, mysteriis Atticis coquorum delectus indicentur. Ad fumum coenae Serapiacae sparteoli excitabuntur. De solo triclinio Christianorum refractatur'. Et il retorque aux païens: 'Quantiscunque sumptibus constet, lucrum est pietatis nomine facere sumptum, siquidem inopes quosque refrigerio isto juvamus, non qua penes vos parasiti affectant ad gloriam famulandae libertatis' (PL, i.537-38).

[223] *Apologeticus*, ch.46: 'Quis enim philosophum sacrificare, aut dejerare, aut lucernas meridie vanas prostituere compellit?' (PL, i.566).

dangereux, et que les chrétiens l'étaient. Les philosophes se moquaient avec tous les magistrats, des superstitions populaires; mais ils ne faisaient pas un parti, une faction dans l'empire; et les chrétiens commençaient à composer une faction si dangereuse qu'à la fin elle contribua à la destruction de l'empire romain. On voit par ce seul trait, qu'ils auraient été les plus cruels persécuteurs s'ils avaient été les maîtres, et que leur secte insociable, intolérante, n'attendait que le moment d'être en pleine liberté pour ravir la liberté au reste du genre humain. 70 75

Déjà Rutilius préfet de Rome,[b] disait de cette faction demi-juive et demi-chrétienne.

Atque utinam nunquam Judaea subacta fuisset,
Pompeii armis, imperioque Titi!
Latius excisae pestis contagia serpunt, 80

[b] Milord Bolingbroke se trompe ici. Rutilius vivait plus d'un siècle après Justin; mais cela même prouve combien tous les honnêtes Romains étaient indignés des progrès de la superstition. Elle fit des progrès prodigieux au troisième siecle, elle devint un Etat dans l'Etat, et ce fut une très grande politique dans Constance Clore et dans son fils, de se mettre à la tête d'une faction devenue si riche et si puissante. Il n'en était pas de même du temps de Tertullien. Son Apologétique faite par un homme si obscur en Afrique, ne fut pas plus connue des empereurs, que les fatras de nos presbytériens n'ont été connus de la reine Anne. Aucun Romain n'a parlé de ce Tertullien. Tout ce que les chrétiens d'aujourd'hui débitent avec tant de faste, était alors très ignoré. Cette faction a prévalu, à la bonne heure; il faut bien qu'il y en ait une qui l'emporte sur les autres dans un pays. Mais que du moins elle ne soit point tyrannique; ou si elle veut toujours ravir nos biens et se baigner dans notre sang, qu'on mette un frein à son avarice et à sa cruauté. 5 10 15

76 RN: Rutilius au second siècle disait
n. *b* RN, 67, absent (ajout de 71)

Victoresque suos natio victa premit.[224]

Plût aux dieux que Titus, plût aux dieux que Pompée,
N'eussent dompté jamais cette infâme Judée!
Ses poisons parmi nous en sont plus répandus:
Les vainqueurs opprimés vont céder aux vaincus. 85

On voit par ces vers que les chrétiens osaient étaler le dogme affreux de l'intolérance; ils criaient partout, qu'il fallait détruire l'ancienne religion de l'empire; et on entrevoyait qu'il n'y avait plus de milieu entre la nécessité de les exterminer ou d'être bientôt exterminé par eux. Cependant telle fut l'indulgence du sénat, qu'il 90 y eut très peu de condamnations à mort, comme l'avoue Origène dans la réponse à Celse au livre 3.[225]

Nous ne ferons pas ici une analyse des autres écrits de Tertul-

[224] Vers tirés du livre I du poème de Claudius Rutilius Numatianus, *De reditu suo*. L'attribution de l'*Examen* à Bolingbroke permet à Voltaire de maintenir cette citation après s'être rendu compte de son erreur de datation (le *De reditu* est du début du cinquième siècle).

[225] Origène dit simplement, dans le *Contre Celse* (III.78): 'à voir ceux qui viennent au christianisme, ce ne sont pas tant des gens pervers qui sont attirés par la doctrine que les simples ou – comme on dirait vulgairement – les rudes. Ceux-là, la crainte des châtiments annoncés les pousse et les encourage à s'abstenir des actes qui les méritent. Ils s'efforcent de se donner à la piété qu'enseigne le christianisme, se laissent vaincre par la doctrine *jusqu'à mépriser*, par crainte des châtiments que cette doctrine qualifie d'éternels, *toute torture imaginée contre eux par les hommes et la mort au milieu de tourments innombrables*' (éd. M. Borret, ii.177). Plus haut (III.15), Origène évoquait '*la sécurité pour leur vie dont jouissent les croyants*', mais il craignait qu'elle ne vienne à cesser 'lorsque de nouveau ceux qui calomnient de toute manière notre doctrine penseront que la révolte, poussée au point où elle en est, a sa cause dans la multitude des croyants et *le fait qu'ils ne sont plus persécutés par le gouvernement comme au temps de jadis*' (ii.41) – la révolte dont parle Origène étant probablement politique, en l'occurrence l'apparition de trois usurpateurs sous Philippe l'Arabe, en 248 (voir Borret, i.18). Le *Traité d'Origène contre Celse*, trad. E. Bouhéreau (Amsterdam 1700), figure dans la bibliothèque de Voltaire (BV, no.2618).

lien;[c] nous n'examinerons point son livre qu'il intitule le Scorpion, parce que les gnostiques piquent, à ce qu'il prétend, comme des scorpions, ni son livre sur les manteaux dont Malbranche s'est assez moqué. Mais ne passons pas sous silence son ouvrage sur l'âme;[227] non seulement il cherche à prouver qu'elle est matérielle, comme l'ont pensé tous les Pères des trois premiers siècles; non seulement il s'appuie de l'autorité du grand poète Lucrèce, *Tangere enim ac tangi nisi corpus nulla potest res*;[228] mais il assure que l'âme est figurée et colorée. Voilà les champions de l'Eglise; voilà ses Pères. Au reste ne passons pas sous silence qu'il était prêtre et marié: ces deux états n'étaient pas encore des sacrements, et les évêques de Rome ne défendirent le mariage aux prêtres que quand

[c] Peut-on rien voir de plus ridicule que ce reproche de Tertullien aux Romains de ce que les Carthaginois ont éludé la sagesse et la bonté de leurs lois en immolant des enfants secrètement?

Mais ce qu'il y a de plus horrible, c'est qu'il prétend dans ce même chapitre 9e, que plusieurs dames romaines avalaient le sperme de leurs amants. Quel rapport cette étrange impudicité pouvait-elle avoir avec la religion?[226]

Tertullien était réellement fou, son livre du manteau en est un assez bon témoignage. Il dit qu'il a quitté la robe pour le manteau parce que les serpents changent leur peau, et les paons leurs plumes. C'est avec de pareilles raisons qu'il prouve son christianisme. Le fanatisme ne veut pas de meilleurs raisonnements.

n. *c* RN, 67, absent (ajout de 71)

[226] L'anecdote ne figure ni au chapitre 9, ni ailleurs dans le texte de l'*Apologétique* (éd. J.-P. Waltzing et A. Severyns, Paris 1961). A moins que l'histoire ne se trouve dans un autre ouvrage de Tertullien, il faudrait supposer que Voltaire a commis un énorme contresens sur le passage suivant: 'Exinde in traduces linguarum et aurium serpit, et ita nemo recogiter, ne primum *illud os mendacium seminaverit*' (vii.8). Ou peut-être a-t-il confondu Tertullien avec Epiphane (voir ci-dessus, p.254-55 et n.196).

[227] *De scorpiace*, ouvrage dirigé contre les gnostiques, *De pallio*, et *De anima*.

[228] *De rerum natura*, i.304; cf. Fleury, *Histoire ecclésiastique*, ii.74, avec signet annoté: 'ame corporelle' (CN, iii.479).

ils furent assez puissants et assez ambitieux pour avoir dans une partie de l'Europe une milice, qui étant sans famille et sans patrie, fût plus soumise à ses ordres.

CHAPITRE XXIV

De Clément d'Alexandrie.

Clément prêtre d'Alexandrie[229] appelle toujours les chrétiens *gnostiques*. Etait-il d'une de ces sectes qui divisèrent les chrétiens et qui les diviseront toujours? ou bien les chrétiens prenaient-ils alors le titre de *gnostiques*? Quoi qu'il en soit, la seule chose qui puisse instruire et plaire dans ses ouvrages, c'est cette profusion de vers d'Homère, et même d'Orphée, de Musée, d'Hésiode, de Sophocle, d'Euripide et de Ménandre, qu'il cite à la vérité mal à propos, mais qu'on relit toujours avec plaisir. C'est le seul des Pères des trois premiers siècles, qui ait écrit dans ce goût: il étale dans son Exhortation aux nations et dans ses Stromates une grande connaissance des anciens livres grecs et des rites asiatiques et égyptiens; il ne raisonne guère, et c'est tant mieux pour le lecteur.

Son plus grand défaut est de prendre toujours des fables inventées par des poètes et par des romanciers pour le fond de la religion des gentils, défaut commun aux autres Pères et à tous les écrivains polémiques. Plus on impute de sottises à ses adversaires, plus on croit en être exempt; ou plutôt on fait compensation de ridicule. On dit: si vous trouvez mauvais que notre Jésus soit fils de Dieu, vous avez votre Bacchus, votre Hercule, qui sont fils de Dieu: si notre Jésus a été transporté par le diable sur une montagne, vos géants ont jeté des montagnes à la tête de Jupiter. Si vous ne voulez pas croire que notre Jésus ait changé l'eau en vin

22-23 RN-NM, W68: Jupiter. ¶Si vous

[229] Clément d'Alexandrie (*c.* 150-*c.* 215), écrivain grec. Païen converti, il s'établit à Alexandrie. Il est l'auteur, entre autres, des *Stromates*. Voltaire a pu lire l'œuvre de Clément dans Cotelier, *S.S. Patrum* (voir ci-dessus, n.188) et dans Johann-Ernst Grabe, *Spicilegium S.S. patrum, ut et haereticorum* (Oxoniae 1700; BV, no.1509).

dans une noce de village, nous ne croirons pas que les filles d'Anius aient changé tout ce qu'elles voulaient en blé, en vin, et en huile. Le parallèle est très long et très exact des deux côtés. 25

De pareilles extravagances communes à presque toutes les anciennes religions, prouvent invinciblement que quiconque s'est écarté de la vraie religion, de la vraie philosophie qui est l'adoration d'un Dieu sans aucun mélange, quiconque en un mot s'est pu livrer aux superstitions, n'a pu dire que des choses insensées. 30

Mais en bonne foi ces fables milésiennes étaient-elles la religion romaine? Le sénat a-t-il jamais élevé un temple à Mercure voleur? Ganimède a-t-il eu des temples? Adrien, à la vérité, fit ériger un temple à son ami Antinoüs, comme Alexandre à Ephestion; mais les honorait-on en qualité de gitons? Y a-t-il une médaille, un monument dont l'inscription fût à Antinoüs pédéraste? Les Pères de l'Eglise s'égayaient aux dépens de ceux qu'ils appelaient gentils: mais que les gentils avaient de représailles à faire! et qu'un prétendu Joseph mis dans la grande confrérie par un ange, et qu'un Dieu charpentier dont les aïeules étaient des adultères, des incestueuses, des prostituées, et qu'un Paul voyageant au troisième ciel, et qu'un mari et sa femme[230] frappés de mort pour n'avoir pas donné tout leur bien à Simon Barjone, fournissaient 35 40

26-27 RN-NM, W68: côtés. ¶Le plus singulier miracle de toute l'antiquité païenne, que rapporte Clément d'Alexandrie dans son Exhortation, c'est celui de Bacchus aux enfers. Bacchus ne savait pas le chemin; un nommé Polimnus que Pausanias et Higin appellent autrement, s'offrit à le lui [W75G, 75, NM: à lui] enseigner, à condition qu'à son retour, Bacchus (qui était fort joli) le payerait en faveurs, et qu'il souffrirait de lui ce que Jupiter fit à Ganimède et Apollon à Hiacinte. Bacchus accepta le marché; il alla aux enfers, mais à son retour il trouva Polimnus mort; il ne voulut pas manquer à sa promesse, et rencontrant un figuier auprès du tombeau de Polimnus, il tailla une branche bien proprement en priape, il se l'enfonça au nom de son bienfaiteur dans la partie destinée à remplir sa promesse, et n'eut rien à se reprocher. ¶De pareilles

33-34 RN-NM, W68: un temple à Bacchus se sodomisant lui-même? Ganimède

43-44 RN: ciel etc. fournissaient

[230] Ananias et sa femme, voir Actes des apôtres V.

aux gentils de terribles armes! les anges de Sodome ne valent-ils pas bien la fable d'Apollon et d'Hyacinthe? 45

Le bon sens est le même dans ce Clément, que dans tous ses confrères.[a] Dieu selon lui a fait le monde en six jours et s'est reposé le septième, parce qu'il y a sept étoiles errantes, parce que la petite Ourse est composée de sept étoiles ainsi que les Pléiades, 50 parce qu'il y a sept principaux anges, parce que la lune change de face tous les sept jours, parce que le septième jour est critique dans les maladies. C'est là ce qu'ils appellent la vraie philosophie, *tein aletein filosophian gnosticon*. Voilà encore une fois les gens qui se préfèrent à Platon et à Cicéron; et il nous faudra révérer 55 aujourd'hui tous ces obscurs pédants que l'indulgence des Romains laissait débiter leurs rêveries fanatiques dans Alexandrie, où les dogmes du christianisme se formèrent principalement?

[a] Stromat. 6.

45-47 RN, 67: armes! ¶Le bon
71-NM, W68: bien Bacchus et Polimnus? ¶Le bon

CHAPITRE XXV

D'Irénée.

Irénée, à la vérité, n'a ni science ni philosophie ni éloquence; il se borne presque toujours à répéter ce que disaient Justin, Tertullien, et les autres; il croit avec eux que l'âme est une figure légère et aérienne; il est persuadé du règne de mille ans dans une nouvelle Jérusalem descendue du ciel en terre. On voit dans 5 son cinquième livre chap. 33, quelle énorme quantité de farine produira chaque grain de blé, et combien de futailles il faudra pour chaque grappe de raisin dans cette belle ville;[a] il attend l'Antéchrist au bout de ces mille années, et explique merveilleusement le chiffre 666, qui est la marque de la bête. Nous avouons 10 qu'en tout cela il ne diffère point des autres Pères de l'Eglise.[231]

[a] Chaque cep produisait dix mille grappes: chaque grappe dix mille raisins, chaque raisin dix mille amphores.

2 RN, 67: que disent Justin
8 RN-NM: de raisins dans
n. *a* RN, 67, absent (ajout de 71)
9 NM: et il explique

[231] Irénée, écrivain ecclésiastique grec, né à Smyrne au milieu du deuxième siècle, mort vers 202. Il fut envoyé dans les Gaules, où il devint évêque de Lyon. Il périt dans la persécution ordonnée par Septime Sévère. Voir François Armand Gervaise, *La Vie de saint Irénée* (Paris 1723; BV, no.1458). De son œuvre considérable ne subsiste qu'un traité contre les hérétiques, dans la version latine de l'original grec (*Contra haereses*; PG, vii). Voltaire se réfère correctement au liv.v, ch.33, où il dit: 'Quicunque dimiserit agros, aut domos, aut parentes, aut fratres, aut filios propter me centuplum accipiet in hoc saeculo, et in futuro vitam aeternam haereditabit' (vii.1212). §3: 'Venient dies, in quibus vineas nascentur, singulae decem millia palmitum habentes, et in una palmite dena millia brachiorum, et in uno vero palmite dena millia flagellorum, et in unoquoque flagello dena millia botruum, et in unoquoque botro dena millia acinorum, et unumquodque acinum expressum dabit viginti quinque metretas vini' (vii.1213).

Mais une chose assez importante et qu'on n'a peut-être pas assez relevée, c'est qu'il assure que Jésus est mort à cinquante ans passés, et non pas à trente et un, ou à trente-trois, comme on peut l'inférer des Evangiles.[232] 15

Irénée[b] atteste les Evangiles pour garants de cette opinion; il prend à témoins tous les vieillards qui ont vécu avec Jean et avec les autres apôtres; il déclare positivement qu'il n'y a que ceux qui sont venus trop tard pour connaître les apôtres qui puissent être d'une opinion contraire. Il ajoute même contre sa coutume, à ces 20 preuves de fait, un raisonnement assez concluant.

L'Evangile de Jean fait dire à Jésus: *Votre père Abraham a exulté*[233] *pour voir mes jours, il les a vus, et il s'en est bien réjoui*: 'et les Juifs lui répondirent: Es-tu fou? tu n'as pas encore cinquante ans, et tu te vantes d'avoir vu notre père Abraham?'[234] 25

Irénée conclut de là que Jésus était près de sa cinquantième, quand les Juifs lui parlaient ainsi. En effet si ce Jésus avait été alors âgé de trente années au plus, on ne lui aurait pas parlé de cinquante années. Enfin puisque Irénée appelle en témoignage tous les Evangiles et tous les vieillards qui avaient ces écrits entre 30 les mains, les Evangiles de ce temps-là n'étaient donc pas ceux que nous avons aujourd'hui. Ils ont été altérés comme tant d'autres

[b] Irénée liv. II, ch. 22, édition de Paris, 1710.

22 W75G-W68: *a exalté*
K: a été exalté
27 RN-NM, W68: si Jésus

[232] Dans le même *Contra haereses* (liv.II, ch.22), Irénée assure que Jésus, à sa mort, approchait de la cinquantaine ('non ergo multum aberat a quinquaginta annis'). Il tient pour absurde et hérétique que Jésus n'ait prêché qu'un an. Il estime que, ce faisant, les hérétiques 'réduisent à néant toute l'œuvre du Seigneur et enlèvent à celui-ci la période la plus nécessaire et la plus honorable de sa vie' (PG, vii.785).

[233] La leçon 'a exulté' seule est correcte. La Vulgate dit: *exultavit*, ce que Louis Second traduit: 'a tressailli de joie'.

[234] Jean viii.56-57; cf. CN, ii.207.

livres. Mais puisqu'on les changea, on devait donc les rendre un peu plus raisonnables.

CHAPITRE XXVI

D'Origène et de la Trinité.

Clément d'Alexandrie avait été le premier savant parmi les chrétiens. Origène fut le premier raisonneur. Mais quelle philosophie que celle de son temps! Il fut au rang des enfants célèbres, et enseigna de très bonne heure dans cette grande ville d'Alexandrie où les chrétiens tenaient une école publique: les chrétiens n'en avaient point à Rome. Et en effet, parmi ceux qui prenaient le titre d'évêque de Rome, on ne compte pas un seul homme illustre; ce qui est très remarquable. Cette Eglise qui devint ensuite si puissante et si fière, tint tout des Egyptiens et des Grecs. 5

Il y avait sans doute une grande dose de folie[235] dans la philosophie d'Origène, puisqu'il s'avisa de se couper les testicules.[236] Epiphane a écrit qu'un préfet d'Alexandrie lui avait donné l'alternative, de servir de Ganimède à un Ethiopien, ou de sacrifier aux dieux, et qu'il avait sacrifié pour n'être pas sodomisé par un vilain Ethiopien.[a] 10 15

Si c'est là ce qui le détermina à se faire eunuque, ou si ce fut une autre raison, c'est ce que je laisse à examiner aux savants qui entreprendront l'histoire des eunuques; je me borne ici à l'histoire des sottises de l'esprit humain.

Il fut le premier qui donna de la vogue au *non sens*, au galimatias de la Trinité qu'on avait oubliée depuis Justin. On commençait 20

[a] Epiph., Heres. 64, ch. 2.

2 RN-NM, W68: premier philosophe. Mais

[235] Voltaire notera, à côté d'un passage sur Origène dans Chastellux, *De la félicité publique* (p.181, n.20): 'ah fou d'Origene' (CN, ii.599).

[236] L'*Histoire ecclésiastique* de Fleury s'en tirait par une ellipse. Mais Wagnière avait noté sur un signet 'Origène Eunuque' (CN, iii.480).

dès lors chez les chrétiens à oser regarder le fils de Marie comme Dieu, comme une émanation du Père, comme le premier *Eon*, comme identifié en quelque sorte avec le Père, mais on n'avait pas fait encore un Dieu du Saint-Esprit. On ne s'était pas avisé de falsifier je ne sais quelle épître attribuée à Jean, dans laquelle on inséra ces paroles ridicules: *Il y en a trois qui donnent témoignage dans le ciel, le Père, le Verbe et l'Esprit Saint.*[237] Serait-ce ainsi qu'on devrait parler de trois substances ou personnes divines, composant ensemble le Dieu créateur du monde? dirait-on qu'ils donnent témoignage? D'autres exemplaires portèrent ces paroles plus ridicules encore, *Il y en a trois qui rendent témoignage en terre, l'esprit, l'eau et le sang, et ces trois ne sont qu'un.*[b] On ajouta encore dans

[b] On se tourmente beaucoup pour savoir si ces paroles sont de Jean ou si elles n'en sont pas. Ceux des christicoles qui les rejettent attestent l'ancien manuscrit du Vatican où elles ne se trouvent point. Ceux qui les admettent se prévalent de manuscrits plus nouveaux. Mais sans entrer dans cette discussion inutile, ou ces lignes sont de Jean, ou elles n'en sont pas. Si elles en sont il fallait enfermer Jean dans le Bedlam de ces temps-là, s'il y en avait un; s'il n'en est pas l'auteur elles sont d'un faussaire bien sot et bien impudent.

Il faut avouer que rien n'était plus commun chez les premiers christicoles que ces suppositions hardies. On ne pouvait en découvrir la fausseté, tant ces œuvres de mensonge étaient rares, tant la faction naissante les dérobait avec soin à ceux qui n'étaient pas initiés à leurs mystères.

Nous avons déjà remarqué que le crime le plus horrible aux yeux de cette secte était de montrer aux gentils ce qu'elle appelait les saints livres. Quelle abominable contradiction chez ces malheureux! ils disaient, nous devons prêcher le christianisme dans toute la terre, et ils ne montraient à personne les écrits dans lesquels ce christianisme est contenu. Que diriez-vous d'une douzaine de gueux qui viendraient dans la salle de Vestmunster[238] réclamer le bien d'un homme mort dans le pays de Galles et qui ne voudraient pas montrer son testament?

22 RN-NM, W68: à regarder
n. *b* RN, 67, absent (ajout de 71)

[237] Jean i.7.
[238] Au dix-huitième siècle, les juges de la Haute Cour siégeaient en effet à Westminster Hall.

d'autres copies, *et ces trois sont un en Jésus*. Aucun de ces passages, tous différents les uns des autres, ne se trouve dans les anciens manuscrits, aucun des Pères des trois premiers siècles ne les cite; et d'ailleurs quel fruit en pourraient recueillir ceux qui admettent ces falsifications? Comment pourront-ils entendre que l'Esprit, l'eau et le sang font la Trinité et ne sont qu'un? Est-ce parce qu'il est dit que Jésus sua sang et eau et qu'il rendit l'esprit?[239] quel rapport de ces trois choses à un Dieu en trois hypostases?

La trinité de Platon était d'une autre espèce; on ne la connaît guère; la voici telle qu'on peut la découvrir dans son Timée.[240] Le Demiourgos éternel est la première cause de tout ce qui existe, son idée archétype est la seconde, l'âme universelle qui est son ouvrage, est la troisième. Il y a quelque sens dans cette opinion de Platon. Dieu conçoit l'idée du monde, Dieu le fait, Dieu l'anime; mais jamais Platon n'a été assez fou pour dire que cela composait trois personnes en Dieu. Origène était platonicien; il prit ce qu'il put de Platon; il fit une Trinité à sa mode. Ce système resta si obscur dans les premiers siècles, que Lactance du temps de l'empereur Constantin, parlant au nom de tous les chrétiens, expliquant la créance de l'Eglise, et s'adressant à l'empereur même, ne dit pas un mot de la Trinité; au contraire, voici comme il parle au chap. 29 du liv. 4 de ses Institutions: *peut-être quelqu'un me demandera, comment nous adorons un seul Dieu quand nous assurons qu'il y en a deux, le Père et le Fils; mais nous ne les distinguons point, parce que le Père ne peut pas être sans son Fils, et le Fils sans son Père.*[241]

[239] Luc xxii.44.

[240] En marge de Buffon et Daubenton, *Histoire naturelle* (Paris 1750-1770), ii.73, Voltaire a noté: 'platon prit tout ce galimatias absurde [l'harmonie triangulaire] dans timee de locres et cest la que nous avons puisé le sisteme de la trinité encor plus inexplicable' (CN, i.593).

[241] La citation de Voltaire est correcte, mais un peu abrégée. Elle se réfère au livre IV des *Institutions divines*, intitulé 'De vera sapientia et religione', ch.29: 'Fortasse quaerat aliquis, quomodo, cum Deum nos unum colere dicamus, duos tamen esse asseveremus, Deum Patrem et Deum Filium: quae asseveratio plerosque in maximum impegit errorem [...] Cum dicimus Deum Patrem, et Deum Filium, non diversum dicimus, nec utrumque secernimus; quia nec Pater sine Filio esse potest, nec Filius a Pater secerni' (PL, vi.538). Voltaire a lu le texte dans ses *Opera omnia* (Lutetiae Parisiorum 1748; BV, no.1836).

Le Saint-Esprit fut entièrement oublié par Lactance, et quelques années après on n'en fit qu'une commémoration fort légère et par manière d'acquit au concile de Nicée; car après avoir fait la déclaration aussi solennelle qu'inintelligible, que le Fils est consubstantiel au Père, on se contente de dire simplement; *nous croyons aussi au Saint-Esprit.* [c] 60

On peut dire qu'Origène jeta les premiers fondements de cette métaphysique chimérique, qui n'a été qu'une source de discorde et qui était absolument inutile à la morale. Il est évident qu'on pouvait être aussi honnête homme, aussi sage, aussi modéré avec une hypostase qu'avec trois, et que ces inventions théologiques n'ont rien de commun avec nos devoirs. 65 70

Origène attribue un corps délié à Dieu, aussi bien qu'aux anges et à toutes les âmes; et il dit que Dieu le père et Dieu le fils sont deux substances différentes; que le Père est plus grand que le Fils, le Fils plus grand que le Saint-Esprit, et le Saint-Esprit plus grand que les anges; il dit que le Père est bon par lui-même, mais que le Fils n'est pas bon par lui-même; que le Fils n'est pas la vérité par rapport à son Père, mais l'image de la vérité par rapport à nous; qu'il ne faut pas adorer le Fils, mais le Père; que c'est au 75

[c] Quel malheureux équivoque que ce Saint-Esprit, cet *agion pneuma* dont ces christicoles ont fait un troisième Dieu? ce mot ne signifiait que souffle. Vous trouvez dans l'Evangile attribué à Jean (ch.20, v.22), *Quand il dit ces choses, il souffla sur eux et leur dit, recevez le Saint-Esprit.* [242]

Remarquez que c'était une ancienne cérémonie des magiciens de souffler dans la bouche de ceux qu'ils voulaient ensorceler. Voilà donc l'origine du troisième dieu de ces énergumènes; y a-t-il rien au fond de plus blasphématoire et de plus impie? et les musulmans n'ont-ils pas raison de les regarder comme d'infâmes idolâtres? 5

n. *c* RN, 67, absent (ajout de 71)
n. *c*, 3 W75G, NM, W68: vous trouverez

[242] Voir le *Commentaire littéral*, où le passage est marqué d'un signet annoté: 'jesu soufle' (CN, ii.216).

Père seul qu'on doit adresser ses prières; que le fils apporta du ciel la chair dont il se revêtit dans le sein de Marie, et qu'en montant au ciel il laissa son corps dans le soleil. 80

Il avoue que la vierge Marie en accouchant du Fils de Dieu, se délivra d'un arrière-faix comme une autre; ce qui l'obligea de se purifier dans le temple juif; car on sait bien que rien n'est si impur qu'un arrière-faix. Le dur et pétulant Jérôme lui a reproché aigrement, environ cent cinquante années après sa mort, beaucoup d'opinions semblables qui valent bien les opinions de Jérôme;[243] car dès que les premiers chrétiens se mêlèrent d'avoir des dogmes, ils se dirent de grosses injures et annoncèrent de loin les guerres civiles qui devaient désoler le monde pour des arguments. 85 90

N'oublions pas qu'Origène se signala plus que tout autre en tournant tous les faits de l'Ecriture en allégories; et il faut avouer que ces allégories sont fort plaisantes. La graisse des sacrifices, est l'âme de Jésus-Christ; La queue des animaux sacrifiés, est la persévérance dans les bonnes œuvres. S'il est dit dans l'Exode chap. 33, que Dieu met Moïse dans la fente d'un rocher, afin que Moïse voie les fesses de Dieu, mais non pas son visage; cette fente du rocher est Jésus-Christ, au travers duquel on voit Dieu le père par derrière.[d] 95

[d] C'était une très ancienne croyance superstitieuse chez presque tous les peuples qu'on ne pouvait voir les dieux tels qu'ils sont sans mourir. C'est pourquoi Semélé fut consumée pour avoir voulu coucher avec Jupiter tel qu'il était. Une des plus fortes contradictions innombrables dont tous les livres juifs fourmillent se trouve dans ce verset de l'Exode: *Tu ne pourras voir que mon derrière.*[244] Le livre des Nombres (chap. 12) dit expressément que Dieu se faisait voir à Moïse comme un ami à un ami, qu'il voyait Dieu face à face; et qu'ils se parlaient bouche à bouche.[245] 5

97 RN-NM, W68: voie le derrière de Dieu
n. *d* RN, 67, absent (ajout de 71)

[243] Voltaire possédait les *Opera omnia cum notis et scholiis* de saint Jérôme dans une édition de 1684 (BV, no.1635).
[244] Exode xxxiii.23.
[245] Nombres xii.8.

En voilà, je pense assez pour faire connaître les Pères et pour faire voir sur quels fondements on a bâti l'édifice le plus monstrueux qui ait jamais déshonoré la raison. Cette raison a dit à tous les hommes: la religion doit être claire, simple, universelle, à la portée de tous les esprits, parce qu'elle est faite pour tous les cœurs; sa morale ne doit point être étouffée sous le dogme; rien d'absurde ne doit la défigurer. En vain la raison a tenu ce langage; le fanatisme a crié plus haut qu'elle. Et quels maux n'a pas produit ce fanatisme? 100 105

Nos pauvres théologiens se tirent d'affaire en disant qu'il faut entendre un passage dans le sens propre, et l'autre dans un sens figuré. Ne faudrait il pas leur donner des vessies de cochons par le nez, dans le sens figuré et dans le sens propre? 10

107-108 RN-NM, W68: qu'elle.//

CHAPITRE XXVII

Des martyrs.[246]

Pourquoi les Romains ne persécutèrent-ils jamais pour leur religion aucun de ces malheureux Juifs abhorrés? ne les obligèrent-ils jamais de renoncer à leurs superstitions? leur laissèrent-ils leurs rites et leurs lois? leur permirent-ils des synagogues dans Rome, les comptèrent-ils même parmi les citoyens à qui l'on faisait des largesses de blé etc.? d'où vient que ces mêmes Romains si indulgents, si libéraux envers ces malheureux Juifs, furent, vers le troisième siècle, plus sévères envers les adorateurs d'un Juif? n'est-ce pas parce que les Juifs occupés de vendre des chiffons et des philtres, n'avaient point la rage d'exterminer la religion de l'empire, et que les chrétiens intolérants étaient possédés de cette rage?[a]

5

10

[a] Il n'y a rien certainement à répondre à cette assertion de milord Bolingbroke. Il est démontré que les anciens Romains ne persécutèrent jamais personne pour ses dogmes. Cette exécrable horreur n'a jamais été commise que par les chrétiens, et surtout par les Romains modernes. Aujourd'hui même encore il y a dix mille Juifs à Rome qui sont très protégés quoiqu'on sache bien qu'ils regardent Jésus comme un imposteur. Mais si un chrétien s'avise de crier dans l'église de St Pierre

5

4-9 RN-NM, W68, K: lois? et d'où vient que vers le troisième siècle, ils traitèrent les chrétiens issus des juifs avec quelque sévérité? n'est-ce pas [K: point]

n. *a* RN, 67, absent (ajout de 71)

[246] Dans sa critique de l'histoire des martyrs chrétiens, Voltaire pouvait s'appuyer sur l'autorité du protestant Louis-Ellies Dupin, dont il possédait la *Nouvelle bibliothèque des auteurs ecclésiastiques* (Paris 1690-1730; BV, no.1167) et qui écrivait (ii.756-57): 'Voilà tout ce que nous avons d'anciens Monumens et certains touchant la persecution de Trajan: car tout ce qui est dit d'un grand nombre d'autres Martyrs n'est appuyé que sur des actes incertains ou fabuleux' (qu'il énumère ensuite). Voltaire a noté sur des signets: 'fausses persecutions,

On punit en effet au troisième siècle, quelques-uns des plus fanatiques; mais en si petit nombre, qu'aucun historien romain n'a daigné en parler. Les Juifs révoltés sous Vespasien, sous Trajan, sous Adrian, furent toujours cruellement châtiés comme ils le méritaient: on leur défendit même d'aller dans leur petite ville de Jérusalem, dont on abolit jusqu'au nom, parce qu'elle avait été toujours le centre de la révolte; mais il leur fut permis de circoncire leurs enfants sous les murs du Capitole et dans toutes les provinces de l'empire.

Les prêtres d'Isis furent punis à Rome sous Tibère; leur temple fut démoli, parce que ce temple était un marché de prostitutions, et un repaire de brigands; mais on permit aux autres prêtres et prêtresses d'Isis d'exercer leur métier partout ailleurs. Leurs troupes allaient impunément en procession de ville en ville; ils faisaient des miracles, guérissaient les maladies, disaient la bonne aventure, dansaient la danse d'Isis avec des castagnettes. C'est ce qu'on peut voir amplement dans Apulée. Nous observerons ici que ces mêmes processions se sont perpétuées jusqu'à nos jours. Il y a encore en Italie quelques restes de ces anciens vagabonds qu'on appelle *Zingari*, et chez nous *Gipsi*, qui est l'abrégé d'Egyptien, et qu'on a je crois nommés *Bohèmes* en France. La seule différence entre eux et les Juifs, c'est que les Juifs ayant toujours exercé le commerce comme les Banians, se sont maintenus ainsi que les Banians, et que les troupes d'Isis étant en très petit nombre sont presque anéanties.

15 20 25 30 35

ou dans la place Navone, que trois font trois et que le pape n'est pas infaillible, il sera brûlé infailliblement.

Je mets en fait que les chrétiens ne furent jamais persécutés que comme des factieux destructeurs des lois de l'empire, et ce qui démontre qu'ils voulaient commettre ce crime, c'est qu'ils l'ont commis.

10

24 W75G, NM, W68: aux prêtres

faux martirs, faux martirs' (CN, iii.313). On lira sur le même sujet l'article 'Martyrs' du *Dictionnaire philosophique* et le chapitre 9 de l'*Essai sur les mœurs*.

Les magistrats romains qui donnaient tant de liberté aux Isiaques et aux Juifs, en usaient de même avec toutes les autres sectes du monde. Chaque dieu était bienvenu à Rome. *Dignus Roma locus, quo deus omnis eat.*[247] Tous les dieux de la terre étaient devenus citoyens de Rome. Aucune secte n'était assez folle pour vouloir subjuguer les autres, ainsi toutes vivaient en paix. 40

La secte chrétienne fut la seule qui sur la fin du second siècle de notre ère, osât dire qu'elle voulait donner l'exclusion à tous les rites de l'empire, et qu'elle devait non seulement dominer, mais écraser toutes les autres religions; les christicoles ne cessaient de dire que leur Dieu était un Dieu jaloux; belle définition de l'Etre des êtres, que de lui imputer le plus lâche des vices! 45

Les enthousiastes qui prêchaient dans leurs assemblées, formaient un peuple de fanatiques. Il était impossible que parmi tant de têtes échauffées, il ne se trouvât des insensés qui insultassent les prêtres des dieux, qui ne troublassent l'ordre public, qui ne commissent des indécences punissables. C'est ce que nous avons vu arriver chez tous les sectaires de l'Europe, qui tous, comme nous le prouverons, ont eu infiniment plus de martyrs égorgés par nos mains, que les chrétiens n'en ont jamais eu sous les empereurs. 50 55

Les magistrats romains excités par les plaintes du peuple, purent s'emporter quelquefois à des cruautés indignes; ils purent envoyer des femmes à la mort, quoique assurément cette barbarie ne soit point prouvée. Mais qui osera reprendre les Romains d'avoir été trop sévères, quand on voit le chrétien Marcel centurion, jeter sa ceinture militaire et son bâton de commandant au milieu des aigles romaines, en criant d'une voix séditieuse: *je ne veux servir que Jésus-Christ le roi éternel, je renonce aux empereurs.*[248] Dans quelle armée aurait-on laissé impunie une insolence si 60 65

[247] Ovide, *Fastes*, iv.270

[248] L'histoire du chrétien Marcel centurion figure dans Thierry Ruinart, *Les Véritables actes des martyrs, recueillis, revûs et corrigez sur plusieurs anciens manuscrits, sous le titre d'Acta primorum martyrum sincera et selecta*, trad. Drouet de Maupertuy (Paris 1708; BV, no.3052), i.443-47.

pernicieuse? je ne l'aurais pas soufferte assurément dans le temps que j'étais secrétaire d'Etat de la guerre; et le duc de Malboroug[249] ne l'eût pas soufferte plus que moi. 70

S'il est vrai que Polieucte en Arménie, le jour où l'on rendait grâces aux dieux dans le temple pour une victoire signalée, ait choisi ce moment pour renverser les statues, pour jeter l'encens par terre,[250] n'est-ce pas en tout pays le crime d'un insensé?

Quand le diacre Laurent refuse au préfet de Rome de contribuer 75 aux charges publiques, quand ayant promis de donner quelque argent du trésor des chrétiens, qui était considérable, il n'amène que des gueux au lieu d'argent,[251] n'est-ce pas visiblement insulter l'empereur? n'est-ce pas être criminel de lèse-majesté? Il est fort douteux qu'on ait fait faire un gril de six pieds pour cuire Laurent, 80 mais il est certain qu'il méritait punition.

L'ampoulé Grégoire de Nice fait l'éloge de St Théodore qui s'avisa de brûler dans Amazé le temple de Cibèle,[252] comme on dit qu'Erostrate avait brûlé le temple de Diane: on a osé faire un saint de cet incendiaire, qui certainement méritait les plus grands 85 supplices. On nous fait adorer ce que nous punissons par le feu.

85-87 RN, 67: incendiaire. ¶Tous
85-86 71, W75G, NM: méritait le plus grand supplice.

[249] Bolingbroke avait été secrétaire d'Etat de la guerre de 1704 à 1708. Le duc de Marlborough avait alors le commandement en chef de l'armée.

[250] Ruinart, fort prudent en la circonstance, ne cite Polyeucte que dans la préface de son livre (i.xxx et xxxii), à côté de saints douteux comme saint Janvier, et dans un contexte où il admet la crédulité de certains historiens chrétiens. Corneille avait tiré le sujet de sa tragédie de 'Siméon Métaphraste, rapporté par Surius'.

[251] Voir Ruinart, i.296-317, qui donne comme source le *Livre des couronnes* d'Aurèle Clément Prudence. La dimension du gril est un ajout de Voltaire.

[252] Saint Grégoire de Nysse (en Cappadoce) vécut au quatrième siècle et fut appelé 'Père des Pères' au deuxième concile de Nicée. Excellent connaisseur de la rhétorique et de la philosophie antiques, styliste très admiré, il a laissé un grand nombre d'homélies, de lettres, d'oraisons funèbres, de commentaires sur les textes sacrés et d'ouvrages de controverse. Voltaire le juge 'ampoulé' en raison de son abondance et de son excès d'images. Sur saint Théodore, voir Ruinart, ii.244-60.

Tous les martyres d'ailleurs, que tant d'écrivains ont copiés de siècle en siècle, ressemblent tellement à la Légende dorée,[253] qu'en vérité il n'y a pas un seul de ces contes qui ne fasse pitié. Un de ces premiers contes, est celui de Perpétue et de Félicité. Perpétue 90 vit une échelle d'or qui allait jusqu'au ciel: (Jacob n'en avait vu qu'une de bois). Cela marque la supériorité de la loi nouvelle. Perpétue monte à l'échelle; elle voit dans un jardin un grand berger blanc qui trayait ses brebis, et qui lui donne une cuillerée de lait caillé; après trois ou quatre visions pareilles, on expose 95 Perpétue et Félicité à un ours et à une vache.[254]

Un bénédictin français nommé Ruinart, croyant répondre à notre savant compatriote Dodwel, a recueilli de prétendus actes de martyrs, qu'il appelle les Actes sincères.[255] Ruinart commence par le martyre de Jacques frère aîné de Jésus, rapporté dans 100 l'Histoire ecclésiastique d'Eusèbe, 330 années après l'événement.

Ne cessons jamais d'observer que Dieu avait des frères hommes. Ce frère aîné, dit-on, était un Juif très dévot, il ne cessait de prier et de sacrifier dans le temple juif, même après la descente du Saint-Esprit; il n'était donc pas chrétien. Les Juifs l'appelaient 105 *Oblia le juste*: on le prie de monter sur la plate-forme du temple pour déclarer que Jésus était un imposteur: ces Juifs étaient donc bien sots de s'adresser à un frère de Jésus. Il ne manqua pas de déclarer sur la plate-forme que son cadet était le Sauveur du monde, et il fut lapidé.[256] 110

110 75: monde, il

[253] Jacques de Voragine, *Legenda aurea*, le plus célèbre recueil hagiographique du Moyen Age.

[254] Voir Ruinart, i.147-74.

[255] Thierry Ruinart avait pour but de réfuter le *De paucitate martyrum* du théologien irlandais Henry Dodwell (1641-1711), auteur également de *Two discourses against the papists* (1676, 1688), et qu'il ne faut pas confondre avec son fils Henry Dodwell, auteur d'un *Christianity not founded on argument* (1741), qui fit scandale.

[256] Ruinart commence en effet (i.1-6) par le martyre de saint Jacques, premier évêque de Jérusalem. Jacques, frère du Seigneur (*frater Domini*), était déjà appelé du temps de J.-C. le *Juste*. Par sa sainte conduite, il avait converti de nombreux

Que disons-nous de la conversation d'Ignace avec l'empereur Trajan,[257] qui lui dit: *qui es-tu, esprit impur?* et de la bienheureuse Simphorose qui fut dénoncée à l'empereur Adrian[258] par ses dieux lares? et de Policarpe à qui les flammes d'un bûcher n'osèrent toucher, mais qui ne put résister au tranchant du glaive?[259] et du 115

111 RN: l'errata corrige 'Que disons-nous' en 'Que dirons-nous'
NM: Que dirons-nous

Juifs. Les docteurs de la Loi et les pharisiens voulurent, en mettant en avant cette sagesse reconnue de tous, que Jacques dénonçât l'imposture du Messie. Jacques, contre leur attente, dit que Jésus était à la droite de la souveraine puissance de Dieu et qu'il devait paraître au jour du Jugement dernier. Animés de fureur, les docteurs et les pharisiens précipitèrent Jacques du haut du Temple. Jacques priait Dieu de pardonner à ses meurtriers. Lapidé par la foule, Jacques meurt d'un coup de masse donné par un foulon. Il est enterré sur le lieu même de son martyre. Ruinart se fonde sur Eusèbe, *Histoire ecclésiastique*, liv.II, ch.23.

[257] Ignace, évêque d'Antioche, disciple de l'évangéliste Jean, désire avec ardeur être supplicié afin d'augmenter son amour pour Jésus-Christ. Appelé par Trajan, il se rend à Séleucie où a lieu l'entrevue. Ignace marque son intolérance religieuse en traitant de démons les dieux de Trajan, puis en se nommant lui-même *Théophore*. Trajan, excédé, le condamne à être dévoré à Rome par les bêtes sauvages, ce qu'Ignace accepte avec joie (Ruinart, i.8-25).

[258] Adrien veut faire des sacrifices rituels pour l'inauguration de son palais de Tivoli. Les dieux lares refusent, parce qu'ils ont été outragés par Symphorose, qui a sacrifié à Dieu devant eux. Adrien fait venir Symphorose qui appelle démons les dieux d'Adrien et demande le martyre qui lui permettra de rejoindre, près de Dieu, son mari et son beau-frère, tribuns d'Adrien que celui-ci a fait massacrer à cause de leur conversion. Symphorose est battue devant le temple d'Hercule, suspendue par les cheveux, puis jetée dans le fleuve. Le lendemain, ses sept fils subissent également le martyre (Ruinart, i.25-29).

[259] Polycarpe, évêque de Smyrne, a un songe prémonitoire: dans trois jours, il mourra par le feu. En effet, alors que Hérode voulait le livrer aux bêtes féroces, le public (et les juifs en particulier) préférèrent qu'on le livrât aux flammes. Les flammes forment un arc autour du saint et ne le touchent pas: Polycarpe paraît être en or et exhale des odeurs délicieuses. Hérode ordonne qu'on le tue avec un poignard, mais le sang jaillit en telle abondance qu'il éteint le bûcher, d'où sort une colombe blanche (Ruinart, i.39-60).

soulier de la martyre Ste Epipode qui guérit un jeune gentilhomme de la fièvre?[260]

Et de St Cassien[261] maître d'école qui fut fessé par ses écoliers, et de Ste Potamienne, qui n'ayant pas voulu coucher avec le gouverneur d'Alexandrie, fut plongée trois heures entières dans la poix résine bouillante, et en sortit avec la peau la plus blanche et la plus fine?[262] 120

Et de Pionius,[263] qui resta sain et frais au milieu des flammes, et qui en mourut je ne sais comment?

116-117 W75G, NM, W68: un gentilhomme de
117-118 RN, 67: fièvre? ¶Et de Ste Potamienne

[260] Epipode, né à Lyon, et Alexandre sont unis depuis toujours par la plus tendre amitié et tous deux ont refusé le joug du mariage. Durant les persécutions, ils ont été recueillis par une veuve chrétienne et pieuse. Au moment de l'arrestation, Epipode perd un de ses souliers que Lucie, l'hôtesse, conservera avec vénération. Les miracles vont se succéder après la mort d'Epipode et d'Alexandre. Lucie, grâce au soulier, a déjà opéré de nombreuses guérisons. Les maladies et les démons s'enfuient dès que l'on se rend dans la caverne où ont été enterrés Epipode et Alexandre (Ruinart, i.109-27, d'après Surius et Bollandus). Voltaire a donc confondu Epipode avec l'hôtesse Lucie.

[261] Cassien, maître d'école réputé, est dénoncé parce qu'il est chrétien. On décide que ce seront ses propres élèves qui lui infligeront le martyre: 'Il faut faire venir ses écoliers, le mettre entre leurs mains, et leur dire: Tenez, voilà votre maître qu'on vous abandonne; cet homme qui avait toujours les verges à la main. Faites-en ce que vous voudrez: jouez-vous de la peau de celui qui a si peu épargné la vôtre' (Ruinart, ii.381-[387]). Cassien meurt des coups de stylets de ses élèves, et non pas fessé, mais pour avoir fessé.

[262] Potamienne, belle esclave d'un Alexandrin fort débauché, refuse de céder aux désirs lubriques de son maître. Celui-ci la dénonce comme chrétienne et exige qu'elle cède ou qu'elle meure. Elle préfère mourir, mais demande qu'on ne la déshabille pas et qu'en revanche, on la descende peu à peu dans la poix bouillante. Elle meurt au bout de trois heures de supplice (Ruinart, i.182-84, d'après l'*Histoire lausiaque* de Palladius, ch.3). Baronius croyait devoir distinguer deux saintes de ce nom, mais Ruinart le conteste (i.628-29).

[263] Pionius incite le peuple de Smyrne à la tolérance et son discours vise surtout les juifs. Il refuse de sacrifier aux idoles. Il sera crucifié et ensuite un bûcher sera allumé autour de la croix. Après le supplice, on retrouve son corps intact (Ruinart, i.210-36). Ruinart remarque (p.225) que 'ce discours de St. Pionius est d'un stile allégorique et à peu près semblable à celui dont les Prophètes se servoient'.

Et du comédien Genest,[264] qui devint chrétien en jouant une farce[b] devant l'empereur Dioclétien, et qui fut condamné par cet empereur dans le temps qu'il favorisait le plus les chrétiens? Et d'une légion thébaine,[265] laquelle fut envoyée d'Orient en Occident pour aller réprimer la sédition des Bagaudes, qui était déjà reprimée, et qui fut martyrisée tout entière dans un temps où l'on ne martyrisait personne, et dans un lieu où il n'est pas possible de mettre quatre cents hommes en bataille, et qui enfin fut transmise au public par écrit, deux cents ans après cette belle aventure? 125 130

Ce serait un ennui insupportable de rapporter tous ces prétendus martyres. Cependant je ne peux m'empêcher de jeter encore un coup d'œil sur quelques martyrs des plus célèbres. 135

[b] Il contrefaisait le malade, disent les Actes sincères. *Je suis bien lourd*, disait Genest, *veux-tu qu'on te fasse raboter? non, je veux qu'on me donne l'extrême-onction des chrétiens*. Aussitôt deux acteurs l'oignirent et il fut converti sur-le-champ. Vous remarquerez que du temps de Dioclétien, l'extrême-onction était absolument inconnue dans l'Eglise latine. 5

n. *b* RN, 67, absent (ajout de 71)

[264] Genest, comédien sous Dioclétien, décide, pour plaire à l'empereur, de se moquer des chrétiens. Il joue le rôle d'un homme qui, sur le point de mourir, veut se convertir pour entrer au paradis. On simule le baptême et soudain Genest se sent réellement chrétien. Dioclétien rit, car il pense que tout cela n'est qu'une farce, mais Genest le détrompe. On le martyrise sur le champ. On le décapitera le huitième des calendes de septembre (Ruinart, i.387-91).

[265] Maximien ordonne à Agaune (nom romain de Saint-Moritz, en Suisse) le massacre de la légion thébaine composée de chrétiens qui ont refusé de servir à l'extermination des leurs. Seuls trois noms sont connus: Maurice, Exupère et Candide. On rapporte encore ceux de Victor et d'Ours. Cette légion étant apparue en rêve à saint Théodore, celui-ci ordonna que fût batie une église sur le lieu où les soldats avaient été enterrés. Deux miracles: un ouvrier païen, qui travaillait à la construction durant la messe, voit la légion qui lui reproche son sacrilège et il se convertit; une paralytique est guérie en se rendant à Agaune (Ruinart, i.393-403). Il s'agit d'une série de martyrs honorés en Suisse. Voir aussi l'*Essai sur les mœurs*, ch.8.

Nilus, témoin oculaire à la vérité (mais qui est inconnue, et c'est grand dommage), assure que son ami St Théodote,[266] cabaretier de son métier, faisait tous les miracles qu'il voulait. C'était à lui de changer l'eau en vin; mais il aimait mieux guérir les malades en les touchant du bout du doigt. La cabaretier Théodote rencontra un curé de la ville d'Ancire dans un pré; ils trouvèrent ce pré tout à fait propre à y bâtir une chapelle dans un temps de persécution; je le veux bien, dit le prêtre, mais il me faut des reliques. Qu'à cela ne tienne, dit le saint, vous en aurez bientôt, et voilà ma bague que je vous donne en gage: il était bien sûr de son fait, comme vous l'allez voir. 140 145

On condamna bientôt sept vierges chrétiennes d'Ancire[267] de soixante et dix ans chacune, *à être livrées aux brutales passions des* 150

[266] Passio Sancti Theodoti Ancyrani et septem Virginum. Auctore Nilo Teste oculato. Ex tomo 4. Maii Bollandiani. p.336-52. Théodote est cabaretier, mais ne se sert de ce métier que pour chasser les vices de ses clients. Il réalise des conversions et des guérisons miraculeuses. Il protège les chrétiens et leur fournit du pain et du vin pour le sacrifice rituel. Il enlève les corps de sept vierges chrétiennes martyrisées. Trahi per un faux ami, Théodote est arrêté et torturé. On brûle son corps, mais des éclairs jaillissent du bûcher (Ruinart, i.531-90. Ce chapitre est le plus long des *Actes*). Voltaire n'a pas tiré parti de certains propos de Ruinart parlant du cabaret du saint, 'cabaret illustre, consacré à la prière, et non à la débauche, lieu digne de la vénération des fidèles, sanctuaire de la piété [...] une taverne devint une église, un hospice, une maison d'oraison, la demeure de la charité, le dépositaire de la religion' (i.541 et 543).

[267] Les sept vierges d'Ancyre, arrêtées par le gouverneur d'Ancyre, sont torturées, puis mises dans une maison de débauche. Leurs discours et leur âge refroidissent l'ardeur des jeunes libertins. Elles sont exposées nues avec les images de Diane et de Minerve. Elles refusent de servir Diane et on les jette dans le lac. Mais les eaux du lac sont repoussées miraculeusement sur le rivage opposé, et Théodote enterrera leurs corps. Elles ont pour nom: Técuse, Alexandra, Phaïné, Claudia, Euphrasie, Matrone et Julite (Ruinart, i.552-58). Técuse supplie qu'on l'épargne, en invoquant, 'ces corps décharnés, que la vieillesse a flétris, [...] que les maladies commencent à réduire en pourriture, ces yeux éteints, cette chair à demi morte, ces rides pleines de crasse que soixante et dix années ont creusées sur mon front', mais il n'est pas question des velléités particulières (ici lignes 154-155) d'un jeune homme. Ruinart dit, au contraire, qu'un discours si touchant eut son effet; il éteignit tout le feu impur et grossier que cette folle jeunesse avait d'abord fait paraître', et les jeunes gens se retirent en larmes.

jeunes gens de la ville. La légende ne manque pas de remarquer que ces demoiselles étaient très ridées, et ce qui est fort étonnant, c'est que ces jeunes gens ne leur firent pas la moindre avance, à l'exception d'un seul qui ayant en sa personne *de quoi négliger ce point-là*, voulut tenter l'aventure, et s'en dégoûta bientôt. Le gouverneur extrêmement irrité que ces sept vieilles n'eussent pas subi le supplice qu'il leur destinait, les fit prêtresses de Diane, ce que ces vierges chrétiennes acceptèrent sans difficulté. Elles furent nommées pour aller laver la statue de Diane dans le lac voisin; elles étaient toutes nues, car c'était sans doute l'usage que la chaste Diane ne fût jamais servie que par des filles nues, quoiqu'on n'approchât jamais d'elle qu'avec un grand voile. Deux chœurs de ménades et de bacchantes armées de thyrses, précédaient le char, selon la remarque judicieuse de l'auteur, qui prend ici Diane pour Bacchus; mais comme il a été témoin oculaire, il n'y a rien à lui dire.

St Théodote tremblait que ces sept vierges ne succombassent à quelques tentations; il était en prières, lorsque sa femme vint lui apprendre qu'on venait de jeter les sept vieilles dans le lac; il remercia Dieu d'avoir ainsi sauvé leur pudicité. Le gouverneur fit faire une garde exacte autour du lac, pour empêcher les chrétiens qui avaient coutume de marcher sur les eaux, de venir enlever leurs corps. Le saint cabaretier était au désespoir; il allait d'église en église, car tout était plein de belles églises pendant ces affreuses persécutions; mais les païens rusés avaient bouché toutes les portes. Le cabaretier prit alors le parti de dormir: l'une de ces vieilles lui apparut dans son premier sommeil; c'était, ne vous déplaise, Ste Técuse, qui lui dit en propres mots: *mon cher Théodote, souffrirez-vous que nos corps soient mangés par des poissons?*

Théodote s'éveille; il résout de repêcher les saintes du fond du lac au péril de sa vie. Il fait tant qu'au bout de trois jours, ayant donné aux poissons le temps de les manger, il court au lac par une nuit noire avec deux braves chrétiens.

176-177 RN-NM, W68: l'une des vieilles

Un cavalier céleste se met à leur tête, portant un grand flambeau devant eux pour empêcher les gardes de les découvrir: le cavalier 185 prend sa lance, fond sur les gardes, les met en fuite; c'était, comme chacun sait, St Soziandre ancien ami de Théodote, lequel avait été martyrisé depuis peu. Ce n'est pas tout; un orage violent mêlé de foudres et d'éclairs et accompagné d'une pluie prodigieuse, avait mis le lac à sec. Les sept vieilles sont repêchées et proprement 190 enterrées.

Vous croyez bien que l'attentat de Théodote fut bientôt découvert; le cavalier céleste ne put l'empêcher d'être fouetté et appliqué à la question. Quand Théodote eut été bien étrillé, il cria aux chrétiens et aux idolâtres: Voyez, mes amis, de quelles grâces 195 notre Seigneur Jésus comble ses serviteurs; il les fait fouetter jusqu'à ce qu'ils n'aient plus de peau, et leur donne la force de supporter tout cela; enfin il est pendu.

Son ami Fronton le curé fit bien voir alors que le saint était cabaretier: car en ayant reçu précédemment quelques bouteilles 200 d'excellent vin, il enivra les gardes et emporta le pendu, lequel lui dit; Monsieur le curé, je vous avais promis des reliques, je vous ai tenu parole.

Cette histoire admirable est une des plus avérées. Qui pourrait en douter après le témoignage du jésuite Bollandus et du bénédic- 205 tin Ruinart?

Ces contes de vieilles me dégoûtent; je n'en parlerai pas davantage. J'avoue qu'il y eut en effet quelques chrétiens suppliciés en divers temps comme des séditieux qui avaient l'insolence d'être intolérants et d'insulter le gouvernement. Ils eurent la 210 couronne du martyre, et la méritaient bien. Ce que je plains, c'est de pauvres femmes imbéciles, séduites par ces non-conformistes. Ils étaient bien coupables d'abuser de la facilité de ces faibles créatures et d'en faire des énergumènes; mais les juges qui en firent mourir quelques-unes étaient des barbares. 215

198 RN-NM, W68: il fut pendu.
203 RN, 67: tenu ma parole.
211-212 71, NM, W68: ce sont de pauvres femmes

Dieu merci, il y eut peu de ces exécutions. Les païens furent bien loin d'exercer sur ces énergumènes les cruautés que nous avons depuis si longtemps déployées les uns contre les autres. Il semble que, surtout les papistes, aient forgé tant de martyres imaginaires dans les premiers siècles pour justifier les massacres 220 dont leur Eglise s'est souillée.

Une preuve bien forte qu'il n'y eut jamais de grandes persécutions contre les premiers chrétiens, c'est qu'Alexandrie qui était le centre, le chef-lieu de la secte, eut toujours publiquement une école du christianisme ouverte, comme le Lycée, le Portique et 225 l'Académie d'Athènes. Il y eut une suite de professeurs chrétiens. Pantène succéda publiquement à un Marc, qu'on a pris mal à propos pour Marc l'apôtre. Après Pantène vient Clément d'Alexandrie, dont la chaire fut ensuite occupée par Origène qui laissa une foule de disciples. Tant qu'ils se bornèrent à ergoter, 230 ils furent paisibles; mais lorsqu'ils s'élevèrent contre les lois et la police publique, ils furent punis. On les réprima surtout sous l'empire de Décius; Origène même fut mis en prison. Cyprien évêque de Carthage[268] ne dissimule pas que les chrétiens s'étaient attiré cette persécution. 'Chacun d'eux, *dit-il, dans son livre Des* 235 *tombés*, court après les biens et les honneurs avec une fureur insatiable. Les évêques sont sans religion; les femmes sans pudeur; la friponnerie règne; on jure; on se parjure; les animosités divisent les chrétiens; les évêques abandonnent les chaires pour courir aux foires et pour s'enrichir par le négoce; enfin nous nous plaisons 240 à nous seuls, et nous déplaisons à tout le monde.'

Il n'est pas étonnant que ces chrétiens eussent de violentes querelles avec les partisans de la religion de l'empire, que l'intérêt entrât dans ces querelles, qu'elles ne causassent souvent des troubles violents, et qu'enfin ils ne s'attirassent une persécution. 245 Le fameux jurisconsulte Ulpien[269] avait regardé la secte comme

[268] L'information de Voltaire est tirée de son édition des *Œuvres* de saint Cyprien en traduction française (Rouen 1716), ii, 'De ceux qui sont tombés pendant la persécution', mais son texte condense l'original (CN, ii.848).

[269] Domitius Ulpianus, mort en 223, auteur de nombreux ouvrages dont il ne nous reste que des fragments.

une faction très dangereuse, et qui pouvait un jour servir à la ruine de l'Etat, en quoi il ne se trompa pas.

CHAPITRE XXVIII

Des miracles.

Après les merveilles orientales de l'Ancien Testament, après que, dans le Nouveau, Dieu emporté sur une montagne par le diable,[270] en est descendu pour changer des cruches d'eau en cruches de vin,[271] qu'il a séché un figuier, parce que ce figuier n'avait pas des figues sur la fin de l'hiver,[272] qu'il a envoyé des diables dans le corps de deux mille cochons,[273] après, dis-je, qu'on a vu toutes ces belles choses, il n'est pas étonnant qu'elles aient été imitées.

Pierre Simon Barjone a très bien fait de ressusciter la couturière Dorcas; c'est bien le moins qu'on puisse faire pour une fille qui raccommodait gratis les tuniques des fidèles. Mais je ne passe point à Simon Pierre Barjone d'avoir fait mourir de mort subite Ananie et sa femme Saphire,[274] deux bonnes créatures, qu'on suppose avoir été assez sottes pour donner tous leurs biens aux apôtres. Leur crime était d'avoir retenu de quoi subvenir à leurs besoins pressants.

O Pierre! ô apôtres désintéressés! quoi! déjà vous persuadez à vos dirigés de vous donner leur bien! De quel droit ravissez-vous ainsi toute la fortune d'une famille? Voilà donc le premier exemple de la rapine de votre secte et de la rapine la plus punissable. Venez à Londres faire le même manège, et vous verrez si les héritiers de Saphire et d'Ananie ne vous feront pas rendre gorge, et si le grand juré vous laissera impunis. Mais ils ont donné leur argent de bon gré! mais vous les avez séduits pour les dépouiller de leur bon gré; ils ont retenu quelque chose pour eux! Lâches ravisseurs, vous osez leur faire un crime d'avoir gardé de quoi ne

[270] Matthieu iv.8; Luc iv.9.
[271] Jean ii.9.
[272] Matthieu xxi.19; Marc xi.13.
[273] Matthieu viii.32; Marc v.13; Jean ii.9.
[274] Actes des apôtres v.

pas mourir de faim. Ils ont menti, dites-vous, étaient-ils obligés de vous dire leur secret? Si un escroc vient me dire, avez-vous de l'argent? je ferai très bien de lui répondre, je n'en ai point. Voilà en un mot le plus abominable miracle qu'on puisse trouver dans la légende des miracles. Aucun de tous ceux qu'on a faits depuis n'en approche; et si la chose était vraie, ce serait la plus exécrable des choses vraies.

Il serait plus doux d'avoir le sens commun. Les Pères de l'Eglise eurent du moins le don de la langue; car ils parlèrent beaucoup; mais il n'y eut parmi eux qu'Origène et Jérôme qui sussent l'hébreu. Augustin, Ambroise, Jean Chrisostome etc. n'en savaient pas un mot.

Nous avons déjà vu les beaux miracles des martyrs, qui se laissaient toujours couper la tête pour dernier prodige. Origène à la vérité dans son premier livre contre Celse, dit que les chrétiens ont des visions, mais il n'ose prétendre qu'ils ressuscitent des morts.

Le christianisme opéra toujours de grandes choses dans les premiers siècles. St Jean, par exemple, enterré dans Ephèse, remuait continuellement dans sa fosse; ce miracle utile dura jusqu'au temps de l'évêque d'Hippone,[a] Augustin. Les prédictions, les exorcismes, ne manquaient jamais; Lucien même en rend témoignage. Voici comme il rend gloire à la vérité dans le

[a] Augustin tom. 3, page 189.[275]

33-38 RN-NM, W68: Il est doux d'avoir le don des langues; et tous les Pères de l'Eglise eurent ce don. La plus grande preuve que nous en ayons, c'est qu'Augustin ne sut jamais l'hébreu et savait très mal le grec. ¶Nous

[275] Voltaire reviendra sur cette légende dans *La Bible enfin expliquée*, 'Sommaire historique des quatre Evangiles', ch.20, où il dit: 'bien qu'enterré, il ne passa point cependant pour mort. On le voyait remuer deux fois par jour dans sa fosse; et il s'élevait sur son sépulcre une espèce de farine. Saint Ephrem, saint Jean Damascène, saint Grégoire de Tours, saint Thomas l'assuraient' (M.XXX.314). Le retour de saint Jean à Ephèse est affirmé par Eusèbe de Césarée, *Histoire ecclésiastique*, liv.III, ch.23.

chapitre de la mort du chrétien Pérégrinus qui eut la vanité de se brûler: *Dès qu'un joueur de gobelets habile se fait chrétien, il est sûr de faire fortune aux dépens des sots fanatiques auxquels il a affaire.*[276] 50

Les chrétiens faisaient tous les jours des miracles, dont aucun Romain n'entendit jamais parler. Ceux de Grégoire le thaumaturge ou le merveilleux,[277] sont en effet dignes de ce surnom. Premièrement un bon vieillard descend du ciel pour lui dicter le catéchisme qu'il doit enseigner. Chemin faisant, il écrit une lettre au diable, la lettre parvient à son adresse; et le diable ne manque pas de faire ce que Grégoire lui ordonne. 55

Deux frères se disputent un étang; Grégoire sèche l'étang, et le fait disparaître pour apaiser la noise. Il rencontre un charbonnier et le fait évêque. C'est apparemment depuis ce temps-là que la foi du charbonnier est passée en proverbe. Mais ce miracle n'est pas grand; j'ai vu quelques évêques dans mes voyages qui n'en savaient pas plus que le charbonnier de Grégoire.[278] Un miracle plus rare, c'est qu'un jour les païens couraient après Grégoire et son diacre pour leur faire un mauvais parti; les voilà qui se changent tous les deux en arbres.[279] Ce thaumaturge était un vrai 60 65

51 71, W75G, NM, W68: *il a à faire*
55 RN-NM, W68: un beau vieillard

[276] *Lucien*, trad. N. Perrot, éd. 1664, ii.280: 'S'il se trouve donc quelque imposteur parmy eux, qui soit adroit à prendre son temps, et à se servir de l'occasion, il s'enrichit en moins de rien, et abuse de leur crédulité' (Paris 1733; BV, no.2222).

[277] Tout ce passage est coché dans l'exemplaire de l'*Histoire ecclésiastique* de Fleury dans la bibliothèque de Voltaire (CN, iii.481-83).

[278] Allusion à un des ennemis les plus acharnés de Voltaire, Mgr Biord, évêque de Genève et d'Annecy; cf. aussi les articles 'Fanatisme' et 'Persécution' du *Dictionnaire philosophique* et de nombreuses attaques personnelles dans la correspondance, p. ex. D15157 à d'Argental et D15660 à d'Alembert: 'Le petit-fils de mon maçon, devenu évêque d'Annecy n'a pas, comme vous savez, le mortier liant: c'est un drôle qui joint aux fureurs du fanatisme une friponnerie consommée, avec l'imbécillité d'un théologien né pour faire des cheminées ou pour les ramoner'.

[279] Voir le signet où Voltaire a noté 'grégoire taumaturge changé en arbre avec son compagnon' (CN, iii.484-85).

Protée. Mais quel nom donnera-t-on à ceux qui ont écrit ces inepties? et comment se peut-il que Fleuri les ait copiées dans son Histoire ecclésiastique?[280] Est-il possible qu'un homme qui avait quelque sens et qui raisonnait tolérablement sur d'autres sujets, ait rapporté sérieusement, que Dieu rendit folle une vieille pour empêcher qu'on ne découvrît St Félix de Nole[281] pendant la persécution?[b] 70

[b] Voyez sur tous ces miracles les 6 et 7e liv. de Fleuri. Voyez plutôt le Recueil des miracles opérés à St Médard à Paris, présenté au roi de France Louis XV par un nommé Carré de Montgeron[282] conseiller au parlement de Paris. Les convulsionnaires avaient fait ou vu plus de mille miracles. Fatio et Daudé[283] ne prétendirent-ils pas ressusciter un mort 5

n. *b*, 1-10 RN, 67: Fleuri.//

[280] Voltaire a lu très attentivement, et à plusieurs reprises dès la période de Cirey, l'*Histoire ecclésiastique* de Claude Fleury. Il en possède l'édition en 36 volumes de 1720-1738 (BV, no.1350), avec les continuations de Fabre et Goujet (avec un nombre très important de signets, de marques et de marginalia; CN, iii.479-610), ainsi qu'une partie de l'édition de Bruxelles (1721-1722; BV, no.1351). On trouve aussi dans sa bibliothèque l'*Institution du droit ecclésiastique* (CN, iii.610-13) et *Les Mœurs des Israëlites* (CN, iii.614-37). Voltaire dénonce à plusieurs endroits sa crédulité et son penchant au merveilleux. Il juge que son *Histoire* est souillée 'de contes qu'une vieille femme rougirait de répéter aujourd'hui' (*Le Pyrrhonisme de l'histoire*; M.xvii.238).

[281] L'anecdote de saint Félix de Nole est glosée comme suit dans l'exemplaire personnel de Voltaire: 'dieu rend folle une vieille pour sauver un fou' (CN, iii.487).

[282] Ce magistrat janséniste, ancien libertin converti, avait consacré cinq ans et sa fortune à rassembler toutes les pièces favorables aux convulsionnaires de Saint-Médard. Il tenta d'offrir au roi le tome Ier de sa *Vérité des miracles opérés à l'intercession de M. de Pâris et autres appelans démontrée contre M. l'archevêque de Sens* (1737; BV, no.2502). Embastillé, puis exilé en province, il publia les tomes II et III en 1741 et 1747. Diderot l'évoque à la *Pensée philosophique* LIV.

[283] Nicolas Fatio de Duillers (Bâle 1664–Worcester 1753). Brillant astronome et mathématicien, protestant ardent qui sympathisa avec les prophètes des Cévennes au point de se croire lui-même inspiré par l'esprit divin et capable de prophétiser, ainsi que de faire des miracles. Ses propos délirants suscitèrent une vive réaction, dont la plus connue est celle de Shaftesbury dans la *Letter concerning enthusiasm*. Fatio se disait investi de la mission de convertir l'univers entier et il

On me répondra que Fleuri s'est borné à transcrire; et moi je répondrai qu'il ne fallait pas transcrire des bêtises injurieuses à la Divinité, qu'il a été coupable s'il les a copiées sans les croire, et qu'il a été un imbécile s'il les a crues. 75

chez nous en 1707? La cour de Rome ne canonise-t-elle pas encore tous les jours pour de l'argent des saints qui ont fait des miracles dont elle se moque? et combien de miracles faisaient nos moines avant que sous un Henri VIII on eût étalé dans la place publique tous les instruments de leurs abominables impostures? 10

se rendit en Asie pour y accomplir son œuvre. Rentré en Angleterre, il y poursuivit ses recherches scientifiques en même temps que ses extravagances religieuses.

Il s'agit de Jean Daudé, avocat originaire de Nîmes qui s'établit en Angleterre comme ministre protestant. Comme ses amis Misson, il était enthousiasmé par les frénésies mystiques des Cévenols et il édita avec Fatio des *Avertissements prophétiques* qui les firent condamner au pilori. Voir Georges Ascoli, 'L'affaire des prophètes français à Londres', *Revue du dix-huitième siècle* 3 (Paris 1916), p.8-28 et 85-109.

CHAPITRE XXIX

Des chrétiens depuis Dioclétien jusqu'à Constantin.

Les chrétiens furent bien plus souvent tolérés et même protégés qu'ils n'essuyèrent de persécutions. Le règne de Dioclétien fut pendant dix-huit années entières un règne de paix et de faveurs signalées pour eux. Les deux principaux officiers du palais, Gorgonius et Dorothée étaient chrétiens.[285] On n'exigeait plus qu'ils sacrifiassent aux dieux de l'empire, pour entrer dans les emplois publics. Enfin Prisca femme de Dioclétien, était chrétienne, aussi jouissaient-ils des plus grands avantages. Ils bâtissaient des temples superbes, après avoir tous dit dans les premiers siècles qu'il ne fallait ni temples, ni autels à Dieu; et passant de la simplicité d'une Eglise pauvre et cachée, à la magnificence d'une Eglise opulente et pleine d'ostentation, ils étalaient des vases d'or et des ornements éblouissants; quelques-uns de leurs temples s'élevaient sur les ruines d'anciens périptères païens abandonnés. Leur temple à Nicomédie dominait sur le palais impérial; et comme le remarque Eusèbe,[286] tant de prospérité avait produit l'insolence, l'usure, la mollesse, et la dépravation des mœurs. On ne voyait, dit Eusèbe, qu'envie, médisance, discorde et sédition.

Ce fut cet esprit de sédition qui lassa la patience du César Maximilien Galère. Les chrétiens l'irritèrent précisément dans le temps que Dioclétien venait de publier des édits fulminants contre les manichéens. Un des édits de cet empereur commence ainsi:

[285] Eusèbe, *Histoire ecclésiastique*, liv.VIII, ch.I (éd. Bardy, iii.4), souligne la tolérance religieuse des empereurs, leur considération pour la religion chrétienne: certains chrétiens sont gouverneurs de province, d'autres sont familiers de l'empereur, tels Dorothée et Gorgonius.

[286] Eusèbe, *Histoire ecclésiastique* (éd. Bardy, iii.5-6), consacre un long développement à la mollesse, à la nonchalance, à l'hypocrisie, à la méchanceté, à la jalousie, aux dissensions entre chrétiens à l'époque. Les chrétiens se comportent comme des *athées*, les pasteurs se querellent entre eux, par amour du pouvoir. Eusèbe en conclut que la persécution fut une punition divine.

Nous avons appris depuis peu que des manichéens sortis de la Perse notre ancienne ennemie inondent notre monde.[287]

Ces manichéens n'avaient encore causé aucun trouble; ils étaient nombreux dans Alexandrie et dans l'Afrique; mais ils ne disputaient que contre les chrétiens, et il n'y a jamais eu le moindre monument d'une querelle entre la religion des anciens Romains et la secte de Manès. Les différentes sectes des chrétiens au contraire, gnostiques, marcionites, valentiniens, ébionites, galiléens, opposées les unes aux autres, et toutes ennemies de la religion dominante répandaient la confusion dans l'empire. 25 30

N'est-il pas bien vraisemblable que les chrétiens eurent assez de crédit au palais, pour obtenir un édit de l'empereur contre le manichéisme? Cette secte qui était un mélange de l'ancienne religion des mages et du christianisme, était très dangereuse, surtout en Orient, pour l'Eglise naissante. L'idée de réunir ce que l'Orient avait de plus sacré avec la secte des chrétiens, faisait déjà beaucoup d'impression. 35

La théologie obscure et sublime des mages mêlée avec la théologie non moins obscure des chrétiens platoniciens, était bien propre à séduire des esprits romanesques, qui se payaient de paroles, enfin puisqu'au bout d'un siècle, le fameux pasteur d'Hippone, Augustin, fut manichéen, il est bien sûr que cette secte avait des charmes pour les imaginations allumées. Manès avait été crucifié en Perse, si l'on en croit Conhémir;[288] et les chrétiens amoureux de leur crucifié, n'en voulurent pas un second. 40 45

47 RN-NM, W68: n'en voulaient pas

[287] Cf. *Essai sur les mœurs*, ch.8: 'Il avait, après sa victoire sur les Perses, donné des édits contre les manichéens attachés aux intérêts de la Perse, et secrets ennemis de l'empire romain. La seule raison d'Etat fut la cause de ces édits' (*Essai*, i.284).

[288] Selon certaines sources, Manès fut condamné par Behram Ier à être écorché vif; selon d'autres, il fut crucifié en 276. Les deux thèses avaient été exposées par Isaac de Beausobre dans son *Histoire critique de Manichée et du manichéisme* (Amsterdam 1734-1739; BV, no.310), qui faisait autorité en la matière. Beausobre écrit: '*Manès*, ayant été condamné comme *Sadducéen*, comme impie, le Roi

Je sais que nous n'avons aucune preuve que les chrétiens obtinrent l'édit contre le manichéisme; mais enfin il y en eut un sanglant, et il n'y en avait point contre les chrétiens. Quelle fut donc ensuite la cause de la disgrâce des chrétiens, les deux dernières années du règne d'un empereur assez philosophe pour abdiquer l'empire, pour vivre en solitaire et pour ne s'en repentir jamais? 50

Les chrétiens étaient attachés à Constance le pâle, père du célèbre Constantin, qu'il eut d'une servante de sa maison nommée Hélène.[a] 55

Constance les protégea toujours ouvertement. On ne sait si le César Galérius fut jaloux de la préférence que les chrétiens donnaient sur lui à Constance le pâle, ou s'il eut quelque autre sujet de se plaindre d'eux; mais il trouva fort mauvais qu'ils bâtissent une église qui offusquait son palais. Il sollicita longtemps 60

[a] Cette Hélène dont on a fait une sainte, était *stabularia*, préposée à l'écurie chez Constance Clore, comme l'avouent Eusèbe, Ambroise, Nicéphore, Jérôme. La chronique d'Alexandrie appelle Constantin bâtard, Zozime le certifie; et certainement on n'aurait point parlé ainsi, on n'aurait point fait cet affront à la famille d'un empereur si puissant, s'il y avait eu le moindre doute sur sa naissance. 5

56 RN-NM, W68: Constantin, et qu'il
57-58 RN, 67, texte continu

Behram ordonna qu'on le fît mourir. Mais les Historiens paroissent n'être pas d'accord sur le genre de son supplice. *Chondémir* témoigne, selon M. *Hyde, qu'il fut crucifié à la porte de la Ville*. Si cela est, il y a de l'apparence, qu'on le condamna au supplice de Notre Sauveur, parce qu'il admettoit la Prophétie de J. Christ, et qu'il prétendoit être un Apôtre, un Envoyé de sa part, pour réformer également le Christianisme et le Magisme. L'Abbé *Renaudot* cite *Emir-Cond*, et lui fait dire, "que *Manès* fut écorché vif, que sa Peau fut remplie de foin, et pendue au Gibet, pour servir d'exemple aux autres" '(i.205). L'information de Beausobre, et donc celle de Voltaire, remonte en définitive à l'ouvrage fondamental de Thomas Hyde, *Historia religionis veterum Persarum, necnon eorum magorum liber Sadder, Zoroastris praecepta, seu religionis canones continens, e persico latine versus, cum appendice* (Oxford 1700; cf. BV, no.1705).

Dioclétien de faire abattre cette église et de prohiber l'exercice de la religion chrétienne. Dioclétien résista; il assembla enfin un conseil, composé des principaux officiers de l'empire. Je me souviens d'avoir lu dans l'Histoire ecclésiastique de Fleuri, que *cet empereur avait la malice de ne point consulter quand il voulait faire du bien, et de consulter quand il s'agissait de faire du mal.*[289] Ce que Fleuri appelle malice, je l'avoue, me paraît le plus bel éloge d'un souverain. Y a-t-il rien de plus beau que de faire le bien par soi-même? Un grand cœur alors ne consulte personne; mais dans les actions de rigueur un homme juste et sage ne fait rien sans conseil.

L'église de Nicomédie fut enfin démolie en 303, mais Dioclétien se contenta de décerner que les chrétiens ne seraient plus élevés aux dignités de l'empire; c'était retirer ses grâces, mais ce n'était point persécuter. Il arriva qu'un chrétien eut l'insolence d'arracher publiquement l'édit de l'empereur, de le déchirer, et de le fouler aux pieds. Ce crime fut puni comme il méritait de l'être par la mort du coupable. Alors Prisca femme de l'empereur, n'osa plus protéger des séditieux; elle quitta même la religion chrétienne, quand elle vit qu'elle ne conduisait qu'au fanatisme et à la révolte. Galérius fut alors en pleine liberté d'exercer sa vengeance.

Il y avait en ce temps beaucoup de chrétiens dans l'Arménie et dans la Syrie; il s'y fit des soulèvements; les chrétiens même furent accusés d'avoir mis le feu au palais de Galérius. Il était bien naturel de croire que des gens qui avaient déchiré publiquement les édits et qui avaient brûlé des temples comme ils l'avaient fait souvent, avaient aussi brûlé le palais; cependant il est très

69 RN-NM, w68: plus grand éloge
70-71 75: le bien soi-même
71-72 71, 75: dans les actes de
74 75: de déclarer que

[289] Fleury, *Histoire ecclésiastique*, liv.VIII, ch.28, 'Persécution générale', où on lit: 'Dioclétien voulut donc prendre conseil; car il avait cette malice de ne point consulter quand il voulait faire du bien, afin d'en avoir seul l'honneur, mais de consulter quand il voulait faire du mal, afin de rejeter le blâme sur d'autres'.

faux qu'il y eut une persécution générale contre eux. Il faut bien qu'on n'eût sévi que légalement contre les réfractaires, puisque Dioclétien ordonna qu'on enterrât les suppliciés, ce qu'il n'aurait point fait, si on avait persécuté sans forme de procès. On ne trouve aucun édit qui condamne à la mort uniquement pour faire profession de christianisme. Cela eût été aussi insensé et aussi horrible que la St Barthélemi, que les massacres d'Irlande et que la croisade contre les Albigeois; car alors un cinquième ou un sixième de l'empire était chrétien. Une telle persécution eût forcé cette sixième partie de l'empire de courir aux armes, et le désespoir qui l'eût armée, l'aurait rendue terrible. 90 95

Des déclamateurs comme Eusèbe de Césarée et ceux qui l'ont suivi, disent en général qu'il y eut une quantité incroyable de chrétiens immolés. Mais d'où vient que l'historien Zozime n'en dit pas un seul mot? Pourquoi Zonare chrétien ne nomme-t-il aucun de ces fameux martyrs?[290] D'où vient que l'exagération ecclésiastique ne nous a pas conservé les noms de cinquante chrétiens livrés à la mort? 100 105

Si on examinait avec des yeux critiques ces prétendus massacres, que la légende impute vaguement à Dioclétien, il y aurait prodigieusement à rabattre, ou plutôt on aurait le plus profond mépris pour ces impostures; et on cesserait de regarder Dioclétien comme un persécuteur. 110

C'est en effet sous ce prince qu'on place la ridicule aventure du cabaretier Théodote, la prétendue légion thébaine immolée; le petit Romain né bègue, qui parle avec une volubilité incroyable, sitôt que le médecin de l'empereur devenu bourreau lui a coupé la langue;[291] et vingt autres aventures pareilles que les vieilles 115

100 RN, 67: Les déclamateurs
71-NM, W68: Ces déclamateurs

[290] Voltaire a lu et annoté l'*Histoire romaine écrite par Xiphilin, par Zonare, et par Zosime*, trad. Cousin (Paris 1678; BV, no.3858).

[291] Signet de Wagnière dans Fleury: 'petit Romain langue coupée' (CN, iii.488).

radoteuses de Cornouailles auraient honte aujourd'hui de débiter à leurs petits enfants.

CHAPITRE XXX

De Constantin.

Quel est l'homme qui ayant reçu une éducation tolérable, puisse ignorer ce que c'était que Constantin?[292] Il se fait reconnaître empereur au fond de l'Angleterre par une petite armée d'étrangers; avait-il plus de droit à l'empire que Maxence élu par le sénat ou par les armées romaines? 5

Quelque temps après il vient en Gaule et ramasse des soldats chrétiens attachés à son père; il passe les Alpes, grossissant toujours son armée; il attaque son rival, qui tombe dans le Tibre au milieu de la bataille. On ne manque pas de dire qu'il y a eu du miracle dans sa victoire, et qu'on a vu dans les nuées un 10 étendard et une croix céleste où chacun pouvait lire en lettres grecques: *tu vaincras par ce signe*.[293] Car les Gaulois, les Bretons, les Allobroges, les Insubriens, qu'il traînait à sa suite, entendaient tous le grec parfaitement, et Dieu aimait mieux leur parler grec que latin. 15

Cependant malgré ce beau miracle, qu'il fit lui-même divulguer, il ne se fit point encore chrétien; il se contenta en bon politique de donner liberté de conscience à tout le monde; et il fit une profession si ouverte du paganisme, qu'il prit le titre de grand pontife: ainsi il est démontré qu'il ménageait les deux religions; 20

6 75: et ramène des

[292] Voltaire est maintes fois revenu sur la personne et le règne de Constantin Ier (*c.* 280-337). Voir p. ex. *Essai sur les mœurs*, ch.10 (*Essai*, i.296-302). Sa source principale est encore l'*Histoire de l'Eglise* d'Eusèbe de Césarée, où sont reproduits *La Vie de l'empereur Constantin* et l'*Harangue à la louange de l'empereur Constantin*, les deux par Eusèbe, et le *Discours de l'empereur Constantin, adressé à l'assemblée des fidèles*. Voir aussi l'*Histoire romaine écrite par Xiphilin, par Zonare, et par Zosime*, p.754 ss.

[293] Ce passage de l'*Histoire de l'Eglise* est marqué d'un signet: 'labarum' (CN, iii.444); voir aussi les carnets (Voltaire 81, p.149-50).

en quoi il se conduisait très prudemment dans les premières années de sa tyrannie. Je me sers ici du mot de tyrannie sans aucun scrupule; car je ne me suis pas accoutumé à reconnaître pour souverain, un homme qui n'a d'autres droits que la force; et je me sens trop humain pour ne pas appeler tyran un barbare qui 25 a fait assassiner son beau-père Maximien Hercule à Marseille, sur le prétexte le moins spécieux, et l'empereur Licinius son beau-frère à Thessalonique par la plus lâche perfidie.

J'appelle tyran sans doute celui qui fait égorger son fils Crispus, étouffer sa femme Fausta, et qui souillé de meurtres et de parrici- 30 des, étalant le faste le plus révoltant, se livrait à tous les plaisirs dans la plus infâme mollesse.

Que de lâches flatteurs ecclésiastiques lui prodiguent des éloges, même en avouant ses crimes; qu'ils voient, s'ils veulent, en lui un grand homme, un saint, parce qu'il s'est fait plonger 35 trois fois dans une cuve d'eau, un homme de ma nation et de mon caractère, et qui a servi une souveraine vertueuse, ne s'avilira jamais jusqu'à prononcer le nom de Constantin sans horreur.

Zozime rapporte, et cela est bien vraisemblable, que Constantin aussi faible que cruel, mêlant la superstition aux crimes, comme 40 tant d'autres princes, crut trouver dans le christianisme l'expiation de ses forfaits. A la bonne heure que des évêques intéressés lui aient fait accroire que le Dieu des chrétiens lui pardonnait tout, et lui saurait un gré infini de leur avoir donné de l'argent et des honneurs; pour moi je n'aurais point trouvé de Dieu qui eût reçu 45 en grâce un cœur si fourbe et si inhumain; il n'appartient qu'à des prêtres de canoniser l'assassin d'Urie chez les Juifs, et le meurtrier de sa femme et de son fils chez les chrétiens.

Le caractère de Constantin, son faste et ses cruautés, sont assez bien exprimés dans ces deux vers qu'un de ses malheureux 50 courtisans nommé *Ablavius* afficha à la porte du palais.

Saturni aurea secla quis requirat?

31 NM: se livre à
43 W75G, NM, W68: fait croire que

Sunt haec gemmea, sed Neroniana.[294]

Qui peut regretter le siècle d'or de Saturne?
Celui-ci est de pierreries, mais il est de Néron. 55

Mais qu'aurait dû dire cet Ablavius du zèle charitable des chrétiens, qui, dès qu'ils furent mis par Constantin en pleine liberté, assassinèrent Candidien fils de l'empereur Galérius, un fils de l'empereur Maximin âgé de huit ans, sa fille âgée de sept, et noyèrent leur mère dans l'Oronte? Ils poursuivirent longtemps 60 la vieille impératrice Valérie veuve de Galérius, qui fuyait leur vengeance. Ils l'atteignirent à Thessalonique, la massacrèrent et jetèrent son corps dans la mer. C'est ainsi qu'ils signalèrent leur douceur évangélique; et ils se plaignent d'avoir eu des martyrs!

[294] Ces vers d'Ablavius sont rapportés dans Sidoine Apollinaire, *Epistulae*, liv.v, 8.

CHAPITRE XXXI

Des querelles chrétiennes avant Constantin et sous son règne.

Avant, pendant et après Constantin, la secte chrétienne fut toujours divisée en plusieurs sectes, en plusieurs factions et en plusieurs schismes. Il était impossible que des gens qui n'avaient aucun système suivi, qui n'avaient pas même ce petit *Credo*[a] si faussement imputé depuis aux apôtres; différents entre eux de nation, de langage, et de mœurs, fussent réunis dans la même créance. 5

Saturnin, Basilide, Carpocrate, Euphrate, Valentin, Cerdon, Marcion, Harmogène, Hermias, Justin, Tertullien, Origène, eurent

[a] Ce *Credo*, ce symbole appelé le *symbole des apôtres*, n'est pas plus des apôtres que de l'évêque de Londres. Il fut composé au cinquième siècle par le prêtre Ruffin.[295] Toute la religion chrétienne a été faite de pièces et de morceaux: c'est là qu'il est dit que Jésus après sa mort descendit aux enfers. Nous eûmes une grande dispute du temps d'Edouard VI pour savoir s'il y était descendu en corps et en âme,[296] nous décidâmes que l'âme seule de Jésus avait été prêcher en enfer, tandis que son corps était dans son sépulcre: comme si en effet on avait mis dans un sépulcre le corps d'un supplicié, comme si l'usage n'avait pas été de jeter ces corps à la voirie. Je voudrais bien savoir ce que son âme serait allée faire en enfer. Nous étions bien sots du temps d'Edouard VI. 5 10

n. *a* RN, 67, absent (ajout de 71)
n. *a*, 6 71, W75G, 75: corps et âme
K85: corps ou en âme
5 W75G, NM, W68: différant

[295] Voir l'article 'Christianisme' du *Dictionnaire philosophique* (éd. Benda-Naves, p.122-23). Voltaire possédait l'ouvrage de François Armand Gervaise, *La Vie de Rufin, prestre de l'église d'Aguilée* (Paris 1724; BV, no.1459).

[296] Allusion aux anabaptistes anglais; voir *Essai sur les mœurs*, ch.136 (*Essai*, ii.262-64).

tous des opinions contraires; et tandis que les magistrats romains tâchaient quelquefois de réprimer les chrétiens, on les voyait tous acharnés les uns contre les autres, s'excommunier, s'anathématiser réciproquement, et se combattre du fond de leurs cachots; c'était bien là le plus sensible et le plus déplorable effet du fanatisme. 10

La fureur de dominer ouvrit une autre source de discorde: on se disputa ce qu'on appelait une dignité d'évêque, avec le même emportement et les mêmes fraudes qui signalèrent depuis les schismes de quarante antipapes. On était aussi jaloux de commander à une petite populace obscure, que les Urbains, les Jeans, l'ont été de donner des ordres à des rois. 15 20

Novat disputa la première place chrétienne dans Carthage, à Cyprien qui fut élu. Novatien[297] disputa l'évêché de Rome à Corneille; chacun d'eux reçut l'imposition des mains par les évêques de son parti. Ils osaient déjà troubler Rome, et les compilateurs théologiques osent s'étonner aujourd'hui que Décius ait fait punir quelques-uns de ces perturbateurs! Cependant Décius sous lequel Cyprien fut supplicié, ne punit ni Novatien ni Corneille; on laissa ces rivaux obscurs se déclarer la guerre, comme on laisse des chiens se battre dans une basse-cour, pourvu qu'ils ne mordent pas leurs maîtres. 25 30

Du temps de Constantin il y eut un pareil schisme à Carthage; deux antipapes africains, ou antiévêques, Cécilien et Majorin se disputèrent la chaire qui commençait à devenir un objet d'ambition. Il y avait des femmes dans chaque parti. Donat succéda à Majorin et forma le premier des schismes sanglants, qui devaient souiller le christianisme. Eusèbe rapporte[298] qu'on se battait avec 35

19 RN, 67: les Urbains, les Cléments, les Benoîts, les Grégoires, les Jeans

[297] Voir Fleury, *Histoire ecclésiastique*, liv.VI, ch.49, avec un signet annoté: 'antipape des le milieu du 3eme siecle novatien' (CN, iii.485).

[298] Nous n'avons pas retrouvé cette référence dans les œuvres d'Eusèbe. Il parle, dans son *Histoire ecclésiastique* (liv.VIII, ch.1; trad. Bardy, iii.5) des oppositions entre chrétiens avant les persécutions: 'Nous nous jalousions les uns les autres, nous nous lancions des injures, et il s'en fallait de peu que nous nous fissions la guerre les uns aux autres, avec les armes lorsque l'occasion s'en

des massues, parce que Jésus, dit-on, avait ordonné à Pierre de remettre son épée dans le fourreau.[299] Dans la suite on fut moins scrupuleux, les donatistes et les cyprianistes se battirent avec le fer. Il s'ouvrait dans le même temps une scène de trois cents ans 40 de carnage pour la querelle d'Alexandre et d'Arius, d'Athanase et d'Eusèbe, pour savoir si Jésus était précisément de la même substance que Dieu ou d'une substance semblable à Dieu.

présentait, et avec les lances que sont les paroles [...] semblables à des athées, [...] nous entassions les méchancetés les unes sur les autres et ceux qui paraissaient nos pasteurs, dédaignant la règle de piété, se jetaient passionnément dans des querelles les uns contre les autres: ils ne faisaient que se livrer à des disputes, des menaces, des envies, des inimitiés et des haines réciproques; ils poursuivaient avec ardeur l'amour du pouvoir'.

[299] Jean xviii.11.

CHAPITRE XXXII

Arianisme et athanasianisme.

Qu'un Juif nommé Jésus ait été semblable à Dieu, ou consubstantiel à Dieu, cela est également absurde et impie.

Qu'il y ait trois personnes dans une substance, cela est également absurde.

Qu'il y ait trois dieux dans un dieu, cela est également absurde. 5

Rien de tout cela n'était un système chrétien, puisque rien de toute cette doctrine ne se trouve dans aucun Evangile, seul fondement reconnu du christianisme. Ce ne fut que quand on voulut platoniser qu'on se perdit dans ces idées chimériques. Plus le christianisme s'étendit, plus ses docteurs se fatiguèrent à le 10 rendre incompréhensible. Les subtilités sauvèrent ce que le fond avait de bas et de grossier.

Mais à quoi servent toutes ces imaginations métaphysiques? qu'importe à la société humaine, aux mœurs, aux devoirs, qu'il y ait en Dieu une personne ou trois ou quatre mille? en sera-t-on 15 plus homme de bien pour prononcer des mots qu'on n'entend pas? La religion qui est la soumission à la Providence et l'amour de la vertu, a-t-elle donc besoin de devenir ridicule pour être embrassée?

Il y avait déjà longtemps qu'on disputait sur la nature du *Logos*, 20 du verbe inconnu, quand Alexandre pape d'Alexandrie souleva contre lui l'esprit de plusieurs papes en prêchant que la Trinité était une monade. Au reste ce nom de pape était donné indistinctement alors aux évêques et aux prêtres. Alexandre était évêque: le prêtre Arius se mit à la tête des mécontents: il se forma deux 25 partis violents, et la question ayant bientôt changé d'objet, comme il arrive souvent, Arius soutint que Jésus avait été créé, et Alexandre qu'il avait été engendré.

1 RN-NM, W68: Que Jésus ait été
15 67: ou trois ou quatre ou mille

Cette dispute creuse ressemblait assez à celle qui a divisé depuis Constantinople, pour savoir si la lumière que les moines voyaient 30 à leur nombril, était celle du Thabor, et si la lumière du Thabor et de leur nombril était créée ou éternelle.

Il ne fut plus question de trois hypostases entre les disputants. Le Père et le Fils occupèrent les esprits, et le Saint-Esprit fut négligé. 35

Alexandre fit excommunier Arius par son parti. Eusèbe évêque de Nicomédie, protecteur d'Arius assembla un petit concile, où l'on déclara erronée la doctrine qui est aujourd'hui l'orthodoxe; la querelle devint violente; l'évêque Alexandre et le diacre Athanase, qui se signalait déjà par son inflexibilité et par ses intrigues, 40 remuèrent toute l'Egypte. L'empereur Constantin était despotique et dur; mais il avait du bon sens; il sentit tout le ridicule de la dispute. On connaît assez cette fameuse lettre qu'il fit porter par Ozius aux chefs des deux factions. *Ces questions*, dit-il, *ne viennent que de votre oisiveté curieuse; vous êtes divisés pour un sujet bien mince.* 45 *Cette conduite est basse et puérile, indigne d'hommes sensés.* La lettre les exhortait à la paix;[300] mais il ne connaissait pas encore les théologiens.

Le vieil Ozius conseilla l'empereur d'assembler un concile nombreux.[301] Constantin qui aimait l'éclat et le faste convoqua 50 l'assemblée à Nicée. Il y parut comme en triomphe avec la robe impériale, la couronne en tête et couvert de pierreries. Ozius y

49 RN, 67, W68: conseilla à l'empereur

[300] La très belle lettre de Constantin à l'évêque Alexandre et au prêtre Arius est reproduite par Eusèbe de Césarée dans sa *Vita Constantini*, II.64-72 (PL, XX.1037-48). Voltaire en avait la traduction française dans l'*Histoire de l'Eglise*, et il avait signalé cette lettre par un signet, avec la mention 'lettre de constantin aux eveques sur la grande dispute' (CN, iii.444).

[301] Voltaire a pu lire le récit du concile de Nicée entre autres dans P. Du Moulin, *Nouveauté du papisme, opposée à l'antiquité du vray christianisme* (Genève 1633; BV, no.1148), comme en fait foi le papillon collé dans le texte (CN, iii.297). Il possédait aussi Jean Hermant, *Histoire des conciles, contenant en abrégé ce qui s'est passé de plus considérable dans l'Eglise* (Rouen 1755; BV, no.1629).

présida comme le plus ancien des évêques. Les écrivains de la secte papiste ont prétendu depuis que cet Ozius n'avait présidé qu'au nom du pape de Rome Silvestre. Cet insigne mensonge qui doit être placé à côté de la donation de Constantin,[302] est assez confondu par les noms des députés de Silvestre, Titus et Vincent, chargés de sa procuration. Les papes romains étaient, à la vérité, regardés comme les évêques de la ville impériale et comme les métropolitains des villes suburbicaires dans la province de Rome; mais ils étaient bien loin d'avoir aucune autorité sur les évêques de l'Orient et de l'Afrique. 55 60

Le concile, à la plus grande pluralité des voix, dressa un formulaire dans lequel le nom de Trinité n'est pas seulement prononcé. *Nous croyons en un seul Dieu et en un seul Seigneur Jésus-Christ, fils unique de Dieu, engendré du Père et non fait consubstantiel au Père*: après ces mots inexplicables on met par surérogation: *Nous croyons aussi au Saint-Esprit*; sans dire ce que c'est que ce Saint-Esprit, s'il est engendré, s'il est fait, s'il est créé, s'il procède, s'il est consubstantiel. Ensuite on ajoute: *anathème à ceux qui disent qu'il y a eu un temps où le Fils n'était pas.* 65 70

Ce qu'il y eut d'assez plaisant au concile de Nicée, ce fut la décision sur quelques livres canoniques. Les Pères étaient fort embarrassés sur le choix des Evangiles et des autres écrits. On prit le parti de les entasser tous sur un autel et de prier le Saint-Esprit de jeter à terre tous ceux qui n'étaient pas légitimes. Le Saint-Esprit ne manqua pas d'exaucer sur-le-champ la requête des Pères.[a] Une centaine de volumes tombèrent d'eux-mêmes 75

[a] Cela est rapporté dans l'appendice des actes du concile, pièce qui a toujours été réputée authentique.

72 W75G, 75, W68: Mais ce qu'il y a eu [75: y eut] de plus plaisant
n. *a* RN, 67, absent (ajout de 71)

[302] Voir Du Moulin, *Nouveauté du papisme*, où le chapitre intitulé 'De la donation de Constantin et de sa fausseté' est signalé par un signet (CN, iii.298).

sous l'autel; c'est un moyen infaillible de connaître la vérité; et c'est ce qui est rapporté dans l'Appendix des Actes de ce concile; 80
c'est un des faits de l'histoire ecclésiastique des mieux avérés.

Que dirai-je d'un autre miracle opéré à ce concile pour apprendre aux hommes combien Dieu s'intéresse à la punition des hérétiques? Deux évêques Chrisante et Muson meurent avant la clôture du concile; ils ressuscitent pour venir signer la condamnation d'Arius: après quoi ils vont tranquillement se remettre dans 85
leur fosse. Voilà ce que rapporte sérieusement Nicéphore.[303] Voilà ce que Baronius[304] répète avec emphase. Les nègres ont-ils des fables plus ridicules sur leurs fétiches? Les singes, s'ils savaient écrire, écriraient-ils de telles sottises? C'est ainsi pourtant que 90
l'Ancien Testament, le Nouveau et le ramas de l'histoire de l'Eglise sont faits.

Notre savant et sage Midleton[305] a découvert une chronique d'Alexandrie, écrite par deux patriarches d'Egypte, dans laquelle il est dit que non seulement dix-sept évêques, mais encore deux 95
mille prêtres, protestèrent contre la décision du concile.

Les évêques vainqueurs obtinrent de Constantin qu'il exilât

81-93 RN-NM, W68: avérés. ¶Notre

[303] Nicéphore Calliste, historien byzantin mort vers 1350. Son *Histoire ecclésiastique* est une compilation qui montre peu d'esprit critique et une grande propension au merveilleux. La résurrection de Chrysanthe et de Musonius figure au liv.VIII, ch.23: 'Ut duo etiam mortui episcopi et Patres decretis synodi subscripserint, Chrysanthus et Musonius' (PG, cxlvi.89-90). L'auteur insiste sur l'importance de ce miracle, qui confirmait l'excellence de la thèse anti-arianiste.

[304] César Baronius, historien italien (1558-1607). Il consacra un quart de siècle à rédiger les *Annales ecclesiastici*, où il s'efforce de démontrer, contre les protestants, la fixité du catholicisme.

[305] Conyers Middleton (1683-1750), théologien et historien anglais, qui écrivit contre l'Eglise catholique, tenue par lui pour contaminée par le paganisme, et contre la croyance abusive au miracle (*A Free inquiry into miraculous powers in the Christian Church*, 1749). Voltaire a lu et annoté *The Miscellaneous works of the late reverend and learned Conyers Middleton* (London 1755; BV, no.2447). Dans les *Philosophical works*, iii.159-60, endroit marqué d'un signet annoté par Voltaire (CN, i.387-88), Bolingbroke attribue la publication de ce document à Selden.

Arius et trois ou quatre évêques vaincus; mais ensuite Athanase ayant été élu évêque d'Alexandrie, et ayant trop abusé du crédit de sa place, les évêques et Arius exilés furent rappelés et Athanase 100 exilé à son tour. De deux choses l'une, ou les deux partis avaient également tort, ou Constantin était très injuste. Le fait est que les disputeurs de ce temps-là étaient des cabaleurs comme ceux de ce temps-ci, et que les princes du quatrième siècle ressemblaient à ceux du nôtre, qui n'entendent rien à la matière, ni eux ni leurs 105 ministres, et qui exilent à tort et à travers. Heureusement nous avons ôté à nos rois le pouvoir d'exiler; et si nous n'avons pu guérir dans nos prêtres la rage de cabaler nous avons rendu cette rage inutile.

Il y eut un concile à Tyr où Arius fut réhabilité et Athanase 110 condamné. Eusèbe de Nicomédie allait faire entrer pompeusement son ami Arius dans l'église de Constantinople; mais un saint catholique nommé Macaire pria Dieu avec tant de ferveur et de larmes, de faire mourir Arius d'apoplexie, que Dieu qui est bon, l'exauça, ils disent que tous les boyaux d'Arius lui sortirent 115 par le fondement, cela est difficile. Ces gens-là n'étaient pas anatomistes. Mais St Macaire ayant oublié de demander la paix de l'Eglise chrétienne, Dieu ne la donna jamais. Constantin quelque temps après mourut entre les bras d'un prêtre arien; apparemment que St Macaire avait encore prié Dieu. 120

115-117 RN, 67: l'exauça; mais

CHAPITRE XXXIII

Des enfants de Constantin et de Julien le Philosophe, surnommé l'Apostat par les chrétiens.[306]

Les enfants de Constantin furent aussi chrétiens, aussi ambitieux et aussi cruels que leur père; ils étaient trois qui partagèrent l'empire, Constantin II, Constantius et Constant. L'empereur Constantin Ier avait laissé un frère nommé Jules et deux neveux, auxquels il avait donné quelques terres. On commença par les égorger, pour arrondir la part des nouveaux empereurs. Ils furent d'abord unis par le crime et bientôt désunis. Constant fit assassiner Constantin son frère aîné, et il fut ensuite tué lui-même.

Constantius demeuré seul maître de l'empire, avait exterminé presque tout le reste de la famille impériale. Ce Jules qu'il avait fait mourir, laissait deux enfants, l'un nommé Gallus, et l'autre le célèbre Julien. On tua Gallus, et on épargna Julien, parce qu'ayant du goût pour la retraite et pour l'étude, on jugea qu'il ne serait jamais dangereux.

S'il est quelque chose de vrai dans l'histoire, il est vrai que ces deux premiers empereurs chrétiens, Constantin et Constantius son fils, furent des monstres de despotisme et de cruauté. Il se peut, comme nous l'avons déjà insinué, que dans le fond de leur cœur ils ne crussent aucun Dieu, et que se moquant également

[306] La bibliothèque de Voltaire témoigne de l'intérêt qu'il portait au 'grand julien indignement surnommé l'apostat' (CN, i.224): *Deffense du paganisme par l'empereur Julien*, éd. d'Argens (Berlin 1764; BV, no.1760); voir aussi BV, no.1285; Samuel Johnson, *Julian the Apostate: being a short account of his life; the sense of the primitive christians about his succession; and their behaviour towards him, together with a comparison of popery and paganism* (London 1682; BV, no.1736); La Bléterie, *Vie de l'empereur Julien* (Paris 1746; BV, no.1798); La Bléterie, *Histoire de l'empereur Jovien, et traductions de quelques ouvrages de l'empereur Julien* (Paris 1748; BV, no.1797); il allait lui-même publier le *Discours de l'empereur Julien contre les chrétiens*, traduit par le marquis d'Argens, avec des notes de Voltaire (Berlin 1768; BV, no.1761). Voir aussi ci-dessous, n.309 et 310.

des superstitions païennes et du fanatisme chrétien, ils se persuadassent malheureusement que la Divinité n'existe pas, parce que ni Jupiter le Crétois, ni Hercule le Thébain, ni Jésus le Juif ne sont des dieux. 20

Il est possible aussi que des tyrans qui joignent presque toujours la lâcheté à la barbarie, aient été séduits et encouragés au crime par la croyance où étaient alors tous les chrétiens sans exception, que trois immersions dans une cuve d'eau avant la mort, effaçaient tous les forfaits et tenaient lieu de toutes les vertus. Cette malheureuse créance a été plus funeste au genre humain que les passions les plus noires. 25 30

Quoi qu'il en soit, Constantius se déclara orthodoxe, c'est-à-dire arien; car l'arianisme prévalait alors dans tout l'Orient contre la secte d'Athanase; et les ariens auparavant persécutés, étaient dans ce temps-là persécuteurs.

Athanase fut condamné dans un concile de Sardique, dans un autre tenu dans la ville d'Arles, dans un troisième tenu à Milan; il parcourait tout l'empire romain, tantôt suivi de ses partisans, tantôt exilé, tantôt rappelé. Le trouble était dans toutes les villes pour ce seul mot *consubstantiel*. C'était un fléau que jamais on n'avait connu jusque-là dans l'histoire du monde. L'ancienne religion de l'empire qui subsistait encore avec quelque splendeur, tirait de toutes ces divisions un grand avantage contre le christianisme. 35 40

Cependant Julien dont Constantius avait assassiné le frère et toute la famille, fut obligé d'embrasser à l'extérieur le christianisme, comme notre reine Elizabeth fut quelque temps forcée de dissimuler sa religion sous le règne tyrannique de notre infâme Marie, et comme en France Charles IX força le grand Henri IV d'aller à la messe après la St Barthélemi. Julien était stoïcien, de cette secte ensemble philosophique et religieuse, qui produisit tant de grands hommes et qui n'en eut jamais un méchant, secte plus divine que humaine, dans laquelle on voit la sévérité des brachmanes, et de quelques moines sans qu'elle en eût la superstition; la secte enfin des Caton, des Antonin, et des Epictète. 45 50

Ce fut une chose honteuse et déplorable que ce grand homme 55 se vit réduit à cacher tous ses talents sous Constantius, comme le premier des Brutus sous Tarquin. Il feignit d'être chrétien et presque imbécile pour sauver sa vie. Il fut même forcé d'embrasser quelque temps la vie monastique. Enfin Constantius qui n'avait point d'enfants, déclara Julien *César*; mais il l'envoya dans les 60 Gaules comme dans une espèce d'exil; il y était presque sans troupes et sans argent, environné de surveillants et presque sans autorité.

Différents peuples de la Germanie passaient souvent le Rhin et venaient ravager les Gaules, comme ils avaient fait avant César, 65 et comme ils firent souvent depuis, jusqu'à ce qu'enfin ils les envahirent, et que la seule petite nation des Francs subjugua sans peine toutes ces provinces.

Julien forma des troupes, les disciplina, s'en fit aimer; il les conduisit jusqu'à Strasbourg, passa le Rhin sur un pont de bateaux, 70 et à la tête d'une armée très faible en nombre, mais animée de son courage, il défit une multitude prodigieuse de barbares, prit leur chef prisonnier, les poursuivit jusqu'à la forêt Hercinienne, se fit rendre tous les captifs romains et gaulois, toutes les dépouilles qu'avaient pris les barbares, et leur imposa des tributs. 75

A cette conduite de César, il joignit les vertus de Titus et de Trajan, faisant venir de tout côté du blé pour nourrir des peuples dans des campagnes dévastées, faisant défricher les campagnes, rebâtissant les villes, encourageant la population, les arts et les talents par des privilèges, s'oubliant lui-même et travaillant jour 80 et nuit au bonheur des hommes.

Constantius pour récompense voulut lui ôter les Gaules où il était trop aimé, il lui demanda d'abord deux légions que lui-même avait formées. L'armée indignée s'y opposa; elle proclama Julien empereur malgré lui. La terre fut alors délivrée de Constantius 85 lorsqu'il allait marcher contre les Perses.

Julien le Stoïcien si sottement nommé l'Apostat par des prêtres, fut reconnu unanimement empereur par tous les peuples de l'Orient et de l'Occident.

78 RN-NM, W68: défricher ces campagnes

La force de la vérité est telle que les historiens chrétiens sont obligés d'avouer qu'il vécut sur le trône, comme il avait fait dans les Gaules. Jamais sa philosophie ne se démentit. Il commença par réformer dans le palais de Constantinople le luxe de Constantin et de Constantius. Les empereurs à leur couronnement, recevaient des pesantes couronnes d'or de toutes les villes, il réduisit presque à rien ces présents onéreux. La frugale simplicité du philosophe n'ôta rien à la majesté et à la justice du souverain. Tous les abus et tous les brigandages de la cour furent réformés; mais il n'y eut que deux concussionnaires publics d'exécutés à mort. 90 95

Il renonça, il est vrai, à son baptême, mais il ne renonça jamais à la vertu. On lui reproche de la superstition, donc au moins par ce reproche on avoue qu'il avait de la religion. Pourquoi n'aurait-il pas choisi celle de l'empire romain? pourquoi aurait-il été coupable de se conformer à celle des Scipions et des Césars plutôt qu'à celle des Grégoire de Nazianze et des Théodoret? Le paganisme et le christianisme partageaient l'empire. Il donna la préférence à la secte de ses pères; et il avait grande raison en politique, puisque sous l'ancienne religion Rome avait triomphé de la moitié de la terre, et que sous la nouvelle, tout tombait en décadence. 100 105 110

Loin de persécuter les chrétiens, il voulut apaiser leurs indignes querelles. Je ne veux pour preuve que sa 52e lettre.[307] 'Sous mon prédécesseur plusieurs chrétiens ont été chassés, emprisonnés, persécutés; on a égorgé une grande multitude de ceux qu'on nomme hérétiques à Samozate en Paphlagonie, en Bitinie, en Galatie, en plusiers autres provinces; on a pillé, on a ruiné des 115

94-95 RN-NM, W68: recevaient de pesantes

[307] La 52e lettre est classée lettre 114 dans l'édition critique de Bidez et Cumont (Classiques G. Budé, 1924), Julien, *Lettres*, i.(2).193-94. Le texte grec de Bidez-Cumont est plus long, mais Voltaire s'est servi d'une traduction française. Bidez conteste, dans une note (p.126), la justesse de la citation de Voltaire. Pour lui, la réaction suscitée par Julien avait déchaîné le fanatisme antichrétien.

villes. Sous mon règne au contraire les bannis ont été rappelés, les biens confisqués ont été rendus. Cependant ils sont venus à ce point de fureur qu'ils se plaignent de ce qu'il ne leur est plus permis d'être cruels et de se tyranniser les uns les autres.' 120

Cette seule lettre ne suffirait-elle pas pour confondre les calomnies dont les prêtres chrétiens l'accablèrent?

Il y avait dans Alexandrie un évêque nommé George, le plus séditieux et le plus emporté des chrétiens; il se faisait suivre par des satellites; il battait les païens de ses mains; il démolissait leurs 125 temples. Le peuple d'Alexandrie le tua. Voici comment Julien parle aux Alexandrins dans son épître X^e^:[308]

'Quoi! au lieu de me réserver connaissance de vos outrages, vous vous êtes laissé emporter à la colère, vous vous êtes livrés aux mêmes excès que vous reprochez à vos ennemis! George 130 méritait d'être traité ainsi, mais ce n'était pas à vous d'être ses exécuteurs. Vous avez des lois, il fallait demander justice, etc.'

Je ne prétends point répéter ici et réfuter tout ce qui est écrit dans l'histoire ecclésiastique que l'esprit de parti et de faction ont toujours dictée. Je passe à la mort de Julien, qui vécut trop peu 135 pour la gloire et pour le bonheur de l'empire. Il fut tué au milieu de ses victoires contre les Perses, après avoir passé l'Euphrate et le Tigre, à l'âge de trente et un ans, et mourut comme il avait vécu, avec la résignation d'un stoïcien, remerciant l'Etre des êtres, qui allait rejoindre son âme à l'âme universelle et divine. 140

On est saisi d'indignation quand on lit dans Grégoire de Nazianze et dans Théodoret, que Julien jeta son sang vers le ciel en disant, *Galiléen, tu as vaincu*. Quelle misère! quelle absurdité! Julien combattait-il contre Jésus? et Jésus était-il le Dieu des Perses? 145

128 67, 75: réserver la connaissance
137-138 RN-NM, W68: le Tigre et l'Euphrate
142 W75G, NM, W68: jeta tout son

[308] Cette lettre 10 est devenue lettre 60 dans l'édition Bidez-Cumont (p.69-72). Voltaire abrège le texte, mais sans en altérer le sens.

On ne peut lire sans horreur les discours que le fougueux Grégoire de Nazianze prononça contre lui après sa mort.[309] Il est vrai que si Julien avait vécu, le christianisme courait risque d'être aboli. Certainement Julien était un plus grand homme que Mahomet, qui a détruit la secte chrétienne dans toute l'Asie et dans toute l'Afrique; mais tout cède à la destinée; et un Arabe sans lettres a écrasé la secte d'un Juif sans lettres: ce qu'un grand empereur et un philosophe n'a pu faire. Mais c'est que Mahomet vécut assez et Julien trop peu. 150

Les christicoles ont osé dire que Julien n'avait vécu que trente et un ans, en punition de son impiété, et ils ne songent pas que leur prétendu Dieu n'a pas vécu davantage. 155

[309] Grégorius de Nazianze (*c.* 330-*c.* 390) dont Voltaire possédait le *Discours de saint Grégoire de Nazianze, contre l'empereur Julien l'Apostat* (Lyon 1735; BV, no.1533).

CHAPITRE XXXIV

Considérations sur Julien.

Julien stoïcien de pratique, et d'une vertu supérieure à celle de sa secte même, était platonicien de théorie: son esprit sublime avait embrassé la sublime idée de Platon, prise des anciens Chaldéens, que Dieu existant de toute éternité, avait créé des êtres de toute éternité. Ce Dieu immuable, pur, immortel, ne put former que des êtres semblables à lui, des images de sa splendeur auxquels il ordonna de créer les substances mortelles; ainsi Dieu fit les dieux, et les dieux firent les hommes.

Ce magnifique système n'était pas prouvé; mais une telle imagination vaut bien sans doute un jardin dans lequel on établit les sources du Nil et de l'Euphrate qui sont à huit cents grandes lieues l'une de l'autre, un arbre qui donne la connaissance du bien et du mal, une femme tirée de la côte d'un homme, un serpent qui parle, un chérubin qui garde la porte, et toutes les dégoûtantes rêveries dont la grossièreté juive a farci cette fable empruntée des Phéniciens. Aussi faut-il voir dans Cyrille[310] avec quelle éloquence Julien confondit ces absurdités. Cyrille eut assez d'orgueil pour rapporter les raisons de Julien, et pour croire lui répondre.

Julien daigne faire voir combien il répugne à la nature de Dieu d'avoir mis dans le jardin d'Eden des fruits qui donnaient la connaissance du bien et du mal, et d'avoir défendu d'en manger. Il fallait au contraire, comme nous l'avons déjà remarqué, recommander à l'homme de se nourrir de ce fruit nécessaire. La distinction du bien et du mal, du juste et de l'injuste, était le lait dont

10 RN-NM, W68: vaut sans doute mieux qu'un jardin

[310] Allusion au *Contra Julianum imperatorem* de saint Cyrille d'Alexandrie (PG, lxxvi). Polémiste redoutable, ce patriarche d'Alexandrie combattit les juifs, les novatiens et les nestoriens. Le débat résumé par Voltaire figure in-extenso aux chapitres 75 à 88 du livre III du *Contra Julianum.*

Dieu devait nourrir des créatures sorties de ses mains. Il aurait mieux valu leur crever les deux yeux que leur boucher l'entendement. 25

Si le rédacteur de ce roman asiatique de la Genèse avait eu la moindre étincelle d'esprit, il aurait supposé deux arbres dans le paradis; les fruits de l'un nourrissaient l'âme et faisaient connaître et aimer la justice; les fruits de l'autre enflammaient le cœur de passions funestes: l'homme négligea l'arbre de la science, et s'attacha à celui de la cupidité. 30

Voilà du moins une allégorie juste, une image sensible du fréquent abus que les hommes font de leur raison. Je m'étonne que Julien ne l'ait pas proposée; mais il dédaignait trop ce livre pour descendre à le corriger. 35

C'est avec très grande raison que Julien méprise ce fameux Décalogue que les Juifs regardaient comme un code divin. C'était en effet une plaisante législation en comparaison des lois romaines, de se borner à défendre le vol, l'adultère et l'homicide! Chez quel peuple barbare la nature n'a-t-elle pas dicté ces lois avec beaucoup plus d'étendue? Quelle pitié de faire descendre Dieu au milieu des éclairs et des tonnerres sur une petite montagne pelée, pour enseigner qu'il ne faut pas être voleur! encore peut-on dire que ce n'était pas à ce Dieu qui avait ordonné aux Juifs de voler les Egyptiens, qui leur proposait l'usure avec les étrangers comme leur plus digne récompense, et qui avait récompensé le voleur Jacob; que ce n'était pas, dis-je, à ce Dieu de défendre le larcin. Ce serait notre Charles second défendant l'adultère. 40 45 50

C'est avec beaucoup de sagacité que ce digne empereur détruit les prétendues prophéties juives, sur lesquelles les christicoles appuyaient leurs rêveries, et la verge de Juda qui ne manquerait point entre les jambes, et la fille ou la femme qui fera un enfant, et surtout ces paroles attribuées à Moïse, lesquelles regardent 55

40-41 RN-NM, W68: romaines, de défendre le vol
46 W75G, NM, W68: ordonné de voler
47 RN-NM, W68: Egyptiens, et qui
49-51 RN-NM, W68: larcin. ¶C'est

Josué, et qu'on applique si mal à propos à Jésus: *Dieu vous suscitera un prophète semblable à moi.*[311] Certainement un prophète semblable à Moïse, ne signifie pas Dieu et fils de Dieu. Rien n'est si palpable, rien n'est si fort à la portée des esprits les plus grossiers.

Mais Julien croyait ou feignait de croire par politique, aux divinations, aux augures, à l'efficacité des sacrifices: car enfin les peuples n'étaient pas philosophes; il fallait opter entre la démence des christicoles et celle des païens. 60

Je pense que si ce grand homme eût vécu, il eût avec le temps dégagé la religion des superstitions les plus grossières, et qu'il eût accoutumé les Romains à reconnaître un Dieu formateur des dieux des hommes, et à lui adresser tous les hommages. 65

Mais Cyrille et Grégoire et les autres prêtres chrétiens profitèrent de la nécessité où il semblait être de professer publiquement la religion païenne, pour le décrier chez les fanatiques. Les ariens et les athanasiens se réunirent contre lui; et le plus grand homme qui peut-être ait jamais été, devint inutile au monde. 70

58 RN-NM, W68: Moïse, ne veut pas dire Dieu
66-67 RN, 67: des dieux et des hommes

[311] Deutéronome xviii.18.

CHAPITRE XXXV

Du prétendu miracle arrivé sous Julien dans les fondements du temple de Jérusalem.

Il est très vraisemblable que lorsque Julien résolut de porter la guerre en Perse, il eut besoin d'argent; très vraisemblable encore, que les Juifs lui en donnèrent, pour obtenir la permission de rebâtir leur temple, détruit en partie par Titus, et dont il restait les fondements, une muraille entière, et la tour Antonia. Mais est-il si vraisemblable que des globes de feu s'élançassent sur les ouvrages et sur les ouvriers, et fissent discontinuer l'entreprise? 5

N'y a-t-il pas une contradiction palpable dans ce que les historiens racontent?

1°. Comment se peut-il faire que les Juifs començassent par détruire (comme on le dit) les fondements du temple qu'ils voulaient et qu'ils devaient rebâtir en place? Le temple devait être nécessairement sur la montagne Moria. C'était là que Salomon l'avait élevé; c'était là qu'Hérode l'avait rebâti avec beaucoup plus de solidité et de magnificence, après avoir préalablement élevé un beau théâtre dans Jérusalem, et un temple à Auguste dans Césarée. Les pierres dans les fondations de ce temple agrandi par Hérode, avaient jusqu'à vingt-cinq pieds de longueur, au rapport de Joseph. Serait-il possible que les Juifs eussent été assez insensés du temps de Julien pour vouloir déranger ces pierres qui étaient si bien préparées à recevoir le reste de l'édifice, et sur lesquelles on a vu depuis les mahométans bâtir leur mosquée? Quel homme fut jamais assez fou, assez stupide pour se priver ainsi à grands frais et avec une peine extrême du plus grand avantage qu'il pût rencontrer sous ses mains? Rien n'est plus incroyable. 10 15 20 25

2°. Comment des éruptions de flammes seraient-elles sorties du sein de ces pierres? Il se pourrait qu'il fût arrivé un tremblement

a-94 RN-NM, w68, absent (ajout de 76)

de terre dans le voisinage; ils sont fréquents en Syrie; mais que de larges quartiers de pierres aient vomi des tourbillons de feu! ne faut-il pas placer ce conte parmi tous ceux de l'antiquité? 30

3°. Si ce prodige, ou si un tremblement de terre, qui n'est pas un prodige, était effectivement arrivé, l'empereur Julien n'en aurait-il pas parlé dans la lettre où il dit, qu'il a eu intention de rebâtir ce temple? N'aurait-on pas triomphé de son témoignage? N'est-il pas au contraire infiniment probable qu'il changea d'avis? 35 Cette lettre ne contient-elle pas ses propres mots?[312] *Que diront les Juifs de leur temple qui a été détruit trois fois et qui n'est point encore rebâti? Ce n'est point un reproche que je leur fais, puisque j'ai voulu moi-même relever ses ruines; je n'en parle que pour montrer l'extravagance de leurs prophètes qui trompaient de vieilles femmes imbéciles.* Quid de 40 templo suo dicent, quod cum tertio sit eversum, nondum ad hodiernam usque diem instauratur? haec ego, non ut illis exprobrarem in medium adduxi, ut pote qui templum illud tanto intervallo a ruinis excitare voluerim. Sed ideo commemoravi, ut ostenderem delirasse, prophetas istos quibus cum stolidis aniculis negotium 45 erat.

N'est-il pas évident que l'empereur ayant fait attention aux prophéties juives, que le temple serait rebâti plus beau que jamais, et que toutes les nations y viendraient adorer crut devoir révoquer la permission de relever cet édifice? 50

La probabilité historique serait donc, par les propres paroles de l'empereur, qu'ayant malheureusement en horreur les livres juifs ainsi que les nôtres, il avait enfin voulu faire mentir les prophètes juifs.

La Blétrie, historien de l'empereur Julien,[313] n'entend pas com- 55

[312] Il s'agit de la lettre 89 de l'édition Bidez-Cumont (p.163). La Bléterie, *Vie de l'empereur Julien*, p.398-99, donne en note le texte latin, que Voltaire a dû traduire lui-même.

[313] Jean Philippe René de La Bléterie (1696-1772), oratorien, puis professeur au Collège royal; il fut refusé à l'Académie pour son jansénisme. Sa *Vie de l'empereur Julien* s'efforçait à l'exactitude et à l'impartialité, mais ne pouvait satisfaire l'admiration vouée à Julien par les philosophes des Lumières.

ment le temple de Jérusalem fut détruit trois fois. Il dit[a] qu'apparemment Julien compte pour une troisième destruction la catastrophe arrivée sous son règne. Voilà une plaisante destruction que des pierres d'un ancien fondement qu'on n'a pu remuer! Comment cet écrivain n'a-t-il pas vu que le temple bâti par Salomon, reconstruit par Zorobabel, détruit entièrement par Hérode, rebâti par Hérode même avec tant de magnificence, ruiné enfin par Titus, fait manifestement trois temples détruits? Le compte est juste. Il n'y a pas là de quoi calomnier Julien.[b]

La Blétrie le calomnie assez en disant qu'il n'avait que[c] *des vertus apparentes et des vices réels*; mais Julien n'était ni hypocrite, ni avare, ni fourbe, ni menteur, ni ingrat, ni lâche, ni ivrogne, ni débauché, ni paresseux, ni vindicatif. Quels étaient donc ses vices?

4°. Voici enfin l'arme redoutable dont on se sert pour persuader que des globes de feu sortirent des pierres. Amien Marcellin[314] auteur païen et non suspect l'a dit. Je le veux; mais cet Amien a dit aussi que lorsque l'empereur voulut sacrifier dix bœufs à ses dieux pour la première victoire remportée contre les Perses, il en tomba neuf par terre avant d'être présentés à l'autel. Il raconte cent prédictions, cent prodiges; faudra-t-il l'en croire? Faudra-t-il croire tous les miracles ridicules que Tite-Live rapporte?

Et qui vous a dit qu'on n'a point falsifié le texte d'Amien Marcellin? serait-ce la première fois qu'on aurait usé de cette supercherie?

[a] Pag. 399.
[b] Julien pouvait même compter quatre destructions du temple; puisque Antiochus Eupator en fit abattre tous les murs.
[c] Préface de la Blétrie.

[314] Ammien Marcellin, historien latin du quatrième siècle de notre ère. Il composa les *Rerum gestarum libri XXXI*, qui allaient de Nerva (96) à Valens (378), dont on n'a conservé que les 18 derniers, qui commencent en 353. Son information sur cette période récente était abondante, précise et impartiale. La Bléterie donne en note le texte d'Ammien Marcellin, qui emploie l'expression 'globi flammarum' (liv.XXIII, ch.1), que La Bléterie traduit par 'tourbillons de flammes' (p.395-96).

Je m'étonne que vous n'ayez pas fait mention des petites croix de feu que tous les ouvriers aperçurent sur leur corps quand ils allèrent se coucher. Ce trait aurait figuré parfaitement avec vos globes. 80

Le fait est que le temple des Juifs ne fut point rebâti, et ne le sera point, à ce qu'on présume. Tenons-nous-en là, et ne cherchons point de prodiges inutiles. *Globi flammarum*, des globes de feu ne sortent ni de la pierre ni de la terre. Amien et ceux qui l'ont cité n'étaient pas physiciens. Que l'abbé de la Blétrie regarde seulement le feu de St Jean, il verra que la flamme monte toujours en pointe ou en onde, et qu'elle ne se forme jamais en globe. Le feu ne se forme jamais en globe que lorsqu'il sort de ce qu'on appelle le pâté dans une forge. Cela seul suffit pour détruire la sottise dont la Blétrie se rend le défenseur avec une critique peu judicieuse et une hauteur révoltante. 85 90

CHAPITRE XXXVI

Des chrétiens jusqu'à Théodose.

Après la mort de Julien, les ariens et les athanasiens dont il avait réprimé la fureur, recommencèrent à troubler tout l'empire. Les évêques des deux partis ne furent plus que des chefs de séditieux. Des moines fanatiques sortirent des déserts de la Thébaïde pour souffler le feu de la discorde, ne parlant que de miracles extravagants, et tels qu'on les trouve dans l'histoire des papas du désert; insultant les empereurs et montrant de loin ce que devaient être un jour des moines.

Il y eut un empereur sage, qui pour éteindre s'il se pouvait toutes ces querelles, donna une liberté entière de conscience, et la prit pour lui-même: ce fut Valentinien Ier.[315] De son temps toutes les sectes vécurent au moins quelques années dans une paix extérieure, se bornant à s'anathématiser sans s'égorger, païens, juifs, athanasiens, ariens, macédoniens, donatistes, cyprianistes, manichéens, apollinaristes, tous furent étonnés de leur tranquillité. Valentinien apprit à tous ceux qui sont nés pour gouverner, que si deux sectes déchirent un Etat, trente sectes tolérées laissent l'Etat, en repos.[316]

Théodose ne pensa pas ainsi,[317] et fut sur le point de tout perdre; il fut le premier qui prit parti pour les athanasiens, et il fit renaître la discorde par son intolérance. Il persécuta les païens et les aliéna. Il se crut alors obligé de donner lâchement des provinces entières aux Goths sur la rive droite du Danube, et par

[315] Valentinien Ier (321-375) fut proclamé empereur en 364.

[316] Voltaire exprimait déjà la même idée dans la sixième *Lettre philosophique*: 'S'il n'y avait en Angleterre qu'une religion, le despotisme serait à craindre; s'il y en avait deux, elles se couperaient la gorge; mais il y en a trente, et elles vivent en paix heureuses' (éd. Lanson et Rousseau, i.74). Cette lettre sera reprise à l'article 'Presbytériens' des *Questions sur l'Encyclopédie*.

[317] Sous le règne de Théodose Ier le Grand (346-395) le christianisme devint religion d'Etat.

cette malheureuse précaution prise contre ses peuples, il prépara la chute de l'empire romain. 25

Les évêques à l'imitation de l'empereur s'abandonnèrent à la fureur de la persécution. Il y avait un tyran qui ayant détrôné et assassiné un collègue de Théodose nommé Gratien, s'était rendu maître de l'Angleterre, des Gaules et de l'Espagne. Je ne sais quel Priscillien en Espagne, ayant dogmatisé comme tant d'autres, et 30 ayant dit que les âmes étaient des émanations de Dieu, quelques évêques espagnols qui ne savaient pas plus que Priscillien d'où venaient les âmes, le déférèrent lui et ses principaux sectateurs au tyran Maxime. Ce monstre, pour faire sa cour aux évêques dont il avait besoin pour se maintenir dans son usurpation, fit 35 condamner à mort Priscillien[318] et sept de ses partisans. Un évêque nommé Itace fut assez barbare pour leur faire donner la question en sa présence. Le peuple toujours sot et toujours cruel, quand on lâche la bride à la superstition, assomma dans Bordeaux à coups de pierres une femme de qualité qu'on disait être priscillianiste. 40

Ce jugement de Priscillien est plus avéré que celui de tous les martyrs, dont les chrétiens avaient fait tant de bruit sous les premiers empereurs. Les malheureux croyaient plaire à Dieu, en se souillant des crimes dont ils s'étaient plaints. Les chrétiens, depuis ce temps, furent comme des chiens qu'on avait mis en 45 curée; ils furent avides de carnages, non pas en défendant l'empire qu'ils laissèrent envahir par vingt nations barbares, mais en persécutant tantôt les sectateurs de l'antique religion romaine, et tantôt leurs frères qui ne pensaient pas comme eux.

Y a-t-il rien de plus horrible et de plus lâche que l'action des 50 prêtres de l'évêque Cyrille, que les chrétiens appellent St Cyrille? Il y avait dans Alexandrie une fille célèbre par sa beauté et par

39 RN-NM, W68: à sa superstition
46 W75G, NM, W68: de carnage, non

[318] Condamné par les conciles de Saragosse (380) et de Bordeaux (384), Priscillien fut le premier hérétique exécuté par le pouvoir séculier (en 385).

son esprit; son nom était Hypatie;[319] élevée par le philosophe Théon son père, elle occupa la chaire qu'avait eue son père, et fut applaudie pour sa science autant qu'honorée pour ses mœurs; 55
mais elle était païenne. Les dogues tonsurés de Cyrille suivis d'une troupe de fanatiques, l'allèrent saisir dans la chaire où elle dictait ses leçons, la traînèrent par les cheveux, la lapidèrent, et la brûlèrent, sans que Cyrille le saint leur fît la plus légère réprimande, et sans que le dévot Théodose souillé du sang des 60
peuples de Thessalonique,[a] condamnât cet excès d'inhumanité.

[a] Rien ne caractérise mieux les prêtres du christianisme que les louanges prodiguées par eux si longtemps à Théodose et à Constantin. Il est certain que Théodose était un des plus méchants hommes qui eussent gouverné l'empire romain; puisqu'après avoir promis une amnistie entière pendant six mois aux citoyens de Thessalonique, ce Cantabre 5
aussi perfide que cruel invita ces citoyens à des jeux publics dans lesquels il fit égorger hommes, femmes, enfants, sans qu'il en réchappât un seul. Peut-on n'être pas saisi de la plus violente indignation contre les panégyristes de ce barbare qui s'extasient sur sa pénitence? Il fut vraiment, disent-ils, plusieurs mois sans entendre la messe. N'est-ce pas 10
insulter à l'humanité entière que d'oser parler d'une telle satisfaction! si les auteurs des massacres d'Irlande avaient passé six mois sans entendre la messe auraient-ils bien expié leurs crimes? En est-on quitte pour ne point assister à une cérémonie aussi idolâtre que ridicule, lorsqu'on s'est souillé du sang de sa patrie? 15

Quant à Constantin, je suis de l'avis du consul Ablavius qui déclara que Constantin était un Néron.[320]

n. *a* RN, 67, absent (ajout de 71)

[319] Voltaire a lu l'histoire d'Hipatia dans Fleury, liv.XXIII, ch.25, où il a placé un signet: 'hippatie' (CN, iii.502); Bolingbroke la mentionne aussi (*Philosophical works*, iii.92-93).

[320] Voir ci-dessus, ch.30 (p.310-11).

CHAPITRE XXXVII

Des sectes et des malheurs des chrétiens jusqu'à l'établissement du mahométisme.

Les disputes, les anathèmes, les persécutions ne cessèrent d'inonder l'Eglise chrétienne. Ce n'était pas assez d'avoir uni dans Jésus la nature divine avec la nature humaine. On s'avisa d'agiter la question si Marie était mère de Dieu. Ce titre de mère de Dieu parut un blasphème à Nestorius évêque de Constantinople. Son sentiment était le plus probable: mais comme il avait été persécuteur, il trouva des évêques qui le persécutèrent. On le chassa de son siège au concile d'Ephèse; mais aussi trente évêques de ce même concile, déposèrent ce St Cyrille l'ennemi mortel de Nestorius, et tout l'Orient fut partagé.

Ce n'était pas assez; il fallut savoir précisément si ce Jésus avait eu deux natures, deux personnes, deux âmes, deux volontés; si quand il faisait les fonctions animales de l'homme, la partie divine s'en mêlait ou ne s'en mêlait pas. Toutes ces questions ne méritaient d'être traitées que par Rabelais ou par notre cher doyen Swift ou par Punch.[a][321] Cela fit trois partis dans l'empire par le

[a] Appelons les choses par leur nom. On a poussé le blasphème jusqu'à faire un article de foi que Dieu est venu chier et pisser sur la terre, que nous le mangeons après qu'il a été pendu; que nous le chions et que nous le pissons; et on dispute gravement si c'était la nature humaine ou la nature divine qui chiait et qui pissait.[322]

n. *a* RN-NM, w68, K, absent (ajout de 76)

[321] Punch n'était encore pour Voltaire que le polichinelle anglais; le journal du même nom n'a été fondé qu'en 1841.

[322] Cette note, comme plusieurs autres, montre l'exaspération de la pensée et du ton de Voltaire dans l'édition de 1776. Rien d'étonnant qu'elle ait été supprimée dans l'édition de Kehl. Voltaire a dû se sentir conforté dans son dégoût par la lecture d'Henri Estienne, *Apologie pour Hérodote, ou traité de la*

fanatisme d'un Eutiches,[323] misérable moine ennemi de Nestorius et combattu par d'autres moines. On voyait dans toutes ces disputes, monastères opposés à monastères, dévotes à dévotes, eunuques à eunuques, conciles à conciles, et souvent empereurs à empereurs. 20

Pendant que les descendants des Camilles, des Brutus, des Scipions, des Catons, mêlés aux Grecs et aux barbares, barbotaient ainsi dans la fange de la théologie; et que l'esprit de vertige était répandu sur la face de l'empire romain, des brigands du Nord qui ne savaient que combattre, vinrent démembrer ce grand colosse devenu faible et ridicule. 25

Quand ils eurent vaincu, il fallut gouverner des peuples fanatiques, il fallut prendre leur religion et mener ces bêtes de somme par les licous qu'elles s'étaient faits elles-mêmes. 30

Les évêques de chaque secte tâchèrent de séduire leurs vainqueurs; ainsi les princes ostrogoths, visigoths et bourguignons se firent ariens, les princes francs furent athanasiens. Quel athanasien, quel bon catholique que ce Clovis qui fit assassiner trois rois ses voisins pour voler leur argent comptant? Quels bons catholiques que ses fils Clotaire etc. qui égorgèrent de leurs mains leurs propres neveux au berceau![324] bigod, en lisant l'histoire des premiers rois chrétiens, on croit lire l'histoire des rois de Juda et d'Israël, ou celle des voleurs de grand chemin. 35

L'empire romain d'Occident détruit, fut partagé en provinces ruisselantes de sang, qui continuèrent à s'anathématiser avec une 40

33-40 RN-NM, W68: furent athanasiens. ¶L'empire

conformité des merveilles anciennes avec les modernes, dont il possédait l'édition de La Haye, 1735 (BV, no.1238). Il a coché en marge le passage (i.xvi-xvii) où Estienne, faisant allusion aux catholiques sans les nommer, s'écriait: 'Et toutefois nous avons tous les jours certaines nouvelles des théophages, et (qui pis est) des théochèzes. Que dis-je certaines nouvelles? nous demeurons en mesme pays, en mesmes villes, en mesmes maisons, avec eux' (CN, iii.432).

[323] Eutychès (avant 378-*c.* 454) fut condamné en 448, réhabilité au concile d'Ephèse (449) et définitivement condamné au concile de Chalcédoine (451).

[324] *Essai sur les mœurs*, ch.11-12 (*Essai*, i.303-10).

sainteté réciproque. Il y eut autant de confusion et une abjection aussi misérable dans la religion que dans l'empire.

Les méprisables empereurs de Constantinople affectèrent de prétendre toujours sur l'Italie et sur les autres provinces qu'ils 45 n'avaient plus les droits qu'ils croyaient avoir. Mais au septième siècle, il s'éleva une religion nouvelle qui ruina bientôt les sectes chrétiennes dans l'Asie, dans l'Afrique et dans une grande partie de l'Europe.

Le mahométisme était sans doute plus sensé que le christia- 50 nisme. On n'y adorait point un Juif en abhorrant les Juifs; on n'y appelait point une Juive mère de Dieu; on n'y tombait point dans le blasphème extravagant de dire que trois dieux font un dieu; enfin on n'y mangeait pas ce dieu qu'on adorait, et on n'allait pas rendre à la selle son créateur. Croire un seul Dieu tout-puissant, 55 était le seul dogme; et si on n'y avait pas ajouté que Mahomet est son prophète, c'eût été une religion aussi pure, aussi belle que celle des lettrés chinois. C'était le simple théisme, la religion naturelle, et par conséquent la seule véritable. Mais on peut dire que les musulmans étaient en quelque sorte excusables, d'appeler 60 Mahomet l'organe de Dieu, puisqu'en effet il avait enseigné aux Arabes qu'il n'y a qu'un Dieu.

Les musulmans par les armes et par la parole firent taire le christianisme jusqu'aux portes de Constantinople, et les chrétiens resserrés dans quelques provinces d'Occident continuèrent à dis- 65 puter et à se déchirer.

CHAPITRE XXXVIII

Discours sommaire des usurpations papales.[a]

Ce fut un état bien déplorable que celui où l'inondation des barbares réduisit l'Europe. Il n'y eut que le temps de Théodoric et de Charlemagne qui fut signalé par quelques bonnes lois; encore Charlemagne, moitié Franc, moitié Germain, exerça des barbaries dont aucun souverain n'oserait se souiller aujourd'hui. 5
Il n'y a que de lâches écrivains de la secte romaine qui puissent louer ce prince d'avoir égorgé la moitié des Saxons pour convertir l'autre.

Les évêques de Rome dans la décadence de la famille de Charlemagne, commencèrent à tenter de s'attribuer un pouvoir 10
souverain et de ressembler aux califes qui réunissaient les droits

[a] Milord ne parle pas assez de la tyrannie des papes. Grégoire surtout surnommé le Grand brûla tous les auteurs latins qu'il put trouver. Il y a encore de lui une lettre à un évêque de Cagliari dans laquelle il lui dit: *je veux qu'on force tous les païens de la Sardaigne à se convertir.*[325]

n. *a* RN, 67, absent (ajout de 71)
n. *a*, 1 71-NM: parle pas de

[325] La recommandation de Grégoire le Grand est plus précise. On la trouve dans sa lettre de mai 594 à Ianuarius, évêque de Cagliari (episcopus Caralitanus), où il l'admoneste pour sa mollesse à l'égard des paysans païens: 'Accidit autem aliud valde lugendum, quia *ipsos rusticos quos habet ecclesia nuncusque in fidelitate remanere neglegentia fraternitatis vestrae permisit.* Et quid vos admoneo ut ad Deum extraneos adducatis, *qui vestros corrigere ab infidelitate neglegetis?* Unde necesse est vos per omnia in eorum conversione vigilare. Nam cuiuslibet episcopi in Sardinia insula paganum rusticum invenire potuero, in eodem episcopo fortiter vindicabo. Iam vero si rusticus tantae fuerit perfidiae et obstinationis inventus, ut ad Deum venire minime consentiat, *tanto pensionis onere gravandus est, ut ipsa exactionis suae poena compellatur ad rectitudinem festinare*' (*Registrum epistularum*, IV.26; *Corpus christianorum*, series latina, CXL.245). (Nous devons la référence précise à l'érudition du prof. Fr. della Corte, de l'Accademia dei Lincei, que nous remercions).

du trône et de l'autel. Les divisions des princes et l'ignorance des peuples favorisèrent bientôt leur entreprise. L'évêque de Rome Grégoire sept, fut celui qui étala ces desseins audacieux avec le plus d'insolence. Heureusement pour nous, Guillaume de Normandie qui avait usurpé notre trône, ne distinguant plus la gloire de notre nation, de la sienne propre, réprima l'insolence de Grégoire sept, empêcha quelque temps que nous ne payassions le denier de St Pierre que nous avions donné d'abord comme une aumône, et que les évêques de Rome exigeaient comme un tribut. 15 20

Tous nos rois n'eurent pas la même fermeté; et lorsque les papes si peu puissants par leur petit territoire devinrent les maîtres de l'Europe par les croisades et par les moines, lorsqu'ils eurent déposé tant d'empereurs et de rois et qu'ils eurent fait de la religion une arme terrible qui perçait tous les souverains, notre île vit le misérable roi Jean sans terre, se déclarer à genoux vassal du pape, faire serment de fidélité aux pieds du légat Pandolphe, s'obliger lui et ses successeurs à payer aux évêques de Rome un tribut annuel de mille marcs;[b] ce qui faisait presque le revenu de la Couronne. Comme un de mes ancêtres eut le malheur de signer 25 30

[b] Le légat foula à ses pieds l'argent avant de l'emporter.[326] Notre île était alors un pays d'obédience. Nous étions réellement serfs du pape. Quel infâme esclavage, grand Dieu! Nous ne sommes pas assez vengés. Nous avons envoyé des vaisseaux de guerre à Gibraltar,[327] et nous n'en avons pas envoyé au Tibre! 5

18 RN-W75G, NM, W68: sept, et empêcha
n. *b* RN, 67, absent (ajout de 71)
n. *b*, 1-5 71-NM, W68: l'emporter.//

[326] *Essai sur les mœurs*, ch.50 (*Essai*, i.532-34).
[327] Allusion à la prise de Gibraltar par les Anglais en 1704, lors de la guerre de Succession d'Espagne.

ce traité;[328] le plus infâme des traités, je dois en parler avec plus d'horreur qu'un autre; c'est une amende honorable que je dois à la dignité de la nature humaine avilie.

[328] Cet épisode humiliant de l'histoire anglaise est rapporté in-extenso au chapitre 50 de l'*Essai sur les mœurs*. Voltaire y évoque le serment de seize barons anglais, sans les désigner nommément. L'expression 'un de mes ancêtres' a peut-être un sens général, qui correspondrait à la responsabilité de la noblesse britannique dans le document signé le 15 mai 1213.

CHAPITRE XXXIX

De l'excès épouvantable des persécutions chrétiennes.

Il ne faut pas croire que les nouveaux dogmes inventés chaque jour, ne contribuassent beaucoup à fortifier les usurpations des papes.[329] Le *hocus pocus*,[a] ou la transsubstantiation, dont le nom seul est ridicule, s'établit peu à peu, après avoir été inconnu aux premiers siècles du christianisme. On peut se figurer quelle 5 vénération s'attiraient un prêtre, un moine qui faisait un Dieu avec quatre paroles, et non seulement un Dieu, mais autant de dieux qu'il voulait: avec quel respect voisin de l'adoration ne devait-on pas regarder celui qui s'était rendu le maître absolu de tous ces faiseurs de dieux? Il était le souverain des prêtres; il l'était 10 des rois. Il était Dieu lui-même; et à Rome encore quand le pape officie on dit le *vénérable* porte le *vénérable*.

Cependant au milieu de cette fange dans laquelle l'espèce humaine était plongée en Europe, il s'éleva toujours des hommes qui protestèrent contre ces nouveautés; ils savaient que dans les 15 premiers siècles de l'Eglise, on n'avait jamais prétendu changer

[a] Nous appelons *hocus pocus* un tour de gobelets, un tour de gibecière, un escamotage de charlatan. Ce sont deux mots latins abrégés ou plutôt estropiés d'après ces paroles de la messe latine *hoc est corpus meum*.

n. *a* RN, 67, absent (ajout de 71)
6 RN, 67, NM, W68: s'attirait un prêtre
11-13 RN, 67: rois. ¶Cependant

[329] Voltaire possédait plusieurs ouvrages relatifs à l'histoire de la papauté, entre autres, François Bruys, *Histoire des papes* (La Haye 1732-1734: BV, no.563; CN, i.549-53); Pierre Du Moulin, *Nouveauté du papisme* (Genève 1633: BV, no.1148; CN, iii.295-301); Johann-Nikolaus von Hontheim, *Traité du gouvernement de l'Eglise, et de la puissance du pape, par rapport à ce gouvernement. Trad. du latin de Justin Febronius* (Venise 1766-1767: BV, no.1676; Venise 1766: BV, no.1677).

du pain en Dieu dans le souper du Seigneur, que la cène faite par Jésus avait été un agneau cuit avec des laitues, que cela ne ressemblait nullement à la communion de la messe, que les premiers chrétiens avaient eu les images en horreur, que même encore sous Charlemagne, le fameux concile de Francfort[330] les avait proscrites. 20

Plusieurs autres articles les révoltaient; ils osaient même douter quelquefois que le pape, tout Dieu qu'il était, pût de droit divin déposer un roi, pour avoir épousé sa commère ou sa parente au septième degré. Ils rejetaient donc secrètement quelques points de la créance chrétienne, et ils en admettaient d'autres non moins absurdes; semblables aux animaux, qu'on prétendit autrefois être formés du limon du Nil, et qui avaient la vie dans une partie de leur corps tandis que l'autre n'était encore que de la boue. 25 30

Mais quand ils voulurent parler, comment furent-ils traités? On avait dans l'Orient employé dix siècles de persécutions, à exterminer les manichéens, et sous la régence d'une impératrice Théodora dévote et barbare,[b] on en avait fait périr plus de cent mille dans les supplices. Les Occidentaux entendant confusément 35

[b] Est-il possible que cette horrible proscription, cette St Barthélemi anticipée soit si peu connue! elle s'est perdue dans la foule. Cependant Fleuri n'omet pas cette horreur dans son livre 48 sous l'année 850.[331] Il en parle comme d'un événement très ordinaire. Bayle à l'article Pauliciens aurait bien dû en faire quelque mention; d'autant plus que les pauliciens échappés à ce massacre se joignirent aux musulmans et les aidèrent à détruire ce détestable empire d'Orient qui savait proscrire et qui ne savait plus combattre. Mais ce qui met le comble à l'atrocité chrétienne, c'est que cette furie de Théodora fut déclarée sainte et qu'on a longtemps célébré sa fête dans l'Eglise grecque. 5 10

24 RN, 67: tout vice-Dieu qu'il
n. *b* RN, 67, absent (ajout de 71)

[330] Le concile de Francfort, en 794, rejeta le culte des images, rétabli par le second concile de Nicée en 786 (*Essai*, i.351-53).
[331] Voltaire y a placé un signet: 'theodora / manicheens' (CN, iii.511).

parler de ces boucheries, s'accoutumèrent à nommer manichéens tous ceux qui combattaient quelques dogmes de l'Eglise papiste, et à les poursuivre avec la même barbarie. C'est ainsi qu'un Robert de France fit brûler à ses yeux le confesseur de sa femme et plusieurs prêtres.[332] 40

Quand les Vaudois et les Albigeois parurent, on les appela manichéens, pour les rendre plus odieux. Qui ne connaît les cruautés horribles exercées dans les provinces méridionales de France, contre ces malheureux dont le crime était de nier qu'on pût faire Dieu avec des paroles? 45

Lorsque ensuite les disciples de notre Viclef, de Jean Hus, et enfin ceux de Luther et de Zuingle, voulurent secouer le joug papal, on sait que la plupart de l'Europe fut bientôt partagée en deux espèces, l'une de bourreaux et l'autre de suppliciés. Les réformés firent ensuite ce qu'avaient fait les chrétiens des quatrième et cinquième siècles; après avoir été persécutés, ils devinrent persécuteurs à leur tour. Si on voulait compter les guerres civiles que les disputes sur le christianisme ont excitées, on verrait qu'il y en a plus de cent. Notre Grande-Bretagne a été saccagée: les massacres d'Irlande sont comparables à ceux de la St Barthélemi: et je ne sais s'il y eut plus d'abominations commises, plus de sang répandu en France qu'en Irlande. La femme de sir Henri Spotvood[c] sœur de ma bisaïeule, fut égorgée avec deux de ses 50 55

[c] Milord Bolingbroke a bien raison de comparer les massacres d'Irlande à ceux de la St Barthélemi en France. Je crois même que le nombre des assassinats irlandais surpassa celui des assassinats français.

Il fut prouvé juridiquement par Henri Shampart, James Shaw, et autres que les confesseurs des catholiques leur avaient dénoncé l'excommunication et la damnation éternelle, s'ils ne tuaient pas tous les protestants avec les femmes et les enfants qu'ils pourraient mettre à 5

n. *c* RN, 67, absent (ajout de 71)
n. *c*, 15 71-NM, W68: Le chancelier Clarendon

[332] Robert II le Pieux (*c.* 970-1031), fils d'Hugues Capet.

filles. Ainsi, dans cet examen j'ai toujours à venger le genre humain et moi-même.[337] 60

Que dirai-je du tribunal de l'Inquisition qui subsiste encore? Les sacrifices de sang humain, qu'on reproche aux anciennes nations ont été bien plus rares que ceux dont les Espagnols et les Portugais se sont souillés dans leurs actes de foi.

mort; et que les mêmes confesseurs leur enjoignirent de ne pas épargner le bétail appartenant aux Anglais, afin de mieux ressembler au saint peuple juif quand Dieu lui livra Jérico. 10

On trouva dans la poche du lord Mackguire lorsqu'il fut pris, une bulle de pape Urbain VIII, du 25 mai 1643, laquelle promettait aux Irlandais la remission de tous les crimes et les relevait de tous leurs vœux excepté de celui de chasteté.

Le chevalier Clarendon[333] et le chevalier Temple[334] disent que depuis l'automne de 1641 jusqu'à l'été de 1643, il y eut cent cinquante mille protestants d'assassinés, et qu'on n'épargna ni les enfants, ni les femmes. Un Irlandais nommé Brook,[335] zélé pour son pays prétend qu'on n'en égorgea que quarante mille. Prenons un terme moyen, nous aurons cent dix mille[336] victimes en vingt et un mois. 15 20

63 W75G, NM, W68: été plus rares

[333] Edward Hyde, first Earl of Clarendon (1609-1674), homme politique et historien anglais, auteur d'un ouvrage en trois volumes sur *The History of the rebellion and the civil war in England, begun in the year 1641* (Oxford 1702-1704).

[334] Sir John Temple (1600-1677), auteur de *The Irish rebellion: or, an history of the beginnings and first progress of the general rebellion, raised within the kingdom of Ireland, upon the three and twentieth day of October 1641* [...] *as also the whole tryal of Connor, Lord Mac-Guire* (Dublin 1724; BV, no.3254).

[335] Henry Brooke (1703-1783), auteur de plusieurs ouvrages sur les malheurs de l'Irlande, e. a. *The Tryal of the Roman catholics of Ireland*, 2 éd. (London 1764; BV, no.545).

[336] L'édition de Kehl corrige, à juste titre, en: quatre-vingt-quinze.

[337] Sir Henry Spottiswood (ou Spotswood) était le fils du fameux réformateur écossais James Spottiswood (1567-1644). Celui-ci dut fuir l'Irlande avec sa famille lors de la grande révolte de 1641. Il est probable que c'est au cours de ces affrontements violents que se situe le drame auquel Voltaire fait allusion, et dont il a peut-être eu connaissance directement par Bolingbroke lui-même lors de leurs entretiens à Orléans.

Est-il quelqu'un maintenant qui veuille comparer ce long amas de destruction et de carnage au martyre de Ste Potamienne, de Ste Barbe, de St Pionius, et de St Eustache? Nous avons nagé dans le sang comme des tigres acharnés pendant des siècles, et nous osons flétrir les Trajan et les Antonin du nom de persécuteurs!

Il m'est arrivé quelquefois de représenter à des prêtres l'énormité de toutes ces désolations dont nos aïeux ont été les victimes; ils me répondaient froidement que c'était un bon arbre qui avait produit de mauvais fruits: je leur disais que c'était un blasphème de prétendre qu'un arbre qui avait porté tant et de si horribles poisons, a été planté des mains de Dieu même. En vérité il n'y a point de prêtre qui ne doive baisser les yeux et rougir devant un honnête homme.

76-78 RN: même.//

CHAPITRE XL

Excès de l'Eglise romaine.

Ce n'est que dans l'Eglise romaine incorporée avec la férocité des descendants des Huns, des Goths et des Vandales, qu'on voit cette série continue de scandales et de barbaries inconnues chez tous les prêtres des autres religions du monde.

Les prêtres ont partout abusé parce qu'ils sont hommes. Il fut même, et il est encore chez les brames des fripons et des scélérats; quoique cette ancienne secte soit sans contredit la plus honnête de toutes. L'Eglise romaine l'a emporté en crimes sur toutes les sectes du monde, parce qu'elle a eu des richesses et du pouvoir. 5

Elle l'a emporté en débauches obscènes, parce que pour mieux gouverner les hommes elle s'est interdit le mariage qui est le plus grand frein à l'impudicité *vulgivague*[338] et à la pédérastie. 10

Je m'en tiens à ce que j'ai vu de mes yeux, et à ce qui s'est passé peu d'années avant ma naissance. Y eut-il jamais un brigand qui respectât moins la foi publique, le sang des hommes et l'honneur des femmes que ce Bernard Van-Gallen évêque de Munster,[339] qui se faisait soudoyer tantôt par les Hollandais contre ses voisins, tantôt par Louis XIV contre les Hollandais? il s'enivra de vin et de sang toute sa vie. Il passait du lit de ses concubines aux champs du meurtre, comme une bête en rut et carnassière. Le sot peuple cependant se mettait à genoux devant lui, et recevait humblement sa bénédiction. 15 20

a-76 RN, 67, absent (ajout de 71)

[338] Vulgivague = qui se prostitue.
[339] Christophe Bernard Van Galen, évêque de Munster. Voltaire en parle dans le *Siècle de Louis XIV*, ch.10 (M.xiv.248). Il possédait *La Vie et les actions de monseigneur Christofle Bernard de Gale, évêque de Munster, prince du Saint Empire, administrateur à Corvay, marquis de Strombergh, etc.* (Leide 1681; BV, no.3442), qu'il a lu et annoté.

J'ai vu un de ses bâtards qui malgré sa naissance trouva le moyen d'être chanoine d'une collégiale, il était plus méchant que son père et beaucoup plus dissolu, je sais qu'il assassina une de ses maîtresses. 25

Je demande s'il n'est pas probable que l'évêque marié à une Allemande femme de bien, et son fils né en légitime mariage et bien élevé, auraient mené l'un et l'autre une vie moins abominable. Je demande s'il y a quelque chose au monde plus capable de modérer nos fureurs que les regards d'une épouse et d'une mère respectée, si les devoirs d'un père de famille n'ont pas étouffé mille crimes dans leur germe. 30

Combien d'assassinats commis par des prêtres, n'ai-je pas vus en Italie il n'y a pas quarante ans?[340] je n'exagère point; il y avait peu de jours où un prêtre corse n'allât après avoir dit la messe, arquebuser son ennemi ou son rival derrière un buisson: et quand l'assassiné respirait encore le prêtre lui offrait de le confesser et de lui donner l'absolution. C'est ainsi que ceux que le pape Alexandre VI faisait égorger pour s'emparer de leur bien lui demandaient *unam indulgentiam in articulo mortis*. 35 40

Je lisais hier ce qui est rapporté dans nos histoires d'un évêque de Liége du temps de notre Henri V. Cet évêque n'est appelé que *Jean sans pitié*.[341] Il avait un prêtre qui lui servait de bourreau, et après l'avoir employé à pendre, à rouer, à éventrer plus de deux mille personnes, il le fit pendre lui-même. 45

Que dirai-je de l'archevêque d'Upsal nommé Troll, qui de concert avec le roi de Dannemarck Christian second, fit massacrer

[340] Bolingbroke avait fait le voyage d'Italie à vingt ans, en 1698-1699, lors de son 'grand tour' sur le continent. Après sa disgrâce, il ne séjournera qu'en France, au château de La Source (Orléans), puis au domaine de Chanteloup (que Choiseul occupera après sa chute).

[341] Jean de Bavière, évêque de Liège, qui s'allia au duc Jean de Bourgogne pour évincer un rival. Voltaire le mentionne ailleurs, dans les *Annales de l'empire* ('Robert, 35e empereur, années 1407-1408'). Henri V, le vainqueur d'Azincourt, régna de 1413 à 1422.

devant lui quatre-vingt-quatorze sénateurs, et livra la ville de Stockholm au pillage une bulle du pape à la main?[342] 50

Il n'y a point d'Etat chrétien où les prêtres n'aient étalé des scènes à peu près semblables.

On me dira que je ne parle que des crimes des ecclésiastiques, et que je passe sous silence ceux des séculiers. C'est que les abominations des prêtres et surtout des prêtres papistes font un 55 plus grand contraste avec ce qu'ils enseignent au peuple; c'est qu'ils joignent à la foule de leurs forfaits un crime non moins affreux s'il est possible, celui de l'hypocrisie. C'est que plus leurs mœurs doivent être pures plus ils sont coupables. Ils insultent au genre humain; ils persuadent à des imbéciles de s'enterrer vivants 60 dans un monastère. Ils prêchent une vêture, ils administrent leurs huiles, et au sortir de là ils vont se plonger dans la volupté ou dans le carnage; c'est ainsi que l'Eglise fut gouvernée depuis les fureurs d'Athanase et d'Arius jusqu'à nos jours.

Qu'on me parle avec la même bonne foi que je m'explique; 65 pense-t-on qu'il y ait eu un seul de ces monstres qui ait cru les dogmes impertinents qu'ils ont prêchés? Y a-t-il eu un seul pape qui pour peu qu'il ait eu de sens commun ait cru l'incarnation de Dieu, la mort de Dieu, la résurrection de Dieu, la trinité de Dieu, la transsubstantiation de la farine en Dieu, et toutes ces odieuses 70 chimères qui ont mis les chrétiens au-dessous des brutes? certes ils n'en ont rien cru, et parce qu'ils ont senti l'horrible absurdité du christianisme ils se sont imaginé qu'il n'y a point de Dieu. C'est là l'origine de toutes les horreurs dont ils se sont souillés, prenons-y garde, c'est l'absurdité des dogmes chrétiens qui fait 75 les athées.

53 W75G, NM, W68: crimes ecclésiastiques

[342] Gustave Trolle (1488-1535) avait fait massacrer le sénat de Stockholm en 1520 (*Essai*, ii.231-32).

CONCLUSION

Je conclus que tout homme sensé, tout homme de bien, doit avoir la secte chrétienne en horreur. *Le grand nom de théiste qu'on ne révère pas assez*,[a] est le seul nom qu'on doive prendre. Le seul Evangile qu'on doive lire, c'est le grand livre de la nature écrit de la main de Dieu et scellé de son cachet. La seule religion qu'on doive professer est celle *d'adorer Dieu et d'être honnête homme*. Il est aussi impossible que cette religion pure et éternelle produise du mal, qu'il était impossible que le fanatisme chrétien n'en fît pas.

On ne pourra jamais faire dire à la religion naturelle, *je suis venu apporter, non pas la paix, mais le glaive*. Au lieu que c'est la première confession de foi qu'on met dans la bouche du Juif qu'on a nommé le Christ.

Les hommes sont bien aveugles et bien malheureux de préférer une secte absurde, sanguinaire, soutenue par des bourreaux et entourée de bûchers, une secte qui ne peut être approuvée que par ceux à qui elle donne du pouvoir et des richesses, une secte particulière qui n'est reçue que dans une petite partie du monde, à une religion simple et universelle, qui de l'aveu même des

[a] NB. Ces paroles sont prises des Caractéristiques du lord Shaftersburi.[343]

n. *a* RN, absent (ajout de 67)

[343] *Characteristicks of men, manners, opinions, times* (1711). On lit, dans la traduction française de Genève, 1769, i.163, ces propos de Philoclès à Palémon: 'Je crois que pour être bon Chrétien, il faut commencer par être bon Théiste. Il n'y a que le Théiste qui puisse faire tête au Polythéiste ou à l'Athée; et conséquemment je ne puis souffrir qu'on oppose le Théiste au Chrétien, et que pour cette opposition *on décrie le plus sacré de tous les noms, le nom de Théiste*; comme si notre Religion était une espece de culte magique'. On retrouve la même idée dans la section II de l'*Essai sur le mérite et la vertu* (trad. Diderot).

christicoles était la religion du genre humain du temps de Seth, d'Enoch, de Noé. Si la religion de leurs premiers patriarches est 20 vraie certes la secte de Jésus est fausse. Les souverains se sont soumis à cette secte, croyant qu'ils en seraient plus chers à leurs peuples, en se chargeant eux-mêmes du joug que leurs peuples portaient. Ils n'ont pas vu qu'ils se faisaient les premiers esclaves des prêtres, et ils n'ont pu encore parvenir dans la moitié de 25 l'Europe à se rendre indépendants.

Et quel roi, je vous prie, quel magistrat, quel père de famille n'aimera pas mieux être le maître chez lui que d'être l'esclave d'un prêtre?

Quoi! le nombre innombrable de citoyens molestés; excommu- 30 niés, réduits à la mendicitié, égorgés, jetés à la voirie, le nombre des princes détrônés et assassinés, n'a pas encore ouvert les yeux des hommes! et si on les entr'ouvre, on n'a pas encore renversé cette idole funeste!

Que mettrons-nous à la place? dites-vous: quoi! un animal 35 féroce a sucé le sang de mes proches: je vous dis de vous défaire de cette bête, et vous me demandez ce qu'on mettra à sa place! vous me le demandez! vous cent fois plus odieux que les pontifes païens, qui se contentaient tranquillement de leurs cérémonies et de leurs sacrifices, qui ne prétendaient point enchaîner les esprits 40 par des dogmes, qui ne disputèrent jamais aux magistrats leur puissance, qui n'introduisirent point la discorde chez les hommes. Vous avez le front de demander ce qu'il faut mettre à la place de vos fables! Je vous réponds, Dieu, la vérité, la vertu, des lois, des peines et des récompenses. Prêchez la probité, et non le dogme. 45 Soyez les prêtres de Dieu, et non d'un homme.

Après avoir pesé devant Dieu le christianisme dans les balances de la vérité, il faut le peser dans celles de la politique. Telle est la misérable condition humaine, que le vrai n'est pas toujours avantageux. Il y aurait du danger et peu de raison à vouloir faire 50 tout d'un coup du christianisme ce qu'on a fait du papisme. Je

46 RN, 67: non les prêtres d'un homme.

tiens que dans notre île on doit laisser subsister la hiérarchie établie par acte de parlement, en la soumettant toujours à la législation civile, et en l'empêchant de nuire. Il serait sans doute à désirer que l'idole fût renversée, et qu'on offrît à Dieu des 55 hommages plus purs; mais le peuple n'en est pas encore digne. Il suffit pour le présent que notre Eglise soit contenue dans ses bornes. Plus les laïques seront éclairés, moins les prêtres pourront faire de mal. Tâchons de les éclairer eux-mêmes, de les faire rougir de leurs erreurs, et de les amener peu à peu jusqu'à être 60 des citoyens.[b]

[b] Il n'est pas possible à l'esprit humain quelque dépravé qu'il puisse être, de répondre un mot de raisonnable à tout ce qu'a dit milord Bolingbroke. Moi-même avec un des plus grands mathématiciens de notre île, j'ai essayé d'imaginer ce que les christicoles pourraient alléguer de plausible, et je ne l'ai pu trouver. Ce livre est une foudre qui écrase 5 la superstition. Tout ce que nos *Divines** ont à faire c'est de ne prêcher jamais que la morale et de rendre à jamais le papisme exécrable à toutes les nations. Par là ils seront chers à la nôtre. Qu'ils fassent adorer un Dieu et qu'ils fassent détester une secte abominable fondée sur l'imposture, la persécution, la rapine et le carnage, une secte l'ennemie 10 des rois et des peuples, et surtout l'ennemie de notre constitution, de cette constitution la plus heureuse de l'univers. Il a été donné à milord Bolingbroke de détruire des démences théologiques, comme il a été donné à Newton d'anéantir les erreurs physiques. Puisse bientôt l'Europe entière s'éclairer à cette lumière, Amen. 15

A Londres, le 18e Mars 1767, Mallet[344]

* *Divine* en anglais signifie théologien.

60-61 RN-NM, W68: être citoyens.
n. *b* RN, 67, absent (ajout de 71)

[344] David Mallet, poète et homme de lettres écossais. Sa vie fut celle d'un aventurier des lettres, biographe d'occasion, thuriféraire des puissants, flatteur des grands, mais bon poète, auteur de plusieurs tragédies (*Eurydice*, 1731; *Mustapha*, 1739; *Elvira*, 1763), de ballades à l'ancienne (*William and Margaret*), du poème *The Excursion* (1728). Son édition posthume de Bolingbroke fit scandale par la révélation des idées peu orthodoxes de son protecteur et ami.

TRADUCTION D'UNE LETTRE DE MILORD BOLINGBROKE, À MILORD CORNSBURI[1]

Ne soyez point étonné, Milord, que Grotius et Pascal aient eu les travers que nous leur reprochons. La vanité, la passion de se distinguer, et surtout celle de dominer sur l'esprit des autres, ont corrompu bien des génies, et obscurci bien des lumières.

Vous avez vu chez nous d'excellents conseillers de loi, soutenir les causes les plus mauvaises. Notre Wiston,[2] bon géomètre et très savant homme, s'est rendu très ridicule par ses systèmes. Descartes était certainement un excellent géomètre pour son temps; cependant quelles sottises énormes n'a-t-il pas dites en physique et en métaphysique? A-t-on jamais vu un roman plus extravagant que celui de son monde?

Le docteur Clarke passera toujours pour un métaphysicien très profond, mais cela n'empêche pas que la partie de son livre qui regarde la religion chrétienne ne soit sifflée de tous les penseurs.

J'ai lu il y a quelques mois le manuscrit du Commentaire de l'Apocalypse de Newton que m'a prêté son neveu Conduit.[3] Je vous avoue que sur ce livre je le ferais mettre à Bedlam, si je ne

[1] Henry Hyde, vicomte Cornbury. Descendant des Clarendon et des Rochester, il représenta l'université d'Oxford au parlement (1732), où il sympathisa avec les High Tories, le parti de Bolingbroke. Il fit plusieurs séjours à Spa et en France. Lié avec Pope, il devint le grand ami de Bolingbroke, qui correspondait avec lui de son château d'Orléans. A la mort de Bolingbroke, il s'efforça, sans succès, d'empêcher Mallet de publier la partie des *Letters on the study and use of history* qui contestait l'authenticité de l'Ancien Testament.

[2] Voir ci-dessus, p.168, n.8.

[3] John Conduitt (1688-1737), neveu par mariage d'Isaac Newton, à qui il succéda en 1727 comme 'maître de la monnaie' (master of the mint). Economiste et numismate, il rédigea une esquisse biographique de Newton à l'intention de Fontenelle, chargé de faire l'éloge funèbre du grand savant à l'Académie des sciences. Le texte de Fontenelle le déçut, et il songea à écrire lui-même la biographie de son oncle, mais ce projet resta sans suite.

savais d'ailleurs qu'il est dans les choses de sa compétence le plus grand homme qu'on ait jamais eu. J'en dirais bien autant d'Augustin, évêque d'Hippone, c'est-à-dire que je le jugerais 20
digne de Bedlam sur quelques-unes de ses contradictions et de ses allégories; mais je ne prétends pas dire que je le regarderais comme un grand homme.

On est tout étonné de lire dans son sermon sur le 6e Psaume[4] ces belles paroles. 'Il est clair que le nombre de quatre a rapport 25
au corps humain, à cause des quatre éléments, des quatre qualités dont il est composé, le froid, le chaud, le sec et l'humide. Le nombre de quatre a rapport au vieil homme et au vieux testament, et celui de trois a rapport au nouvel homme et au nouveau testament. Tout se fait donc par quatre et par trois qui font sept; 30
et quand le nombre de sept jours sera passé, le huitième sera le jour du jugement.'

Les raisons que donne Augustin pourquoi Dieu dit à l'homme, aux poissons et aux oiseaux, croissez et multipliez, et ne le dit point aux autres animaux, sont encore excellentes. Cela se trouve 35
à la fin des Confessions[5] d'Augustin, et je vous exhorte à les lire.

Pascal était assez éloquent, et était surtout un bon plaisant. Il

37 RN, 67: et il était

[4] Voir 'Enarratio in Psalmum VI', où Augustin affirme: 'Ab adventu autem Domini [...] quaternario in corpus, ternario in animum distributo, veniet octavus iudiciis dies'. Augustin remarque, au cours de ce long passage, 'de quaternario numero corporis tractatur etiam alibi subtilius, sed obscurius; quod in hoc sermone vitandum est, quem etiam minus eruditis adcommodatum esse volumus' (*Corpus christianorum*, series latina, xxxviii.28). Voltaire cite librement d'après les *Sermons de St. Augustin, sur les sept pseaumes de la pénitence*, trad. de Lestang (Paris 1661; BV, no.221), p.6, passage marqué d'un signet: 'nombre 4' (CN, i.178). L'allusion à un exposé 'plus subtil, mais plus obscur' de cette symbolique des nombres se réfère certainement à un passage curieux du *De diversis quaestionibus*, ch.57, 'De centum quinquaginta tribus piscibus', §2: 'Si autem quaternarius numerus recte corpus significat, propter quatuor notissimas naturas, quibus constat, siccam et humidam, frigidam et calidam' (PL, xl.40).

[5] Cf. *Confessiones*, liv.XIII, ch.23; *Les Confessions de S. Augustin*, trad. Dubois-Goibaud (Paris 1737; BV, no.217), p.736-41, passage marqué d'un signet: 'homme poiss[ons]' (CN, i.172).

est à croire qu'il serait devenu même un profond géomètre, ce qui ne s'accorde guère avec la raillerie et le comique qui règnent dans ses Lettres provinciales; mais sa mauvaise santé le rendit bientôt incapable de faire des études suivies. Il était extrêmement ignorant sur l'histoire des premiers siècles de l'Eglise, ainsi que sur presque toute autre histoire. Quelques jansénistes mêmes m'avouèrent lorsque j'étais à Paris, qu'il n'avait jamais lu l'Ancien Testament tout entier; et je crois qu'en effet peu d'hommes ont fait cette lecture, excepté ceux qui ont la manie de le commenter.

Pascal n'avait lu aucun des livres des jésuites dont il se moque dans ses Lettres. C'étaient des manœuvres littéraires de Port-royal qui lui fournissaient les passages qu'il tournait si bien en ridicule.

Ses Pensées sont d'un enthousiaste, et non d'un philosophe. Si le livre qu'il méditait eût été composé avec de pareils matériaux, il n'eût été qu'un édifice monstrueux bâti sur du sable mouvant. Mais il était lui-même incapable d'élever ce bâtiment, non seulement à cause de son peu de science, mais parce que son cerveau se dérangea sur les dernières années de sa vie qui fut courte. C'est une chose bien singulière que Pascal et Abbadie, les deux défenseurs de la religion chrétienne que l'on cite le plus,[6] soient tous deux morts fous. Pascal, comme vous savez, croyait toujours voir un précipice à côté de sa chaise, et Abbadie courait les rues de Dublin avec tous les petits gueux de son quartier. C'est une des raisons qui ont engagé notre pauvre doyen Swift à faire une fondation pour les fous.

A l'égard de Grotius, il s'en faut beaucoup qu'il eût le génie de Pascal, mais il était savant; j'entends savant de cette pédanterie qui entasse beaucoup de faits, et qui possède quelques langues

40 45 50 55 60 65

46 RN-NM, W68: ont eu la manie

[6] Voir ci-dessus, p.175, n.20.

étrangères. Son traité De la vérité de la religion chrétienne[7] est superficiel, sec, aride, et aussi pauvre en raisonnements qu'en éloquence, supposant toujours ce qui est en question, et ne prouvant jamais. Il pousse même quelquefois la faiblesse du raisonnement jusqu'au plus grand ridicule. 70

Connaissez-vous, Milord, rien de plus impertinent que les preuves qu'il donne du Jugement dernier au chap. 22 de son 1er livre? Il prétend que l'embrasement de l'univers est annoncé dans Hystape[8] et dans les sibylles. Il fortifie ce beau témoignage des noms de deux grands philosophes, Ovide et Lucain. Enfin, il pousse l'extravagance jusqu'à citer des astronomes, qu'il appelle astrologues, lesquels, dit-il, ont remarqué que le soleil s'approche insensiblement de la terre, ce qui est un acheminement à la destruction universelle. Certainement ces astrologues avaient très mal remarqué; et Grotius les citait bien mal à propos. 75 80

Il s'avise de dire au chap. 14 du 1er livre qu'une des grandes preuves de la vérité et de l'antiquité de la religion des Juifs était la circoncision. C'est une opération, dit-il, si douloureuse, et qui

69-70 RN-NM, W68: ne le prouvant

[7] *De veritate religionis christianae* (1624) connut 15 rééditions, 6 traductions françaises, 8 traductions anglaises, etc. Voltaire possédait le *Traité de la vérité de la religion chrétienne*, trad. Le Jeune (Amsterdam 1728; BV, no.1555).

[8] Il faut lire: Hystaspe. Grotius écrivait: 'Quibus addi potest traditio de Mundo hoc conflagraturo, quae olim apud Hystaspem et Sybillas, nunc quoque apud Ouidum et Lucanum et Indos Siamenses reperitur: cuius rei iudicium et Astrologis notatum Sol ad terras propius accedens' (*De veritate religionis christianae*, Lugduni Batavorum, 1640, p.63, liv.I, ch.22). Les annotations de Grotius permettent d'identifier les sources de cette conception cosmologique. On la trouve chez Justin, 'Apologie I' (dans *Apologies*, éd. Pautigny, Paris 1904, p.42-43) et dans les *Stromates* de Clément d'Alexandrie (éd. Stählin, Berlin 1960, *Stromata VI*, cap. V. 43, I). Quant à Hystaspe lui-même, on l'identifie avec le roi persan Vistâspa, converti par Zoroastre et nommé dans l'Avesta. Il serait l'auteur d'une Apocalypse que l'on rapproche des oracles sibyllins et qui développe le thème de l'*ecpyrosis* ou conflagration universelle annonçant la régénération du monde après destruction totale par le feu. Voir J. Bidez et F. Cumont, *Les Mages hellénisés. Zoroastre, Astanès et Hystaspe d'après la tradition grecque* (Paris 1938), i.213-23.

les rendait si ridicules aux yeux des étrangers, qu'ils n'en auraient pas fait le symbole de leur religion s'ils n'avaient pas su que Dieu l'avait expressément ordonnée. 85

Il est pourtant vrai que les Ismaélites et les autres Arabes, les Egyptiens, les Ethiopiens, avaient pratiqué la circoncision longtemps avant les Juifs, et qu'ils ne pouvaient se moquer d'une coutume que ces Juifs avaient prise d'eux. 90

Il s'imagine démontrer la vérité de la secte juive en faisant une longue énumération des peuples qui croyaient l'existence des âmes et leur immortalité. Il ne voit pas que c'est cela même qui démontre invisiblement la grossièreté stupide des Juifs, puisque dans leur Pentateuque non seulement l'immortalité de l'âme est inconnue, mais le mot hébreu qui peut répondre au mot âme ne signifie jamais que la vie animale. 95

C'est avec le même discernement que Grotius au chap. 16 liv. 1er, pour rendre l'histoire de Jonas vraisemblable cite un mauvais poète grec, Licophron, selon lequel Hercule demeura trois jours dans le ventre d'une baleine. Mais Hercule fut bien plus habile que Jonas, car il trouva le secret de griller le foie du poisson, et de faire bonne chère dans sa prison. On ne nous dit pas où il trouva un gril et des charbons; mais c'est en cela que consiste le prodige; et il faut avouer que rien n'est plus divin que ces deux aventures du prophète Jonas et du prophète Hercule. 100 105

Je m'étonne que ce savant Batave ne se soit pas servi de l'exemple de ce même Hercule qui passa le détroit de Calpé et d'Abila dans sa tasse, pour nous prouver le passage de la mer Rouge à pied sec; car assurément il est aussi beau de naviguer dans un gobelet que de passer la mer sans vaisseau. 110

En un mot, je ne connais guère de livre plus méprisable que ce traité De la religion chrétienne de Grotius. Il me paraît de la force de ses harangues au roi Louis XIII et à la reine Anne sa 115

95 RN, 67: démontre invinciblement la

femme.[9] Il dit à cette reine lorsqu'elle fut grosse qu'elle ressemblait à la Juive Anne qui eut des enfants dans sa vieillesse. Que les dauphins en faisant des gambades sur l'eau annonçaient la fin des tempêtes, et que le petit dauphin dont elle était grosse, en remuant dans son ventre annonçait la fin des troubles du royaume. 120

A la naissance du dauphin, il dit à Louis XIII, *La constellation du dauphin est du présage le plus heureux chez les astrologues. Il a autour de lui l'aigle, pégase, la flèche, le verseur d'eau et le cygne. L'aigle désigne clairement que le dauphin sera un aigle en affaires; pégase montre qu'il aura une belle cavalerie; la flèche signifie son infanterie: on voit par le* 125 *cygne qu'il sera célébré par les poètes, les historiens et les orateurs; et les neuf étoiles qui composent le signe du dauphin marquent évidemment les neuf muses qu'il cultivera.*

Ce Grotius fit une tragédie de Joseph qui est tout entière dans ce grand goût, et une autre tragédie de Sophonphonée,[10] dont le 130 style est digne du sujet. Voilà quel était cet apôtre prétendu de la religion chrétienne; voilà les hommes qu'on nous donne pour des oracles.

Je crois d'ailleurs l'auteur aussi mauvais politique que mauvais raisonneur. Vous savez qu'il avait la chimère de vouloir réunir 135 toutes les sectes des chrétiens. Il m'importe fort peu que dans le fond il ait été socinien, comme tant de gens le lui ont reproché; je ne me soucie point de savoir s'il a cru Jésus éternellement engendré dans le temps, ou consubstantiel ou non consubstantiel; ce sont des choses qu'il faut renvoyer avec milord Pierre à l'auteur 140 du Conte du tonneau, et qu'un esprit de votre trempe n'examinera

131 W75G, NM, W68: cet apôtre de la

138-139 RN, 67: cru Jésus éternellement engendré, ou éternellement fait, ou fait dans le temps, ou engendré dans le temps

[9] Voltaire avait lu la *Vie de Grotius, avec l'histoire de ses ouvrages, et des négociations auxquelles il fut employé* par Jean Levesque de Burigny (Paris 1752; BV, no.587); cf. CN, i.618.

[10] *Sophompaneas*, 1608, tragédie sur Joseph. Traduite en 1635 par Vondel sous le titre néerlandais *Sofompaneas, of Joseph in't hof* (*J. à la cour*).

jamais sérieusement. Vous êtes né, Milord, pour des choses plus utiles, pour servir votre patrie, et pour mépriser ces rêveries scolastiques, etc.

LETTRE DE MILORD CORNSBURI À MILORD BOLINGBROKE

Personne n'a jamais mieux développé que vous, Milord, l'établissement et les progrès de la secte chrétienne. Elle ressemble dans son origine à nos quakers. Le platonisme vint bientôt après mêler sa métaphysique chimérique et imposante au fanatisme des Galiléens. Enfin, le pontife de Rome imita le despotisme des califes. Je crois que depuis notre révolution l'Angleterre est le pays où le christianisme fait le moins de mal. La raison en est que ce torrent est divisé chez nous en dix ou douze ruisseaux, soit presbytériens, soit autres dissenters, sans quoi il nous aurait peut-être submergés.

C'est un mal que nos évêques siègent en parlement comme barons; ce n'était pas là leur place. Rien n'est plus directement contraire à l'institut primitif. Mais quand je vois des évêques et des moines souverains en Allemagne et un vieux godenot[1] à Rome sur le trône des Trajans et des Antonins, je pardonne à nos sauvages ancêtres qui laissèrent nos évêques usurper des baronies.

Il est certain que notre Eglise anglicane est moins superstitieuse et moins absurde que la romaine. J'entends que nos charlatans ne nous empoisonnent qu'avec cinq ou six drogues, au lieu que les montebanks[2] papistes empoisonnent avec une vingtaine.

Ce fut un grand trait de sagesse dans le feu czar Pierre premier, d'abolir dans ses vastes Etats la dignité de patriarche. Mais il était le maître; les princes catholiques ne le sont pas de détruire l'idôle du pape. L'empereur ne pourrait s'emparer de Rome et reprendre

a-61 RN, 67, absent (ajout de 71)

[1] Godenot: petite figure de bois dont les joueurs de gobelets se servent pour amuser les spectateurs, de là: petit homme mal fait (Littré).

[2] Mountebank: en anglais, saltimbanque, bateleur, charlatan.

son patrimoine sans exciter contre lui tous les souverains de l'Europe méridionale. Ces messieurs sont comme le Dieu des chrétiens, fort jaloux. 25

La secte subsistera donc, et la mahométane aussi pour faire contrepoids. Les dogmes de celle-ci sont bien moins extravagants. L'incarnation et la Trinité sont d'une absurdité qui fait frémir. 30

De tous les rites de la communion papistique, la confession des filles à des hommes est d'une indécence et un danger qui ne nous frappe pas assez dans des climats où nous laissons tant de liberté au sexe. Cela serait abominable dans tout l'Orient. Comment oserait-on mettre une jeune fille tête à tête aux genoux d'un homme, dans des pays où elles sont gardées avec un soin si scrupuleux? 35

Vous savez quels désordres souvent funestes cette infâme coutume produit tous les jours en Italie et en Espagne. La France n'en est pas exempte. L'aventure du curé de Versailles[3] est encore toute fraîche. Ce drôle volait ses pénitents dans la poche, et débauchait ses pénitentes: on s'est contenté de le chasser, et le duc d'Orléans lui fait une pension. Il méritait la corde. 40

C'est une plaisante chose que les sacrements de l'Eglise romaine. On en rit à Paris comme à Londres; mais tout en riant on s'y soumet. Les Egyptiens riaient sans doute de voir des singes et des chats sur l'autel. Mais ils se prosternaient. Les hommes en général ne méritent pas d'être autrement gouvernés. Cicéron écrivit contre les augures; et les augures subsistèrent; ils burent le meilleur vin du temps d'Horace. *Pontificum potiore caenis*. Ils le boiront toujours. Ils seront dans le fond du cœur de votre avis: mais ils soutiendront une religion qui leur procure tant d'honneurs et d'argent en public, et tant de plaisirs en secret. Vous éclairerez le petit nombre, mais le grand nombre sera pour eux. Il en est 45 50

31 75: communion papiste
32 71-NM, w68: et d'un danger

[3] Sur le curé Fantin, de Versailles, voir la *Défense de milord Bolingbroke* et la note le concernant.

aujourd'hui dans Rome, dans Londres, dans Paris, dans toutes les grandes villes en fait de religion comme dans Alexandrie du temps de l'empereur Adrian. Vous connaissez sa Lettre à Servianus écrite d'Alexandrie. 55

Tous n'ont qu'un Dieu. Chrétiens, Juifs et tous les autres l'adorent avec la même ardeur, c'est l'argent. 60

Voilà le Dieu du pape et de l'archevêque de Kenterbury.

Les Questions de Zapata

édition critique

par

Jacqueline Marchand

INTRODUCTION

Dans les *Questions sur les miracles*, parues de juillet 1765 à janvier 1766, un jeune étudiant en théologie protestante interrogeait un savant pasteur sur ses doutes; mais très vite, le thème s'élargissait, les personnages se multipliaient, l'actualité venait au premier plan, les arguments et les épisodes fantaisistes fusaient dans tous les sens. Dans les *Questions de Zapata*, parues en mars 1767, le point de départ est à peu près le même; l'étudiant est espagnol et catholique, ses maîtres le sont aussi; mais les uns et les autres sont choqués de la même façon par le récit de Josué qui arrête le soleil et par la promesse de Jésus qui devait apparaître dans les nuées. L'analogie s'arrête là: du licencié Zapata, le portrait est à peine esquissé, celui de ses 'sages maîtres' ne l'est pas du tout; aucun autre personnage n'intervient, l'actualité n'est pas évoquée;[1] l'effet recherché est un effet de masse, avec ces 67 questions généralement courtes, posées sur un ton érudit que vient briser en conclusion une boutade brutale: 'Sages maîtres, dites-moi si vous êtes dignes des faveurs d'Ooliba?' (46°); 'Et lorsqu'on les mettra au feu, n'ai-je pas le droit d'en prendre une cuisse ou une fesse pour mon souper avec des filles catholiques?' (67°). Nous voilà loin du chatoiement qui éblouit dans les *Questions sur les miracles*, et aussi du ton de bonne compagnie qui règne dans le salon de la comtesse de Boulainvilliers... Mais les problèmes posés sont les mêmes. Ils le sont depuis le *Sermon des cinquante*, publié en 1762, mais certainement plus ancien.[2] L'absurdité et l'immoralité de la Bible, Voltaire revient sans relâche sur ce thème. Les exemples ne lui manquent pas; il les varie ou il les répète, peu importe, pourvu qu'il se fasse lire.

Selon son habitude, Voltaire a dû travailler vite. Pendant les

[1] Si ce n'est par le biais de la 'portion congrue' (63°), 'actualité' bien générale.
[2] Voir R. Pomeau, *La Religion de Voltaire* (Paris 1969), p.182 ss.

derniers mois de 1766 et les premiers de 1767, on ne trouve pas trace des *Questions de Zapata* dans sa correspondance. Voltaire ne pense qu'à sa tragédie des *Scythes*, aux ennuis que vaut à Marmontel la condamnation de *Bélisaire*, et aux Sirven. La première mention qui est faite du *Zapata* semble se trouver dans une lettre à Gabriel Cramer du 5 février 1767: 'L'Espagnole ne poura être prête que dans huit jours. On y travaille encor' (D13922).

En avril et mai 1767, Voltaire, entre mille autres activités, s'occupe de la diffusion de l'ouvrage. Une lettre à Damilaville, du 17 avril, signée Boursier, s'exprime ainsi: 'M. Raitvole [Voltaire] dit vous avoir envoyé le livre cité par Fabricius, qu'il a eu bien de la peine à trouver. Il y a longtemps qu'on ne trouve plus dans nos quartiers de livres espagnols' (D14123). Comme le fait remarquer M. Besterman, la mention de Fabricius n'est pas éclairante, mais à cette date, les 'livres espagnols' ne peuvent être que les *Questions de Zapata*. Les livres ont dû se perdre en route, car Voltaire écrit au même Damilaville le 4 mai: 'Je vois mon cher ami, qu'il y a dans le monde des gens alertes qui ont dévalisé les licenciés espagnols que je vous avais envoyés' (D14160). Le 16 mai, Voltaire écrit à Damilaville une lettre camouflée: 'Je vois bien, Monsieur, par vôtre Lettre du 9e Mai que ce pauvre homme qui fut cuit à Valadolid n'a pu arriver à Paris dans vôtre hôtel. Mr Boursier vôtre ami, m'a promis qu'il tenterait de vous faire tenir ce magot par une autre voie' (D14181). Du 19 mai, un billet dont le destinataire est inconnu montre que Voltaire savait triompher des difficultés: 'Bon, bon, quand vous voudrez venir je vous ferai bien passer. Tout cecy se réduira à rien. Grand bruit, peu de besogne, un peu de gêne et voilà tout. Voicy deux brochures qui me sont tombées entre les mains. Priez dieu pour frère Zapata et aimez un vieillard qui vous aime' (D14188). Enfin, le 23 mai, une lettre à Damilaville, signée Boursier, évoque Boulanger et Bolingbroke, et ajoute: 'On parle aussi d'un petit livre espagnol, dont l'auteur s'appelle je crois Zapata. On en a fait une nouvelle traduction à Amsterdam' (D14194). D'après J. Vercruysse, Voltaire serait ici mal informé: il ne semble pas qu'il y ait eu d'édition du *Zapata* à Amsterdam avant le *Recueil nécessaire* de 1768.[3] Ce qui est sûr, c'est que les *Questions de Zapata* ont circulé, grâce à l'ami Damilaville, comme tant d'autres 'chiffons' ou 'pilules' (D12516, D12522), tant d'autres 'rubans' (D12563), 'confitures sèches' (D12965, D13003), qui finissaient, plus ou moins facilement, par arriver à Paris.

Les *Questions de Zapata* parurent, avec la date de 1766, en mars 1767 (voir D14013, commentaire). La *Correspondance littéraire* de Grimm en rend compte à la date du 1er avril: 'Il est sorti de la manufacture de Ferney encore un autre ouvrage [on vient de parler des *Honnêtetés littéraires*], car la plume et le zèle du patriarche sont intarissables. La nouvelle brochure, qu'il n'est pas possible d'avoir à Paris,[4] est intitulée les *Questions de Domenico Zapata, traduites par le sieur Tamponet, docteur de Sorbonne, à Leipsig, 1766* [...] cela est plein de gaîté, et de folie, et quoique ce ne soit que du rabâchage que le vénérable et bienheureux frère Zapata a répété sous vingt noms différents et de cent manières diverses, on ne peut nier que cela ne soit désespérant pour certains gardiens, trésoriers, administrateurs, et autres ayant cause de certaine boutique qui tombe en ruine de tous côtés, bien plus par sa vetusté que par les coups qu'on lui porte' (CLT, vii.283-84). Les *Mémoires secrets* s'expriment de façon analogue: '[c'est] un résultat de différentes questions théologiques que notre philosophe résout; et Dieu sait quelle est la théologie de M. de Voltaire!';[5] 'Il ramène ce qu'il a dit vingt fois; mais son sarcasme est toujours piquant, et réveille le goût des lecteurs pour des matières remâchées trop souvent'.[6]

On voit que personne n'hésite à nommer l'auteur. Il est vrai que Voltaire n'a pas mis, à refuser la paternité des *Questions de Zapata*, l'énergie qu'il avait déployée pour attribuer à d'autres le *Dîner du comte de Boulainvilliers* et nombre de 'rogatons' dangereux.

[3] J. Vercruysse, 'Voltaire et Marc Michel Rey', *Studies* 58 (1967), p.1734.

[4] Cette rareté du texte imprimé explique qu'on ait fait des copies comme celle conservée aux archives d'Etat de Hesse, à Darmstadt (voir ci-dessous, p.368-69).

[5] 30 avril 1767 (Bachaumont, iii.181).

[6] 16 mai 1767 (Bachaumont, iii.186).

Il semble aussi lui attacher moins d'importance; la correspondance ne mentionne *Zapata* que cinq ou six fois, contre 39 mentions des *Questions sur les miracles*. Et, dit encore Grimm, évoquant 'cette belle et mémorable dispute' de l'année précédente sur les miracles, 'les difficultés de M. le licencié Zapata n'engendrèrent point de dispute' (CLT, vii.283).

C'est peut-être en partie parce que le licencié Zapata jette le masque assez vite. Le proposant Théro ne cesse pas d'être respectueux à l'égard du pasteur Claparède; Zapata à l'égard des 'sages maîtres' use des mêmes arguments, ou d'arguments plus brutaux, sans dissimuler sa pensée véritable: 'Mais comme je vous crois plus fait pour la compagnie que Joseph et Marie avaient dans l'étable de Bethléem' (11°); 'Je vous prie de vouloir bien m'enseigner combien la drachme valait alors chez le peuple juif, et ce que vous donnez aujourd'hui aux filles par ordre du Seigneur' (49°); 'Un ancien martyrologe très véridique (comme ils le sont tous) compte quatorze mille enfants martyrisés. Si vous voulez que j'en ajoute encore quelques milliers, vous n'avez qu'à dire' (53°). Et puis, cette fois, Needham n'est pas intervenu; pas de 'dispute', pas de prolongements.

Parmi les arguments massue dont Voltaire fait ici usage, les modernes auraient tort de mettre à son compte quelques erreurs qui sont celles de son temps. J'ai indiqué dans les notes quelques contradictions entre la traduction Lemaistre de Saci, que pouvait lire Voltaire (Paris, 1730; BV, no.397), et celle d'Edouard Dhorme (Pléiade 1956). Eût-il vécu de nos jours, Voltaire n'aurait pas cru qu'une source sortait, selon le livre des Juges (xv.19), de la dent d'une mâchoire d'âne, ni que le prophète Ezéchiel ait été condamné à manger ce qui n'est qu'un combustible (Ezéchiel iv.813).

Manuscrits et éditions[7]

On connaît deux copies manuscrites des *Questions de Zapata*. Celle qui se trouve à la Hessische Staatsarchiv, Darmstadt (cote HA

[7] Section établie par Andrew Brown.

IV 558 4), fut copiée sur une des premières éditions; elle est de la main de Simon Bigex, alors copiste de Grimm (p.1-4), et de l'abbé Mayeul, secrétaire de Mme d'Epinay (p.4-16), et il est probable qu'elle fut envoyée par Grimm à Caroline de Hesse-Darmstadt, une de ses abonnées (voir Kölving et Carriat, i.XXVI, n.2-3). Une autre copie se trouve à la bibliothèque de l'Académie polonaise des sciences à Cracovie.

Deux des premières éditions séparées des *Questions* furent imprimées par Cramer (66A et 66B); on ignore la parenté des deux autres (66C et 66D); il est probable que toutes ces éditions datent de 1767. Le texte fut repris en 1768 dans les *Nouveaux mélanges* de Cramer (nouvelle édition en 1771) et dans le *Recueil nécessaire* de Marc Michel Rey (nouvelle édition en 1776). Voltaire n'a effectué qu'un changement significatif dans l'édition encadrée (W75G, l.424-425), et cette version fut suivie par W75X, W71, W68, W70L et K.

66A

[*encadrement*] / LES / QUESTIONS / DE ZAPATA, / *Traduites par le ſieur Tampo- / net Docteur de Sorbonne.* / [*ornement typographique*] / A LEIPSIK, / [*filet gras-maigre, 61 mm*] / *MDCCLXVI.* /

8°. sig. A-C^8 D^4 (D4 bl.); pag. 53; $4 signé, chiffres romains (– A1, D3); réclames par cahier (+ D2*v*).

[1] titre; [2] bl.; [3]-53 Les Questions de Zapata.

Bengesco ii.193; BnC 4094.

Il s'agit d'une des premières éditions des *Questions*, imprimée par les Cramer.

La p.7 se termine par 'firma-' et les lignes de la p.53 mesurent 60 mm. A la p.53, ligne 5, on trouve la coquille 'la vérisé des'.

Leningrad: BV 3736 (11-178); Bn: Ye 9749 (D4 absente), Rés. Z Beuchot 21 (29,II) (D4 absente); ImV: D Questions 2/1767/1; Stockholm: 173 H; BL: 831 d 25 (4); Bodleian: 8° Godw. 140.

66B

[*encadrement*] / LES / QUESTIONS / DE ZAPATA, / *Traduites par le ſieur Tamponet* / *Docteur de Sorbonne.* / [*ornement typographique*] / A LEIPSIK, / [*filet gras-maigre, 61 mm*] / *MDCCLXVI.* /

8°. sig. A-C⁸ D⁴ (D4 bl.); pag. 53; $4 signé, chiffres romains; réclames par cahier.

Bengesco ii.193*n*; BnC 4094.

[1] titre; [2] bl.; [3]-53 Les Questions de Zapata.

Une autre édition par Cramer. Sur la page de titre le mot '*Tamponet*' n'est pas divisé, la p.7 se termine par 'firmament n'est', et les lignes de la p.53 mesurent 62 mm. On trouve un ornement de plus dans l'encadrement des pages, qui est donc plus large que celui de 66A.

Leningrad: BV 3736 (5 exemplaires); Bn: D² 14331; ImV: D Questions 2/1767/2; Taylor: V8 Q 1766 (2) (D4 absente).

66C

LES / QUESTIONS / DE / ZAPATA, / *Traduites par le ſieur Tamponet* / *Docteur de Sorbonne.* / [*bois gravé, un oiseau, 51 x 41 mm*] / A LEIPSIK, / [*filet gras-maigre, 71 mm*] / *MDCCLXVI.* /

[*faux-titre*] LES / QUESTIONS / DE / ZAPATA. /

8°. sig. π1 A-B⁸ C⁶; pag. [2] 43 (p.7 non numérotée); $4 signé, chiffres romains (– A1); réclames par cahier.

[*1*] faux-titre; [2] bl.; [1] titre; [2] bl.; [3]-43 Les Questions de Zapata.

Bengesco ii.193; BnC 4095.

Bn: Rés. Z Bengesco 305; Taylor: V8 Q 1766 (1) (π1 absente); ImV: Be 7 (5).

66D

[*encadrement*] / LES / QUESTIONS / DE ZAPATA, / *Traduites par le ſieur Tamponet,* / *Docteur de Sorbonne.* / [*bois gravé, deux chérubins sur un nuage, 28 x 19 mm*] / A LEIPSIK, / [*filet gras-maigre, 55 mm*] / *MDCCLXVI.* /

8°. sig. A-B⁸ π²; pag. 35 (p.28 numérotée '82'); $3 signé, chiffres romains (– A1); réclames par cahier.

[1] titre; [2] bl.; [3]-35 Les Questions de Zapata.

Bengesco ii.193; BnC 4096.

Bn: Rés. Z Bengesco 304, Rés. Z Beuchot 729.

NM68A

NOUVEAUX/MELANGES/PHILOSOPHIQUES,/HISTORIQUES,/ CRITIQUES, / &c. &c. / *SEPTIÉME PARTIE.* / [*bois gravé, Candide 'a'*] / [*filet gras-maigre, 71 mm*] / M. DCC. LXVIII. /

[*faux-titre*] NOUVEAUX / MELANGES / PHILOSOPHIQUES, / HISTORIQUES, / CRITIQUES, / &c. &c. &c. / *SEPTIÉME PARTIE.* /

8°. sig. A-Y⁸ Z⁴ Aa²; pag. 364 (p.43 numérotée '34', 337-352 '333'-'348'); $4 signé, chiffres arabes (– A1-2, Z3-4, Aa2); tomaison '*Nouv. Mél.* VII. Part.' (sig. I 'Nouv. Mél. *VII. Part.*'); réclames par page.

[1] faux-titre; [2] bl.; [3] titre; [4] bl.; [5]-49 autres textes; 50-77 Les Questions de Zapata, traduites par le sieur Tamponet docteur de Sorbonne; 78-357 autres textes; 358-364 Table des articles contenus dans cette septième partie.

La première édition du septième volume des *Nouveaux mélanges*, imprimé par Cramer.

Bn: Rés. Z Beuchot 28 (7); Taylor: VF.

NM68B

NOUVEAUX/MELANGES/PHILOSOPHIQUES,/HISTORIQUES,/ CRITIQUES, / &c. &c. / *SEPTIÉME PARTIE.* / [*bois gravé, Candide 'e'*] / [*filet gras-maigre, 75 mm*] / M. DCC. LXVIII. /

[*faux-titre*] NOUVEAUX / MELANGES / PHILOSOPHIQUES, / HISTORIQUES, / CRITIQUES, / &c. &c. &c. / *SEPTIEME PARTIE.* /

8°. sig. A-Y⁸ Z⁴ Aa²; pag. 364 (p.141 numérotée '1'); $4 signé, chiffres arabes (– A1-2, Z3-4, Aa2); tomaison '*Nouv. Mél.* VII. Part.' (sig. I 'Nouv. Mél. *VII. Part.*'); réclames par page.

Même contenu que NM68A.

Une nouvelle édition par Cramer.

Bn: Rés. Z Bengesco 487 (7), Z 24713.

RN68

RECUEIL / NÉCESSAIRE. / AVEC / L'EVANGILE / DE LA / RAISON / [*filet gras-maigre, 69 mm*] / TOME PREMIER. / [*filet gras-maigre, 69 mm*] / [*ornement typographique*] / *LONDRES.* / [*filet gras-maigre, 69 mm*] / MDCCLXVIII./

8°. sig. π^4 A-Q^8 R^6 S^4; pag. [*2*] VI 276; $5 signé, chiffres arabes (– R5, S4); réclames par cahier.

[*1*] titre; [*2*] bl.; I-VI Table des pièces contenues dans ce recueil; [1]-241 autres textes; 242-276 Les Questions de Zapata, traduites par le sieur Tamponet, docteur de Sorbonne.

Dans son étude sur 'Voltaire et Marc Michel Rey' (p.1736-37), J. Vercruysse affirme que l'examen des ornements et du filigrane démontre qu'il s'agit d'une impression hollandaise et qu'elle fut probablement exécutée pour Rey.

Taylor: Arch 12° F 1768 (8-9).

NM71.

NOUVEAUX / MELANGES / *PHILOSOPHIQUES*, / HISTORIQUES, / CRITIQUES, / &c. &c. &c. / *SEPTIÉME PARTIE.* / [*ornement typographique*] / [*filet gras-maigre, 60 mm*] / M. DCC. LXXI. /

[*faux-titre*] NOUVEAUX / *MELANGES* / PHILOSOPHIQUES, / *HISTORIQUES*, / CRITIQUES, / &c. &c. &c. / *SEPTIEME PARTIE.* /

8°. sig. A-Y^8 Z^4 Aa^2; pag. 364 (p.114 numérotée '113'); $4 signé, chiffres arabes (– A1-2, X2, Z3-4, Aa2); tomaison '*Nouv. Mél.* VII. Part.'; réclames par page.

Même contenu que NM68A.

Bn: Z 24634, Z 24771.

W75G

[*encadrement*] PIÉCES / *DÉTACHÉES*, / ATTTRIBUÉES / À / DIVERS HOMMES CÉLÈBRES. / [*filet, 74 mm*] / TOME SECOND. / [*filet, 75 mm*] / *M. DCC. LXXV.* /

[*faux-titre, encadrement*] *PIÈCES DÉTACHÉES.* / TOME SECOND. /

8°. sig. π^2 A-Ee^8 (± A1.8); pag. [*4*] 448; $4 signé, chiffres romains; tomaison '*Pièces attribuées, &c.* II. Part.'; réclames par cahier.

[*1*] faux-titre; [*2*] bl.; [*3*] titre; [*4*] bl.; 1-225 autres textes; 226-248 Les Questions de Zapata, traduites par le sieur Tamponet docteur de Sorbonne; 249-443 autres textes; 444-448 Table des pièces contenues dans ce volume.

Voltaire a revu le texte des *Questions* pour cette édition (voir l.424-425) et l'a corrigé à deux endroits dans l'exemplaire qu'il préparait à l'intention de Panckoucke (voir w75G*).

Taylor: V1 1775 (39).

w75G*

L'exemplaire de w75G corrigé par Voltaire en vue d'une nouvelle édition de ses œuvres. Deux corrections concernent les *Questions de Zapata*, aux lignes 240 et 376. Voir Taylor 1974, p.125.

Leningrad: BV 3472 (cote 11-2).

w75X

[*encadrement*] PIÉCES / *DÉTACHÉES*, / ATTTRIBUÉES / A / *DIVERS HOMMES CÉLÈBRES*. / [*filet, 70 mm*] / TOME SECOND. / [*filet, 70 mm*] / [*ornement typographique*] / [*filet orné, 79 mm*] / *M. DCC. LXXV*. /

[*faux-titre, encadrement*] PIÉCES / *DÉTACHÉES*. / [*filet, 72 mm*] / TOME SECOND. / [*filet, 70 mm*] /

8°. sig. π^2 A-Y^8 Z^6; pag. [*4*] 364 (p.302 numérotée '202'); $4 signé, chiffres arabes (– Z4); tomaison '*Piéces attribuées, &c.* II. Part.'; réclames par cahier.

[*1*] faux-titre; [*2*] bl.; [*3*] titre; [*4*] bl.; 1 Pièces détachées, attribuées à divers hommes célèbres. Seconde partie; 1-148 autres textes; 149-170 Les Questions de Zapata, traduites par le sieur Tamponet, docteur de Sorbonne; 171-360 autres textes; 361-364 Table des pièces contenues dans ce volume.

Une nouvelle édition de w75G, peut-être une contrefaçon, où manque le premier texte de l'original, l'*Histoire de Jenni*, déjà inséré dans le tome 31 de w75X, parmi les romans et contes.

Bn: Z 24918.

RN76

RECUEIL / NÉCESSAIRE. / AVEC / L'EVANGILE / DE LA / RAISON. / [*ornement typographique*] / *LONDRES*. / [*filet gras-maigre composé de quatre éléments, 60 mm*] / MDCCLXXVI. /

[*faux-titre*] RECUEIL / NÉCESSAIRE. /

8°. sig. π^4 A-R^8 S^4 (π1 blank); pag. [*8*] 280; $5 signé, chiffres arabes (–S4); tomaison '*Tome I.*'; réclames par cahier.

[*1-2*] bl.; [*3*] faux-titre; [*4*] bl.; [*5*] titre; [*6*] bl.; [*7-8*] Table des pièces contenues dans ce recueil; [1]-169 autres textes; [170]-194 Les Questions de Zapata; 194-280 autres textes.

Br: VH 2119 (1).

W71 (1776)

PIÉCES / *DÉTACHÉES*, / ATTRIBUÉES / *A* / DIVERS HOMMES CÉLÈBRES. / [*filet, 67 mm*] / TOME SECOND. / [*filet, 67 mm*] / *GENEVE*. / [*filet gras-maigre, 67 mm*] / M. DCC. LXXVI. /

[*faux-titre*] COLLECTION / *COMPLETTE* / *DES* / *ŒUVRES* / DE / M. DE VOLTAIRE, / [*filet orné, 72 mm*] / *TOME VINGT-NEUVIEME*. / [*filet orné, 72 mm*] /

12°. pag. [*4*] 375.

[*1*] faux-titre; [*2*] bl.; [*3*] titre; [*4*] bl.; 1-303 autres textes; 304-326 Les Questions de Zapata, traduites par le sieur Tamponet, docteur de Sorbonne; 327-371 autres textes; 372-375 Table des pièces contenues dans ce volume.

Cette édition, publiée à Liège par Plomteux, suit en général l'édition in-quarto, W68; ici, elle reprend le texte de W75G.

Uppsala: Litt. fransk.

W68 (1777)

MÉLANGES / PHILOSOPHIQUES, / LITTÉRAIRES, / HISTORIQUES, &c. / [*filet, 117 mm*] / TOME SEPTIÈME. / [*filet, 115 mm*] / *GENÈVE*. / [*filet maigre-gras, 112 mm*] / M. DCC. LXXVII. /

[*faux-titre*] COLLECTION / Complette / DES / *ŒUVRES* / DE / M^{R}. de

***. / [*filet gras-maigre, 113 mm*] / *TOME VINGT-NEUVIEME.* / [*filet maigre-gras, 118 mm*] /

4°. sig. π² *² A-Ttt⁴ Vvv²; pag. [*4*] iv 524; $2 signé, chiffres arabes (– Vvv2; *1 signée '*a*', Ppp signée 'PPP', 'PPP2'); tomaison '*Phil. Littér. Hist.* Tom. VII.'; réclames par cahier.

[*1*] faux-titre; [*2*] bl.; [*3*] titre; [*4*] bl.; i-iv Table des pièces contenues dans le tome septième; [1]-139 autres textes; 140-159 Les Questions de Zapata; 160-524 autres textes.

Les volumes 25 à 30 de l'édition in-quarto ne proviennent pas de l'atelier des Cramer, et semblent avoir été imprimés en France, sans doute pour le compte de Panckoucke. Il est à noter que ce volume commence avec *L'Epître aux Romains*, et suit donc w75x au lieu de w75G.

Bn: Rés. m Z 587 (29).

W70L (1781)

MÉLANGES / *PHILOSOPHIQUES*, / LITTÉRAIRES, / HISTORIQUES, &c. / CONTENANT / L'ÉPITRE AUX ROMAINS, &c. / [*filet, 78 mm*] / *TOME VINGTIEME.* / [*filet, 79 mm*] / [*bois gravé, un monument et putti, 50 x 34 mm*] / *A LONDRES.* / [*filet gras-maigre, 78 mm*] / M. DCC. LXXXI./

[*faux-titre*] *COLLECTION* / COMPLETTE / DES ŒUVRES / DE / MR. DE VOLTAIRE. / [*filet gras-maigre, 79 mm*] / *TOME CINQUANTE-SIXIEME.* / [*filet maigre-gras, 79 mm*] /

8°. sig. π² A-Bb⁸ (Bb8 bl.); pag. [*4*] 398; $4 signé, chiffres arabes; sans tomaison; réclames par cahier.

[*1*] faux-titre; [*2*] bl.; [*3*] titre; [*4*] bl.; [1]-201 autres textes; 202-231 Les Questions de Zapata, traduites par le sieur Tamponet, docteur de Sorbonne; 232-396 autres textes; 397-398 Table des articles contenus dans ce volume.

Ce volume de l'édition de Grasset suit w68.

Bibliothèque cantonale et universitaire, Lausanne: AA 185 (56).

K84

OEUVRES / COMPLETES / DE / VOLTAIRE. / TOME TRENTE-TROISIEME. / [*filet anglais, 38 mm*] / DE L'IMPRIMERIE DE LA SOCIÉTÉ LITTÉRAIRE- / TYPOGRAPHIQUE. / 1784.

8°. sig. π^2 A-Ff[8] Gg[2] (± C3, I3, Aa1); pag. [*4*] 468 (p.343 numérotée '643'); $4 signé, chiffres arabes (– Gg2; C3 signée '*Philoſophie, &c.* Tome II. †C3*', I3 '*I3', Aa1 '*Philoſophie, &c.* Tome II. Aa*'); tomaison '*Philoſophie &c.* Tome II.'; réclames par cahier.

[*1*] faux-titre; [*2*] bl.; [*3*] titre; [*4*] bl.; [1] A1*r* 'PHILOSOPHIE / GENERALE, / METAPHYSIQUE / ET THEOLOGIE. / *Philoſophie &c.* Tome II. A'; [2] bl.; [3]-400 autres textes; [401]-425 Les Questions de Zapata, traduites par le sieur Tamponet, docteur de Sorbonne; [426]-460 Epître aux Romains; [461]-468 Table des pièces contenues dans ce volume.

Il s'agit de la première version de l'édition de Kehl, réimprimée en 1785 en in-octavo et in-douze.

Taylor: VF.

Principes de cette édition[8]

L'édition choisie comme texte de base est W75G*, c'est-à-dire le dernier état du texte revu et corrigé par Voltaire.

Les variantes figurant dans l'apparat critique proviennent des 9 éditions suivantes: 66A, 66B, 66C, 66D, NM68A, RN68, W75G, W68 et K. Ces variantes ne portent pas sur la ponctuation, sauf quand elles entraînent des modifications du sens. Elles ne tiennent pas compte non plus des coquilles manifestes.

Traitement du texte de base

On a respecté l'orthographe des noms propres de personnes et de lieux. Mais un compromis s'est imposé en ce qui concerne les accents. Nous écrivons ainsi: Assuérus pour Assuerus, Barthélemi pour Barthelemi, Jéhova pour Jehova, Sédékia pour Sedekia, Valérie pour Valerie, Zénon pour Zenon.

On a conservé les italiques du texte de base, sauf dans le cas des

[8] Section établie par Ulla Kölving. Les données fournies pour la description du texte de base tiennent également compte du texte des *Homélies prononcées à Londres* (voir ci-dessous, p.409-85).

noms propres de personnes qui, dans les textes en prose, sont toujours imprimés en caractères italiques dans W75G.

On en a aussi respecté scrupuleusement la ponctuation, à deux exceptions près: les guillemets au long sont remplacés par des guillemets ouvrants et fermants; le point qui suit presque toujours les chiffres romains et arabes a été supprimé ou, le cas échéant, remplacé par une virgule, ou la terminaison appropriée ('Charles I.' devient 'Charles Ier'). En outre, deux points d'interrogation ont été ajoutés aux lignes 13 et 244.

Par ailleurs, le texte de W75G* a fait l'objet d'une modernisation portant sur la graphie, l'accentuation et la grammaire. Les particularités du texte de base étaient les suivantes:

I. *Particularités de la graphie*

1. Consonnes
   - absence de la consonne *p* dans le mot 'tems' et son composé 'longtems'
   - absence de la consonne *t* dans les finales en *-ans* et en *-ens*
   - redoublement de consonnes contraire à l'usage actuel: appaiser, appeller, courtisanne, imbécille, jetter, rejetter, secrette
   - présence d'une seule consonne là où l'usage actuel prescrit son doublement: faloir, pourai, pouront

2. Voyelles
   - emploi de *y* à la place de *i* dans: ayent, ayeule, bisayeul, chymiste, croye, employe, envoye, mylord, payen, yvre, yvresse
   - emploi de *i* à la place de *y* dans: Babilonien, embrion, empirée, martirisé

3. Divers
   - utilisation systématique de la perluette, sauf en tête de phrase

4. Graphies particulières
   - l'orthographe moderne a été rétablie dans le cas des mots suivants: anabatiste, autentique, bienfaicteur, bracmanes, Caldéen, contr'elle, cu, dragme, échaffaut, encor, entr'eux, faulx, isle, méchanique, nud, quarante-une, vuide

5. Abréviations
   - St. et Ste. deviennent St et Ste devant un nom propre; St. Esprit devient Saint-Esprit

6. Le trait d'union
   - il a été supprimé dans les mots suivants: à-peu-près, au-delà, au-lieu de, aussi-bien, bon-homme, bon-sens, à la bonne-heure, de-là, genre-humain, goutte-à-goutte, grands-hommes, non-seulement, si-tôt, tout-au-plus, tout-d'un-coup
   - il a été rétabli dans: demi persuasion

7. Majuscules rétablies
   - nous mettons la majuscule après un point, si elle manque
   - nous mettons la majuscule initiale aux titres d'ouvrage
   - conformément à l'usage moderne, nous mettons la majuscule à: ancien (nouveau) Testament, église (l'), état (l'), pères de l'église, providence, saintes Ecritures.

8. Majuscules supprimées
   - nous mettons la minuscule aux mots suivants qui portent une majuscule dans le texte de base: demi-Dieux, Dieu (un), Sanscrit; les mois de l'année; les adjectifs désignant des nations ou des peuples

II. *Particularités d'accentuation*

L'accentuation a été rendue entièrement conforme aux usages modernes à partir des caractéristiques suivantes qu'offre le texte de base:

1. L'accent aigu
   - il est absent dans: Assuerus, Barthelemi, deshonorer, Jehova, replique, Sedekia, Valerie, Zenon
   - contrairement à l'usage actuel, il est présent dans: sécondaire
   - il est employé au lieu du grave:
     - dans les finales *-er* + *ement*: premiérement, familiérement, réguliérement
     - dans le suffixe *-ième* des adjectifs numéraux ordinaux: quatriéme, etc.
     - dans les mots suivants: assiégent, léveront, liévre, siécle, siége
     - dans la forme de futur simple: achéterai

2. L'accent grave
   – il est absent dans: déja

3. L'accent circonflexe
   – il est employé au lieu de l'aigu dans: chrêtien; et au lieu du grave dans: blasphême, emblême, prophête, systême
   – il est présent dans des mots qui ne le comportent pas selon l'usage actuel: aîle, atôme, chûte, déjeûner, mître, plûpart, toûjours, vîte, vîtesse
   – il est absent dans: ame, bucher, disgrace, géolier, grace, infame, théatre; quelques formes du passé simple: regardames, célébrames, etc.

4. Le tréma
   – contrairement à l'usage actuel, on le trouve dans: boëte

III. *Particularités grammaticales*

1. Accord du participe passé; pas de règle fixe: tantôt il est réalisé, tantôt il ne l'est pas
2. L'adjectif numéral cardinal 'cent' demeure invariable
3. Emploi de l'*s* adverbial dans: guères
4. Emploi du pluriel en *-x* dans: loix

LES QUESTIONS DE ZAPATA, TRADUITES PAR LE SIEUR TAMPONET[1] DOCTEUR DE SORBONNE

Le licencié Zapata, nommé professeur en théologie dans l'université de Salamanque, présenta ces Questions à la junta des docteurs en 1629. Elles furent supprimées. L'exemplaire espagnol est dans la bibliothèque de Brunsvick.

SAGES MAÎTRES, 5

1°. Comment dois-je m'y prendre pour prouver que les Juifs que nous faisons brûler par centaines, furent pendant quatre mille ans le peuple chéri de Dieu?

2°. Pourquoi Dieu, qu'on ne peut sans blasphème regarder comme injuste, a-t-il pu abandonner la terre entière pour la petite 10 horde juive, et ensuite abandonner sa petite horde pour une autre, qui fut pendant deux cents ans beaucoup plus petite et plus méprisée?

3°. Pourquoi a-t-il fait une foule de miracles incompréhensibles en faveur de cette chétive nation avant les temps qu'on nomme 15

2 66A, 66B, 66C, 66D, RN68: *junte*
11 66A, 66B, 66C, 66D, NM, RN68: abandonner aussi sa

[1] Tamponet est un personnage réel; docteur en théologie, il fut de ceux qui censurèrent en 1751 la thèse de l'abbé de Prades. Dans le *Tombeau de la Sorbonne* (1753), on lit: 'le docteur Tamponnet élève sa voix, et commence par décider que la thèse est impie d'un bout à l'autre, et que la religion chrétienne est renversée'. Le curé de Saint-Germain-l'Auxerrois arrive en retard, ne fait que passer, et dit seulement: 'Je suis de l'avis de Tamponnet' (M.xxiv.24-25). On peut croire que Voltaire fut séduit par le personnage et surtout par son nom: il lui attribue, non seulement la traduction du licencié Zapata, mais encore celle des *Lettres d'Amabed* (1769). Tamponet intervient encore dans la *Seconde anecdote sur Bélisaire* (1767).

historiques? pourquoi n'en fait-il plus depuis quelques siècles? et pourquoi n'en voyons-nous jamais, nous qui sommes le peuple de Dieu?[2]

4°. Si Dieu est le Dieu d'Abraham, pourquoi brûlez-vous les enfants d'Abraham? et si vous les brûlez, pourquoi récitez-vous leurs prières, même en les brûlant? Comment vous qui adorez le livre de leur loi, les faites-vous mourir pour avoir suivi leur loi?[3]

5°. Comment concilierai-je la chronologie des Chinois, des Chaldéens, des Phéniciens, des Egyptiens, avec celle des Juifs? et comment accorderai-je entre elles quarante manières différentes de supputer les temps chez les commentateurs? Je dirai que Dieu dicta ce livre; et on me répondra que Dieu ne sait donc pas la chronologie.

6°. Par quels arguments prouverai-je que les livres attribués à Moïse furent écrits par lui dans le désert? a-t-il pu dire qu'il écrivait au delà du Jourdain, quand il n'avait jamais passé le Jourdain? on me répondra que Dieu ne sait donc pas la géographie.[4]

7°. Le livre intitulé *Josué* dit que Josué fit graver le Deutéronome sur des pierres enduites de mortier;[5] ce passage de Josué, et ceux des anciens auteurs prouvent évidemment que du temps de Moïse et de Josué, les peuples orientaux gravaient sur la pierre et sur la brique leurs lois et leurs observations. Le Pentateuque nous dit que le peuple juif manquait dans le désert de nourriture et de vêtements; il était peu probable qu'on eût des gens assez habiles pour graver un gros livre, lorsqu'on n'avait ni tailleurs ni

[2] Thème longuement développé dans la première lettre des *Questions sur les miracles* (juillet 1765; M.xxv.359-74).

[3] C'est la thèse du rabbin dans le *Sermon du rabbin Akib* (1761; M.xxiv.277-84).

[4] L'argument vient de Spinoza, *Tractatus theologico-politicus*, ch.8 (*Œuvres complètes*, éd. Pléiade, p.791-92).

[5] Josué viii.32; passage marqué d'un signet dans le *Commentaire littéral* de Calmet: 'Deuteronom[e] sur des pierres' (CN, ii.56).

cordonniers.[6] Mais comment conserva-t-on ce gros ouvrage gravé sur du mortier?

8°. Quelle est la meilleure manière de réfuter les objections des savants qui trouvent dans le Pentateuque des noms de villes qui n'existaient pas alors, des préceptes pour les rois que les Juifs avaient alors en horreur, et qui ne gouvernèrent que sept cents ans après Moïse; enfin, des passages où l'auteur très postérieur à Moïse se trahit lui-même en disant: *le lit d'Og qu'on voit encore aujourd'hui à Ramatha.*[7] *Le Cananéen était alors dans le pays?*[8] etc. etc. etc. etc.

Ces savants fondés sur des difficultés et sur des contradictions qu'ils imputent aux chroniques juives, pourraient faire quelque peine à un licencié.

9°. Le livre de la Genèse est-il physique ou allégorique? Dieu ôta-t-il en effet une côte à Adam pour en faire une femme? et comment est-il dit auparavant qu'il le créa mâle et femelle? Comment Dieu créa-t-il la lumière avant le soleil? Comment

[6] Exode xvi: Dieu nourrit les Hébreux dans le désert. Deutéronome viii.4: 'Voici la quarantième année que vous êtes en chemin, et cependant les habits dont vous étiez couverts ne sont point rompus, par la longueur de ce temps, ni les souliers que vous aviez à vos pieds ne se sont point usés'; texte à peu près identique en Deutéronome xxix.5; cf. CN, ii.25.

[7] Il y a là, d'après P. Vernière (*Spinoza et la pensée française avant la révolution*, Paris 1954, ii.511), un argument 'proprement spinoziste'. Le lit d'Og est mentionné dans Deutéronome iii.11. Le chapitre, dit Spinoza, 'interpole certains mots dans le récit relatif à Og, roi de Basan: "Seul des autres géants Og, roi de Basan, subsista, et voilà, son lit était un lit de fer, certainement ce lit de neuf coudées de long qui est à Rabat chez les enfants d'Ammon, etc.". Cette parenthèse indique très clairement que celui qui a écrit ces livres a vécu longtemps après Moïse. Sa façon de parler des choses est celle d'un auteur qui raconte de très vieilles histoires et qui, pour donner confiance, fait mention des reliques encore subsistantes de ce lointain passé' (Spinoza, *Tractatus*, ch.8; *Œuvres complètes*, p.793). Voltaire semble confondre ici Rama ou Ramatha, patrie de Samuel, avec le Rabbath des fils d'Ammon, où l'on montrait le lit du roi Og. Dom Calmet et Lemaistre de Saci donnent Rabbath.

[8] Genèse xii.6. Encore un argument spinoziste: la formule s'applique au temps d'Abraham, mais elle a été écrite en un temps où les Cananéens avaient été chassés, donc après la mort de Moïse.

divisa-t-il la lumière des ténèbres, puisque les ténèbres ne sont autre chose que la privation de la lumière? Comment fit-il le jour avant que le soleil fût fait? Comment le firmament fut-il formé au milieu des eaux, puisqu'il n'y a point de firmament, et que cette fausse notion d'un firmament n'est qu'une imagination des anciens Grecs?[9] Il y a des gens qui conjecturent que la Genèse ne fut écrite que quand les Juifs eurent quelque connaissance de la philosophie erronée des autres peuples; et j'aurai la douleur d'entendre dire que Dieu ne sait pas plus la physique que la chronologie et la géographie.

10°. Que dirai-je du jardin d'Eden[10] dont il sortait un fleuve qui se divisait en quatre fleuves, le Tigre, l'Euphrate, le Phison, qu'on croit le Phase, le Géon qui coule dans le pays d'Ethiopie, et qui par conséquent ne peut être que le Nil, et dont la source est distante de mille lieues de la source de l'Euphrate? On me dira encore que Dieu est un bien mauvais géographe.

11°. Je voudrais de tout mon cœur manger du fruit qui pendait à l'arbre de la science, et il me semble que la défense d'en manger est étrange; car Dieu ayant donné la raison à l'homme, il devait l'encourager à s'instruire. Voulait-il n'être servi que par un sot? Je voudrais parler aussi au serpent,[11] puisqu'il a tant d'esprit; mais je voudrais savoir quelle langue il parlait. L'empereur Julien ce grand philosophe le demanda au grand St Cyrille, qui ne put satisfaire à cette question, mais qui répondit à ce sage empereur; C'est vous qui êtes le serpent. St Cyrille n'était pas poli; mais vous

60-61 66B, 66D, RN68: le jour et la nuit avant
77 66A, 66B, 66D, RN68: est fort étrange

[9] Genèse ii.21-22, et i.
[10] Le jardin d'Eden est décrit dans la Genèse ii.8-15. Voir *Instruction du gardien des capucins de Raguse à frère Pediculoso partant pour la Terre sainte* (1768; M.xxvii.301-302) et la *Bible enfin expliquée*, article 'Genèse' (1776; M.xxx.6 ss).
[11] Genèse iii.

remarquerez qu'il ne répondit cette impertinence théologique que quand Julien fut mort.[12] 85

La Genèse dit que le serpent mange de la terre; vous savez que la Genèse se trompe, et que la terre seule ne nourrit personne. A l'égard de Dieu qui venait se promener familièrement tous les jours à midi dans le jardin, et qui s'entretenait avec Adam et Eve et avec le serpent, il serait fort doux d'être en quatrième. Mais 90 comme je vous crois plus fait pour la compagnie que Joseph et Marie avaient dans l'étable de Bethléem, je ne vous proposerai pas un voyage au jardin d'Eden, surtout depuis que la porte en est gardée par un chérubin armé jusqu'aux dents. Il est vrai que selon les rabbins, *chérubin* signifie bœuf. Voilà un étrange portier. 95 De grâce, dites-moi au moins ce que c'est qu'un chérubin?

12°. Comment expliquerai-je l'histoire des anges qui devinrent amoureux des filles des hommes, et qui engendrèrent les géants?[13] Ne m'objectera-t-on pas que ce trait est tiré des fables païennes? Mais puisque les Juifs inventèrent tout dans le désert, et qu'ils 100 étaient fort ingénieux, il est clair que toutes les autres nations ont pris d'eux leur science. Homère, Platon, Cicéron, Virgile, n'ont rien su que par les Juifs. Cela n'est-il pas démontré?[14]

13°. Comment me tirerai-je du déluge, des cataractes du ciel qui n'a point de cataractes, de tous les animaux arrivés du Japon, 105

[12] Nous n'avons que des fragments de la polémique qui opposa l'empereur Julien à Cyrille, évêque d'Alexandrie. A plusieurs reprises, Voltaire prend parti pour Julien: *La Philosophie de l'histoire*, ch.10 (Voltaire 59, p.121, note); *Examen important*, ch.34 (voir ci-dessus, p.326-28). A la lecture d'un passage des *Antiquités judaïques* de J. Basnage, il a noté: 'le grand julien indignement surnommé l'apostat, a raison contre cirille si sottement surnommé le st' (CN, i.224-25). En 1769, Voltaire a réédité, avec des notes de son cru, la traduction que le marquis d'Argens avait faite du *Discours de l'empereur Julien contre les chrétiens* (M.xxviii.1-67).

[13] Genèse vi.1-4.

[14] La *Demonstratio evangelica* (BV, no.1690) de Pierre Daniel Huet, évêque d'Avranches (1630-1721), prétend que Moïse – c'est-à-dire le Pentateuque – fut presque l'unique source à laquelle tous les peuples de l'univers ont puisé leurs dieux, leurs héros, leurs créateurs, et toute leur théologie. Voltaire s'était déjà moqué de lui dans *La Philosophie de l'histoire*, ch.28 (Voltaire 59, p.185).

de l'Afrique, de l'Amérique et des terres australes, enfermés dans un grand coffre avec leurs provisions pour boire et pour manger pendant un an, sans compter le temps où la terre trop humide encore, ne put rien produire pour leur nourriture? Comment le petit ménage de Noé put-il suffire à donner à tous ces animaux leurs aliments convenables? Il n'était composé que de huit personnes.[15]

14°. Comment rendrai-je l'histoire de la tour de Babel vraisemblable? Il faut bien que cette tour fût plus haute que les pyramides d'Egypte, puisque Dieu laissa bâtir les pyramides. Allait-elle jusqu'à Vénus, ou du moins jusqu'à la lune?[16]

15°. Par quel art justifierai-je les deux mensonges d'Abraham, le père des croyants, qui à l'âge de cent trente-cinq ans, à bien compter, fit passer la belle Sara pour sa sœur en Egypte et à Gérar, afin que les rois de ce pays-là en fussent amoureux et lui fissent des présents? Fi, qu'il est vilain de vendre sa femme![17]

16°. Donnez-moi des raisons qui m'expliquent pourquoi Dieu ayant ordonné à Abraham que toute sa postérité fût circoncise, elle ne le fut point sous Moïse.[18]

17°. Puis-je par moi-même savoir si les trois anges à qui Sara servit un veau tout entier à manger, avaient un corps, ou s'ils en empruntaient un? et comment il se peut faire que Dieu ayant envoyé deux anges à Sodome, les Sodomites voulussent commettre certain péché avec ces anges. Ils devaient être bien jolis. Mais pourquoi Loth le juste offrit-il ses deux filles à la place des deux anges aux Sodomites? Quelles commères! elles couchèrent un peu avec leur père. Ah! sages maîtres, cela n'est pas honnête.[19]

18°. Mon auditoire me croira-t-il quand je lui dirai que la femme

[15] La même objection est prêtée par Voltaire à Needham dans la dix-neuvième lettre des *Questions sur les miracles*; et Covelle répond: 'Ne savez-vous pas de quoi huit personnes entendues sont capables dans un ménage?' (M.xxv.443).

[16] Genèse xi.

[17] Genèse xii et xx.

[18] Josué v.2-7. La génération qui est née dans le désert n'a pas été circoncise, jusqu'à l'arrivée au Jourdain.

[19] Genèse xviii-xix.

de Loth fut changée en une statue de sel? que répondrai-je à ceux qui me diront que c'est peut-être une imitation grossière de l'ancienne fable d'Euridice, et que la statue de sel ne pouvait pas tenir à la pluie?[20] 135

19°. Que dirai-je quand il faudra justifier les bénédictions tombées sur Jacob le juste qui trompa Isaac son père, et qui vola Laban son beau-père? Comment expliquerai-je que Dieu lui apparut au haut d'une échelle? et comment Jacob se battit-il toute la nuit contre un ange? etc. etc.[21] 140

20°. Comment dois-je traiter le séjour des Juifs en Egypte et leur évasion? L'Exode dit qu'ils restèrent quatre cents ans en Egypte; et en faisant le compte juste, on ne trouve que deux cent cinq ans. Pourquoi la fille de Pharaon se baignait-elle dans le Nil, où l'on ne se baigne jamais à cause des crocodiles? etc. etc.[22] 145

21°. Moïse ayant épousé la fille d'un idolâtre, comment Dieu le prit-il pour son prophète, sans lui en faire de reproches? Comment les magiciens de Pharaon firent-ils les mêmes miracles que Moïse, excepté ceux de couvrir le pays de poux et de vermine? Comment changèrent-ils en sang toutes les eaux qui étaient déjà changées en sang par Moïse? Comment Moïse conduit par Dieu même, et se trouvant à la tête de six cent trente mille combattants, 150

145-146 66A, 66B, 66C, 66D, NM, RN68 donnent '205' en chiffres
149 66A, 66B, 66C, 66D, NM, RN68: faire des reproches

[20] Genèse xix.26; cf. *La Défense de mon oncle* (Voltaire 64, p.263). L'histoire de Loth et de sa femme est souvent traitée par les commentateurs. 'Le sentiment le plus commun et le plus universel, est que cette femme fut tout d'un coup pétrifiée, et changée en une statue de sel de roche, qui non seulement ne se fond pas à la pluie, mais qui est aussi dur que les plus durs rochers' (Calmet, *Dictionnaire de la Bible*, 2e éd., Genève 1730, iii.113; BV, no.615). Quant à Eurydice, on sait qu'elle fut non pas pétrifiée, mais reconquise par les enfers, parce qu'Orphée, et non elle-même, s'était retourné pour la regarder: le rapport est lointain (Virgile, *Georgicon*, iv.453-527).

[21] Genèse xxvii à xxxiii.

[22] 'Le temps que les fils d'Israël demeurèrent en Egypte fut de quatre cent trente ans' (Exode xii.40); 'Or la fille de Pharaon descendit vers le Nil pour se baigner' (Exode ii.5).

s'enfuit-il avec son peuple, au lieu de s'emparer de l'Egypte dont tous les premiers nés avaient été mis à mort par Dieu même? L'Egypte n'a jamais pu rassembler une armée de cent mille hommes, depuis qu'il est fait mention d'elle dans les temps historiques. Comment Moïse en s'enfuyant avec ces troupes de la terre de Gessen, au lieu d'aller en droite ligne dans le pays de Canaan, traversa-t-il la moitié de l'Egypte, et remonta-t-il jusques vis-à-vis de Memphis entre Baal-Sephon et la mer Rouge? Enfin, comment Pharaon put-il le poursuivre avec toute sa cavalerie, puisque dans la cinquième plaie de l'Egypte, Dieu venait de faire périr tous les chevaux et toutes les bêtes? et que d'ailleurs l'Egypte coupée par tant de canaux eut toujours très peu de cavalerie.[23] 155 160 165

22°. Comment concilierai-je ce qui est dit dans l'Exode avec le discours de St Etienne dans les Actes des apôtres, et avec les passages de Jérémie et d'Amos? L'Exode dit qu'on sacrifia à Jéhova pendant quarante ans dans le désert; Jérémie, Amos et St Etienne disent qu'on n'offrit ni sacrifice ni hostie pendant tout ce temps-là. L'Exode dit qu'on fit le tabernacle dans lequel était l'arche de l'alliance, et St Etienne dans les Actes dit qu'on portait le tabernacle de Moloc et de Rimphan.[24] 170

160 w68: Gensen

[23] Séphorah, fille d'un Madianite, épouse de Moïse: Exode ii.21; les douze plaies d'Egypte: Exode vii-xii; six cent trente mille combattants: Exode xii.37 dit 'environ six cent trente mille piétons'; en face de Baal-Séphon: Exode xiv.2; la cavalerie de Pharaon: Exode xiv.9.

[24] L'Exode rapporte longuement les ordres de Yahvé relatifs aux sacrifices, et la construction du tabernacle qui renferme l'arche d'alliance; et d'autre part il est dit que pendant les quarante ans que dura la traversée du désert, les Hébreux honorèrent les dieux étrangers: 'Ils ont bâti les hauts lieux de Baal, qui sont dans la vallée de Ben-Hinnom, pour faire passer au Moloch leurs fils et leurs filles' (Jérémie xxxii.35). Le texte d'Amos correspond plus précisément à celui de Voltaire: 'Maison d'Israël, m'avez-vous offert des hosties et des sacrifices dans le désert pendant quarante ans? Vous y avez porté le tabernacle de votre Moloch, l'image de vos idoles, et l'étoile de votre Dieu, qui n'étaient que les ouvrages de vos mains' (Amos v.25-26). C'est Amos que cite saint Etienne dans les Actes des apôtres (vii.42-43), où la traduction Lemaistre de Saci précise:

23°. Je ne suis pas assez bon chimiste pour me tirer heureusement du veau d'or, que l'Exode dit avoir été formé en un seul jour, et que Moïse réduisit en cendre.[25] Sont-ce deux miracles? sont-ce deux choses possibles à l'art humain? 175

24°. Est-ce encore un miracle que le conducteur d'une nation dans un désert ait fait égorger vingt-trois mille hommes de cette nation par une seule des douze tribus, et que vingt-trois mille hommes se soient laissé massacrer sans se défendre?[26] 180

25°. Dois-je encore regarder comme un miracle, ou comme un acte de justice ordinaire, qu'on fit mourir vingt-quatre mille Hébreux, parce qu'un d'entre eux avait couché avec une Madianite, tandis que Moïse lui-même avait pris une Madianite pour femme?[27] et ces Hébreux qu'on nous peints si féroces, n'étaient-ils pas de bonnes gens de se laisser ainsi égorger pour des filles? Et à propos de filles, pourrai-je tenir mon sérieux quand je dirai que Moïse trouva trente-deux mille pucelles dans le camp madianite, avec soixante et un mille ânes? Ce n'est pas deux ânes par pucelle.[28] 185 190

26°. Quelle explication donnerai-je à la loi qui défend de manger du lièvre, *parce qu'il rumine et qu'il n'a pas le pied fendu*, tandis que les lièvres ont le pied fendu et ne ruminent pas?[29] Nous avons déjà vu que ce beau livre a fait de Dieu un mauvais géographe, un mauvais chronologiste, un mauvais physicien; il ne le fait pas meilleur naturaliste. Quelles raisons donnerai-je de plusieurs 195

'l'astre de votre dieu Rempham'. Voir aussi *La Philosophie de l'histoire*, ch.5 (Voltaire 59, p.102).

[25] Exode xxxii.4; cf. les notes marginales de Voltaire à Claude Fleury, *Les Mœurs des Israëlites* (Bruxelles 1753; CN, iii.617). Voir aussi *Questions sur l'Encyclopédie*, article 'Fonte' (M.xix.161 ss).

[26] Allusion au châtiment infligé par les fils de Lévi, sur l'ordre de Moïse, aux adorateurs du veau d'or (Exode xxxii.26-28). Cet épisode sanglant est, pour Voltaire, la plus ancienne des *Conspirations contre les peuples* (M.xxvi.1-2).

[27] Nombres xxv.6-9; cf. *Des conspirations contre les peuples* (M.xxvi.1-2).

[28] Nombres xxxi.32.

[29] Deutéronome xiv.7.

autres lois non moins sages, comme celle des eaux de jalousie[30] et de la punition de mort contre un homme qui a couché avec sa femme dans le temps qu'elle a ses règles? etc. etc. etc. Pourrai-je justifier ces lois barbares et ridicules qu'on dit émanées de Dieu même? 200

27°. Que répondrai-je à ceux qui seront étonnés qu'il ait fallu un miracle pour faire passer le Jourdain, qui dans sa plus grande largeur n'a pas plus de quarante-cinq pieds, qu'on pouvait si aisément franchir avec le moindre radeau, et qui était guéable en tant d'endroits, témoins les quarante-deux mille Ephraïmites égorgés à un gué de ce fleuve par leurs frères?[31] 205

28°. Que répondrai-je à ceux qui demanderont comment les murs de Jérico tombèrent au seul son des trompettes, et pourquoi les autres villes ne tombèrent pas de même?[32] 210

29°. Comment excuserai-je l'action de la courtisane Rahab qui trahit Jérico sa patrie? en quoi cette trahison était-elle nécessaire, puisqu'il suffisait de sonner de la trompette pour prendre la ville? et comment sonderai-je la profondeur des décrets divins qui ont voulu que notre divin Sauveur Jésus-Christ naquît de cette courtisane Rahab, aussi bien que de l'inceste que Thamar commit avec Juda son beau-père, et de l'adultère de David et de Betzabée; tant les voies de Dieu sont incompréhensibles?[33] 215

207 66A, 66B, RN68: témoin les

[30] Il s'agit probablement du procédé décrit dans Nombres v.12-31 pour révéler l'adultère: le mari offre une 'oblation de jalousie', et la femme soupçonnée boit des 'eaux amères', c'est-à-dire maudites par le prêtre, qui la font enfler et la rendent stérile si elle est coupable; voir J. Basnage, *Histoire des Juifs* (Paris 1710; BV, no.282), v.410-12, endroit marqué d'un signet annoté: 'eaux ameres' (CN, i.228). Pour les règles, voir Lévitique xx.18.

[31] Josué iii, et Juges xii.5-6. Episode souvent évoqué par Voltaire: *La Philosophie de l'histoire*, ch.41 (Voltaire 59, p.227); *Des conspirations contre les peuples*, ch.1 (M.xxvi.1-2), etc.

[32] Josué vi.

[33] Rahab: Josué ii et vi.25; Thamar: Genèse xxxviii.13-27; Bethsabée: II Samuel xi. Cf. ci-dessus, l'*Examen important de milord Bolingbroke*, p.195.

30°. Quelle approbation pourrai-je donner à Josué, qui fit pendre trente et un roitelets, dont il usurpa les petits Etats, c'est-à-dire les villages?[34] 220

31°. Comment parlerai-je de la bataille de Josué contre les Amorrhéens à Béthoron sur le chemin de Gabaon? Le Seigneur fait pleuvoir du ciel de grosses pierres, depuis Béthoron jusqu'à Aséca; il y a cinq lieues de Béthoron à Aséca; ainsi les Amorrhéens furent exterminés par des rochers qui tombaient du ciel pendant l'espace de cinq lieues. L'Ecriture dit qu'il était midi; pourquoi donc Josué commande-t-il au soleil et à la lune de s'arrêter au milieu du ciel pour donner le temps d'achever la défaite d'une petite troupe qui était déjà exterminée? pourquoi dit-il à la lune de s'arrêter à midi? comment le soleil et la lune restèrent-ils un jour à la même place? A quel commentateur aurai-je recours pour expliquer cette vérité extraordinaire?[35] 225 230

32°. Que dirai-je de Jephté qui immola sa fille, et qui fit égorger quarante-deux mille Juifs de la tribu d'Ephraïm qui ne pouvaient pas prononcer *Shibolet*?[36] 235

33°. Dois-je avouer ou nier que la loi des Juifs n'annonce en aucun endroit des peines ou des récompenses après la mort? comment se peut-il que ni Moïse, ni Josué n'aient jamais parlé de l'immortalité de l'âme, dogme connu des anciens Egyptiens, des Chaldéens, des Persans et des Grecs, dogme qui ne fut un peu en vogue chez les Juifs qu'après Alexandre, et que les saducéens réprouvèrent toujours, parce qu'il n'est pas dans le Pentateuque? 240

34°. Quelle couleur faudra-t-il que je donne à l'histoire du lévite qui étant venu sur son âne à Gabaa ville des Benjamites, devint l'objet de la passion sodomitique de tous les Gabaonites qui voulurent le violer? Il leur abandonna sa femme, avec laquelle les Gabaonites couchèrent pendant toute la nuit: elle en mourut 245

240 66A-W75G: n'aient parlé [W75G*: ajout de Voltaire dans la marge]

[34] Josué xii.9-24.
[35] Josué x.12-13. Voir aussi *Questions sur les miracles*, lettre II (M.xxv.372).
[36] Juges xi.30-39, xii.5-6.

le lendemain.[37] Si les Sodomites avaient accepté les deux filles de Loth au lieu des deux anges, en seraient-elles mortes? 250

35°. J'ai besoin de vos enseignements pour entendre ce verset 19 du premier chapitre des Juges: *Le Seigneur accompagna Juda, et il se rendit maître des montagnes, mais il ne put défaire les habitants de la vallée, parce qu'ils avaient une grande quantité de chariots armés de faux.* Je ne puis comprendre par mes faibles lumières comment le Dieu du ciel et de la terre, qui avait changé tant de fois l'ordre de la nature, et suspendu les lois éternelles en faveur de son peuple juif, ne put venir à bout de vaincre les habitants d'une vallée, parce qu'ils avaient des chariots. Serait-il vrai, comme plusieurs savants le prétendent, que les Juifs regardassent alors leur Dieu comme une divinité locale et protectrice, qui tantôt était plus puissante que les dieux ennemis, et tantôt était moins puissante? et cela n'est-il pas encore prouvé par cette réponse de Jephté; *vous possédez de droit ce que votre Dieu Chamos vous a donné, souffrez donc que nous prenions ce que notre Dieu Adonaï nous a promis.*[38] 255 260 265

36°. J'ajouterai encore qu'il est difficile de croire qu'il y eût tant de chariots armés de faux dans un pays de montagnes où l'Ecriture dit en tant d'endroits que la grande magnificence était d'être monté sur un âne. 270

37°. L'histoire d'Aod me fait beaucoup plus de peine. Je vois les Juifs presque toujours asservis, malgré le secours de leur Dieu qui leur avait promis avec serment de leur donner tout le pays

266 66A: *nous prenons ce*
268 66A, 66B, 66C, 66D, RN68: de montagne où

[37] Juges xix.22-28; cf. ci-dessus, l'*Examen important de milord Bolingbroke*, p.197-98.

[38] Juges i.19 et xi.24; cf. CN, ii.59. Il s'agit ici, selon Voltaire et d'après la traduction Lemaistre de Saci, de ces chars armés de faux (CN, ii.58), 'ἅρματα δρεπανηφόρα', décrits par Xénophon dans l'*Anabase*, I.vii.10-11. Mais ils passent pour avoir été inventés par Cyrus Ier, c'est-à-dire beaucoup plus tard. La traduction Dhorme dit seulement: 'des chars de fer'. Sur l'interprétation de ce passage, qui montre les Hébreux monolâtres, mais non monothéistes, voir *La Philosophie de l'histoire*, ch.5 (Voltaire 59, p.101-102).

qui est entre le Nil, la mer et l'Euphrate. Il y avait dix-huit ans qu'ils étaient sujets d'un roitelet nommé Eglon, lorsque Dieu suscita en leur faveur Aod, fils de Géra, qui se servait de la main gauche comme de la main droite. Aod fils de Géra s'étant fait faire un poignard à deux tranchants, le cacha sous son manteau, comme firent depuis Jacques Clément et Ravaillac. Il demande au roitelet une audience secrète; il dit qu'il a un mystère de la dernière importance à lui communiquer de la part de Dieu. Eglon se lève respectueusement; et Aod de la main gauche lui enfonce son poignard dans le ventre. Dieu favorisa en tout cette action, qui dans la morale de toutes les nations de la terre paraît un peu dure.[39] Apprenez-moi quel est le plus divin assassinat, ou celui de ce St Aod ou de St David qui fit assassiner son cocu Uriah, ou du bienheureux Salomon qui ayant sept cents femmes et trois cents concubines, assassina son frère Adonias parce qu'il lui en demandait une? etc. etc. etc. etc.[40]

38°. Je vous prie de me dire par quelle adresse Samson prit trois cents renards, les lia les uns aux autres par la queue, et leur attacha des flambeaux allumés au cul pour mettre le feu aux moissons des Philistins? Les renards n'habitent guère que les pays couverts de bois. Il n'y avait point de forêt dans ce canton, et il semble assez difficile de prendre trois cents renards en vie et de les attacher par la queue. Il est dit ensuite qu'il tua mille Philistins avec une mâchoire d'âne, et que d'une des dents de cette mâchoire il sortit une fontaine.[41] Quand il s'agit de mâchoires d'ânes, vous me devez des éclaircissements.

39°. Je vous demande les mêmes instructions sur le bonhomme Tobie qui dormait les yeux ouverts, et qui fut aveuglé par une chiasse d'hirondelle; sur l'ange qui descendit exprès de ce qu'on

[39] Juges iii.15-27.

[40] David et Uriah: II Samuel xi.14-18; Salomon: I Rois xi.3; Adoniah: I Rois ii.13-25.

[41] Juges xv.4-5 et 15-19. 'Le seigneur ouvrit donc une des grosses dents de cette mâchoire d'âne, et il en sortit de l'eau' (trad. Lemaistre de Saci); 'Alors Elohim fendit la cavité qui se trouve à Lekhi, il en sortit de l'eau' (trad. Dhorme).

appelle l'empyrée, pour aller chercher avec Tobie fils de l'argent que le Juif Gabel devait à Tobie père; sur la femme à Tobie fils qui avait eu sept maris à qui le diable avait tordu le cou; et sur 305 la manière de rendre la vue aux aveugles avec le fiel d'un poisson.[42] Ces histoires sont curieuses, et il n'y a rien de plus digne d'attention après les romans espagnols: on ne peut leur comparer que les histoires de Judith et d'Esther. Mais pourrai-je bien interpréter le texte sacré qui dit que la belle Judith descendait de 310 Siméon fils de Ruben, quoique Siméon soit frère de Ruben, selon le même texte sacré qui ne peut mentir.[43]

J'aime fort Esther, et je trouve le prétendu roi Assuérus fort sensé d'épouser une Juive, et de coucher avec elle six mois sans savoir qui elle est;[44] et comme tout le reste est de cette force, vous 315 m'aiderez, s'il vous plaît, vous qui êtes mes sages maîtres.

40°. J'ai besoin de votre secours dans l'histoire des rois, autant pour le moins que dans celle des Juges et de Tobie, et de son chien, et d'Esther et de Judith et de Ruth, etc. etc. Lorsque Saül fut déclaré roi, les Juifs étaient esclaves des Philistins. Leurs 320 vainqueurs ne leur permettaient pas d'avoir des épées, ni des lances; ils étaient même obligés d'aller chez les Philistins pour faire aiguiser le soc de leurs charrues, et leurs coignées. Cependant Saül donne bataille aux Philistins, et remporte sur eux la victoire:

[42] Tobie ii.10, iv.1, v.1-9, iii.7-17, xi.7-15.

[43] Ruben est frère de Siméon, d'après Genèse xxix.32-33 et de même I Chroniques ii.1. C'est Judith viii.1 qui fait descendre Judith de Siméon, fils de Ruben.

[44] Esther ii ss. Le 15 juin 1768, d'Alembert écrit à Voltaire: 'Il me semble qu'on n'a pas fait assez attention au chapitre IX d'Esther, qui contient une négociation curieuse de cette princesse avec son imbécille mari pour exterminer les sujets dudit prince imbécille. Je crois que ce chapitre pourroit tenir assez bien sa place dans quelqu'une des Brochures que Marc Michel Rey imprime tous les mois [...] N.B. que c'est un honnête docteur de Sorbonne qui m'a indiqué le chapitre IX d'Esther, comme un des endroits les plus édifiants de l'histoire charmante du Peuple juif' (D15073). Le chapitre 9 raconte la vengeance qu'Esther et Mardochée tirèrent de leurs ennemis, et l'institution de la fête dite des Pourim. Mais, dans les *Questions de Zapata*, Voltaire n'insiste pas sur cet aspect de l'histoire.

et dans cette bataille il est à la tête de trois cent trente mille soldats, dans un petit pays qui ne peut pas nourrir trente mille âmes; car il n'avait alors que le tiers de la terre sainte tout au plus; et ce pays stérile ne nourrit pas aujourd'hui vingt mille habitants. Le surplus était obligé d'aller gagner sa vie à faire le métier de courtier à Balk, à Damas, à Tyr, à Babilone.[45] 325 330

41°. Je ne sais comment je justifierai l'action de Samuel qui trancha en morceaux le roi Agag, que Saül avait fait prisonnier, et qu'il avait mis à rançon. Je ne sais si notre roi Philippe ayant pris un roi maure prisonnier, et ayant composé avec lui, serait bien reçu à couper en pièces ce roi prisonnier.[46] 335

42°. Nous devons un grand respect à David, qui était un homme selon le cœur de Dieu; mais je craindrais de manquer de science pour justifier par les lois ordinaires la conduite de David, qui s'associe quatre cents hommes de mauvaise vie, et accablés de dettes, comme dit l'Ecriture; qui marche pour aller saccager la maison de Nabal serviteur du roi, et qui huit jours après épouse sa veuve; qui va offrir ses services à Akis ennemi de son roi, et qui met à feu et à sang les terres des alliés d'Akis, sans pardonner ni au sexe ni à l'âge; qui dès qu'il est sur le trône prend de nouvelles concubines, et qui non content de ces concubines ravit Betzabée à son mari, et fait tuer celui qu'il déshonore.[47] J'ai quelque peine encore à m'imaginer que Dieu naisse ensuite en Judée de cette femme adultère et homicide que l'on compte entre 340 345

[45] 'Or on ne trouvait point de forgeron dans tout le pays d'Israël, car les Philistins disaient: "Il ne faut pas que les Hébreux fassent des épées ou des lances". Aussi tous les Israélites descendaient-ils chez les Philistins pour aiguiser chacun son soc, sa lame, sa hache, la lame de son soc' (I Samuel xiii.19-20; cf. CN, ii.61). D'après I Samuel xv.4, Saül a 210 000 hommes et non 330 000; en xiv.23, il n'en a que 10 000; et en xiv.2, tout de suite après le passage cité ci-dessus, il n'en a que 600.

[46] I Samuel xv.33. Notre roi Philippe: Philippe IV d'Espagne (1605-1665). Le licencié Zapata est censé écrire en 1629.

[47] Sur David et ses quatre cents hommes: I Samuel xxii.2; Nabal: I Samuel xiv; Achis: I Samuel xxvii; ses concubines: II Samuel v.13; Bethsabée: II Samuel xi; cf. ci-dessus, l'*Examen important de milord Bolingbroke*, p.201.

les aïeules de l'Etre éternel. Je vous ai déjà prévenu sur ce grand article qui fait une peine extrême aux âmes dévotes.[48] 350

43°. Les richesses de David et de Salomon, qui se montent à plus de cinq milliards de ducats d'or,[49] paraissent difficiles à concilier avec la pauvreté du pays, et avec l'état où étaient réduits les Juifs sous Saül, quand ils n'avaient pas de quoi faire aiguiser leurs socs et leurs coignées. Nos colonels de cavalerie lèveront 355 les épaules, si je leur dis que Salomon avait quatre cent mille chevaux[50] dans un petit pays où l'on n'eut jamais, et où il n'y a encore que des ânes, comme j'ai déjà eu l'honneur de vous le représenter.

44°. S'il me faut parcourir l'histoire des cruautés effroyables de 360 presque tous les rois de Juda et d'Israël, je crains de scandaliser les faibles plutôt que de les édifier. Tous ces rois-là s'assassinent un peu trop souvent les uns les autres. C'est une mauvaise politique, si je ne me trompe.

45°. Je vois ce petit peuple presque toujours esclave sous les 365 Phéniciens, sous les Babyloniens, sous les Perses, sous les Syriens, sous les Romains; et j'aurai peut-être quelque peine à concilier tant de misères avec les magnifiques promesses de leurs prophètes.

46°. Je sais que toutes les nations orientales ont eu des prophètes; mais je ne sais comment interpréter ceux des Juifs. Que dois- 370 je entendre par la vision d'Ezéchiel fils de Buzi, près du fleuve

368 66A, 66B, 66D, RN68: de misère avec

[48] Reprise de 29°.

[49] De nombreuses indications, difficiles à chiffrer, montrent la richesse de Salomon. En I Rois x.14-15, il est dit: 'Le poids de l'or qui parvenait à Salomon en une année était de six cent soixante six talents d'or, sans compter les redevances des explorateurs et les transactions des trafiquants, ainsi que de tous les rois d'Arabie et des gouverneurs du pays'. Voir Calmet, *Commentaire littéral*, 'Dissertation sur les richesses que David laissa à Salomon', où Voltaire a placé un signet (CN, ii.72).

[50] I Rois v.6: 'Salomon avait quatre mille écuries de chevaux pour ses chars et douze mille chevaux de selle'. II Chroniques i.14: 'mille quatre cents chars et douze mille cavaliers'. Mais les chiffres varient avec les traductions.

Cobar; par quatre animaux qui avaient chacun quatre faces et quatre ailes, avec des pieds de veau; par une roue qui avait quatre faces; par un firmament au-dessus de la tête des animaux? Comment expliquer l'ordre de Dieu donné à Ezéchiel de manger un livre de parchemin, de se faire lier, de demeurer couché sur le côté gauche pendant quatre-vingt-dix jours, et sur le côté droit pendant quarante jours, et de manger son pain couvert de ses excréments?[51] Je ne peux pénétrer le sens caché de ce que dit Ezéchiel au chapitre 15. 'Lorsque votre gorge s'est formée et que vous avez eu du poil, je me suis étendu sur vous, j'ai couvert votre nudité, je vous ai donné des robes, des chaussures, des ceintures, des ornements, des pendants d'oreilles; mais ensuite vous vous êtes bâti un bordel, et vous vous êtes prostituée dans les places publiques': et au chapitre 23 le prophète dit, 'qu'Ooliba a désiré avec fureur la couche de ceux qui ont le membre viril comme les ânes, et qui répandent leur semence comme les chevaux.'[52] Sages maîtres, dites-moi si vous êtes dignes des faveurs d'Ooliba?

47°. Mon devoir sera d'expliquer la grande prophétie d'Isaïe qui regarde notre Seigneur Jésus-Christ. C'est, comme vous savez, au chapitre 7. Razin roi de Syrie et Phacée roitelet d'Israël, assiégeaient Jérusalem. Achas roitelet de Jérusalem consulte le prophète Isaïe sur l'événement du siège; Isaïe lui répond: 'Dieu vous donnera un signe; une fille ou femme concevra et enfantera

376 66A, 66C, NM, W75G: de le faire [W75G*: ↑V]
380 66B, 66D, RN68: chapitre 16 [16 est la bonne leçon]
384 K: un b..., et vous
385 et 389 K: Oolla

[51] Vision d'Ezéchiel: Ezéchiel i; un livre de parchemin: ii.8-10 et iii.1-4; se faire lier: iii.25; le côté gauche et le côté droit: iii.25; 'tartines' d'Ezéchiel: iv.8-13. On pense aujourd'hui (trad. Dhorme) que les excréments humains ne sont qu'un combustible; Ezéchiel ne peut donc être soupçonné d'avoir été obligé de manger ses excréments.

[52] Les références de Voltaire sont exactes: Ezéchiel xvi.8-32 et xxiii.20; cf. ci-dessus, l'*Examen important de milord Bolingbroke*, p.207.

un fils qui s'appellera Emmanuel. Il mangera du beurre et du miel, avant qu'il soit en âge de discerner le mal et le bien. Et avant qu'il soit en état de rejeter le mal et de choisir le bien, le pays sera délivré des deux rois... et le Seigneur sifflera aux mouches qui sont à l'extrémité des fleuves d'Egypte, et aux 400 abeilles du pays d'Assur... et dans ce jour le Seigneur prendra un rasoir de louage dans ceux qui sont au delà du fleuve, et rasera la tête et le poil du pénil et toute la barbe du roi d'Assyrie.'[53]

Ensuite au chapitre 8 le prophète, pour accomplir la prophétie, couche avec la prophétesse; elle enfanta un fils, et le Seigneur dit 405 à Isaïe: 'Vous appellerez ce fils Maher Salal-has-bas, *hâtez-vous de prendre les dépouilles, courez vite au butin*: et avant que l'enfant sache nommer son père et sa mère, la puissance de Damas sera renversée.'[54] Je ne puis sans votre secours expliquer nettement cette prophétie. 410

48°. Comment dois-je entendre l'histoire de Jonas envoyé à Ninive pour y prêcher la pénitence? Ninive n'était point Israëlite, et il semble que Jonas devait l'instruire de la loi judaïque avant de l'induire à cette pénitence. Le prophète au lieu d'obéir au Seigneur s'enfuit à Tharsis; une tempête s'élève, les matelots 415 jettent Jonas dans la mer pour apaiser l'orage. Dieu envoie un grand poisson qui avale Jonas; il demeure trois jours et trois nuits dans le ventre du poisson. Dieu commanda au poisson de rendre Jonas, le poisson obéit; Jonas débarque sur le rivage de Joppé. Dieu lui ordonne d'aller dire à Ninive que dans quarante jours 420 elle sera renversée, si elle ne fait pénitence. De Joppé à Ninive il y a plus de quatre cent milles. Toute cette histoire ne demande-

422 K: Toutes ces histoires ne demandent-elles pas...

[53] Isaïe vii.14-20; endroit marqué d'un signet dans le *Commentaire littéral* de Calmet (CN, ii.40). Il s'agit de la fameuse prophétie d'Emmanuel, où l'on a voulu voir l'annonce de la naissance virginale du Christ. Voltaire écrit prudemment: 'Une fille *ou* femme concevra', mais il ne s'attarde pas ici comme il le fait dans le *Sermon des cinquante* sur cette question; voir Norman L. Torrey, *Voltaire and the English deists* (New Haven 1930), p.52.

[54] Isaïe viii.1-4.

t-elle pas des connaissances supérieures qui me manquent? Je voudrais bien confondre les savants qui prétendent que cette fable est tirée de la fable de l'ancien Hercule. Cet Hercule fut enfermé trois jours dans le ventre d'une baleine; mais il y fit bonne chère, car il mangea sur le gril le foie de la baleine. Jonas ne fut pas si adroit.[55] 425

49°. Enseignez-moi l'art de faire entendre les premiers versets du prophète Osée. Dieu lui ordonne expressément de prendre *une putain*, et de lui faire des fils de *putain*. Le prophète obéit ponctuellement; il s'adresse à la dona Gomer, fille de don Ebalaïm; il la garde trois ans et lui fait trois enfants, ce qui est un type. Ensuite Dieu veut un autre type. Il lui ordonne de coucher avec une autre cantonera qui soit mariée, et qui ait déjà planté cornes au front de son mari.[56] Le bon homme Osée toujours obéissant, n'a pas de peine à trouver une belle dame de ce caractère, et il ne lui en coûte que quinze drachmes et une mesure d'orge. Je vous prie de vouloir bien m'enseigner combien la drachme valait alors chez le peuple juif, et ce que vous donnez aujourd'hui aux filles par ordre du Seigneur. 430 435 440

50°. J'ai encore plus besoin de vos sages instructions sur le Nouveau Testament; j'ai peur de ne savoir que dire quand il

424-425 66A, 66B, 66C, 66D, NM, RN68: fable est prise de
431 K: une p... des fils de p...

[55] Voltaire résume exactement le livre de Jonas. Mais on se demande où il a pu trouver des raisons d'assimiler Jonas à Hercule. A celui-ci on prête des aventures innombrables; peut-être Voltaire l'a-t-il confondu avec le héros de l'*Histoire véritable* de Lucien, qui est effectivement avalé par une baleine et la fait griller, après avoir salué une stèle consacrée à Héraklès, dans une île au delà des colonnes d'Hercule.

[56] Osée i.28 et iii.1-2. Voltaire a noté sur un signet, à côté d'un passage sur Osée dans B. Bekker, *Le Monde enchanté* (Amsterdam 1694): 'osée putain fils de putain' (CN, i.259). Voltaire se souvient ici brusquement que son héros est espagnol; d'où doña Gomer, don Ebalaïm, et la cantonera, qui est la fille des carrefours, d'où la fille publique.

faudra concorder les deux généalogies de Jésus.[57] Car on me dira que Matthieu donne Jacob pour père à Joseph, et que Luc le fait fils d'Héli, et que cela est impossible, à moins qu'on ne change *hé* en *ja*, et *li* en *cob*. On me demandera comment l'un compte cinquante-six générations, et comment l'autre n'en compte que quarante-deux, et pourquoi ces générations sont toutes différentes; et encore pourquoi dans les quarante-deux qu'on a promises il ne s'en trouve que quarante et une; et enfin, pourquoi cet arbre généalogique est celui de Joseph qui n'était pas le père de Jésus? J'ai peur de ne répondre que des sottises comme ont fait tous mes prédécesseurs. J'espère que vous me tirerez de ce labyrinthe. Etes-vous de l'avis de St Ambroise, qui dit que l'ange fit à Marie un enfant par l'oreille, *Maria per aurem impraegnata est*;[58] ou de l'avis du R. P. Sanchez, qui dit que la Vierge répandit de la semence dans sa copulation avec le Saint-Esprit? la question est curieuse. Le sage Sanchez ne doute pas que le Saint-Esprit et la sainte Vierge n'aient fait tous deux une émission de semence au même moment: car il pense que cette rencontre simultanée des deux semences est nécessaire pour la génération. On voit bien que Sanchez sait plus sa théologie que sa physique, et que le métier de faire des enfants n'est pas celui des jésuites.[59]

51°. Si j'annonce d'après Luc, qu'Auguste avait ordonné un dénombrement de toute la terre quand Marie fut grosse, et que Cirénius ou Quirinus, gouverneur de Syrie, publia ce dénombrement, et que Joseph et Marie allèrent à Bethléem pour s'y faire dénombrer; et si on me rit au nez, si les antiquaires m'apprennent qu'il n'y eut jamais de dénombrement de l'empire romain, que

[57] La généalogie de Matthieu i.16, on le sait, est différente de celle donnée par Luc iii.23.

[58] Cf. *Le Dîner du comte de Boulainvilliers*, second entretien.

[59] Dans la *Relation de la maladie du jésuite Berthier*, Voltaire s'en prend avec indignation au jésuite Tomas Sanchez, et ajoute en note: 'Ce même Sanchez pousse l'abomination jusqu'à examiner sérieusement "an Virgo Maria semen emiserit in copulatione cum Spiritu Sancto", lib.ii, disp. xxi, n° 11. Et il tient pour l'affirmative!' (M.xxiv.99); il possédait l'ouvrage de Sanchez, *De sancto matrimonii sacramento disputationum* (Lugduni 1739; BV, no.3081).

c'était Quintilius Varus et non pas Cirénius qui était alors gouverneur de la Syrie, que Cirénius ne gouverna la Syrie que dix ans après la naissance de Jésus;[60] je serai très embarrassé, et sans doute vous éclaircirez cette petite difficulté. Car s'il y avait un seul mensonge dans un livre sacré, ce livre serait-il sacré? 475

52°. Quand j'enseignerai que la famille alla en Egypte selon Matthieu, on me répondra que cela n'est pas vrai, et qu'elle resta en Judée selon les autres évangélistes; et si alors j'accorde qu'elle resta en Judée, on me soutiendra qu'elle a été en Egypte. N'est-il pas plus court de dire que l'on peut être en deux endroits à la 480 fois, comme cela est arrivé à St François Xavier et à plusieurs autres saints?[61]

53°. Les astronomes pourront bien se moquer de l'étoile des trois rois qui les conduisit dans une étable. Mais vous êtes de grands astrologues; vous rendrez raison de ce phénomène. Dites- 485 moi surtout combien d'or ces rois offrirent? car vous êtes accoutumés à en tirer beaucoup des rois et des peuples. Et à l'égard du quatrième roi qui était Hérode, pourquoi craignait-il que Jésus né dans cette étable devînt roi des Juifs? Hérode n'était roi que par la grâce des Romains; c'était l'affaire d'Auguste. Le massacre des 490 innocents est un peu bizarre. Je suis fâché qu'aucun historien romain n'ait parlé de ces choses. Un ancien martyrologe très

476 RN68: que de la famille

[60] Luc ii.1-5. Calmet lui-même reconnaît que Cyrénius ou Quirinus n'était pas gouverneur de Judée à la date de la naissance de Jésus (*Commentaire littéral*; CN, ii.246). 'Antiquaire' est à prendre ici au sens de 'celui qui s'applique à l'étude de l'antiquité' (Littré).

[61] La fuite en Egypte n'est mentionnée que par Matthieu ii.13-15. Voltaire raconte comment saint François Xavier s'est tenu en deux endroits à la fois dans le *Dictionnaire philosophique*, article 'François Xavier': 'Dans une tempête qui dura trois jours, il fut constamment à la fois dans deux vaisseaux à cent cinquante lieues l'un de l'autre' (M.xix.204). Mais dans les *Entretiens chinois*, il fait dire au jésuite: 'Il est bien sûr que notre petit portugais Xavier ne pouvait être à la fois en même temps dans deux vaisseaux' (M.xxvii.27). C'est en cela que réside le miracle... Saint François Xavier était espagnol, et non portugais.

véridique (comme ils le sont tous) compte quatorze mille enfants martyrisés. Si vous voulez que j'en ajoute encore quelques milliers, vous n'avez qu'à dire.[62] 495

54°. Vous me direz comment le diable emporta Dieu et le percha sur une colline de Galilée, d'où l'on découvrait tous les royaumes de la terre.[63] Le diable qui promet tous ces royaumes à Dieu, pourvu que Dieu adorât le diable, pourra scandaliser beaucoup d'honnêtes gens, pour lesquels je vous demande un 500 mot de recommandation.

55°. Je vous prie, quand vous irez à la noce, de me dire de quelle manière Dieu, qui allait aussi à la noce, s'y prenait pour changer l'eau en vin en faveur de gens qui étaient déjà ivres.[64]

56°. En mangeant des figues à votre déjeuner à la fin de juillet, 505 je vous supplie de me dire pourquoi Dieu ayant faim, chercha des figues au commencement du mois de mars, quand ce n'était pas le temps des figues?[65]

57°. Après avoir reçu vos instructions sur tous les prodiges de cette espèce, il faudra que je dise que Dieu a été condamné à être 510 pendu pour le péché originel. Mais si on me répond que jamais il ne fut question du péché originel, ni dans l'Ancien Testament, ni dans le Nouveau, qu'il est seulement dit qu'Adam fut condamné à mourir le jour qu'il aurait mangé de l'arbre de la science, mais

499 66B, 66D, RN68, K: Dieu adore le diable

[62] L'étoile des trois rois: Matthieu ii.2-9; Hérode: Matthieu ii.3-6. Le massacre des innocents est pour Voltaire le type de ces histoires horribles dont on ne se console qu'en pensant qu'elles sont invraisemblables. Dans l'*Instruction du gardien des capucins de Raguse à frère Pediculoso partant pour la Terre sainte* (décembre 1768), Voltaire écrit: 'Lisez surtout les *Questions de Zapata*, docteur de Salamanque, sur le massacre des innocents par Hérode; sur l'étoile des trois rois; sur le figuier séché' (M.xxvii.308). Même recommandation à propos de Quirinus.

[63] Matthieu iv.1-11; Marc i.13; Luc iv.1-13.

[64] Jean ii.1-11. Voltaire use souvent, à propos des noces de Cana, de l'argument de Woolston: ils étaient tous ivres. Voir Torrey, *Voltaire and the English deists*, p.64, 72.

[65] Matthieu xxi.18-19; Marc xi.12-14. Argument très souvent repris par Voltaire. Il vient de Woolston (Torrey, p.81-82).

qu'il n'en mourut pas; et qu'Augustin évêque d'Hypone ci-devant manichéen, est le premier qui ait établi le système du péché originel, je vous avoue que n'ayant pas pour auditeurs des gens d'Hypone, je pourrais me faire moquer de moi en parlant beaucoup sans rien dire. Car, lorsque certains disputeurs sont venus me remontrer qu'il était impossible que Dieu fût supplicié pour une pomme mangée quatre mille ans avant sa mort, impossible qu'en rachetant le genre humain il ne le rachetât pas et le laissât encore tout entier entre les griffes du diable, à quelques élus près; je ne répondais à cela que du verbiage, et j'allais me cacher de honte.

58°. Communiquez-moi vos lumières sur la prédiction que fait notre Seigneur dans St Luc au chap. 21. Jésus y dit expressément, *qu'il viendra dans les nuées avec une grande puissance et une grande majesté, avant que la génération à laquelle il parle soit passée.*[66] Il n'en a rien fait, il n'est point venu dans les nuées. S'il est venu dans quelques brouillards, nous n'en savons rien; dites-moi ce que vous en savez. Paul apôtre dit aussi à ses disciples thessaloniciens, *qu'ils iront dans les nuées avec lui au-devant de Jésus.*[67] Pourquoi n'ont-ils pas fait ce voyage? en coûte-t-il plus d'aller dans les nuées qu'au troisième ciel? je vous demande pardon, mais j'aime mieux les Nuées d'Aristophane que celles de Paul.

59°. Dirai-je avec Luc que Jésus est monté au ciel du petit village de Béthanie? insinuerai-je avec Matthieu que ce fut de la Galilée, où les disciples le virent pour la dernière fois?[68] en croirai-je un grave docteur qui dit que Jésus avait un pied en Galilée et l'autre à Béthanie? cette opinion me paraît la plus probable; mais j'attendrai sur cela votre décision.

60°. On me demandera ensuite si Pierre a été à Rome?[69] Je

[66] Luc xxi.27.

[67] I Thessaloniciens iv.17 (cf. CN, ii.257, 301); II Corinthiens xii.20.

[68] Luc xxiv.50-51; Matthieu xxviii.16-17.

[69] Voltaire a exprimé ses doutes au sujet du séjour de Pierre à Rome dans deux articles: 'Pierre' du *Dictionnaire philosophique* ('il se peut que Pierre eût fait le voyage de Rome [...] mais on n'a aucune preuve de tout cela') et surtout 'Voyage de saint Pierre à Rome' des *Questions sur l'Encyclopédie*, où il discute

répondrai, sans doute, qu'il y a été pape vingt-cinq ans; et la grande raison que j'en rapporterai, c'est que nous avons une épitre de ce bon homme qui ne savait ni lire ni écrire, et que cette lettre est datée de Babilone; il n'y a pas de réplique à cela; mais je voudrais quelque chose de plus fort. 545

61°. Instruisez-moi pourquoi le *Credo*, qu'on appelle le Symbole des apôtres, ne fut fait que du temps de Jérôme et de Rufin, quatre cents ans après les apôtres? Dites-moi pourquoi les premiers Pères de l'Eglise ne citent jamais que les évangiles appelés aujourd'hui apocryphes? N'est-ce pas une preuve évidente que les quatre canoniques n'étaient pas encore faits?[70] 550

62°. N'êtes-vous pas fâchés comme moi que les premiers chrétiens aient forgé tant de mauvais vers qu'ils attribuèrent aux sibylles, qu'ils aient forgé des lettres de St Paul à Sénèque, des lettres de Jésus, des lettres de Marie, des lettres de Pilate, et qu'ils aient ainsi établi leur secte par cent crimes de faux qu'on punirait dans tous les tribunaux de la terre?[71] Ces fraudes sont aujourd'hui reconnues de tous les savants. On est réduit à les appeler pieuses. Mais n'est-il pas triste que votre vérité ne soit fondée que sur des mensonges? 555 560

63°. Dites-moi pourquoi Jésus n'ayant point institué sept sacrements, nous avons sept sacrements? Pourquoi Jésus n'ayant jamais dit qu'il est *Trin*, qu'il a deux natures avec deux volontés et une personne, nous le faisons *Trin* avec une personne et deux natures? 565

Papias et Lactance (M.xx.214, 592-96). Cf. la 'Dissertation sur le voyage de S. Pierre à Rome' dans le *Commentaire littéral* que Voltaire a lue attentivement (CN, ii.147-48).

[70] Voir les articles 'Credo' (1769) et 'Evangile' (1767) du *Dictionnaire philosophique* (M.xx.465-67; xix.40-42). Rufin, qui fut l'ami de saint Jérôme, jusqu'au moment où ils se brouillèrent à propos d'Origène, a écrit une *Exposition du symbole*. Les quatre évangiles canoniques sont mentionnés comme tels par Irénée vers 180.

[71] Voir la première lettre des *Questions sur les miracles* (M.xxv.360-61). Voltaire avait dans sa bibliothèque le *Codex apocryphus Novi Testamenti*, de Johann Albert Fabricius, qu'il a annoté (Hamburgi 1719-1743; CN, iii.461-68).

pourquoi avec deux volontés n'a-t-il pas eu celle de nous instruire des dogmes de la religion chrétienne?[72]

Et pourquoi lorsqu'il a dit que parmi ses disciples il n'y aurait ni premiers ni derniers, monsieur l'archevêque de Tolède a-t-il un million de ducats de rente, tandis que je suis réduit à une portion congrue? 570

64°. Je sais bien que l'Eglise est infaillible: mais, est-ce l'Eglise grecque, ou l'Eglise latine, ou celle d'Angleterre, ou celle de Dannemarck et de Suède, ou celle de la superbe ville de Neuchâtel, ou celle des primitifs appelés quakers, ou celle des anabaptistes, ou celle des moraves? L'Eglise turque a aussi du bon, mais on dit que l'Eglise chinoise est beaucoup plus ancienne. 575

65°. Le pape est-il infaillible quand il couche avec sa maîtresse, ou avec sa propre fille, et qu'il apporte à souper une bouteille de vin empoisonné pour le cardinal Cornetto?[a] 580

Quand deux conciles s'anathématisent l'un l'autre, comme il est arrivé vingt fois, quel est le concile infaillible?[74]

66°. Enfin, ne vaudrait-il pas mieux ne point s'enfoncer dans ces labyrinthes et prêcher simplement la vertu? Quand Dieu nous jugera, je doute fort qu'il nous demande si la grâce est versatile ou concomitante? si le mariage est le signe visible d'une chose invisible? si nous croyons qu'il y ait dix chœurs d'anges ou neuf? si le pape est au-dessus du concile, ou le concile au-dessus du pape? Sera-ce un crime à ses yeux de lui avoir adressé des prières en espagnol quand on ne sait pas le latin? Serons-nous les objets de son éternelle colère pour avoir mangé pour la valeur de douze 585 590

[a] L'auteur voulait apparemment parler du pape Alexandre VI.[73]

[72] Thème fréquemment évoqué par Voltaire. Voir en particulier *Dictionnaire philosophique*, article 'Du juste et de l'injuste' (M.xix.548-49).

[73] Comme l'indique Voltaire lui-même, il s'agit d'Alexandre VI Borgia, pape de 1492 à 1503. Voltaire avait dans sa bibliothèque la *Historia d'Italia* de Guicciardini (Genève 1621; BV, no.1569), qui raconte l'épisode du cardinal empoisonné. Guicciardini le nomme Adriano de Cornette.

[74] Voir *Dictionnaire philosophique*, article 'Conciles', textes de 1767 et 1771 (M.xviii.219 ss).

maravédis de mauvaise viande un certain jour? et serons-nous récompensés à jamais si nous avons mangé avec vous, sages maîtres, pour cent piastres de turbots, de soles et d'esturgeons? Vous ne le croyez pas dans le fond de vos cœurs; vous pensez que Dieu nous jugera selon nos œuvres, et non selon les idées de Thomas ou de Bonaventure.[75] 595

Ne rendrai-je pas service aux hommes en ne leur annonçant que la morale? Cette morale est si pure, si sainte, si universelle, si claire, si ancienne, qu'elle semble venir de Dieu même comme la lumière qui passe parmi nous pour son premier ouvrage. N'a-t-il pas donné aux hommes l'amour-propre pour veiller à leur conservation, la bienveillance, la bienfaisance, la vertu pour veiller sur l'amour-propre, les besoins mutuels pour former la société, le plaisir pour en jouir, la douleur qui avertit de jouir avec modération, les passions qui nous portent aux grandes choses, et la sagesse qui met un frein à ces passions? 600 605

N'est-il pas enfin inspiré à tous les hommes réunis en société, l'idée d'un Etre suprême, afin que l'adoration qu'on doit à cet être soit le plus fort lien de la société? Les sauvages qui errent dans les bois n'ont pas besoin de cette connaissance; les devoirs de la société qu'ils ignorent ne les regardent point; mais sitôt que les hommes sont rassemblés, Dieu se manifeste à leur raison; ils ont besoin de justice, ils adorent en lui le principe de toute justice. Dieu qui n'a que faire de leurs vaines adorations, les reçoit comme nécessaires pour eux, et non pour lui. Et de même qu'il leur donne le génie des arts sans lesquels toute société périt, il leur donne l'esprit de religion, la première des sciences et la plus naturelle; science divine dont le principe est certain, quoiqu'on en tire tous les jours des conséquences incertaines. Me permettrez-vous d'annoncer ces vérités aux nobles Espagnols? 610 615 620

610 RN68: N'a-t-il pas

[75] Saint Thomas d'Aquin (1227-1274), que Voltaire nomme ailleurs 'l'ange de l'école' (voir ci-dessus, p.43), et saint Bonaventure (1221-1274), général de l'ordre des franciscains.

67°. Si vous voulez que je cache cette vérité, si vous m'ordonnez absolument d'annoncer les miracles de St Jacques en Galice et de 625 Notre-Dame d'Atocha, et de Marie d'Agreda[76] qui montrait son cul aux petits garçons dans ses extases, dites-moi comment j'en dois user avec les réfractaires qui oseront douter? faudra-t-il que je leur fasse donner avec édification la question ordinaire et extraordinaire? Quand je rencontrerai des filles juives, dois-je 630 coucher avec elles avant de les faire brûler? Et lorsqu'on les mettra au feu, n'ai-je pas le droit d'en prendre une cuisse ou une fesse pour mon souper avec des filles catholiques?

J'attends l'honneur de votre réponse.

DOMINICO ZAPATA 635
y verdadero y honrado
y caricativo.[77]

Zapata n'ayant point eu de réponse se mit à prêcher Dieu tout simplement. Il annonça aux hommes le père des hommes, rémunérateur, punisseur et pardonneur. Il dégagea la vérité des 640 mensonges et sépara la religion du fanatisme; il enseigna et il pratiqua la vertu. Il fut doux, bienfaisant, modeste, et fut rôti à Valladolid l'an de grâce 1631. Priez Dieu pour l'âme de frère Zapata.

[76] Les miracles de saint Jacques en Galice sont ceux qu'on rattache à Santiago de Compostela, un des plus célèbres pèlerinages espagnols. Notre Dame d'Atocha est le but d'un pèlerinage que fait la reine d'Espagne quand elle attend un enfant. 'Cette Notre-Dame est de bois', écrit Voltaire, 'elle pleure tous les ans le jour de sa fête, et le peuple pleure aussi. Un jour, le prédicateur, apercevant un menuisier qui avait l'œil sec, lui demanda comment il pouvait ne pas fondre en larmes, quand la sainte Vierge en versait. "Ah, mon révérend père, répondit-il, c'est moi qui la rattachai hier dans sa niche. Je lui enfonçai trois grands clous dans le derrière: c'est alors qu'elle aurait pleuré si elle avait pu" ' (note aux *Extraits du Journal de Dangeau*, M.xxviii.277). Marie d'Agreda, supérieure du couvent de l'Immaculée Conception dans cette ville, avait écrit, dans ses crises mystiques, la vie de la sainte Vierge sous la dictée de celle-ci. Son livre avait été traduit en français en 1696.

[77] Toutes les éditions donnent 'caricativo', mais comme l'a signalé Georges Avenel, le terme exact est 'caritativo'.

Homélies prononcées à Londres

édition critique

par

Jacqueline Marchand

INTRODUCTION

Voltaire a donné le titre d'*Homélies* à six de ses pamphlets: les quatre *Homélies prononcées à Londres en 1765 dans une assemblée particulière*, publiées en mai 1767; une *Cinquième homélie* que Voltaire a voulu lier aux quatre précédentes, mais qui date de mars 1769; enfin l'*Homélie du pasteur Bourn*, publiée en octobre 1768, et qui, par conséquent, est en réalité la cinquième, mais qui n'a jamais été rattachée aux autres: il faut donc la classer à part.

La date de publication des quatre homélies ne pose pas de problème. Elles sont signalées par les *Mémoires secrets* le 10 mai 1767 (Bachaumont, iii.184), et par la *Correspondance littéraire* de Grimm le 15 juin (CLT, vii.344). Voltaire, dans sa correspondance, en avait parlé dès avril: vers le 5, dans une lettre à Henri Rieu: 'On m'a parlé des homélies; dès que j'en aurai je ne manquerai pas de vous en envoier' (D14088) – le 15, dans une lettre à Jacob Vernes: 'Il parait chez Philibert[1] quatre homélies qu'on dit faites par un ami de Petitpierre.[2] Celà sent le brave socinien, l'impudent unitaire à pleine bouche. Ce prédicant parait aimer Dieu par christ, mais il se moque furieusement de tout le reste' (D14117).

Le terme d'homélie ne s'applique, au sens propre, qu'à des discours d'inspiration religieuse, prononcés par des prêtres. On sait que Voltaire a joué de multiples rôles, et que le rôle de prêtre est un de ceux qu'il assume volontiers. Les principes de son

[1] Claude Philibert est un imprimeur et libraire de Genève, associé aux Cramer au début du siècle, puis à son frère Antoine, mort en 1764, et enfin à Barthélemy Chirol, qui tenait la boutique de la Grand'Rue, 'vis à vis de la résidence de France'. Voir John R. Kleinschmidt, *Les Imprimeurs et libraires de la république de Genève, 1700-1798* (Genève 1948), p.89.

[2] Il est question de ce pasteur Petitpierre qui ne croyait pas à la damnation éternelle, dans la quatorzième des *Questions sur les miracles* (M.xxv.422), ainsi que dans l'article 'Enfer' des *Questions sur l'Encyclopédie* (1771).

déisme, qui a en horreur l'opposition entre les religions différentes, et n'admet que 'l'adoration d'un Dieu et une morale pure' – avec de légères variantes, la formule revient souvent sous sa plume – le poussent à se voir tantôt rabbin et tantôt prêtre orthodoxe, et de préférence pasteur protestant. Le *Sermon du rabbin Akib* est de 1761. En 1765, Voltaire est devenu le *Révérendissime père en Dieu Alexis, archevêque de Novgorod la Grande*. En février 1768, c'est-à-dire après l'incarnation anglaise qui nous occupe, il sera le pasteur suisse Josias Rossette (*Sermon prêché à Bâle*); c'est même sous le couvert d'un curé de village qu'il prendra en 1772 la défense des serfs du mont Jura (*La Voix du curé*).

En fait, les *Homélies* – réserve faite de celle du pasteur Bourn – ne sont pas mises sous le nom d'un pasteur. Mais l'orateur anonyme qui les prononce ne peut être qu'un pasteur anglais. La fin de la seconde homélie ('Nous voilà dans notre île où la secte épiscopale domine depuis Douvres jusqu'à la petite rivière de Twede') le montre évidemment, ainsi que le style. Ce pasteur reprend d'ailleurs les arguments de Voltaire, cent fois utilisés dans d'autres textes, en particulier sur la superstition (2e homélie), l'Ancien et le Nouveau Testaments (3e et 4e homélies). C'est ce que constatent les *Mémoires secrets*: 'Cet ouvrage est encore sorti de la plume féconde de M. de Voltaire.[3] Il y a 4 homélies: la 1ère roule sur le théisme, qu'il combat mal; la 2e sur la superstition, qui n'est autre chose que les raisonnements et les détails pathétiques vus déjà dans son *Traité sur la tolérance*; les 3e et 4e roulent sur l'ancien et le nouveau testament qu'il examine, qu'il discute, et où il se rappelle tout ce qu'on a déjà lu dans son *Sermon des Cinquante*, dans son *Dictionnaire Philosophique* et ailleurs' (Bachaumont, iii.184). La *Correspondance littéraire* insiste sur la réaction

[3] On a vu, par la lettre à Jacob Vernes citée ci-dessus, que Voltaire essaie encore, et comme par habitude, de désavouer un ouvrage que chacun sait bien être de lui. Mais il ne s'y obstine pas, comme il l'avait fait, par exemple, pour le *Dîner du comte de Boulainvilliers*. Les *Homélies*, à cette date, expriment la position qu'il veut réellement et ouvertement défendre: 'aimer Dieu par Christ' (ce qui est nouveau) et 'se moquer de tout le reste'.

hostile de la 'synagogue': 'L'église métropolitaine et primatiale des athées de Paris a crié au scandale à propos de la première homélie. Elle a prétendu que le patriarche, avec son rémunérateur et punisseur, n'était qu'un capucin, et que c'était poser les fondements de la morale sur une base bien fragile et bien précaire que de l'établir sur de tels principes, et que l'expérience journalière prouvait combien ces principes avaient peu d'influence réelle sur la conduite des hommes. Il n'appartient pas à un fidèle simple et humble de cœur comme moi de se mêler de ces questions abstraites, et qui font schisme parmi les grands docteurs en Israël' (CLT, viii.344-45).

En 1767, Voltaire déploie une activité intense: il publie les *Questions de Zapata* et la *Préface de M. Abauzit* (mars); l'*Anecdote sur Bélisaire* (avril); une édition hollandaise de l'*Examen important de milord Bolingbroke* (mai); une sixième édition du *Dictionnaire philosophique* (juin); la *Défense de mon oncle* et l'*Ingénu* (juillet); les *Lettres à S. A. Mgr le prince de* *** (novembre); le *Dîner du comte de Boulainvilliers* (décembre); et ce n'est là que l'essentiel. Mais la plupart de ces textes ne font que reprendre, avec les brillantes variations où Voltaire est passé maître, des thèmes déjà exploités. Seule l'*Homélie sur l'athéisme* (la première) est d'un autre ton. Voltaire, inquiet des progrès de l'école holbachique – d'Holbach a publié en 1767 le *Christianisme dévoilé* – veut partager ses coups entre les religions révélées, qu'il ne renonce certes pas à pourfendre, et la négation de toute croyance, qui lui paraît aussi dangereuse. La première homélie s'oppose à la propagande matérialiste, que Voltaire connaît bien, surtout depuis qu'en septembre 1765, au temps où il écrivait les *Questions sur les miracles*, il a reçu la visite de Damilaville, porte-parole de Diderot. La lettre au marquis de Villevielle, 'Mon cher Marquis, il n'y a rien de bon dans l'athéisme', est de l'année suivante (26 août 1768; D15189). Sur ce point, on ne peut que renvoyer à la thèse de René Pomeau sur *La Religion de Voltaire*, en particulier la troisième partie, chapitres 4 et 5. Il y est question largement de l'homélie sur l'athéisme, rapprochée, quant aux idées, de l'*Histoire de Jenni*, qui est de 1775.

Le théisme de Voltaire implique dans ces homélies une nouvelle vision de Jésus, qui s'oppose absolument aux plaisanteries plus qu'irrespectueuses du *Pot-pourri* (1763). La première homélie est fondée tout entière sur l'existence de Dieu; mais la seconde 'élève Jésus au-dessus du niveau moyen de l'humanité',[4] et, dans la quatrième, il devient 'le Socrate de la Galilée'. *Dieu et les hommes*, et surtout 'Religion II', des *Questions sur l'Encyclopédie*, parlent de Jésus avec émotion et avec respect. Cette conception n'est pas indispensable à la réfutation de l'athéisme; mais elle accompagne souvent chez Voltaire les prises de position anti-matérialistes. Selon les époques, et sans qu'on puisse parler d'une ligne continue,[5] Voltaire exalte ou raille le personnage de Jésus, qu'il considère tantôt comme le symbole humain de la justice divine, tantôt comme l'escroquerie majeure des prêtres sans raison ni scrupules, mais toujours comme un homme et jamais comme un Dieu. Il n'en est que plus remarquable de voir cette sympathie à l'égard de Jésus accompagner les prises de position contre l'athéisme.

Les éditions[6]

La première édition des *Homélies* (67A) aurait été à l'origine de deux traditions textuelles. D'une part, elle fut suivie (et corrigée) par 67B, édition de provenance incertaine copiée plus tard par l'éditeur de RN68 et RN76. D'autre part, l'édition 67C a transmis le résultat d'une révision plus importante; elle fut suivie par toutes les autres éditions du texte, notamment les NM, W68 et W75G.

[4] Pomeau, *La Religion de Voltaire*, p.378.

[5] L'éloge de Jésus se rencontre dès le *Dialogue du douteur et de l'adorateur* (1766); et la critique acerbe et dure réapparaît dans l'*Histoire de l'établissement du christianisme* (1774).

[6] Section établie par Andrew Brown.

67A

HOMELIES / PRONONCÉES / A LONDRES / en 1765. / DANS UNE ASSEMBLéE / PARTICULIERE. / [*filet gras-maigre, 70 mm*] / MDCCLXVII./

8°. sig. A-E^8 (E8 bl.); pag. 78; $4 signé, chiffres romains (– A1); réclames par cahier.

[1] titre; [2] bl.; [3]-29 Iere Homélie sur l'athéisme; 30-49 II^{de} Homélie sur la superstition; 50-68 IIIe Homélie sur l'interprétation de l'Ancien Testament; 69-78 IVe Homélie sur l'interprétation du Nouveau Testament.

Cette édition genevoise offre un texte assez fautif; elle est vraisemblablement la première. Elle figure aussi dans le recueil de *L'Evangile de la raison* qui n'est qu'une collection de quatre brochures séparées, précédée d'un cahier de 4 pages:

[i] 'L'EVANGILE / *DE LA* / RAISON. / *TOME II.* / [*filet gras-maigre, 70 mm*] / Ouvrage Pofthume / de M. D. M.....y.'; [ii] bl.; III Table des pièces contenues dans ce volume; [iv] bl.

Les textes ainsi regroupés sont l'*Analyse de la religion chrétienne, par Dumarsais*, le *Dialogue du douteur et de l'adorateur*, les *Homélies* et *Le Vicaire savoyard*.

Leningrad: BV 3625 (4 exemplaires); Bn: Rés. Z Beuchot 373 (1), Rés. Z Bengesco 308, D^2 7246 *bis* (dans *L'Evangile de la raison*), D^2 14385; BL: 1568/6803.

67B

HOMELIES / PRONONCE'ES / A LONDRES / en 1765. / DANS UNE ASSEMBLE'E / PARTICULIERE. / [*bois gravé, un oiseau dans un encadrement, 39 x 32 mm*] / [*filet gras-maigre, composé de quatre éléments, 49 mm*] / M DCC LXVII./

8°. sig. a-c^8 D-F^8 g^8 H^8 (H8 bl.); pag. 125; $4 signé, chiffres arabes (+ F5, g5, H5; – a1; g3 signé 'G3', g4 'G4', g5 'G5'); réclames par cahier.

[1] titre; [2] bl.; [3]-46 Ière Homélie sur l'athéisme; 47-78 II^{de} Homélie, sur la superstition; 79-108 IIIme Homélie: sur l'interprétation de l'Ancien Testament; 109-125 IVme Homélie sur l'interprétation du Nouveau Testament.

Cette édition est difficile à situer. Certains indices suggèrent une provenance hollandaise (la numérotation des signatures F, g et H; l'emploi d'un filet composé de plusieurs éléments; et le fait qu'elle fut suivie par RN68); d'autres, la présentation générale surtout, ne confirment pas cette attribution. Il est probable qu'elle a été exécutée à partir d'un exemplaire corrigé de 67A; elle diffère de cette édition dans les cas suivants: I.36, 51; II.53, 138, 163, 166, 198, 274, 282, 309; III.22-23, n.*b*, 193; IV.118, 181-182.

Leningrad: BV 3626 (11-133, exemplaire de Rieu et corrigé par lui: voir ci-dessous, p.439, n.16); Bn: D² 8375; ImV: D Homélies 1767/1; Bodleian: 8° Godw. 140 (H8 absent).

67C

LES / QUATRE / HOMÉLIES / PRECHÉES / A LONDRES. / SECONDE EDITION. / *Purgée de toutes les fautes, qui défiguraient / la premiére, & augmentée confidérable- / ment fur le manufcrit de l'Auteur.* / [*filet gras-maigre, 56 mm*] / MDCCLVII. [*sic*] /

8°. sig. A-F⁸ (± A1); pag. 96; $4 signé, chiffres romains (– A1); réclames par cahier.

[1] titre; [2] bl.; [3]-36 1ere Homélie sur l'athéisme; 37-57 2e Homélie sur la superstition; 58-83 3e Homélie sur l'interprétation de l'Ancien Testament; 84-96 4e Homélie sur l'interprétation du Nouveau Testament.

Cette troisième édition est sortie des presses d'un des imprimeurs genevois de Voltaire, probablement Cramer. La page de titre porte la date de 1757, mais tout porte à croire qu'il s'agit ici de l'édition distribuée par Voltaire en 1768.

L'ensemble du texte a été revu et remanié; voir en particulier: I.6-9, 61-64, 314-318, 357-458, 524-528; II.167-187, 344-347; III.40-48, 96-122, 226-235, 243-266, 311-315, 348-420; IV.29-56, 78-109. En outre, quelques erreurs y ont été introduites (voir I.405-406*v*; II.255*v*; III.165-166*v*).

Leningrad: BV3733 (trois exemplaires); Bn: Rés. Z Bengesco 309; ImV: D Homélies 1767/2.

NM68

NOUVEAUX/MELANGES/PHILOSOPHIQUES,/HISTORIQUES,/ CRITIQUES, / &c. &c. / *SIXIÉME PARTIE.* / [*bois gravé, Candide 'a'*] / [*filet gras-maigre, 70 mm*] / M. DCC. LXVIII. /

[*faux-titre*] NOUVEAUX / MELANGES / PHILOSOPHIQUES, / HISTORIQUES, / CRITIQUES, / &c. &c. &c. / *SIXIÉME PARTIE.* /

8°. sig. A-Z^8 Aa^4; pag. 376; $4 signé, chiffres arabes (– A1-2, Aa4); tomaison '*Nouv. Mél.* VI. Part.' (– A); réclames par page.

[1] faux-titre; [2] bl.; [3] titre; [4] bl.; [5]-292 autres textes; 293-358 Homélies prononcées à Londres en 1765, dans une assemblée particulière; 359-374 Le Sermon prêché à Basle; 375-376 Table des articles contenus dans cette sixième partie.

Cette première édition du sixième tome des *Nouveaux mélanges* reprend le texte de 67C en y apportant quelques changements mineurs: I.239, 258, 271, 528; II.31, 40, 72, 163, 223, 264; IV.31-32, 38-39, 169.

Taylor: VF; Bn: Rés. Z Beuchot 28 (6), Rés. Z Bengesco 487 (6), Z 24712.

RN68

RECUEIL / NÉCESSAIRE. / AVEC / L'EVANGILE / DE LA / RAISON / [*filet gras-maigre, 69 mm*] / TOME PREMIER. / [*filet gras-maigre, 69 mm*] / [*ornement typographique*] / *LONDRES.* / [*filet gras-maigre, 69 mm*] / MDCCLXVIII./

8°. sig. π^4 A-Q^8 R^6 S^4; pag. [2] VI 276; $5 signé, chiffres arabes (– R5, S4); réclames par cahier.

[*1*] titre; [2] bl.; I-VI Table des pièces contenues dans ce recueil; [1]-172 autres textes; 173-241 Homélies prononcées à Londres en 1765. Dans une assemblée particulière; 242-276 Les Questions de Zapata.

Les deux volumes du *Recueil nécessaire* de 1768 ont été publiés en Hollande, vraisemblablement par Marc Michel Rey (voir Vercruysse 1967, p.1736-37). Le texte des *Homélies* est celui de 67B.

Bn: Rés. D^2 5298, D^2 10510; Taylor: Arch 12° F 1768 (8-9).

NM71

NOUVEAUX / MELANGES / *PHILOSOPHIQUES*, / HISTORIQUES, / CRITIQUES, / &c. &c. &c. / *SIXIÉME PARTIE*. / [*ornement typographique*] / [*filet gras-maigre, 61 mm*] / M. DCC. LXXI. /

[*faux-titre*] NOUVEAUX / MELANGES / *PHILOSOPHIQUES*, / HISTORIQUES, / CRITIQUES, / &c. &c. &c. / *SIXIÉME PARTIE*. /

8°. sig. A-Z^8 Aa^4; pag. 376; $4 signé, chiffres arabes (– A1-2, Aa3-4); tomaison '*Nouv. Mél.* VI. Part.' (– A; sig. B '*Nouv. Mel.* VI. Part.'); réclames par page.

[1] faux-titre; [2] bl.; [3] titre; [4] bl.; [5]-292 autres textes; 293-358 Homélies prononcées à Londres en 1765 dans une assemblée particulière; 359-374 Le Sermon prêché à Basle; 375-376 Table des articles contenus dans cette sixième partie.

Une nouvelle édition du tome 6 des NM, dont elle reprend le texte.

Bn: Z 24770.

W68 (1771)

MÉLANGES / PHILOSOPHIQUES, / LITTERAIRES, / HISTORIQUES, &c. / [*filet, 118 mm*] / TOME QUATRIEME. / [*filet, 118 mm*] / *GENEVE*. / [*filet maigre-gras, 120 mm*] / M. DCC. LXXI. /

[*faux-titre*] COLLECTION / Complette / DES / *ŒUVRES* / DE / M^R. DE V***. / [*filet gras-maigre, 119 mm*] / *TOME DIX-SEPTIEME*. / [*filet maigre-gras, 119 mm*] /

4°. sig. π^2 A-Tt^4 Vv^4 (– Vv^4) Xx-Bbb^4 1Ccc^4 2Ccc^2 Ddd-Vvv^4 Xxx1; pag. [*4*] 387 387** ***387 388-530; $3 signé, chiffres romains (– 2Ccc2); tomaison '*Phil. Littér. Hiſt.* Tom. IV.' (sig. Xxx 'Phil. Littér. Hiſt. *Tom. IV.*'); réclames par cahier.

[*1*] faux-titre; [*2*] bl.; [*3*] titre; [*4*] bl.; 1-75 autres textes; 76-120 Homélies prononcées à Londres en 1765 dans une assemblée particulière; 120-523 autres textes; 524-530 Table des pièces contenues dans ce volume; 530 Errata.

L'édition in-quarto publiée par Cramer. Le texte des *Homélies* suit les NM.

Taylor: VF.

W71 (1773)

MELANGES / PHILOSOPHIQUES, / LITTERAIRES, / HISTORIQUES, &c. / [*filet orné, 68 mm*] / TOME QUATRIEME. / [*filet orné, 68 mm*] / *GENEVE*. / [*filet gras-maigre, 62 mm*] / M. DCC. LXXI. [*sic*] /

12°. pag. [2] 609.

Les Homélies occupent les p.87-137 de ce volume, dont la reliure le présente comme le tome 16 de la *Collection complète* de 1771-1776, imprimée à Liège pour Plomteux. Les autres volumes des 'Mélanges philosophiques' sont datés de 1773 et tout porte à croire qu'il ne s'agit ici que d'une coquille.

Cette édition reproduit le texte de W68.

Uppsala: Litt. fransk.

NM72

NOUVEAUX / MÉLANGES / *PHILOSOPHIQUES*, / HISTORIQUES, / CRITIQUES, / &c. &c. / *SIXIEME PARTIE*. / [*ornement typographique*] / [*filet gras-maigre, 71 mm*] / *M. DCC. LXXII*. /

[*faux-titre*] NOUVEAUX / *MÉLANGES* / PHILOSOPHIQUES, / HISTORIQUES, / CRITIQUES, / &c. &c. &c. / *SIXIEME PARTIE*. /

8°. sig. A-Z^8 Aa^4; pag. 376; $4 signé, chiffres arabes (– A1-2, Aa3-4); tomaison '*Nouv. Mél.* VI. Part.' (– A; sig. B '*Nouv.* Mél. VI. Part.'; sig. K '*Nouv. Mél.* VI. Partie.'); réclames par cahier.

[1] faux-titre; [2] bl.; [3] titre; [4] bl.; [5]-292 autres textes; 293-358 Homélies prononcées à Londres en 1765 dans une assemblée particulière; 359-374 Le Sermon prêché à Basle; 375-376 Table des articles contenus dans cette sixième partie.

La dernière impression de ce volume des NM.

Bn: Z 24633.

W70L (1772)

MÉLANGES / *DE* / PHILOSOPHIE, / DE MORALE, / ET DE POLITIQUE. / PAR / *M^R. DE VOLTAIRE*. / TOME NEUVIEME. / [*bois gravé, un monument et putti, 50 x 34 mm*] / *A LONDRES*. / [*filet gras-maigre, 70 mm*] / M. D. CC. LXXII. /

[*faux-titre*] *COLLECTION* / COMPLETTE / *DES* / ŒUVRES / *DE* / M[R]. DE VOLTAIRE. / [*filet orné, 74 mm*] / *TOME TRENTIEME.* / [*filet orné, 74 mm*] /

8°. sig. $*^4$ A-Aa^8; pag. VIII 383; $5 signé, chiffres arabes (– *1-2, *4); tomaison '*Mêlanges.* Tome IX.'; réclames par cahier.

[i] faux-titre; [ii] bl.; [iii] titre; [iv] bl.; V-VIII Table des pièces contenues dans le tome IX des mélanges; 1 Mélanges de philosophie, de morale, et de politique (rubrique); 1-41 Homélies prononcées à Londres en 1765 dans une assemblée particulière; 42-383 autres textes.

Cette édition, publiée à Lausanne par François Grasset, reprend le texte de w68.

Taylor: V1.1770L (30).

W75G

[*encadrement*] MÉLANGES / DE / *LITTÉRATURE,* / D'HISTOIRE / ET / DE PHILOSOPHIE. / [*filet, 75 mm*] / TOME CINQUIÉME ET DERNIER. / [*filet, 75 mm*] / *M. DCC. LXXV.* /

[*faux-titre, encadrement*] TOME TRENTE- SEPTIÉME / ET DERNIER. /

8°. sig. π^2 A-Ee^8 (Ee8 bl.) (± I1.8; – Ee^8, + Ee^4); pag. [*4*] 446 *ou* [*4*] 440 (p.179 numérotée '79'); $4 signé, chiffres romains; tomaison '*Mélanges, &c.* Tom. V.'; réclames par cahier.

[*1*] faux-titre; [*2*] bl.; [*3*] titre; [*4*] bl.; 1-231 autres textes; 232-284 Homélies prononcées à Londres en 1765 dans une assemblée particulière; 285-436 autres textes; 437-440 Au révérend père en Dieu messire Jean de Beauvais [absent de la version cartonnée]; 441-446 [437-440 dans la version cartonnée] Table des pièces contenues dans ce volume.

En ce qui concerne les *Homélies*, l'édition 'encadrée' reprend le texte de w68. Elle perpétue et introduit un certain nombre de coquilles (voir ci-dessous, p.422-23).

Bn: Z 24875 (cartonné); Taylor: V1 1775 (37) (non-cartonné; Ee8 absent).

W75X

[*encadrement*] MÊLANGES / DE / *LITTÉRATURE,* / D'HISTOIRE / ET / DE PHILOSOPHIE. / [*filet, 73 mm*] / TOME CINQUIÈME ET DERNIER. /

[*filet, 72 mm*] / [*ornement typographique*] / [*filet orné, 79 mm*] / *M. DCC. LXXV.* /

[*faux-titre, encadrement*] ŒUVRES / DE / *M^R. DE VOLTAIRE.* / [*filet, 73 mm*] / TOME TRENTE-SEPTIÈME / ET DERNIER. / [*filet, 70 mm*]

8°. sig. π^2 A-Dd⁸ Ee⁴; pag. [*4*] 440 (p.144 numérotée '142', 179 '79', 239 '339', 248 '148', 254 '154'; p.253 numérotée à la gauche); $4 signé, chiffres romains (– Ee3-4); tomaison '*Mêlanges, &c.* Tom. V.' (sigs B, C '*Mêlanges.* Tom. V.'); réclames par cahier.

[*1*] faux-titre; [*2*] bl.; [*3*] titre; [*4*] bl.; 1 Mélanges de littérature, d'histoire et de philosophie (rubrique); 1-232 autres textes; 233-285 Homélies prononcées à Londres en 1765 dans une assemblée particulière; 286-435 autres textes; 436-440 Table des pièces contenues dans ce volume.

Cette réimpression ou contrefaçon de W75G en suit la version cartonnée, avec quelques variations dans la pagination.

Bn: Z 24916.

RN76

RECUEIL / NÉCESSAIRE. / AVEC / L'EVANGILE / DE LA / RAISON. / [*ornement typographique*] / *LONDRES.* / [*filet gras-maigre, composé de quatre éléments, 60 mm*] / MDCCLXXVI. /

[*faux-titre*] RECUEIL / NÉCESSAIRE. /

8°. sig. π^4 A-R⁸ S⁴ (π1 bl.); pag. [*8*] 280; $5 signé, chiffres arabes (– S4); tomaison '*Tome I.*'; réclames par cahier.

[*1-2*] bl.; [*3*] faux-titre; [*4*] bl.; [*5*] titre; [*6*] bl.; [*7-8*] Table des pièces contenues dans ce recueil; [1]-121 autres textes; [122]-169 Homélies prononcées à Londres; [170]-280 autres textes.

Une édition hollandaise qui reprend le texte de RN68.

Leningrad: BV 3749 (catalogué par erreur sous la date de 1766); Br: VH 2119 (1).

K84

OEUVRES / COMPLETES / DE / VOLTAIRE. / TOME TRENTE-DEUXIEME. / [*filet anglais, 40 mm*] / DE L'IMPRIMERIE DE LA SOCIÉTÉ LITTÉRAIRE- / TYPOGRAPHIQUE. / 1784.

[*faux-titre*] OEUVRES / COMPLETES / DE / VOLTAIRE. /

8°. sig. π^2 A-Kk^8 Ll^4 (± R3, Dd1); pag. [*4*] 535; $4 signé, chiffres arabes (– Ll3-4; R3 carton signé '*Philoſophie, &c.* Tome I. R3*', Dd1 carton '*Philoſophie, &c.* Tome I. Dd*'); tomaison '*Philoſophie &c.* Tome I.'; réclames par cahier.

[*1*] faux-titre; [*2*] bl.; [*3*] titre; [*4*] bl.; [1] A1*r* 'PHILOSOPHIE / GENERALE: / METAPHYSIQUE, / MORALE / ET THEOLOGIE. / *Philoſophie &c.* Tome I. A'; [2] bl.; [3]-378 autres textes; [379] Aa6*r* 'SERMONS / ET / HOMELIES.'; [380]-415 autres textes; [416]-475 Homélies prononcées à Londres en 1765, dans une assemblée particulière [p.417-418 remplacées par le cartonnage de Dd1: on ignore la nature de la correction ainsi exécutée]; 476-528 autres textes; [529]-535 Table des pièces contenues dans ce volume.

Il s'agit de la première édition du tome 32 de l'édition de Kehl, dont il y a eu des réimpressions in-octavo et in-douze avec la date de 1785.

Le texte est proche de celui de W75G, mais on trouve des variantes à I.368, 414; II.40, 255; II.165-166; IV.31-32. On ignore s'il s'agit de corrections de Voltaire ou d'améliorations de la part des éditeurs de Kehl.

Taylor: VF.

Principes de cette édition

L'édition retenue comme texte de base est W75G, la dernière publiée sous l'égide de Voltaire.[7]

Les variantes figurant dans l'apparat critique proviennent des six éditions suivantes: 67A, 67B, 67C, NM, W68 et K.

Le texte de W75G a été modernisé: pour le détail des principes suivis, voir ci-dessus, *Les Questions de Zapata*, p.376-79. Le texte de W75G présente un certain nombre d'erreurs manifestes. En tenant compte du texte des autres éditions, nous avons rectifié les coquilles suivantes sans les faire figurer dans l'apparat critique:

[7] Le volume en question manque dans l'exemplaire corrigé de l'édition encadrée (W75G*) conservé à Leningrad; voir Taylor 1974, p.129.

I.47, 'différente' a été corrigé en 'indifférente'; I.55, 'étrangère' en 'étranger'; I.213, 'matière' en 'manière'; I.419, 'parle' en 'parlent'; I.543, 'perdant' en 'perdent'; II.177, 'succédant' en 'succèdent'; II.268, 'frère' en 'frères'; III.241, 'ce pays' en 'de ce pays'; III.249, 'd'Irlande' en 'l'Irlande'. En outre, trois erreurs plus importantes, introduites dans 67C et maintenues jusqu'à W75G, ont été corrigées. Dans les trois cas nous avons adopté la leçon de 67B (voir I.405-406*v*, II.255*v* et III.165-166*v*).

HOMÉLIES
PRONONCÉES À LONDRES
EN 1765 DANS
UNE ASSEMBLÉE
PARTICULIÈRE

a-e 67c: Les Quatre homélies prêchées à Londres

PREMIÈRE HOMÉLIE

Sur l'athéisme.

MES FRÈRES!

Puissent mes paroles passer de mon cœur dans le vôtre! puissé-je écarter les vaines déclamations, et n'être point un comédien en chaire, qui cherche à faire applaudir sa voix, ses gestes et sa fausse éloquence! Je n'ai pas l'insolence de vous instruire; j'examine avec vous la vérité. Ce n'est ni l'espérance des richesses et des honneurs, ni l'attrait de la considération, ni la passion effrénée de dominer sur les esprits, qui anime ma faible voix. Choisi par vous pour m'éclairer avec vous, et non pour parler en maître; voyons ensemble dans la sincérité de nos cœurs ce que la raison de concert avec l'intérêt du genre humain nous ordonne de croire et de pratiquer. Nous devons commencer par l'existence d'un Dieu.[1] Ce sujet a été traité chez toutes les nations, il est épuisé; c'est par cette raison-là même que je vous en parle; car vous préviendrez tout ce que je vous dirai; nous nous affermirons ensemble dans la connaissance de notre premier devoir; nous sommes ici des enfants assemblés pour nous entretenir de notre père.

C'est une belle démarche de l'esprit humain, un élancement divin de notre raison, si j'ose ainsi parler, que cet ancien argument; *J'existe: Donc quelque chose existe de toute éternité*. C'est embrasser tous les temps du premier pas et du premier coup d'œil. Rien n'est plus grand, mais rien n'est plus simple: cette vérité est aussi démontrée que les propositions les plus claires de l'arithmétique

6-9 67A, 67B: la vérité. Voyons
10 67A, 67B: ensemble ce que la raison
11-12 67A, 67B: de croire. Nous devons

[1] René Pomeau cite à plusieurs reprises les *Homélies*, et en particulier la première, quand il étudie 'la métaphysique de Ferney' (*La Religion de Voltaire*, p.395, 401-402, 406).

et de la géométrie; elle peut étonner un moment un esprit inattentif, mais elle le subjugue invinciblement le moment d'après; enfin elle n'a été niée par personne; car à l'instant qu'on réfléchit, on voit évidemment que si rien n'existait de toute éternité, tout serait produit par le néant; notre existence n'aurait nulle cause; ce qui est une contradiction absurde. 25

Nous sommes intelligents; donc il y a une intelligence éternelle. L'univers ne nous atteste-t-il pas qu'il est l'ouvrage de cette intelligence? Si une simple maison bâtie sur la terre, ou un vaisseau qui fait sur les mers le tour de notre petit globe, prouve invinciblement l'existence d'un ouvrier, le cours des astres et toute la nature démontrent l'existence de leur auteur. 30 35

Non, me répond un partisan de Strabon ou de Zénon;[2] le mouvement est essentiel à la matière; toutes les combinaisons sont possibles avec le mouvement; donc dans un mouvement éternel il fallait absolument que la combinaison de l'univers actuel eût sa place. Jetez mille dés pendant l'éternité, il faudra que la chance de mille surfaces semblables arrive, et on assigne même ce qu'on doit parier pour et contre. 40

Ce sophisme a souvent étonné des esprits sages et confondu les superficiels. Mais voyons s'il n'est pas une illusion trompeuse.

Premièrement, il n'y a nulle preuve que le mouvement soit essentiel à la matière; au contraire, tous les sages conviennent qu'elle est indifférente au mouvement et au repos, et un seul atome ne remuant pas de sa place détruit l'opinion de ce mouvement essentiel. 45

Secondement, quand même il serait nécessaire que la matière fût en motion, comme il est nécessaire qu'elle soit figurée, cela 50

36 67B: Straton
41-42 67A, 67B: assigne ce qu'on
44 67A, 67B: Mais ce n'est après tout qu'un sophisme trompeur.//
51 67A: en émotion

[2] C'est-à-dire d'Holbach; Voltaire vise ici le *Christianisme dévoilé* (cf. Pomeau, *La Religion de Voltaire*, p.395).

ne prouverait rien contre l'intelligence qui dirige son mouvement et qui modèle ses diverses figures.

Troisièmement, l'exemple de mille dés qui amènent une chance est bien plus étranger à la question qu'on ne croit. Il ne s'agit pas de savoir si le mouvement rangera différemment des cubes; il est sans doute très possible que mille dés amènent mille six ou mille as; quoique cela soit très difficile. Ce n'est là qu'un arrangement de matière sans aucun dessein, sans organisation, sans utilité. Mais que le mouvement seul produise des êtres pourvus d'organes dont le jeu est incompréhensible; que ces organes soient toujours proportionnés les uns aux autres; que des efforts innombrables produisent des effets innombrables dans une régularité qui ne se dément jamais; que tous les êtres vivants produisent leurs semblables, que le sentiment de la vue, qui au fond n'a rien de commun avec les yeux, s'exerce toujours quand les yeux reçoivent les rayons qui partent des objets; que le sentiment de l'ouïe qui est totalement étranger à l'oreille,[3] nous fasse à tous entendre les mêmes sons, quand l'oreille est frappée des vibrations de l'air; c'est là le véritable nœud de la question; c'est là ce que nulle combinaison ne peut opérer sans un artisan. Il n'y a nul rapport des mouvements de la matière au sentiment, encore moins à la pensée. Une éternité de tous les mouvements possibles ne donnera jamais ni une sensation ni une idée; et qu'on me le pardonne, il faut avoir perdu le sens ou la bonne foi, pour dire que le seul mouvement de la matière fait des êtres sentants et pensants.

Aussi Spinosa, qui raisonnait méthodiquement, avouait-il qu'il y dans le monde une intelligence universelle.

Cette intelligence, dit-il, avec plusieurs philosophes, existe nécessairement avec la matière; elle en est l'âme; l'une ne peut être sans l'autre. L'intelligence universelle brille dans les astres,

61-64 67A, 67B: incompréhensible; que ces êtres produisent
62 67C, NM: des ressorts innombrables

[3] La physiologie actuelle tient cette thèse pour insoutenable.

nage dans les éléments, pense dans les hommes, végète dans les plantes. *Mens agitat molem et magno se corpore miscet.*[4]

Ils sont donc forcés de reconnaître une intelligence suprême; mais il la font aveugle et purement mécanique; ils ne la reconnaissent point comme un principe libre, indépendant, et puissant. 85

Il n'y a selon eux qu'une seule substance; et une substance n'en peut produire une autre. Cette substance est l'universalité des choses, qui est à la fois pensante, sentante, étendue, figurée.

Mais raisonnons de bonne foi: N'apercevons-nous pas un choix dans tout ce qui existe? Pourquoi y a-t-il un certain nombre d'espèces? Ne pourrait-il pas évidemment en exister moins? Ne pourrait-il pas en exister davantage? Pourquoi, dit le judicieux Clarke,[5] les planètes tournent-elles en un sens plutôt qu'en un autre? J'avoue que parmi d'autres arguments plus forts, celui-ci me frappe vivement: Il y a un choix; donc il y a un maître qui agit par sa volonté. 90 95

Cet argument est encore combattu par nos adversaires. Vous les entendez dire tous les jours, Ce que vous voyez est nécessaire, puisqu'il existe. Eh bien, leur répondrai-je, tout ce qu'on pourra déduire de votre supposition, c'est que pour former le monde il était nécessaire que l'intelligence suprême fît un choix; ce choix est fait; nous sentons, nous pensons en vertu des rapports que Dieu a mis entre nos perceptions et nos organes. Examinez d'un côté des nerfs et des fibres, de l'autre des pensées sublimes: et avouez qu'un Etre suprême peut seul allier des choses si dissemblables. 100 105

86 67A, 67B: libre, et indépendant,
102 67A, 67B: que Dieu fît

[4] Virgile, *Aeneis*, VI.727.

[5] Dès le temps des *Lettres philosophiques*, Voltaire a cité Samuel Clarke, élève et ami de Newton, qu'il avait rencontré en Angleterre (W. H. Barber, 'Voltaire and Samuel Clarke', *Studies* 179, 1979, p.47-61). Les *Traités de l'existence et des attributs de Dieu, des devoirs de la religion naturelle, et de la vérité de la religion chrétienne*, trad. Ricotier (Amsterdam 1727-1728) figurent dans sa bibliothèque (BV, no.785).

Quel est cet Etre? Existe-t-il dans l'immensité? L'espace est-il un de ses attributs? Est-il dans un lieu, ou en tous lieux, ou hors d'un lieu? Puisse-t-il me préserver à jamais d'entrer dans ces subtilités métaphysiques! J'abuserais trop de ma faible raison, si je cherchais à comprendre pleinement l'Etre qui par sa nature et par la mienne doit m'être incompréhensible. Je ressemblerais à un insensé, qui sachant qu'une maison a été bâtie par un architecte, croirait que cette seule notion suffit pour connaître à fond sa personne.

Bornons donc notre insatiable et inutile curiosité; attachons-nous à notre véritable intérêt. L'Artisan suprême qui a fait le monde et nous, est-il notre maître? Est-il bienfaisant? Lui devons-nous de la reconnaissance?

Il est notre maître sans doute: Nous sentons à tous moments un pouvoir aussi invisible qu'irrésistible. Il est notre bienfaiteur, puisque nous vivons. Notre vie est un bienfait, puisque nous aimons tous la vie, quelque misérable qu'elle puisse devenir. Le soutien de cette vie nous a été donné par cet Etre suprême et incompréhensible, puisque nul de nous ne peut former la moindre des plantes, dont nous tirons la nourriture qu'il nous donne, et puisque même nul de nous ne sait comment ces végétaux se forment.

L'ingrat peut dire, qu'il fallait absolument que Dieu nous fournît des aliments, s'il voulait que nous existassions un certain temps. Il dira, nous sommes des machines qui se succèdent les unes aux autres, et dont la plupart tombent brisées et fracassées dès les premiers pas de leur carrière. Tous les éléments conspirent à nous détruire, et nous allons par les souffrances à la mort. Tout cela n'est que trop vrai. Mais aussi il faut convenir que s'il n'y avait qu'un seul homme qui eût reçu de la nature un corps sain et robuste, un sens droit, un cœur honnête, cet homme aurait de grandes grâces à rendre à son auteur. Or certainement, il y a beaucoup d'hommes à qui la nature a fait ces dons: ceux-là du moins doivent regarder Dieu comme bienfaisant.[6]

[6] C'est là, sous une forme plus morale, la 'preuve par le plaisir' que Voltaire utilisait déjà au temps des *Discours en vers sur l'homme* (1737).

A l'égard de ceux que le concours des lois éternelles, établies par l'Etre des êtres, a rendus misérables, que pouvons-nous faire, sinon les secourir? Que pouvons-nous dire, sinon que nous ne savons pas pourquoi ils sont misérables? 145

Le mal inonde la terre: Qu'en inférerons-nous par nos faibles raisonnements? Qu'il n'y a point de Dieu? Mais il nous a été démontré qu'il existe. Dirons-nous que ce Dieu est méchant? Mais cette idée est absurde, horrible, contradictoire. Soupçonnerons-nous que Dieu est impuissant, et que celui qui a si bien organisé 150 tous les astres, n'a pu bien organiser tous les hommes? Cette supposition n'est pas moins intolérable. Dirons-nous qu'il y a un mauvais principe qui altère les ouvrages d'un principe bienfaisant ou qui en produit d'exécrables? Mais pourquoi ce mauvais principe ne dérange-t-il pas le cours du reste de la nature? Pourquoi 155 s'acharnerait-il à tourmenter quelques faibles animaux sur un globe si chétif, pendant qu'il respecterait les autres ouvrages de son ennemi? Comment n'attaquerait-il pas Dieu dans ces millions de mondes qui roulent régulièrement dans l'espace? Comment deux Dieux, ennemis l'un de l'autre, seraient-ils chacun également 160 l'Etre nécessaire? Comment subsisteraient-ils ensemble?

Prendrons-nous le parti de l'optimisme? Ce n'est au fond que celui d'une fatalité désespérante. Le lord Shaftersbury, l'un des plus hardis philosophes d'Angleterre, accrédita le premier ce triste système. *Les lois*, dit-il, *du pouvoir central et de la végétation ne seront* 165 *point changées pour l'amour d'un chétif et faible animal, qui, tout protégé qu'il est par ces mêmes lois, sera bientôt réduit par elles en poussière.*

L'illustre lord Bolingbroke est allé beaucoup plus loin; et le célèbre Pope a osé redire, que le bien général est composé de tous les maux particuliers.[7] 170

170 67A, 67B: maux des particuliers.

[7] Thèse déjà critiquée dans la préface du *Poème sur le désastre de Lisbonne* (1756; M.ix.465). Les *Lettres sur l'enthousiasme, de milord Shaftesbury, avec sa vie* (trad. Lacombe, Londres 1762), *The Works of Mr Alexander Pope* (London 1717-1735), plusieurs traductions françaises de Pope, *The Philosophical works of the late right*

Le seul exposé de ce paradoxe en démontre la fausseté. Il serait aussi raisonnable de dire, que la vie est le résultat d'un nombre infini de morts, que le plaisir est formé de toutes les douleurs, et que la vertu est la somme de tous les crimes.

Le mal physique et le mal moral sont l'effet de la constitution 175 de ce monde, sans doute; et cela ne peut être autrement. Quand on dit que *tout est bien*, cela ne veut dire autre chose sinon, que tout est arrangé suivant des lois physiques; mais assurément tout n'est pas bien pour la foule innombrable des êtres qui souffrent, et de ceux qui font souffrir les autres. Tous les moralistes l'avouent 180 dans leurs discours; tous les hommes le crient dans les maux dont ils sont les victimes.[8]

Quel exécrable soulagement prétendez-vous donner à des malheureux persécutés, et calomniés, expirant dans les tourments, en leur disant: *Tout est bien; vous n'avez rien à espérer de mieux*? Ce 185 serait un discours à tenir à ces êtres qu'on suppose éternellement coupables, et qu'on dit nécessairement condamnés avant le temps à des supplices éternels.

Le stoïcien, qu'on prétend avoir dit dans un violent accès de goutte:[9] *Non, la goutte n'est point un mal*, avait un orgueil moins 190 absurde que ces prétendus philosophes, qui dans la pauvreté, dans la persécution, dans le mépris, dans toutes les horreurs de la vie la plus misérable, ont encore la vanité de crier, *Tout est bien*. Qu'ils aient de la résignation, à la bonne heure, puisqu'ils feignent de ne vouloir pas de compassion; mais qu'en souffrant, et en voyant 195 presque toute la terre souffrir, ils disent, *Tout est bien sans aucune espérance de mieux*, c'est un délire déplorable.

Supposerons-nous enfin, qu'un Etre suprême, nécéssairement bon, abandonne la terre à quelque être subalterne qui la ravage,

honourable Henry St John, lord viscount Bolingbroke (éd. Mallet, London 1754), ainsi que plusieurs traductions françaises, figurent dans la bibliothèque de Voltaire (BV, no.3159, 2792-94, 453-57).

[8] C'est ce que fait Candide.

[9] Ce stoïcien est Posidonius (135-51 avant J.-C.) dont l'orgueil est dénoncé par Montaigne, *Essais*, liv.I, ch.14; cf. D19806.

à un geôlier qui nous met à la torture? Mais c'est faire de Dieu un tyran lâche, qui n'osant commettre le mal par lui-même, le fait continuellement commettre par ses esclaves. 200

Quel parti nous reste-t-il donc à prendre? N'est-ce pas celui que tous les sages de l'antiquité embrassèrent, dans les Indes, dans la Caldée, dans l'Egypte, dans la Grèce, dans Rome? celui de croire que Dieu nous fera passer de cette malheureuse vie à une meilleure, qui sera le développement de notre nature? Car enfin il est clair que nous avons éprouvé déjà différentes sortes d'existence. Nous étions avant qu'un nouvel assemblage d'organes nous contînt dans la matrice; notre être pendant neuf mois fut très différent de ce qu'il était auparavant; l'enfance ne ressembla point à l'embryon; l'âge mûr n'eut rien de l'enfance: La mort peut nous donner une manière différente d'exister. 205 210

Ce n'est là qu'une espérance, me crient des infortunés, qui sentent et qui raisonnent; vous nous renvoyez à la boîte de Pandore; le mal est réel, et l'espérance peut n'être qu'une illusion; le malheur et le crime assiègent la vie que nous avons; et vous nous parlez d'une vie que nous n'avons pas, que nous n'aurons peut-être pas, et dont nous n'avons aucune idée. Il n'est aucun rapport de ce que nous sommes aujourd'hui, avec ce que nous étions dans le sein de nos mères: Quel rapport pourrions-nous avoir dans le sépulcre avec notre existence présente? 215 220

Les Juifs, que vous dites avoir été conduits par Dieu même, ne connurent jamais cette autre vie. Vous dites que Dieu leur donna des lois, et dans ces lois il ne se trouve pas un seul mot qui annonce les peines et les récompenses après la mort. Cessez donc de présenter une consolation chimérique à des calamités trop véritables. 225

Mes frères, ne repondons point encore en chrétiens à ces objections douloureuses; il n'est pas encore temps. Commençons à les réfuter avec les sages, avant de les confondre par le secours de ceux qui sont au-dessus des sages mêmes. 230

Nous ignorons ce qui pense en nous: et par conséquent nous ne pouvons savoir si cet être inconnu ne survivra pas à notre corps; il se peut physiquement qu'il y ait en nous une monade 235 indestructible, une flamme cachée, une particule du feu divin, qui subsiste éternellement sous des apparences diverses. Je ne dirai pas que cela soit démontré; mais sans vouloir tromper les hommes on peut dire que nous avons autant de raison de croire que de nier l'immortalité de l'être qui pense.[10] Si les Juifs ne l'ont point connue autrefois, ils l'admettent aujourd'hui. Toutes les nations policées sont d'accord sur ce point. Cette opinion si ancienne et si générale, est la seule peut-être qui puisse justifier la Providence. Il faut reconnaître un Dieu rémunérateur et vengeur, ou n'en point reconnaître du tout. Il ne paraît pas qu'il y ait de milieu: ou il n'y a point de Dieu, ou Dieu est juste. Nous avons une idée de la justice, nous, dont l'intelligence est si bornée: comment cette justice ne serait-elle pas dans l'intelligence suprême? Nous sentons combien il serait absurde de dire que Dieu est ignorant, qu'il est faible, qu'il est menteur: Oserons-nous dire qu'il est cruel? Il vaudrait mieux s'en tenir à la nécessité fatale des choses: il vaudrait mieux n'admettre qu'un destin invincible, que d'admettre un Dieu qui aurait fait une seule créature pour la rendre malheureuse.[11]

On me dit que la justice de Dieu n'est pas la nôtre. J'aimerais autant qu'on me dît que l'égalité de deux fois deux et quatre n'est pas la même pour Dieu et pour moi. Ce qui est vrai l'est à mes

240

245

250

255

236-237 67A, 67B: indestructible, qui subsiste
239 67A, 67B, 67C: de raisons de
240 67A, 67B: l'immortalité de nos âmes. Si
243 67A, 67B: la seule qui puisse

[10] Voltaire n'a jamais été très sûr de l'immortalité de l'âme (voir Pomeau, *La Religion de Voltaire*, p.399 et 404-405).

[11] 'Il faut que tu accuses Dieu de tyrannie si tu crois qu'il ait créé un seul homme pour le rendre éternellement malheureux parmi les feux du centre de la terre' (L.-A. La Hontan, *Dialogues curieux*, dans *Dialogues avec un sauvage*, éd. M. Roelens, Paris 1973, p.86). 'Si l'âme était mortelle, tous les hommes seraient également heureux dans cette vie, puisque Dieu, étant tout parfait et tout sage, n'aurait pas pu créer les uns pour les rendre heureux et les autres malheureux' (La Hontan, *Mémoires de l'Amérique septentrionale*, dans *Dialogues avec un sauvage*, p.166). Voltaire possédait à Ferney les œuvres de La Hontan dans l'édition altérée par Gueudeville (BV, no.1876).

yeux, comme aux siens. Toutes les propositions mathématiques sont démontrées pour l'être fini, comme l'être infini. Il n'y a pas en cela deux différentes sortes de vrai. La seule différence est probablement, que l'intelligence suprême comprend toutes les vérités à la fois, et que nous nous traînons à pas lents vers quelques-unes. S'il n'y a pas deux sortes de vérités dans la même proposition, pourquoi y aurait-il deux sortes de justice dans la même action? Nous ne pouvons comprendre la justice de Dieu que par l'idée que nous avons de la justice. C'est en qualité d'êtres pensants que nous connaissons le juste et l'injuste. Dieu infiniment pensant doit être infiniment juste.

Voyons du moins, mes frères, combien cette croyance est utile, combien nous sommes intéressés à la graver dans tous les cœurs.[12]

Nulle société ne peut subsister sans récompense et sans châtiment. Cette vérité est si sensible et si reconnue, que des anciens Juifs admettaient au moins des peines temporelles. *Si vous prévariquez*, dit leur loi,[13] *le Seigneur vous enverra la faim et la pauvreté, de la poussière au lieu de pluie… des démangeaisons incurables au fondement… des ulcères malins dans les genoux et dans les jambes… Vous épouserez une femme, afin qu'un autre couche avec elle etc.*

Ces malédictions pouvaient contenir un peuple grossier dans le devoir. Mais il pouvait arriver aussi, qu'un homme coupable des plus grands crimes, n'eût point d'ulcères dans les jambes, et

258 67A, 67B, 67C: comme pour l'être
260 67A, 67B: que l'être infini comprend
265 67A, 67B: que nous en avons. C'est
271 67A, 67B, 67C: que les anciens
274 67A, 67B: *de la pluie*
279-280 67A, 67B: d'ulcères, et ne languît

[12] L'immortalité de l'âme n'est pas certaine, mais elle est utile à l'équilibre social: idée souvent reprise par Voltaire. 'Le rémunérateur et vengeur est une profitable invention', écrit R. Pomeau (p.398), qui cite l'épître *A l'auteur du livre des trois imposteurs*, la septième *Lettre à son altesse Mgr le prince de* ***, et la lettre du 20 avril 1769 à d'Argental (D15600).

[13] Deutéronome xxviii.15 ss.

ne languît point dans la pauvreté et dans la famine. Salomon devint idolâtre, et il n'est point dit qu'il fut puni par aucun de ces fléaux. On sait assez que la terre est couverte de scélérats heureux, et d'innocents opprimés. Il fallut donc nécessairement recourir à la théologie des nations plus nombreuses et plus policées, qui longtemps auparavant avaient posé pour fondement de leur religion des peines et des récompenses, dans le développement de la nature humaine, qui est probablement une vie nouvelle. 280 285

Il semble que cette doctrine soit un cri de la nature, que tous les anciens peuples avaient écouté, et qui ne fut étouffé qu'un temps chez les Juifs, pour retentir ensuite dans toute sa force. 290

Il y a chez tous les peuples qui font usage de leur raison, des opinions universelles, qui paraissent empreintes par le maître de nos cœurs. Telle est la persuasion de l'existence d'un Dieu, et de sa justice miséricordieuse: Tels sont les premiers principes de morale, communs aux Chinois, aux Indiens et aux Romains, et qui n'ont jamais varié; tandis que notre globe a été bouleversé mille fois. 295

Ces principes sont nécessaires à la conservation de l'espèce humaine. Otez aux hommes l'opinion d'un Dieu vengeur et rémunérateur, Sylla et Marius se baignent alors avec délices dans le sang de leurs concitoyens. Auguste, Antoine et Lépide surpassent les fureurs de Sylla. Néron ordonne de sang froid le meurtre de sa mère. Il est certain que la doctrine d'un Dieu vengeur était éteinte alors chez les Romains: l'athéisme dominait; et il ne serait pas difficile de prouver par l'histoire, que l'athéisme peut causer quelquefois autant de mal que les superstitions les plus barbares. 300 305

Pensez-vous en effet qu'Alexandre VI reconnût un Dieu, quand pour agrandir le fils de son inceste, il employait tour à tour la trahison, la force ouverte, le stylet, la corde, le poison;[14] et 310

295 67A, 67B: aux Chinois et aux Romains

[14] Voir *Essai sur les mœurs*, ch.111 (*Essai*, ii.96-101). Voltaire avait fait le portrait d'Alexandre VI dans son ode *A la vérité*, composée en 1766 (M.viii.482-83).

qu'insultant encore à la superstitieuse faiblesse de ceux qu'il assassinait, il leur donnait une absolution et des indulgences au milieu des convulsions de la mort. Certes il insultait la Divinité, dont il se moquait, en même temps qu'il exerçait sur les hommes ses épouvantables barbaries. Avouons-tous, quand nous lisons 315 l'histoire de ce monstre et de son abominable fils, que nous souhaitons qu'ils soient châtiés. L'idée d'un Dieu vengeur est donc nécessaire.

Il se peut; et il arrive trop souvent, que la persuasion de la justice divine n'est pas un frein à l'emportement d'une passion. 320 On est alors dans l'ivresse: les remords ne viennent que quand la raison a repris ses droits, mais enfin ils tourmentent le coupable. L'athée peut sentir, au lieu de remords, cette horreur secrète et sombre qui accompagne les grands crimes. La situation de son âme est importune et cruelle; un homme souillé de sang n'est 325 plus sensible aux douceurs de la société; son âme devenue atroce est incapable de toutes les consolations de la vie; il rugit en furieux, mais il ne se repent pas. Il ne craint point qu'on lui demande compte des proies qu'il a déchirées; il sera toujours méchant, il s'endurcira dans ses férocités. L'homme au contraire 330 qui croit en Dieu rentrera en lui-même. Le premier est un monstre pour toute sa vie, le second n'aura été barbare qu'un moment. Pourquoi? C'est que l'un a un frein, l'autre n'a rien qui l'arrête.

Nous ne lisons point que l'archevêque Troll,[15] qui fit égorger sous ses yeux tous les magistrats de Stockholm, ait jamais daigné 335 seulement feindre d'expier son crime par la moindre pénitence.

314-318 67A, 67B: barbaries. ¶Il se
331 67A, 67B: qui croit un Dieu

L'ouvrage d'Alexander Gordon, *La Vie du pape Alexandre VI* (Amsterdam 1732) figurait dans sa bibliothèque (BV, no.1493).

[15] Voltaire a parlé de l'archevêque Trolle dans l'*Essai sur les mœurs*, ch.119 et surtout 130. Gustave Trolle (1488-1535), complice du roi Christian II, avait fait massacrer, en 1520, le sénat de Stockholm en utilisant une bulle du pape. C'est, dit Voltaire, une des raisons qui ont fait passer la Suède au luthéranisme (*Essai*, ii.231-32). Mais rien n'indique que Trolle fût athée.

L'athée fourbe, ingrat, calomniateur, brigand, sanguinaire, raisonne et agit conséquemment, s'il est sûr de l'impunité de la part des hommes. Car s'il n'y a point de Dieu, ce monstre est son Dieu à lui-même; il s'immole tout ce qu'il désire, ou tout ce qui lui fait obstacle: Les prières les plus tendres, les meilleurs raisonnements ne peuvent pas plus sur lui que sur un loup affamé de carnage. 340

Lorsque le pape Sixte IV[16] faisait assassiner les deux Médicis dans l'église de la Reparade, au moment où l'on élevait aux yeux du peuple le Dieu que ce peuple adorait, Sixte IV tranquille dans son palais n'avait rien à craindre, soit que la conjuration réussît, soit qu'elle échouât: Il était sûr que les Florentins n'oseraient se venger, qu'il les excommunierait en pleine liberté, et qu'ils lui demanderaient pardon à genoux d'avoir osé se plaindre. 345 350

Il est très vraisemblable que l'athéisme a été la philosophie de tous les hommes puissants, qui ont passé leur vie dans ce cercle de crimes que les imbéciles appellent *politique*, *coups d'Etat*, *art de gouverner*.

On ne me persuadera jamais qu'un cardinal ministre célèbre crût agir en la présence de Dieu, lorsqu'il faisait condamner à mort un des grands de l'Etat,[17] par douze meurtriers en robe, 355

344 67A, 67B: Lorsque Pie IV faisait
346 67A, 67B: adorait, Pie IV tranquille
355 67A, 67B: un ministre célèbre
357-358 67A, 67B: en robe, qui étaient à ses gages

[16] Il s'agit évidemment de Sixte IV, pape de 1471 à 1484, et non de Pie IV (1559-1565), comme Voltaire l'avait écrit dans les premières éditions (l'exemplaire de Rieu de l'édition 67B est corrigé à la main dans ce sens). L'attentat contre les Médicis est raconté, d'après Guichardin, dans l'*Essai sur les mœurs*, ch.105, 110 et 111. Dans le premier de ces chapitres, on peut lire: 'Quand on voit un pape, un archevêque, un prêtre, méditer un tel crime, et choisir pour l'exécution le moment où leur Dieu se montre dans le temple, on ne peut douter de l'athéisme qui régnait alors [...] Ils pensaient comme on pensait à Rome du temps de César: leurs passions concluaient qu'il n'y a aucune religion' (*Essai*, ii.71).

[17] Il s'agit de Richelieu et du procès du maréchal Louis de Marillac (voir l'*Essai*, ii.603-604).

esclaves à ses gages dans sa propre maison de campagne, et pendant qu'il se plongeait dans la dissolution avec ses courtisanes, à côté de l'appartement où ses valets décorés du nom de *juges*, 360 menaçaient de la torture un maréchal de France dont il savourait déjà la mort.

Quelques-uns de vous, mes frères, m'ont demandé si un prince juif avait une véritable notion de la Divinité, quand à l'article de la mort au lieu de demander pardon à Dieu de ses adultères, de 365 ses homicides, de ses cruautés sans nombre, il persiste dans la soif du sang et dans la fureur atroce des vengeances; quand d'une bouche prête à fermer pour jamais, il recommande à son successeur de faire assassiner le vieillard Semei son ministre, et son général Joab?[18] 370

J'avoue avec vous que cette action dont St Ambroise voulut en vain faire l'apologie, est la plus horrible peut-être qu'on puisse lire dans les annales des nations. Le moment de la mort est pour tous les hommes le moment du repentir et de la clémence: vouloir se venger en mourant et ne l'oser, charger un autre par ses 375 dernières paroles d'être un infâme meurtrier, c'est le comble de la lâcheté et de la fureur réunies.

Je n'examinerai point ici si cette histoire révoltante est vraie, ni en quel temps elle fut écrite.[19] Je ne discuterai point avec vous

361 67A, 67B: torture l'innocent dont il
362-458 67A, 67B: la mort. ¶Il est vrai qu'il se peut faire que cet athéisme ne soit pas une persuasion pleine,
368 K: prête à se fermer

[18] Ce passage sur David, qui s'inspire du commentaire de Bayle à l'article 'David', est une addition de l'édition 67C. Mais l'hostilité de Voltaire contre David est fréquemment exprimée ailleurs, en particulier dans *Le Dîner du comte de Boulainvilliers*, second entretien, et l'article 'David' du *Dictionnaire philosophique*. Voir III Rois ii.5-9. Peut-être Voltaire venait-il de relire Bayle dans l'*Extrait du Dictionnaire historique et critique de Bayle* (Berlin 1765), par Frédéric II et le marquis d'Argens, où les passages en question sont marqués d'un signet (CN, i.235).

[19] L'hostilité contre les Juifs est souvent, comme ici, tempérée chez Voltaire par cette idée que les récits les plus affreux sont invraisemblables.

s'il faut regarder les chroniques des Juifs du même œil dont on lit les commandements de leur loi, si on a eu tort dans des temps d'ignorance et de superstition de confondre ce qui était sacré chez les Juifs avec leurs livres profanes. Les lois de Numa furent sacrées chez les Romains, et leurs historiens ne le furent pas. Mais si un Juif a été barbare jusqu'à son dernier moment, que nous importe? sommes-nous Juifs? quel rapport les absurdités et les horreurs de ce petit peuple ont-elles avec nous? on a consacré des crimes chez presque tous les peuples du monde: que devons-nous faire? les détester et adorer le Dieu qui les condamne. 380 385

Il est reconnu qui les Juifs crurent Dieu corporel. Est-ce une raison pour que nous ayons cette idée de l'Etre suprême? 390

S'il est avéré qu'ils crurent Dieu corporel, il n'est pas moins clair qu'ils reconnaissaient un Dieu formateur de l'univers.

Longtemps avant qu'ils vinssent dans la Palestine, les Phéniciens avaient leur Dieu unique Jaho, nom qui fut sacré chez eux, et qui le fut ensuite chez les Egyptiens et chez les Hébreux. Ils donnaient à l'Etre suprême un nom plus commun, El. Ce nom était originairement chaldéen. C'est de là que la ville appelée par nous Babilone fut nommée Babel, *la porte de Dieu*. C'est de là que le peuple hébreu, quand il vint dans la suite des temps s'établir en Palestine, prit le surnom d'Israël, qui signifie *voyant* Dieu,[20] comme nous l'apprend Philon dans son traité des récompenses et des peines, et comme nous le dit l'historien Joseph dans sa réponse à Appion. 395 400

Les Egyptiens reconnurent un Dieu suprême malgré toutes 405

405-406 67C-W75G: toutes superstitions

[20] D'après la Genèse xxxii.28, Jacob a reçu le nom d'Israël, 'fort contre Dieu', après sa lutte avec l'ange. Mais le nom s'entend de tout le peuple hébreu. Rien d'étonnant si Voltaire s'attache aux interprétations de Philon et de Josèphe, dont il a lu et annoté l'œuvre: *Les Œuvres de Philon Juif* (Paris 1619; BV, no.2717) et *Histoire des Juifs par Flavius Joseph sous le titre de Antiquitez judaïques* (Paris 1735-1736; BV, no.1743). Ce dernier ouvrage renferme la *Réponse à Appion*.

leurs superstitions; ils le nommaient Knef, et ils le représentaient sous la forme d'un globe.

L'ancien Zerdust que nous nommons Zoroastre n'enseignait qu'un seul Dieu, auquel le mauvais principe était subordonné. Les Indiens qui se vantent d'être la plus antique société de l'univers, ont encore leurs anciens livres qu'ils prétendent avoir été écrits il y a quatre mille huit cent soixante et six ans. L'ange Brama ou Abrama, disent-ils, l'envoyé de Dieu, le ministre de l'Etre suprême, dicta ce livre dans la langue du sanscrit. Ce livre saint se nomme *Chatabad*, et il est beaucoup plus ancien que le *Védam* même qui est depuis si longtemps le livre sacré sur les bords du Gange.[21] 410 415

Ces deux volumes qui sont la loi de toutes les sectes des brames, l'*Ezour-Védam* qui est le commentaire du *Védam*, ne parlent jamais que d'un Dieu unique. 420

Le ciel a voulu qu'un de nos compatriotes qui a résidé trente années à Bengale, et qui sait parfaitement la langue des anciens brames, nous ait donné un extrait de ce *Chatabad*, écrit mille années avant le *Védam*. Il est divisé en cinq chapitres. Le premier traite de Dieu et des ses attributs, et il commence ainsi. 'Dieu est un; il a formé tout ce qui est. Il est semblable à une sphère parfaite sans fin ni commencement. Il gouverne tout par une sagesse générale. Tu ne chercheras point son essence et sa nature, cette entreprise serait vaine et criminelle. Qu'il te suffise d'admirer jour 425

414 K: du Hanscrit. Ce
415 K84: Chastabad
K85: Shastabad

[21] Voltaire s'est laissé prendre à la supercherie de l'Ezour-Védam (voir Pomeau, *La Religion de Voltaire*, p.364-65 et l'*Essai sur les mœurs*; *Essai*, i.239-40). Il ne semble pas avoir eu plus de chance avec le Shasta ou Chatabad ou Shastabad; il avait dans sa bibliothèque le livre de J. Z. Holwell, *Interesting historical events, relative to the provinces of Bengal, and the empire of Indostan* [...] *with* [...] *the mythology and cosmogony, fasts and festivals of the gentoo's, followers of the shastah* (London 1766-1767; BV, no.1666). Mais la confiance placée par Voltaire dans cet ouvrage semble avoir été excessive (voir *Essai*, i.62-63 et notes 3 et 4).

et nuit ses ouvrages, sa sagesse, sa puissance, sa bonté. Sois heureux en l'adorant.' 430

Le second chapitre traite de la création des intelligences célestes.

Le troisième, de la chute de ces dieux secondaires.

Le quatrième, de leur punition.

Le cinquième, de la clémence de Dieu. 435

Les Chinois, dont les histoires et les rites attestent une antiquité si reculée, mais moins ancienne que celle des Indiens, ont toujours adoré le Tien, le Chang-ti, la Vertu céleste. Tous leurs livres de morale, tous les édits des empereurs recommandent de se rendre agréable au Tien, au Chang-ti, et de mériter ses bienfaits. 440

Confucius n'a point établi de religion chez les Chinois, comme les ignorants le prétendent. Longtemps avant lui les empereurs allaient au temple quatre fois par année présenter au Chang-ti les fruits de la terre.

Ainsi vous voyez que tous les peuple policés, Indiens, Chinois, 445 Egyptiens, Persans, Chaldéens, Phéniciens, reconnurent un Dieu suprême. Je ne nierai pas que chez ces nations si antiques il n'y ait eu des athées; je sais qu'il y en a beaucoup à la Chine; nous en voyons en Turquie; il y en a dans notre patrie et chez toutes les nations de l'Europe. Mais pourquoi leur erreur ébranlerait-elle 450 notre croyance? Les sentiments erronés de tous les philosophes sur la lumière, nous empêcheront-ils de croire fermement aux découvertes de Newton sur cet élément incompréhensible? La mauvaise physique des Grecs, et leurs ridicules sophismes détruiront-ils dans nous la science intuitive que nous donne la 455 physique expérimentale?

Il y a eu des athées chez tous les peuples connus; mais je doute beaucoup que cet athéisme ait été une persuasion pleine, une conviction lumineuse, dans laquelle l'esprit se repose sans aucun doute, comme dans une démonstration géométrique. N'était-ce 460 pas plutôt une demi-persuasion, fortifiée par la rage d'une passion violente et par l'orgueil qui tiennent lieu d'une conviction entière?

460-461 67A, 67B: géométrique, mais une demi-persuasion
462 67A, 67B: par l'orgueil du pouvoir, tient lieu d'une

Les Phalaris, les Busiris[22] (et il y en a dans toutes les conditions) se moquaient avec raison des fables de Cerbère et des Euménides: ils voyaient bien qu'il était ridicule d'imaginer que Thésée fût éternellement assis sur une escabelle, et qu'un vautour déchirât toujours le foie renaissant de Prométhée. Ces extravagances, qui déshonoraient la Divinité, l'anéantissaient à leurs yeux. Ils disaient confusément dans leur cœur: On ne nous a jamais dit que des inepties sur la Divinité; cette Divinité n'est donc qu'une chimère. Ils foulaient aux pieds une vérité consolante et terrible, parce qu'elle était entourée de mensonges.

O malheureux théologiens de l'école, que cet exemple vous apprenne à ne pas annoncer Dieu ridiculement! C'est vous qui par vos platitudes répandez l'athéisme que vous combattez; c'est vous qui faites les athées de cour, auxquels il suffit d'un argument spécieux pour justifier toutes leurs horreurs. Mais si le torrent des affaires, et celui de leurs passions funestes, leur avaient laissé le temps de rentrer en eux-mêmes, ils auraient dit: Les mensonges des prêtres d'Isis et des prêtres de Cibèle ne doivent m'irriter que contre eux, et non pas contre la Divinité qu'ils outragent. Si le Phlégeton et le Cocyte[23] n'existent point, cela n'empêche pas que Dieu existe. Je veux mépriser les fables, et adorer la vérité. Si on m'a peint Dieu comme un tyran ridicule, je ne le croirai pas moins sage et moins juste. Je ne dirai pas avec Orphée, que les ombres des hommes vertueux se promènent dans les champs Elysées; je n'admettrai point la métempsycose des pharisiens, encore moins l'anéantissement de l'âme avec les saducéens; je reconnaîtrai une Providence éternelle, sans oser deviner quels seront les moyens et les effets de sa miséricorde et de sa justice. Je n'abuserai point de la raison que Dieu m'a donnée, je croirai qu'il y a du vice et de la vertu, comme il y a de la santé et de la maladie; et

465 470 475 480 485 490

[22] Phalaris, tyran d'Agrigente de 565 à 549 avant J.-C., et Busiris, roi légendaire d'Egypte, tué par Héraklès, sont connus pour leur férocité, mais non pour leur athéisme. Voltaire tient sa thèse pour démontrée: un tyran cruel ne peut être tel que s'il est athée.

[23] Fleuves des Enfers, selon la légende.

enfin, puisqu'un pouvoir invisible, dont je sens continuellement l'influence, m'a fait un être pensant et agissant, je conclurai que mes pensées et mes actions doivent être dignes de ce pouvoir qi m'a fait naître. 495

Ne nous dissimulons point ici qu'il y a eu des athées vertueux. La secte d'Epicure a produit de très honnêtes gens: Epicure était lui-même un homme de bien, je l'avoue. L'instinct de la vertu, qui consiste dans un tempérament doux et éloigné de toute violence, peut très bien subsister avec une philosophie erronée. Les épicuriens et les plus fameux athées de nos jours, occupés des agréments de la société, de l'étude et du soin de posséder leur âme en paix, ont fortifié cet instinct qui les porte à ne jamais nuire, en renonçant au tumulte des affaires qui bouleversent l'âme, et à l'ambition qui la pervertit. Il y a des lois dans la société qui sont plus rigoureusement observées que celles de l'Etat et de la religion. Quiconque a payé les services de ses amis par une noire ingratitude, quiconque a calomnié un honnête homme, quiconque aura mis dans sa conduite une indécence révoltante, ou qui sera connu par une avarice sordide et impitoyable, ne sera point puni par les lois, mais il le sera par la société des honnêtes gens, qui porteront contre lui un arrêt irrévocable de bannissement; il ne sera jamais reçu parmi eux. Ainsi donc un athée de mœurs douces et agréables, retenu d'ailleurs par le frein que la société des hommes impose, peut très bien mener une vie innocente, heureuse, honorée. On en a vu des exemples de siècle en siècle, depuis le célèbre Atticus, également ami de César et de Cicéron, jusqu'au fameux magistrat Des-Barreaux,[24] qui ayant fait attendre 500 505 510 515

[24] L'anecdote qui concerne Jacques La Vallée Des Barreaux est racontée de façon un peu différente dans la liste des écrivains du *Siècle de Louis XIV*: 'On sait qu'ennuyé d'un procès dont il était rapporteur, il paya de son argent ce que le demandeur exigeait, jeta le procès au feu, et se démit de sa charge' (M.xiv.63). Dans la septième des *Lettres à S. A. Mgr le prince de* ***, Voltaire raconte la célèbre histoire de l'omelette au lard jetée par la fenêtre un jour de carême et d'orage, mais défend Des Barreaux contre l'accusation d'athéisme (M.xxvi.498-99).

trop longtemps un plaideur dont il rapportait le procès, lui paya 520
de son argent la somme dont il s'agissait.

On me citera encore, si l'on veut, le sophiste géométrique Spinosa, dont la modération, le désintéressement et la générosité ont été dignes d'Epictète. On me dira que le célèbre athée La Métrie était un homme doux et aimable dans la société, honoré 525
pendant sa vie et après sa mort des bontés d'un grand roi, qui sans faire attention à ses sentiments philosophiques, a récompensé en lui les vertus.[25] Mais mettez ces doux et tranquilles athées dans des grandes places; jetez-les dans les factions; qu'ils aient à combattre un César Borgia, ou un Cromwell, ou même un 530
cardinal de Retz, pensez-vous qu'alors ils ne deviendront pas aussi méchants que leurs adversaires? Voyez dans quelle alternative vous les jetez; ils seront des imbéciles, s'ils ne sont pas des pervers. Leurs ennemis les attaquent par des crimes; il faut bien qu'ils se défendent avec les mêmes armes, ou qu'ils périssent. Certainement 535
leurs principes ne s'opposeront point aux assassinats, aux empoisonnements qui leur paraîtront nécessaires.

Il est donc démontré, que l'athéisme peut tout au plus laisser subsister les vertus sociales, dans la tranquille apathie de la vie privée; mais qu'il doit porter à tous les crimes, dans les orages 540
de la vie publique.

Une société particulière d'athées,[26] qui ne se disputent rien et qui perdent doucement leurs jours dans les amusements de la volupté, peut durer quelque temps sans trouble; mais si le monde était gouverné par des athées, il vaudrait autant être sous l'empire 545

524-528 67A, 67B: d'Epictète. Mais mettez
528-529 67A, 67B, 67C: dans de grandes

[25] C'est Fréderic II qui a fait l'éloge de La Mettrie: *Eloge de M. Julien Offroy de La Mettrie* (Berlin 1752). La Mettrie, médecin et matérialiste, auteur de *L'Homme machine*, était appelé à Berlin 'l'athée du roi' (M.xxvi.510).

[26] Bayle le premier, dès la *Lettre* [...] *où il est prouvé par plusieurs raisons tirées de la philosophie et de la théologie que les comètes ne sont point le présage d'aucun malheur* (1682; cf. BV, no.295), soutint la possibilité qu'une société d'athées pût se maintenir, sans, d'ailleurs, soutenir la thèse de l'athéisme.

immédiat de ces êtres infernaux qu'on nous peint acharnés contre leurs victimes. En un mot, des athées qui ont en main le pouvoir, seraient aussi funestes au genre humain que des superstitieux. Entre ces deux monstres la raison nous tend les bras: et ce sera l'objet de mon second discours. 550

SECONDE HOMÉLIE

Sur la superstition.

MES FRÈRES,

Vous savez assez que toutes les nations bien connues ont établi un culte public. Si les hommes s'assemblèrent de tout temps pour traiter de leurs intérêts, pour se communiquer leurs besoins, il était bien naturel qu'ils commençassent ces assemblées par les témoignages de respect et d'amour qu'ils doivent à l'auteur de la vie. On a comparé ces hommages à ceux que des enfants présentent à un père, et des sujets à un souverain. Ce sont des images trop faibles du culte de Dieu: Les relations d'homme à homme n'ont aucune proportion avec la relation de la créature à l'Etre suprême: l'infini les sépare. Ce serait même un blasphème que de rendre hommage à Dieu sous l'image d'un monarque. Un souverain de la terre entière, s'il en pouvait exister un, si tous les hommes étaient assez malheureux pour être subjugués par un homme, ne serait au fond qu'un ver de terre, commandant à d'autres vers de terre, et serait encore infiniment moins devant la Divinité. Et puis dans les républiques, qui sont incontestablement antérieures à toute monarchie, comment aurait-on pu concevoir Dieu sous l'image d'un roi? S'il fallait se faire de Dieu une image sensible, celle d'un père, toute défectueuse qu'elle est, paraîtrait peut-être la plus convenable à notre faiblesse.

Mais les emblèmes de la Divinité furent une des premières sources de la superstition. Dès que nous eûmes fait Dieu à notre image,[1] le culte divin fut perverti. Ayant osé représenter Dieu sous la figure d'un homme, notre misérable imagination, qui ne

[1] Ici, de même que dans l'*Essai sur les mœurs*, ch.15, 'c'est le caractère des barbares de croire la Divinité malfaisante: les hommes font Dieu à leur image' (*Essai*, i.325). La célèbre formule ne doit pas être interprétée dans un sens athée: Voltaire pense que l'homme, en donnant à Dieu ses propres passions, le défigure, car il nous est, à la lettre, in-comparable.

s'arrête jamais, lui attribua tous les vices des hommes. Nous ne le regardâmes que comme un maître puissant, et nous le chargeâmes de tous les abus de la puissance; nous le célébrâmes comme fier, jaloux, colère, vindicatif, bienfaiteur, capricieux, destructeur impitoyable, dépouillant les uns pour enrichir les autres, sans 30 autre raison que sa volonté. Nous n'avons d'idée que de proche en proche; nous ne concevons presque rien que par similitude; ainsi quand la terre fut couverte de tyrans, on fit Dieu le premier des tyrans. Ce fut bien pis quand la Divinité fut annoncée par des emblèmes tirés des animaux et des plantes. Dieu devint bœuf, 35 serpent, crocodile, singe, chat et agneau, broutant, sifflant, bêlant, dévorant et dévoré.

La superstition a été si horrible chez presque toutes les nations, que s'il n'en existait pas encore des monuments, il ne serait pas possible de croire ce qu'on nous raconte. L'histoire du monde est 40 celle du fanatisme.

Mais parmi les superstitions monstrueuses qui ont couvert la terre, y en a-t-il eu d'innocentes? Ne pourrons-nous point distinguer entre des poisons dont on a su faire des remèdes, et des poisons qui ont conservé leur nature meurtrière? Cet examen 45 mérite, si je ne me trompe, toute l'attention des esprits raisonnables.

Un homme fait du bien aux hommes ses frères; celui-là détruit des animaux carnassiers; celui-ci invente des arts par la force de son génie. On les voit par conséquent plus favorisés de Dieu que 50 le vulgaire; on imagine qu'ils sont enfants de Dieu; on en fait des demi-dieux après leur mort, des dieux secondaires. On les propose non seulement pour modèle au reste des hommes, mais pour objet de leur culte. Celui qui adore Hercule et Persée s'excite à les imiter. Des autels deviennent le prix du génie et du courage. Je 55 ne vois là qu'une erreur dont il résulte du bien. Les hommes ne

31 67A, 67B, 67C: d'idées que
40 67A, 67B, 67C, K: ce qu'on nous en raconte.
53 67B: pour modèles au
56 67A, 67B: résulte un bien.

sont trompés alors que pour leur avantage. Si les anciens Romains n'avaient mis au rang des dieux secondaires que des Scipions, des Titus, des Trajans, des Marc-Aurèles, qu'aurions-nous à leur reprocher? 60

Il y a l'infini entre Dieu et un homme. D'accord; mais si dans le système des anciens on a regardé l'âme humaine comme une portion finie de l'intelligence infinie, qui se replonge dans le grand tout sans l'augmenter; si on suppose que Dieu habita dans l'âme de Marc-Aurèle, si cette âme fut supérieure aux autres par la vertu 65 pendant sa vie, pourquoi ne pas supposer qu'elle est encore supérieure quand elle est dégagée de son corps mortel?

Nos frères les catholiques romains (car tous les hommes sont nos frères) ont peuplé le ciel de demi-dieux, qu'ils appellent *saints*. S'ils avaient toujours fait d'heureux choix, avouons sans détour 70 que leur erreur eût été un service rendu à la nature humaine. Nous leur prodiguons les injures et les mépris, quand ils fêtent un Ignace, chevalier de la Vierge, un Dominique, persécuteur, un François, fanatique en démence, qui marche tout nu, qui parle aux bêtes, qui catéchise un loup, qui se fait une femme de neige. 75 Nous ne pardonnons pas à Jérôme, traducteur savant, mais fautif, de livres juifs, d'avoir, dans son histoire des pères du désert, exigé nos respects pour un St Pacôme, qui allait faire ses visites monté sur un crocodile. Nous sommes surtout saisis d'indignation, en voyant qu'à Rome on a canonisé Grégoire VII, l'incendiaire de 80 l'Europe.[2]

Mais il n'en est pas ainsi du culte qu'on rend en France au roi

58-59 67A, 67B: secondaires que des Titus
72 67A, 67B, 67C: et le mépris
76-77 67A, 67B: fautif, des livres

[2] Voltaire ne peut accepter pour saints un Ignace de Loyola, fondateur de la Société de Jésus, ni un Dominique, créateur de l'Inquisition. La colère de 'frère François' contre saint François (d'Assise) s'explique parce qu'il le prend pour un fou. Pour saint Pacôme et son crocodile, voir la première lettre des *Questions sur les miracles* (M.xxv.369). Quant à Grégoire VII (Hildebrand), c'est le grand adversaire de l'Empire, le triomphateur de Canossa (1077).

Louis IX,[3] qui fut juste et courageux. Et si c'est trop que de l'invoquer, ce n'est pas trop de le révérer: C'est seulement dire aux autres princes, imitez ses vertus. 85

Je vais plus loin: Je suppose qu'on ait placé dans une basilique la statue du roi Henri IV,[4] qui conquit son royaume avec la valeur d'Alexandre et la clémence de Titus, qui fut bon et compatissant, qui sut choisir les meilleurs ministres, et fut son premier ministre lui-même: je suppose que malgré ses faiblesses, on lui paye des 90 hommages au-dessus des respects qu'on rend à la mémoire des grands hommes, quel mal pourra-t-il en résulter? Il vaudrait certainement mieux fléchir le genou devant lui, que devant cette multitude de saints inconnus, dont les noms même sont devenus un sujet d'opprobre et de ridicule. Ce serait une superstition, 95 j'en conviens; mais une superstition qui ne pourrait nuire, un enthousiasme patriotique, et non un fanatisme pernicieux. Si l'homme est né pour l'erreur, souhaitons-lui des erreurs vertueuses.

La superstition qu'il faut bannir de la terre, est celle qui faisant 100 de Dieu un tyran, invite les hommes à être tyrans. Celui qui dit le premier qu'on doit avoir les réprouvés en horreur, mit le poignard à la main de tous ceux qui osèrent se croire fidèles: Celui qui le premier défendit toute communication avec ceux qui n'étaient pas de son avis, sonna le tocsin des guerres civiles dans 105 toute la terre.

Je crois ce qui paraît impossible à ma raison: c'est-à-dire, je crois ce que je ne crois pas: Donc je dois haïr ceux qui se vantent de croire une absurdité contraire à la mienne. Telle est la logique des superstitieux, ou plutôt telle est leur exécrable démence. 110 Adorer l'Etre suprême, l'aimer, le servir, être utile aux hommes, ce n'est rien; c'est même, selon quelques-uns, une fausse vertu

[3] Voltaire parle avec éloges de Louis IX dans l'*Essai sur les mœurs*, ch.58 (*Essai*, i.592 ss).

[4] La *Henriade* ne fait pas tout à fait de Henri IV un saint, mais il figure au chapitre des 'saints à faire' dans *La Canonisation de saint Cucufin* (1767; M.xxvii.424).

qu'ils appellent un *péché splendide*.[5] Ainsi depuis qu'on se fit un devoir sacré de disputer sur ce qu'on ne peut entendre, depuis qu'on plaça la vertu dans la prononciation de quelques paroles inexplicables, que chacun voulut expliquer, les pays chrétiens furent un théâtre de discorde et de carnage. 115

Vous me direz qu'on doit imputer cette peste universelle à la rage de l'ambition, plutôt qu'à celle du fanatisme. Je vous répondrai qu'on en est redevable à l'une et à l'autre. La soif de la domination s'est abreuvée du sang des imbéciles. Je n'aspire point à guérir les hommes puissants de cette passion furieuse d'asservir les esprits; c'est une maladie incurable. Tout homme voudrait que les autres s'empressassent à le servir, et pour être servi mieux, il leur fera croire, s'il peut, que leur devoir et leur bonheur consistent à être ses esclaves. Allez trouver un homme qui jouit de quinze à seize millions de revenu, et qui a dans l'Europe quatre ou cinq cent mille sujets dispersés, lesquels ne lui coûtent rien, sans compter ses gardes et sa milice; remontrez-lui que le Christ, dont il se dit le vicaire et l'imitateur, a vécu dans la pauvreté et dans l'humilité: il vous répond que les temps sont changés; et pour vous le prouver, il vous condamne à périr dans les flammes. Vous n'avez corrigé ni cet homme, ni un *cardinal de Lorraine*, possesseur de sept évêchés à la fois. Que fait-on alors? On s'adresse aux peuples, on leur parle, et tout abrutis qu'ils sont, ils écoutent, ils ouvrent à demi les yeux; ils secouent une partie du joug le plus avilissant qu'on ait jamais porté; ils se défont de quelques erreurs, 120 125 130 135

127 67A, 67B: de revenus, et

[5] 'Il y a des peuples assez impertinents pour oser dire que nous ne connaissons pas la vraie vertu, que nos bonnes actions ne sont que des péchés splendides', dit Cu-Su dans le 'Catéchisme chinois' (*Dictionnaire philosophique*; M.xviii.74). Le terme *splendida peccata*, souvent appliqué aux bonnes actions des païens de l'Antiquité, avec l'intention de réduire ces actions à leur 'éclat', c'est-à-dire de les priver de valeur morale, est cité par Needham d'après saint Augustin dans la seizième lettre des *Questions sur les miracles* (M.xxv.434). Dans le *Philosophe ignorant*, Voltaire traduit: 'des péchés illustres' (voir ci-dessus, p.95).

ils reprennent un peu de leur liberté, cet apanage ou plutôt cette essence de l'homme, dont on les avait dépouillés. Si on ne peut guérir les puissants de l'ambition, on peut donc guérir les peuples 140 de la superstition; on peut donc en parlant, en écrivant, rendre les hommes plus éclairés et meilleurs.

Il est bien aisé de leur faire voir ce qu'ils ont souffert pendant quinze cents années. Peu de personnes lisent, mais toutes peuvent entendre. Ecoutez donc, mes chers frères, et voyez les calamités 145 qui accablèrent les générations passées.

A peine les chrétiens, respirant en liberté sous Constantin, avaient trempé leurs mains dans le sang de la vertueuse Valérie, fille, femme et mère de césar, et dans le sang du jeune Candidien son fils, l'espérance de l'empire; à peine avaient-ils[a] égorgé le fils 150 de l'empereur Maximin, âgé de huit ans, et sa fille âgée de sept;[6] à peine ces hommes qu'on nous peint si patients, pendant deux siècles, avaient ainsi signalé leurs fureurs au commencement du quatrième, que la controverse fit naître des discordes civiles, qui se succédant les unes aux autres sans aucun moment de relâche, 155 agitent encore l'Europe. Quels sont les sujets de ces querelles sanguinaires? Des subtilités, mes frères, dont on ne trouve pas le moindre mot dans l'Evangile. On veut savoir si le *Fils* est engendré, ou fait; s'il est engendré dans le temps, ou avant le temps; s'il est consubstantiel, ou semblable au Père; si la *monade de Dieu*, comme 160 dit Athanase, est trine en trois hypostases; si le Saint-Esprit est engendré, ou procédant; ou s'il procède du Père seul, ou du Père

[a] En 313.

138 67B: un peu leur

[6] Licinius, beau-frère et allié de Constantin, 'fit mourir Candidien, fils de Galérius et d'une concubine, mais sa femme Valérie l'avait adopté [...] Il fit mourir encore le fils aîné de Maximin, âgé de huit ans, sa fille âgée de sept ans [...] Valérie, veuve de Galérius et fille de Dioclétien, fut [...] arrêtée à Thessalonique avec sa mère. Leur supplice fut un grand spectacle' (Fleury, *Histoire ecclésiastique*, IX.49; Paris 1719-1734, ii.622).

et du Fils; si Jésus eut deux volontés ou une, ou deux natures, une ou deux personnes.[7]

Enfin, depuis la *consubstantialité* jusqu'à la *transsubstantiation*, 165 termes aussi difficiles à prononcer qu'à comprendre, tout a été sujet de dispute: et toute dispute a fait couler des torrents de sang.

Vous savez combien en fit verser notre superstitieuse Marie fille du tyran Henri VIII, et digne épouse du tyran espagnol Philippe II. Le trône de Charles Ier fut changé en échafaud; et le 170 roi périt par le dernier supplice, après que plus de deux cent mille hommes eurent été égorgés pour une liturgie.[8]

Vous connaissez les guerres civiles de France. Une troupe de théologiens fanatiques appelée *la Sorbonne*, déclare le roi Henri III déchu du trône, et soudain un apprenti théologien[9] l'assassine. 175 Elle déclare le grand Henri IV notre allié incapable de régner, et vingt meurtriers se succèdent les uns aux autres, jusqu'à ce qu'enfin sur la seule nouvelle que ce héros va protéger ses anciens alliés contre les adhérents du pape, un moine feuillant, un maître d'école plonge le couteau dans le cœur du plus vaillant des rois 180 et du meilleur des hommes au milieu de sa capitale, aux yeux de

163 67B: deux volontés ou une seule; s'il eut une ou deux natures,
67A, 67C: deux volontés ou une ou deux natures,
165 67A, 67B: consubstantiabilité
166 67B: termes presque aussi
167-187 67A, 67B: torrents de sang. ¶Ce ne sont pas

[7] Il s'agit de la querelle de l'arianisme, tranchée par le concile de Nicée en 325. Pour Voltaire c'est le comble de l'absurdité. Voir Fleury, *Histoire ecclésiastique*, XI.10-13; éd. 1719-1734, iii.125 ss. Pour la fin de la phrase, le texte de 67B paraît de beaucoup le meilleur.

[8] Marie Tudor, dite Marie la Sanglante, est le symbole et l'instrument de la réaction catholique contre le schisme anglican de son père Henri VIII (voir *Essai*, ii.264). Charles Ier voulut établir la liturgie anglicane en Ecosse, mais ce ne fut évidemment pas la seule cause de sa mort ni de la guerre civile (voir *Essai*, ii.657).

[9] Cet 'apprenti théologien' est le dominicain Jacques Clément (voir *Essai*, ii.527).

son peuple, et dans les bras de ses amis.[10] Et par une contradiction inconcevable sa mémoire est à jamais adorée, et la troupe de Sorbonne qui le proscrivit, qui l'excommunia, qui excommunia ses sujets fidèles, et qui n'a droit d'excommunier personne, subsiste 185 encore à la honte de la France.

Ce ne sont pas les peuples, mes frères, ce ne sont pas les cultivateurs, les artisans ignorants et paisibles, qui ont élevé ces querelles ridicules et funestes, sources de tant d'horreurs et de tant de parricides. Il n'en est malheureusement aucune dont les 190 théologiens n'aient été les auteurs. Des hommes nourris de vos travaux, dans une heureuse oisiveté, enrichis de vos sueurs et de votre misère, combattirent à qui aurait le plus de partisans et le plus d'esclaves; ils vous inspirèrent un fanatisme destructeur, pour être vos maîtres: ils vous rendirent superstitieux, non pas 195 pour que vous craignissiez Dieu davantage, mais afin que vous les craignissiez.

L'Evangile n'a pas dit à Jacques et Pierre, à Barthélemi, nagez dans l'opulence; pavanez-vous dans les honneurs; marchez entourés de gardes. Il ne leur a pas dit non plus, troublez le monde par 200 vos questions incompréhensibles. Jésus, mes frères, n'agita aucune de ces questions. Voudrions-nous être plus théologiens que celui que vous reconnaissez pour votre unique maître? Quoi! il vous a dit, Tout consiste à aimer Dieu, et son prochain, et vous rechercheriez autre chose? 205

Y a-t-il quelqu'un parmi vous? que dis-je, y a-t-il quelqu'un sur la terre qui puisse penser que Dieu le jugera sur des points de théologie, et non pas sur ses actions?

Qu'est-ce qu'une opinion théologique? C'est une idée qui peut être vraie ou fausse, sans que la morale y soit intéressée. Il est 210

189-190 67A, 67B: querelles funestes. Il n'en
198 67B: Jacques, à Pierre
202 67A, 67B: Voudriez-vous être

[10] Ce 'maître d'école', ancien feuillant, est François Ravaillac (voir *Essai*, ii.555).

bien évident que vous devez être vertueux, soit que le Saint-Esprit procède du Père par spiration, ou qu'il procède du Père et du Fils. Il n'est pas moins évident que vous ne comprendrez jamais aucune proposition de cette espèce. Vous n'aurez jamais la plus légère notion comment Jésus avait deux natures et deux volontés 215 dans une personne. S'il avait voulu que vous en fussiez informés, il vous l'aurait dit. Je choisis ces exemples entre cent autres, et je passe sous silence d'autres disputes, pour ne pas réveiller des plaies qui saignent encore.

Dieu vous a donné l'entendement; il ne peut vouloir que vous 220 le pervertissiez. Comment une proposition dont vous ne pouvez jamais avoir d'idée pourrait-elle vous être nécessaire? Que Dieu, qui donne tout, ait donné à un homme plus de lumière, plus de talents qu'à un autre, cela se voit tous les jours. Qu'il ait choisi un homme pour s'unir de plus près à lui qu'aux autres hommes, 225 qu'il en ait fait le modèle de la raison et de la vertu, cela ne révolte point notre bon sens. Personne ne doit nier qu'il soit possible à Dieu de verser ses plus beaux dons sur un de ses ouvrages. On peut donc croire en Jésus, qui a enseigné la vertu et qui l'a pratiquée; mais craignons qu'en voulant aller trop au delà, nous 230 ne renversions tout l'édifice.

Le superstitieux verse du poison sur les aliments les plus salutaires, il est son propre ennemi et celui des hommes. Il se croira l'objet des vengeances éternelles, s'il a mangé de la viande un certain jour; il pense qu'une longue robe grise, avec un capuce 235 pointu et une grande barbe est beaucoup plus agréable à Dieu qu'un visage rasé et une tête qui porte ses cheveux; il s'imagine que son salut est attaché à des formules latines qu'il n'entend point; il a élevé sa fille dans ces principes; elle s'enterre dans un cachot dès qu'elle est nubile; elle trahit la postérité pour plaire à 240 Dieu; plus coupable envers le genre humain, que l'Indienne qui se précipite dans le bûcher de son mari après lui avoir donné des enfants.

223 67A, 67B, 67C: de lumières, plus

Anachorètes des parties méridionales de l'Europe, condamnés par vous-mêmes à une vie aussi abjecte qu'affreuse, ne vous comparez pas aux pénitents du bord du Gange; vos austérités n'approchent pas de leurs supplices volontaires. Mais ne pensez pas que Dieu approuve dans vous ce que vous avouez qu'il condamne dans eux. 245

Le superstitieux est son propre bourreau: Il est encore celui de quiconque ne pense pas comme lui. La délation la plus infâme, il l'appelle *correction fraternelle*; il accuse la naïve innocence qui n'est pas sur ses gardes, et qui dans la simplicité de son cœur n'a pas mis le sceau sur ses lèvres. Il la dénonce à ces tyrans des âmes, qui rient en même temps de l'accusé et de l'accusateur. 250 255

Enfin le superstitieux devient fanatique, et c'est alors que son zèle est capable de tous les crimes au nom du Seigneur.

Nous ne sommes plus, il est vrai, dans ces temps abominables où les parents et les amis s'égorgeaient, où cent batailles rangées couvraient la terre de cadavres pour quelques arguments de l'école: Mais des cendres de ce vaste incendie il renaît tous les jours quelques étincelles; les princes ne marchent plus aux combats à la voix d'un prêtre ou d'un moine; mais les citoyens se persécutent encore dans le sein des villages, et la vie privée est souvent empoisonnée de la peste de la superstition. Que diriez-vous d'une famille qui serait toujours prête à se battre, pour deviner de quelle manière il faut saluer son père? Eh! mes enfants, il s'agit de l'aimer: Vous le saluerez comme vous pourrez. N'êtes-vous frères que pour être divisés, et faudra-t-il que ce qui doit vous unir soit toujours ce qui vous sépare? 260 265 270

Je ne connais pas une seule guerre civile entre les Turcs pour la religion. Que dis-je, une guerre civile? L'histoire n'a remarqué aucune sédition, aucun trouble parmi eux, excité par la contro-

254 67A, 67B: à des tyrans
255 67C, NM-W75G: qui tient en
K: qui vient en
264 67A, 67B, 67C: des villes, et

verse.[11] Est-ce parce qu'ils ont moins de prétextes de disputes? Est-ce parce qu'ils sont nés moins inquiets et plus sages que nous? 275 Ils ne s'informent pas de quelle secte vous êtes, pourvu que vous payiez exactement un tribut léger. Chrétiens latins, chrétiens grecs, jacobites, monothélites, cophtes, protestants, réformés, tout est bien venu chez eux, tandis qu'il n'y a pas trois nations chez les chrétiens qui exercent cette humanité. 280

Enfin, mes frères, Jésus ne fut point superstitieux, il ne fut point intolérant;[12] il n'a pas proféré une seule parole contre le culte des Romains, dont sa patrie était environnée. Imitons son indulgence, et méritons qu'on en ait pour nous.

Ne nous effrayons pas de cet argument barbare si souvent 285 répété: Le voici je crois dans toute sa force.

'Vous croyez qu'un homme de bien peut trouver grâce devant l'Etre des êtres, devant le Dieu de justice et de miséricorde, dans quelque temps, dans quelque lieu, dans quelque religion qu'il ait consumé sa courte vie; et nous au contraire nous affirmons qu'on 290 ne peut plaire à Dieu qu'en étant né parmi nous, ou ayant été enseigné parmi nous: Il nous est démontré que nous sommes les seuls dans le monde qui ayons raison. Nous savons que Dieu étant venu sur la terre et étant mort du dernier supplice pour tous les hommes, il ne veut pourtant avoir pitié que de notre petite 295

274 67B: parce qu'ayant moins de dogmes, ils ont moins de prétextes de disputes?

67A: parce qu'ayant moins

282 67B: intolérant; il communiquait avec les Samaritains; il n'a pas proféré

291 67A, 67B: ou en ayant

[11] Bayle dès 1686 s'exprime en termes analogues: 'Je ne me souviens point d'avoir lu qu'il y ait jamais eu de guerre de religion parmi les païens' (*Commentaire philosophique sur ces paroles de Jésus-Christ: 'Contrains-les d'entrer'*, Cantorbery 1686-1688, p.54).

[12] Voir ligne 282*v*. 'Il communiquait avec les Samaritains', phrase essentielle qui figure dans 67B et le *Recueil nécessaire* de 1768 (RN68), mais que les éditions postérieures omettent. Samarie est la ville des hérétiques, 'la Genève de l'ancienne loi' (M.XXV.440).

assemblée, et que même dans cette assemblée il n'y a que fort peu de personnes qui pourront échapper à des peines éternelles. Prenez donc le parti le plus sûr; entrez dans notre petite assemblée, et tâchez d'être élu chez nous.'

Remercions nos frères qui nous tiennent ce langage; félicitons-les d'être certains que tout l'univers est damné, hors un petit nombre d'entre eux; et croyons que notre secte vaut mieux que la leur, par cela seul qu'elle est plus raisonnable et plus compatissante. Quiconque me dit: *Pense comme moi, ou Dieu te damnera*, me dira bientôt, *Pense comme moi, ou je t'assassinerai.* Prions Dieu qu'il adoucisse ces cœurs atroces, et qu'il inspire à tous ses enfants des sentiments de frères. Nous voilà dans notre île où la secte épiscopale domine depuis Douvres jusqu'à la petite rivière de Twede. De là jusqu'à la dernière des Orcades le presbytérianisme est en crédit, et sous ces deux religions régnantes il y en a dix ou douze autres particulières. Allez en Italie, vous trouverez le despotisme papiste sur le trône. Ce n'est plus la même chose en France: Elle est traitée à Rome de demi-hérétique. Passez en Suisse, en Allemagne, vous couchez aujourd'hui dans une ville calviniste, demain dans une papiste, après demain dans une luthérienne. Allez jusqu'en Russie, vous ne voyez plus rien de tout cela. C'est une secte toute différente. La cour y est éclairée, à la vérité, par une impératrice philosophe. L'auguste Catherine a mis la raison sur le trône, comme elle y a placé la magnificence et la générosité; mais le peuple de ses provinces déteste encore également et luthériens, et calvinistes, et papistes. Il ne voudrait ni manger avec aucun d'eux, ni boire dans le même verre. Or je vous demande, mes frères, ce qui arriverait, si dans une assemblée de tous ces sectaires chacun se croyait autorisé par l'esprit divin à faire triompher son opinion? Ne voyez-vous pas les épées tirées,

300 305 310 315 320 325

309 67A: Towede
67B: Toweede

318-319 67A, 67B: à la vérité; une impératrice philosophe, l'auguste Catherine, a mis

320-321 67A, 67B: déteste également

les potences dressées, les bûchers allumés d'un bout de l'Europe à l'autre? Quel est donc celui qui a raison dans ce chaos de disputes? Le tolérant, le bienfaisant. Ne dites pas qu'en prêchant la tolérance nous prêchons l'indifférence. Non, mes frères; celui qui adore Dieu, et qui fait du bien aux hommes n'est point indifférent. Ce nom convient bien davantage au superstitieux qui pense que Dieu lui saura gré d'avoir proféré des formules inintelligibles, tandis qu'il est en effet très indifférent sur le sort de son frère qu'il laisse périr sans secours, ou qu'il abandonne dans la disgrâce, ou qu'il flatte dans la prospérité, ou qu'il persécute s'il est d'une autre secte, s'il est sans appui et sans protection. Plus le superstitieux se concentre dans des pratiques et dans des croyances absurdes, plus il a d'indifférence pour les vrais devoirs de l'humanité. Souvenons-nous à jamais d'un de nos charitables compatriotes: Il fondait un hôpital pour les vieillards dans sa province; on lui demandait si c'était pour des papistes, des luthériens, des presbytériens, des quakers, des sociniens, des anabaptistes, des méthodistes, des memnonistes? Il répondit, Pour des hommes.

O mon Dieu! écarte de nous l'erreur de l'athéisme qui nie ton existence, et délivre-nous de la superstition qui outrage ton existence, et qui rend la nôtre affreuse.

328 67A, 67B: disputes? L'indulgent, le tolérant
335-337 67A, 67B: prospérité. Plus le superstitieux
344-347 67A, 67B: pour des hommes.//

TROISIÈME HOMÉLIE

Sur l'interprétation de l'Ancien Testament.

MES FRÈRES!

Les livres gouvernent le monde, ou du moins toutes les nations qui ont l'usage de l'écriture; les autres ne méritent pas qu'on les compte. Le *Zenda-Vesta*, attribué au premier Zoroastre, fut la loi des Persans. Le *Védam* et le *Chatabad* sont encore celle des brames. 5
Les Egyptiens furent régis par les livres de Thaut qu'on appela *le premier Mercure*. L'*Alcoran*, ou le *Koran*, gouverne aujourd'hui l'Afrique, l'Egypte, l'Arabie, les Indes, une partie de la Tartarie, la Perse entière, la Scythie dans la Chersonèse, l'Asie mineure, la Syrie, la Thrace, la Thessalie et toute la Grèce, jusqu'au détroit 10
qui sépare Naples de l'Epire. Le *Pentateuque* gouverne les Juifs; et par une singulière providence il est aujourd'hui notre règle. Notre devoir est de lire ensemble cet ouvrage divin, qui est le fondement de notre foi.

Au commencement Dieu créa les cieux et la terre. Et la terre était sans 15
forme et vide; les ténèbres étaient sur la face de l'abîme, et l'esprit de Dieu se mouvait sur le dessus des eaux. Et Dieu dit: Que la lumière soit; et la lumière fut. Et Dieu vit que la lumière était bonne, et Dieu sépara la lumière d'avec les ténèbres. Et Dieu nomma la lumière, jour; *et les ténèbres,* nuit. *Ainsi fut le soir, ainsi fut le matin; ce fut le premier jour.* 20
Puis Dieu dit: Qu'il y ait une étendue entre les eaux, et qu'elle sépare les eaux d'avec les eaux. Dieu donc fit l'étendue, et sépara les eaux d'avec les eaux qui sont au-dessous de l'étendue, d'avec celles qui sont au-dessus de l'étendue; et il fut ainsi. Et Dieu nomma l'étendue, cieux. *Ainsi fut le soir, ainsi fut le matin, ce fut le second jour. Puis Dieu dit: Que les eaux* 25

5 67A, 67B: le Védam est encore celle des brames
22-23 67B: *sépara les eaux qui sont au-dessous de l'étendue, d'avec celles qui sont*

qui sont au-dessous des cieux soient rassemblées en un lieu, et que le sec paraisse, et il fut ainsi, etc.[1]

Nous savons, mes frères, que Dieu en parlant ainsi aux Juifs daigna se proportionner à leur intelligence encore grossière.[2] Personne n'ignore que notre terre n'est qu'un point, en comparaison de l'espace que nous nommons improprement le *ciel*, dans lequel brille cette prodigieuse quantité de soleils, autour desquels roulent des planètes très supérieures à la nôtre. On sait que la lumière n'a pas été faite avant le jour, et que notre lumière vient du soleil. On sait que l'étendue solide entre les eaux supérieures et les inférieures, étendue qui à la lettre signifie *firmament*, est une erreur de l'ancienne physique, adoptée par les Grecs. Mais puisque Dieu parlait aux Juifs, il daignait s'abaisser à parler leur langage. Personne ne l'aurait certainement entendu dans le désert d'Oreb, s'il avait dit: *J'ai mis le soleil au centre de votre monde, le petit globe de la terre roule avec les autres planètes autour de ce grand astre, par qui toutes les planètes sont illuminées; et la lune tourne en un mois autour de la terre. Ces autres astres que vous voyez sont autant de soleils qui président à d'autres mondes etc.*

Si l'éternel géomètre s'était exprimé ainsi, il aurait parlé dignement, il est vrai, en maître qui connaît son ouvrage; mais nul Juif n'aurait compris un mot à ces sublimes vérités. Ce peuple était

27 67A, 67B: *fut ainsi.*//
39-40 67A, 67B: désert d'Horeb, ni ailleurs, s'il
40-44 67A, 67B: avait dit: *Au commencement j'ai imprimé à toute la matière une force centripète et une force centrifuge, qui furent les deux principes de l'arrangement de l'univers. J'ai ordonné que la lumière s'élançât de tous les soleils, et parcourût dix-huit millions de milles en une minute dans un espace non résistant. J'ai voulu que les astres pesassent les uns sur les autres, en raison inverse du carré de leur distance etc.*//
45-48 67A, 67B: ainsi, il est certain que personne n'aurait compris le moindre mot à ces sublimes vérités. Il fallut

[1] Voltaire n'a pas donné ici la référence – évidemment bien connue – au premier chapitre de la Genèse.
[2] Cet argument, familier à Voltaire, a été souvent repris.

d'un col roide[3] et dur d'entendement. Il fallut donner des aliments grossiers à un peuple grossier qui ne pouvait être nourri que par de tels aliments. Il semble que ce premier chapitre de la Genèse fut une allégorie, proposée par l'Esprit Saint, pour être expliquée un jour par ceux que Dieu daignerait remplir de ses lumières. C'est du moins l'idée qu'en eurent les principaux Juifs, puisqu'il fut défendu de lire ce livre avant vingt-cinq ans, afin que l'esprit des jeunes gens, disposé par les maîtres, pût lire l'ouvrage avec plus d'intelligence et de respect.

Les docteurs prétendaient donc qu'à la lettre, le Nil, l'Euphrate, le Tigre et l'Araxe, n'avaient pas en effet leurs sources dans le paradis terrestre, mais que ces quatre fleuves qui l'arrosaient, signifiaient évidemment quatre vertus nécessaires à l'homme.[4] Il était visible selon eux, que la femme formée de la côte de l'homme était l'allégorie la plus frappante de la concorde inaltérable qui doit régner dans le mariage, et que les âmes des époux doivent être unies comme leurs corps. C'est le symbole de la paix et de la fidélité qui doivent régner dans leur société.

Le serpent qui séduisit Eve,[5] *et qui était le plus rusé de tous les animaux de la terre*, est, si nous en croyons Philon lui-même et plusieurs Pères, une expression figurée qui peint sensiblement nos désirs corrompus. L'usage de la parole, que l'Ecriture lui prête, est la voix de nos passions qui parle à nos cœurs. Dieu emploie l'allégorie du serpent, qui était très commune dans tout l'Orient. Il passait pour subtil, parce qu'il se dérobe avec vitesse à ceux qui le poursuivent, et qu'il s'élance avec adresse sur ceux

49 67A, 67B: grossiers, mais salutaires, à un

[3] Voltaire entend cette métaphore au sens intellectuel, comme le prouve la fin de la phrase, et d'ailleurs cela cadre avec l'idée qu'il se fait du peuple juif. On la prend d'ordinaire dans un sens moral.

[4] Sur le paradis terrestre et les quatre fleuves qui l'arrosent, Voltaire est ailleurs moins accommodant que le pasteur des *Homélies*. Voir *La Bible enfin expliquée*, article 'Genèse' (M.xxx.6-8), l'article 'Genèse' du *Dictionnaire philosophique* (M.xix.230), etc.

[5] Genèse iii.1.

qui l'attaquent. Son changement de peau était le symbole de l'immortalité. Les Egyptiens portaient un serpent d'argent dans leurs processions. Les Phéniciens, voisins des déserts des Hébreux, avaient depuis longtemps la fable allégorique d'un serpent qui avait fait la guerre à l'homme et à Dieu. Enfin, le serpent qui tenta Eve a été reconnu pour le diable, qui veut toujours nous tenter et nous perdre. 75 80

Il est vrai que la doctrine du diable, tombé du ciel et devenu l'ennemi du genre humain, ne fut connue des Juifs que dans la suite des siècles;[6] mais le divin auteur qui savait bien que cette doctrine serait un jour répandue, daignait en jeter la semence dans les premiers chapitres de la Genèse. 85

Nous ne connaissons, à la vérité, l'histoire de la chute des mauvais anges que par ce peu de mots de l'Epître de St Jude:[7] *Des étoiles errantes, à qui l'obscurité des ténèbres est réservée éternellement, desquelles Enoc, septième homme après Adam, a prophétisé*. On a cru que ces étoiles errantes étaient les anges transformés en démons malfaisants; et on supplée aux prophéties d'Enoc, septième homme après Adam, lesquelles nous n'avons plus. Mais dans quelque labyrinthe que se perdent les savants, pour expliquer ces choses incompréhensibles, il en résulte toujours que nous devons entendre dans un sens édifiant tout ce qui ne peut être entendu à la lettre. 90 95

Les anciens brachmanes avaient, comme nous l'avons dit,[8] cette théologie plusieurs siècles avant que la nation juive existât. Les

93-94 67A, 67B: expliquer ces mystères, il en
96-122 67A, 67B: la lettre. ¶Mes frères, cherchons dans l'Ecriture

[6] L'assimilation du serpent au diable est tardive. A part quelques allusions aux 'mauvais esprits', à propos de la folie de Saül (I Samuel xvi), au démon Asmodée (Tobie iii.8), à part surtout le Livre de Job, le diable est absent de l'Ancien Testament, et sa fortune ne date que de saint Justin (deuxième siècle). Voir Joseph Turmel, *Histoire du diable* (Paris 1931), p.19 ss.

[7] Jude, 13-14. Il y a aussi Genèse vi.2, texte paraphrasé par le Livre d'Hénoch vi.1.

[8] Dans la 'Première homélie' (voir ci-dessus, p.442-43).

anciens Persans avaient donné des noms aux diables longtemps avant les Juifs. Et vous savez que dans le Pentateuque on ne trouve le nom d'aucun bon ou mauvais ange. On ne connut ni Gabriel, ni Raphaël, ni Satan, ni Asmodée dans les livres juifs, que très longtemps après, et lorsque ce petit peuple eut appris ces noms dans son esclavage à Babilone. Tout cela prouve au moins que la doctrine des êtres célestes et des êtres infernaux a été commune à de grandes nations. Vous la retrouverez dans le livre de Job, précieux monument de l'antiquité. Job est un personnage arabe; c'est en arabe que cette allégorie fut écrite. Il reste encore dans la traduction hébraïque des phrases entières arabes. Voilà donc les Indiens, les Persans, les Arabes et les Juifs, qui les uns après les autres admettent à peu près la même théologie. Elle est donc digne d'une grande attention.

Mais ce qui en est bien plus digne, c'est la morale qui doit résulter de toute cette théologie antique. Les hommes qui ne sont point nés pour être meurtriers, puisque Dieu ne les a point armés contre les lions et les tigres; qui ne sont point nés pour l'imposture, puisqu'ils aiment tous nécessairement la vérité; qui ne sont point nés pour être des brigands ravisseurs, puisque Dieu leur a donné également à tous les fruits de la terre et les toisons de brebis; mais qui cependant sont devenus ravisseurs, parjures et homicides, sont réellement les anges transformés en démons.

Cherchons toujours, mes frères, dans la Sainte Ecriture ce qui nous enseigne la morale et non la physique.

Que l'ingénieux Calmet emploie sa profonde sagacité et sa pénétrante dialectique à trouver la place du paradis terrestre;[9] contentons-nous de mériter, si nous pouvons, le paradis céleste, par la justice, par la tolérance, par la bienfaisance.

Et quant à l'arbre de la science du bien et du mal, tu n'en mangeras point, car le jour que tu en mangeras tu mourras de mort.[a]

[a] Gen. II.17.

[9] Dom Calmet, *Dictionnaire de la Bible*, article 'Paradis'. Après une longue discussion, Calmet conclut à situer le paradis terrestre en Arménie, 'entre les

Les interprètes avouent qu'on n'a jamais connu aucun arbre qui donnât de la science. Adam ne mourut point de mort le jour qu'il en mangea; il vécut encore neuf cent trente années, dit la Sainte Ecriture. Hélas! que sont neuf siècles entre deux éternités! Ce n'est pas même une minute dans le temps, et nos jours passent comme l'ombre. Mais cette allégorie ne nous dit-elle pas clairement, que la science mal entendue est capable de nous perdre? L'arbre de la science porte sans doute des fruits bien amers, puisque tant de savants théologiens ont été persécuteurs ou persécutés, et que plusieurs sont morts d'une mort épouvantable. Ah! mes frères, l'Esprit Saint a voulu nous faire voir combien une fausse science est dangereuse, combien elle enfle le cœur, et à quel point un docteur est souvent absurde. 130 135 140

C'est de ce passage que St Augustin conclut l'imputation faite à tous les hommes de la désobéissance du premier. C'est lui qui développa la doctrine du péché originel, soit que la souillure de ce péché ait corrompu nos corps, soit que les âmes qui entrent dans nos corps en soient abreuvées; mystère en tout point incompréhensible, mais qui nous avertit du moins de ne point vivre dans le crime, si nous sommes nés dans le crime. 145

Et l'Eternel mit une marque sur Caïn, afin que quiconque le trouverait ne le tuât point.[b] C'est ici surtout, mes frères, que les Pères sont opposés les uns aux autres. La famille d'Adam n'était pas encore nombreuse; l'Ecriture ne lui donne d'autres enfants qu'Abel et Caïn, dans le temps que ce premier fut assassiné par son frère. Comment Dieu est-il obligé de donner une sauvegarde à Caïn contre tous ceux qui pourront le punir? Remarquons seulement 150 155

[b] Gen. IV.

n. *b* 67A, la note est appelée, mais absente
67B: Gen. IV, 15
156 67A, 67B: le tuer. Remarquons

sources du Tigre, de l'Euphrate, de l'Araxe et du Phasis'.

que Dieu pardonne à Caïn un fratricide, après lui avoir donné sans doute des remords. Profitons de cette leçon; ne condamnons pas nos frères aux plus épouvantables supplices, pour des causes légères. Quand Dieu daigne avoir de l'indulgence pour un meurtre 160 abominable, imitons le Dieu de miséricorde. On nous objecte, que Dieu en pardonnant à un cruel meurtrier, damne à jamais tous les hommes pour la transgression d'Adam, qui n'était coupable que d'avoir mangé d'un fruit défendu. Il semble à notre faible raison que Dieu soit injuste en favorisant le fratricide, et en 165 punissant éternellement tous les enfants de ce coupable, non pas pour expier un fratricide, mais pour une désobéissance qui semble excusable. C'est, dit-on, une contradiction intolérable qu'on ne peut admettre dans l'Etre infiniment bon. Mais cette contradiction n'est qu'apparente. Dieu, en nous livrant, nous, nos pères et nos 170 enfants, aux flammes pour la désobéissance d'Adam, nous envoie, quatre mille ans après, Jésus-Christ pour nous délivrer; et il conserve la vie à Caïn pour peupler la terre; ainsi il est partout le Dieu de justice et de miséricorde. St Augustin appelle la faute d'Adam une faute heureuse; mais celle de Caïn fut plus heureuse 175 encore, puisque Dieu prit soin de lui mettre lui-même un signe, qui était une marque de sa protection.

Tu feras le comble de l'arche d'une coudée de hauteur, etc.[c] Nous voici parvenus au plus grand des miracles, devant lequel il faut que la raison s'humilie, et que le cœur se brise. Nous savons assez 180 avec quelle audace dédaigneuse les incrédules s'élèvent contre le prodige d'un déluge universel.[10]

[c] Gen. VI.16, etc.

162-163 67A, 67B: damne tous les
165-166 67C-W75G: favorisant éternellement tous
K: en flétrissant éternellement
167-168 67A, 67B: désobéissance. C'est
170-171 67A, 67B: en nous livrant aux flammes

[10] Voltaire a marqué de signets et de traits dans la marge les passages du

C'est en vain qu'ils objectent que dans les années les plus pluvieuses, il ne tombe pas trente pouces d'eau sur la terre pendant une année; que même pendant cette année il y a autant de terrains 185 qui n'ont point reçu la pluie, qu'il y en a d'inondés; que la loi de la gravitation empêche l'Océan de franchir ses bornes; que s'il couvrait la terre il laisserait son lit à sec; qu'en couvrant la terre il ne pourrait surpasser le sommet des montagnes de quinze coudées; que les animaux qui entraient dans l'arche ne pouvaient 190 venir d'Amérique ni des terres australes; que sept paires d'animaux purs, et deux paires d'animaux impurs pour chaque espèce n'auraient pu être contenus seulement dans vingt arches; que ces vingt arches n'auraient pu contenir tout le fourrage qu'il leur fallait, non seulement pendant dix mois, mais pendant l'année suivante, 195 année pendant laquelle la terre trop abreuvée ne pouvait rien produire; que les animaux voraces, qui se nourrissent de chair, seraient péris faute de nourriture; que huit personnes qui étaient dans l'arche n'auraient pu suffire à distribuer aux animaux leur pâture journalière. Enfin, ils ne tarissent point sur les difficultés; 200 mais on lève toutes ces difficultés en leur faisant voir que ce grand événement est un miracle: et dès lors toute dispute est finie.

Or ça, bâtissons une ville et une tour, de laquelle le sommet soit jusqu'aux cieux, et acquérons-nous de la réputation, de peur que nous ne soyons dispersés par toute la terre.[d] 205

Les incrédules prétendent qu'on peut avoir de la réputation et être dispersé. Ils demandent, si les hommes ont pu jamais être assez insensés pour vouloir bâtir une tour qui s'élevât jusqu'au ciel. Ils disent que cette tour ne s'élève que dans l'air, et si par l'air on entend le ciel, elle sera nécessairement dans le ciel, ne 210

[d] Gen. XI.4.

193 67B: contenus dans

Commentaire littéral de Calmet qui portent sur l'universalité du déluge (CN, ii.43-45).

fût-elle haute que de vingt pieds: Que si tous les hommes alors parlaient la même langue, ce qu'ils pouvaient faire de plus sage était de se réunir dans la même ville, et de prévenir la corruption de leur langage. Ils étaient apparemment tous dans leur patrie, puisqu'ils étaient tous d'accord pour y bâtir. Les chasser de leur patrie est tyrannique: leur faire parler de nouvelles langues tout d'un coup est absurde. Par conséquent, disent-ils, on ne peut regarder l'histoire de la tour de Babel que comme un conte oriental. 215

Je réponds à ce blasphème, que ce miracle étant écrit par un auteur qui a rapporté tant d'autres miracles, doit être cru comme les autres. Les œuvres de Dieu ne doivent ressembler en rien aux œuvres des hommes. Les siècles des patriarches et des prophètes ne doivent tenir en rien des siècles des hommes ordinaires. Dieu qui ne descend plus sur la terre, y descendait alors souvent pour voir lui-même ses ouvrages. C'est la tradition de toutes les grandes nations anciennes. Les Grecs qui n'eurent aucune connaissance des livres juifs que longtemps après la traduction faite dans Alexandrie par les Juifs hellénistes, les Grecs avaient cru avant Homère et Hésiode, que le grand Zeus et tous les autres dieux, descendaient de l'air pour visiter la terre. Quel fruit pouvons-nous tirer de cette idée généralement établie? que nous sommes toujours en présence de Dieu, et que nous ne devons nous livrer à aucune action, à aucune pensée qui ne soit conforme à sa justice. En un mot, la tour de Babel n'est pas plus extraordinaire que tout le reste. Le livre est également authentique dans toutes ses parties. On ne peut nier un fait sans nier tous les autres: il faut soumettre sa raison orgueilleuse, soit qu'on lise cette histoire comme véridique, soit qu'on la regarde comme un emblème. 220 225 230 235

Et en ce jour, le Seigneur traita alliance avec Abraham, en disant: J'ai donné à ta postérité ce pays, depuis le fleuve d'Egypte jusqu'à l'Euphrate.[e] 240

[e] Gen. XV.18.

226-235 67A, 67B: ses ouvrages. En un mot

Les incrédules triomphent, de voir que les Juifs n'ont jamais possédé qu'une partie de ce que Dieu leur a promis. Ils trouvent même injuste que le Seigneur leur ait donné cette portion. Ils disent que les Juifs n'y avaient pas le moindre droit; qu'un voyage fait autrefois par un Chaldéen dans un pays barbare, ne pouvait être un prétexte légitime d'envahir ce petit pays; qu'un homme qui se dirait aujourd'hui descendant de St Patrick serait mal reçu à venir saccager l'Irlande, en disant qu'il en a reçu l'ordre de Dieu. Mais considérons toujours combien les temps sont changés; respectons les livres juifs, en nous gardant d'imiter jamais ce peuple. Dieu ne commande plus ce qu'il commandait autrefois. 245 250

On demande quel est cet Abraham, et pourquoi on fait remonter le peuple juif à un Chaldéen, fils d'un potier idolâtre,[11] qui n'avait aucun rapport avec les gens du pays de Canaan, et qui ne pouvait entendre leur idiome? Ce Chaldéen va jusqu'à Memphis avec sa femme courbée sous le poids des ans, et cependant belle encore. Pourquoi de Memphis ce couple se transporte-t-il dans le désert de Guerar? comment y a-t-il un roi dans cet horrible désert? comment le roi d'Egypte et le roi de Guerar sont-ils tous deux amoureux de la vieille épouse d'Abraham?[12] ce ne sont là que des difficultés historiques. L'essentiel est d'obeir à Dieu. La Sainte Ecriture nous représente toujours Abraham comme soumis sans 255 260

243-266 67A, 67B: leur a promis. La parole de Dieu, disent-ils, ne peut être trompeuse. Non, mais la parole de Dieu peut être conditionnelle. Les péchés des Juifs les ont privés de toutes les bénédictions dont Dieu les comblait. Combien de fois les prophètes n'ont-ils pas promis que toutes les nations viendraient adorer à Jérusalem! Cependant les nations n'y sont venues que pour la détruire, et pour mettre les Juifs en esclavage. Il en est des Juifs comme des autres nations, que Dieu peut combler de ses bontés ou de ses vengeances, selon sa miséricorde ou sa justice. ¶*Or sur le soir*

[11] Tharé, père d'Abraham, est descendant de Sem, fils de Noé; Tharé et Abraham sont nés à Ur, en Chaldée. Le Seigneur a promis à Abraham la terre de Chanaan (Genèse xi-xii). Mais pourquoi un 'potier idolâtre'? Potier, est-ce à cause des briques dont fut bâtie la tour de Babel? Pour idolâtre, Tharé le fut sans doute, comme beaucoup d'Hébreux ses contemporains, par périodes.

[12] Genèse xii et xx.

réserve aux volontés du Très-Haut: songeons à l'imiter plutôt qu'à disputer. 265

Or sur le soir deux anges vinrent à Sodome etc.[f] C'est ici une pierre de scandale pour les examinateurs qui n'écoutent que leur raison. Deux anges, c'est-à-dire deux créatures spirituelles, deux ministres célestes de Dieu, qui ont un corps terrestre, qui inspirent des désirs infâmes à toute une ville, et même aux vieillards; un père 270 de famille qui veut prostituer ses deux filles, pour sauver l'honneur de ces deux anges: Une ville changée en un lac par le feu: Une femme métamorphosée en une statue de sel: Deux filles qui trompent et qui enivrent leur père, pour commettre un inceste avec lui, de peur, disent-elles, que sa race ne périsse; tandis 275 qu'elles ont tous les habitants de la ville de Thsoar, parmi lesquels elles peuvent choisir! Tous ces événements rassemblés forment une image révoltante. Mais si nous sommes raisonnables, nous conviendrons avec St Clément d'Alexandrie, et avec tous les Pères qui l'ont suivi, que tout est ici allégorique. 280

Souvenons-nous que c'était la manière d'écrire de tout l'Orient. Les paraboles furent si longtemps en usage, que l'auteur de toute vérité, quand il vint sur la terre, ne parla aux Juifs qu'en paraboles.

Les paraboles composent toute la théologie profane de l'antiquité. Saturne qui dévore ses enfants, est visiblement le temps 285 qui détruit ses propres ouvrages. Minerve est la sagesse; elle est formée dans la tête du maître des dieux. Les flèches de l'enfant Cupidon et son bandeau ne sont que des figures trop sensibles. La chute de Phaëton est un emblème admirable des ambitieux. Tout n'est pas allégorie dans la théologie païenne: Tout ne l'est 290 pas non plus dans l'histoire sacrée du peuple juif. Les Pères

[f] Gen. XIX tout entier.[13]

288-290 67A, 67B: sensibles. Tout n'est pas

[13] Passages marqués de plusieurs signets dans le *Commentaire littéral* (CN, ii.46).

distinguent ce qui est purement historique ou purement parabole, et ce qui est mêlé de l'un et de l'autre. Il est difficile, j'en conviens, de marcher dans ces chemins escarpés; mais pourvu que nous apprenions à nous conduire dans le chemin de la vertu, qu'importe 295 celui de la science?

Le crime que Dieu punit ici est horrible: Que cela nous suffise. La femme de Loth est changée en statue de sel, pour avoir regardé derrière elle.[14] Modérons les emportements de notre curiosité. En un mot, que toutes les histoires de l'Ecriture servent à nous rendre 300 meilleurs, si elles ne nous rendent pas plus éclairés.

Il y a, ce me semble, mes frères, deux manières d'interpréter figurément et dans un sens mystique les Saintes Ecritures: La première, qui est incontestablement la meilleure, est celle de tirer de tous les faits des instructions pour la conduite de la vie. Si 305 Jacob fait une cruelle injustice à son frère Esaü, s'il trompe son beau-père Laban, conservons la paix dans nos familles, et agissons avec justice envers nos parents. Si le patriarche Ruben déshonore le lit de son père Jacob, ayons cet inceste en horreur. Si le patriarche Juda commet un inceste encore plus odieux avec Tha- 310 mar sa belle-fille, n'en ayons que plus d'aversion pour ces iniquités. Quand David ravit la femme d'Uriah et qu'il assassine son mari, quand Salomon assassine son frère, quand presque tous les petits rois juifs sont des meurtriers barbares, adoucissons nos mœurs en lisant cette suite affreuse de crimes.[15] Lisons enfin toute 315 la Bible dans cet esprit: Elle inquiète celui qui veut être savant; elle console celui qui ne veut être qu'homme de bien.

L'autre manière de développer le sens caché des Ecritures est celle de regarder chaque événement comme un emblème historique et physique. C'est la méthode qu'ont employée St 320

305-306 67A, 67B: Si Jacob semble faire une injustice à
311-315 67A, 67B: ces iniquités. Lisons enfin

[14] Voir ci-dessus, *Les Questions de Zapata*, p.387, n.20.
[15] Jacob et Laban: Genèse xxvii et xxx; Ruben: Genèse xxxv.22; Juda: Genèse xxxviii.18; David et Uriah: II Rois xi; Salomon et son frère: III Rois ii.24-25.

Clément, le grand Origène, le respectable St Augustin, et tant d'autres Pères. Selon eux le morceau de drap rouge que la prostituée Rahab pend à sa fenêtre, est le sang de Jésus-Christ. Moïse étendant les bras annonce le signe de la croix. Juda liant son ânon à la vigne,[16] figure l'entrée de Jésus-Christ dans Jérusalem. St Augustin compare l'arche de Noé à Jésus. St Ambroise, dans son livre septième *de Arca*, dit que la petite porte de dégagement pratiquée dans l'arche signifie l'ouverture par laquelle l'homme jette la partie grossière des aliments. Quand même toutes ces explications seraient vraies, quel fruit en pourrions-nous retirer? Les hommes en seront-ils plus justes, quand ils sauront ce que signifie la petite porte de l'arche? Cette méthode d'expliquer l'Ecriture sainte n'est qu'une subtilité de l'esprit; et elle peut nuire à la simplicité du cœur.

Ecartons tous les sujets de dispute, qui divisent les nations, et pénétrons-nous des sentiments qui les réunissent. La soumission à Dieu, la résignation, la justice, la bonté, la compassion, la tolérance, voilà les grands principes. Puissent tous les théologiens de la terre vivre ensemble comme les commerçants, qui, sans examiner dans quel pays ils sont nés, dans quelles pratiques ils ont été nourris, suivent entre eux les règles inviolables de l'équité, de la fidélité, de la confiance réciproque: Ils sont par ces principes les liens de toutes les nations.[17] Mais ceux qui ne connaissent que leurs opinions, et qui condamnent toutes les autres; ceux qui

[16] Rahab: Josué ii.18; Moïse étendant les bras: Exode xvii.11-12 (cf. CN, ii.767); Juda et l'ânon: Genèse xlix.10-11.

[17] 'Quelques particuliers audacieux font armer les rois, la guerre s'allume, tout s'embrase, l'Europe est divisée; mais le négociant anglais, russe ou chinois n'en est pas moins l'ami de mon cœur; nous sommes, sur la surface de la terre, autant de fils de soie qui lient ensembles les nations, et les ramènent à la paix par la nécessité du commerce' (Sedaine, *Le Philosophe sans le savoir*, II.iv). La pièce avait été jouée en décembre 1765. Voltaire en a entendu parler (lettre aux d'Argental du 21 décembre 1765; D13051), puis il l'a lue, et bien qu'il l'admire peu (à Damilaville, 1er avril 1766; D13232), il n'est pas impossible qu'il se soit souvenu de cette tirade, qui est, lyrisme à part, en accord avec ses propres idées. Voltaire possédait l'ouvrage dans sa seconde édition (1766; BV, no.3131). Voir aussi le *Pot-pourri*, ch.5 (M.xxv.263 ss).

croient que la lumière ne luit que pour eux, et que les autres hommes marchent dans les ténèbres; ceux qui se feraient un scrupule de communiquer avec les religions étrangères, ceux-là ne méritent-ils pas le titre d'ennemis du genre humain? 345

Je ne dissimulerai point que les plus savants hommes assurent que le Pentateuque n'est point de Moïse. Newton, le grand Newton, qui seul a découvert le premier principe de la nature, qui seul a connu la lumière, cet étonnant génie qui avait tant approfondi l'histoire ancienne, attribue le Pentateuque à Samuel.[18] D'autres savants respectables croient qu'il fut fait du temps d'Osias par le scribe Saphan. D'autres enfin prétendent qu'Esdras en fut l'auteur au retour de la captivité. Tous s'accordent avec quelques Juifs modernes à ne point croire que cet ouvrage soit de Moïse. Cette grande objection n'est pas si terrible qu'elle le paraît. Nous révérons certainement le Décalogue, par quelque main qu'il ait été écrit. Nous sommes en disputes sur la date de plusieurs lois que les uns attribuent à Edouard III, les autres à Edouard II: mais nous n'en adoptons pas moins ces lois, parce que nous les trouvons justes et utiles. Si même dans le préambule il y a des faits qu'on révoque en doute, si nos compatriotes rejettent ces faits, ils ne rejettent point la loi qui subsiste. 350 355 360 365

Distinguons toujours l'histoire du dogme, et le dogme de la morale, de cette morale éternelle que tous les législateurs ont enseignée, et que tous les peuples ont reçue.

O morale sainte! ô mon Dieu qui en êtes le créateur, je ne vous enfermerai point dans les limites d'une province; vous régnez sur 370

348-420 67A, 67B: genre humain? Je finirai tous mes discours par vous faire souvenir que tous les hommes sont frères.//

[18] 'Newton qui s'est avili jusqu'à examiner sérieusement cette question, prétend que ce fut Samuel qui écrivit ces rêveries [...] Je conjecture qu'Esdras forgea tous ces Contes du tonneau' (*Examen important de milord Bolingbroke*, ch.4; voir ci-dessus, p.186-89). Voltaire possédait dans sa bibliothèque *La Chronologie des anciens royaumes corrigée*, par Isaac Newton, dans la traduction française de F. Granet (1728), ainsi qu'une édition anglaise de la même année (BV, no.2566-67).

tous les êtres pensants et sensibles. Vous êtes le Dieu de Jacob, mais vous êtes le Dieu de l'univers.

Je ne puis finir ce discours, mes chers frères, sans vous parler des prophètes.[19] C'est un des grands objets sur lesquels nos ennemis pensent nous accabler: ils disent que dans l'antiquité tout peuple avait ses prophètes, ses devins, ses voyants. Mais si les Egyptiens, par exemple, avaient anciennement de faux prophètes, s'ensuit-il que les Juifs ne pussent en avoir de véritables? on prétend qu'ils n'avaient aucune mission, aucun grade, aucune autorisation légale; cela est vrai, mais ne pourraient-ils pas être autorisés par Dieu même? Ils s'anathématisaient les uns les autres, ils se traitaient réciproquement de fourbes et d'insensés. Et le prophète Sédékia ose même donner un soufflet au prophète Michée en présence du roi Josaphat.[20] Nous n'en disconvenons pas. Les Paralipomènes rapportent ce fait. Mais un ministère est-il moins saint quand les ministres le déshonorent? et nos prêtres n'ont-ils pas fait cent fois pis que de se donner des soufflets?

Dieu ordonne à Ezéchiel de manger un livre de parchemin, de mettre des excréments humains sur son pain; de partager ensuite ses cheveux en trois parties et d'en jeter une dans le feu; de se faire lier, de coucher trois cent quatre-vingt-dix jours sur le côté gauche, et quarante sur le côté droit.[21] Dieu commande expressément au prophète Ozée de prendre une fille de fornication, et d'en avoir des enfants de fornication. Dieu veut ensuite qu'Ozée couche avec une femme adultère pour quinze drachmes et un boisseau et demi d'orge.[22] Tous ces commandements de Dieu scandalisent les esprits qui se disent sages. Mais ne seront-ils pas plus sages, s'ils voient que ce sont des allégories, des types, des

375

380

385

390

395

[19] Le texte primitif (67A, 67B) se terminait avant le passage sur le Pentateuque (ligne 348). La partie de l'addition qui concerne les prophètes – sujet sur lequel Voltaire est cent fois revenu, dans le même sens (cf. *Les Questions de Zapata*) – semble ici artificiellement rapportée.

[20] III Rois xxii.24 et II Paralipomènes xviii.23.

[21] Ezéchiel iii.1-3, iv.12, v.1-2, iv.4-6. Voir ci-dessus, *Les Questions de Zapata*, p.397 et n.51.

[22] Osée i.2, iii.1-2. Voir ci-dessus, *Les Questions de Zapata*, p.399 et n.56.

paraboles conformes aux mœurs des Israélites; qu'il ne faut ni demander compte à un peuple de ses usages, ni demander compte à Dieu des ordres qu'il a donnés en conséquence de ces usages reçus? 400

Dieu n'a pu ordonner sans doute à un prophète d'être débauché et adultère; mais il a voulu faire connaître qu'il réprouvait les crimes et les adultères de son peuple chéri. Si nous ne lisions pas la Bible dans cet esprit, hélas! nous serions révoltés et indignés à chaque page. 405

Edifions-nous de ce qui fait le scandale des autres; tirons une nourriture salutaire de ce qui leur sert de poison. Quand le sens propre et littéral d'un passage paraît conforme à notre raison, tenons-nous en à ce sens naturel. Quand il paraît contraire à la vérité, aux bonnes mœurs, cherchons un sens caché dans lequel la vérité et les bonnes mœurs se concilient avec la Sainte Ecriture. C'est ainsi qu'en ont usé tous les Pères de l'Eglise. C'est ainsi que nous agissons tous les jours dans le commerce de la vie. Nous interprétons toujours favorablement les discours de nos amis et de nos partisans. Traiterons-nous avec plus de dureté les saints livres des Juifs qui sont l'objet de notre foi? Enfin, lisons les livres juifs pour être chrétiens; et s'ils ne nous rendent pas plus savants, qu'ils servent au moins à nous rendre meilleurs. 410 415 420

QUATRIÈME HOMÉLIE

Sur l'interprétation du Nouveau Testament.

MES FRÈRES,

Il est dans le Nouveau Testament, comme dans l'Ancien, des profondeurs qu'on ne peut sonder, et des sublimités où la faible raison ne peut atteindre. Je ne prétends ici ni concilier les Evangiles, qui semblent quelquefois se contredire, ni expliquer des mystères, qui, de cela même qu'ils sont mystères, doivent être inexplicables. Que des hommes plus savants que moi examinent si la Sainte Famille se transporta en Egypte après le massacre des enfants de Bethléem, selon St Matthieu,[1] ou si elle resta en Judée, selon St Luc;[2] qu'ils recherchent si le père de Joseph s'appelait Jacob, son grand-père Matham, son bisaïeul Eléasar, ou bien si son bisaïeul était Lévi, son grand-père Matat et son père Héli;[3] qu'ils disposent selon leurs lumières de cet arbre généalogique; c'est une étude que je respecte. J'ignore si elle éclairera mon esprit; mais je sais bien qu'elle ne peut parler à mon cœur. La science n'est pas la vertu. Paul apôtre dit lui-même dans sa première Epître à Timothée, qu'il ne faut pas s'occuper des généalogies.[4] Nous n'en serons pas plus gens de bien, quand nous saurons précisément quels étaient les aïeux de Joseph; dans quelle année Jésus vint au monde; et si Jacques était son frère, ou son cousin germain.[5] Que nous servira d'avoir consulté tout ce qui

[1] Matthieu ii.13-15.

[2] Luc ne parle pas de la fuite en Egypte. Cf. *Les Questions de Zapata*, n° 52 (p.401).

[3] Eléazar, Mathan, Jacob, Joseph représentent les ancêtres de Jésus selon Matthieu, i.15-16; Lévi, Matat, Héli, Joseph la même généalogie selon Luc iii.23-24. Cf. *Les Questions de Zapata*, n° 50 (p.399-400).

[4] I Timothée i.4.

[5] Jacques, frère du Seigneur, qui n'est pas l'apôtre Jacques, est nommé dans l'Epître de saint Paul aux Galates, i.19. La tradition fait de lui le chef de l'Eglise de Jérusalem. Certains théologiens veulent voir en lui un cousin germain de Jésus, pour sauvegarder la virginité de Marie, bien qu'il soit souvent question

nous reste des annales romaines, pour voir si en effet Auguste ordonna qu'on fit un dénombrement des peuples de toute la terre, quand Marie était enceinte de Jésus, quand Quirinus était gouverneur de la Syrie, et qu'Hérode régnait encore en Judée. 25
Quirinus que St Luc appelle Cirénius, (disent les savants) ne fut gouverneur de Syrie que dix ans après; ce n'était pas du temps d'Hérode, c'était du temps d'Archelaüs, et jamais Auguste n'ordonna un dénombrement de l'empire romain.[6]

On nous crie que l'Epître aux Hébreux attribuée à Paul n'est 30
point de Paul; que ni l'Apocalypse, ni l'Evangile de Jean ne sont point de Jean; que le premier chapitre de cet Evangile est évidemment d'un Grec platonicien, qu'il est impossible que ce livre soit d'un Juif; que jamais un Juif n'aurait fait prononcer ces paroles à Jésus, *Je vous fais un commandement nouveau; c'est que vous* 35
vous aimiez les uns les autres.[7] Certes, disent-ils, ce commandement n'était point nouveau. Il est énoncé expressément, et en termes plus énergiques, dans les lois du Lévitique, *Tu aimeras ton Dieu plus que toute autre chose, et ton prochain comme toi-même.*[8] Un homme tel que Jésus-Christ, disent-ils, un homme savant dans les 40
Ecritures, et qui confondait les docteurs à l'âge de douze ans,[9] un homme qui parle toujours de la loi, ne pouvait ignorer la loi; et son disciple bien-aimé ne peut lui avoir imputé une erreur si palpable.

Mes frères, ne nous troublons point; songeons que Jésus parlait 45
un idiome peu intelligible aux Grecs, composé du syriaque et du

29-56 67A, 67B: l'empire romain. ¶Irons-nous
31-32 67C, K: ne sont de Jean
38-39 67C: *tu aimeras ton dieu et ton prochain comme toi-même*

des frères de Jésus dans les Evangiles, en particulier Marc iii.31-33 et Jean vii.3-5; malgré aussi Matthieu i.25 et Luc ii.7, où il est dit que Marie enfanta 'son fils premier né.'

[6] Cf. *Les Questions de Zapata*, n° 51 (p.400-401 et n.60).

[7] Jean xii.34.

[8] Lévitique xix.18.

[9] Luc ii.42-46.

phénicien; que nous n'avons l'Evangile de St Jean qu'en grec; que cet Evangile fut écrit plus de cinquante ans après la mort de Jésus; que les copistes peuvent aisément avoir altéré le texte; qu'il est plus probable que le texte portait, *je vous fais un commandement qui n'est pas nouveau*, qu'il n'est probable qu'il portât en effet ces mots, *je vous fais un commandement nouveau*. Enfin, revenons à notre grand principe; le précepte est bon; c'est à nous à le suivre si nous pouvons; soit que Zoroastre l'ait annoncé le premier, soit que Moïse l'ait écrit, soit que Jésus l'ait renouvelé. 50 55

Irons-nous pénétrer dans les plus épaisses ténèbres de l'antiquité, pour voir si les ténèbres qui couvrirent toute la terre à la mort de Jésus furent une éclipse de soleil dans la pleine lune; si un astronome nommé Phlégon, que nous n'avons plus, a parlé de ce phénomène, ou si quelque autre a jamais observé l'étoile des trois mages. Ces difficultés peuvent occuper un antiquaire;[10] mais en consumant un temps précieux à débrouiller ce chaos, il ne l'aura pas employé en bonnes œuvres, il aura plus de doutes que de piété. Mes frères, celui qui partage son pain avec le pauvre vaut mieux que celui qui a comparé le texte hébreu avec le grec, et l'un et l'autre avec le samaritain. 60 65

Ce qui ne regarde que l'histoire fait naître mille disputes: Ce qui concerne nos devoirs n'en souffre aucune. Vous ne comprendrez jamais comment le diable emporta Dieu dans le désert; comment il le tenta pendant quarante jours; comment il le transporta au haut d'une colline dont on découvrait tous les royaumes de la terre.[11] Le diable qui offre à Dieu tous ces royaumes, pourvu que Dieu l'adore, pourra révolter votre esprit; vous chercherez quel mystère est caché sous ces paraboles et sous tant d'autres; votre entendement se fatiguera en vain; chaque parole vous plongera 70 75

60 67A, 67B: si quelque auteur a observé l'étoile
69 67A, 67B: le diable conduisit Dieu

[10] Au sens classique: celui qui s'applique à l'étude de l'Antiquité.
[11] Matthieu iv.1-10; Marc i.12-13; Luc iv.11-13; cf. *Les Questions de Zapata*, n° 54 (p.402).

dans l'incertitude et dans les angoisses d'une curiosité inquiète, qui ne peut se satisfaire. Mais si vous vous bornez à la morale, cet orage se dissipe, vous reposez dans le sein de la vertu.

J'ose me flatter, mes frères, que si les plus grands ennemis de la religion chrétienne nous entendaient dans ce temple écarté où l'amour de la vertu nous rassemble; si les lords Herbert, Shaftsburi, Bolingbroke, si les Tindal, les Toland, les Collins, les Whilston, les Trenchard, les Gordon, les Swift,[12] étaient témoins de notre douce et innocente simplicité, ils auraient pour nous moins de mépris et d'horreur. Ils ne cessent de nous reprocher un fanatisme absurde. Nous ne sommes point fanatiques en étant de la religion de Jésus; il adorait un Dieu, et nous l'adorons. Il méprisait de vaines cérémonies, et nous les méprisons. Aucun Evangile n'a dit que sa mère fût mère de Dieu, aucun n'a dit qu'il fût consubstantiel à Dieu, ni qu'il eût deux natures et deux volontés dans une même personne, ni que le Saint-Esprit procédât du Père et du Fils.[13] Vous ne trouverez dans aucun Evangile que les disciples de Jésus doivent s'arroger le titre de *Saint-Père*, de *milord*, de *monseigneur*; que douze mille pièces d'or doivent être le revenu d'un prêtre qui demeure à Lambeth,[14] tandis que tant de cultivateurs utiles ont à peine de quoi ensemencer les trois ou quatre acres de terre qu'ils labourent et qu'ils arrosent de pleurs. L'Evangile n'a point dit aux

78-109 67A, 67B: de la vertu. ¶Jésus vous a dit, comme Moïse: *Aimez Dieu et votre prochain*. Il vous a dit, que c'est là toute la loi, que c'est là tout l'homme. Qui osera donc aller au delà? Quel chrétien osera imposer un joug que Jésus n'a point imposé? ¶Je ne vous répéterai point ici combien de fois il nous a fait entendre que son royaume n'est pas de ce monde, et combien de fois ceux qui se sont dits les premiers de ses suivants ont tout renversé, tout ensanglanté, pour dominer sur ce malheureux monde. ¶Vous savez

[12] Ce sont les déistes anglais que Voltaire a beaucoup lus et cités (voir N. Torrey, *Voltaire and the English deists*, New Haven 1930).

[13] Encore le symbole de Nicée, comme dans la deuxième homélie (note 7), *et passim*.

[14] Lambeth est le quartier de Londres où se trouve le palais de l'archevêque de Canterbury.

évêques de Rome, Forgez une donation de Constantin[15] pour vous emparer de la ville des Scipions et des Césars, pour oser être suzerains du royaume de Naples. Evêques allemands, profitez d'un temps d'anarchie pour envahir la moitié de l'Allemagne. Jésus fut un pauvre qui prêcha des pauvres. Que dirions-nous des disciples de Pen et de Fox,[16] ennemis du faste, ennemis des honneurs, amoureux de la paix, s'ils marchaient une mitre d'or en tête entourés de soldats; s'ils ravissaient la substance des peuples, s'ils voulaient commander aux rois, si leurs satellites suivis de bourreaux criaient à haute voix, Nations imbéciles, croyez à Fox et à Pen, ou vous allez expirer dans les supplices?

Vous savez mieux que moi quel funeste contraste tous les siècles ont vu entre l'humilité de Jésus, et l'orgueil de ceux qui se sont parés de son nom; entre leur avarice, et sa pauvreté; entre leurs débauches, et sa chasteté; entre sa soumission, et leur sanguinaire tyrannie.

De toutes ses paroles, mes frères, j'avoue que rien ne m'a fait plus d'impression que ce qu'il répondit à ceux qui eurent la brutalité de le frapper avant qu'on le conduisît au supplice: *Si j'ai mal dit, rendez témoignage du mal; et si j'ai bien dit, pourquoi me frappez-vous?*[17] Voilà ce qu'on a dû dire à tous les persécuteurs. Si j'ai une opinion différente de la vôtre, sur des choses qu'il est impossible d'entendre; si je vois la miséricorde de Dieu, là où vous ne voulez

118 67A: Voilà ce qu'ont dû dire tous les persécutés à leurs persécuteurs.
67B: Voilà ce qu'ont dû dire tous les persécuteurs.
119-120 67A, 67B: est difficile d'entendre

[15] Célèbre apocryphe du huitième siècle, rédigé pour favoriser la puissance des papes, en supposant que l'empereur Constantin leur avait reconnu la souveraineté sur l'Italie et 'toutes les provinces occidentales'. Cf. CN, iii.298.

[16] George Fox (1624-1691) est le fondateur de la secte des quakers, à qui Voltaire a fait le sort qu'on sait dans les quatre premières *Lettres anglaises*. William Penn (1644-1718) porta la doctrine en Amérique et fut le fondateur de la Pennsylvanie. Tous deux sont des mystiques opposés à toute hiérarchie et 'amoureux de la paix'.

[17] Jean xviii.23.

voir que sa puissance; si j'ai dit que tous les disciples de Jésus étaient égaux, quand vous avez cru les devoir fouler à vos pieds; si je n'ai adoré que Dieu seul, quand vous lui avez donné des associés; enfin si j'ai mal dit en n'étant pas de votre avis, rendez témoignage du mal; et si j'ai bien dit, pourquoi m'accablez-vous d'injures et d'opprobre? Pourquoi me poursuivez-vous, me jetez-vous dans les fers, me livrez-vous aux tortures, aux flammes, m'insultez-vous encore après ma mort? Hélas! si j'avais mal dit, vous ne deviez que me plaindre et m'instruire. Vous êtes sûrs que vous êtes infaillibles, que votre opinion est divine, que les portes de l'enfer ne pourront jamais prévaloir contre elle,[18] que toute la terre embrassera un jour votre opinion, que le monde vous sera soumis, que vous régnerez du mont Atlas aux îles du Japon. En quoi mon opinion peut-elle donc vous nuire? Vous ne me craignez pas, et vous me persécutez! Vous me méprisez, et vous me faites périr!

Que répondre, mes frères, à ces modestes et puissants reproches? Ce que répond le loup à l'agneau; *Tu as troublé l'eau que je bois.*[19] C'est ainsi que les hommes se sont traités les uns les autres, l'Evangile et le fer à la main, prêchant le désintéressement, et accumulant des trésors; annonçant l'humilité, et marchant sur les têtes des princes prosternés; recommandant la miséricorde, et faisant couler le sang humain.

Si ces barbares trouvent dans l'Evangile quelque parabole dont le sens puisse être détourné en leur faveur, par quelque interprétation frauduleuse, ils s'en saisissent comme d'une enclume sur laquelle ils forgent leurs armes meurtrières.

126 67A, 67B: d'opprobres?
132-134 67A, 67B: vous sera soumis. En quoi

[18] Matthieu XVI.18: 'Vous êtes Pierre, et sur cette pierre je bâtirai mon Eglise, et les portes de l'Enfer ne prévaudront point contre elle': c'est donc le fondement de l'autorité pontificale.

[19] Cf. La Fontaine, 'Le loup et l'agneau' (*Fables*, I.X).

Est-il parlé de deux glaives suspendus à un plafond? ils s'arment de cent glaives pour frapper. S'il est dit qu'un roi a tué ses bêtes engraissées, a forcé des aveugles, des estropiés de venir à son festin, et a jeté celui qui n'avait pas sa robe nuptiale dans les ténèbres extérieures;[20] est-ce une raison, mes frères, qui les mette en droit de vous enfermer dans des cachots comme ce convive, de vous disloquer les membres dans les tortures, de vous arracher les yeux pour vous rendre aveugles, comme ceux qui ont été traînés à ce festin; de vous tuer, comme ce roi a tué ses bêtes engraissées? C'est pourtant sur de telles équivoques que l'on s'est fondé si souvent pour désoler une grande partie de la terre. 150 155

Ces terribles paroles, *Je ne suis pas venu apporter la paix, mais le glaive*,[21] ont fait périr plus de chrétiens, que la seule ambition n'en a jamais immolés. 160

Les Juifs dispersés et malheureux se consolent de leur abjection, quand ils nous voient toujours opposés les uns aux autres, depuis les premiers jours du christianisme, toujours en guerre ou publique ou secrète, persécutés et persécuteurs, oppresseurs et opprimés; ils sont unis entre eux, et ils rient de nos querelles éternelles. Il semble que nous n'ayons été occupés que du soin de les venger. 165

Misérables que nous sommes, nous insultons les païens, et ils n'ont jamais connu nos querelles théologiques; ils n'ont jamais versé une goutte de sang pour expliquer un dogme; et nous en avons inondé la terre. Je vous dirai surtout dans l'amertume de 170

148-149 67A, 67B: s'arment de deux glaives
163-164 67A, 67B: les uns aux autres, toujours en guerre
169 67A, 67B, 67C: insultons aux païens

[20] Les bêtes engraissées: Matthieu xxii.4; les aveugles et les estropiés: Luc xiv.21-23 (c'est le 'compelle intrare'). Je ne trouve pas trace de deux glaives suspendus au plafond: en Luc xxii.38, il est bien question des deux glaives (cf. CN, ii.257), mais non pas d'un plafond. Pour les ténèbres extérieures, voir Matthieu xxii.11-13.

[21] Matthieu xii.34. Voltaire revient souvent sur l'horreur que lui inspire cette formule.

mon cœur, Jésus a été persécuté: Quiconque pensera comme lui, sera persécuté comme lui. Car enfin, qu'était Jésus aux yeux des hommes, qui ne pouvaient certainement soupçonner sa divinité? 175 C'était un homme de bien, qui, né dans la pauvreté, parlait aux pauvres contre les superstitions des riches pharisiens et des prêtres insolents; c'était le Socrate de la Galilée. Vous savez qu'il dit à ces pharisiens: *Malheur à vous, guides aveugles, qui coulez le moucheron, et qui avalez le chameau! Malheur à vous, parce que vous nettoyez les* 180 *dehors de la coupe et du plat, et que vous êtes au-dedans pleins de rapines et d'impuretés!*[a] [22]

Il les appelle souvent, *Sépulcres blanchis, race de vipères*:[23] Ils étaient pourtant des hommes constitués en dignité. Ils se vengèrent par le dernier supplice. Arnaud de Brescia, Jean Hus, Jérôme de 185 Prague[24] en dirent beaucoup moins des pontifes de leurs jours, et ils furent suppliciés de même. Ne choquez jamais la superstition dominante, si vous n'êtes assez puissants pour lui resister, ou assez habiles pour échapper à sa poursuite. La fable de Notre-Dame de Lorette est plus extravagante que toutes les métamor- 190 phoses d'Ovide, il est vrai: Le miracle de San-Gennaro à Naples est plus ridicule que celui d'Egnatia dont parle Horace, j'en

[a] Matthieu XXIII.

177-178 67A, 67B: pharisiens; c'était le Socrate
181-182 67B: *de rapine et d'impureté*

[22] Matthieu xxiii.24-25. 'Qui coulez le moucheron', c'est-à-dire, 'qui avez grand soin de passer ce que vous buvez, de peur d'avaler un moucheron' (trad. Lemaistre de Saci). Voltaire, ici comme souvent, préfère une traduction brève et brute.

[23] Matthieu xxiii.27 et 33 et ailleurs, car l'expression est fréquente.

[24] Arnaud de Brescia, disciple d'Abélard, apôtre de la pauvreté apostolique et de la pureté morale, supplicié à Rome en 1155; Jan Hus, le grand réformateur tchèque, et son ami Jérôme de Prague, tous deux brûlés à Constance en 1415, sont ici rapprochés comme adversaires des autorités ecclésiastiques, et leurs victimes.

conviens;[25] mais dites hautement à Naples, à Lorette ce que vous pensez de ces absurdités, il vous en coûtera la vie. Il n'en est pas ainsi chez quelques nations plus éclairées: Le peuple y a ses erreurs, mais moins grossières; et le peuple le moins superstitieux est toujours le plus tolérant. 195

Rejetons donc toute superstition, afin de devenir plus humains; mais en parlant contre le fanatisme, n'irritons point les fanatiques; ce sont des malades en délire, qui veulent battre leurs médecins. Adoucissons leurs maux, ne les aigrissons jamais; et faisons couler goutte à goutte dans leur âme ce baume divin de la tolérance, qu'ils rejetteraient avec horreur, si on le leur présentait à pleine coupe. 200

[25] La légende veut qu'à la fin du treizième siècle les anges aient transporté à Lorette en Italie, près d'Ancône, la maison de la Vierge menacée par les Sarrasins. Le pape Jules II fit envelopper la construction d'une magnifique église, élevée par Bramante au début du seizième siècle; c'est encore un lieu de pèlerinage renommé. Le miracle de San Gennaro ou saint Janvier est populaire à Naples: le sang du saint, conservé dans une fiole, est censé se mettre à bouillonner quand on l'approche de son crâne, que possède aussi la cathédrale. Voltaire avait déjà rapproché le miracle de saint Janvier de celui que décrit Horace (*Satires*, i.v.97), parlant de l'encens qui se consume sans être allumé à Gnatia ou Egnatia en Apulie (voir *Essai*, ii.701).

LISTE DES OUVRAGES CITÉS

Abbadie, Jacques, *Traité de la vérité de la religion chrétienne, ou l'on établit la religion chrétienne par ses propres caractères* (La Haye 1750).

Annet, Peter, *The History of the man after God's own heart* (London 1761).

Apuleius, Lucius, *L'Ane d'or d'Apulée, philosophe platonicien* (Paris 1736).

Arnauld, Antoine, *Des vraies et des fausses idées contre ce qu'enseigne l'auteur de la Recherche de la vérité* (Cologne 1683).

Ascoli, Georges, 'L'affaire des prophètes français à Londres', *Revue du dix-huitième siècle* 3 (1916), p.8-28, 85-109.

Augustin, saint, *Les Confessions de S. Augustin*, trad. Philippe Dubois-Goibaud (Paris 1737).

– *Les Lettres de S. Augustin, traduites en français*, trad. Dubois-Goibaud (Paris 1684).

– *Sermons de St. Augustin, sur les sept pseaumes de la pénitence*, trad. G. Lestang (Paris 1661).

Bachaumont, Louis Petit de, *Mémoires secrets pour servir à l'histoire de la république des lettres en France depuis 1762 jusqu'à nos jours* (Paris 1777-1789).

Barber, William H., 'Voltaire and Samuel Clarke', *Studies* 179 (1979), p.47-61.

Basnage, Jacques, *Antiquités judaïques, ou remarques critiques sur la République des Hébreux* (Amsterdam 1713).

– *Histoire des Juifs, depuis Jésus-Christ, jusqu'à présent* (Paris 1710).

Bayle, Pierre, *Commentaire philosophique sur ces paroles de Jésus-Christ: 'Contrains-les d'entrer'* (Cantorbery 1686-1688).

– *Dictionnaire historique et critique* (Paris 1720).

– *Extrait du Dictionnaire historique et critique de Bayle* (Berlin 1765).

Beausobre, Isaac de, *Histoire critique de Manichée et du manichéisme* (Amsterdam 1734-1739).

Beccaria, Cesare, *Traité des délits et des peines*, trad. André Morellet (Lausanne 1766).

Beer, Sir Gavin de, et Rousseau, André-Michel, *Voltaire's British visitors*, Studies 49 (1967).

Bekker, Balthasar, *Le Monde enchanté* (Amsterdam 1694).

Bengesco, Georges, *Voltaire: bibliographie de ses œuvres* (Paris 1882-1890).

Bible, La Sainte, trad. Edouard Dhorme (Bibliothèque de la Pléiade; Paris 1956).

– trad. Louis-Isaac Lemaistre de Saci (Paris 1730).

Bibliothèque de Voltaire: catalogue des livres (Moscou, Leningrad 1961).

Bibliothèque nationale, *Catalogue général des livres imprimés de la Bibliothèque nationale: auteurs, tome 124, Voltaire* (Paris 1978).

Bidez, Joseph, et Cumont, Franz V. M., *Les Mages hellénisés. Zoroastre, Astanès et Hystaspe d'après la tradition grecque* (Paris 1938).

Blondel, David, *Des sibylles célébrées tant par l'antiquité payenne que par les saints pères* (Paris 1649).

Bolingbroke, Henry St John, *Lettre de*

milord Bolingbroke servant d'introduction à ses Lettres philosophiques à M. Pope (s.l. 1766).

– *The Philosophical works of the late right honourable Henry St John, lord viscount Bolingbroke*, éd. David Mallet (London 1754).

Bossuet, Jacques Bénigne, *Discours sur l'histoire universelle* (Paris 1737-1739).

Bräuning-Oktavio, H., 'Die Bibliothek der grossen Landgräfin Caroline von Hessen', *Archiv für Geschichte des Buchwesens* 6 (1966), p.681-876.

Bruys, François, *Histoire des papes, depuis St Pierre jusqu'à Benoît XIII inclusivement* (La Haye 1732-1734).

Buffon, Georges Louis Leclerc, comte de, et Daubenton, Louis Jean Marie, *Histoire naturelle* (Paris 1750-1770).

Bullet, Jean-Baptiste, *Histoire de l'établissement du christianisme tirée des seuls auteurs juifs et payens* (Besançon 1764).

Burnet, Thomas, *Telluris theoria sacra* (Londini 1681-1689).

Calmet, Augustin, *Commentaire littéral sur tous les livres de l'Ancien et du Nouveau Testament* (Paris 1709-1734).

– *Dictionnaire de la Bible* (2e éd., Genève 1730).

Chardin, Jean, *Voyages de monsieur le chevalier Chardin en Perse et autres lieux de l'Orient* (Amsterdam 1711).

Chastellux, François Jean de, *De la félicité publique, ou considérations sur le sort des hommes dans les différentes époques de l'histoire* (Amsterdam 1772).

Chereau, Ollivier, *Le Jargon, ou langage de l'argot réformé, comme il est à présent en usage parmy les bons pauvres* (s.l. 1603).

Clarke, Samuel, *Traités de l'existence et des attributs de Dieu, des devoirs de la religion naturelle et de la vérité de la religion chrétienne*, trad. Ricotier (Amsterdam 1727-1728).

Clément d'Alexandrie, *Stromata*, éd. O. Stählin (Berlin 1960).

Collins, Anthony, *A philosophical inquiry concerning human liberty* (London 1717).

– *Examen des prophéties qui servent de fondement à la religion chrétienne*, trad. d'Holbach (Londres 1768).

Les Constitutions apostoliques, éd. Marcel Metzger (Paris 1985).

Les Contes et fables indiennes de Bidpaï et Lokman, trad. Antoine Galland (Paris 1724).

Cotelier, Jean-Baptiste, *S. S. Patrum, qui temporibus apostolicis floruerunt, Barnabae, Clementis, Hermae, Ignatii, Polycarpi opera, vera, et suppositicia* (Amsterdam 1724).

Cudworth, Ralph, *The True intellectual system of the universe* (London 1678).

Cyprien, saint, *Les Œuvres*, trad. Pierre Lombert (Rouen 1716).

Dampier, William, *Nouveau voyage autour du monde* (Amsterdam 1698).

Dictionnaire de l'Académie française (Paris 1762).

Dictionnaire universel françois et latin (Paris 1771).

Diderot, Denis, *Pensées philosophiques*, éd. R. Niklaus (Genève 1965).

Diogène Laërce, *Les Vies des plus illustres philosophes de l'antiquité, avec leurs dogmes, leurs systèmes, leur morale et leurs sentences* (Amsterdam 1761).

Duchet, Michèle, *Anthropologie et histoire au Siècle des Lumières* (Paris 1971).

Du Moulin, Pierre, *Nouveauté du papisme, opposée à l'antiquité du vray christianisme. Contre le livre de M. le cardinal Du Perron, intitulé: Réplique à la response du sérénissime roy Jacques I, roy de la Grand'Bretagne* (Genève 1633).

Dupin, Louis-Ellies, *Nouvelle bibliothèque des auteurs ecclésiastiques* (Paris 1690-1730).

Encyclopédie, ou dictionnaire raisonné des sciences, des arts et des métiers (Paris 1751-1765).

Epiphane, *Divi Epiphanii, episcopi Constantiae Cypri, contra octoginta haereses opus, Panarium, sive Arcula, aut capsula medica appellatum* (Paris 1564).

Estienne, Henri, *Apologie pour Hérodote, ou traité de la conformité des merveilles anciennes avec les modernes* (La Haye 1735).

Esnault, Gaston, *Dictionnaire historique des argots français* (Paris 1965).

Eusèbe de Césarée, *Histoire de l'Eglise*, trad. Louis Cousin (Paris 1675).

– *Histoire ecclésiastique*, éd. Gustave Bardy (Paris 1952-1960).

– *Praeparatio evangelica* (Parisiis 1628).

Los Evangelios apócrifos. Colección de textos griegos y latinos, éd. Aurelio de Santos Otero (Madrid 1956).

Examen critique des apologistes de la religion chrétienne (s.l. 1766).

Eymericus, Nicolas, *Le Manuel des inquisiteurs*, éd. Sala-Molins (Paris 1973).

Fabricius, Johann Albert (éd.), *Codex apocryphus Novi Testamenti* (Hamburgi 1719-1743).

– *De vita & morte Mosis libri tres* (Hamburgi 1714).

Fletcher, Dennis J., 'Bolingbroke and the diffusion of Newtonianism in France', *Studies* 53 (1967), p.29-46.

– 'The fortunes of Bolingbroke in France in the eighteenth century', *Studies* 47 (1966), p.207-32.

Fleury, Claude, *Histoire ecclésiastique* (Paris 1719-1734).

– (Paris 1720-1738).

– *Institution du droit ecclésiastique* (Paris 1762-1763).

– *Les Mœurs des Israëlites* (Bruxelles 1753).

Fontenelle, Bernard Le Bovier de, *Entretiens sur la pluralité des mondes* (Paris 1686).

Gervaise, François-Armand, *La Vie de saint Irénée* (Paris 1723).

Gibson, Edmund, *Polemo-Middiana, carmen macaronicum* (1691).

Grabe, Johann-Ernst, *Spicilegium S.S. patrum, ut et haereticorum* (Oxoniae 1700).

Grimm, Friedrich Melchior, *Corrspondance littéraire*, éd. M. Tourneux (Paris 1877-1882).

Grotius, Hugo de Groot, dit, *De veritate religionis christianae* (Lugduni Batavorum 1640).

– *Traité de la vérité de la religion chrétienne*, trad. Pierre Le Jeune (Amsterdam 1728).

Guiccardini, Francesco, *Historia d'Italia* (Genève 1621).

Hastings, Hester, *Man and beast in French thought of the 18th century* (Baltimore 1936).

Histoire romaine écrite par Xiphilin, par Zonare, et par Zosime, trad. Louis Cousin (Paris 1678).

Holwell, John Zephaniah, *Interesting historical events relative to the provinces of Bengal, and the empire of Indostan* (London 1766-1767).

Houtteville, Claude-François, *La Religion chrétienne prouvée par les faits* (Paris 1749).

Huet, Pierre-Daniel, *Demonstratio evangelica* (Parisiis 1690).

Hyde, Thomas, *Veterum Persarum et Parthorum et Medorum religionis historia* (Oxonii 1760).

Josèphe, Flavius, *Histoire des Juifs par*

Flavius Joseph sous le titre de Antiquitez judaïques (Paris 1735-1736).

Jousse, Daniel, *Traité de la justice criminelle de France* (Paris 1771).

Julien l'Apostat, *Lettres*, éd. J. Bidez et F. Cumont (Paris 1924).

Jurieu, Pierre, *L'Accomplissement des prophéties* (Rotterdam 1689-1690).

Justin, *Apologies*, éd. Louis Pautigny (Paris 1904).

– *Justini philosophi et martyris opera quae extant omnia, necnon Tatiani adversus Graecos oratio* (Venetiis 1747).

Kayser, Christian Gottlob, *Index locupletissimus librorum* (Leipzig 1836).

Kleinschmidt, John R., *Les Imprimeurs et libraires de la république de Genève, 1700-1798* (Genève 1948).

Kölving, Ulla, et Carriat, Jeanne, *Inventaire de la 'Correspondance littéraire' de Grimm et Meister*, Studies 225-227 (1984).

La Bléterie, Jean-Philippe-René de, *Histoire de l'empereur Jovien, et traductions de quelques ouvrages de l'empereur Julien* (Paris 1748).

– *Vie de l'empereur Julien* (Paris 1746).

Lactance, *Opera omnia*, éd. J.-B. Le Brun et N. Lenglet Du Fresnoy (Lutetiae Parisiorum 1748).

La Hontan, Louis Armand, *Dialogues avec un sauvage*, éd. M. Roelens (Paris 1973).

Lambert, Claude-François, *Recueil d'observations curieuses sur les mœurs, les arts et les sciences des différents peuples de l'Asie, de l'Afrique et de l'Amérique* (Paris 1749).

Leclerc, Jean, *Commentarii in Vetus Testamentum* (Amsterdam 1690-1731).

Lenglet Du Fresnoy, Nicolas (éd.), *Réfutation des erreurs de Benoît de Spinosa, par M. de Fénelon, archevêque de Cambray, par le P. Lami bénédictin et par M. le comte de Boullainvilliers, avec la vie de Spinosa* (Bruxelles 1731).

Levesque de Burigny, Jean, *La Vie de Grotius, avec l'histoire de ses ouvrages, et des négociations auxquelles il fut employé* (Paris 1752).

Locke, John, *Essay concerning human understanding*, éd. John W. Yolton (London 1961).

Lucien de Samosate, *Lucien*, trad. Nicolas Perrot (Paris 1664).

Malebranche, Nicolas, *Recherche de la vérité*, éd. G. Rodis-Lewis (Paris 1962).

Mason, Haydn T., *Pierre Bayle and Voltaire* (Oxford 1963).

Middleton, Conyers, *The Miscellaneous works* (London 1755).

Migne, Jacques-Paul, *Patrologiae cursus, series graeca* (Lutetiae Parisiorum 1857-1912).

– *Patrologiae cursus, series latina* (Parisiis 1844-1864).

Mortier, Roland, 'Lumière et lumières, histoire d'une image et d'une idée', *Clartés et ombres du Siècle des Lumières. Etudes sur le XVIIIe siècle littéraire* (Genève 1969), p.13-59.

– 'Voltaire et le peuple', *The Age of Enlightenment: studies presented to Theodore Besterman* (Edinburgh, London 1967), p.137-51.

Newton, Isaac, *La Chronologie des anciens royaumes corrigée*, trad. François Granet (Paris 1728).

– *Opuscula philologica* (Lausannae et Genevae 1744).

Noonan, John Thomas, 'The catholic church and abortion', *Dublin review* 154 (1968), p.310-13.

Origène, *Contre Celse*, éd. Marcel Borret (Paris 1967-1976).

Pascal, Blaise, *Œuvres complètes*, éd. Jacques Chevalier (Paris 1969).

Philon, *Les Œuvres de Philon Juif*, trad. Frédéric Morel (Paris 1619).

Pluche, Noël-Antoine, *Le Spectacle de la nature, ou entretiens sur les particularités de l'histoire naturelle* (Paris 1732-1750).

Pomeau, René, *La Religion de Voltaire* (Paris 1969).

Reghellini, *Esprit du dogme de la franc-maçonnerie* (Bruxelles 1825).

– *Examen du mosaïsme et du christianisme* (Bruxelles 1834).

Rétat, Pierre, *Le Dictionnaire de Bayle et la lutte philosophique au XVIIIe siècle* (Paris 1971)

Rosenfield, Leonora Cohen, *From beast-machine to man-machine – animal soul in French letters from Descartes to La Mettrie* (New York 1941).

Ruinart, Thierry, *Les Véritables actes des martyrs, recueillis, revûs et corrigez sur plusieurs anciens manuscrits, sous le titre d'Acta primorum martyrum sincera et selecta*, trad. Drouet de Maupertuy (Paris 1708).

Saint-Simon, Louis de Rouvroy, duc de, *Mémoires*, éd. Yves Coirault (Paris 1983-).

Sanchez, Tomas, *De sancto matrimonii sacramento disputationum* (Lugduni 1739).

Sedaine, Michel-Jean, *Le Philosophe sans le savoir* (Paris 1766).

Servan, Joseph Michel Antoine, *Discours sur l'administration de la justice criminelle* (Genève 1766).

Shaftesbury, Anthony Ashley Cooper, comte de, *Les Œuvres de mylord comte de Shaftsbury, contenant ses Caracteristicks, ses lettres et autres ouvrages* (Genève 1769).

Spinoza, Baruch, *Œuvres*, trad. Charles Appuhn (Paris s.d.).

Taylor, S. S. B., 'The definitive text of Voltaire's works: the Leningrad encadrée', *Studies* 124 (1974), p.7-132.

Tertullien, *Apologétique*, éd. J.-P. Waltzing et A. Severyns (Paris 1961).

Thomas d'Aquin, saint, *Summa theologica* (Lugduni 1738).

Torrey, Norman L., *Voltaire and the English deists* (New Haven 1930).

Trousson, Raymond, *Socrate devant Voltaire, Diderot et Rousseau* (Paris 1967).

Turmel, Joseph, *Histoire du diable* (Paris 1931).

Vercruysse, Jeroom, 'Voltaire et Marc Michel Rey', *Studies* 58 (1967), p.1707-63.

Vernière, Paul, *Spinoza et la pensée française avant la Révolution* (Paris 1954).

La Vie et les actions de monseigneur Christofle Bernard de Gale, évêque de Munster, prince du Saint Empire, administrateur à Corvay, marquis de Strombergh, etc. (Leide 1681).

Voltaire, *Commentaires sur Corneille*, éd. David Williams, Voltaire 53-55 (1974-1975).

– *Corpus des notes marginales de Voltaire*, (Berlin, Oxford 1979-).

– *Correspondence and related documents*, éd. Th. Besterman, Voltaire 85-135 (1968-1977).

– *Dictionnaire philosophique*, éd. J. Benda et R. Naves (Paris 1967).

– *Essai sur les mœurs*, éd. R. Pomeu (Paris 1963).

– *Lettres philosophiques*, éd. G. Lanson, revu et complété par A.-M. Rousseau (Paris 1964).

– *Notebooks*, éd. Th. Besterman, Voltaire 81-82 (1968).

– *Œuvres complètes* (1784-1789).

– *Œuvres complètes*, éd. L. Moland (Paris 1877-1885).

– *Œuvres complètes / Complete works* (Genève, Banbury, Oxford 1968-).
– *Le Philosophe ignorant*, éd. J. L. Carr (London 1965).
– *La Philosophie de l'histoire*, éd. J. H. Brumfitt, Voltaire 59 (1969).

Wade, Ira O., *Voltaire and madame Du Châtelet: an essay on the intellectual activity at Cirey* (Princeton 1941).
Wagenseil, Johann-Christoph, *Tela ignea satanae* [...] *Libellus Toldos Jeschu* (Altdorfi Noricorum 1681).

INDEX

Abbadie, Jacques, 180, 189, 198, 203, 355; *Traité de la vérité de la religion chrétienne*, 175, 181*n*
Abdias, disciple prétendu de Jésus, 259-61
Abel, 231, 466
Abelli, Louis, *Medulla theologica*, 65
Abgar, roi d'Edesse, 258
Ablavius, 310, 311, 335
Abraham, 225, 227, 256*n*, 257, 277, 382, 383*n*, 386, 469, 470
Abrama, ange, 442
Abunavar, 89
Abyla, 357
Académie des sciences, 353*n*
Achaz, ou Achas, roi de Juda, 243, 397
Achéron, 101*n*
Achis, roi de Geth, 201, 395
Acosta, *voir* Costa
Actes de Jean, 234
Adam, 178, 193, 194, 257, 263*n*, 264, 383, 385, 402, 464, 466, 467
Adonaï, 204, 392
Adonias, fils de David, 202
Adrien, *voir* Hadrien
Afrique, 240*n*, 269, 304, 317, 325, 338, 386, 461
Agag, roi des Amalécites, 200, 395
Agar, esclave, 250
Agaune, 292*n*
Agion pneuma, 214, 282
Agrigente, 444*n*
Agrippa, 103
Aïalon, vallée, 176
Aix-la-Chapelle, 103
Akis, *voir* Achis
Akkim, 96
Albergati Capacelli, marquis Francesco, 134, 135*n*
Albert le Grand, saint, 65
Albigeois, 307, 344
Alcmène, 214
Alcoran, *voir* Coran
Alembert, Jean Le Rond d', 97*n*, 113, 133, 135, 144, 163*n*, 300*n*, 394*n*
Alexandra, vierge d'Ancyre, 293*n*
Alexandre, martyr, 291*n*
Alexandre, saint, 314-16
Alexandre VI, pape, 249, 349, 405, 437
Alexandre le Grand, roi de Macédoine, 274, 391, 451
Alexandrie, 194*n*, 209, 219*n*, 221, 222, 230, 257, 273*n*, 275, 279, 291, 296, 304, 305, 315, 319, 324, 326*n*, 334, 362, 385*n*, 469
Alfieri, Vittorio, 68*n*
Allamand, François Louis, 140, 141
Allemagne, 5, 38*n*, 103, 109, 212, 241, 360, 459, 481
Allemands, 68, 69, 92
Allobroges, 309
Alpes, 48, 309
Amadis de Gaule, 187
Amalécites, 250
Amasya, 288
Amazé, *voir* Amasya
Ambroise, saint, 299, 305, 400, 440, 473
Amérique, 82, 86*n*, 386, 468, 481*n*; – centrale, 85*n*
Ammien Marcellin, 331, 332
Ammon, 383*n*
Amorrhéens, 196, 391
Amphion, 195
Amsterdam, 12, 144, 171, 366
Anabaptistes, 405, 460
Ananias, *voir* Hananias
Ananie, 298

INDEX

Ancône, 485*n*
Ancyre, 293
André, saint, 261, 262
Anglais, 75*n*, 135, 340*n*, 345
Angleterre, 46, 73, 88, 109*n*, 111, 144, 221, 231*n*, 241, 302*n*, 309, 333*n*, 334, 360, 405, 430*n*, 432
Anius, 274
Anne, mère de Samuel, 358
Anne d'Autriche, reine de France, 357
Anne Stuart, reine d'Angleterre, 269
Annecy, 300*n*
Annet, Peter, *The History of the man after God's own heart*, 201*n*
Antilles, îles, 85, 86
Antinoüs, 274
Antioche, 230, 290*n*
Antiochus v Eupator, 331
Antoine, Marc, 437
Antonia, la tour, à Jérusalem, 329
Antonin le Pieux, empereur romain, 95*n*, 321
Antonins (les), 95, 263, 321, 346, 360
Aod, juge d'Israël, 197, 392, 393
Apédeutès, 102
Apollon, 274*v*, 275
Apollinaire le Jeune, 219
Apollinaristes, 333
Appuhn, Charles, 39*n*
Apulée, Lucius Apuleius, 286; *L'Ane d'or*, 256
Apulie, 485*n*
Arabes, 96, 177, 183, 191, 338, 357, 465
Arabie, 177, 212, 396*n*, 461; – pétrée, 191
Araxe, fleuve, 463, 466*n*
Archélaos, fils d'Hérode le Grand, 478
Archimède, 46
Argens, Jean Baptiste de Boyer, marquis d', *Défense du paganisme par l'empereur Julien*, 320*n*; *Discours de l'empereur Julien*, 320*n*, 385*n*; *Extrait du Dictionnaire historique et critique de Bayle*, 440*n*
Argental, Charles Augustin Feriol, comte d', 139, 140, 143, 300*n*, 436*n*, 473*n*
Ariens, 169, 321, 328, 333, 337
Arioste, Ludovico Ariosto, dit, *Orlando furioso*, 180
Aristophane, *Nubes*, 403
Aristote, 27*v*, 34*n*, 61*n*, 74, 77*n*; *Métaphysique*, 35*n*
Arius, 314-16, 318, 319, 349
Arles, concile d', 321
Arménie, 288, 306, 465*n*
Arnaud de Brescia, 484
Arnauld, Antoine, 94, 98*n*
Arnobe, 137*n*; *Disputationum adversus gentes*, 265*n*
Ascoli, Georges, 302*n*
Aséca, ou Azéca, 391
Ashim vuhu, 89
Asie, 117*n*, 121, 125, 193, 203, 302*n*, 325, 338; – mineure, 178, 194*n*, 461
Asmodée, 464*n*, 465
Assuérus, roi de Perse, 394
Assur, 244, 398
Assyrie, 101*n*, 265*n*, 398
Astolphe, prince d'Angleterre, 195
Athanase, saint, 218, 219, 314, 316, 319, 321, 349, 453
Athanasiens, 169, 328, 333, 337
Athées, 36, 61, 349, 413, 427, 437, 439, 443-46
Athènes, 94, 232, 268, 296; académie, 296
Athéniens, 89, 263
Atlantide, ou Atlantis, 208
Atticus, 445
Attila, roi des Huns, 248
Augsbourg, 15
Auguste, empereur romain, 236, 237, 329, 400, 401, 437, 478
Augustin, saint, 34*n*, 95*n*, 219, 234, 299, 304, 354, 403, 452*n*, 466, 467, 473; *Confessions*, 354; *Lettres*, 219, 234; *Sermons*, 354
Autriche, 38*n*

Avenel, Georges, 407*n*
Avesta, 356*n*; *voir* Zend-Avesta
Avranches, 385*n*
Ayâthrema, 100*n*
Aymon, *voir L'Histoire des quatre fils Aymons*
Azincourt, 348*n*

Baal-Saphon, ou Baal-Séphon, ville, 388
Babel, 386, 441, 469, 470*n*
Babylone, 101*n*, 124*n*, 187, 245, 395, 404, 441, 465
Babylonie, 213
Babyloniens, 183, 187, 211, 396
Bacchus, 101, 177, 178, 181, 192, 273, 274*v*, 275*v*, 294
Bachaumont, Louis Petit de, *Mémoires secrets*, 367, 411, 412
Back, 192; *voir* Bacchus
Bacon, Francis, 73; *Le Nouveau Atlantide*, 208
Bagaudes, 292
Balk (al-Balqa), 395
Baltique, mer, 102
Bandung, *voir* Bantam
Banians, 286
Bantam, 86
Barac, juge d'Israël, 231
Barbe, sainte, 346
Barber, William H., 430*n*
Barbeyrac, Jean, 217*n*
Bardy, Georges, 253*n*, 303*n*, 313*n*
Bar-Jésu, 239
Barjone, Pierre, *voir* Pierre, saint
Barjone, Simon, *voir* Pierre, saint
Barnabé, saint, 228, 239
Baronius, César, 291*n*, 318
Barthélemy, *voir* Bartholomew, Saint-Barthélemy
Barthélemy, saint, 455
Bartholomew Fair, 217*n*, 223, 224*n*
Basan, 383*n*
Basilide, gnostique, 312
Basnage, Jacques, *Antiquités judaïques*, 385*n*; *Histoire des Juifs*, 258*n*, 390*n*
Bassora (Basra), 212
Bayle, Pierre, 28, 60-63, 89, 93*n*, 199*n*; *Commentaire philosophique*, 458*n*; *Dictionnaire*, 103*n*; – 'David', 440*n*; – 'Pauliciens', 343; *Lettre* […] *les comètes*, 446*n*
Beausobre, Isaac de, 305*n*; *Histoire critique de Manichée*, 304*n*
Beccaria, Cesare, 112, 114; *Dei delitti e delle pene*, 113
Bedlam, 189, 207, 214, 280, 353, 354
Beer, Sir Gavin de, 138*n*
Behram Ier, 304*n*, 305*n*
Bekker, Balthasar, *Le Monde enchanté*, 206*n*, 399*n*
Bembo, Pietro, 224, 225
Benda, Julien, 312*n*
Bengale, 117*n*, 442
Bengesco, Georges, 12-14, 142, 147, 369-71
Ben-Hinnom, vallé d'Hinnom, 388*n*
Benjamin, fils de Jacob et de Rachel, 197, 198
Benjamites, 197, 198, 391
Benoît, papes, 313*v*
Bergier, Nicolas Sylvestre, *La Certitude des preuves du christianisme*, 141
Berlin, 13, 131, 446*n*
Berne, 133
Bertrand, Elie, 133
Besterman, Theodore, 4, 5, 137*n*, 144, 366
Béthanie, 403
Bethléem, 213, 230, 236, 368, 385, 400, 477
Béthoron, 391
Bethsabée, femme d'Urie, 195, 201, 390, 395
Bible, 37, 48, 129-31, 136, 138*n*, 170, 171, 187, 199*n*, 200, 201*n*, 208, 213-18, 232, 236, 243, 247, 250, 251, 277, 298, 315, 318, 353*n*, 355, 365, 391, 395, 399, 402, 412, 453, 461-66, 470,

472, 476, 477, 482; – de Luther, 98*n*; – trad. Lemaistre de Sacy, 175*n*, 368, 383*n*, 388*n*, 392*n*, 393*n*; – , version des Septante, 237; – Vulgate, 205, 206, 207*n*, 215, 243*n*, 250*n*, 277*n*; Actes des apôtres, 191, 218*n*, 224*n*, 228*n*, 229*n*, 238, 239, 241*n*, 258, 261, 298*n*, 388; Amos, 191, 388; Apocalypse, 249, 255, 478; Cantique, 202, 243, 250; I Corinthiens, 225; II Corinthiens, 227, 403*n*; Chroniques, *voir* Paralipomènes; Deutéronome, 173*n*, 174, 175, 184, 328*n*, 382, 383*n*, 389*n*, 436*n*; Esdras, 186, 187; Esther, 394; Exode, 188, 250*n*, 283, 383*n*, 387-89, 473*n*; Ezéchiel, 124*n*, 207, 208, 211, 249*n*, 368, 397*n*, 475*n*; Galates, 226, 477*n*; Genèse, 37, 47*n*, 179, 193, 244*n*, 250*n*, 327, 383-85, 386*n*, 387*n*, 390*n*, 394*n*, 441*n*, 462*n*, 463, 464, 467-69, 470*n*-73*n*; Isaïe, 208*n*, 211, 243, 244*n*, 398*n*; Jean, 215*n*, 216, 247, 249*n*, 258, 277, 280, 282, 298*n*, 314*n*, 402*n*, 478, 479, 481*n*; I Jean, 248; Jérémie, 187, 191, 206, 388; Job, 183, 464*n*, 465; Joël, 243; Jonas, 208*n*, 399*n*; Josué, 174, 176, 195*n*, 196*n*, 250*n*, 365, 382, 386*n*, 390*n*, 473*n*; Jude, 248, 257, 464; Judith, 394; Juges, 191, 193, 198, 368, 390*n*, 392, 393*n*, 394; Lévitique, 247, 478; Luc, 195*n*, 215*n*, 217*n*, 230, 236, 237, 241*n*, 246, 258, 281*n*, 298*n*, 400, 401*n*, 402*n*, 403, 477, 478, 479*n*, 483*n*; Marc, 215*n*, 217*n*, 235, 241*n*, 258, 298*n*, 402*n*, 478*n*, 479*n*; Matthieu, 195*n*, 214*n*-16*n*, 217, 224*n*, 230-34, 235*n*, 241*n*, 246, 258, 298*n*, 400, 401, 402*n*, 403, 477, 478, 479*n*, 482*n*-84*n*; Nombres, 176, 184*n*, 283, 389*n*, 390*n*; Osée, 205, 206, 208, 399, 475*n*; I Paralipomènes, 394*n*; II Paralipomènes, 206, 211*n*, 232*n*, 396*n*, 475; I Pierre, 248; II Pierre, 248; Psaumes, 124*n*; Rois, 193, 211; I Rois, 199, 200, 201*n*, 202*n*, 393*n*, 396*n*; II Rois, 176, 208*n*, 211, 472*n*; III Rois, 440*n*, 472*n*, 475*n*; Romains, 225*n*, 229*n*; I Samuel, 191*n*, 199*n*-201*n*, 395*n*, 464*n*; II Samuel, 201*n*, 390*n*, 393*n*, 395*n*; Sophonie, 205; I Thessaloniciens, 226, 246, 403; I Timothée, 477; Tobie, 394*n*, 464*n*

Bibliothèque bleue, 231*n*

Bidez, Joseph, 323*n*, 324*n*, 330*n*, 356*n*

Bigex, Simon, 143, 369

Biord, Jean Pierre, 141, 300*n*

Bithynie, 323

Blackacre, Lady (*The Plain Dealer*), 181

Blackmore, Sir Richard, 240

Blenheim, 208*n*

Blondel, David, *Des sibylles célébrées*, 240*n*

Bochart, Samuel, 101*n*

Bohèmes, 286

Boileau-Despréaux, Nicolas, *Le Lutrin*, 65*n*

Bolingbroke, Henry St John, 1er vicomte, 134-37, 138*n*, 139, 141, 163, 167, 176, 183, 187, 194*n*, 235, 262, 269, 270*n*, 285, 288*n*, 339, 341*n*, 344, 345*n*, 348*n*, 352, 353, 366, 432; *Letters on the study and use of history*, 353*n*; *Lettre de milord Bolingbroke ... Lettres philosophiques à M. Pope*, 132; *Philosophical works*, 132-35, 137, 140, 161, 186*n*, 190*n*, 197*n*, 217*n*, 226*n*, 236*n*, 249*n*, 318*n*, 335*n*, 432*n*

Bollandus, Jean Bolland, dit, 291*n*, 293, 295

Bonaventure, saint, 406

Bordeaux, concile de, 334

Bordes, Charles, 140

Borgia, Cesare, 446

Bornéo, 86

Borret, Marcel, 270*n*

Bossuet, Jacques Bénigne, 38*n*, 169, 199*n*; *Discours sur l'histoire universelle*, 201*n*

Bouchet, Guillaume, 79*n*

Bouhéreau, Elie, 270*n*
Boulainviller, Henri, comte de Saint-Saire, 59*n*
Boulainvilliers, comtesse de (*Dîner*), 365
Boulanger, Nicolas Antoine, 366
Boureau-Deslandes, André François, 33*n*, 50*n*
Bourguignons, 337
Bourn, pasteur, 412
Boursier (pseud. Voltaire), 366
Brachmanes, 90, 92, 321, 464
Brama, 78, 442; *voir* Abrama
Bramante, Donato di Angelo, 485*n*
Brames, 90, 197, 347, 442, 461
Brésil, 86*n*
Bretons, 309
Bristol, 170
Brooke, Henry, *The Tryal of the Roman Catholics of Ireland*, 345
Brown, Andrew, 11*n*, 142*n*, 368*n*, 414*n*
Browne, Robert, 223
Brunswick, 381
Brutus, Marcus Junius, 322, 337
Bruxelles, 59*n*
Bruys, François, *Histoire des papes*, 342*n*
Buffon, Georges Louis Leclerc, comte de, 50*n*; *Histoire naturelle*, 168*n*, 281*n*
Bullet, Jean-Baptiste, *Histoire de l'établissement du christianisme*, 224*n*
Burnet, Thomas, *Telluris theoria sacra*, 48*n*
Busiris, roi d'Egypte, 444
Buzi, père d'Ezéchiel, 396
Byng, George, amiral, 110*n*

Cadmos, 77
Cagliari, 339
Cahut, 47, 48
Caïn, 466, 467
Calas, Jean, 104*n*, 111
Caligula, empereur romain, 194, 213
Calmet, Augustin, 131, 207*n*, 383*n*; *Commentaire littéral*, 129, 174*n*, 176*n*, 184*n*, 186*n*, 205*n*, 215*n*, 216*n*, 225*n*-227*n*, 232*n*, 235*n*, 236*n*, 246*n*, 257*n*, 282*n*, 382*n*, 396*n*, 398*n*, 401*n*, 404*n*, 468*n*, 471*n*; *Dictionnaire de la Bible*, 387*n*, 465*n*
Calpé, 357
Calvinistes, 169, 212, 459, 460
Cambridge, 168*n*, 205
Camille, Marcus Furius Camillus, 337
Campra, André, 117*n*
Cana, noces de, 215, 402*n*
Canaan, pays de, 388, 470
Canaanéens, 191, 199, 200, 383
Canadiens, 196
Candide (*Candide*), 433
Candide, de la légion thébaine, 292*n*
Candidien, fils de Galère, 311, 453
Canossa, 450*n*
Canterbury, 191, 362, 480*n*
Capitole, 286
Cappadoce, 288*n*
Caraïbes, 85
Cardestes (Descartes), 37
Carlos, don, fils de Philippe II, 68
Caroline Henrietta Christina, landgravine de Hesse-Darmstadt, 146, 369
Caron, 101*n*
Carpocrate, hérésiarque, 312
Carr, John L., 48*n*
Carriat, Jeanne, 4*n*, 369
Carthage, 266, 296, 313
Carthaginois, 271
Cassien, saint, 291
Castel, Louis Bertrand, 9
Castor, 181
Catherine II, impératrice de Russie, 459
Caton, dit l'Ancien, 94, 321, 337
Cécilien, antipape, 313
Celse, 214, 270
Céphas, 191, 228; voir Pierre, saint
Cerbère, 444
Cerdon, hérésiarque, 312
Cérétius, 234
Cervantès y Saavedra, Miguel de, 99*n*; *Don Quichotte*, 180, 216

César, Jules, 68, 102, 322, 323, 439*n*, 445, 481
Césarée, 253, 329
Cévennes, 301*n*
Cévenols, 302*n*
Chalcédoine, concile de, 337*n*
Chaldée, 434, 470*n*
Chaldéens, 47, 48, 77, 90, 184, 186, 193, 194, 204, 326, 382, 391, 443, 470
Chamfort, Sébastien Roch Nicolas, 112*n*
Chamos, *voir* Kémosh
Champagne, 170
Chang-ti, dieu des Chinois, 443
Chanteloup, 348*n*
Chaos, 47, 48, 93, 193
Chardin, Jean, 85; *Voyages en Perse*, 84*n*
Charlemagne, 102, 103, 187, 339, 343
Charles Ier, roi d'Angleterre, 249, 454
Charles II, roi d'Angleterre, 327
Charles IX, roi de France, 321
Charles, Rudolf, 153
Charron, Pierre, 120*n*
Chastellux, François Jean, marquis de, *De la félicité publique*, 177*n*, 190*n*, 279*n*
Chatabad, *voir* Shastabad
Chaumont, Alexandre de, 117*n*
Chebar, *voir* Cobar
Chereau, Ollivier, *Le Jargon*, 79*n*
Chersonèse, 461
Chichester, 198*n*
Chine, 90, 405, 443
Chiniac de La Bastide Du Claux, Pierre de, 8, 144
Chinois, 90, 91, 209, 382, 437, 443
Chirol, Barthélemy, 411*n*
Chloé, 38
Choiseul, Etienne François de Choiseul Stainville, duc de, 348*n*
Chondemir, Ghiyās al-Dīn ibn Humām al-Dīn, Khvānd Amīr, dit 304, 305*n*
Christian II, roi de Danemark, 348, 438*n*
Christicoles, 214, 224, 238, 249, 280, 282, 287, 325, 327, 351, 352
Chrysanthe, évêque, 318
Chypre, 238, 239
Cicéron, 135, 224*n*, 275, 361, 385, 445
Cirénius, *voir* Quirinus
Cirey, 129, 131, 134, 137, 138, 181*n*, 193*n*, 301*n*
Claparède (*Questions sur les miracles*), 368
Clarendon, famille, 353*n*; *voir* Hyde, Edward
Clarke, John, 171*n*
Clarke, Samuel, 45, 46, 53, 58, 168*n*, 171*n*, 353, 430; *A demonstration of the being and attributes of God*, 45*n*; *Remarks upon a book entitled 'A philosophical enquiry'*, 45*n*; *Traités de l'existence et des attributs de Dieu*, 58*n*, 430*n*
Claude, empereur romain, 213, 238
Claude, Jean, 169
Claudia, vierge d'Ancyre, 293*n*
Claudia Procula, femme de Pilate, 259
Clavel de Brenles, Jacques Abram Elie Daniel, 134
Clément d'Alexandrie, 279, 313*v*, 471, 473; *Exhortation*, 273, 274*v*; *Stromates*, 190, 273, 275, 356*n*
Clément, Jacques, 393, 454*n*
Clotaire Ier, roi de Neustrie, 337
Clovis Ier, roi des Francs, 337
Cobar, fleuve, 397
Cocyte, fleuve, 444
Coirault, Yves, 38*n*
Collins, Anthony, 44*n*, 45*n*, 46, 98*n*, 135, 169*n*, 184*n*, 480; *A philosophical inquiry concerning human liberty*, 43; *Examen des prophéties*, 168
Colpi, 193
Condillac, Etienne Bonnot de, 50*n*
Conduitt, John, 353
Confucius, 29, 72, 90, 92, 135, 443
Congo, 46
Constance, ville, 484*n*

Constance Ier Chlore, empereur romain, 269, 305
Constance II, empereur romain, 320-23
Constant Ier, empereur romain, 320
Constant, Benjamin Constant de Rebeque, dit, 194n
Constantin Ier le Grand, empereur romain, 248, 281, 309-13, 316-20, 323, 335, 453, 481; *Discours*, 309n
Constantin II le Jeune, empereur romain, 320
Constantinople, 133, 256n, 316, 319, 323, 336, 338
Constantius, *voir* Constance II
Contes du tonneau, 186, 239, 249, 474n; *voir* Swift, *Tale of a tub*
Les Contes et fables indiennes de Bidpaï et Lokman, 96n
Convulsionnaires, 212, 225, 301
Coptes, 458
Coran, 170, 205, 228, 461
Cordeliers, 210
Corinthe, 230
Cornbury, Henry Hyde, vicomte, 163, 353
Corneille, saint, 313
Corneille, Pierre, 288; *La Mort de Pompée*, 79, 80
Cornelius, 238
Cornette, Adriano de, 405
Cornouailles, 190, 308
Costa, Uriel da, 170v, 171
Coste, Pierre, 43n
Cotelier, Jean-Baptiste, *S. S. Patrum qui temporibus apostolicis floruerunt*, 250n, 273n, 473n
Courlande, 102
Cousin, Louis, 253n, 307n
Covelle, Robert, 386n
Cracovie, 369
Cramer, Gabriel, 4-7, 11, 16, 17, 21, 77n, 109, 115, 137n, 143, 145, 147, 151, 366, 369-71, 375, 411n, 416, 418
Credo (le), 218, 312, 404
Crispus, fils de Constantin Ier le Grand, 310
Cromwell, Oliver, 88, 249, 446
Croutef (*André Destouches*), 117-25
Cudworth, Ralph, 69
Cumont, Franz Valéry Marie, 323n, 324n, 330n, 356n
Cupidon, 471
Cu-Su ('Catéchisme chinois'), 452n
Cuthéens, 187
Cybèle, 288, 444
Cyprianistes, 314, 333
Cyprien, saint, 236, 313; *Des tombés*, 296
Cyrille d'Alexandrie, saint, 328, 334-36, 384, 385n; *Contra Julianum*, 326
Cyrus II le Grand, 211

Dagan, 191
Damas, 211, 395, 398
Damilaville, Etienne Noël, 4, 5, 112, 139, 143, 144, 163n, 366, 367, 413, 473n
Dampier, William, *Nouveau voyage autour du monde*, 82n
Dan, fils de Jacob, 191
Danemark, 348, 405
Daniel, prophète, 209
Danube, 333
Daphnis, 38
Dardaroth, *voir* Tartare
Darmstadt, 367, 368
Daubenton, Louis Jean Marie, *Histoire naturelle*, 168n, 281n
Daudé, Jean, 301, 302n
David, roi d'Israël, 176, 178, 201, 258, 390, 393, 395, 396, 472
Décalogue, 183, 327, 474
Dèce, Décius, 228, 296, 313
Dédale, 260
Délices, les, 134
Della Corte, Francesco, 339n
Demiourgos, 281
Démocrite, 61n
Des Barreaux, Jacques La Vallée, 445

Descartes, René, *27v*, 35, 36, 37*n*, 62, 71*n*, 87, 353
Destouches, André Cardinal, 117*n*, 126*n*
Dhorme, Edouard, 368, 392*n*, 393*n*, 397*n*
Diable (le), 273, 298, 300, 402, 464, 479
Diagoras l'Athée, 61
Diane, 288, 293*n*, 294
Dictionnaire de l'Académie, 117*n*
Dictionnaire universel françois et latin, 104*n*, 124*n*
Diderot, Denis, 9, 33*n*, 35*n*, 44*n*, 45*n*, 47*n*, 51*n*, 62*n*, 73*n*, 81*n*, 97*n*, 113, 141*n*, 413; *De l'interprétation de la nature*, 64*n*; *Essai sur le mérite et la vertu*, 350*n*; *Lettre sur les aveugles*, 45*n*; *Le Neveu de Rameau*, 80*n*, 88*n*; *Pensées philosophiques*, 103*n*, 301*n*; *Le Rêve de d'Alembert*, 72*n*, 74*n*
Dioclétien, empereur romain, 292, 303, 306, 307, 453*n*
Diodore de Sicile, 101*n*
Diogène Laërce, 93
Dissenters, 167, 360
Dodwell, Henry (père), 289; *De paucitate martyrum*, 289*n*; *Two discourses against the papists*, 289*n*
Dodwell, Henry (fils), *Christianity not founded on argument*, 289*n*
Dominicains, 56, 99*n*, 450*n*
Dominique, saint, 450
Domitien, empereur romain, 242, 258
Donat, 313
Donatistes, 314, 333
Dorcas, couturière, 224, 298
Dorothée, saint, martyr, 303
Dorsetshire, 170
Douvres, 412, 459
Drouet de Maupertuy, Jean-Baptiste, 287*n*
Dublin, 355
Dubois, Guillaume, cardinal, 189
Dubois-Goibaud, Philippe, 219*n*, 354*n*
Du Châtelet, Gabrielle Emilie Le Tonnelier de Breteuil, marquise, 129, 131; *Examen de la Genèse*, 130, 134; *Examen du Nouveau Testament*, 130, 134
Duchet, Michèle, 46*n*, 82*n*, 85*n*
Du Deffand, Marie de Vichy de Chamrond, marquise, 3, 6, 8, 9, 135, 140, 208*n*
Dumachus, voleur, 233
Du Maine, Anne Louise Bénédicte de Bourbon-Condé, duchesse, 99*n*
Du Marsais, César Chesneau, *Analyse de la religion chrétienne*, 415
Du Moulin, Pierre, *Nouveauté du papisme*, 316*n*, 317*n*, 342*n*
Duns Scot, John, 98
Du Peyrou, Pierre Alexandre, 12, 143
Dupin, Louis Ellies, *Nouvelle bibliothèque des auteurs ecclésiastiques*, 265*n*, 285*n*
Dupuis, Charles François, 194*n*

Ebalaïm, père de Gomer, 206, 399
Ebionites, 304
Ecosse, 225, 454*n*
Eden, 69*n*, 193, 326, 384, 385
Edesse, 258
Edouard II, roi d'Angleterre, 474
Edouard III, roi d'Angleterre, 474
Edouard VI, roi d'Angleterre, 312
Eglon, roi des Maobites, 197, 393
Egnatia, 484, 485*n*
Egypte, 101*n*, 177-80, 188, 190, 194*n*, 230, 233, 244, 254*n*, 268, 316, 386-88, 398, 401, 434, 444*n*, 461, 469, 470, 477
Egyptiens, 77, 179, 180, 183, 184, 187, 188, 190, 194, 195, 204, 233, 279, 286, 327, 357, 361, 382, 391, 441, 443, 461, 464, 475
Elda, 257
Eléazar, fils d'Eliud, 477
Elie, prophète, 257
Elisabeth Ière, reine d'Angleterre, 321

Elisée, prophète, 240
Eloha, 204
Elohim, 393*n*
Elysées (champs), 444
Emir-cond, *voir* Chondemir
Emmanuel, 244, 398
Empédocle, 57
L'Encyclopédie, 73*n*, 97*n*, 101*n*
Ephèse, 230, 299; concile d', 336, 337*n*
Ephestion, favori d'Alexandre, 274
Ephraïm, fils de Joseph, 391
Ephraïmites, 390
Ephrem, saint, 243, 299*n*
Epictète, 94, 95, 321, 446
Epicure, 29, 57, 61, 93, 445
Epicuriens, 94, 445
Epinay, Louise Florence Pétronille Tardieu d'Esclavelle, dame de La Live, marquise d', 369
Epiphane, saint, 254, 279; *Divi Epiphanii Constantiae Cypri*, 255*n*; *Panarion*, 255*n*
Epipode, saint, 291
Epire, 461
Epistémon (*Pantagruel*), 103*n*
Erasme, Didier, 98*n*, 229
Ereb, 48
Erostrate, 288
Esaü, fils d'Isaac, 472
Eschyle, *Les Euménides*, 444
Esculape, 253*n*, 267
Esnault, Gaston, 79*n*
Esope, 29, 96
Espagne, 167, 231*n*, 334, 340*n*, 361, 407*n*
Espagnols, 68, 92, 345, 406
Esséniens, 210, 221, 242, 243
Esther, épouse d'Assuérus, 394
Estienne, Henri, *Apologie pour Hérodote*, 336*n*, 337*n*
Ethiopie, 384
Ethiopiens, 279, 357
Etienne, saint, 191, 228, 243, 388
Etrépigny, 170
Etrusques, 178
Eucharistie, 215, 250
Euphrasie, vierge d'Ancyre, 293*n*
Euphrate, fleuve, 187, 324, 326, 384, 393, 463, 466*n*, 469
Euphrate, stoïcien, 312
Euripide, 273
Europe, 35, 51, 104, 117*n*, 133, 134, 171, 249, 272, 287, 338, 340, 342, 344, 351, 352, 361, 443, 450, 452, 453, 457, 460, 473*n*
Eurydice, 178, 387
Eusèbe, évêque de Nicomédie, 316, 319
Eusèbe de Césarée, 168*n*, 179, 258, 305, 314; *Harangue à la louange de l'empereur Constantin*, 309*n*; *Histoire ecclésiastique*, 253, 257*n*, 289, 290*n*, 299*n*, 303, 309*n*, 313, 316*n*; *Praeparatio evangelica*, 178; *La Vie de l'empereur Constantin*, 309*n*, 316*n*
Eustache, saint, 346
Eutychès, 337*n*
Evangiles de l'enfance, 232, 233
Eve, 193, 194, 385, 463
Evode, 219
Examen critique des apologistes de la religion chrétienne, 7, 137*n*, 139, 141
Exupère, de la légion thébaine, 292*n*
Eymericus, Nicolas, 99*n*
Ezéchiel, 207, 208, 368, 396, 397, 475
Ezour-Védam, 442

Fabre, Jean-Claude, 301*n*
Fabricius, Johann Albert, 224*n*, 233*n*, 366; *Codex apocryphus Novi Testamenti*, 219*n*, 252*n*, 254*n*, 259*n*, 404*n*; *De vita & morte Mosis*, 188
Falconet, Camille, 168
Falconet, Noël, 168
Fantin, curé de Versailles, 361*n*
Fatio de Duillers, Nicolas, 301, 302*n*
Fausta, impératrice romaine, 310
Féciales, 79
Félicité, sainte, 289
Felix de Nole, saint, 301

Fernandez, Dominique, 86*n*
Ferney, 7*n*, 8, 131, 136, 367, 427*n*, 435*n*
Flavius Josèphe, *voir* Josèphe
Fletcher, Dennis J., 132*n*
Fleury, Claude, 302; *Histoire ecclésiastique*, 271*n*, 279*n*, 300*n*, 301, 306, 307*n*, 313*n*, 335*n*, 343, 453*n*, 454*n*; *Institution du droit ecclésiastique*, 241*n*, 301*n*; *Les Mœurs des Israëlites*, 195*n*, 301*n*, 389*n*
Florentins, 439
Fontenelle, Bernard Le Bovier de, 353*n*; *Entretiens sur la pluralité des mondes*, 31*n*
Formose, 86
Fox, George, 212, 221, 223, 224, 481
Français, 79, 92
France, 5-7, 96, 98*n*, 109, 113, 132*n*, 147, 151, 168, 170, 212, 231*n*, 235, 268, 286, 301, 321, 344, 348, 353*n*, 361, 375, 411*n*, 440, 450, 454, 455, 459
Francfort, concile de, 343
Francine, Jean Nicolas Francini, dit, 117*n*
François d'Assise, saint, 450
François Xavier, saint, 401
Francs, 322, 337,
Frédéric II, roi de Prusse, 131, 139, 141, 143, 179*n*; *Eloge de M. Julien Offroy de La Mettrie*, 446*n*; *Extrait du Dictionnaire historique et critique de Bayle*, 440*n*
Fréret, Nicolas, 7, 100*n*
Fronton, curé, 295
Fulvia, femme de Saturninus, 213
Fyot de La Marche, Claude Philippe, 5

Gabaa, 197, 391
Gabaon, 176, 391
Gabaonites, 201, 391
Gabélus, 394
Gabriel, archange, 188, 189, 465
Gahambars, les six, 100, 193
Galatie, 323
Galen, Christophe Bernard van, 347
Galère, Galerius, empereur romain, 303, 305, 306, 311, 453*n*
Galilée, 73, 212, 228, 241, 402, 403, 484
Galiléens, 173, 213, 223, 228, 239, 241, 304, 360
Galland, Antoine, 96*n*
Galles, pays de, 280
Gallus, frère de Julien l'Apostat, 320
Gamaliel, 228, 229
Gange, fleuve, 442, 457
Ganimède, 274, 279
Gargantua (*Gargantua*), 196
Gassendi, Pierre, 27*v*, 35, 36
Gaule, 276*n*, 309, 322, 323, 334
Gaulmin, Gilbert, 188*n*
Gaulois, 68, 309, 322
Genest, comédien, 292
Genève, 4, 5, 11, 16, 18, 114, 134, 138, 141, 149, 150, 300*n*, 374, 411*n*, 415, 418, 419, 458*n*; Conseil, 140
Gennaro, san, *voir* Janvier, saint
Géon, fleuve, 384
George, évêque d'Alexandrie, 324
Géorgie, 84*n*
Géra, père d'Aod, 393
Gérar, 386, 470
Germanie, 322
Gervaise, François Armand, *La Vie de Rufin*, 312*n*; *La Vie de saint Irénée*, 276*n*
Gessen, terre de, 388
Gibraltar, 340
Gibson, Edmund, 240
Gil Blas (*Gil Blas*), 9
Giscale, 228
Gnatia, *voir* Egnatia
Gnostiques, 271, 273, 304
Goldast de Heiminsfeld, Melchior, 103
Gomaristes, 169
Gomer, mère d'Ebalaïm, 206, 399

Gordon, Alexander, *La Vie du pape Alexandre VI*, 438*n*
Gordon, Thomas, 171*n*, 480
Gorgonius, chrétien, 303
Gotha, 7
Goths, 333, 347
Goujet, Claude Pierre, 301*n*
Grabe, Johann Ernst, *Spicilegium S. S. patrum*, 273*n*
Grande-Bretagne, 121*n*, 344
Granet, François, 474*n*
Granus, frère de Néron, 103
Grasset, François, imprimeur à Lausanne, 18, 152, 375, 420
Gratien, empereur romain, 334
Grèce, 178, 405, 434, 461
Grecs, 47, 58, 61, 92, 125, 177, 183, 195, 210, 212, 215*v*, 220, 223, 232, 263, 265, 279, 337, 384, 391, 443, 462, 469, 478
Grégoire Ier le Grand, pape, 313*v*, 339
Grégoire VII (Hildebrand), pape, 340, 450
Grégoire de Naziance, saint, 323-25, 328; *Discours contre l'empereur Julien l'Apostat*, 325*n*
Grégoire de Nysse, saint, 288
Grégoire de Tours, saint, 299*n*
Grégoire le Thaumaturge, saint, 300
Grenoble, 4
Grimm, Friedrich Melchior, 49*n*, 61*n*, 113, 369; *Correspondance littéraire*, 4, 5, 9, 10, 129, 143, 144, 268*n*, 367, 368, 411, 412
Grotius, Hugo de Groot, dit, 120*n*, 168, 189, 229, 353, 355, 358; *Sophompaneas*, 358; *Traité de la vérité de la religion chrétienne*, 356, 357
Grub Street, 205, 240
Guèbres, 78, 89
Guerar, *voir* Gérar
Guerre de Succession d'Espagne, 340*n*
Gueudéville, Nicolas, 435*n*
Guiccardini, Francesco, 439; *Historia d'Italia*, 406*n*
Guillaume de Normandie, 340
Gulliver (*Voyages*), 200, 208

Habacuc, prophète, 257
Hacam, 96
Hadrien, empereur romain, 274, 286, 290, 362
Halley, Edmund, 40*n*
Hamaspatmaedha, 100*n*
Hambourg, 188
Hananias, prophète, 206
Harmogène, *voir* Hermogène
Hastings, Hester, 37*n*
Hazaël, roi de Damas, 211
Hébreux, 47, 213, 227, 252, 383*n*, 388*n*, 389, 395*n*, 441, 464, 470*n*
Hégésippe, 257, 258, 260, 261
Hélène, sainte, 305
Héli, fils de Joseph (selon Luc), 400, 477
Helmas (Bar-Jésu), 239
Helvétius, Claude-Adrien, 6-8, 138*n*, 140, 163*n*
Hénoch, prophète, 257, 351, 464
Hénoch, livre d', apocryphe, 464*n*
Henri II, roi de France, 122*n*
Henri III, roi de France, 454
Henri IV, roi de France, 321, 451, 454
Henri V, roi d'Angleterre, 348
Henri VIII, roi d'Angleterre, 302, 454
Héraklès, 399*n*, 444*n*
Herbert of Cherbury, Edward, Lord, 480
Hercinienne, forêt, 322
Hercule, 39, 101, 178, 181, 197, 273, 290*n*, 357, 399, 449
Hercule le Thébain, 321
Hermant, Jean, *Histoire des conciles*, 316*n*
Hermias, 312
Hermogène de Tarsus, 312
Hérode l'Arabe, 211
Hérode le Grand, 211-12, 216, 230, 231, 234, 253, 290*n*, 329, 331, 401, 402*n*, 478

Hérode Philippe le Tétrarque, 212
Hérodiens, 211, 221
Hérodote, 184
Hershalaïm (Jérusalem), 187
Hésiode, 48, 93, 99, 273, 469
Hewett, William, 136, 138
Hiacinte, *voir* Hyacinthe
Higin, *voir* Hyginus
Hildebrand, *voir* Grégoire VII
Hippocrate, 74
Hippone, 299, 304, 403
L'Histoire des quatre fils Aymons, 186
Hitopadeça, 96*n*
Hobbes, Thomas, 29, 58*n*, 83, 87-89
Hocus pocus, 342
Holbach, Paul Henry Thiry, baron d', 9, 49*n*, 168*n*, 171*n*; *Le Christianisme dévoilé*, 7, 141, 143, 413, 428*n*; *L'Imposture sacerdotale*, 140; *Système de la nature*, 10, 142
Hollande, 63*n*, 143, 144, 174*n*, 204, 416, 417, 421
Hollandais, 347
Holwell, John Zephaniah, 442*n*
Homère, 35, 183, 273, 385, 469; *Iliade*, 35
Hongrie, 38*n*
Hontheim, Johann Niklaus von, *Traité du gouvernement de l'Eglise*, 342*n*
Horace, 93, 361; *Satires*, 485*n*
Horeb, désert d', 462*v*
Hosius, *voir* Osius
Houtteville, Claude François, 61*n*, 189, 198; *La Religion chrétienne prouvée par les faits*, 266
Huet, Pierre Daniel, *Demonstratio evangelica*, 385*n*
Hugues Capet, 344*n*
Hume, David, 135
Huns, 347
Hurons, 195*n*, 196
Hus, Jan, 83*n*, 344, 484
Hyacinthe, lacédémonien, 274*v*, 275
Hydaspes, fleuve, 178
Hyde, Edward, 1er comte de Clarendon, 344*v*; *The History of the rebellion*, 345
Hyde, Henry, Lord, *voir* Cornbury
Hyde, Thomas, *Historia religionis veterum Persarum*, 101*n*, 305*n*
Hyginus, mythographe, 274*v*
Hypathie, philosophe et mathématicienne, 335
Hystaspe, 356

Ianuarius, évêque de Cagliari, 339*n*
Ignace de Loyola, saint, 450
Ignace le Martyr, saint, 262, 290
Inde, 77*n*, 78*n*, 85*n*, 90, 96*n*, 197, 257, 434, 461
The Independent Whig, 171
Indienne, mer, 64
Indiens, 96, 183, 193, 437, 442, 443, 456, 465
Inquisition, 56, 73*n*, 99*n*, 110, 345
Insubriens, 309
Iphigénie, fille d'Agamemnon, 178
Irénée, saint, 235, 236*n*, 404*n*; *Contra haereses*, 276, 277
Irlandais, 345
Irlande, 175, 186, 307, 335, 344, 345*n*, 470
Iroquois, 196
Isaac, fils d'Abraham et de Sara, 256*n*, 387
Isaïe, 208, 244, 397, 398
Isboseth, fils de Saül, 201
Isiaques, 287
Isis, 286, 444
Ismaélites, 357
Israël, 124*n*, 194, 196, 337, 387, 395*n*, 396, 397, 413, 441
Israël, maison d', 388*n*
Israélites, 198, 395*n*, 398, 476
Itace, évêque, 334
Italie, 85, 92*n*, 135*n*, 136, 138, 262, 286, 338, 348, 361, 459, 481*n*, 485*n*
Italiens, 92

Jabès, ville de Palestine, 198

Jacob, père de Joseph, 256*n*, 289, 327, 387, 400, 472, 475, 477
Jacobins, 210
Jacobites, 458
Jacques, frère aîné de Jésus, 234, 289, 290*n*
Jacques, dit le Majeur, saint, 228, 261, 289, 290*n*, 407, 455, 477
Jacques, dit le Mineur, saint, 261
Jahel, femme de Haber, 197
Jaho, 190, 441; *voir* Jéhova
Jamet, 12
Jansénistes, 65*n*, 99*n*, 210, 301*n*, 355
Jansenius, Cornelius Jansen, 98*n*
Janvier, saint, 288*n*, 484, 485*n*
Japon, 170, 385
Japonais, 170
Jaucourt, Louis, chevalier de, 101*n*, 115
Java, 86*n*
Jean, papes, 313
Jean-Baptiste, saint, 210, 212
Jean Chrysostome, saint, 215, 256, 299
Jean Damascène, saint, 299*n*
Jean de Leyde, Jean Beukels, dit, 212
Jean de Paris, 231
Jean l'Evangéliste, saint, 234, 254, 261, 290*n*, 299
Jean sans Peur, duc de Bourgogne, 348*n*
Jean sans Pitié (Jean de Bavière), 348
Jean sans Terre, roi d'Angleterre, 340
Jean Maurice de Nassau-Siegen, 86
Jéchotiel, mère de Moïse, 188
Jéhovah, 190, 204, 388
Jéhu, roi d'Israël, 211
Jephté, juge d'Israël, 178, 197, 391, 392
Jérémie, prophète, 187, 206
Jéricho, 345, 390
Jérôme, saint, 219, 228, 235, 283, 298, 305, 404, 450; *Opera*, 283*n*
Jérôme de Prague, 484
Jérusalem, 187, 199, 205, 208, 210, 212, 216, 226, 230, 231, 241, 243, 244, 247-49, 258, 263, 276, 286, 289*n*, 329, 331, 397, 470*v*, 477*n*
Jeschut, 214
Jésuites, 43*n*, 91*n*, 94*n*, 98*n*, 117*n*, 355
Jésus, 92*n*, 198, 201-203, 210-15, 217-19, 221, 226, 227, 229-37, 239-41, 243, 244, 247, 248, 250, 252, 253, 255, 256, 258-60, 263, 264, 273, 277, 281, 282*n*, 283, 287, 289, 290*n*, 295, 305*n*, 312, 314, 315, 317, 324, 329, 336, 343, 350, 351, 358, 397, 398*n*, 400, 401, 403, 404, 412*n*, 413, 452, 454-56, 458, 467, 473, 477-82, 484
Joab, général de David, 440
Joannistes, 210
Jocanam, époux de Mirja, 213
Johnson, Samuel, *Julian the Apostate*, 320*n*
Jonas, prophète, 208, 227, 357, 398
Jonathas, ou Jonathan, fils de Saül, 176, 201
Jone, père de saint Pierre, 224
Jonson, Ben, 223*n*
Joppé (Jaffa), 224, 398
Josaphat, roi de Juda, 475
Josaphat, vallée de, 219
Joseph, fils de Jacob, 188, 250, 400
Joseph, patriarche, 257
Joseph, père de Jésus, 213, 214, 246, 274, 368, 385, 400, 477
Josèphe, Flavius, 177, 194*n*, 210, 242, 329, 399, 411; *Histoire des Juifs*, 441*n*; *Réponse à Appion*, 441
Josué, fils de Noun, 176, 195, 240, 250, 328, 382, 391
Jourdain, 175, 195, 382, 386*n*, 390
Journal des savants, 12
Jousse, Daniel, *Traité de la justice criminelle en France*, 120*n*-123*n*
Juda, fils de Jacob, 207, 244, 327, 392, 472, 473
Juda, royaume de, 202, 206, 244, 245, 256, 337, 396
Judaïtes, 210, 221, 242
Judas Iscariote, 214

Judas Maccabée, 211
Jude, saint, ou Judas, 248, 258
Judée, 211, 212, 215, 218, 221, 236, 252, 269, 270, 395, 401, 477
Judith, veuve de Béthulie, 394
Juifs, 58, 77*n*, 89, 103, 133, 169, 173-81, 183, 184, 186-88, 190, 191, 193, 195-97, 199-206, 209-16, 221-23, 226, 228, 231, 237, 239, 241, 243-45, 252, 256, 257, 262, 263, 285-87, 289, 310, 327, 329, 330, 332, 333, 338, 356, 357, 362, 381-85, 387, 391, 392, 394, 396, 401, 434-37, 440*n*, 441, 461-63, 465, 469, 470, 474-76, 483
Jules, frère de Constantin Ier, 320
Jules II, pape, 485*n*
Julien l'Apostat, 95, 135, 169, 224*n*, 238, 239, 320-22, 325-31, 333, 384, 385; *Défense du paganisme*, 320*n*; *Lettres*, 323, 324, 330
Julite, vierge d'Ancyre, 293*n*
Jupiter, 50, 181, 188, 214, 218, 239, 255, 273, 274*v*, 283
Jupiter le Crétois, 321
Jura, serfs du mont, 412
Jurieu, Pierre, 204
Justin, saint, 137*n*, 252, 263-66, 269, 276, 279, 312, 464*n*; *Apologia secunda pro christianis*, 263, 265*n*, 266; *Apologies*, 356*n*; *Expositio rectae confessionis*, 263*n*; *Opera*, 263*n*; *Quaestiones et responsiones ad orthodoxos*, 264
Justinien Ier, empereur romain, 98

Kant, Immanuel, 51*n*
Karon, *voir* Karoun
Karoun, lac de, 101
Kayser, Christian Gottlob, 15
Kédusha (Jérusalem), 187
Kémosh, 392
Khaütereb, 193
Kings, les cinq, 90
Kleinschmidt, John R., 411*n*
Knef, dieu égyptien, 442
Kölving, Ulla, 4*n*, 369, 376

Laban, père de Léa et Rachel, 387, 472
La Barre, Jean-François Lefebvre, chevalier de, 5, 104*n*, 111
La Beaumelle, Laurent Angliviel de, 131
La Bléterie, Jean Philippe René de, 330, 332; *Histoire de l'empereur Jovien*, 320*n*; *Vie de l'empereur Julien*, 320*n*, 330*n*, 331
La Bruyère, Jean de, *Caractères*, 120*n*
Laclos, Pierre Choderlos de, 80*n*
Lacombe, Jacques, libraire à Paris, 144
Lactance, 240, 264, 282, 404*n*; *Institutions divines*, 281; *Opera omnia*, 240*n*
La Fontaine, Jean de, 37*n*, 96*n*, 99*n*, 482*n*
La Haye, 12-13
La Hontan, Louis Armand de Lom d'Arce, baron de, *Dialogues curieux*, 435*n*; *Mémoires de l'Amérique septentrionale*, 435*n*
Lally, Thomas Arthur, baron de Tollendal, comte de, 111
Lambert, Claude François, 84*n*; *Recueil d'observations curieuses*, 85*n*
Lambeth, 480
La Mettrie, Julien Offroy de, 33*n*, 62*n*, 131, 446
La Mothe Le Vayer, François de, 95*n*
Languedoc, 204
Lanson, Gustave, 168*n*, 333*n*
Laodicée, concile de, 133
Laos, 121
La Rochefoucauld, François, duc de, 79*n*
La Source, château de, 348*n*
Laurent, saint, 288
Laurent, libraire à Paris, 8, 144
Lausanne, 18, 134, 144, 152, 420
Lazare, 235
Lebbé, 258; *voir* Jude, saint
Leclerc, Jean, 101*n*; *Commentarii in Vetus Testamentum*, 174
Le Clerc, Jean, martyr, 212

va62$$p920 11-02-87 12:12:26

Leibniz, Wilhelm Gottfried, 45*n*, 66*n*, 68*n*, 133; *Monadologie*, 69
Leicestershire, 138
Leipzig, 142, 369, 370
Le Jeune, Pierre, 356*n*
Lékhi, 393*n*
Lenglet Du Fresnoy, Nicolas, *Réfutation des erreurs de Benoît de Spinosa*, 59
Léopold Ier, empereur d'Allemagne, 38
Lépide, partisan de Sylla, 437
Levesque de Burigny, Jean, *Vie de Grotius*, 358*n*
Lévi, fils de Jacob, 256, 389*n*, 477
Lévites, 175, 197, 198
Lia, femme de Jacob, 250
Licinius, beau-frère de Constantin Ier, 310, 453
Liège, 18, 19, 348, 374, 419
Limborch, Philippe van, 171*n*
Littré, Maximilien Paul Emile, 139*n*, 360, 401*n*
Locke, John, 28, 29, 70, 74, 75, 81, 84-87, 265; *An essay concerning human understanding*, 37*n*, 43*n*, 74*n*, 83, 84
Locres, 92*n*, 281*n*
Lokman, 96
Londres, 5, 14, 18, 145, 148, 149, 151, 167, 169*n*, 174*n*, 189, 190, 198*n*, 204, 205, 223*n*, 240*n*, 298, 312, 352, 361, 362, 372, 374, 375, 417, 419, 421, 480*n*
Longus, dit le Sophiste, *Daphnis et Chloé*, 38
Lorette, 484, 485
Lorraine, 452
Loth, ou Lot, neveu d'Abraham, 178, 386, 387, 392, 472
Louis IX, ou Saint Louis, roi de France, 122*n*, 451
Louis XIII, roi de France, 357, 358
Louis XIV, roi de France, 38, 117, 347, 358
Louis XV, roi de France, 168*n*, 301
Louis XVI, roi de France, 123*n*
Louis de France, dit le Grand Dauphin, 38
Louise-Dorothée de Meiningen, duchesse de Saxe-Gotha, 7
Louvain, 98*n*
Luc, saint, 247, 268
Lucain, 79, 356; *Pharsalia*, 50
Lucie, hôtesse, 291*n*
Lucien de Samosate, 95, 224, 225, 299; *Histoire véritable*, 399*n*; *Œuvres*, 300*n*
Lucrèce, 68, 135; *De rerum natura*, 271*n*
Luther, Martin, 98*n*, 344
Luthériens, 459, 460
Lycée d'Athènes, 296
Lycophron, 99, 357
Lyon, 276*n*, 291*n*

Macaire le Jeune, saint, 319
Maccabée, *voir* Judas Maccabée
Macédoniens, 333
Madianites, 388*n*, 389
Madrid, 167
Maguire, Connor, 2e baron d'Enniskillen, 345
Mahomet, 78, 167, 228, 325, 338
Mahométans, 329, 361
Maidhyarya, 100*n*
Maidhyoshema, 100*n*
Maidhyozaremaya, 100*n*
Majorin, antipape, 313
Malabares, 78
Maldives, îles, 64
Malebranche, Nicolas, 40*n*, 54, 55, 93, 94; *La Recherche de la vérité*, 266*n*
Malesherbes, Chrétien Guillaume de Lamoignon de, 113
Mallet, David, 132, 133, 161, 352, 353*n*, 433*n*
Mallet Du Pan, Jacques, 141
Malplaquet, 208*n*
Manès, 304, 305*n*
Manichéens, 56, 304, 343, 344, 403
Manichéistes, 333
Marc, saint, 296

Marc, professeur à l'Académie d'Athènes, 296
Marc Aurèle, 450; *Pensées*, 95
Marcel, centurion, martyr, 287
Marcel, disciple prétendu de saint Pierre, 259-61
Marcion, hérésiarque, 312
Marcionites, 249*n*, 304
Mardochée, oncle d'Esther, 394*n*
Maria, 213, 214, 230, 244
Marie, mère de Jésus, 214, 227, 230, 233, 236, 244, 262, 280, 283, 336, 368, 385, 400, 404, 477*n*, 478
Marie d'Agreda, 407
Marie Stuart, reine d'Ecosse et de France, 321
Marie Tudor, 454
Marillac, Louis de, 439*n*
Marin, François, 6, 11
Marius, Caius Marius, 437
Marlborough, John Churchill, 1er duc de, 208*n*, 288*n*
Marmontel, Jean François, *Bélisaire*, 366
Mars, dieu, 55
Mars, planète, 218, 228
Marseille, 310
Mason, Haydn T., 60*n*
Matat, fils de Lévi (selon Luc), 477
Mathan, fils d'Eléazar, 477
Matrone, vierge d'Ancyre, 293*n*
Matthieu, saint, 228, 261
Maupertuis, Pierre Louis Moreau de, 40*n*, 62*n*, 168*n*
Maurice, de la légion thébaine, 292*n*
Maxence, empereur romain, 309
Maxime Pétrone, empereur romain, 334
Maximien (Hercule), empereur romain, 292*n*, 310
Maximin II, 311, 453
Mayeul, abbé, 369
Meaux, 212*n*
Médicis, Julien de, 439
Médicis, Laurent de, 439
Méditerranée, 77
Mélanchthon, Philipp Schwarzerd, 98*n*
Memnonistes, 460
Memphis, 388, 470
Ménandre, 273
Mercure, dieu, 214, 274, 461
Mercure, planète, 218
Merlin, dit l'Enchanteur, 177, 186
Meslier, Jean, 170, 171, 214*n*
Méthodistes, 460
Metzger, Marcel, 254*n*
Michas, 191
Michée, prophète, 206, 475
Michel-Ange, 35
Middleton, Conyers, 135, 318; *A free inquiry into miraculous powers*, 318*n*; *The Miscellaneous works*, 318*n*
Migne, Jacques Paul, 253*n*, 256*n*, 263*n*-265*n*, 267*n*, 268*n*, 276*n*, 277*n*, 345*n*
Milan, concile de, 321
Le Militaire philosophe, 54*n*, 80*n*, 87*n*, 142, 197*n*
Les Mille et une nuits, 188
Milord Pierre *(Tale of a tub)*, 244, 358
Minerve, déesse, 293*n*, 471
Mingrélie, 84*n*, 85
Mingréliens, 84, 85
Miphiboseth, fils de Jonathas, 201
Mirabeau, Honoré Gabriel Riqueti, comte de, 112*n*
Mirja (Maria), 213, 214, 227, 230
Misem, 177, 178; *voir* Bacchus
Misson, famille, 302*n*
Moda, 257
Moïse, 174-81, 183-85, 188, 189, 191, 192, 195*n*, 225, 241, 250, 257, 283, 327, 328, 382, 383, 385*n*, 386-89, 391, 473, 474, 479, 480
Molière, Jean-Baptiste Poquelin, dit, 99*n*
Molina, Luis, 98*n*
Molinistes, 210
Moloch, 191, 388
Monothélites, 458
Montaigne, Michel Eyquem de, 120*n*;

Apologie de Raymond Sebon, 32n; *Essais*, 433n
Montesquieu, Charles Louis de Secondat, baron de La Brède et de, 115; *De l'esprit des lois*, 86; *Lettres persanes*, 78n, 119n
Montgéron, Louis Basile Carré de, *La Vérité des miracles*, 301
Moore, Francis, 205
Moraves, 405
Morel, Frédéric, 194n
Morellet, André, 113, 137n, 163n
Morgan, John, 135, 136
Moriah, mont, 329
Morris, Samuel, 135, 136
Mortier, Roland, 81n, 104n
Mosul (Mossoul), 212
Moultou, Paul Claude, 135
Moureaux, José-Michel, 101n
Mouret, Jean-Joseph, 99n
Mülhausen, 212n
Münster, 212n, 347
Müntzer, Thomas, 212
Musée, poète grec, 273
Musonius, évêque, 318
Musulmans, 282, 338, 343
Muth (la matière), 193

Nabal, 201, 395
Nabuchodonosor II, 206
Naigeon, Jacques André, 171n
Naples, 461, 481, 484, 485
Naves, Raymond, 312n
Navone, place, 286
Nazareth, 246
Needham, Joseph, 368, 386, 452n
Neptune, dieu, 188
Néron, empereur romain, 103, 211, 224, 259-61, 311, 335, 437
Nerva, empereur romain, 331n
Nestorius, patriarche de Constantinople, 336, 337
Neuchâtel, 19
Newton, Sir Isaac, 35n, 49n, 73, 87, 168n, 169n, 174, 175, 186, 265, 352, 430n, 443; *Chronologie des anciens royaumes*, 474n; *Observations on the prophecy of Daniel and the Apocalypse of St John*, 353
Nicée, concile de, 133, 282, 288n, 316, 317, 343n, 454n, 480n; Actes, 317, 318
Nicéphore Calliste, 305, 318
Nicodème, saint, 252
Nicolas, saint, 103n
Nicolas, Augustin, 120n
Nicole, Pierre, 98n
Nicomédie, 303, 306, 316
Niklaus, Robert, 105n
Nil, fleuve, 101n, 326, 343, 387, 393, 463
Nilus, 293
Nîmes, 302n
Ninive, 398
Nisa, *voir* Sinaï
Noé, 173, 178, 351, 386, 470n, 473
Nonnotte, Claude François, 61n
Noonan, John Thomas, 34n
Nostradamus, 205
Notre Dame d'Atocha, 407
Notre Dame de Lorette, 484
Nouvelle-Guinée, 82n
Novat, hérésiarque, 313
Novatien, antipape, 313
Numa Pompilius, 441

Oblia le Juste (Jacques, frère de Jesus), 289
Œcolampade, Johannes Hausschein, 98n
Og, roi de Basan, 383
Olivet, mont, 234
Ooliba, 207, 365, 397
Oolla, 207, 397v
Opéra (de Paris), 117n
Ophionée, serpent, 193
Orcades, îles, 459
Oreb, *voir* Horeb
Origène, 133, 214, 234, 243, 279, 281-

83, 296, 299, 312, 404*n*, 473; *Contre Celse*, 270*n*, 299
Orion, constellation, 68
Orléans, 345*n*, 353*n*
Orléans, Philippe, duc d', 361
Oronte, fleuve, 178, 311
Orphée, 101, 273, 387*n*, 444
Osée, prophète, 399, 474, 475
Osias, *voir* Osée
Osius, évêque de Cordoue, 316, 317
Ostrogoths, 337
Otway, Thomas, 68*n*
Ours, de la légion thébaine, 292*n*
Ovide, 48, 356; *Fastes*, 287*n*; *Metamorphoses*, 230, 484
Oxford, 205, 261, 353*n*
Ozius, *voir* Osius

Pacôme, saint, 450
Paitishahya, 100*n*
Palémon (*Characteristics of men*), 350*n*
Palestine, 178*n*, 192, 254*n*, 441
Palladius, *Histoire lausiaque*, 291*n*
Panchatantra, 96*n*
Panckoucke, Charles Joseph, 19, 151, 373, 375
Pander, Joseph (*Sepher Toldos Jeschut*), 213, 214
Pandolfo, 340
Pandore, boîte de, 97, 434
Panéas, 253*n*
Paniade, 253
Pantène, saint, 296
Panurge (*Pantagruel*), 103*n*
Paphlagonie, 323
Paphos, 239
Papias, saint, 404*n*
Papistes, 168, 202, 210, 249, 296, 317, 344, 349, 360, 459, 460
Pâques, fête, 180, 235, 255
Paris, 4-6, 12, 189, 212, 225, 301, 355, 361, 362, 366, 367, 413
Parsis, 100*n*
Pascal, Blaise, 230, 353, 354; *Lettres provinciales*, 64, 355; *Pensées*, 170, 41*n*, 65, 355
Patrick, saint, 470
Paul, saint, 133, 223-29, 239, 246, 247, 253, 254, 258, 260*v*, 261, 268, 274, 403, 404, 477
Pauliciens, 343
Pausanias, historien, 274*v*
Pautigny, Louis, 356*n*
Pechon de Ruby, *Dictionnaire en langage blesquien*, 79*n*; *La Vie généreuse des mercelots*, 79*n*
Penn, William, 481
Pennsylvanie, 136, 481*n*
Pentateuque, 174, 178*n*, 181, 183, 184, 186, 187, 189, 357, 382, 383, 385*n*, 391, 461, 465, 474, 475*n*; *voir* Bible
Pentecôte, 237
Pérégrinus Proteus, 300
Perpétue, sainte, 289
Perrot, Nicolas, 96*n*, 300*n*
Persans, 78*n*, 89, 90, 96*n*, 304*n*, 322, 324, 331, 391, 396, 443, 461, 465
Perse, *Satirae*, 47*n*, 211
Perse, la, 85*n*, 197, 304, 329, 461
Persée, 181, 449
Perses, *voir* Persans
Pétau, Denis, 100*n*
Petite Ourse, constellation, 275
Petitpierre, pasteur, 411
Pétrone, 93
Phacée, roi d'Israël, 397
Phaéton, 471
Phaïné, vierge d'Ancyre, 293*n*
Phalaris, tyran d'Agrigente, 444
Pharaon, 173, 188, 387, 388
Pharisiens, 210, 221, 242
Phase, fleuve, 384, 466*n*
Phéniciens, 47, 48, 77, 96, 179, 184, 190, 191, 193, 194, 204, 326, 382, 396, 441, 443, 464
Phérécyde de Syra, 193
Philibert, Antoine, 411*n*
Philibert, Claude, 411
Philippe II, roi d'Espagne, 68*n*, 454

INDEX

Philippe IV, roi d'Espagne, 395
Philippe l'Arabe, empereur romain, 228, 270
Philistins, 191, 200, 393-95
Philoclès (*Characteristics of men*), 350*n*
Philon de Byblos, 178*n*
Philon, dit le Juif, 210, 242, 441, 463; *Œuvres*, 194, 441*n*
Philopatris, 224
Phison, fleuve, 384
Phlégeton, fleuve, 444
Phlégon, 479
Photin (*Mort de Pompée*), 80
Pie IV, pape, 439*v*
Pierre, saint, 227, 234, 248, 258-62, 274, 298, 314, 340, 455, 482*n*
Pierre, fils de Jone, 224
Pierre le Grand, tsar, 360
Pierre de Luxembourg, 103
Pilate, Ponce, 221, 241, 252, 253, 258, 259, 404
Pilpay, 96
Pionius, saint, 291, 346
Platon, 57, 89, 264, 265, 275, 326, 385; *Timée*, 66*n*, 281
Pléiades, constellation, 275
Plomteux, Clément, imprimeur à Liège, 19, 150, 374, 419
Pluche, Noël Antoine, 10; *Spectacle de la nature*, 32
Plutarque, 35*n*, 242
Pluton, dieu, 188
Polhymnie, muse, 274*v*, 275*v*
Polier de Bottens, Antoine Noë, 213*n*
Pollux, 181
Polycarpe, saint, 290
Polyeucte, saint, 288
Pomeau, René, 49*n*, 53*n*, 365*n*, 413, 414*n*, 427*n*, 428*n*, 435*n*, 436*n*, 442*n*
Pompée, 80, 269, 270
Pont-de-Veyle, Antoine Feriol, comte de, 8, 9
Pope, Alexander, 132, 353*n*, 432; *Works*, 432*n*
Porphyre, 178*n*
Portique d'Athènes, 296
Port-Royal, 355
Portugais, 345
Posidonius, 433*n*
Potamienne, sainte, 291, 346
Potsdam, 131
Potter, Louis de, 194*n*
Pourim, fête des, 394*n*
Prades, Jean Martin, abbé de, 381*n*
Presbytériens, 225, 268, 269, 360, 460
Prisca, femme de Dioclétien, 303, 306
Priscillien, hérésiarque, 334
Prométhée, 444
Protée, dieu, 60, 301
Protestants, 94*n*, 344, 345
Prudence, Aurèle Clément, 288*n*
Ptolémée (*Mort de Pompée*), 80
Punch, 336
Pygmalion, 50*n*
Pyrrhon, 61
Pythagore, 29, 57, 92
Python, 97, 200

Quakers, 212*n*, 221, 223*n*, 224, 360, 405, 460
Querron, *voir* Karoun
Quirinus, consul romain, 236, 237, 400, 401, 402*n*, 478

Raab, *voir* Rahab
Rabbath, 383*n*
Rabbi Busy-Zeal-of-the-Land (*Bartholomew Fair*), 223*n*
Rabelais, François, 99*n*, 336; *Pantagruel*, 103*n*
Rachel, fille de Laban, 250
Raitvole (pseud. Voltaire), 366
Rahab, de Jéricho, 195, 250, 390, 473
Rama, 383*n*
Ramatha, 383
Rameau, Jean Philippe, 117
Raphaël, saint, 465
Raphaël, Raffaello Sanzio, dit, 35
Ravaillac, François, 393, 455*n*
Razin ou Rasin, roi de Syrie, 397

Récabites, 221
Reghellini, 194*n*
Regnard, Jean François, 99*n*
Remphan, 191, 388, 389*n*
Renaudot, Eusèbe, 305*n*
Reparade, *voir* Santa Reparata
Rétat, Pierre, 60*n*, 63*n*
Retz, Paul de Gondi, cardinal de, 446
Reuchlin, Johannes, 98*n*
Rey, Marc Michel, 12, 13, 143-45, 148, 369, 372, 394*n*, 417
Rhin, 102, 322
Richelieu, Louis François Armand Du Plessis, duc de, 140, 439*n*
Ricotier, Pierre, 430*n*
Rieu, Henri, 12, 411, 416, 439*n*
Rigolet, frère (*Relation du bannissement des jésuites*), 91*n*
Robert le Diable, 186, 231
Robert II le Pieux, roi de France, 344
Rochester, famille, 353*n*
Rocroi, 170
Rodis-Lewis, Geneviève, 266*n*
Romains, 61, 78, 82, 97, 98, 102, 181, 183, 199, 202, 210, 212, 220, 223, 231, 232, 238, 252, 255, 266, 267, 269, 271, 275, 285, 287, 304, 328, 396, 401, 437, 441, 450, 458
Rome, 94, 98*n*, 170, 191, 211, 213, 225, 235, 238, 255, 259, 262, 269, 285-88, 302, 313, 317, 323, 339, 340, 342, 360, 362, 403, 434, 439*n*, 450, 459, 481
Rosenfield, Leonora Cohen, 37*n*
Rouge, mer, 177, 179, 180, 195, 357, 388
Rousseau, André-Michel, 138*n*, 168*n*, 333*n*
Rousseau, Jean-Jacques, 50*n*, 88*n*, 114; *Le Vicaire savoyard*, 415
Ruben, fils de Jacob, 394, 472
Rufin d'Aquilée, moine, 312, 404
Ruinart, Thierry, 290*n*, 295; *Les Véritables actes des martyrs*, 287*n*, 288*n*, 289, 291*n*, 292, 293*n*
Russie, 459
Ruth, Moabite, 195, 394
Rutilius Numatianus, 269; *De reditu suo*, 270*n*

Sabéens, 173
Sadaï, 204
Sade, Donatien Alphonse François, dit marquis de, 51*n*, 80*n*
Saducéens, 210, 221, 242, 243, 304, 391
Saint-Cyran, Jean Duvergier de Hauranne, abbé de, 98*n*
Saint-Barthélemy, 307, 321, 343, 344
Saint-Germain-l'Auxerrois, 381*n*
Saint-Médard, 225, 301
Saint-Moritz, 292*n*
Saint-Pierre de Rome, 285
Saint-Simon, Louis de Rouvroy, duc de, *Mémoires*, 38*n*
Sala, Pierre, 231*n*
Salamanca, 381, 402*n*
Sala-Molins, Louis, 99*n*
Salomon, roi d'Israël, 201, 202, 209, 210, 241, 329, 331, 393, 396, 437, 472
Samarie, 187, 202, 206, 458*n*
Samaritains, 458
Sammonocodom, 124, 125
Samosate, 95*n*, 323
Samson, juge d'Israël, 178, 197, 393
Samuel, prophète, 174*n*, 186, 199, 200, 383*n*, 474
Sanchez, Tomas, *De sancto matrimonii sacramento disputationum*, 214, 400
Sanchoniaton, 178, 179, 190*n*
Santa Reparata, église de, 439
Santiago de Compostela, 407*n*
Saphan, scribe, 474
Saphire, femme d'Ananie, 298
Sara, femme d'Abraham, 250, 386
Saragosse, concile de, 334*n*
Sarasin l'aîné, Jean, 140
Sardaigne, 339
Sardique, concile de, 321
Sarrasins, 485*n*

Satan, 89, 465
Saturne, dieu, 266, 267*n*, 310, 311, 471
Saturne, planète, 41, 73, 218
Saturnin, gnostique, 312
Saturninus, époux de Fulvia, 213
Saül, roi des Israélites, 176, 200, 201, 205, 229, 245, 394-96, 464*n*
Saunderson, Nicholas, 168*n*
Saxons, 339
Sceaux, 99, 181*n*
Schabar (Moïse), 188
Schiller, Friedrich von, 68*n*
Scipion, 323, 337, 450, 481
Scythes, 77
Scythie, 461
Second, Louis, 277*n*
Sedaine, Michel Jean, *Le Philosophe sans le savoir*, 473*n*
Sédécias, prophète, 206, 475
Selden, John, 318*n*
Séleucie, 290*n*
Sem, fils de Noé, 470*n*
Sémei, ministre de David, 440
Sémélé, fille de Cadmos, 283
Senancour, Etienne Pivert de, 194*n*
Sénèque, 253, 254, 258, 404; *Ad Lucilium epistulae morales*, 47
Sepher Toldos Jeschut, 213
Séphorah, femme de Moïse, 388*n*
Septime Sévère, empereur romain, 276*n*
Sergius, 238, 239
Servan, Joseph Michel Antoine, 4, 113, 114
Servianus, L. Iulius, 362
Seth, fils d'Adam, 351
Severyns, A., 271*n*
Shaftesbury, Anthony Ashley Cooper, 3e comte de, 51*n*, 88, 133, 134, 432, 480; *Characteristicks of men*, 350; *Lettre sur l'enthousiasme*, 223*n*, 224*n*, 301*n*, 432*n*; *Œuvres*, 224*n*
Shampart, Henry, 344
Shastabad, 442*v*, 461
Shaw, James, 344
Sherlock, Thomas, 198
Shibolet, 391
Shilo, 244
Siam, 117, 121, 125
Sidoine Apollinaire, saint, *Epistulae*, 311*n*
Sike, Henry, *Evangelium infantiae*, 233*n*
Silo, 198
Siméon, fils de Jacob, 394
Siméon, dit le Métaphraste, 288*n*
Simon Barjone, *voir* Pierre, saint
Simon le Corroyeur, 224
Simon le Magicien, 259-61
Sinaï, mont, 177*n*
Sirius, étoile, 68
Sirven, Pierre Paul, 109, 111, 366
Sisara, général, 197
Sixte IV, pape, 439
Sizara, *voir* Sisara
Smithfields, 217
Smollett, Tobias George, *Humphry Clinker*, 138
Smyrne, 276*n*, 290*n*
Sociniens, 358, 460
Socrate, 94, 263, 484
Sodome, 197, 275, 386, 471
Sodomites, 197, 386, 392
Sophocle, 273
Sophonie, prophète, 205, 257
Sorbonne, 98*n*, 261, 381, 394*n*, 454, 455
Soziandre, saint, 295
Spinoza, Baruch, 28, 57-63, 88, 89, 175, 429, 446; *Ethica*, 58*n*, 59*n*; *Tractatus*, 39*n*, 184*n*, 205*n*, 382*n*, 383*n*
Spinozistes, 62
Spottiswood, Sir Henry, 344, 345*n*
Spottiswood, James, 345*n*
Stählin, Otto, 356*n*
Steiger, Nikolaus Friedrich, baron de Montricher, 133, 135
Stockholm, 349, 438*n*
Stoïciens, 54, 81*n*, 94, 321, 324, 326, 433
Strabon, *voir* Straton

Strasbourg, 322
Straton, 61, 428
Suède, 405, 438*n*
Suisse, 7, 292*n*, 459
Sulamite (la), 202, 250
Surius, Laurent, 288*n*, 291*n*
Sylla, 437
Sylvestre Ier, pape, 317
Symphorose, sainte, 290
Syrie, 95*n*, 178, 210, 236-38, 306, 330, 397, 400, 401, 461, 478
Syriens, 179, 184, 396
Swift, Jonathan, 184, 336, 355, 480; *Tale of a tub*, 186*n*, 244, 358; *voir* Gulliver

Tachard, Gui, 117
Tacite, *De Germania*, 102
Tamponet, docteur de Sorbonne, 381
Tarquin le Superbe, roi de Rome, 68, 322
Tarsis, *voir* Tarsus
Tarsus, 228, 398
Tartare (enfer), 101
Tartares, 124, 125, 170
Tartarie, 461
Tartharoth, 101*n*; *voir* Tartare
Tatien, *Oratio adversus Graecos*, 265
Taureau, constellation, 68
Taylor, S.S.B., 373, 422*n*
Técuse, sainte, 293*n*, 294
Temple, Sir John, *The Irish rebellion*, 345
Tende, Gaspard de, sieur de Lestang, 354*n*
Tertullien, 137*n*, 234, 249, 252, 258, 266, 269-71, 276, 312; *Apologeticus adversus gentes*, 267*n*, 268*n*, 271*n*; *De anima*, 271; *De Scorpiace*, 271; *Opera*, 266*n*
Testament des douze patriarches, 256
Thabor, mont, 233, 316
Thaddée, 258; *voir* Jude, saint
Thalès de Milet, 57, 63
Thamar, bru de Juda, 195, 207, 390, 472
Tharé, père d'Abraham, 470*n*
Thaut, *voir* Thot
Thébaïde, 333
Thébaine, la légion, 292, 307
Thècle, sainte, 228, 258
Théodora, impératrice byzantine, 343
Théodore, saint, 288, 292*n*
Théodoret de Cyr, 323, 324
Théodoric le Grand, roi des Ostrogoths, 339
Théodose Ier le Grand, empereur romain, 248, 333-35
Théodote, saint, 293-95, 307
Théon d'Alexandrie, 335
Théophile d'Antioche, saint, 235
Théophore (saint Ignace), 290*n*
Thérapeutes, 210, 221, 234, 242, 243
Théro (*Questions sur les miracles*), 368
Thésée, 444
Thessalie, 461
Thessalonique, 310, 311, 335, 453*n*
Thétis, 97
Thévenot, Jean de, 84*n*
Thiriot, Nicolas Claude, 170*n*
Thomas d'Aquin, saint, 98, 299*n*, 406; *Summa theologica*, 43*n*, 56
Thomas, saint, dit Didyme, 261
Thomas, Antoine Léonard, *Eloge de feu Mgr le dauphin de France*, 11-15
Thot, dieu égyptien, 461
Thrace, 461
Thsoar, ville, 471
Thucidyde, 101
Tibère, empereur romain, 173, 213, 238, 252, 253, 286
Tibre, 309, 340
Tien, dieu des Chinois, 443
Tigre, fleuve, 324, 384, 463, 466*n*
Tillotson, John, 217
Timée de Locres, 281*n*
Timothée, disciple de saint Paul, 226
Tindal, Matthew, 480
Tite-Live, 331

Titus, député du pape Sylvestre Ier, 317
Titus, empereur romain, 202, 269, 270, 322, 329, 331, 440, 451
Titus, voleur, 233
Tivoli, 290*n*
Tobie, 394
Tobit, ou Tobie, père de Tobie, 393, 394
Tohu-bohu, 47, 48
Toland, John, 217, 480
Tolède, 405
Tonkin, 86
Tophet, vallée de, 209
Torrey, Norman L., 44*n*, 132, 133, 137*n*, 398*n*, 402*n*, 480
Tournay, 134
Tourreil, Jacques de, 120*n*
Trajan, empereur romain, 224, 242, 285, 286, 290, 322, 346, 360, 450
Trenchard, John, 171*n*, 480
Trente, concile de, 83*n*
Trévoux, 104, 124*n*
Trithemius, Johannes Heidenberg, dit, 243
Trolle, Gustave, 348, 349*n*, 438
Trousson, Raymond, 94*n*
Troyes, bibliothèque de, 130, 134*n*
Tshinavar, pont de, 101
Turcs, 78, 170, 457
Turgot, Anne Robert Jacques, baron de L'Aulne, 113
Turmel, Joseph, 464*n*
Turpin, archevêque de Reims, 187
Turquie, 167, 405, 443
Tweed, fleuve, 412, 459
Tyr, 184, 211, 395; – concile de, 319

Ugarit, 178*n*
Ulpien, Domitius Ulpianus, 296
Uppsala, 348
Ur, ou Our, 470*n*
Urbain, papes, 313
Urbain VIII, pape, 345
Uriah, *voir* Urie
Urie le Hittite, mari de Bethsabée, 201, 310, 393, 472

Valens, empereur romain, 331*n*
Valentin, hérésiarque, 312
Valentinien Ier, empereur romain, 122*n*, 333
Valentiniens, 304
Valérie, veuve de Galère, 311, 453
Valladolid, 366, 407
Vandales, 347
Varus, Quintilius, 401
Vatican, 280
Vaudois, 344
Védam, 442, 461; *voir* Ezour-Védam
Vénus, déesse, 55
Vénus, planète, 41, 218, 228, 386
Vercruysse, Jeroom, 12, 13, 143, 145, 148, 366, 367*n*, 372, 417
Vernes, Jacob, 411, 412*n*
Vernière, Paul, 58*n*, 59*n*, 61*n*, 383*n*
Véronique, hémorroïsse, 253
Versailles, 361
Vespasien, empereur romain, 230, 286
Viclef, *voir* Wycliffe
Victor, de la légion thébaine, 292*n*
Vietnam, 86*n*
Villevielle, Philippe Charles François Joseph de Pavée, marquis de, 413
Vincent, député de Sylvestre Ier, 317
Virgile, 385; *Aeneis*, 50, 430; *Bucolica*, 256*n*; *Georgicon*, 387*n*
Visigoths, 337
Vistâspa, 356*n*
Vivarais, 204
Volney, Constantin François de Chasseboeuf, comte de, 194*n*
Voltaire, bibliothèque, 133, 213*n*, 405*n*, 422*n*, 430*n*, 433*n*, 438*n*, 442*n*, 474*n*
éditions collectives: Genève 1768, 11, 17-21, 115, 142, 151, 374-75, 414, 418, 420, 422; Lausanne 1770, 18, 115, 142, 151, 375, 419-420; Genève 1771, 18, 115, 142, 150, 374, 419;

Neuchâtel 1772, 19, 115; Genève 1775 (encadrée), 11, 19-21, 115, 142, 146, 147, 149, 151, 153, 372, 374, 414, 420, 421, 422, 423; – exemplaire de Leningrad, 373, 422*n*; s.l. 1775 (imitation de l'encadrée), 20, 147, 373, 420; Kehl, 11, 20-21, 52*n*, 115, 116, 142, 152, 153, 336*n*, 345*n*, 375-76, 422

notes marginales, 58*n*, 59*n*, 82*n*, 84*n*, 93*n*, 133, 168*n*, 174*n*-177*n*, 179*n*, 184*n*, 186*n*, 190*n*, 195*n*, 201*n*, 205*n*, 206*n*, 215*n*, 216*n*, 219*n*, 224*n*-227*n*, 229*n*, 232*n*, 234*n*- 236*n*, 240*n*, 246*n*, 249*n*, 250*n*, 252*n*-258*n*, 260*n*, 271*n*, 277*n*, 279*n*, 281*n*, 282*n*, 285*n*, 286*n*, 296*n*, 300*n*, 301*n*, 307*n*, 309*n*, 313*n*, 316-318*n*, 335*n*, 337*n*, 342*n*, 343*n*, 358*n*, 382*n*, 383*n*, 385*n*, 389*n*, 390*n*, 392*n*, 396*n*, 398*n*, 399*n*, 401*n*, 404*n*, 440*n*, 468*n*, 471*n*, 473*n*, 481*n*, 483*n*

carnets, 137*n*, 230*n*, 309*n*

L'A B C, 86*n*; *André Destouches à Siam*, 8, 9, 11-15, 17-20, 109-26; *Anecdote sur Bélisaire*, 413; *Annales de l'empire*, 149, 348*n*; *Au révérend père en Dieu messire Jean de Beauvais*, 420; *Aventure indienne*, 8, 11-15, 30; *Avis au public*, 5, 11, 14, 109; *A Warburton*, 183; *La Bible enfin expliquée*, 77*n*, 129, 130, 132, 149, 176*n*, 184*n*, 206*n*-208*n*, 217*n*, 299*n*, 384*n* 463*n*; *Candide*, 61*n*, 67*n*, 109, 110*n*; *La Canonisation de saint Cucufin*, 451*n*; *Collection d'anciens évangiles*, 252*n*, 253*n*; *Commentaire sur le livre Des délits et des peines*, 111; *Commentaires sur Corneille*, 80*n*; *Conversation de Lucien, Erasme et Rabelais*, 95*n*-96*n*

Défense de milord Bolingbroke, 131, 189*n*, 361*n*; *La Défense de mon oncle*, 240*n*, 387*n*, 413; *Des conspirations contre les peuples*, 389*n*, 390*n*; *Dialogue du douteur et de l'adorateur*, 414*n*, 415; *Dialogue entre un plaideur et un avocat*, 110*n*; *Dialogues d'Evhémère*, 37*n*; *Dictionnaire philosophique*, 68*n*, 77*n*, 110*n*, 142, 207, 412, 413; – 'Ame', 33*n*, 74*n*, 75*n*; –'Amour', 52*n*, 67*n*: – 'Amour-propre', 38*n*; – 'Anthropophages', 82*n*; – 'Athée', 36*n*; – 'Bêtes', 31*n*; – 'Catéchisme chinois', 95*n*, 452*n*; – 'Christianisme', 312*n*; – 'Ciel des anciens', 32*n*; – 'Conciles', 405*n*; –'Credo', 404*n*; –'David', 440*n*; –'De la liberté', 43*n*; – 'Du juste et de l'injuste', 405*n*; – 'Evangile', 404*n*; – 'Fanatisme', 300*n*; – 'François Xavier', 401*n*; –'Genèse', 463*n*; –'Juste', 87*n*; – 'Martyrs', 286*n*; – 'Messie' 215*n*; – 'Miracles', 137*n*; –'Persécution', 300*n*; –'Pierre', 403*n*; *Dieu et les hommes*, 47*n*, 77*n*, 89*n*, 176*n*, 177*n*, 188*n*, 195*n*, 414; *Le Dîner du comte de Boulainvilliers*, 367, 400*n*, 412*n*, 413*n*, 440*n*; *Discours de l'empereur Julien*, 238*n*, 320*n*, 385*n*; *Discours en vers sur l'homme*, 431*n*

Eléments de la philosophie de Newton, 35*n*, 40*n*; *Entretiens chinois*, 401*n*; *Epître à l'auteur du livre des Trois imposteurs*, 436*n*; *Epître à Uranie*, 10; *Epître aux Romains*, 375; *Essai sur les mœurs*, 63*n*, 68*n*, 82*n*, 100*n*, 101*n*, 131, 212*n*, 242*n*, 286*n*, 292*n*, 304*n*, 309*n*, 312*n*, 337*n*, 340*n*, 341*n*, 349*n*, 437*n*, 438*n*, 442*n*, 448*n*, 451*n*, 454*n*, 455*n*, 485*n*; *Evangile de la raison*, 415; *Examen important de milord Bolingbroke*, 3, 77*n*, 127-362, 385*n*, 390*n*, 392*n*, 395*n*, 397*n*, 413, 474*n*; – 'Avant-propos', 143-52, 167-71; – 'Avis', 132, 133, 137, 144-52, 163; – 'Lettre de milord Cornsburi à milord Bolingbroke', 146-52, 360-62; – 'Traduction d'une lettre de milord Bolingbroke à milord Cornburi', 143-52, 352-59; *Extraits du Journal de Dangeau*, 407*n*; *Les Guèbres*, 78*n*; *La Henriade*, 451*n*; *Histoire de Jenni*, 259*n*, 373, 413; *Histoire de* *l'empire de Russie*, 110*n*; *Histoire de l'établissement du christianisme*, 234*n*, 414*n*; *Homélie du pasteur Bourn*, 411, 412; *Homélies prononcées à Londres*, 249*n*, 376, 409-85; *Les Honnêtetés littéraires*, 367; *L'Ingénu*, 109, 413; *Instruction du gardien des capucins de Raguse à frère Pediculoso*, 207*n*, 384*n*, 402*n*; *Lettres à S. A. Mgr. le prince de* ***, 62*n*, 75*n*, 168*n*, 333*n*, 430*n*, 481*n*; *Les Lettres d'Amabed*, 381*n*; *Lettres philosophiques*, 73*n*, 75*n*, 168*n*, 333*n*, 430*n*, 481*n*

Mandement du révérendissime père en Dieu Alexis, 412; *La Métaphysique de Newton*, 74*n*; *Micromégas*, 31*n*; *Nouveaux mélanges*, 11, 15-19, 21, 142, 148, 152, 153, 369, 371-72, 414, 417-19, 422; *Ode à la vérité*, 437*n*; *Petit commentaire de l'ignorant sur des paroles remarquables*, 30; *Petit commentaire de l'ignorant sur l'Eloge du dauphin*, 11-15; *Petite digression*, 12-15, 30; *Le Philosophe ignorant*, 3-105, 109, 115, 452*n*; *La Philosophie de l'histoire*, 101*n*, 131, 142, 190*n*, 193*n*, 204*n*, 240*n*, 385*n*, 389*n*, 390*n*, 392*n*; *Poème sur la loi naturelle*, 9; *Poème sur le désastre de Lisbonne*, 432*n*; *Pot-pourri*, 131, 414, 473*n*; *Préface de M. Abauzit*, 413; *La Prude*, 181*n*; *Le Pyrrhonisme de l'histoire*, 101*n*, 131, 142, 190*n*, 193*n*, 204*n*, 240*n*, 385*n*, 389*n*, 390*n*, 392*n*; *Les Questions d'un homme qui ne sait rien*, 11, 16, 17, voir aussi *Philosophe ignorant*; *Les Questions de Zapata*, 174*n*, 206*n*, 214*n*, 363-407, 413, 417, 422, 472*n*, 475*n*, 477*n*-479*n*; *Questions sur l'Encyclopédie*, 66*n*, 150; – 'Adorer', 234*n*; – 'Apocryphes', 259*n*; – 'Apostat', 95*n*, 150; – 'Apôtres', 228*n*; – 'Baiser', 255*n*; – 'Dieu, dieux', 59*n*; – 'Enfer', 411*n*; – 'Fonte', 389*n*; – 'Grâce', 104*n*; – 'Histoire', 95*n*; – 'Julien', 95*n*; – 'Presbytériens', 333*n*; – 'Religion II', 414; – 'Voyage de saint Pierre à Rome', 403*n*; *Questions sur les miracles*, 131, 365, 382*n*, 386*n*, 391*n*, 404*n*, 413, 450*n*, 452*n*

Recueil necessaire, 3, 7, 138*n*, 139, 140, 142-45, 153, 366, 369, 372, 374, 414, 416, 417, 421, 458*n*; *Relation de la maladie du jésuite Berthier*, 400*n*; *Relation de la mort du chevalier de La Barre*, 111, 217*n*; *Relation du bannissement des jésuites de la Chine*, 91*n*; *Les Scythes*, 16, 366; *Seconde anecdote sur Bélisaire*, 381*n*; *Sermon des cinquante*, 131, 179*n*, 207*n*, 365, 398*n*, 412; *Sermon du rabbin Akib*, 384*n*, 412; *Sermon prêché à Bâle*, 412, 417-19; *Siècle de Louis XIV*, 347*n*, 445*n*; *Supplément au discours de Julien*, 95*n*; *Supplément au Siècle de Louis XIV*, 168*n*; *Le Tombeau de la Sorbonne*, 381*n*; *Tout en Dieu*, 40*n*; *Traité de métaphysique*, 10, 31*n*, 43*n*, 47*n*, 51*n*, 61*n*, 66*n*, 72*n*, 73*n*; *Traité sur la tolérance*, 412

Vondel, Joost van den, 358*n*

Voragine, Jacques de, *Legenda aurea*, 289

Wade, Ira O., 129, 130, 132, 181*n*

Wagenseil, Johann Christoph, *Tela ignea satanae*, 213*n*

Wagnière, Jean Louis, 205*n*, 226*n*, 279*n*, 307*n*

Walpole, Horace, 6, 8

Waltzing, J.-P., 271*n*

Warburton, William, 183

Westminster Hall, 280

Whiston, William, 168, 353, 480

Withers, Henry, 208

Witt, Jan de, 63

Witt, Cornelis de, 63*n*

Wollaston, William, 171

Woolston, Thomas, 131, 171, 217, 402*n*

Wycherley, William, *The Plain dealer*, 181

Wycliffe, John, 344

Xénophon, 101; *Anabase*, 392*n*

Yaho, dieu des Phéniciens, 193
Yahvé, 388*n*
Yong-Tchin (*Relation du bannissement dés jésuites*), 91*n*
Ypres, 98
Yolton, John W., 84*n*

Zacharie, prophète, 231, 257
Zaleucus, 29, 92
Zapata (*Questions*), 365, 366, 367, 368, 381, 395*n*, 407
Zarathoustra, *voir* Zoroastre
Zend-Avesta, 89*n*, 90, 461
Zénon de Citium, 428
Zerdust, 442; *voir* Zoroastre
Zeus, 255, 469
Zonare, *Histoire romaine*, 307, 309*n*
Zoroastre, 29, 72, 78, 88-90, 92, 356*n*, 442, 461, 479
Zorobabel, prince de Juda, 331
Zozime, 305, 310; *Histoire romaine*, 307, 309*n*
Zwingli, Ulrich, 98*n*, 344